巴巴罗萨脱轨

斯摩棱斯克交战
（1941年7月10日—9月10日）

第二卷

BARBAROSSA DERAILED

The Battle for Smolensk
10 July-10 September 1941

Volume 2

【美】戴维·M. 格兰茨 著
小小冰人 译

台海出版社

BARBAROSSA DERAILED: THE BATTLE FOR SMOLENSK 10 JULY–10 SEPTEMBER 1941 VOLUME 2: THE GERMAN ADVANCE ON THE FLANKS AND THE THIRD SOVIET COUNTEROFFENSIVE, 25 AUGUST – 10 SEPTEMBER 1941 by DAVID M. GLANTZ

版贸核渝字（2019）第 013 号

图书在版编目（CIP）数据

巴巴罗萨脱轨．第二卷，斯摩棱斯克交战：1941 年 7 月 10 日—9 月 10 日 /（美）戴维·M. 格兰茨著；小小冰人译．-- 北京：台海出版社，2019.6

书名原文：Barbarossa Derailed: The Battle for Smolensk 10 July-10 September 1941 Volume 2: The German Advance on the Flanks and the Third Soviet Counteroffensive, 25 August – 10 September 1941

ISBN 978-7-5168-2352-1

Ⅰ．①巴… Ⅱ．①戴… ②小… Ⅲ．①德国对苏联突然袭击（1941）—史料 Ⅳ．①E512.9

中国版本图书馆 CIP 数据核字（2019）第 085265 号

巴巴罗萨脱轨．第二卷，
斯摩棱斯克交战：1941 年 7 月 10 日—9 月 10 日

著　　者：【美】戴维·M. 格兰茨　　译　　者：小小冰人

责任编辑：俞滟荣　　策划制作：指文文化
视觉设计：周　杰　　责任印制：蔡　旭

出版发行：台海出版社
地　　址：北京市东城区景山东街20号　　邮政编码：100009
电　　话：010－64041652（发行，邮购）
传　　真：010－84045799（总编室）
网　　址：www.taimeng.org.cn/thcbs/default.htm
E－mail：thcbs@126.com

经　　销：全国各地新华书店
印　　刷：重庆共创印务有限公司
本书如有破损、缺页、装订错误，请与本社联系调换

开　　本：787mm × 1092mm　　1/16
字　　数：695千　　印　　张：44
版　　次：2019年6月第1版　　印　　次：2019年6月第1次印刷
书　　号：ISBN 978-7-5168-2352-1

定　　价：189.80元

“东线文库”总序

泛舟漫长的人类战争史长河，极目四望，迄今为止，尚未有哪场陆战能在规模上超过二战时期的苏德战争。这场战争挟装甲革命与重工业革命之双重风潮，以德、苏两大军事体系20年军改成果为孤注，以二战东线战场名扬后世。强强相撞，伏尸千里；猛士名将，层出不穷。在核恐怖强行关闭大国全面战争之门70年后的今天，回首望去，后人难免惊为绝唱。在面对那一串串数字和一页页档案时，甚至不免有传说时代巨灵互斫之苍茫。其与今人之距离，似有千年之遥，而非短短的70春秋。

但是，如果我们记得，即便是在核武器称雄的时代，热战也并未绝迹，常规军事力量依然是大国达成政治诉求的重要手段；而苏德战争的胜利者苏联，又正是冷战的主角之一，直到今天，苏系武器和苏式战法的影响仍具有全球意义。我们就会发现，这场战争又距离我们是如此之近。

要知道这场战争究竟离我们有多近，恰恰要先能望远——通过对战争史和军事学说发展史的长程回顾，来看清苏德战争的重大意义。

正如俾斯麦所言：“愚人执着于自己的体验，我则师法他者的经验。”任何一个人、一个组织的直接体验总是有限的，但如能将别人的间接经验转化为自己的直接体验，方是智者之所为。更高明的智者又不仅仅满足于经验的积累，而是能够突破经验主义的局限，通过学说创新形成理论体系，从而在经验和逻辑、事实与推理之间建立强互动，实现真正的以史为鉴和鉴往知来。

无怪乎杜普伊会说：“军事历史之所以对军事科学的发展至关重要，是因为军事科学不像大多数其他学科那样，可在实验室里验证它们的理论和假说。军事试验的种种形式，如野战演习、对抗演习和实兵检验等，都永远不会再现战争的基本成分：致命环境下对死亡的恐惧感。此类种种试验无疑是非常有益的，但是，这种益处也只能是在一定程度上的。”[1] 但这绝不等于说战争无法研究，只能在战争中学战争。突破的关键即在于如何发挥好战争史研究的作用。所以杜普伊接着强调：“像天文学一样，军事科学也是一门观测科学。正如天文学家把天体作为实验室（研究对象），而军人的真正的实验室则永远是军事历史。”[2]

从这个角度上讲，苏德战争无疑是一个巨型实验室，而且是一个直接当下，具有重大特殊意义的实验室。

回顾战争史册，不难发现，受技术手段的局限，战场的范围长期局限在指挥官的目力范围之内。故而，在这个时期，战争行为大致可以简化为两个层级，一为战略（strategy），一为战术（tactic）。

战术是赢得战斗的方法，战略则是赢得战争的方法。战之术可以直接构成战之略的实施手段。一般而言，战争规模越有限，战争结局越由战斗决定，战略与战术的边界便越模糊，甚至可以出现“一战定乾坤”的戏剧性结局。这又进一步引发出战局和会战两个概念。

所谓战局，就是英语中的 Campaign，俄语的 кампания，德语的 Feldzug。Campaign 的词源是 campus，也就是营地。因为在罗马时代，受当时的技术条件限制，军队每年会有一个固定的季节性休战期，是为宿营时期。这样就可以很清晰地划分出以年度为单位的“战局”。相对不同的是德语 Feldzug 的词根有拖、拉、移动的意思，对弈中指移动棋子。已隐约可见机动战的独特传统。但三方对战局的理解、使用并无本质不同。

而会战（英语中的 Battle，俄语的 Битва，德语的 Schlacht）则是战斗的放大。换言之，在早期西方军事学说体系中，战略对应战局，战术对应战斗，而“会战”则是战略与战术的交汇地带，战局与战斗的中间产物。在早期冷兵器战争时代，会战较为简单，很多时候就是一个放大的战术行动和缩小的战略行动。但是，随着技术的变革，社会结构、动员体系、战争规模的巨变，会战组织越来越复杂，越来越专业，逐渐成为一个独立于战略和战术之外的层级。拿破仑的战争艺术，归根结底其实就是会战的艺术。

但是，拿破仑并未发展出一套会战学说，也没有形成与之相表里的军事制度和军事教育体系，反而过于依赖自己的个人天赋，从而最终走向不归路。得风气之先的是普鲁士军队的改革派三杰（沙恩霍斯特、格奈瑟瑙、克劳塞维茨），收功者则是促成德意志统一的老毛奇。普德军事体系的发展壮大，正是研究透彻了拿破仑又超越了拿破仑，在战略和战术之间增加了一个新层级——Operation，从根本上改变了军事指挥和军事学术研究范式。所谓一直延续到今天。虽然苏军已被清扫出局，但这种反制的殷鉴得失却不会消失，值得所有国家的军人和战史研究者注目。而美国借助遏制、接触战略，最终兵不血刃地从内部搞垮苏联，亦非偶然。

正是这种独特的历史地位，决定了东线史的独特重要性，东线研究本身也因而成为另一部波澜壮阔的历史。

可以说，苏军对苏德战争最具切肤之痛，在战争期间就不断总结经验教训。二战后，这个传统被继承下来，形成了独特的苏军式研究。与此同时，美国在二战刚刚结束之际就开始利用其掌握的资料和德军将领，进行针对苏军的研究。众多德军名将被要求撰写关于东线作战的报告[5]。但是，无论是苏军的研究还是美军的研究，都是内部进行的闭门式研究。这些成果，要到很久之后，才能公之于世。而世人能够看到的苏德战争著述，则是另一个景象。

二战结束后的最初 15 年，是宣传品与回忆录互争雄长的 15 年。作为胜利者的苏联，以君临天下的优越感，刊行了一大批带有鲜明宣传色彩的出版物[6]。与之相对应，以古德里安、曼施坦因等亲身参与东线鏖战的德国军人为代表的另一个群体，则以回忆录的形式展开反击[7]。这些书籍因为是失败者痛定思痛的作品，著述者本人的军事素养和文笔俱佳，故而产生了远胜过苏联宣传史书的影响力，以至于很多世人竟将之视为信史。直到德国档案资料的不断披露，后人才逐渐意识到，这些名将回忆录因成书年代的特殊性，几乎只能依赖回忆者的主观记忆，而无法与精密的战史资料互相印证。同时，受大环境的影响，这些身为楚囚的德军将领大多谋求：一，尽量撇清自己的战争责任；二，推卸战败责任（最常用的手法就是将所有重大军事行动的败因统统归纳为希特勒的瞎指挥）；三，宣传自身价值（难免因之贬低苏联和苏军）。而这几个私心又迎合了美国的需求：一，尽快将西德纳入美国领导的反苏防务体系之中，故而必须让希特勒充分地去当替罪羊，以尽快假释相关军事人才；二，要尽量抹黑苏联和苏军，以治疗当时弥漫在北约体系内的苏联陆军恐惧症；三，通过揭批纳粹政体的危害性，间接突显美国制度的优越性。

此后朱可夫等苏军将领在后斯大林时代刊行的回忆录，一方面固然是苏联内部政治生态变化的产物，但另一方面也未尝不可说是对前述德系著述的回击。然而，德系回忆录的问题同样存在于苏系回忆录之中。两相对比，虽有互相校正之效，但分歧、疑问更多，几乎可以说是此亦一是非、彼亦一是非，俨然是在讲两场时空悬隔的战争。

结果就是，苏德战争的早期成果，因其严重的时代局限性，而未能形成真正的学术性突破，反而为后人的研究设置了大量障碍。

进入20世纪60年代，虽然各国关于东线的研究越来越多，出版物汗牛充栋，但摘取桂冠的仍然是当年的当事人一方。幸存的纳粹党要员保罗·卡尔·施密特（Paul Karl Schmidt）化名保罗·卡雷尔（Paul Carell），在已有研究的基础上，大量使用德方资料，并对苏联出版物进行了尽量全面的搜集使用，更对德国方面的幸存当事人进行了广泛的口述历史采访，在1964年、1970年相继刊行了德军视角下的重量级东线战史力作——《东进：1941—1943年的苏德战争》和《焦土：1943—1944年的苏德战争》[8]。

进入20世纪70年代后，研究趋势开始发生分化。北约方面可以获得的德方档案资料越来越多，苏方亦可通过若干渠道获得相关资料。但是，苏联在公布己方史料时却依然如故，仅对内进行有限度的档案资料公布。换言之，苏联的研究者较之于北约各国的研究者，掌握的史料更为全面。但是，苏联方面却没有产生重量级的作品，已经开始出现军事学说的滞后与体制限制的短板。

结果，在这个十年内，最优秀的苏德战争著作之名被英国军人学者西顿（Albert Seaton）的《苏德战争》摘取[9]。此时西方阵营的二战研究、希特勒研究和德军研究均取得重大突破，在这个整体水涨的背景下，苏德战争研究自然随之船高。而西顿作为英军中公认的苏军及德军研究权威，本身即带有知己知彼的学术优势，同时又大力挖掘了德国方面的档案史料，从而得以对整个苏德战争进行全新的考订与解读。

继之而起者则有英国学者约翰·埃里克森（John Ericsson）与美国学者厄尔·齐姆克（Earl F. Ziemke）。

和西顿一样，埃里克森（1929年4月17日—2002年2月10日）也曾在英军中服役。不同之处则在于：

其一，埃里克森的研究主要是在退役后完成。他先是进入剑桥大学圣约翰学院深造，1956年苏伊士运河危机爆发后作为苏格兰边民团的一名预备军官被重新征召入役。危机结束后，埃里克森重启研究工作，1958年进入圣安德鲁大学担任讲师，开始研究苏联武装力量。1962 年，埃里克森首部著作《苏联统帅部：1918—1941 年》出版，同年在曼彻斯特大学出任高级讲师。1967 年进入爱丁堡大学高级防务研究所任职，1969 年成为教授，研究重心逐渐转向苏德战争。

其二，埃里克森得益于两大阵营关系的缓和，能够初步接触苏军资料，并借助和苏联同行的交流，校正之前过度依赖德方档案导致的缺失。而苏联方面的战史研究也取得了较大的进展，足以为这种校正提供参照系，而不像五六十年代时那样只能提供半宣传品性质的承旨之作。同时，埃里克森对轴心国阵营的史料挖掘也更全面、细致，远远超过了之前的同行。关于这一点，只要看一看其著述后面所附录的史料列目，即可看出苏德战争研究的史料学演进轨迹。

埃里克森为研究苏德战争，还曾专程前往波兰，拜会了苏军元帅罗科索夫斯基。这个非同凡响的努力成果，就是名动天下的“两条路”。

所谓“两条路”，就是 1975 年刊行的《通往斯大林格勒之路》与 1982 年刊行的《通往柏林之路》[10]。正是靠了这两部力作，以及大量苏军研究专著[11]，埃里克森在 1988—1996 年间成为爱丁堡大学防务研究中心主任。

厄尔·齐姆克（1922 年 12 月 16 日—2007 年 10 月 15 日）则兼有西顿和埃里克森的身影。出生于威斯康星州的齐姆克虽然在二战中参加的是对日作战，受的也是日语训练，却在冷战期间华丽转型，成为响当当的德军和苏军研究权威。曾在硫磺岛作战中因伤获得紫心勋章的齐姆克，战后先是在天津驻扎，随后复员回国，通过军人权利法案接受高等教育，1951 年在威斯康星大学获得学位。1951—1955 年，他在哥伦比亚的应用社会研究所工作，1955—1967 年进入美国陆军军史局成为一名官方历史学家，1967—1977 年在佐治亚大学担任全职教授。其所著《柏林战役》《苏维埃压路机》《从斯大林格勒到柏林：德国在东线的失败》《从莫斯科到斯大林格勒：东线的抉择》《德军东线北方战区作战报告，1940—1945 年》《红军，1918—1941 年：从世界革命的先锋到美国的盟友》等书[12]，对苏德战争、德军研究和苏军研究均做出了里程碑般的贡献，与埃里克森堪称双峰并峙、二水分流。

当《通往柏林之路》刊行之时，全球苏德战争研究界人士无人敢想，仅仅数年之后，苏联和华约集团便不复存在。苏联档案开始爆炸性公布，苏德战争研究也开始进入一个前人无法想象的加速发展时代，甚至可以说是一个在剧烈地震、风暴中震荡前行的时代。在海量苏联史料的冲击下，传统研究纷纷土崩瓦解，军事界和史学界的诸多铁案、定论也纷纷根基动摇。埃里克森与齐姆克的著作虽然经受住了新史料的检验，但却未能再进一步形成新方法的再突破。更多的学者则汲汲于立足新史料，急求转型。连保罗·卡雷尔也奋余勇，在去世三年前的1993年刊行了《斯大林格勒：第6集团军的覆灭》。奈何宝刀已老，时过境迁，难以再掀起新的时代波澜了。

事实证明，机遇永远只向有准备、有行动力的人微笑，一如胜利天平总是倾斜于能率先看到明天的一方。风起云涌之间，新的王者在震荡中登顶，这位王者就是美国著名苏军研究权威——戴维·格兰茨（David Glantz）。

作为一名参加过越战的美军基层军官，格兰茨堪称兼具实战经验和学术积淀。1965年，格兰茨以少尉军衔进入美国陆军野战炮兵服役，并被部署到越南平隆省的美国陆军第2军的“火力支援与协调单元”（Fire Support Coordination Element，FSCE，相当于军属野战炮兵的指挥机构）。1969年，格兰茨返回美国，在陆军军事学院教授战争史课程。1973年7月1日，美军在陆军训练与条令司令部下开设陆军战斗研究中心（Combat Studies Institute，CSI），格兰茨开始参与该中心的苏军研究项目。1977—1979年他出任美国驻欧陆军司令部情报参谋办公室主任。1979年成为美国陆军战斗研究所首席研究员。1983年接掌美国陆军战争学院（United States Army War College）陆战中心苏联陆军作战研究处（Office of Soviet Army Operations at the Center for Land Warfare）。1986年，格兰茨返回利文沃思堡，组建并领导外国军事研究办公室（Foreign Military Studies Office，FMSO）。在这漫长的研究过程中，格兰茨不仅与美军的苏军研究同步前进，而且组织翻译了大量苏军史料和苏方战役研究成果[13]。

1993年，年过半百的格兰茨以上校军衔退役。两年后，格兰茨刊行了里程碑著作《巨人的碰撞》[14]。这部苏德战争新史，系格兰茨与另一位美国军人学者乔纳森·M. 豪斯（Jonathan M. House）合著，以美军的苏军研究为基石，兼顾苏方新史料，气势恢宏地重构了苏德战争的宏观景象。就在很多人将这本书看作格兰茨一生事功的收山之作的时候，格兰茨却老当益壮，让全球同行惊讶地发现，这本书根本不是终点线，而是格兰茨真正开始斩将搴旗、攻城略地的起跑线：

1998 年刊行《泥足巨人：苏德战争前夕的苏联军队》[15]《哈尔科夫：1942 年东线军事灾难的剖析》[16]。

1999 年刊行《朱可夫最大的败仗：红军 1942 年“火星”行动的惨败》[17]《库尔斯克会战》[18]。

2001 年刊行《巴巴罗萨：1941 年希特勒入侵俄罗斯》[19]《列宁格勒之围 1941—1944，900 天的恐怖》[20]。

2002 年刊行《列宁格勒会战 1941—1944》[21]。

2003 年刊行《斯大林格勒会战之前：巴巴罗萨，希特勒对俄罗斯的入侵》[22]《八月风暴：苏军在满洲的战略攻势》[23]《八月风暴：苏联在满洲的作战与战术行动》[24]。

2004 年与马克·里克曼斯波尔（Marc J. Rikmenspoel）刊行《屠戮之屋：东线战场手册》[25]。

2005 年刊行《巨人重生：苏德战争中的苏联军队 1941—1943》[26]。

2006 年刊行《席卷巴尔干的红色风暴：1944 年春苏军对罗马尼亚的攻势》[27]。

2009 年开始刊行《斯大林格勒三部曲第一部：兵临城下（1942.4—1942.8）》[28]和《斯大林格勒三部曲第二部：决战（1942.9—1942.11）》[29]。

2010 年刊行《巴巴罗萨脱轨·第一卷·斯摩棱斯克交战：1941 年 7 月 10 日—9 月 10 日》[30]。

2011 年刊行《斯大林格勒之后：红军的冬季攻势》[31]。

2012 年刊行《巴巴罗萨脱轨·第二卷·斯摩棱斯克交战：1941 年 7 月 10 日—9 月 10 日》[32]。

2014 年刊行《巴巴罗萨脱轨·第三卷·斯摩棱斯克交战：1941 年 7 月 10 日—9 月 10 日》[33]《斯大林格勒三部曲第三部：最后的较量（1942.12—1943.2）》[34]。

2015 年刊行《巴巴罗萨脱轨·第四卷·斯摩棱斯克交战：地图集 》[35]。

2016 年刊行《白俄罗斯会战：红军被遗忘的战役 1943 年 10 月—1944 年 4 月》[36]。

这一连串著述列表，不仅数量惊人，质量亦惊人。盖格兰茨之苏德战史研究，除前述立足美军对苏研究成果、充分吸收新史料及前人研究成果这两大优势之外[37]，还有第三个重要优势，即立足战役层级，竭力从德军和苏军双方的军事学说视角，双管齐下，珠联璧合地对苏德战争中的重大战役进行深度还原。

其中，《泥足巨人》与《巨人重生》二书尤其值得国人注目。因为这两部著作不仅正本清源地再现了苏联红军的发展历程，而且将这个历程放在学说构造、国家建设、军事转型的大框架内进行了深入检讨，对我国今日的军事改革和军事转型研究均具有无可替代的重大意义。

严谨的史学研究和实战导向的军事研究在这里实现了完美结合。观其书，不仅可以重新认识那段历史，而且可以对美军专家眼中的苏军和东线战史背后的美军学术思想进行双向感悟。而格兰茨旋风业已在多个国家掀起重重波澜。闻风而起者越来越多，整个苏德战争研究正在进入新一轮的水涨阶段。

如道格拉斯·纳什（Douglas Nash）的《地狱之门：切卡瑟口袋之战》（2002）[38]，小乔治·尼普（George Nipe Jr.）的《在乌克兰的抉择：1943年夏季东线德国装甲作战》（1996）[39]、《最后的胜利》（2000）[40]以及《鲜血·钢铁·神话：党卫军第2装甲军与通往普罗霍罗夫卡之路》（2013）[41]均深得作战研究之精髓，且能兼顾史学研究之严谨，从而将老话题写出新境界。

此外，旅居柏林多年的新西兰青年学者戴维·斯塔勒（David Stahel）于2009年刊行的《"巴巴罗萨"与德国在东线的失败》[42]，以及美国杜普伊研究所所长、阿登战役与库尔斯克战役模拟数据库的项目负责人克里斯托弗·劳伦斯（Christopher A. Lawrence）2015年刊行的《库尔斯克：普罗霍罗夫卡之战》[43]，均堪称卓尔不群，又开新径。前者在格兰茨等人研究的基础上，重新回到德国视角，探讨了巴巴罗萨作战的复杂决策过程。整书约40%的内容是围绕决策与部署写作的，揭示了德国最高统帅部与参谋本部等各部门的战略、作战观念差异，以及战前一系列战术、技术、后勤条件对实战的影响，对"巴巴罗萨"作战——这一人类历史上最宏大的地面作战行动进行了精密的手术解剖。后者则将杜普伊父子的定量分析战史法这一独门秘籍发扬到极致，以1662页的篇幅和大量清晰、独特的态势图，深入厘清了普罗霍罗夫卡之战的地理、兵力、技战术和战役部署，堪称兼顾宏观、中观、微观的全景式经典研究。曾在英军中服役的高级军医普里特·巴塔（Prit Buttar）同样以半百之年作老当益壮之后发先至，近年来异军突起，先后刊行了《普鲁士战场：苏德战争1944—1945》（2010）、《巨人之间：第二次世界大战中的波罗的海战事》（2013）、《帝国的碰撞：1914年东线战争》（2014）、《日耳曼优先：1915年东线战场》（2015）、《俄罗斯的残息：1916—1917年的东线战场》（2016）[44]。这一系列著作兼顾了战争的中观与微观层面，既有战役层级的专业剖析，又能兼顾具体人、事、物的栩栩如生。且从二战东线研究追溯到一战东线研究，溯本追源，深入浅出，是近年来不可多得的佳作。

行文及此，不得不再特别指明一点：现代学术著述，重在“详人之所略，略人之所详”。绝不可因为看了后出杰作，就将之前的里程碑著作束之高阁。尤其对中国这样的后发国家而言，更不能限在“第六个包子”的思维误区中。所谓后发优势，无外乎是能更好地以史为鉴，以别人的筚路蓝缕为我们的经验教训。故而，发展是可以超越性布局的，研究却不能偷懒。最多是随着研究的深入，实现阅读、写作的加速度，这是可取的。但怀着投机取巧的心态，误以为后出者为胜，从而满足于只吃最后一个包子，结果必然是欲速不达，求新而不得新。

反观我国的苏德战史研究，恰处于此种状态。不仅新方法使用不多，新史料译介有限，即便是经典著述，亦乏人问津。更值得忧虑之处在于，基础学科不被重视，军事学说研究和严肃的战争史研究长期得不到非军事院校的重视，以致连很多基本概念都没有弄清。

以前述战局、战役、会战为例：

汉语	战局	战役	会战
英语	Campaign	Operation	Battle
俄语	кампания	Операция	Битва
德语	Feldzug	Operation	Schlacht

比如科贝特的经典著作 *The Campaign of Trafalgar*[45]，就用了“Campaign”而非“Battle”，原因就在于这本书包含了战略层级的博弈，而且占据了相当重要的篇幅。这其实也正是科贝特极其自负的一点，即真正超越了具体海战的束缚，居高临下又细致入微地再现了特拉法尔加之战的前因后果，波澜壮阔。故而，严格来说，这本书应该译作“特拉法尔加战局”。

我国军事学术界自晚清以来就不甚重视严肃的战争史研究和精准的学说体系建立。国民党军队及其后身——今日的台军，长期只有一个“会战”概念，后来虽然引入了 Operation 层级，但真正能领悟其实质者甚少[46]，而且翻译为“作战”，过于具象，又易于引发误解。相反，大陆方面的军事学术界用“战役”来翻译苏军的 Операция，胜于台军用“作战”翻译 Operation。因为战役的“役”也正如战略、战术之“略”与“术”，带有抽象性，不会造成过于具象的刻板误解，而且战略、战役、战术的表述也更贯通流畅。但是，在对“战役”进行定义时，却长期没有立足战争史演变的实践，甚至形成如下翻译：

汉语	作战、行动	战役	会战
英语	Operation	Campaign Operation Battle	Battle Operation
俄语	—	Операция кампания	Битва
德语	Operation	Feldzug Operation	Schlacht Operation

但是，所谓“会战”是一个仅存在于国—台军的正规军语中的概念。在我军的严格军事学术用语中，并无此一概念。所以才会有“淮海战役”与“徐蚌会战”的不同表述。实质是长期以来用“战役”一词涵盖了 Campaign、Operation 和 Battle 三个概念，又没有认清苏俄军事体系中的 Операция 和英德军语中的 Operation 实为同一概念。其中虽有小异，实具大同。而且，这个概念虽然包含具体行动，却并非局限于此，而是一个抽象军事学说体系中的层级概念。而这个问题的校正、解决又绝非一个语言问题、翻译问题，而是一个思维问题、学说体系建设问题。

正因为国内对苏德战争的理解长期满足于宣传品、回忆录层级的此亦一是非、彼亦一是非，各种对苏军（其实也包括了对德军）的盲目崇拜和无知攻击才会同时并进、甚嚣尘上。

因此之故，近数年来，我多次向多个出版大社建议，出版一套“东线文库”，遴选经典，集中推出，以助力于中国战史研究发展和军事学术范式转型。其意义当不限于苏德战史研究和二战史研究范畴。然应之者众，行之者寡。直到今年六月中旬，因缘巧合认识了指文公司的罗应中，始知指文公司继推出卡雷尔的《东进：1941—1943 年的苏德战争》《焦土：1943—1944 年的苏德战争》，巴塔的《普鲁士战场：苏德战争 1944—1945》和劳斯、霍特的回忆录《装甲司令：艾哈德·劳斯大将东线回忆录》《装甲作战：赫尔曼·霍特大将战争回忆录》之后，在其组织下，小小冰人等国内二战史资深翻译名家们，已经开始紧锣密鼓地翻译埃里克森的“两条路”，并以众筹方式推进格兰茨《斯大林格勒》三部曲之翻译。经过一番沟通，罗先生对“东线文库”提案深以为然，乃断然调整部署，决定启动这一经典战史译介计划，并与我方团队强强联合，以鄙人为总策划，共促盛举，以飨华语读者。罗先生并嘱我撰一总序，以为这一系列的译介工作开宗明义。对此，本人自责无旁贷，且深感与有荣焉。

是为序。

王鼎杰*

*王鼎杰，知名战略、战史学者，主张从世界史的角度看中国，从大战略的视野看历史。著有《复盘甲午：重走近代中日对抗十五局》《李鸿章时代》《当天朝遭遇帝国：大战略视野下的鸦片战争》。现居北京，从事智库工作，致力于战略思维传播和战争史研究范式革新。

注

1. [美] T. N. 杜普伊，《把握战争——军事历史与作战理论》，北京：军事科学出版社，2001 年，第 2 页。

2. 同上。

3. [德] 克劳塞维茨，《战争论》，第 1 册，北京：商务印书馆，1995 年，第 43—44 页。

4. 这就是为什么很多优秀制度被一些后发国家移植后往往不见成效，甚至有反作用的根源。其原因并非文化的水土不服，而是忽视了制度背后的学说创新。

5. 战争结束后美国陆军战史部（Historical Division of the U.S.Army）即成立德国作战史分部［Operational History（German）Section］，监督被俘德军将领，包括蔡茨勒、劳斯、霍特等人，撰写东线作战的回忆录，劳斯与霍特将军均以“装甲作战”（Panzer Operation）为主标题的回忆录即诞生于这一时期。可参见：[奥] 艾哈德·劳斯著，[美] 史蒂文·H. 牛顿编译，邓敏译、赵国星审校，《装甲司令：艾哈德·劳斯大将东线回忆录》，北京：中国长安出版社，2015 年 11 月第一版。[德] 赫尔曼·霍特著，赵国星译，《装甲作战：赫尔曼·霍特大将战争回忆录》，北京：中国长安出版社，2016 年 3 月第一版。

6. 如国内在 20 世纪五六十年代译介的《苏联伟大卫国战争史》《苏联伟大卫国战争简史》《斯大林的军事科学与苏联伟大卫国战争》《苏军在伟大卫国战争中的辉煌胜利》等。

7. 此类著作包括古德里安的自传《闪击英雄》、曼施坦因的自传《失去的胜利》、梅林津所写的《坦克战》、蒂佩尔斯基希的《第二次世界大战史》等。

8. Paul Carell, *Hitler Moves East, 1941—1943*, New York: Little, Brown; First Edition edition, 1964; Paul Carell, *Scorched Earth*, London: Harrap; First Edition edition, 1970.

9. Albert Seaton, *The Russo-German War 1941—1945*, Praeger Publishers; First Edition edition, 1971.

10. John Ericsson, *The Road to Stalingrad: Stalin's War with Germany* (Harper&Row, 1975); John Ericsson, *The Road to Berlin: Continuing the History of Stalin's War With Germany* (Westview, 1983).

11. John Ericsson, *The Soviet High Command 1918—1941: A Military-Political History* (Macmillan, 1962); *Panslavism* (Historical Association, 1964); *The Military-Technical Revolution* (Pall Mall, 1966); *Soviet Military Power* (Royal United Services Institute, 1976); *Soviet Military Power and Performance* (Archon, 1979); *The Soviet Ground Forces: An Operational Assessment* (Westview Pr, 1986); *Barbarossa: The Axis and the Allies* (Edinburgh, 1994); *The Eastern Front in Photographs: From Barbarossa to Stalingrad and Berlin* (Carlton, 2001).

12. Earl F. Ziemke, *Battle for Berlin: End of the Third Reich* (Ballantine Books, 1972); *The Soviet Juggernaut* (Time Life, 1980); *Stalingrad to Berlin: The German Defeat in the East* (Military Bookshop, 1986); *Moscow to Stalingrad: Decision in the East* (Hippocrene, 1989); *German Northern Theatre Of Operations 1940—1945* (Naval&Military, 2003); *The Red Army, 1918—1941: From Vanguard of World Revolution to US Ally* (Frank Cass, 2004).

13. 这些翻译成果包括：*Soviet Documents on the Use of War Experience, Ⅰ, Ⅱ, Ⅲ* (Routledge,1997); *The Battle for Kursk 1943: The Soviet General Staff Study* (Frank Cass,1999); *Belorussia 1944: The Soviet General Staff Study* (Routledge, 2004); *The Battle for L'vov: The Soviet General Staff Study* (Routledge,2007); *Battle for the Ukraine: The Korsun'-Shevchenkovskii Operation* (Routledge, 2007).

14. David M. Glantz&Jonathan M. House, *When Titans Clashed: How the Red Army Stopped Hitler*,

University Press of Kansas; First Edition edition, 1995.

15. David M. Glantz, *Stumbling Colossus: The Red Army on the Eve of World War* (Kansas, 1998).

16. David M. Glantz, *Kharkov 1942: Anatomy of a Military Disaster* (Sarpedon, 1998).

17. David M. Glantz, *Zhukov's Greatest Defeat: The Red Army's Epic Disaster in Operation Mars* (Kansas, 1999).

18. David M. Glantz&Jonathan M House, *The Battle of Kursk* (Kansas, 1999).

19. David M. Glantz, *Barbarossa: Hitler's Invasion of Russia 1941* (Stroud, 2001).

20. David M. Glantz, *The Siege of Leningrad, 1941—1944: 900 Days of Terror* (Brown, 2001).

21. David M. Glantz, *The Battle for Leningrad, 1941—1944* (Kansas，2002).

22. David M. Glantz, *Before Stalingrad: Barbarossa, Hitler's Invasion of Russia 1941* (Tempus, 2003).

23. David M. Glantz, *The Soviet Strategic Offensive in Manchuria, 1945: August Storm* (Routledge，2003).

24. David M. Glantz, *The Soviet Operational and Tactical Combat in Manchuria, 1945: August Storm* (Routledge, 2003).

25. David M. Glantz&Marc J. Rikmenspoel, *Slaughterhouse: The Handbook of the Eastern Front* (Aberjona, 2004).

26. David M. Glantz, *Colossus Reborn: The Red Army at War, 1941—1943* (Kansas, 2005).

27. David M. Glantz, *Red Storm Over the Balkans: The Failed Soviet Invasion of Romania, Spring 1944* (Kansas, 2006).

28. David M. Glantz&Jonathan M. House, *To the Gates of Stalingrad: Soviet-German Combat Operations, April—August 1942* (Kansas, 2009).

29. David M. Glantz&Jonathan M. House, *Armageddon in Stalingrad: September—November 1942* (Kansas, 2009).

30. David M. Glantz, *Barbarossa Derailed: The Battle for Smolensk, Volume 1, 10 July—10 September 1941* (Helion&Company, 2010).

31. David M. Glantz, *After Stalingrad: The Red Army's Winter Offensive 1942—1943* (Helion&Company, 2011).

32. David M. Glantz, *Barbarossa Derailed: The Battle for Smolensk, Volume 2, 10 July—10 September 1941* (Helion&Company, 2012).

33. David M. Glantz, *Barbarossa Derailed: The Battle for Smolensk, Volume 3, 10 July—10 September 1941* (Helion&Company, 2014).

34. David M. Glantz&Jonathan M. House, *Endgame at Stalingrad: December 1942—February 1943* (Kansas, 2014).

35. David M. Glantz, *Barbarossa Derailed: The Battle for Smolensk, Volume 4, Atlas* (Helion&Company, 2015).

36. David M. Glantz&Mary Elizabeth Glantz, *The Battle for Belorussia: The Red Army's Forgotten Campaign of October 1943—April 1944* (Kansas, 2016).

37. 格兰茨的研究基石中，很重要的一块就是马尔科姆·马金托什（Malcolm Mackintosh）的研究成果。之所以正文中未将之与西顿等人并列，是因为马金托什主要研究苏军和苏联政策、外交，而没有进行专门的苏德战争研究。但其学术地位及对格兰茨的影响是不容忽视的。

38. Douglas Nash, *Hell's Gate: The Battle of the Cherkassy Pocket, January—February 1944* (RZM, 2002).

39. George Nipe Jr. , *Decision in the Ukraine: German Panzer Operations on the Eastern Front, Summer 1943* (Stackpole, 1996).

40. George Nipe Jr. , *Last Victory in Russia: The SS–Panzerkorps and Manstein's Kharkov Counteroffensive, February—March 1943* (Schiffer, 2000).

41. George Nipe Jr. , *Blood, Steel, and Myth: The Ⅱ. SS–Panzer–Korps and the Road to Prochorowka* (RZM, 2013).

42. David Stahel, *Operation Barbarossa and Germany's Defeat in the East* (Cambridge, 2009).

43. Christopher A. Lawrence, *Kursk: The Battle of Prokhorovka* (Aberdeen, 2015).

44. 普里特·巴塔先生的主要作品包括：Prit Buttar, *Battleground Prussia: The Assault on Germany's Eastern Front 1944—1945* (Ospery, 2010); *Between Giants: The Battle of the Baltics in World War Ⅱ* (Ospery, 2013); *Collision of Empires: The War on the Eastern Front in 1914* (Ospery, 2014); *Germany Ascendant: The Eastern Front 1915* (Ospery, 2015); Russia's Last Gasp, *The Eastern Front, 1916—1917* (Ospery, 2016).

45. Julian Stafford Corbett, *The Campaign of Trafalgar* (Ulan Press, 2012).

46. 参阅：滕昕云，《闪击战——迷思与真相》，台北：老战友工作室 / 军事文粹部，2003 年。该书算是华语著作中第一部从德军视角强调“作战层级”重要性的著作。

序

1941年7月10日拂晓，德国中央集团军群第2、第3装甲集群的大批坦克和摩托化步兵跨过第聂伯河和西德维纳河向前推进，第三帝国元首阿道夫·希特勒和大多数德军官兵相信，这是朝苏联首都莫斯科展开的一场胜利进军的开始。

不到三周前的6月22日，希特勒投入德国国防军，大举入侵苏联，行动代号“巴巴罗萨”，力图击败苏联红军，征服这个国家，推翻约瑟夫·斯大林的政权。6月22日至7月10日间，德军深入苏联国土500千米，击毙或俘虏100万名红军士兵，前出到西德维纳河和第聂伯河西岸，这样一来就实现了“巴巴罗萨计划”的首要设想：若能抢在红军撤至两条河流后方安全处之前击败并歼灭其主力，第三帝国就赢得了胜利。苏联红军现在已经被“打垮”，希特勒和大多数德国人都预计几周内就能赢得全面胜利。

然而，斯摩棱斯克地域的后续战斗挫败了德国人速胜的企图。渡过西德维纳河和第聂伯河后，德军遭遇了苏军五个新锐集团军，这令他们猝不及防。经过一番激战，德国人歼灭了其中两个集团军，重创了另外两个，并将三个集团军的残部包围在斯摩棱斯克地域，但他们未能迅速赢得胜利。相反，在莫吉廖夫和斯摩棱斯克陷入合围的苏军拒不投降，7月、8月和9月初，他们一直在顽强抵抗，苏军先投入五个，随后总共投入七个新动员的集团军，发起两场大规模反攻，以一场场反冲击和反突击削弱德军的力量和意志。虽说人员和装备损失巨大，但苏军这些激烈的行动导致“巴巴罗萨行动”偏离了原定方向，甚至没等斯摩棱斯克地域的战斗结束，希特勒便推迟了向莫斯科的进军，命令他的军队转身向南，在基辅地域打击“更容易得手的目标”。德国军队在斯摩棱斯克的“脱轨”，最终成为“巴巴罗萨行动”的关键转折点，这也就是本书标题的确切含义。

书中大量使用了苏联和德国方面的档案资料，包括德国最高统帅部（OKW）、国防军陆军总司令部（OKH）、集团军群、集团军和苏联统帅部大本营、红军总参谋部、西方向总指挥部、西方面军、中央方面军、预备队方面军、布良斯克方面军及其下属集团军的战斗命令和作战记录，从而为1941年7月10日至9月10日发生在斯摩棱斯克地域的，旷日持久、激烈复杂的战事提供了详细、明确的诠释和说明。

本书是戴维·M. 格兰茨关于斯摩棱斯克交战的四卷本鸿篇巨制的第二卷。这套著作的前两卷按时间顺序详细叙述战役过程，第三卷包含从俄文逐字翻译成英文的大量具体命令和报告，而第四卷则是地图卷，包括一些新制作的彩色地图。

目前，中文版只引进了前两卷，但也足以描绘出一幅斯摩棱斯克交战的全景画卷。

前 言

本书探讨的是斯摩棱斯克交战的性质和后果，这是苏德双方1941年7月10日至9月10日期间，在俄罗斯中部的斯摩棱斯克地域展开的一连串军事行动。整个斗争开始于阿道夫·希特勒的第三帝国1941年6月22日对约瑟夫·斯大林领导的苏联发动入侵三周后。德国的入侵代号为“巴巴罗萨行动”，意图击败并歼灭苏联红军，推翻苏维埃政权，征服苏联大部分地区，让这些地区为纳粹德国所用。斯摩棱斯克地域历时十周的激战中，德国中央集团军群与红军西方向总指挥部麾下军队展开厮杀，红军最初投入西方面军，但中央方面军、预备队方面军和布良斯克方面军随后亦卷入其中。战斗涉及的德军士兵超过90万，他们获得了约2000辆坦克的支援，而参战的苏军士兵约为120万，得到了约500辆坦克的加强。

战争结束后的六十多年来，大多数回忆录作者和军事历史学家认为，“巴巴罗萨行动”本应是一场天衣无缝的进攻战役，而1941年7月、8月、9月初发生在斯摩棱斯克地域的交战不过是“前进道路上重重障碍”制造的一个小麻烦而已。从巴伦支海南延至黑海，希特勒的军队1941年6月22日沿一条庞大战线发起“巴巴罗萨行动”。采用久负盛名的闪电战策略和装甲力量快速推进战术，遂行入侵的德军在几周内就粉碎了据守苏联西部边境地区的红军。此后，他们向东北面和东面发展，进入苏联庞大的战略纵深。

斯摩棱斯克交战开始于1941年7月10日，陆军元帅费多尔·冯·博克率领的中央集团军群麾下部队渡过西德维纳河和第聂伯河并根据“巴巴罗萨计划”向东面的斯摩棱斯克市迅速发展。这场交战结束于1941年9月10日，中央集团军群辖内第2集团军和第2装甲集群当日向南转进，最终导致西南方面军在基辅地域遭围歼，这是红军最恶名昭著的战时惨败之一。因此，斯摩棱斯克交战包括为争夺斯摩棱斯克地域和在该地域的胜利而历时10周的斗争。

与过去的关于1941年夏季俄罗斯之战的历史记录不同，这是一份严格的“文献资料”研究。首先，这是因为自苏德战争结束以来，本书首次利用了

“根本事实”，具体而言就是参战部队每日的战略、战役和战术记录。因此，这项研究可谓独一无二，以往大部分关于苏德战争的历史记录，特别是组成这场战争的诸次战役的记录，普遍缺乏“根本事实”这一可靠基础。这一点尤为重要，因为在讨论1941年盛夏期间斯摩棱斯克地域的斗争时出现了相当大的争议。具体说来，这种争议涉及对德国独裁者阿道夫·希特勒所做的决定是否明智的激烈辩论，为消灭红军在基辅地域作战的大股力量，他将中央集团军群向莫斯科的进军从1941年9月初推迟到10月初。

从本质上来说，这项研究必须是“文献资料”研究，因为它挑战的是传统智慧，后者认为斯摩棱斯克地域的战斗不过是通往莫斯科途中的一个障碍而已。与之形成鲜明对比的是，根据新的档案资料，本书认为斯摩棱斯克交战之规模远远比以往人们认识中的要大，给中央集团军群造成的破坏也远远超乎人们的想象，最终导致该集团军群1941年12月初在莫斯科门前遭遇令人尴尬的失败。最后，之所以说这项研究是“文献资料”研究，是因为本书恢复了一场重要的“被遗忘之战”的历史记录，具体说来就是红军当年9月在斯摩棱斯克地域发起的大规模反攻。

由于这项研究严重依赖“根本事实”来描述战斗并得出相关结论，其结构和内容也严重依赖广泛而又直接的文献资料所形成的坚实“肩膀”。因此，本书前两卷对斯摩棱斯克地域军事行动的过程和结果所做的坦率描述，在很大程度上基于参战部队指挥部这段时期提交的指示、命令、报告和批评的意译版本。具体说来，包括交战双方最高统帅部（OKW和苏联最高统帅部大本营）拟制的文件，有时候也包括集团军司令部甚至是师一级的文件。

由于准确的文件对验证本书许多结论至关重要，本书第三卷包含前两卷加以释义的几乎所有文件的完整版本和准确的直译。叙述卷以边注的方式引用这些文件并列出相关附录和每个附录中的具体文件号。[①]出于两个令人信服的理由，收录这些文件非常重要。首先，一字不差地研读文件对确认研究内容的准确性来说很有必要。其次，这些指示、命令、报告、批评的结构和内容，以

① 目前中文版只引进了前两卷，所以并未列出这些附录和文件号。另外，考虑到中文阅读习惯，中文版并未使用边注。

及使用的措辞，提供了对拟制这些文件的指挥员的独特个人描绘。具体而言，这些文件的干脆性、简洁性、逻辑性和相关措辞，反映出领导者的智力、技能和效力，以及不那么有形但同样重要的个人特质，例如他们的自负，他们的无情和他们的士气高昂。

另外，叙述卷的内容非常详细，必须加以研究和阅读，这就使地图对理解斯摩棱斯克交战的战略和战役“动向”至关重要。因此，利用该时期德国和苏联的档案地图，我将刚刚够用的作战图和地区图收录进叙述卷，以便读者们留意作战行动的大体进程。但由于这些地图并未提供足够的战术细节，也没有解释档案文件的内容（无论是叙述卷中的意译版还是补充卷中的未删节版），我必须将德军和红军诸多兵团官方记录中的详细地图收录进补充卷。这套著作的第四卷是地图册，包含一些特别定制的彩色地图，用以追踪书中叙述的战役进程。

鉴于这套著作以大量新档案资料为基础，我必须感谢俄罗斯联邦政府，他们公开的文件对完成本书不可或缺。更重要的是，撰写这套著作需要进行大量工作，一如既往，我的妻子玛丽·安为此付出了巨大的努力。首先，我曾认为将斯摩棱斯克交战约100页的简短研究修改、扩充到稍显冗长的200页，需要付出30天的努力，但她正确地预料到这项工作会不可避免地演变成一项更庞大的工程。事实证明，这是一场历时六个月的长期努力，但她无条件地提供了精神支持，我应为此向她表达特别感谢。其次，除了忍受“隐士”丈夫（我经常在办公室里长时间置身于心爱的书中）的习性，她还耗费大量时间替我校对完成的手稿，而我急于投入新的主题和任务，这使我往往无法从事这种费力、平凡而又枯燥的工作。

归根结底，这套著作中的任何错误，无论是实际错误还是翻译问题，都应由我独自负责。

戴维·M. 格兰茨
宾夕法尼亚州卡莱尔

缩略语列表

德军

缩略语	全称	释义
A	army	集团军
AC	army corps	军
AG	army group	集团军群
AR	artillery regiment	炮兵团
Bn	battalion	营
Btry	battery	炮兵连
CavD	cavalry division	骑兵师
Co	company	连
EngBn	engineer battalion	工程兵营
EngR	engineer regiment	工程兵团
IB	infantry brigade	步兵旅
ID	infantry division	步兵师
IR	infantry regiment	步兵团
MotC	motorized corps	摩托化军
MotD	motorized division	摩托化师
MotR	motorized regiment	摩托化团
MtnD	mountain division	山地师
MtrcR	motorcycle regiment	摩托车团
PzA	panzer army	装甲军
PzB	panzer brigade	装甲旅
PzD	panzer division	装甲师
PzR	panzer regiment	装甲团
Sec. D	security division	保安师

苏军

缩略语	全称	释义
A	army	集团军
AABn	antiaircraft artillery battalion	防空炮兵营
AR	artillery regiment	炮兵团
ATBn	antitank battalion	反坦克营

ATR	antitank artillery regiment	反坦克炮兵团
AutoBn	automobile battalion	汽车营
BAD	bomber aviation division	轰炸航空兵师
BEPO	armored train	装甲列车
Bn	battalion	营
Btry	battery	炮兵连
CAR	corps artillery regiment	军属炮兵团
CD	cavalry division	骑兵师
CG	cavalry group	骑兵集群
Co	company	连
CR	cavalry regiment	骑兵团
DNO	People' s militia division	民兵师
FAD	fighter aviation division	歼击航空兵师
FR	fortified region	筑垒地域
G (作为前缀出现)	guards	近卫部队
GAR	gun artillery regiment	加农炮兵团
Gds.	guards	近卫部队
HAR	howitzer artillery regiment	榴弹炮兵团
MAD	mixed aviation division	混成航空兵师
MC	mechanized corps	机械化军
MD	motorized division	摩托化师
MRB	motorized rifle brigade	摩托化步兵旅
MRD	motorized rifle division	摩托化步兵师
MRR	motorized rifle regiment	摩托化步兵团
MtrR	mortar regiment	迫击炮团
RAS	reconnaissance aviation squadron	侦察航空兵中队
RB	rifle brigade	步兵旅
RBn	rifle battalion	步兵营
RC	rifle corps	步兵军
RD	rifle division	步兵师
RR	rifle regiment	步兵团
Sep.	separate	独立部队
TB	tank brigade	坦克旅
TBn	tank battalion	坦克营
TD	tank division	坦克师
TR	tank regiment	坦克团

CONTENTS

目录

第一章
前情回顾

背景

看来，1941年夏季，德国在其元首阿道夫·希特勒的领导下，完全重演了不久前出现过的辉煌军事壮举，只不过这一次打击的是强大的苏联。两年前的1939年9月，羽翼渐丰的德国国防军在短短一个月内就击败了波兰军队，随后与苏联瓜分了该国，这一点颇具讽刺意味。一年多之前的1940年4月，德国军队仅用几天便入侵并占领了丹麦和挪威，当年5月又成功入侵低地国家和法国。闪电战再次大展神威，德军以被大肆吹嘘的装甲、摩托化部队和令人畏惧的“斯图卡”俯冲轰炸机为先锋，一举击败法国和英国军队，粉碎了前者并迫使后者将其残部经敦刻尔克撤离欧洲大陆。震惊不已的全世界眼睁睁地看着德国军队占领巴黎，法国政府只抵抗了七周便被迫求和。最后是1940年4月[①]，德国仅投入小股力量便在4天内征服南斯拉夫，而希腊战役也只耗费几周时间。

鉴于德军击败了欧洲最出色的军队，希特勒1941年6月22日入侵苏联时，几乎没人认为苏联红军能在同德国军队的冲突中生存下来，现在，德国国防军成了公认的欧洲最优秀的武装力量。实际上，希特勒策划“巴巴罗萨行动”

① 译注：1941 年 4 月。

时，最初的假设是，一旦德国军队将和平时期的红军主力击败、歼灭于苏联西部边境地域（苏联西部边境与西德维纳河、第聂伯河之间250—450千米宽的地带），约瑟夫·斯大林这位无情独裁者领导的苏联必然会崩溃。

希特勒认为这种假设合理可信，主要基于三个原因。第一，1939年11月至1940年3月，红军在同芬兰进行的“冬季战争”中表现得相当拙劣。在这场战争第一阶段经历了尴尬的挫败后，苏联全凭蛮力才在第二阶段取得了有限的胜利。第二，斯大林20世纪30年代上半叶通过残酷消灭一切潜在政治对手来巩固自己的权力，1937年和1938年，他又对苏联武装力量的军官团大加清洗，杀害或囚禁的军官即便没有几万人也有数千人。幸免于难的红军指挥员噤若寒蝉，实际能力远远达不到所担任的指挥岗位的要求，对发挥主动性心存畏惧，生怕遭受与被清洗的同僚相同的厄运。第三点最为重要，希特勒认为，既然德国国防军能在不到30天内前进300千米击败波兰军队，在大约七周内前进320千米打败法国和低地国家的武装力量，在约两周内前进200—300千米，击败南斯拉夫和希腊，当然也可以在四到五周内粉碎苏联红军，突破250—450千米，前出到西德维纳河和第聂伯河。由于苏联首都莫斯科就在前方450千米处，希特勒合情合理地认为，倘若事实证明他的假设正确无误，德国军队完全可以在发动入侵后的三个月内到达苏联首都。这将使德军在俄罗斯的冬季到来前，于10月份的某一天杀至莫斯科门前。

负责确保德国军队证实希特勒这番假设的人是经验丰富的中央集团军群司令，陆军元帅费多尔·冯·博克，而该集团军群也是三个入侵集团军群中实力最强的一股。博克集团军群编有德国陆军四个强大装甲集群中的两个，将从波兰东部发起对苏入侵，沿西（莫斯科）方向迅速向东推进，歼灭边境地域的苏联红军，夺取明斯克和斯摩棱斯克，尔后径直向东，攻占苏联首都莫斯科。

1941年6月22日—8月6日，中央集团军群的“成就”

1941年6月22日发起突然袭击的博克集团军群，提前完成了希特勒的一切期望。“巴巴罗萨行动”头10天，中央集团军群辖内部队以第3、第2装甲集群为先锋，突破、包围、全歼苏军三个集团军（第3、第4、第10集团军），在此过程中击毙或俘虏50多万红军士兵并夺得了明斯克城。在之后的短短一周多时间里，集团军群数个摩托化军的装甲力量，在从波洛茨克南延至罗加乔夫的这片宽大地带前出到西德维纳河和第聂伯河（7月7日前完成）。仅用两周多时间，中央集团军群便完成了希特勒的首要假设。在西德维纳河和第聂伯河防线出现的苏军新锐集团军并未吓倒中央集团军群，后者继续向东进攻，渡过两条河流，击败苏军遂行防御的五个集团军（第16、第19、第20、第21、第22集团军），夺得斯摩棱斯克城，将苏军三个集团军（第16、第19、第20集团军）包围在城市北面的一个大口袋里。博克麾下力量在25天的战斗中前进约500千米，7月16日攻占斯摩棱斯克，此举使德国军队先前在西方战役期间令人难以置信的高速推进相形见绌。最重要的是，莫斯科就在前方300千米处。基于德军以往的前进速度（每昼夜约20千米，每周140千米），到达莫斯科也就是两三周的事，这使他们得以暂时停下脚步，让部队获得休整、补充和再补给。（参见地图1.1、1.2）

虽然博克不得不暂停集团军群攻往莫斯科的行动约两周时间，以便击败并消灭被困于斯摩棱斯克地域的三个苏军集团军，但他利用这段暂停期，进攻并击败了对集团军群伸展的北翼和南翼构成威胁的大股苏军部队。根据希特勒发起“巴巴罗萨行动”前给予他那些指挥官的指导，中央集团军群侧翼这些成功的行动，是向莫斯科展开一切后续行动的绝对必要的先决条件。根据元首的指示，7月16日至8月6日期间，陆军元帅京特·冯·克鲁格的第4装甲集团军和阿道夫·施特劳斯大将的第9集团军，在4个装甲和摩托化师的暂时性加强下消灭了斯摩棱斯克包围圈。与此同时，赫尔曼·霍特大将第3装甲集群和海因茨·古德里安大将第2装甲集群主力，在斯摩棱斯克东北面和东南面据守一道合围对外正面，阻挡苏军有可能发起的救援行动。沿这道合围对外正面进行的战斗牵制住了霍特和古德里安麾下9个装甲、摩托化师，他们需要抗击苏军五个规模较小、新近组建、仓促集结的集团军（第29、第30、第19、第24、第28集团军）——苏军统帅部和西方面军沿中央集团军群所谓的“东线”、斯摩棱斯克东北面和东面，以及该城东南方的叶利尼亚地域投入这些集团军。

激烈的战斗不仅沿合围对外正面肆虐，还扩大到中央集团军群北翼和南翼。北面，施特劳斯第9集团军约半数力量，在霍特装甲集群1个装甲师和1个摩托化师的支援下夺取涅韦尔地域，以此掩护集团军群北翼。南面，陆军元

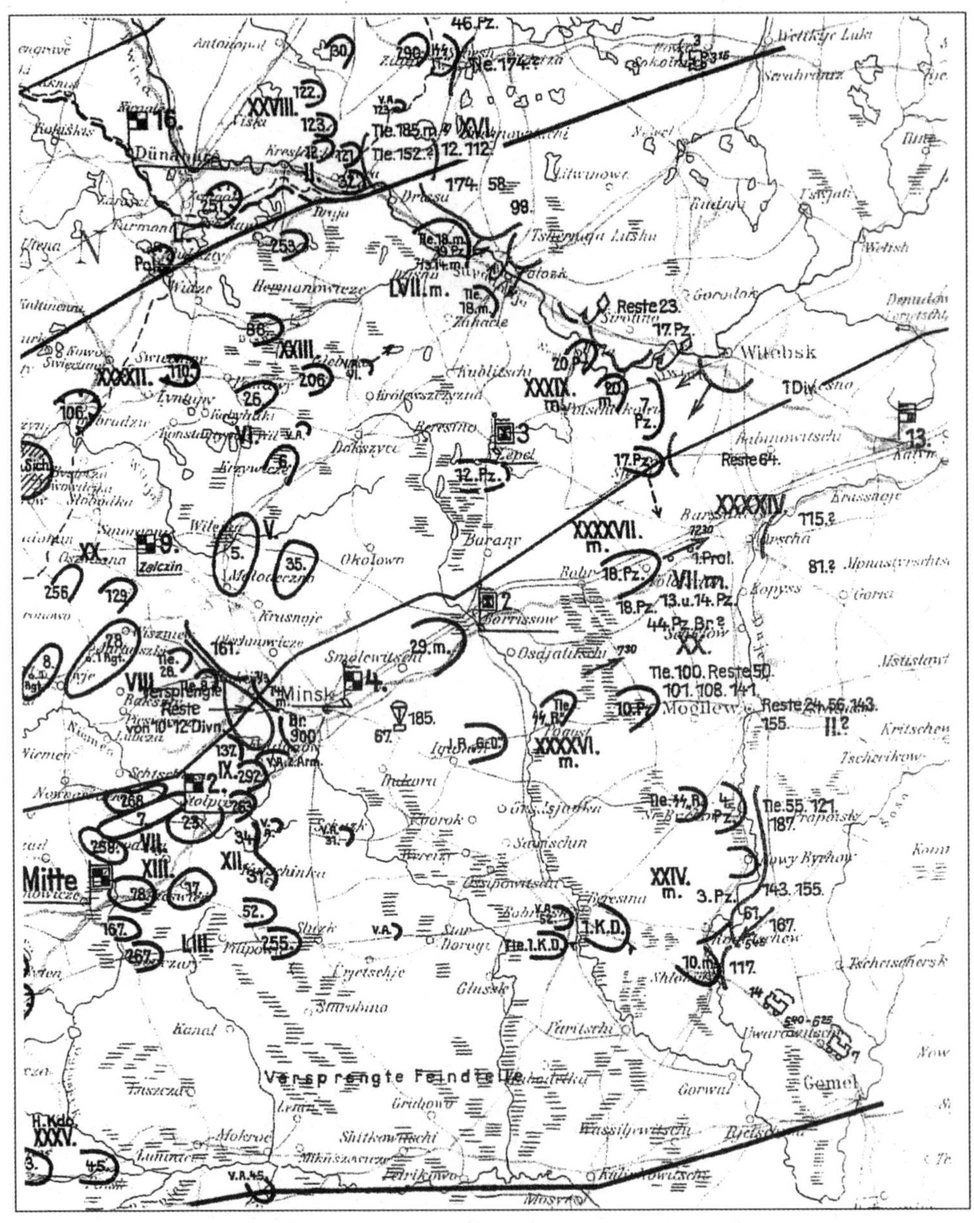

▲ 地图 1.1：中央集团军群的作战态势，1941 年 7 月 7 日晚间（资料图）

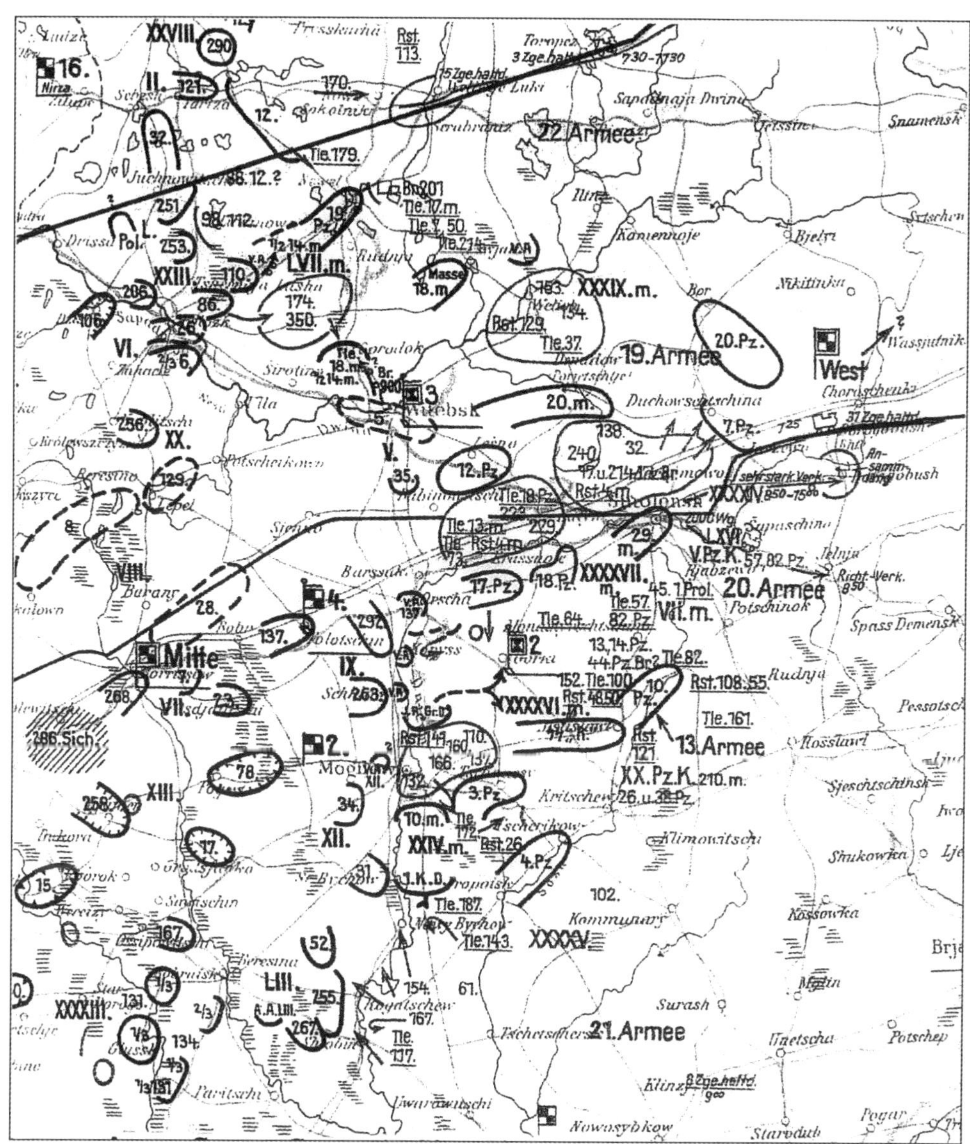

▲ 地图 1.2：中央集团军群的作战态势，1941 年 7 月 16 日晚间（资料图）

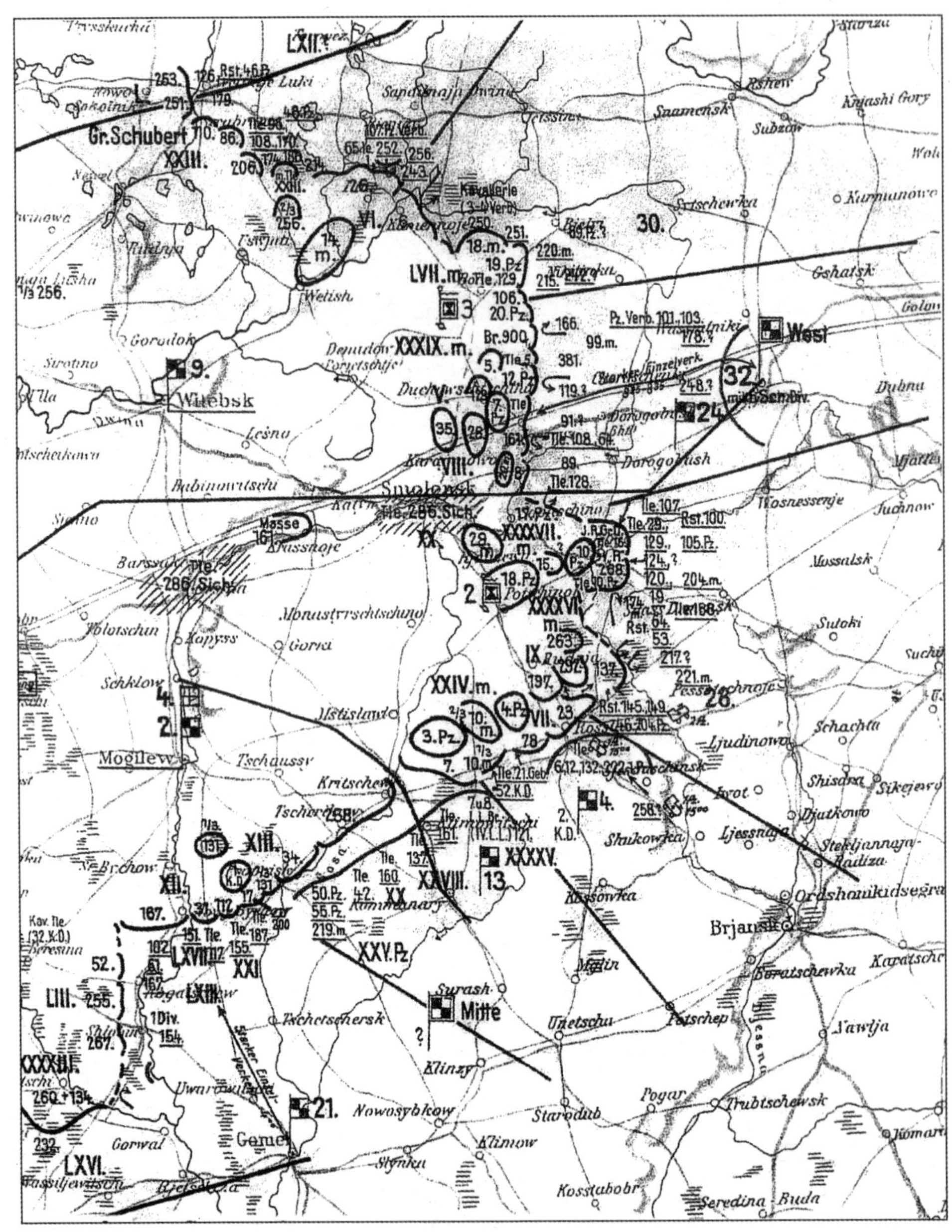

▲ 地图 1.3：中央集团军群的作战态势，1941 年 8 月 6 日晚间（资料图）

帅马克西米利安·冯·魏克斯[①]的第2集团军，在古德里安第2装甲集群2个装甲师和1个摩托化师的支援下，将排列在集团军群南翼的苏军部队推向罗加乔夫和日洛宾并向东攻往索日河一线。最后，8月份第一周，古德里安装甲集群辖内一个摩托化军，对苏军从罗斯拉夫利地域向北攻往斯摩棱斯克的部队遂行打击。在这场仅持续六天的短暂战斗中，古德里安麾下部队包围并歼灭苏军卡恰洛夫集群辖内7个师主力。斯特劳斯和古德里安在集团军群北翼和南翼轻而易举的胜利给希特勒留下了深刻印象。实际上，元首为赢得东线的胜利而调整相关策略时，越来越倾向于在侧翼迅速赢取有利可图的胜利，在他看来，事实证明对莫斯科方向实力最强的红军展开正面突击的代价太过高昂。（参见地图1.3）

因此，8月份第一周结束时，希特勒、国防军最高统帅部（OKW）、陆军总司令部（OKH）和博克元帅有充分的理由为中央集团军群在“巴巴罗萨行动”头六周赢得的胜利感到自豪。在边境地域取得辉煌胜利后这段短暂得令人惊讶的时期内，博克集团军群粉碎了红军沿西德维纳河和第聂伯河部署的第二战略梯队防御，攻占了莫斯科的历史性东部门户斯摩棱斯克，毙伤或俘虏60多万红军士兵，其中大多隶属红军西方面军，目前指挥该方面军的是苏联元帅谢苗·康斯坦丁诺维奇·铁木辛哥。在这场“庞大壮举”的鼓舞下，希特勒和他的大多数高级将领以及德军士兵都认为德国即将赢得一场速胜，向莫斯科发起一场闪电战式的胜利进军将确保这一点。

截至1941年8月6日，中央集团军群的问题

尽管战争头六周德国军队在中央集团军群作战地域赢得了诸多胜利，但几个不祥之兆表明，取得后续胜利可能不像大多数德国人预料的那般轻松。第一个，也是最重要的一个迹象是，希特勒对这场战争的首要假设完全落空。具体而言，他认为一旦德国军队歼灭西德维纳河和第聂伯河以西的红军主力，苏联的抵抗就将土崩瓦解。到7月10日，事实证明这一假设显然不正确。虽然博

① 译注：大将。

克集团军群6月底前歼灭红军西方面军四个野战集团军中的三个（第3、第4、第10集团军），但德军7月7日到达两条河流时，却发现了苏军的另外五个集团军（第16、第19、第20、第21、第22集团军），这些集团军虽说实力较弱，但仍愿意并能够从事战斗。四周后，德军于8月6日前包围并重创五个集团军中的三个（第16、第19、第20集团军），但博克懊恼地发现，他的集团军群不得不面对苏军另外五个新锐集团军（第24、第28、第29、第30集团军和亚尔采沃集群），这些军队团犹如凤凰涅槃般从苏联后方地域出现，为战场上依然完整无损的第13、第21、第22集团军提供补充。另外，德军情报部门不知道的是，另一排苏军集团军（第31、第33、第43集团军）正在深远后方组建。最为不幸的迹象是，尽管德国人热切地认为苏联人的增兵行动将在斯摩棱斯克地域之战结束后告终，但事实上，苏军投入的新锐力量年底前有增无减。[1]

8月初，令德国高级军事领导人们不胜烦扰的第二个迹象是，东线战事在几个重要方面与先前在西线从事的战争截然不同。首先，头六周的战斗表明，“东线千米”与“西线千米”完全不同。具体说来，苏联欠发达的道路体系和铁路系统使用的不同轨距给德军的调动造成了极大的困难。大批土面道路在暴雨期间沦为难以逾越的泥沼，而不同的轨距迫使德国军队在向东推进时不得不重新修建铁路。随之而来的后勤压力，以及重建被炸毁桥梁的必要性，使为前进中的军队提供再补给成了棘手的问题。更糟糕的是，博克两个装甲集群的装甲师和摩托化师，不可避免地在中央集团军群主力前方行动，面临的问题最为严重。简言之，燃料短缺严重限制了这些部队在敌纵深行动的能力。最后一点是俄罗斯的气候，虽说1941年10月前尚未给德国军队的作战行动造成严重影响，但这里明显不同的季节性天气条件，只会加剧德军的另外一些后勤问题。

从战役角度和较小程度的战术角度看，由于存在这些后勤妨碍，德国军队无法在如此庞大、如此落后的战区实施持续不停的闪电战。因此，德国人对“巴巴罗萨行动”胜利前景的另一个重要假设，也就是在西线轻松赢得胜利的闪电战，在东线同样能取得蔚为壮观的胜利，被证明毫无根据。这个假设到7月中旬已被证明是错误的，德军被迫以临时性举措遂行几乎所有的作战行动，在不同的进攻中实施迅猛推进后必然需要进行长时间休整和补充并为部队提供补给。

后续作战行动会遭遇更大困难的第三个迹象是，德国人对苏联红军的假设，具体说来就是他们对红军官兵的态度、士气和作战能力的看法，被证明是失之偏颇的。最初，基于苏联红军1939年9月在波兰、1941年11月至1941年3月在芬兰的表现，德国人并不认为红军官兵面对德军坦克、“斯图卡”战机和训练有素、久经沙场的陆军士兵时会实施顽强抵抗。虽说这种假设部分基于客观分析，但主要源自根深蒂固的纳粹意识形态和种族理论，这些理论固执地认为，属于劣等种族的斯拉夫官兵不能或不会以同处在优势地位的德国对手相称的水平从事战斗。这种假设的推论是，就算不是大批苏联民众（白俄罗斯人、乌克兰人和高加索地区的许多民族），最起码红军官兵也会对斯大林和共产主义制度深恶痛绝。因此，德国人推断，只要一有机会，红军官兵就会放下武器投降，或干脆开小差，消失在俄罗斯的乡村。

但是到8月初，战场上的现实表明这些假设是错误的。虽说的确有大批红军士兵投降或投敌（军官少得多），但即便没有数十万，也有数万名红军士兵英勇奋战——通常是以近乎自杀的方式，并在抗击德国入侵的战斗中牺牲。因此，虽然许多德军官兵对自己赢得的诸多胜利充满热情，但他们有理由怀疑是否还能轻而易举地取得后续胜利。

1941年6月22日—8月6日，苏联面临的问题

尽管德国人面临许多问题，可是苏联政治、军事领导者和红军指战员在1941年7月和8月份第一周同样面对着前所未有的考验和艰巨的挑战。无论以何种标准衡量，7月和8月初的战斗都给红军造成了一场场灾难和一连串看似永无止境的重大危机。最令人沮丧、最让人不安的现实是，战争头六周，苏联红军和平时期的兵力折损三分之一，可能多达150万名官兵，到1941年8月底，这个数字将无情地攀升到近300万。由于这段时期的激烈战斗使红军丧失了训练有素的士兵，这种情况在整个夏季不断加剧，他们不得不以只受过部分训练的预备役人员和从苏联辽阔国境内征召、基本未受过训练的新兵从事战斗。红军高级指挥员们别无选择，只能在同训练有素、装备精良、获得出色领导的德国军队进行战斗时教育并训练他们的下级指挥员和士兵。随着时间的推移，凤凰涅槃般出现的新集团军在一定程度上减缓了灾难，但长长的、令人沮丧的被歼灭

或遭重创集团军的名单，生动强调了这些灾难前所未有的规模。

这种可怕的局面还因政治因素而加剧：红军军官团里充斥着“政治”将领和20世纪30年代后期大清洗中侥幸生还的将军们，他们发现，面对闪电战的严峻形势，以自己的能力远远无法胜任其指挥职务。结果，在战前几年经历政治清洗后，红军指挥员们又在战争头六周遭受了一场不折不扣的“战斗清洗”。在这场优胜劣汰的过程中，这些指挥员同样在战场上接受教育和训练并亲自率领他们的部下一同走向死亡。但反过来看，7月和8月初的战斗也表明，这个规模庞大、水平参差不齐的军官团中，的确有许多高级指挥员在战斗中展现出了自己的能力，他们知道如何战斗、如何生存，这一点也许并不令人惊讶。除了著名的朱可夫将军，另一些将领，例如铁木辛哥、科涅夫、罗科索夫斯基、库罗奇金和普利耶夫，也在7月交战中生还下来，从而在后续战斗中率领方面军、集团军和军。最具能力的生还者当属科涅夫和罗科索夫斯基，1945年4月和5月胜利征服柏林期间，他们负责指挥红军最负盛名的白俄罗斯第1、第2方面军[①]。

简言之，虽然遭遇诸多失败、危机和问题，但红军1941年7月和8月初经受住了战争的考验和挑战。8月初，斯大林发现了一批堪称斗士的将领并以其组成坚定的战斗核心，得益于他们付出的巨大努力，以及数十万红军士兵的坚忍耐力，最高统帅部大本营和苏联红军组织起了更坚决的防御和更强大、更猛烈的反攻，从而摆脱了失败和后撤的羁绊。

1941年8月6日—24日，中央集团军群的“成就”

从表面上看，中央集团军群1941年8月份头三周在斯摩棱斯克地域从事的战斗，在几个重要方面值得注意（关于这段时期大多数历史著作都如是描述）。首先是8月份第一周，博克集团军群取得了两场重要胜利。先是第9和第2集团军的步兵力量最终肃清了斯摩棱斯克包围圈，从表面上看消灭了苏军三个集团军的部队并在该城东面恢复了一道坚固防线。几乎在这同时，古德里安

---

① 译注：科涅夫指挥的是乌克兰第1方面军。

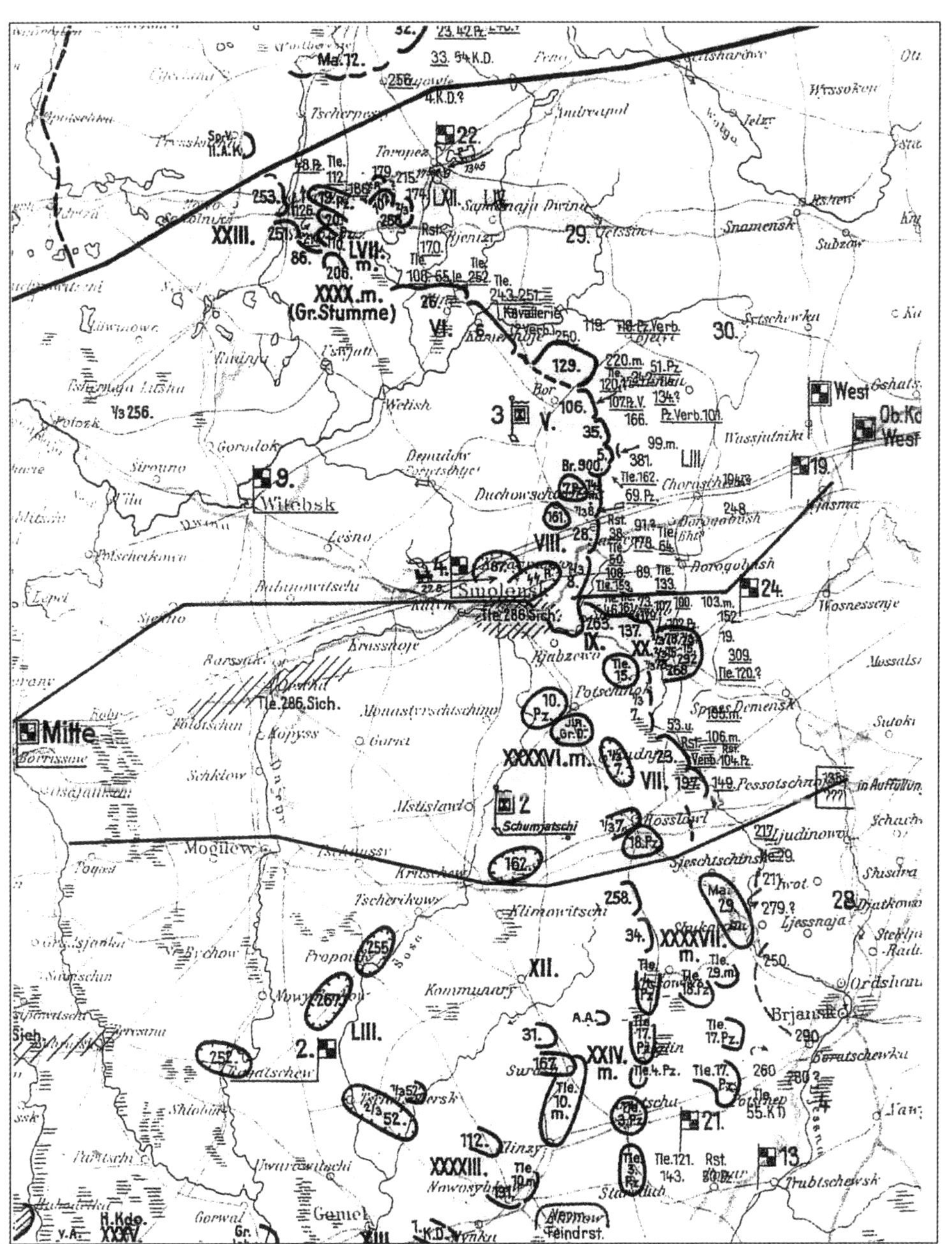

▲ 地图 1.4：中央集团军群的作战态势，1941 年 8 月 24 日晚间（资料图）

集团军级集群第24摩托化军在罗斯拉夫利地域粉碎了卡恰洛夫集群，导致铁木辛哥诸战役集群令德国人大伤脑筋的反攻戛然而止。不到10天，古德里安转身向南，渡过索日河，他的装甲力量和魏克斯第2集团军的步兵就此开始了一连串看似永无止境的迅猛突击，最终以夺取戈梅利达到高潮，从北面对基辅构成真正的威胁，又给苏军最高统帅部造成一场危机。

这段三周时期的另一端，也就是8月份第三周，希特勒不顾博克的强烈反对，要求中央集团军群对铁木辛哥西方面军发起另一场成功打击。这一次，第3装甲集群相当一部分装甲力量，以施图梅集群为主力（中央集团军群已将其悄然变更部署到左翼），在大卢基地域对毫不知情的叶尔沙科夫第22集团军展开一场毁灭性打击。德军发起突然袭击，一周内，施图梅集群麾下力量粉碎、重创进攻中的第22集团军，攻占大卢基，将叶尔沙科夫集团军半数力量消灭在该城东南方的包围圈内。施图梅的部队几乎毫不停顿，立即向东进击，威胁托罗佩茨和旧托罗帕，迫使马斯连尼科夫第29集团军减缓进攻并抽调部分兵力，以免西方面军右翼陷入灭顶之灾。

因此，8月份头三周，中央集团军群将苏军三个集团军（第16、第19、第20集团军）主力从斯摩棱斯克地域的红军作战序列中抹去，在罗斯拉夫利地域歼灭第四个集团军（第28集团军），在大卢基周边森林重创第五个集团军（第22集团军），迫使第六个集团军（第21集团军）弃守戈梅利，第七个集团军（第29集团军）不得不削弱他们在西方面军计划于8月底和9月初实施的反攻中发挥的作用。这些胜利的规模令人印象深刻，博克集团军群在斯摩棱斯克东面和东北面击毙或俘虏4万多名红军士兵，在戈梅利地域击毙或俘虏约9万人，在罗斯拉夫利和大卢基又击毙或俘虏6万名红军士兵，无疑有力地证明了这一点。不管怎么说，他们消灭的红军超过19万，这个数字的确很惊人。（参见地图1.4）

1941年8月6日—24日，德国人面临的问题

与德国人赢得的这些胜利同样引人瞩目的是，另外几个严峻的现实也证明这些胜利具有欺骗性，至少在某种程度上是这样。首先，虽然西方面军和中央方面军在短短三周内损失超过19万人的确很可悲，但同战争爆发后西方面军在六周内折损40多万人相比，19万人的损失相形见绌。事实上，虽然蒙受了这些

损失，但苏联动员体系征召的新兵超过1000万，6月底前为80万人，7月份又动员了60万人，8月份的动员人数也差不多，这些人员中，超过半数派往沿西（莫斯科）方向行动的西方面军、预备队方面军和中央方面军。在此期间，国防人民委员部（NKO）动员并投入的步兵师，其番号7月份为从第250至第316，8月份为从第317至第384。另外还有8月初组建的、番号为100系列的坦克师，这些师，约半数加入沿西方向行动的诸方面军，大多数缺乏训练，装备不佳，但他们的战斗部署证明了一句古老的格言：双拳难敌四手，恶虎还怕群狼。

另外，更重要的是，正如本书引用的记录清楚表明的那样，虽然红军存在许多问题，但1941年8月指挥红军各集团军和各师的是在战争头六周生还下来的将军和上校们，诸如科涅夫、利久科夫、尤什克维奇和另外几十名指挥员，他们的确在学习如何同欧洲最具成就的军队——德国陆军进行战斗。

其次，虽然铁木辛哥的西方向总指挥部和西方面军、预备队方面军、中央方面军的确在8月份第一、第三周遭遇惨败，但这两周间，铁木辛哥组织了一场大规模反攻，给博克中央集团军群造成了严重破坏，首先是战斗损失方面，但更重要的是在信心和士气方面。尽管参加铁木辛哥8月中旬反攻行动的大多数集团军未能取得战役性胜利，更不必说战略性胜利了，但他们确实赢得了史无前例的战术性胜利并给博克集团军群造成了真正的破坏。科涅夫第19集团军沿沃皮河展开的进攻表现得尤为突出，这番冲击重创了德军第161步兵师并给德军第28和第5步兵师造成严重破坏，还挫败了德军第7装甲师发起的一场大规模反冲击，这在苏德战争中尚属首次。霍缅科第30集团军的行动也可圈可点，虽说不够连贯，但还是导致德军第106步兵师伤亡惨重。马斯连尼科夫第29集团军沿西德维纳河缓慢但颇具破坏力的突击同样如此，给德军第26和第6步兵师造成严重破坏。拉库京第24集团军对叶利尼亚猛烈的、有些徒劳的进攻同样功不可没，虽然未获成功，但给武装党卫队“帝国”摩托化师，第20军第15、第268、第292步兵师，以及第9军第263、第137步兵师造成了严重损失。

德国第9集团军斯摩棱斯克以东战线的情况说明了这个问题，也加剧了德军高级指挥层的沮丧之情。集团军群司令博克8月3日汇报说，第9集团军第8和第5军在斯摩棱斯克合围战期间“遭受严重伤亡，特别是军官”。8月12日，他又在日记中透露，“如果俄国人不会迅速崩溃，那么，在冬季到来前击败并歼灭他们的目标就很难实现”。[2] 8月份第三周结束时，斯摩棱斯克以东战线的情况变得极其危急，以至于博克在日记中写道：

现在看来，“东部战线”坚守不了太久。我被迫将辛辛苦苦拼凑起来的预备力量分散出去，希望在我战线后方发起的进攻能实现一定程度的安全，以免防线遭突破。

赢得诸多胜利后，倘若东线战役的良机在我集团军群惨淡的防御作战中悄然流失，这不是我的责任。[3]

当然，这反映出博克对希特勒坚持要求进军莫斯科前先行肃清中央集团军群侧翼的失望之情。

在博克和其他集团军群司令看来，更糟糕的是他们没有必要的预备力量弥补自身蒙受的损失。例如，哈尔德8月2日在日记中写道，自“巴巴罗萨”入侵以来，中央集团军群已损失74500人，只获得23000名补充兵。其结果是，第9集团军目前短缺15000人，第2集团军缺30000人，第3装甲集群缺4000人。8月28日，哈尔德又在日记中写道，中央集团军群第2、第3装甲集群辖内各装甲师，平均每日可用的坦克数量为编制数量的45%，第7装甲师最低，仅为24%。[4]这些损失（以及装甲掷弹兵的惊人损失）中的大多数发生在7月下旬和8月初沿斯摩棱斯克合围对外正面行动期间，当时他们同提供支援的步兵师相隔绝。

如果说中央集团军群的装甲师，特别是其摩托化步兵力量，7月份下半月遭受的损失占了集团军群总损失的很大一部分比例，那么在8月份，这种厄运降临到了集团军群辖内的步兵师头上。因此，随着霍特装甲主力北调，第2装甲集群大部向南展开行动，德国第9和第4集团军辖内步兵师最终负责抗击铁木辛哥在斯摩棱斯克东面和东北面的猛烈而又持续的突击，以及朱可夫在叶利尼亚地域的进攻。正是在这些地段，10个德军步兵师的实力遭到削弱，战斗力等级也从“强”“中强”降为“虚弱”甚至“耗尽”。

斯摩棱斯克以东和叶利尼亚地域的激烈战斗渐渐说服希特勒，同铁木辛哥展开一场猫鼠游戏，也就是停止代价高昂的东进，先解决中央集团军群北翼和南翼遭受的威胁。希特勒的这一决定，显然源自他对中央集团军群没能以他认为及时的方式肃清斯摩棱斯克包围圈而产生的受挫感。霍特和古德里安麾下装甲师坚守斯摩棱斯克东面的合围对外正面，抗击苏军越来越猛烈、越来越疯狂的反冲击期间遭受损失的痛苦经历，以及古德里安在罗斯拉夫利看似轻而易举的胜利，只是加强了这种挫败感。造成这种受挫感愈发强烈的是，德军步兵师8月中旬继续在斯摩棱斯克以东和叶利尼亚地域流血牺牲，而古德里安的装甲力量在索日河和克里切夫又一次轻松赢得了胜利。

1941年8月下旬，交战双方的策略

1941年8月头三周，约瑟夫·斯大林、苏联总统帅部大本营、红军西方面军和预备队方面军同他们的德国对手希特勒、国防军最高统帅部、陆军总司令部、中央集团军群展开了一场致命的猫鼠游戏。8月6日肃清苏军被困于斯摩棱斯克地域的三个集团军后，希特勒决定恢复德军的突击势头，遂命令博克集团军群展开一连串进攻，意图肃清对中央集团军群南翼和北翼构成威胁的红军部队。事实证明这些进攻相当成功，同希特勒给予他那些高级将领关于如何实施“巴巴罗萨计划”的初期指导紧密相关。具体而言，希特勒1941年7月中旬至8月中旬下达的第33、第34号指令及相关补充规定，要求德国军队在动身赶往莫斯科前，先行肃清中央集团军群侧翼之敌。这反映了希特勒1941年12月5日①给他那些将领们下达的指示，当时他告诉他们，“是否向莫斯科或莫斯科以东地域进军的决定，应到被困于预期中北部和南部包围圈内的大股俄军遭歼灭后再做出。重要的是绝不能让俄国人建立一道后方防御阵地”[5]。

这一切都为希特勒8月中旬后同铁木辛哥西方面军进行的猫鼠游戏提供了背景和动力。希特勒不愿冒险攻往莫斯科，在他看来，苏军在该方向似乎部署了最为强大的防御。相反，他决定沿抵抗最薄弱、代价最低廉的路径行进，打击苏军沿西方向部署的防御之侧翼。8月份第三周结束时，尽管博克、古德里安和其他高级将领强烈反对，但希特勒的决定正取得重大战果，首先是因为元

① 译注：应是1940年12月5日。

首赢得了这场猫鼠游戏。此时，古德里安不仅打垮了中央方面军，还构成将预备队方面军与据守基辅接近地的西南方面军隔开的威胁。与此同时，第3装甲集群的施图梅集群以低廉的代价给铁木辛哥西方面军右翼造成严重破坏，重创苏军第22集团军并迫使第29集团军停止参加西方面军雄心勃勃的反攻。

反过来说，希特勒这场猫鼠游戏在8月份第三周赢得了显而易见的有利战果，也为8月份最后一周和9月初将要发生的事情提供了背景和动力。虽然德国人在西方面军左右两翼赢得胜利，但铁木辛哥这位方向总司令和他在莫斯科的上级依然坚信，夏季战局的最终结果将在斯摩棱斯克地域决定。如果说希特勒估计到了失败的风险，从而将装甲力量调离莫斯科方向，把中央集团军群两个装甲集群派至侧翼，为西方面军截至8月24日在斯摩棱斯克以东地域实现战术性胜利提供了有利条件的话，那么，苏军最高统帅部大本营也许认为，8月底和9月初坚持实施打击中央集团军群几乎没有坦克力量的“东线”的策略，也许能取得进一步的战役性乃至战略性胜利。

基于这些判断，加之斯大林和大本营完全认同，8月份最后一周到来时，铁木辛哥着手策划一场新的、规模更大的反攻，这次将投入三个、而非两个方面军的力量，并且会获得大本营提供的援兵加强。反过来说，苏军这场新反攻将彻底决定希特勒为实现“巴巴罗萨计划”中提出的目标而采用的策略。

注释

1. 简言之，这些集团军包括6月底和7月初的5个（第16、第19、第20、第21、第22集团军），7月中旬和下旬的12个[第24、第28、第29、第30、第31、第32、第33、第34、第35（后改为第49）、第43、第53、第57集团军]，10月初的3个（第5、第49、第50集团军），11月和12月初的10个（第10、第26、第39、第56、第57、第58、第59、第60、第61集团军和突击第1集团军）。参见戴维·M.格兰茨，《巨人重生：战争中的苏联红军，1941年—1943年》，堪萨斯州劳伦斯：堪萨斯大学出版社，2005年。

2. 费多尔·冯·博克，《陆军元帅费多尔·冯·博克：战时日记，1939年—1945年》，宾夕法尼亚州阿特格伦：希弗军事历史出版社，1996年，第271、281页。

3. 同上，第292—293页。

4. 查尔斯·伯迪克、汉斯-阿道夫·雅各布森译，《哈尔德战时日记，1939年—1942年》，加利福尼亚州诺瓦托：要塞出版社，1988年，第493、519页。

5. 戈特哈德·海因里希著，约瑟夫·韦尔奇译，《对苏作战》第一卷（未出版），华盛顿特区：美国陆军情报处，1954年，第85页。（德文手稿收藏于美国国家档案馆）以及《国防军指挥参谋部战时日志》第27—28条，收录于佩尔西·E.施拉姆主编，汉斯-阿道夫·雅各布森编撰并评述，《国防军最高统帅部战时日志，1940—1945年（作战处）》，美茵河畔法兰克福：伯纳德＆格雷费出版社，1965年。关于这份重要文件另可参阅《1940年12月5日与元首的谈话》（Vortrag beim Fuhrer am 5. Dezember 1940），收录于《最高统帅部战时日志》第一册，1940年8月1日—1941年12月31日，第981—982页，41项。这份谈话记录对理解希特勒坚持要求夺取莫斯科前先行消灭中央集团军群侧翼的大批苏军有生力量至关重要。

第二章
北翼，施图梅集群攻往托罗佩茨，1941年8月22日—28日

背景

8月22日，德国总理阿道夫·希特勒突然结束与铁木辛哥元帅进行的猫鼠游戏。当天，中央集团军群第9集团军司令施特劳斯将军投入施图梅集群，打击铁木辛哥方面军之右翼。突然展开袭击的施图梅集群以第19和第20装甲师为先锋，对叶尔沙科夫将军毫无防备的第22集团军施以毁灭性打击。实际上，德国人8月22日晨发起突击时，叶尔沙科夫集团军正继续遂行他们在前一天开始的进攻行动。结果，叶尔沙科夫前进中的步兵师在最为脆弱、完全无法保护自己之际遭到克诺贝尔斯多夫和施通普夫麾下装甲力量的打击。两个德军装甲师向北疾进，穿过比留科夫上校步兵第186师混乱而又惊愕的步兵队列，8月22日取得25千米进展，切断大卢基以东25千米的主要公路和铁路线。两个装甲师毫不停顿，次日左转，向西攻往大卢基，傍晚前到达该城东郊。装甲师身后，施图梅集群提供支援的两个步兵师（第102、第256师）沿公路和铁路线全力向东，前出到从日日茨科耶湖北岸向北延伸的一片15千米宽地段，位于大卢基以东45千米，托罗佩茨城西南方35千米，这片地域先前属于第22集团军的深远后方。（参见地图2.1、2.2）

24小时后，即8月24日黄昏时，叶尔沙科夫第22集团军陷入包围已成现实。施图梅集群以两个步兵师从东面掩护大卢基远接近地，集群主力形成一道

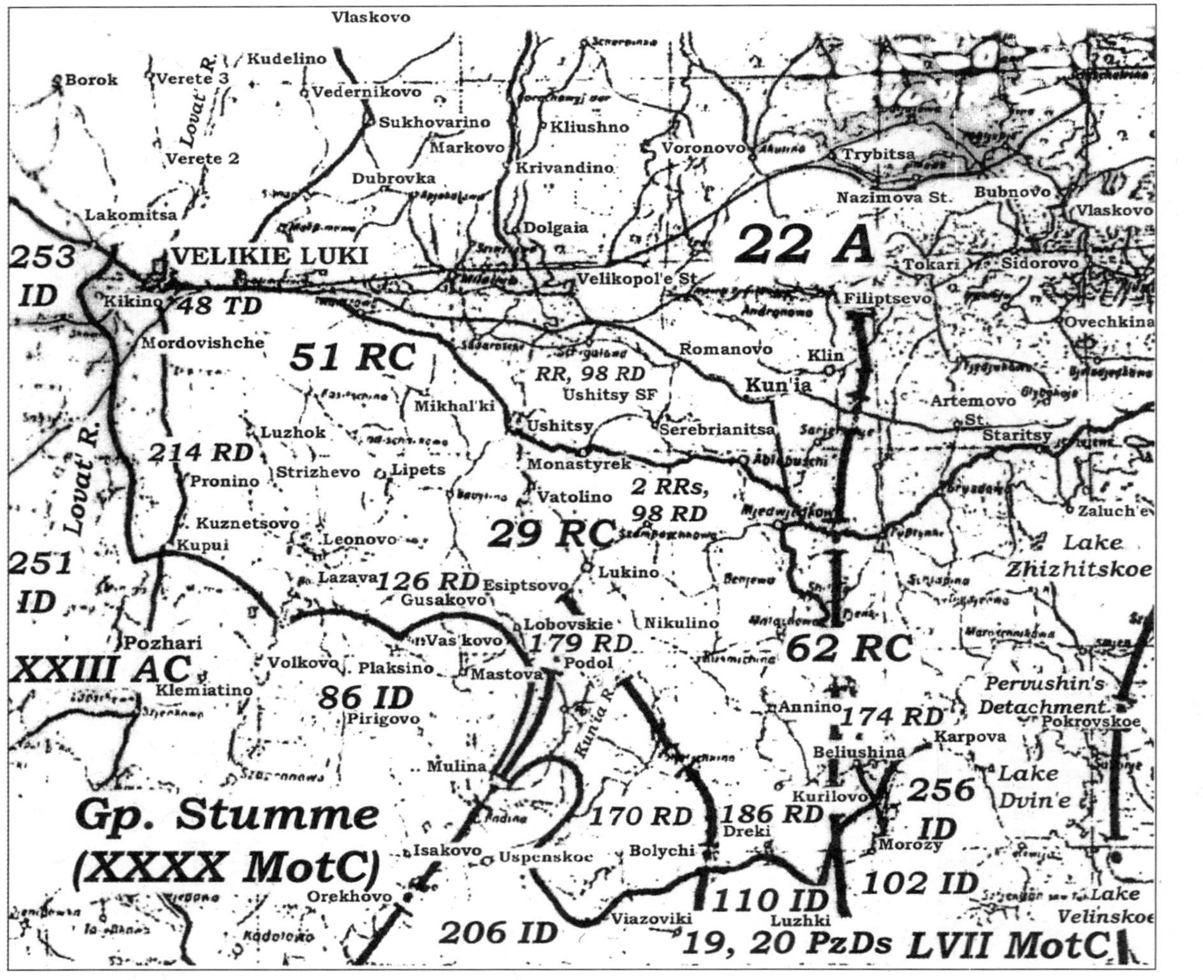

▲ 地图 2.1：第 22 集团军的作战地域（资料图）

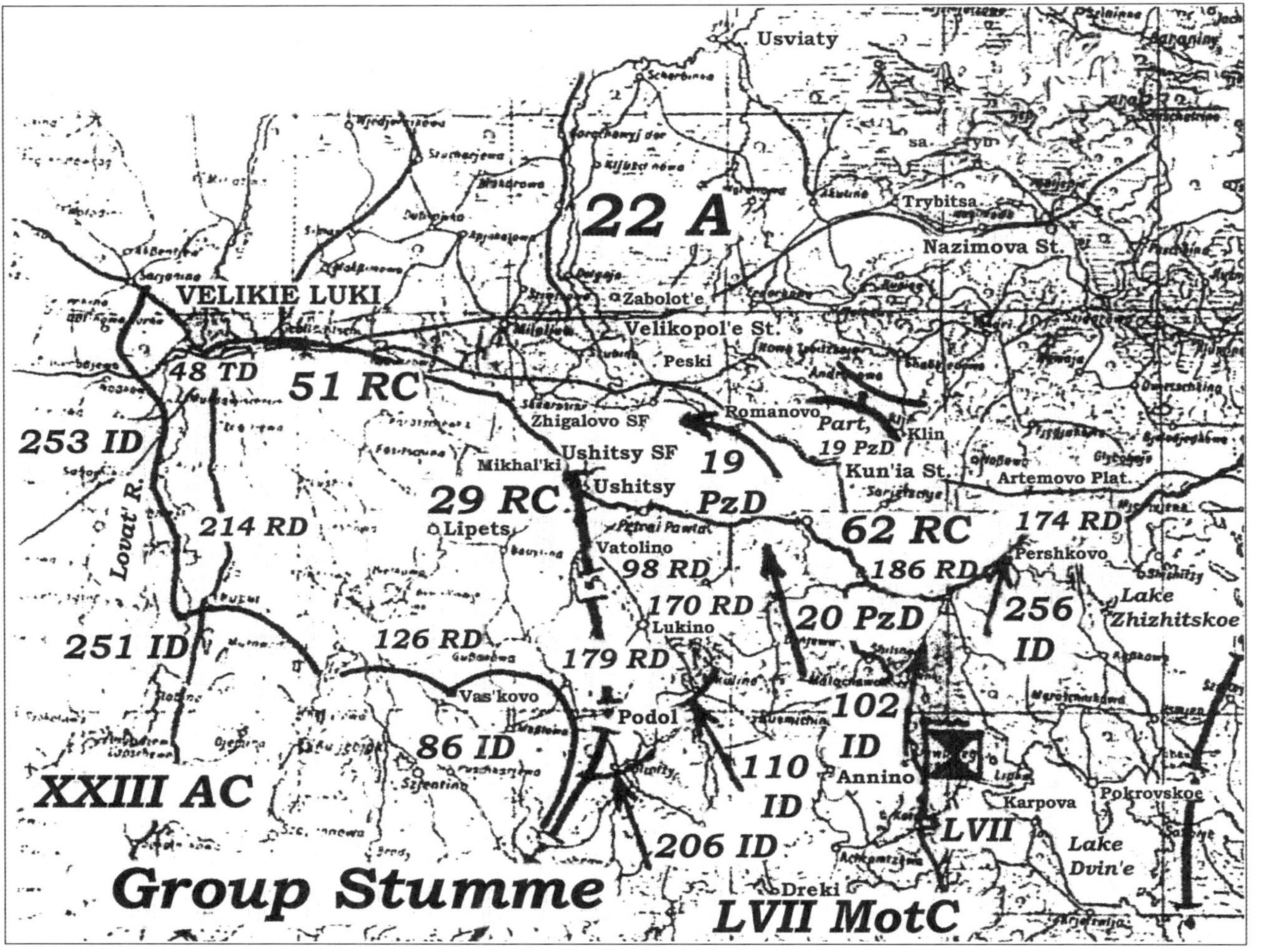

地图 2.2: 施图梅集群的突击，1941 年 8 月 22 日（资料图）

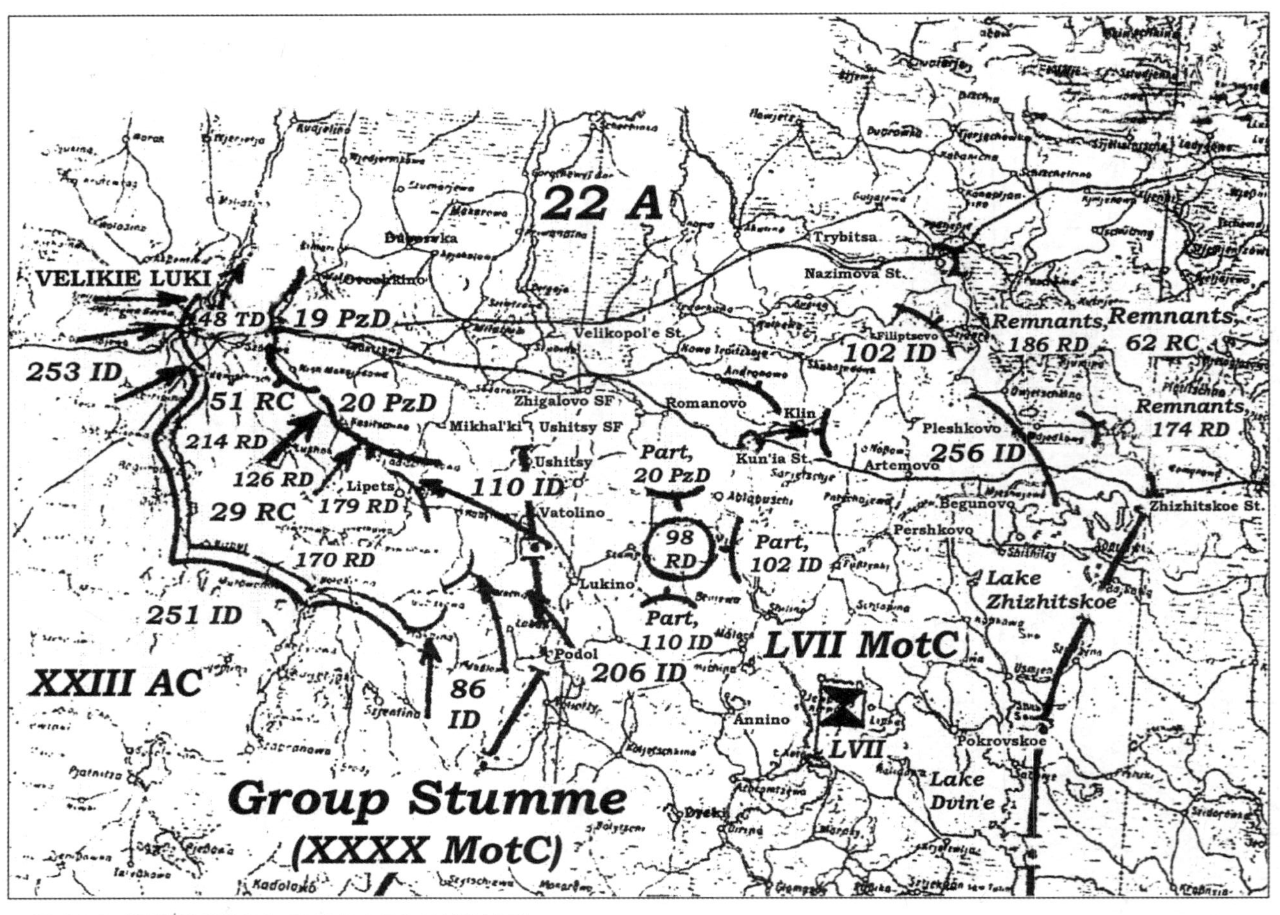

▲ 地图 2.3：施图梅集群的突击，1941 年 8 月 24 日（资料图）

铁环，将叶尔沙科夫集团军主力困在大卢基及其东南面一个不断缩小的包围圈内。同命运多舛的第22集团军失去联系后，西方面军和友邻的第29集团军竭力弄清实际情况，然后采取措施，设法缓减方面军右翼遭受的破坏。西方面军8月24日日终时终于明白第22集团军作为一股作战力量已不复存在，遂匆匆采取各种行动，力图恢复右翼的部分稳定性。除了关于第22集团军的坏消息外，该集团军可能遭遇惨败的前景也让铁木辛哥极其不安，这会对计划中的全面反攻造成潜在的负面影响。（参见地图2.3）

因此，8月22日夜幕降临时，一场新的竞赛正在进行，这场竞赛具有重要的战略意义。简单地说，这是铁木辛哥西方面军计划于9月1日发起的反攻与中央集团军群辖内集群已展开的反突击之间的一场角逐，其结局取决于哪一方能给另一方造成严重破坏并迫使对方放弃行动。

8月22日—24日，第22集团军遭包围，苏军指挥的混乱

叶尔沙科夫麾下部队在包围圈内覆灭或向东北方穿过德军交叉火力逃离大卢基地域时，铁木辛哥西方面军、第22集团军后勤部队组成的战役集群、马斯连尼科夫第29集团军正竭力阻挡向东进击的德军，以期恢复对态势的控制。这一点尤为重要，因为8月25日黄昏时，施图梅集群辖内第102步兵师到达并夺取纳济莫沃车站，该车站位于托罗佩茨以西32千米的铁路线上，是第22集团军司令部原驻地。南面，沿公路和铁路线同时向东推进的德军第256步兵师到达祖耶沃，位于托罗佩茨、洛戈沃（Logovo）西南方22千米的公路上和日日茨科耶湖北岸，就在日日察车站以西8千米，旧托罗帕西面25千米。这场推进还使施图梅集群的先遣力量到达第29集团军右翼正北面25千米处。

8月25日10点15分至10点40分，西方面军参谋长索科洛夫斯基再次同第22集团军战役集群现任参谋长内里亚宁上校通话，试图弄清混乱的情况：

索科洛夫斯基——叶尔沙科夫今天有什么新消息？您最后一次通过电台同他联系是什么时候？他目前在何处，正做些什么？

内里亚宁——8月24日19点30分到8月25日9点20分，没有用电台联络叶尔沙科夫。我们刚刚收到他发来的一份电报，正在解码。我会尽快以加密电报

（向您）汇报。最后一次无线电通话是8月24日16点左右，他命令我们提供乌希齐地域的空中侦察信息。我不知道他8月25日的作战意图。

我们今晚还收到派去协助叶尔沙科夫的支队发来的急电。8月23日—24日夜间，该支队位于韦利科波利耶车站东南面的森林内，在该地域未发现敌人。我告知叶尔沙科夫，敌人没有发现我们的炮兵仓库，这座仓库依然完好无损。该支队还在森林内遇到一群我军士兵，有500—600人，部分人员携带着武器，还有些人手无寸铁，率领他们的是集团军司令部一名副处长。据他们当中的一名指挥员报告，敌人虚弱地控制着大卢基—托罗佩茨铁路线北面的公路，该地域只有一些相互隔绝的群体。

索科洛夫斯基——您现在用电台联系叶尔沙科夫了吗？

内里亚宁——我们刚刚收到萨莫欣（步兵第29军军长）发来的一封电报，叶尔沙科夫应该和他在一起。从电报的内容判断，他或许在那里。这封电报还没有解码，我无法准确汇报究竟是叶尔沙科夫还是萨莫欣发来的。

索科洛夫斯基——立即用加密电报问问叶尔沙科夫在哪里，在做些什么，总之，问问他情况如何。尽快解码电报，然后立即把它发给我。集团军辖内，成功集结在托罗佩茨和旧托罗帕地域的部队有哪些？

内里亚宁——这些部队正在战斗，仍位于作战地段，我们集结起约600人；昨天我们把400名武装士兵派往这些地段，还沿中间线拦截了约300名士兵并把他们派往作战地段。我们尚未收悉关于人员和武器确切数字的报告。我们主要在斯克沃尔措沃车站地域（托罗佩茨西南偏西方20千米）集结没有武器的士兵。

索科洛夫斯基——您有没有向纳济莫沃、从日日察车站向西组织侦察？

内里亚宁——我们已组织侦察，主要以指挥员搭乘车辆实施巡逻。

索科洛夫斯基——请具体汇报。您派出哪些支队实施侦察，何时，沿何方向，他们汇报了哪些敌情？航空兵今天采取了什么行动？谁在支援叶尔沙科夫，您有没有同他们联系，您是否按照叶尔沙科夫的要求或基于您自己掌握的敌情给他们分配任务？

内里亚宁——我再说一遍，我们没有同叶尔沙科夫取得联系，他没有下达，也不可能下达任何命令，我不掌握相关情况。我们沿12个方向组织了侦察。我将以加密电报向您详细汇报我们已采取的所有措施。

索科洛夫斯基——尽快把叶尔沙科夫刚刚发来的电报传给我。

内里亚宁——明白，但无法确定这封电报是不是叶尔沙科夫发来的。

索科洛夫斯基——采取措施，同叶尔沙科夫建立无线电联络。[1]

这番交流不仅说明了托罗佩茨西面的紧张局势，以及苏军指挥部门对叶尔沙科夫和第22集团军的命运知之甚少，还强调了索科洛夫斯基越来越强烈地感觉到了挫败，毫无疑问，身处莫斯科的上级部门同样如此。

内里亚宁同索科洛夫斯基交谈时，第22集团军战役集群指挥员费多罗夫上校想方设法搜罗部队守卫托罗佩茨和旧托罗帕并拦阻、集结、组织第22集团军向西溃逃的散兵游勇，把他们编入作战部队，参加防御作战。这涉及以集团军后方地域炮兵力量组成的营级支队和一批临时性混成支队的组建和部署，其中部分支队纯属拼凑而成。另外，由于德国人缓慢而又稳定地向东推进，费多罗夫下达的命令往往几个小时后就会失效，因而他不得不更改各支队的编成并赋予他们新任务。例如，8月25日12点至8月26日2点这12小时内，费多罗夫给他的战役集群下达了三道命令，涉及的部队编成和任务都有所不同：

8月24日中午——第22集团军战役集群第18号战斗令

· **敌人的情况**——大股敌坦克和摩托化部队突破第22集团军防线左翼，朝北面和西北面发展突破，夺得韦利科波利耶车站（大卢基以东16千米）和乌希齐国营农场（大卢基东南偏东方18千米），并以先遣部队攻占皮亚特尼茨科耶（科多斯诺车站东北方10千米，大卢基以东55千米）和纳济莫瓦（大卢基东北偏东方35千米）地域。

· **第29集团军（以及第22集团军以包围圈外部队组成的战役集群）的情况**——左翼力量继续进攻，以期歼灭敌伊利因诺集团；余部转入防御，设法肃清沿勒热夫方向达成突破之敌。

· **战役集群的任务**——据守波多利纳（托罗佩茨西北方24千米）、托罗佩茨、谢利斯科耶湖（托罗佩茨以南12千米）一线，前沿阵地设在切尔诺斯季河、杜布罗夫卡、波奇诺克、巴尔苏基、皮亚特尼茨科耶、塔拉索夫卡一线（托罗佩茨以西40千米至西南方23千米）。

·辖内各部队的任务：

★榴弹炮兵第709团——据守波多利纳、哈道索瓦、179.1高地、加涅沃地段（托罗佩茨西北方24千米），阻止小股敌军突向舍伊诺、莫罗什基诺和加涅沃。

★自动武器第196营——据守卡尔帕瑟、191.9高地、208.3里程碑、卡梅斯塔亚地段（托罗佩茨西北偏北方21千米）。

★高射炮兵第137营（与独立反坦克炮兵第13营）——据守199.5、239.5高地和泽尔内地域（托罗佩茨以北10千米），防止敌人从西北面突向托罗佩茨。

★摩托化步兵第38营——据守戈尔卡、亚什基诺、199.2高地、马尔秋霍瓦地段（托罗佩茨西南偏西方45千米）。

★榴弹炮兵第390团（与独立反坦克炮兵第179营）——据守192.2高地、泽利科夫斯科耶湖、哈里诺、扎列奇耶地段，防止敌人突向托罗佩茨。

★榴弹炮兵第360团（与榴弹炮兵第615团）——据守沙特雷、阿尔秋霍沃、洛索奇地域，并在新布里季诺和米哈利地段构筑斜切阵地。

★军属炮兵第56团——据守洛索奇、191.9高地、里亚斯洛、加利亚诺沃地段。

★卡德申少校的混成支队——据守靠近埃基米诺和100.9高地，以及153.7高地、佩斯基、卡巴尼哈附近的路口，并在奥泽列茨（托罗佩茨以西35千米）保留一股预备力量。

★拉特金上尉的混成支队——据守波奇诺克和巴尔苏基地域（托罗佩茨西南偏西方25千米），并在斯克沃尔措沃车站（托罗佩茨西南偏西方17千米）附近保留一股预备力量。

★反坦克炮兵第697团——据守230.6高地、拉伊纳、塔拉索夫卡（托罗佩茨西南方25千米）地域，并在鲁萨诺沃和225.3高地地域（托罗佩茨西南方15千米）保留一股预备力量。

·**特别指示**——做好8月25日18点开火的准备，并完成主防御地带的防御工作，不得迟于1941年8月28日。

·**战役集群指挥所**——波德索松耶（托罗佩茨东南偏南方14千米）以东2千米的树林内。[2]

8月26日1点30分——第22集团军战役集群第2/op号战斗令

· **战役集群的任务**——为履行西方面军赋予第22集团军战役集群的任务，我命令：

★安托先科上校的混成支队（及科斯季诺地域的炮兵第697团）

☆歼灭皮亚特尼茨科耶地域（托罗佩茨西南方20千米）之敌，前出到228.6高地、马尔科沃、沙拉波瓦、列夫科沃农场一线（托罗佩茨西南方30千米），尔后向西攻击前进，歼灭敌人并夺取240.8、222.6、226.0、230.5高地、斯塔里齐和叶夫列姆科沃。

☆以至少2个营的兵力从格里希诺、察列沃、布拉亚发起冲击，会同尤尔洛夫少校的支队（隶属于你部）歼灭日日察车站地域（托罗佩茨西南方30千米）之敌，防止敌人向东突破的同时，据守湖泊间的扎谢诺沃、帕希夫基诺、瑙莫沃国营农场地段。

★内里亚宁上校

☆从各后撤部队抽调人员集结一个至少编有2000名战斗兵的支队，派他们步行赶往谢利斯科耶湖、旧托罗帕、谢梅诺夫斯科耶地段（托罗佩茨以南12—35千米）遂行防御，应特别留意扼守日日察车站和旧托罗帕铁路线。从整支部队挑选人员比从多支部队抽调人手更好。

☆将其他部队从奥泽列茨、斯克汉尔措沃车站、小乌斯维亚特集结区（托罗佩茨以西25—35千米）沿切尔诺斯季河、巴拉年基、伊万采沃、巴尔苏基、科列尼多沃、228.6高地一线（托罗佩茨西南方20—25千米）部署，据守这道防线，尔后前出到阿库利诺、奇穆托沃、普列什科沃、小科什基诺、230.5高地一线（托罗佩茨西南方35千米）。

☆根据您现场检查的情况确定占据这道防线的顺序，请同第29集团军司令员相配合，他已将该防线右翼的防御地段交给坦克第48、步兵第126师。

☆以一直坚守前沿防线的部队组成掩护力量，派往以下地点：第一股掩护力量——戈尔基和特罗斯特基诺车站（纳济莫沃车站以西5千米）；第二股掩护力量——纳济莫沃车站和纳济莫沃。

☆绝对禁止您把部队撤往托罗佩茨，即便他们没有武器；相反，应把他们纳入原部队或友邻部队，唯一的目的是遵照西方面军司令员的命令加强前沿防线。

☆您应根据西方面军司令员“坚守指定防线，恢复部队秩序，采取一切手段加强前沿防线，准备攻往阿库利诺、马谢耶沃农场、谢瓦斯季亚诺沃一线”的命令，亲自负责在现场为部署在前沿防线的部队分配任务。

☆安托先科和内里亚宁上校应确认收悉命令并汇报执行情况。[3]

8月26日2点——第22集团军战役集群第17号单独命令

·**总体情况**——遵照西方面军司令员的命令，战役集群据守埃基米诺、谢缅采沃、波奇诺克、巴尔苏基、科斯季诺、拉伊纳一线，主防御阵地位于波多利诺、托罗佩茨、旧托罗帕一线。

·**敌人的情况**——企图以小股侦察群朝东北方的托罗佩茨和奥斯塔什科夫这个总方向呈扇形散开，但在战役集群防线对面的活动并不活跃。

★各侦察群向前推进，企图前出到托罗佩茨和旧托罗帕公路。

★1个步兵连8月25日3点从捷列霍夫卢格和皮亚特尼茨科耶一线（托罗佩茨西南方20千米）向东推进。

★配有4辆坦克的1个步兵连从炮兵第697团手中夺得科斯季诺（托罗佩茨西南方18千米）。

·**辖内各部队的任务：**

★安托先科上校的混成支队（摩托车第8、第9团，1个坦克营，1个工程兵营，1 个工兵营）——8月26日晨以你部主力据守新杰列夫尼亚、托罗帕河东岸、旧托罗帕、谢梅诺夫斯科耶一线（托罗佩茨以南16—30千米），同时以1个步兵营和1个坦克营（向西）攻往奇哈奇、尼库利诺、格鲁德齐和波克罗夫斯科耶，会同波卢欣支队（炮兵第697团）对科斯季诺地域（托罗佩茨西南方18千米）之敌的侧翼和后方实施打击，包围并歼灭对方，向西发展胜利，前出到格鲁季诺、雷科沃、218.5高地、沙拉波夫、列夫科沃农场一线（托罗佩茨西南方24—28千米）。

★波卢欣支队（为利于行动，隶属安托先科上校的支队）——牵制科斯季诺地域之敌，尔后占据格鲁季诺、雷科沃、218.5高地、沙拉波夫、列夫科沃农场一线；协助混成支队突击群歼灭科斯季诺地域之敌，同时集结在普拉季奇诺附近的树林内，准备同混成支队突击群一道向西突击，夺取226.0、

240.9、218.4高地。

·**报告**——提交报告的时间，首先是占据并准备防御地段时，其次是突击群完成集结、准备歼灭科斯季诺地域之敌时，第三是完成当前任务后，第四是波卢欣支队到达指定战线时。[4]

正如这些命令表明的那样，第22集团军战役集群设立的防御不过是沿一条粗略弧线排列的一系列支撑点，这条弧线从托罗佩茨以北约25千米向南延伸到该城西南方16千米和南方30千米处。西方面军和第29集团军显然都意识到，这些营级支队根本无法遏止德军向该城发起的任何一场协同一致的推进。因此，抢在德军大潮彻底打垮西方面军右翼前阻止对方的任务落在铁木辛哥和马斯连尼科夫肩头。

在诸多战斗和不断改变的命令造成的混乱中，索科洛夫斯基派他的副手马兰金将军赶往托罗佩茨东南方15千米，第22集团军战役集群设在波德索松耶镇（Podsoson’e）的指挥部，以设法弄清当前状况。到达那里后，马兰金对情况加以调查，特别关注第22集团军主力生还下来的士兵，他们正如涓涓细流般退往托罗佩茨地域，但叶尔沙科夫不在其中，他和身边的工作人员及随从躲避着德军的俯冲轰炸机，穿过大卢基东北面森林向东行进。

8月26日23点50分，马兰金同他的上司进行了首次通话：

马兰金——我已到达并展开调查，具体情况如下：

叶尔沙科夫的部队利用北部路线开始后撤：

☆比留科夫（步兵第186师）——30%—40%的兵力到达原先的防线，携带3门45毫米火炮、3门76毫米火炮、2门155毫米火炮，但他们杂乱无章，需要恢复秩序。

☆步兵第174师分散成独立群体，刚刚开始后撤，没有携带技术装备。

☆步兵第214师——仅剩团级规模，也以小股群体的形式集结，尚不掌握他们的技术装备情况。A.N.罗扎诺夫少将本人没有到达，但他的参谋长位于奥泽列茨（托罗佩茨以西34千米）。

☆坦克第48师——有序后撤，人员多达70%。

☆步兵第179师后撤的人员不超过20%，该师人员正在行进，对其装备情况一无所知。

☆步兵第170师——分散为单独的、无组织的群体，步兵第126和第98师的情况同样如此。因此，虽然这些师已撤离，但他们已不是具有战斗力的整体。

☆皮加列维奇少将（第22集团军参谋长）到达并待在奥泽尔齐。

☆叶尔沙科夫尚未到达那里，但已为他派去一辆汽车。

总之，敌人的包围圈并不完整，北面存在一个敞开的缺口，使我方部队得以按计划后撤。但几乎所有兵团指挥员都已失去指挥控制。鉴于当前形势，我注意到以下情况：

今晚以有组织的方式由北（右）至南（左）占据原先的前沿防线，命令如下：

☆坦克第48师——在右侧占据至卡巴尼哈（托罗佩茨西南偏西方28千米）的防御。

☆步兵第179师——位于步兵第48师[①]左侧。

☆步兵第214师残部和卡德舍夫，位于步兵第179师左侧。

☆步兵第186师（比留科夫）和拉特金支队位于左侧（南面）。

这些指挥部已占据指定地段，正实施重组，但由于他们几乎没有任何火炮，我已下令以现有炮兵力量组建快速连，沿主要方向部署，每个师的防御地段安排2—3个炮兵连。

安托先科支队刚刚从旧托罗帕地域开赴日日茨科耶湖，任务是在那里占据原先的前沿防线，从而封锁托罗帕主方向，但该支队执行命令显然较晚。因此，我已命令各地段指挥员1点前派出强有力的先遣支队，歼灭敌集团，前出到前沿防线并掘壕据守。

我们将于明日拂晓组织主力部署到前沿防线。他们已接到明确命令，不得以线式队形占据阵地，应以纵深梯次配置的支撑点构筑防御并留有预备队。明日晨我会去各地段亲自检查部署情况。

---

①译注：原文如此。

我忘了提及，（少将米哈伊尔·安德烈耶维奇·）库兹涅佐夫（步兵第126师师长）正在右翼组织防御。

我请您向总司令（铁木辛哥）汇报，明日晨之前我将把所有后撤人员编入作战部队，任何人都不得撤往后方。

索科洛夫斯基——关于敌人，您掌握哪些情况？

马兰金——地面侦察表明，我防线前方之敌，包括独立集群在内，多达1—1.5个团，空中侦察确定敌军队列正从纳济莫瓦地域向北面和东北面开进，显然企图切断我后撤路线。

声称敌军队列已到达奥泽列茨的方面军情报部门报告并不正确。奥泽列茨仍在我们手中，我们必须预料到，只要敌军不被牵制在西面，他们就将转向东面。

索科洛夫斯基——有没有给敌人造成严重损失？

马兰金——据后撤人员称，给敌人造成严重损失，但在明日加以核实前我无法详细回答。

索科洛夫斯基——很好，核实后汇报情况，特别是技术装备的后撤情况。我们需要弄清这个问题，以便占据认真准备的防御并组织一场拦截，我们必须为部队提供燃烧瓶和手榴弹等单兵反坦克武器并尽快做到这一点。

明天，我们需要以混成航空兵第47师掩护我方行动，其次下令前运地雷和反坦克地雷，工兵铲的数量也不足。[5]

从马兰金处获得这些信息后，索科洛夫斯基终于得以掌握西方面军右翼态势的实际情况。这些情况并不令人鼓舞。索科洛夫斯基和铁木辛哥目前的任务是尽快找到阻挡德军大潮的必要力量，而且必须抢在施图梅集群主力肃清第22集团军被困于大卢基地域的主力并恢复向东推进前做到这一点。

8月26日—28日，德军朝托罗佩茨的追击

马兰金竭力沿托罗佩茨方向为西方面军的防御恢复些许秩序时，施图梅集群正以主力消灭大卢基东南方包围圈内最后的抵抗，同时他还派遣部队追击、歼灭叶尔沙科夫被击败的集团军之残部。8月26日，德国第23军第253步兵

师从大卢基向北面和东北面进击，而第251和第86步兵师完成了将被困于城市东南面苏军残余力量驱赶到一处的任务。当日晚些时候，第57摩托化军军长孔岑命令克诺贝尔斯多夫，把第19装甲师集结在大卢基东南面的瓦托利诺地域（Vatolino）短暂休整，施通普夫第20装甲师向东前进，追赶集群辖内步兵力量。此时，在第40摩托化军编成内行动的第102和第256步兵师正忙着加强纳济莫瓦车站以东阵地，位于日日茨科耶湖以北地域，待两个装甲师赶到后，第102和第256步兵师将在其率领之下攻往托罗佩茨和旧托罗帕。在西方面军看来更重要的是，施图梅集群第206步兵师开始进入日日茨科耶湖与德维尼耶湖之间的地峡，构成沿伊利因诺北面的西德维纳河迂回第29集团军防御的威胁。倘若马斯连尼科夫据守在湖泊间地段的小股力量无法坚守阵地，第29集团军就将别无选择，只能把辖内部队从西德维纳河撤往东面。（参见地图2.4）

8月27日，施图梅集群辖内所有部队恢复向东进攻。第23军第253和第251步兵师向北面和东北面发展，前者试图同北方集团军群第16集团军辖内部队会合，该集团军已在北面攻往东南方，而第251步兵师忙于追赶第20装甲师，该装甲师的先遣力量已追上位于纳济莫沃车站东面的第40摩托化军第102步兵师。南面，第40摩托化军第256步兵师攻打苏军第22集团军战役集群设在日日茨科耶湖东北面的前沿防御。更南面，第206步兵师穿过日日茨科耶湖与德维尼耶湖之间的地峡，迅速打垮苏军第29集团军设在该地段的脆弱防御。因此，8月27日日终时，施图梅集群处在有利位置，即将朝托罗佩茨和旧托罗帕发起最后冲刺。此时，施图梅将军宣布，在大卢基及其东南面俘虏约3.4万名红军士兵，还缴获了300门火炮，若加上第22集团军的阵亡人数，叶尔沙科夫集团军的损失超过原有兵力的一半。[6]（参见地图2.5）

随着西方面军右翼的防御土崩瓦解，8月28日3点40分，马兰金再次向索科洛夫斯基坦率汇报托罗佩茨方向不断恶化的态势：

马兰金——首先，根据我们掌握的情况，敌人正沿托罗佩茨方向遂行主要突击。已发现两股敌队列向东北方展开行动：其中一股傍晚前逼近斯克沃尔措沃车站（托罗佩茨西南偏西方18千米）；第二股敌军位于科斯季诺（托罗佩茨西南方18千米）。北方向，2个敌步兵师朝奥泽列茨（托罗佩茨以西34千

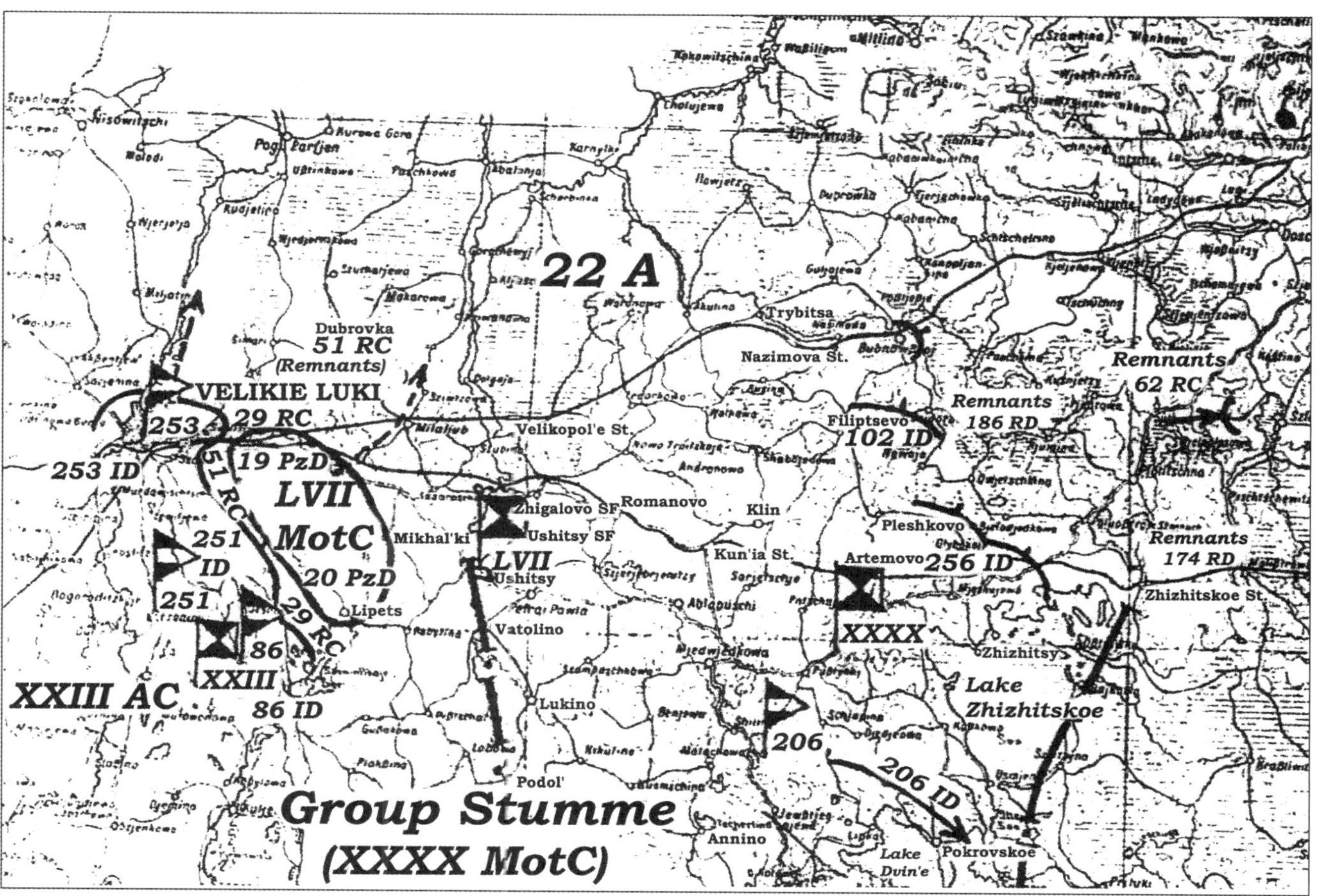

▲ 地图 2.4：施图梅集群的突击，1941 年 8 月 26 日（资料图）

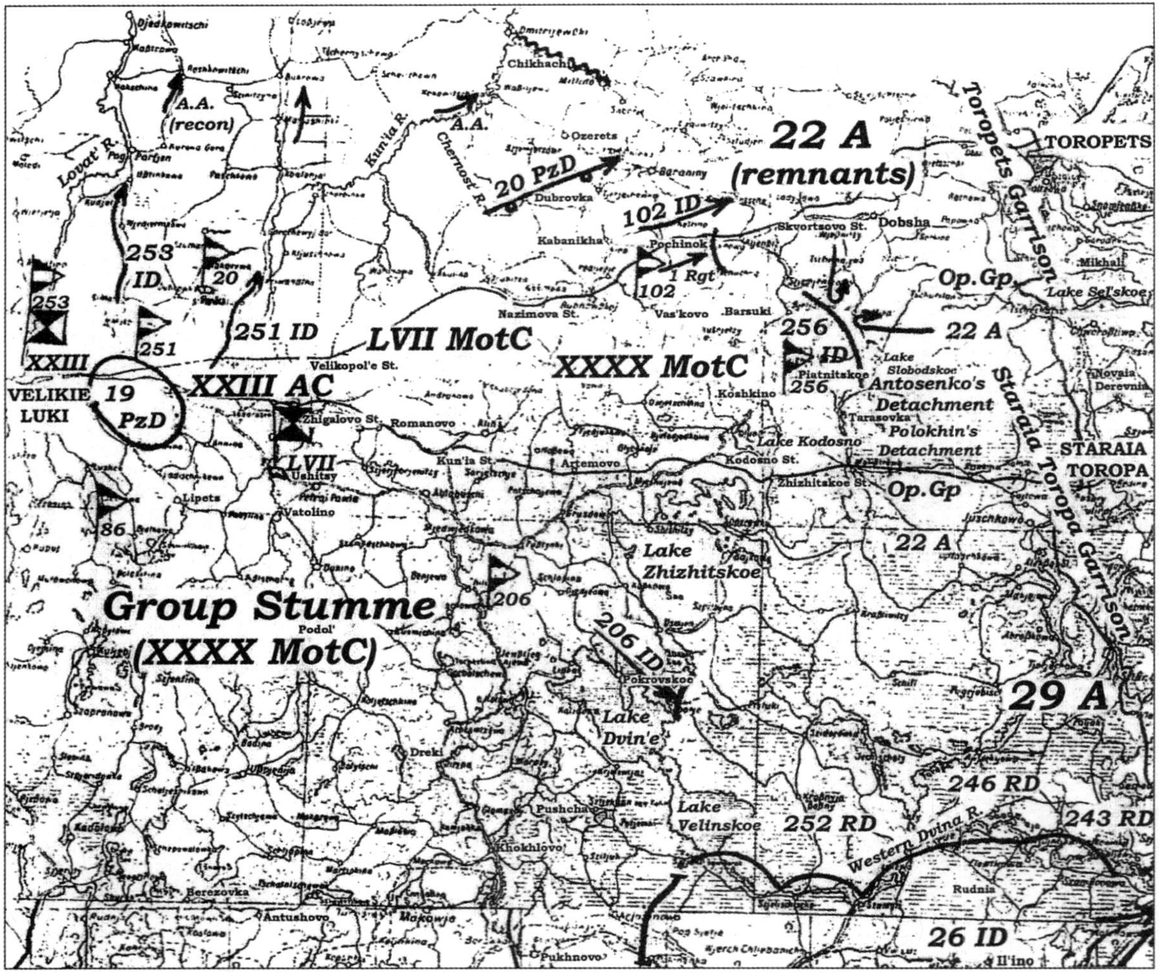

▲ 地图 2.5: 施图梅集群的突击, 1941 年 8 月 27 日(资料图)

米）展开行动。敌人企图切断托罗佩茨—大卢基路线，其先遣部队显然正赶往旧托罗帕。沿斯克沃尔措沃和科斯季诺方向，一直掩护这些方向的我方部队撤往奥泽列茨、斯克沃尔措沃、科斯季诺一线。虽然我们在奥泽列茨击退敌人一场反冲击，但在西面，敌人设法切断了通往大卢基的路线。

索科洛夫斯基——我不明白我们的支队在何处掩护斯克沃尔措沃方向，还有奥泽列茨。那里有没有叶尔沙科夫的部队？

马兰金——第二，关于我方部队：

☆步兵第170师8月28日撤出300人，但没有指挥员，没有指挥部，也没有技术装备。

☆步兵第174师有400人，但没有指挥部，技术装备只有1门122毫米火炮。

☆步兵第186师有2000人、3门76毫米火炮、2门45毫米火炮、2门122毫米火炮，没有其他技术装备。

☆步兵第214师有2500人，但没有任何技术装备。

☆坦克第48师有2500人和2门76毫米火炮。

☆步兵第98师有300人，但没有指挥部和技术装备。

☆步兵第126师有3100人，情况看来比其他师更好些，还有2门76毫米火炮和17挺机枪。

☆步兵第179师有300人，没有技术装备。

☆统帅部预备队的装备只剩榴弹炮兵第360团的2门火炮。

这些士兵大多携带着他们的武器。

截止今日，以下指挥员已赶至：步兵第186师师长比留科夫、步兵第112师代理师长加夫里洛夫、步兵第29军军长萨莫欣、步兵第214师师长罗扎诺夫、第22集团军参谋长皮加列维奇、集团军炮兵主任尼奇科夫。

下述人员尚未到达：步兵第174师师长济金、步兵第62军军长卡尔马诺夫、步兵第170师师长拉斯金上校、布宁上校。乌多洛夫、叶夫谢耶夫、奥萨德切夫这几位政委已赶到，但叶尔沙科夫和列奥诺夫尚未到达。

第三，撤出的各指挥部并不具备全部价值，不仅因为其人员和装备遭受了损失，还因为他们的指挥机关相当混乱。

第四，由于处境艰难，我们无法占据集团军前沿防线。8月26日派出的前进支队被敌人逐回出发阵地，各部队随后沿主防线掘壕据守并根据8月27日的战斗结果做出调整。

第五，马斯连尼科夫（第29集团军）下达给各指挥部的任务正通过加密电报发给我。

第六，正采取措施加强勒热夫方向的防御，步兵第126师增援托罗佩茨方向，正全力构筑后方防线。

第七，我们必须以技术装备和补充兵加强该集团军，通信设备也很缺乏。委派皮加列维奇暂代集团军司令员，直至叶尔沙科夫赶到，这有助于恢复第22集团军指挥机关的秩序。目前，我们正设法击退敌人的进攻，同时努力恢复集团军的编组和秩序。展开这项工作的同时，在西德维纳附近设立一个集团军预备指挥部也是个不错的选择。[7]

马兰金提供的信息表明，他承认以目前的配置，第22和第29集团军无法守住旧托罗帕和托罗佩茨。尽管如此，马斯连尼科夫将军还是在8月28日下达两道防御令，第一道命令当日晨发给第29集团军，第二道命令当晚23点发给第22集团军，相关签名表明，马斯连尼科夫暂代第22集团军司令员一职：

1941年8月28日上午晚些时候——发给第29集团军

· **敌人的情况**——敌人正修筑暗堡、掩体，并在伊利因诺地域集结重兵，从而加强第29集团军战线对面的防御，数个敌部队集群位于集团军右翼对面的赫列巴尼哈地域（伊利因诺以西25千米），以及集团军左翼对面的大泽列兹尼察和卡纳特地域（伊利因诺东南偏东方15千米），配有坦克的敌小股集群占据法季耶沃、伊万采沃、特鲁布尼诺一线，还发现敌人的新队列正从纳济莫沃车站赶往奥泽列茨（托罗佩茨以西34千米）。

· **第22集团军的任务**[①]——据守8月28日到达的战线，防止敌人沿东北和北方向突往旧托罗帕、托罗佩茨和勒热夫。

---

① 译注：原文如此。

· **友邻力量**——右侧，第22集团军正据守切尔诺斯季河、帕利采沃、巴尔苏基、科多斯诺湖、瑙莫沃国营农场、日日茨科耶湖一线（托罗佩茨以西38千米至西南方30千米），左侧，第30集团军正攻往舍列佩和扎列奇耶。

· **辖内各兵团的任务：**

★步兵第252师（与独立反坦克炮兵第309营、军属炮兵第644团第4连）——封闭乌兹缅地域的地峡和道路后，加强并改善你部设在克里韦茨、第一奥列尼察、乌斯季耶、彼得罗沃、布哈里哈地段（伊利因诺西北方25千米的德温卡河北岸至伊利因诺以北14千米的西德维纳河北岸）的防线，以及扎特科湖、德维尼耶湖与杰维亚托湖之间地峡的阿列斯托沃、波利亚内、科科夫基诺、扎博里耶地段（伊利因诺西北方38千米，托罗佩茨西南偏南方45—50千米），阻止敌人向北突破。

★步兵第246师（与军属炮兵第644团第6连、军属炮兵第644团第1营和1个远程炮兵群）——据守别良金农场，巴甫洛瓦卢卡、特鲁布尼基地段（伊利因诺西北偏北方13千米至东北方12千米），进一步沿你部占据的防线阻止敌人向北突破。

★步兵第243师（与军属炮兵第644团第5连）——据守从你部占据的阵地至混成旅摩托化步兵第1、第2团防线，再至博罗维耶、新博罗维耶（伊利因诺东北方12千米至东北偏北方18千米）这片地段，防止敌人突向北面和东南面。

★混成旅（与摩托化步兵第1团1个营、1个炮兵营）——在175.5、174.6高地地域（伊利因诺东北偏北方18—25千米）占据并守卫博尔索夫卡、184.6高地、博罗夫内湖一线，利用相互支援的连、排支撑点和抵抗基点，在综合火力支援下，阻止敌人向北突破并掩护集团军左翼。

★骑兵第29团——掩护集团军左翼并沿梅扎河（伊利因诺以东25—32千米）遂行侦察。

★集团军预备队——混成旅（欠1个营，但辖骑兵第29团炮兵营），集结在小戈罗瓦哈、斯韦特雷鲁切伊、奥西诺夫卡东南面树林地域（伊利因诺东北偏北方25千米），沿大戈罗瓦哈、萨夫罗诺夫卡一线构设防御，并朝（1）赫瓦特科沃和边齐，（2）科罗特希、米哈列沃和杰多沃，（3）罗曼诺沃、萨洛沃和安德列耶夫斯卡亚发起反冲击。

★炮兵——8月28日19点做好准备，任务如下：

☆沿赫列巴尼哈、鲁德尼亚、索科维希诺以西树林、安德列耶夫斯卡亚、卡特科沃、卡纳特方向阻止敌人的进攻。

☆阻止敌预备队从伊利因诺和卡纳特方向开到。

☆压制索科维希诺、安德列耶夫斯克农场、维索切尔特地域的敌炮兵。

★所有兵团/部队：

☆立即加强你们占据的阵地，首先应于8月29日日终前以防坦克、防步兵障碍物和防御工事掩护前沿阵地，从而完成这项工作。

☆以防坦克和防步兵障碍掩护主要方向的前沿和侧翼，并在纵深处构设防坦克地域，为此应使用因地制宜的和手头现有的手段。

☆各步兵师应沿西德维纳河南北两岸，对分界线内已设立的防坦克和防步兵障碍加以利用。

☆为所有战壕配备防御覆顶，为所有射击口提供顶部掩护，细心隐蔽所有防御体系。

☆组织防御地带、支撑点和抵抗枢纽，要考虑团、营地域的环形防御。

☆构设防坦克、防步兵障碍，与火力配系密切协同。

★集团军工程兵主任——加强后方防线：（a）沿托罗帕河，正面朝西；（b）在扎德涅耶湖、涅列托湖、边齐湖、科托沃湖、别涅托湖、韦列茹尼湖地段设立防坦克防御，正面朝南，并为所有地段和防线提供必要的材料，以便他们设立防坦克障碍。

· **时间**——8月28日18点开始工作，8月29日拂晓完成所有防御。

· **指挥所**——集团军司令部第一梯队，边齐。

★步兵第252师——阿韦尔科沃地域。

★步兵第246师——波亚尔科沃以西树林。

★步兵第243师——201.5高地附近。

★混成旅——斯韦特雷鲁切伊以东树林附近。

· **报告**——（1）关于防御的准备情况；（2）完成防坦克、防步兵障碍设置工作后。[8]

1941年8月28日23点——发给第22集团军

· **总体情况**——第22集团军军事委员会将所有部队撤出包围圈前，方面军司令员铁木辛哥元帅已委派第29集团军军事委员会恢复后撤部队的秩序，并赋予其据守阿库利诺和普列什科沃一线（托罗佩茨以西30千米至西南方35千米）的防御任务。

· **敌人**——配有坦克的敌小股集群占领法季耶瓦、伊万采沃、特鲁比诺、日日察车站一线（托罗佩茨西南方35千米）。

★8月26日16点，空中侦察发现由200部车辆组成的一支敌队列正从纳济莫沃车站赶往奥泽列茨。

★敌人不久后很可能朝托罗佩茨和旧托罗帕展开行动，因此我发出下面的命令。

· **第22集团军的任务**——撤离包围圈后，8月27日夜间占据并守卫切尔诺斯季河、帕利采沃、巴尔苏基、科多斯诺湖、瑙莫沃国营农场一线（托罗佩茨以西40千米至西南方23千米），同时恢复你部的战备，准备占据特鲁比齐、小科什基诺、阿尔捷莫沃车站的前沿防线（托罗佩茨以西45千米至西南方35千米）。

★坦克第48师——占据并守卫阿库利诺和201.1高地（科普捷沃以南）地段（托罗佩茨以西30千米），将指挥所设在奥戈罗德齐。

★歼击师（步兵第179、第126、第214师，卡德舍夫支队残部，由步兵第51军军长萨佐诺夫上校指挥）——占据并守卫库季诺沃、沙马里诺地段（托罗佩茨西南偏西方35千米），指挥所设在普林特。

★步兵第186师（比留科夫少将指挥，与拉特金上尉的支队）——夺取并守卫塔拉瑟和费多特科沃地段（托罗佩茨西南偏西方38千米），指挥所设在科尔尼洛瓦。

★安托先科上校的混成支队（与波卢欣少校的支队）——夺取并守卫费多特科沃和日日茨科耶湖一线（托罗佩茨西南方35千米），应特别留意旧托罗帕车站方向，8月27日晨以果断进攻消灭敌人，你部指挥所设在格鲁博科沃。

★特别指示：

☆各师级部队应以营抵抗枢纽在纵深处梯次配置环形防御。

☆关于防坦克防御——各师防御地段应配备快速连和歼击支队并储备大批燃烧瓶。

★集团军预备队：

☆步兵第170师——集结在伊万采沃、科尔佩基、马尔特诺夫地域（托罗佩茨西南偏西方30千米），做好向纳济莫沃展开行动的准备。

☆步兵第174师——集结在奥戈罗德、索科利希诺、普洛塔夫基地域（托罗佩茨西南方20—23千米），做好向伊万采沃和科多斯诺湖展开行动的准备。

☆步兵第98师——集结在日日察车站（托罗佩茨西南方32千米）以东1千米的树林内，做好沿铁路线朝阿尔捷莫沃车站展开行动的准备。

★防线：

☆主防线——切尔诺斯季河、伊万采沃、列夫科沃农场、卡列沃（托罗佩茨以西38千米至西南方28千米），继续加强并改善这道防线。

☆后方防线——托罗佩茨和旧托罗帕一线。

★步兵第126师——据守新杰列夫尼亚、旧托罗帕、谢梅诺夫斯科耶一线（托罗佩茨以南16—30千米）。

★主防线上的兵团和部队——8月26日—27日夜间在各自防区内派出由1—2个连组成、配备冲锋枪的先遣支队，夺取阿库利诺、塔拉瑟国营农场、费久尼诺一线。

★第22集团军工程兵主任——按照先前获得批准的计划，以2个工程兵营完成任务，他们应当：

☆将大乌斯维亚特、巴尔苏奇伊戈雷、舍佩列夫卡地域变为沼泽；在前沿防线与主防线之间的主要道路上埋设地雷和障碍物，充分利用弹坑、堵塞物和道路上的地雷。

☆指导沿前沿防线前方布设防坦克障碍的工作。

★集团军指挥所——位于斯捷潘诺夫斯克农场以东1千米的树林内，尔后设在斯克沃尔措沃车站。

★报告——首先在防御地段的准备工作完成后提交报告，尔后在先遣支队占据防线、先遣部队占据师防御地段后提交报告。

★特别指示：

☆集团军军事委员会要求各兵团、部队指挥员和政委提醒全体指战员，牢记国防人民委员会和斯大林同志对所有军人在战斗中的表现的要求。

☆我们的航空兵和第22集团军辖内部队给敌人造成了严重损失并沿防线实施坚决抵抗，这表明敌人的计划即将破产。[9]

尽管这些命令细致、具体、充满信心，但出于两个原因，它们已变得过时、无关紧要和多余。首先，8月28日傍晚前，施图梅集群麾下部队已巩固前沿阵地并夺取马斯连尼科夫命令中提及的许多防线，正顺利攻往托罗佩茨和旧托罗帕。实际上，夜幕降临前，第40摩托化军第20装甲师和第102步兵师先遣力量已夺取托罗佩茨以西11千米铁路线上的多布沙（Dobsha），他们毫不停顿，将于次日晨攻占托罗佩茨。南面，第57装甲军第256步兵师夺得了托罗佩茨—旧托罗帕公路以西16千米的奥戈罗德齐（Ogorodtsy），第19装甲师紧随其后。克诺贝尔斯多夫的装甲兵次日晨将轻松向东推进，切断至关重要的公路，把第22集团军的防御切为两段。更南面，德军第206步兵师已夺得日日茨科耶湖与德维尼耶湖之间的地峡，推开遂行防御的苏军步兵第252师，进入伊利因诺以北、第29集团军右翼后方地域。此举迫使第29集团军步兵第252、第246师仓促退往东面和东北面。

其次，第22集团军残存的各个师，实力仅为加强营规模，当地驻军和炮兵营散布在整片地域，马斯连尼科夫和第22集团军战役集群匆匆集结的临时性力量根本无法遂行有效防御抗击德军步兵，更不必说抵御对方的两个装甲师了。

就这样，随着施图梅集群麾下部队几乎将叶尔沙科夫第22集团军主力彻底歼灭在大卢基地域，博克与铁木辛哥自8月中旬以来进行的这场猫鼠游戏宣告结束。到8月28日，西方面军右翼基本已四分五裂，德军肆意向东进击。为应对这种状况，西方面军司令员铁木辛哥和第29集团军司令员马斯连尼科夫采取一切可行措施，竭力为西方面军右翼防御恢复某些表面上的秩序。问题是，第22集团军几乎从方面军作战序列彻底消失，必须以调自第29集团军或方面军预备队的力量阻挡德军大潮。但在铁木辛哥看来，可悲的是他恰恰缺乏需要的

预备力量，因为他已投入方面军掌握的所有资源，以确保他的全面反攻取得胜利。因此，铁木辛哥别无选择，只能从准备发起反攻的各集团军抽调兵力。（参见地图2.6）

就这样，到8月28日，铁木辛哥面临的挑战是如何抢在施图梅集群彻底粉碎西方面军整个右翼前阻挡住该集群推进中的部队。可是，由于月底的混乱态势，铁木辛哥一连十天都没能掌握方面军右翼遭受破坏的确切情况。

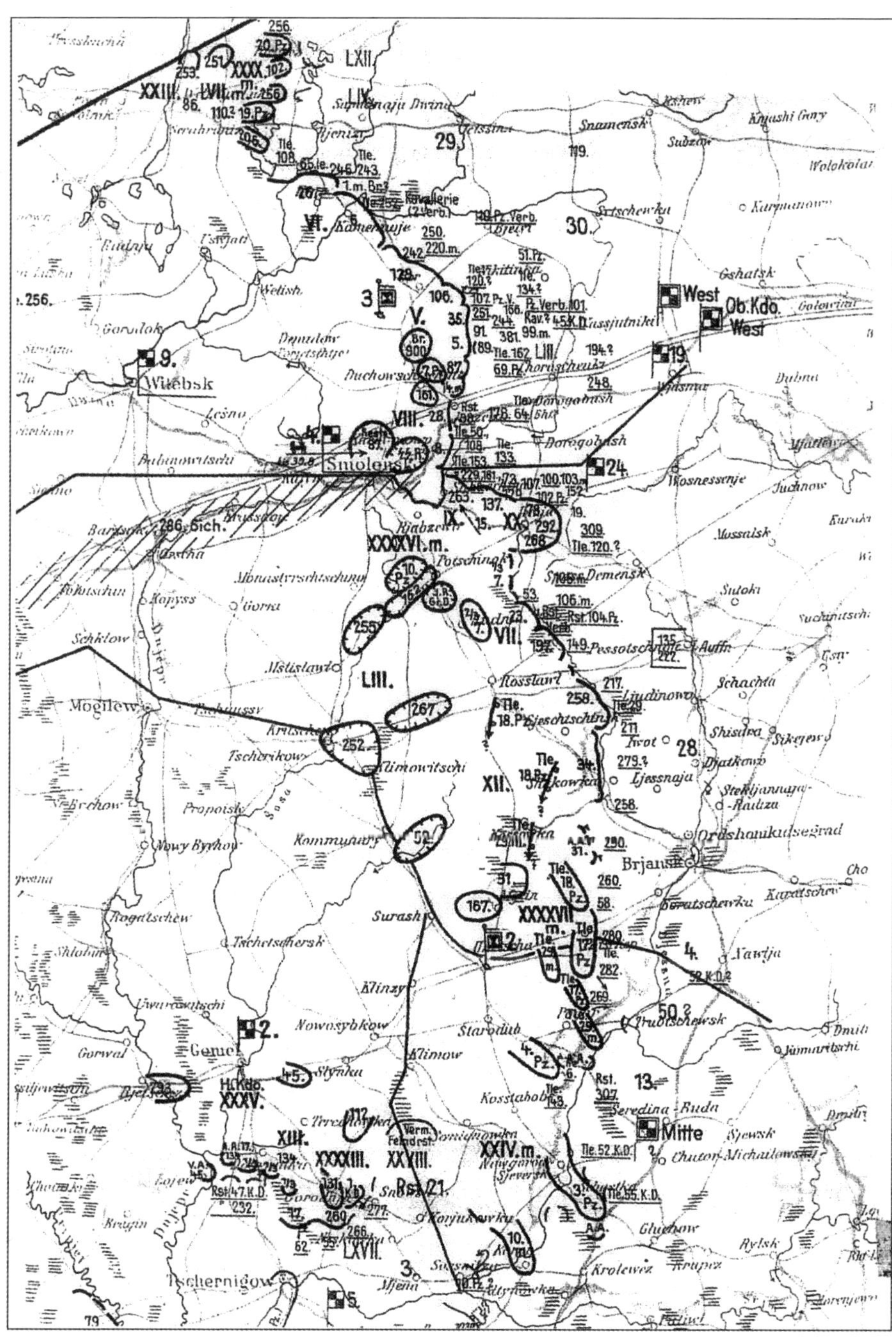

▲ 地图 2.6：中央集团军群的作战态势，1941 年 8 月 28 日晚间（资料图）

注释

1.《西方面军参谋长1941年8月25日同第22集团军参谋长的交谈记录：关于集团军辖内部队的情况》（Zapis peregovora nachal’nika shtaba Zapadnogo fronta s nachal’nikom shtaba 22-i Armii 25 avgusta 1941 g. o polozhenii voisk armii），收录于《伟大卫国战争作战文件集》第41期，莫斯科：军事出版局，1960年，第79—80页。

2.《第22集团军战役集群1941年8月25日下达的第18号战斗令：关于切尔诺斯季河、杜布罗夫卡、波奇诺克、巴尔苏基、皮亚特尼茨科耶、塔拉索夫卡一线的防御》（Boevoi prikaz komandira operativnoi gruppy 22-i Armii No. 18 ot 25 avgusta 1941 g. na oboronu rubezha r. Chernost’, Dubrovka, Pochinok, Barsuki, Piatnitskoe, Tarasovka），收录于《伟大卫国战争作战文件集》第41期，第244—246页。

3.《第22集团军战役集群1941年8月26日下达的第2/op号战斗令：关于歼灭当面之敌》（Boevoi rasporiazhenie komandira operativnoi gruppy 22-i Armii No. 2/op ot 26 avgusta 1941 g. na unichtozhenie protivostoiashchego protivnika），收录于《伟大卫国战争作战文件集》第41期，第246—247页。

4.《第22集团军战役集群1941年8月26日下达的第17号单独战斗令：关于歼灭当面之敌》（Chastnyi boevoi prikaz komandira operativnoi gruppy 22-i Armii No. 17 ot 26 avgusta 1941 g. na unichtozhenie protivnika v raione Kostino），收录于《伟大卫国战争作战文件集》第41期，第248页。

5.《西方面军副参谋长1941年8月26日同西方面军参谋长的谈话记录：关于第22集团军辖内部队的情况》（Zapis’ peregovora zamestitelia nachal’nika shtaba Zapadnogo fronta ot 26 avgusta 1941 g. s nachal’nikom shtaba Zapadnogo fronta o polozhenii voisk 22-i Armii），收录于《伟大卫国战争作战文件集》第41期，第83—85页。

6. 费多尔·冯·博克，《陆军元帅费多尔·冯·博克：战时日记，1939年—1945年》，宾夕法尼亚州阿特格伦：希弗军事历史出版社，1996年，第294页。

7.《西方面军参谋长1941年8月28日同西方面军作战部部长的交谈记录：关于方面军右翼的态势》（Zapis’ peregovora nachal’nika shtaba Zapadnogo fronta s nachal’nikom operativnogo otdela shtaba Zapadnogo fronta ot 28 avgusta 1941 g. o polozhenii na pravom kryle fronta），收录于《伟大卫国战争作战文件集》第41期，第88—89页。

8.《第29集团军司令员1941年8月28日下达的第12号战斗令：关于我部既占阵地的防御》（Boevoi prikaz komanduiushchego voiskami 29-i Armii No. 12 ot 28 avgusta 1941 g. na oboronu zanimaemogo rubezha），收录于《伟大卫国战争作战文件集》第41期，第272—273页。

9.《第22集团军司令员1941年8月28日下达的第19号战斗令：关于切尔诺斯季河、帕利采沃、巴尔苏基、科多斯诺湖、瑙莫沃国营农场一线的防御》（Boevoi prikaz komanduiushchego voiskami 22-i Armii No. 19 ot 28 avgusta 1941 g. na oboronu rubezha r. Chernost’, Pal’tsevo, Barsuki, oz. Kodosno, svkh. Naumovo），收录于《伟大卫国战争作战文件集》第41期，第248—249页。

第三章
德方战略规划和争夺杰斯纳河沿岸位置，1941 年 8 月 22 日—24 日

如果说西方向总指挥部右翼不断恶化的态势让铁木辛哥元帅深感担忧，那么可以说左翼越来越危险的局面令他恼怒不已。实际上，该地域的情况日复一日地变得愈发严峻。令铁木辛哥为之惊愕的根本原因是德国第2装甲集群的装甲力量和魏克斯第2集团军的步兵力量一路向南、势不可挡的推进。这并不是一个新威胁，这个威胁早在三周前便已出现，7月31日至8月7日，古德里安麾下部队发起进攻，将卡恰洛夫集群歼灭在罗斯拉夫利地域。导致情况更为不妙的是，虽然苏军情报部门尚未发现这一点，但古德里安装甲集群现已扩充为一个满编集团军级集群，除原先掌握的3个摩托化军外，目前还编有辖9个步兵师的3个步兵军。

具有讽刺意味的是，就在古德里安攻向罗斯拉夫利一周前，苏联最高统帅部大本营还在采取积极措施防范这种事情的发生，于7月23日组建了中央方面军。新方面军的任务是据守第聂伯河和索日河防线，以及他们与铁木辛哥西方面军的分界线。事实证明新方面军无法做到这一点时，大本营又采取新措施设法挽救局面，7月30日组建了预备队方面军，以该方面军守卫叶利尼亚和罗斯拉夫利方向。尽管大本营竭力加强西方向总指挥部左翼的战略防御，但古德里安集团军级集群再度向南迅猛进击，这次发生在8月8日。施韦彭堡将军第24摩托化军第3、第4装甲师和第10摩托化师渡过索日河，猛攻中央方

面军第13集团军，包围并重创该集团军辖内各师，迫使其支离破碎的残部混乱不堪地退往东南方。

在苏军大本营看来，更为严重的是魏克斯第2集团军的步兵力量8月12日加入古德里安的行动，向南攻往戈梅利。仅用一周多时间，魏克斯的步兵便粉碎了中央方面军第21集团军的防御，在此过程中包围并几乎全歼红军两个军，8月19日又攻占了戈梅利。在此期间，施韦彭堡第24摩托化军于8月16日派辖内三个师向南冲击，再度粉碎第13集团军的防御。8月22日，施韦彭堡的装甲力量进入斯塔罗杜布地域。六天内，施韦彭堡军前进了约110千米，随后停在那里休整并为辖内部队提供再补给。

针对古德里安的南进，苏军大本营迅速采取措施，加强再度摇摇欲坠的防御，这次的措施是组建布良斯克方面军。新方面军由斯大林新发现的“斗士”叶廖缅科将军指挥，受领的任务是填补中央方面军与预备队方面军之间的缺口，遏止古德里安和魏克斯麾下力量向南发展。但此时，施韦彭堡的装甲力量牢牢盘踞在戈梅利与布良斯克中途的集结区，将叶廖缅科布良斯克方面军辖内部队同中央方面军隔开。

毫无疑问，中央集团军群右翼之战最重要的遗产是它给阿道夫·希特勒造成的影响。古德里安和魏克斯7月31日至8月7日在罗斯拉夫利、8月8日至12日在索日河和克里切夫、8月16日至21日在索日河与杰斯纳河之间，以及沿戈梅利接近地轻而易举地赢得的胜利，提供了明确的证据：肃清中央集团军群侧翼之敌的策略取得了巨大的回报，而付出的代价却很小。虽然都有不小的收益，但与集团军群各装甲和摩托化师7月份下半月沿斯摩棱斯克合围对外正面，以及各步兵师8月份头三周在第9集团军“东线”和叶利尼亚的行动相比，遂行右翼之战的间接策略挽救了大批德军士兵的生命。因此，正如希特勒7月和8月下达的元首令表明的那样，战场上的现实，具体而言就是苏军在斯摩棱斯克东面的殊死抵抗和德军沿侧翼取得的一连串轻而易举的胜利，促使希特勒坚持他原先对“巴巴罗萨行动”的指导意见。也就是说，歼灭盘踞在中央集团军群侧翼的大股苏军前，“不得攻往莫斯科或莫斯科以东地域”。这位独裁者1941年8月12日下达的第34号元首令补充规定再次对这一战略决策加以强调。

德国人的战略规划：向基辅倾斜，8月22日—25日

德国国防军最高统帅部1941年8月12日下达的第34号令补充规定，代表了希特勒（他确信进攻莫斯科前先行肃清中央集团军群侧翼之敌的策略正确无误）与陆军总司令部的哈尔德、中央集团军群的博克和古德里安（他们主张尽快攻向苏联首都）之间达成的某种妥协。从最宏观的角度看，这份折中方案要求莱布的北方集团军群和伦德施泰特的南方集团军群，在霍特第3装甲集群和古德里安第2装甲集群的加强下，肃清中央集团军群侧翼并沿西北和西南方向夺取至关重要的目标。一旦实现这一点，这些装甲集群都将返回中央集团军群建制，博克集团军群随后将攻往苏联首都。

在具体任务方面，这道补充规定要求：

·当前任务：

★南方集团军群——在古德里安集团军级集群支援下向南进击，穿过戈梅利，渡过第聂伯河，绕过基辅，夺取哈尔科夫、顿巴斯和克里木，设法经刻赤半岛进入高加索。

★北方集团军群——在中央集团军群第3装甲集群一部加强下，包围列宁格勒，占领爱沙尼亚和近海岛屿，以防苏军对柏林发起空袭。

★中央集团军群——攻向大卢基和托罗佩茨，以此掩护北方集团军群左翼①；夺取戈梅利，以此支援南方集团军群的推进。

·尔后任务：

★北方集团军群——攻占或围困列宁格勒，夺取瓦尔代丘陵，掩护中央集团军群左翼。

★中央集团军群——休整补充辖内装甲力量，之后将恢复向莫斯科的进攻。

★南方集团军群——夺取第聂伯河大弯曲部，巩固对乌克兰中部的控制并掩护中央集团军群右翼。

---

①译注：右翼。

尽管哈尔德和博克对这份折中方案感到满意，可是作战现实再次给战略前景蒙上了阴影，他们的乐观情绪迅速消退。虽说中央集团军群南翼的作战行动进展顺利，但北面的情况并非如此，首先因为第9集团军的实力不足以执行这项任务，其次因为苏军8月10日在旧鲁萨附近发起一场强有力的反突击，打乱了莱布的进攻计划。莱布和哈尔德认为情况并不严重，但希特勒的“狼穴”里却掀起轩然大波，元首亲自介入，命令霍特抽调施密特第39摩托化军驰援北方集团军群。大约在同一时间，希特勒决定投入孔岑第57摩托化军，解决大卢基和托罗佩茨的威胁。显然哈尔德认为采取这些举措是个严重的错误，希特勒这些命令直到8月18日才得以执行，因为几个摩托化军正在休整，他们的装备已被拆除。[1]在缺乏总司令部或集团军群预备队的情况下，眼前的危机迫使莱布将曼施泰因第57摩托化军①从列宁格勒方向变更部署，以期恢复旧鲁萨地域的态势。缺乏可用预备队的窘况导致德军混乱投入作战力量，打乱了部队的有序休整。

希特勒与陆军总司令部就后续作战行动的持续争执，在陆军总司令部内部和各集团军群司令部造成了极大的混乱，具体说来，勃劳希契和哈尔德无法说服希特勒，让他认同莫斯科才是真正的首要目标。[2]为打破这种僵持，陆军总参谋部8月18日采用一种不同寻常的策略，就东线后续作战事宜提交了一份调查报告，原本打算只呈送勃劳希契。[3]同一天，最高统帅部指挥参谋部的瓦利蒙特提交了一份专为约德尔准备的态势评估。勃劳希契将陆军总参谋部的调查呈交希特勒，调查报告的作者豪辛格亲自向约德尔汇报情况。两份文件条理分明、令人信服地为莫斯科这个目标做出辩护，再次指出北方和南方集团军群的实力足以完成他们受领的任务，不需要中央集团军群提供任何协助。报告中称，冬季到来前剩下的时间只够实施一场大规模行动，即便获得休整补充，德军装甲力量也只能再发起一次猛烈突击，时间和可用手段都要求德国军队必须集中力量，对莫斯科展开一场决定性进攻。

但约德尔8月20日警告豪辛格，他可能不会赞同这份调查报告。因为希特

---

① 译注：第56摩托化军。

勒生怕重蹈拿破仑的覆辙，在他看来，莫斯科具有一种险恶、不祥的意义。虽然希特勒总是谈及与布尔什维克主义的生死斗争，但实际上，他力图避免在苏联首都门前卷入一场消耗战。更重要的是，第9集团军辖内部队在斯摩棱斯克东面和东北面遭受的打击加剧了希特勒的担心。因此，豪辛格生怕希特勒的直觉，即他的第六感，会推翻陆军总参谋部合乎逻辑的推论。[4]不出约德尔所料，希特勒8月20日拒绝接受勃劳希契8月18日提交给他的建议，这使约德尔得出结论："希特勒不在乎莫斯科，以及俄国军队为保卫首都集结起来的力量"[5]，相反，他的首要目标是攫夺苏联工业区，并使其为德国所用。

总结希特勒的指示后，约德尔8月21日起草了一份发给陆军总司令勃劳希契的指令。指令开头处写道："陆军总司令部8月18日提出的关于东线后续作战事宜的建议，并不符合我的意图。"约德尔的这道指令随后明确阐述了希特勒的作战理念[6]：

1.冬季到来前有待实现的最重要目标并非夺取莫斯科，而是：在南面占领克里木和顿涅茨的工业及产煤区，并隔离高加索的苏联产油区；在北面包围列宁格勒，并同芬兰人会合。

2.我军前出到戈梅利—波切普一线，使这个作战解决方案对我们特别有利，必须立即加以利用，以南方和中央集团军群内翼展开一场向心行动。实施这场行动时必须注意，不能仅凭第6集团军的进攻将苏军第5集团军逐过第聂伯河，而应在对方突围并逃至杰斯纳河—科诺托普—苏拉河一线后方的安全处之前将其歼灭。这将确保南方集团军群的安全，使其进入第聂伯河中游以东地域，并以中央和左翼力量继续朝罗斯托夫—哈尔科夫方向展开行动。

3.无论后续行动如何，中央集团军群必须投入足以实现歼灭俄国第5集团军这一目标的力量，同时保留足够的部队，在可以以最小损失坚守阵地处设防，击退敌人对集团军群防线中央地带的进攻。中央集团军群左翼力量赶往托罗佩茨周边高地的计划没有改变，应在那里同北方集团军群右翼会合。

4.夺取克里木半岛对保护我们从罗马尼亚获得石油供应至关重要。为此，必须动用包括装甲力量在内的一切可用力量，在敌人调集新锐兵力前，渡过第聂伯河赶往克里木方向。

5.在紧紧包围列宁格勒、同芬兰人会合、歼灭俄国第5集团军后，我们才能做好准备并腾出力量，进攻并击败敌铁木辛哥集团军群的行动才有成功的希望，正如8月12日第34号元首令补充命令所规定的那样。[7]

虽然陆军总司令部一直都很清楚希特勒的想法，这道指令也准确反映出“巴巴罗萨行动”原定方案的意图，但哈尔德还是把希特勒的计划称为“纯属幻想，完全无法接受”，他批评该计划的矛盾之处并得出结论：希特勒必须为他犹豫不决、前后不一致的命令单独负责。忙于从事第四场胜利战役的哈尔德总结道，陆军总司令部无法再为正在发生的事情承担责任。他提出辞呈并建议勃劳希契也这样做，但勃劳希契予以拒绝，称希特勒不会接受这种姿态，一切都不会改变，没人能把希特勒置于这种压力下，他根本不会屈从。[8]

无奈之下，哈尔德只得以自己的方式解决问题。8月23日，他飞赴鲍里索夫会晤博克，后者在日记中写道，哈尔德“怒不可遏”。哈尔德认为，也许只有古德里安能改变希特勒的想法，因而把古德里安找来参加会议。古德里安信誓旦旦地争辩道，他的部队无法按照希特勒的命令向南转进，因为这些部队筋疲力尽，根本没办法继续战斗。[9]

哈尔德对古德里安的反应感到高兴，便带他一同飞回希特勒设在东普鲁士的大本营。可是，古德里安当晚面见希特勒时，勃劳希契和哈尔德都不在场，元首静静地聆听着他最青睐的装甲指挥官的意见，没有打断他的话，但随后说服古德里安，他的看法是错误的。古德里安孤立无援，希特勒身边的亲信没有一个支持他。会谈结束后，古德里安把讨论结果告知哈尔德，哈尔德先是指责古德里安的彻底背叛，随后便陷入崩溃状态。不知所措的古德里安返回装甲集群司令部，开始了他先前宣称无法执行的南进行动。

同古德里安会晤时，希特勒使用了他自己的备忘录，8月22日交给勃劳希契的这份报告阐述了元首的作战原则，并说服这位不太情愿的装甲集群司令，元首的观点正确无误。[10]虽说冗长且杂乱无章，但希特勒的这份政策声明基本上重申了他在“巴巴罗萨行动”最初指令中提出的概念。战役第一阶段涉及中央集团军群向第聂伯河的主要突击，突破苏军防御后，战役第二阶段涉及腾出装甲集群，协助北方和南方集团军群。希特勒正确地宣称，他关于确保北部和南部地区的决定“削弱了莫斯科的重要性”，但这“并非新主张，而是自战役伊始我就已明确无误地说明过的事实”。

希特勒的备忘录随后严厉批评陆军指挥层对迄今为止的战事处置不当，他们对如何将装甲力量作为一个战略手段而非战役工具加以使用缺乏理解。希特勒以戈林对德国空军的指导为例，指责陆军总司令部一味被下属指挥部门牵着鼻子走，而不是领导他们。

希特勒继续宣称，北方集团军群没能包围列宁格勒是因为他们漠视最高统帅部的命令，结果，他们现在需要中央集团军群提供帮助。他认为南方的情况更为严峻，因为在基辅以东的第聂伯河—杰斯纳河弯曲部包围苏军的机会是“一个意想不到的良机，也是对过去没能困住南方的苏军诸集团军的一个弥补”。这个机会必须加以利用，哪怕需要抽调中央集团军群装甲力量，导致该集团军群继续攻向莫斯科的能力遭到削弱。希特勒宣称：“丧失时间，对莫斯科的进攻可能会进行得太晚，装甲部队可能在技术上无法再遂行他们的任务，但这些反对意见一概无效。”实际上，他确实认为，先行肃清苏军对中央集团军群南北两翼的威胁，会使进攻莫斯科的行动容易得多，而不是相反。一旦肃清侧翼，特别是南面的威胁，他就将批准陆军恢复对莫斯科的进攻，他总结道：这场进攻“决不能失败”。

因此，战胜陆军总司令部并说服了陆军的重要证人古德里安后，希特勒再次按自己的想法行事。一如既往，事实证明希特勒对预期中基辅战役的看法完全正确。可是，在对哈尔德和陆军总参谋部的斗争中取得得不偿失的胜利也意味着，占据上风的又一次是直觉，而非合理的推断。希特勒知道自己是对的，他那些将领和陆军总参谋部都错了。正如恩格尔指出的那样，“对陆军而言，这是惨淡的一天”。[11]从这一刻起，希特勒的要求将变得更加不合理，更加不切实际，因为期盼不可能实现的东西成为常态。通过这种方式，希特勒打破了曾在过去诸多战役中为他赢得胜利的组织。但另一方面，向莫斯科发起一场成功推进真的能为“巴巴罗萨行动”赢得胜利吗？这种反历史假设依然会留下很大的疑问。

希特勒8月21日下达给勃劳希契的指令，不仅消除了夺取莫斯科成为冬季到来前战役优先目标的可能性，还以其他目标取而代之，新的目标是夺取克里木和顿涅茨盆地，并同芬兰人携手包围列宁格勒，外加消除普里皮亚季沼泽这个作战因素。[12]就像希特勒所说的那样，“我军前出到戈梅利—波切普一线，使这个作战解决方案对我们特别有利，必须立即加以利用，以南方和中央集团军群内翼展开一场向心行动”，另外，“不能仅凭第6集团军的局部进攻将俄国第5集团军逐过第聂伯河，而应在对方逃至杰斯纳河—科诺托普—苏拉河一线之前将其歼灭”。希特勒补充道：“只有这种方式才能确保南方集团军群加强第聂伯河中游以东地域的自身力量，并以中央和左翼力量继续朝罗斯托夫—哈尔科夫方向展开行动。”至于中央集团军群，“必须支援这场进攻，投入足以歼灭俄国第5集团军这一目标的力量，同时击退敌人对集团军群防线中央地带的进攻。”[13]

希特勒随后向陆军和陆军总参谋部宣讲消灭南方与中央集团军群之间他所说的普里皮亚季“三角区”的重要性，那里存在着一个绝佳的战略良机，实际上可以说是上天赐予的礼物，一股敌军盘踞在一个近200英里深的楔子里，环绕其两侧的是两个德国集团军群。在这个节骨眼上，希特勒断言，只要两个集团军群从大战略着眼，放弃各自的私利，不理会这场战斗可能导致的时间丧失或物资消耗，不直接攻往莫斯科，就能歼灭这股敌军。一旦他们消除中央集团军群右翼遭受的威胁，向莫斯科的进军只会变得更加容易，而不是更困难。[14]

希特勒随即阐述他的观点：

倘若这种情况出现在战争开始时，没有谁会质疑我军部队的主要突击目标，肯定要切断这个突出部。由于这种情况现在已成为现实，不可能有别的决定。相反，这是个歼灭大股敌军的绝佳良机，可以改善我们计划中后续作战行动的基础，为实现这些目标创造出绝对必要的先决条件。[15]

可是，得出这个结论时，希特勒忽视了陆军总参谋部和最高统帅部的立场，瓦利蒙特在一份《东线态势评估报告》中对这种立场加以总结：

东线陆军的实力强大到足以让南方、北方集团军群以手头力量执行他们的任务，同时以中央集团军群朝莫斯科发起决定性推进。执行这种策略的前提条件是必须放弃赢得部分成功（例如第2装甲集群转向东南方）并愿意承受潜在的局部危机，以换取……全面胜利。[16]

这一看法同豪辛格的观点相呼应，与哈尔德的立场相似，但瓦利蒙特说服希特勒的努力未获成功，主要是因为他的评估同陆军总司令部的意图太过相似，也因为希特勒已不再听从他那些将领的意见。因此，事情发生了变化，最佳和最差的计划已不再奏效。希特勒的直觉一直是对的。被希特勒统称为“俄国第5集团军”的苏军部队是一根长期插在伦德施泰特和博克集团军群侧面的利刺，从作战角度看，必须将它拔除，或至少使其无法发挥作用。不过，尽管希特勒8月21日指示南方和中央集团军群包围并歼灭苏军第5集团军的原则正确无误，可是部分将领认为他选择的时机有误，因为正如他们很快获悉的那样，两天前，即8月19日，苏联最高统帅部大本营命令西南方向总司令布琼尼元帅率领部队全面后撤，退过第聂伯河，其中当然包括波塔波夫将军的第5集团军。

尽管有人认为苏军的后撤消除了希特勒实施基辅战役的根本依据，但事实恰恰相反。如果说希特勒关于包围并歼灭苏军第5集团军的时间安排有误，那么，从两个重要方面看，他的整体判断是正确的。首先，就像伦德施泰特很快意识到的那样，苏军撤离第聂伯河西岸并未解决普里皮亚季沼泽将德国中央集团军群与南方集团军群隔开的问题。其次，正如朱可夫当时争辩的那样，苏军大本营决定命基尔波诺斯方面军不惜一切代价守卫基辅筑垒地域和毗邻的第聂伯河防线。希特勒决心推行他的策略，从而使德国军队获得了围歼整个西南方面军而非一个集团军的机会。

德军高层指挥部门关于这场战争该如何进行的争执越来越激烈，中央集团军群司令博克强烈反对希特勒南调古德里安集群的决定，他认为攻占莫斯科的任务更加重要，这场分兵令人不快。8月22日，同勃劳希契在电话中交谈过后，博克在日记中写道：“我打电话给勃劳希契，质疑这一决定的智慧。”[17]

博克深感沮丧，因为他和集团军群参谋人员刚刚制定完继续攻往莫斯科的计划，下一阶段，他们将对维亚济马与布良斯克之间的宽大地域展开行动。另外，这些计划要求他的装甲力量在接下来2—3周内接受休整和补充。因此，若下令朝南方展开一场大规模攻势，他可以召集一股包括10个步兵师、1个骑兵师、3—4个装甲或摩托化师的力量，但无法在年内向莫斯科发起后续进攻。在斯摩棱斯克交战仍在继续之际，面对这种情况，博克断言，由于过度减员，他的军队不可能以坚定防御抗击红军主力。因此，他解释道："唯一的解决方案是发起进攻。"向南分兵支援南方集团军群攻势的行动要想取得成功，必须立即发起。否则，随着时间的流逝，"敌人将后撤并逃离陷阱，同时加强其肩部，就像他们常做的那样，在这方面他们非常老练"。博克得出结论，面对苏军的猛烈冲击，他可以坚守东部主防线8—10天，主要是在叶利尼亚地域，但无法坚持更久。[18]

大卢基之战8月23日圆满结束，缓解了博克北翼的压力，克里切夫和戈梅利的胜利也在中央集团军群南翼达到了同样的效果。可是，第2集团军的缓慢推进妨碍了这种快速解决方案的实施并迫使博克不太情愿地投入古德里安装甲集群部分力量，协助魏克斯第2集团军完成歼灭苏军第21集团军的任务，此举也促使波塔波夫第5集团军撤离普里皮亚季沼泽。

毫无疑问，鉴于辖内部队在斯摩棱斯克以东遭遇的抵抗，加之兵力全面短缺，博克认为，策划并实施一场向南展开的大规模攻势，即便不能说完全不可能，也是鲁莽之举。就在一天前，古德里安第2装甲集群报告，由于物资和燃料严重短缺，辖内部队已动弹不得。[19]古德里安8月23日赶到博克设在鲍里索夫的司令部，在简报会上向哈尔德解释自己遭遇的窘况，他指出，除了部队蒙受严重消耗、作战地域内几乎没有可供通行的道路外，还存在部队遭分割的危险。古德里安抱怨道，总司令部的命令要求他把一个军（维廷霍夫第46摩托化军）留在罗斯拉夫利地域休整补充，同时担任支援克鲁格第4集团军的救火队——该集团军正竭力据守叶利尼亚登陆场。与此同时，古德里安麾下第二个军（莱梅尔森第47摩托化军）将在罗斯拉夫利以南展开，掩护在杰斯纳河上游与苏多斯季河（Sudost'）之间拉伸、参差不齐的战线，他麾下的第三个军（施韦彭堡第24摩托化军），自发起进攻以来没休整过一天，尽管如此，该军还是协助第2集团军赢得了克里切夫和戈梅利之战，目前奉命凭一己之力向南进攻。显然对此困惑不已的古德里安补充道，倘若命令他向南进军，他宁愿以整个装甲集群先向东穿过布良斯克，然后再转身向南。[20]

在“狼穴”被希特勒的观点说服前，古德里安向元首汇报了麾下装甲力量的真实状况，其中三分之二已脱离战斗，刚刚开始休整补充。自战役发起以来，第2装甲集群的坦克数量从988辆降至494辆，各快速师（装甲和摩托化师）的卡车数量下降约50%，而步兵师的卡车数量也下降了25%。古德里安指出，施韦彭堡第24摩托化军是他麾下唯一一个仍在行动的军，无法贯彻希特勒下令实施的装甲突击，这场推进从斯塔罗杜布向南延伸200千米，其间需要渡过杰斯纳河，并在涅任（Nezhin）与科诺托普（Konotop）之间跨过基辅—科诺托普铁路线。

施韦彭堡军确实最接近最高统帅部的预期目标，但该军也是古德里安麾下实力、战备、战斗力最弱的一个军。具体而言，施韦彭堡军的坦克力量仅剩15%（约250辆坦克），摩托化步兵仅剩50%，炮兵力量尚存75%，这已成为常态。因此，即便在最佳状况下，施韦彭堡军也只能投入30—40辆可用坦克，第3和第4装甲师各15—20辆。就连最乐观的估计也表明，施韦彭堡军至少需要两周时间休整补充，以便将整体实力增加到75%的水准。莱梅尔森第47摩托化军的状况也好不到哪里去。由于坦克力量缺50%（约120辆），摩托化步兵缺35%，炮兵力量缺10%以上，该军也需要两周时间恢复战斗力。最后是维廷霍夫第46摩托化军，虽说该军战斗力保持在75%的水准，但也需要10天时间休整并恢复战斗力。总之，三个军要想恢复战斗力，只能依靠自身资源和创造力，因为他们不会获得任何新装备。[21]

古德里安还向希特勒指出了另一些重要问题，特别是关于糟糕的道路网，以及他的部队不得不长途跋涉才能到达目标。例如，莱梅尔森第47摩托化军必须向南行进160多千米才能到斯塔罗杜布地域集结；施韦彭堡第24摩托化军主力已到达，尔后再推进240千米才能切断科诺托普附近的铁路线。他们必须在各条贫瘠的小径和布满沼泽、沙坑的地带前进400千米。而对维廷霍夫第46摩托化军来说，行进路程还要增加三分之一。古德里安提醒道，即便他的部队顺利完成这场南进，年底前充其量也只能再展开一场大规模进攻。实际上，要想同克莱斯特第1装甲集群在科诺托普和洛赫维察（Lokhvitsa）取得最终会合，古德里安装甲力量需要推进的里程比他们赶往莫斯科所需的路程更远。

除装甲力量遭削弱外，一连九周持续不断的战斗和马不停蹄的行军也给德军造成了严重伤亡。例如，截至8月26日，也就是古德里安装甲集群向南攻往基辅的次日，德国陆军已伤亡461100人，其中94222人阵亡、345650人负伤、21228人失踪。军官的损失为4264人阵亡、10792人负伤、381人失踪。[22]德国陆军东线总兵力为378万人，目前其损失已达12%。66个交战日内，每天伤亡6683名士兵和300多名军官，其中1435人阵亡，这个数字相当于每两天折损一个满编步兵师。因此，东线陆军需要约1.1万名补充军官，虽然付出了巨大努力，包括从西线抽调大批军官、加快候补军官培训班的毕业速度，但还是短缺3000名军官。而8月15日提交的一份报告中指出，短缺的军官可能是1.1万名，而不是3000名。[23]倘若这种减员率继续下去，而部队又得不到足够补充的话，东线陆军将在九个半月内消耗殆尽。

证明这一严峻现实的是，截至9月初，德国陆军在东线从事战斗的142个师中，有14个师的伤亡超过4000人，40个师的伤亡超过3000人，20个师的伤亡超过2000人，另外68个师的伤亡为不到2000人。包括各野战补充营（这些营跟随所属部队投入战斗）在内，陆军总司令部8月26日前共为东线提供了17.8万名补充兵，这就意味着德军遭受的损失只能得到约40%的补充。[24]但从长远来看，多达三分之二的伤员最终会归队。由于没人想到人员损失和相应短缺的程度，德国人未采取弥补措施，一场严重的兵力危机随之而来。

战争爆发时，各年龄组都能提供约35万名可征召入伍的人员。可是，到了1941年8月，1923年这个年龄组的人员应征入伍后，1897年至1923年这些年龄组的990万名适龄人员中，只有7.2万人可供征召。尽管这990万人没有被征召（他们要么是免除兵役的工人，要么不适合服役），但军方还是通过重新分类募集到7.2万人。因此，若德国军队意料不到的损失和必要的常规补充需要超过35万人，征兵部门就只能从以往的免征人员中征召新兵，或“入侵”下一个更年轻的年龄组，以此弥补差额。虽然德国陆军在1941年夏季到达了危机点，但兵力短缺的状况日后还将继续恶化。[25]

因此，博克8月21日提醒勃劳希契，他的各个师不适合遂行长时间的防御，选择进攻，向前疾进，是个成本较低的方案。但是，任何一位负责任的指挥官都不会选择这种解决之道，除非他确定敌人实力较弱且缺乏组织，而且能令对方猝不及防。

很自然地，德军高级指挥部门8月中旬后产生的战略争论立即造成了战役后果。首先是因为这场争论恰恰涉及施韦彭堡和莱梅尔森摩托化军后续行动的作战地域，两个军基本止步不前已达一周。中央集团军群左翼①的这场短暂的战役平静期，从8月21日持续至25日，施韦彭堡第24摩托化军辖内第3、第4装甲师，第10摩托化师停在乌涅恰和斯塔罗杜布地域。施韦彭堡麾下各师利用这段战役间歇休整部队、维修武器装备并补充必要的燃料和弹药储备，以维持后续作战行动。与此同时，莱梅尔森第47摩托化军第29摩托化师，第17、第18装甲师基本上停在从茹科夫卡（Zhukovka）西面南延至波切普（Pochep）接近地的这片地域，波切普镇位于布良斯克与特鲁布切夫斯克（Trubchevsk）中途的杰斯纳河河段以西35千米处。

其次，虽然莱梅尔森麾下各师也迫切需要休整部队并补充物资，但作战现实无法为他们提供这种时间。后续作战行动要求莱梅尔森各个师向南进击、掩护第24摩托化军左翼，所以第47摩托化军各师必须肃清南北向主公路上的敌军，这条公路与杰斯纳河平行，但位于该河西岸以西15—35千米处。另外，该军还要夺取波切普和南面45千米的波加尔镇（Pogar）。布良斯克方面军司令员叶廖缅科意识到这两个镇子的重要性，也命令麾下部队占领波切普和波加尔。因此，从8月22日起，莱梅尔森的部队别无选择，只能同苏军在波切普和波加尔展开战斗，这场后来被叶廖缅科称为经典遭遇交战的厮杀持续到8月25日，当日，古德里安开始向基辅发起进攻。

这场所谓的战役平静期到来时，心怀不满的博克不得不执行希特勒的命令，于8月22日给中央集团军群下达战斗警报并开始策划即将展开的行动。在此期间，博克重组了他的集团军群，以适应希特勒的新战略，这一编成将持续到1941年9月中旬。（参见表3.1）

开始策划基辅战役时，哈尔德和豪辛格于8月22日通过电话与博克及其参谋长讨论作战事宜，随后又于8月23日亲自拜访博克的司令部。视察期间，两

① 译注：右翼。

表3.1：1941年9月初，中央集团军群的编成和指挥官

<table>
<tr><th colspan="3">中央集团军群——陆军元帅费多尔·冯·博克</th></tr>
<tr><td rowspan="9">第2装甲集群
海因茨·古德里安大将</td><td rowspan="3">第24摩托化军
装甲兵上将莱奥·盖尔·冯·施韦彭堡男爵</td><td>第3装甲师
瓦尔特·莫德尔中将</td></tr>
<tr><td>第4装甲师
维利巴尔德·冯·朗格曼·翁德·埃伦坎普男爵少将</td></tr>
<tr><td>第10摩托化师
弗里德里希—威廉·勒佩尔中将</td></tr>
<tr><td rowspan="3">第47摩托化军
装甲兵上将约阿希姆·莱梅尔森</td><td>第17装甲师
威廉·冯·托马骑士少将</td></tr>
<tr><td>第18装甲师
瓦尔特·内林少将</td></tr>
<tr><td>第29摩托化师
瓦尔特·冯·博尔滕施泰因中将[①]</td></tr>
<tr><td colspan="2">第46摩托化军军部（第2装甲集群预备队）
装甲兵上将海因里希·冯·维廷霍夫—谢尔</td></tr>
<tr><td colspan="2">第1骑兵师
骑兵上将库尔特·费尔特[②]</td></tr>
<tr><td colspan="2">武装党卫队“帝国”摩托化师（第2装甲集群预备队）
党卫队地区总队长保罗·豪塞尔</td></tr>
<tr><td rowspan="2">第3装甲集群
赫尔曼·霍特大将</td><td colspan="2">第39摩托化军（与施密特集群隶属第16集团军，直至9月中旬）
装甲兵上将鲁道夫·施密特</td></tr>
<tr><td colspan="2">没有部队（在第9集团军预备队）</td></tr>
<tr><td rowspan="10">第2集团军
陆军元帅马克西米利安·冯·魏克斯帝国男爵[③]</td><td rowspan="5">第13军
步兵上将汉斯·费尔伯</td><td>第17步兵师</td></tr>
<tr><td>第134步兵师</td></tr>
<tr><td>第131步兵师（暂属第43军）</td></tr>
<tr><td>第260步兵师</td></tr>
<tr><td>第1骑兵师（9月初加入第2装甲集群预备队）</td></tr>
<tr><td rowspan="2">第43军
戈特哈德·海因里希大将[④]</td><td>第131步兵师（暂时调自第13军）</td></tr>
<tr><td>第293步兵师（9月初）</td></tr>
<tr><td rowspan="3">第35军军部
炮兵上将鲁道夫·肯普费</td><td>第45步兵师（8月中旬暂时转隶第43军）</td></tr>
<tr><td>第112步兵师</td></tr>
<tr><td>第293步兵师（9月初调至第43军）</td></tr>
</table>

---

① 译注：少将。
② 译注：少将。
③ 译注：大将。
④ 译注：步兵上将。

斯摩棱斯克交战（1941年7月10日－9月10日）

续表

第4集团军 陆军元帅京特·冯·克鲁格	**第7军** 炮兵上将威廉·法尔姆巴歇尔	**第23步兵师**
		第197步兵师
		第267步兵师（9月初）
	第9军 步兵上将赫尔曼·盖尔	**第15步兵师**
		第137步兵师
	第12军 步兵上将瓦尔特·施罗特	**第31步兵师**
		第34步兵师
		第167步兵师
		第258步兵师
	第20军 步兵上将弗里德里希·马特纳	**第7步兵师**（9月初调自中央集团军群预备队）
		第15步兵师（9月初转隶第9军）
		第78步兵师
		第268步兵师
		第292步兵师
	第10装甲师 沃尔夫冈·费舍尔中将	
	第167步兵师	
	第263步兵师	
第9集团军 阿道夫·施特劳斯大将	**第5军** 里夏德·劳夫大将[①]	**第5步兵师**
		第35步兵师
		第106步兵师
		第129步兵师
	第6军 工兵上将奥托-威廉·弗尔斯特	**第6步兵师**
		第26步兵师
		第110步兵师
		第206步兵师

① 译注：步兵上将。

续表

<table>
<tr><td rowspan="20">第9集团军
阿道夫·施特劳斯大将</td><td rowspan="7">第8军
瓦尔特·海茨大将[1]</td><td>第8步兵师</td></tr>
<tr><td>第28步兵师</td></tr>
<tr><td>第87步兵师</td></tr>
<tr><td>第161步兵师</td></tr>
<tr><td>第255步兵师</td></tr>
<tr><td>第14摩托化师
海因里希·沃施少将</td></tr>
<tr><td>第7装甲师
汉斯·冯·丰克男爵中将[2]</td></tr>
<tr><td rowspan="3">第23军
步兵上将阿尔布雷希特·舒伯特</td><td>第86步兵师</td></tr>
<tr><td>第251步兵师</td></tr>
<tr><td>第253步兵师</td></tr>
<tr><td colspan="2">第40摩托化军军部（施图梅集群指挥部）
装甲兵上将格奥尔格·施图梅</td></tr>
<tr><td colspan="2">第57摩托化军（施图梅集群）
装甲兵上将阿道夫·孔岑</td></tr>
<tr><td rowspan="6">施图梅集群（8月下旬和9月初，第40、第57摩托化军）
装甲兵上将格奥尔格·施图梅</td><td>第102步兵师</td></tr>
<tr><td>第256步兵师</td></tr>
<tr><td>第19装甲师
奥托·冯·克诺贝尔斯多夫中将</td></tr>
<tr><td>第20装甲师
霍斯特·施通普夫中将</td></tr>
<tr><td>第86步兵师</td></tr>
<tr><td>第110步兵师
（9月初转隶第6军）</td></tr>
<tr><td rowspan="2">预备队</td><td>第3装甲集群司令部</td></tr>
<tr><td>第250步兵师</td></tr>
<tr><td>后方地域指挥部</td><td colspan="2">—</td></tr>
<tr><td rowspan="3">集团军群预备队</td><td rowspan="2">第53军
步兵上将卡尔·魏森贝格尔</td><td>第52步兵师</td></tr>
<tr><td>第252步兵师</td></tr>
<tr><td colspan="2">第162步兵师</td></tr>
</table>

①译注：炮兵上将。
②译注：少将。

位将军一致同意，中央集团军群应以左翼力量①构成计划中基辅合围的一股铁钳，以古德里安第2装甲集群1个摩托化军（第24摩托化军，编有3个装甲师和1个摩托化师）和魏克斯第2集团军7个师向南进击。古德里安的装甲兵和魏克斯的步兵将沿两条平行轴线先后推进，向南攻往东起诺夫哥罗德–谢韦尔斯基（Novgorod – Severskii），经科诺托普，西至切尔尼戈夫（Chernigov）的杰斯纳河河段，在诺夫哥罗德–谢韦尔斯基与切尔尼戈夫之间夺取杰斯纳河对岸登陆场，尔后视情况攻往南面或东南面。在任何一种情况下，古德里安的装甲力量都将同克莱斯特第1装甲集群辖内部队会合，后者遂行南方集团军群的主要突击，从基辅南面的克列缅丘格（Kremenchug）登陆场向北攻击前进。

具体而言，魏克斯第2集团军辖内部队将向南推进，夺取杰斯纳河下游的切尔尼戈夫，并在苏军第21和第5集团军逃至杰斯纳河、科诺托普、苏拉河一线后方前将其歼灭，从而肃清普里皮亚季沼泽东部。遂行这场大规模合围时，古德里安的装甲力量将穿过科罗普（Korop）和科诺托普，向南发起冲击，最终同克莱斯特第1装甲集群辖内部队在基辅以东某处会合，从而包围并歼灭基辅地域所有苏军部队，也就是第37和第26集团军，可能还包括第38集团军。对古德里安集团军级集群来说，从8月25日起，斯摩棱斯克交战将演变为规模更大的基辅合围战。

尽管包围基辅地域所有苏军部队的进攻行动8月25日后成为战略现实，但博克和哈尔德仍对这场攻势的成效持怀疑态度。因此，两人只执行希特勒的具体命令，而不愿稍事扩大这场进攻，除控制中央集团军群参与行动的部队之数量外，他们还决心限制这场战役的持续时间。作为进攻莫斯科的主要倡导者，哈尔德和博克仍认为分兵南进只是一场临时性行动，而且这场临时性行动有可能“使我们失去胜利”。[26]

从苏联人的角度看，希特勒改变战略计划和按该计划展开的行动，为苏联最高统帅部大本营8月下旬做出的决定提供了必要的背景。具体而言，德国中央集团军群向南分兵促使苏军大本营沿西（莫斯科）方向组织起越来越雄心

① 译注：右翼力量。

勃勃的反攻，这些行动以铁木辛哥西方面军和朱可夫预备队方面军8月下旬的大规模进攻为开始，在叶廖缅科布良斯克方面军9月初发起的同样庞大、同样雄心勃勃的反攻中达到高潮。

战役间歇：8月22日—24日，争夺杰斯纳河沿岸位置

根据希特勒第34号指令和8月12日、21日补充规定的指示，月中后，古德里安第2装甲集群（获得加强后成为古德里安集团军级集群）第24和第47摩托化军稳步向南，攻往杰斯纳河以西地域。古德里安的这场推进以施韦彭堡第24摩托化军第3、第4装甲师和第10摩托化师为先锋，几个师大胆楔入红军新成立的布良斯克方面军（刚刚开始在布良斯克地域集结）与陷入困境的中央方面军（就在一周前，该方面军将第聂伯河畔的戈梅利城丢给魏克斯第2集团军辖内部队）之间的缺口。到8月22日，施韦彭堡的三个师已夺得乌涅恰、斯塔罗杜布和克林齐（Klintsy），这三个至关重要的交通枢纽大致位于戈梅利与布良斯克中途，离切尔尼戈夫东面的杰斯纳河下游不到100千米。（参见地图3.1）

莱梅尔森第47摩托化军第17、第18装甲师和第29摩托化师在第24摩托化军左后方梯次排开，在施韦彭堡身后稳步向南。莱梅尔森军负责在杰斯纳河以西设立一道装甲屏障，从茹科夫卡以西地域向南延伸，穿过波切普和波加尔，掩护施韦彭堡摩托化军左翼和后方，占领经由布良斯克，穿过杰斯纳河西岸的波切普和波加尔，尔后向南延伸的道路，即便不能夺取，也要对杰斯纳河东岸重镇布良斯克和特鲁布切夫斯克城构成威胁。施韦彭堡和莱梅尔森麾下装甲师和摩托化师向南进击时，魏克斯第2集团军第7和第12军的步兵力量将向东调动，沿杰斯纳河接替莱梅尔森麾下各师，以便他们加入施韦彭堡向南发起的进攻。施韦彭堡军牢牢占据斯塔罗杜布和乌涅恰地域，莱梅尔森军在东北面靠近指定位置，两个军停留在所到达地域时，希特勒和他的将领们讨论着后续战略选择的问题。

古德里安装甲部队转身向南构成的威胁，加剧了斯大林对苏军战略防御连贯性的担心。同时，它也加强了这位苏联独裁者的决心：发起两场攻势阻止古德里安的推进。首先（这一点最为重要），斯大林命令铁木辛哥西方面军完成在斯摩棱斯克地域粉碎中央集团军群主力的任务。其次，他命令新成立的叶

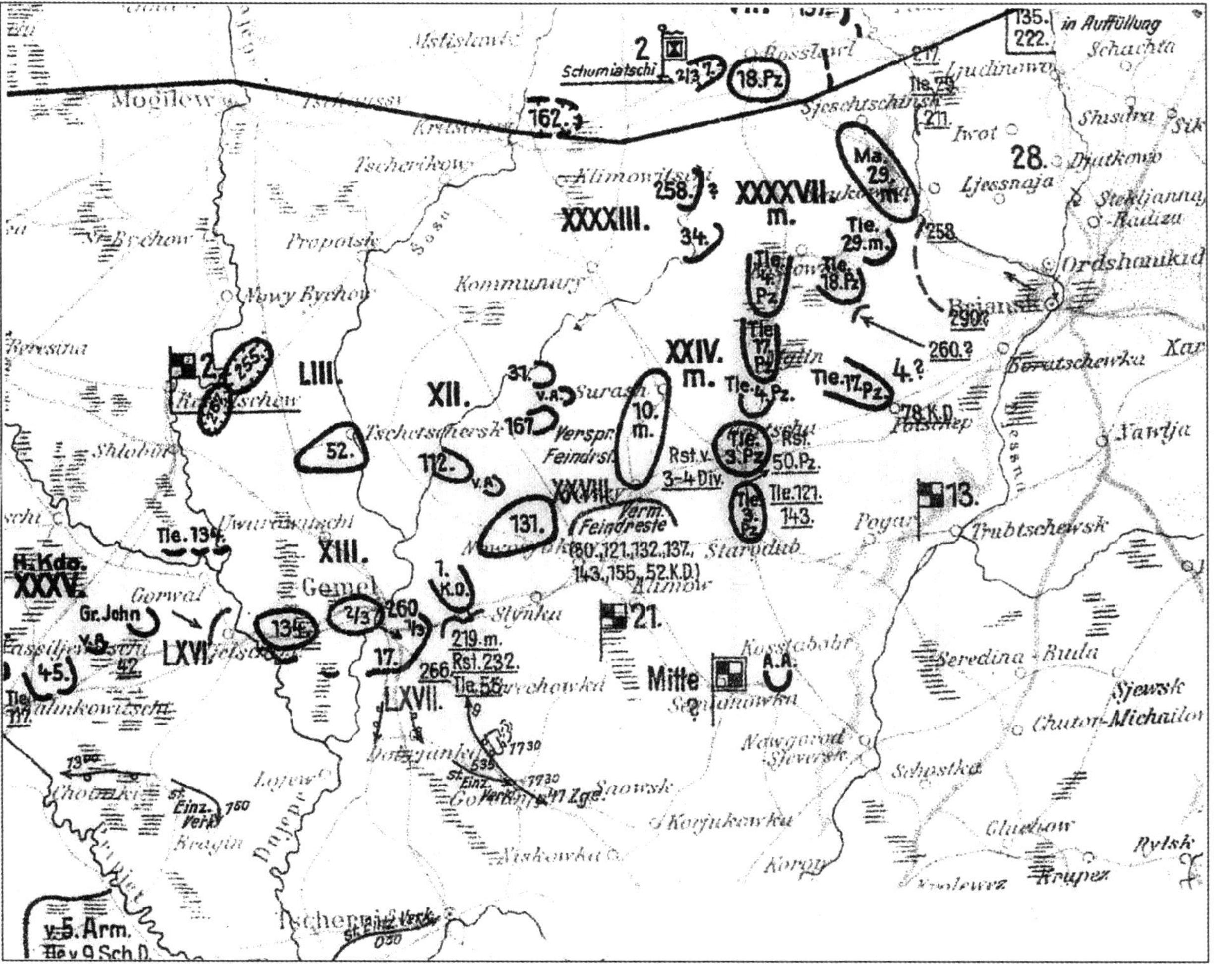

▲ 地图 3.1：中央集团军群右翼的战场态势，1941 年 8 月 22 日（资料图）

廖缅科布良斯克方面军，抢在施韦彭堡和莱梅尔森摩托化军攻占布良斯克和特鲁布切夫斯克前阻止古德里安的推进，并防止前进中的德军彻底切断布良斯克方面军沿杰斯纳河中游和上游部署的第50、第13集团军同在杰斯纳河下游以北战斗的叶夫列莫夫中央方面军第21、第3集团军之间的交通线。

因此，8月22日—24日，魏克斯第2集团军和施韦彭堡第24摩托化军基本停止了他们的行动。此后，魏克斯集团军巩固在戈梅利以南取得的战果时，还着手肃清戈卢别夫第13集团军辖内部队，该集团军危险地楔入新济布科夫（Novozybkov）以北地域，夹在第2集团军第12和第13军在西面、施韦彭堡第24摩托化军第3和第4装甲师在东面形成的铁钳之间。这个松散包围圈困住的苏军部队包括戈卢别夫集团军残部和克里沃申基本完整的机械化第25军。8月23日晚些时候，海因里希第43军第131、第112步兵师从西面逼近新济布科夫，次日晨夺得该镇，8月25日前会同第10摩托化师切断并肃清第13集团军很大一部分力量。

消灭该包围圈之际，一场“致命小步舞曲”很快在杰斯纳河、布良斯克、特鲁布切夫斯克以西地域发展开来。在那里，设于杰斯纳河西岸波切普和波加尔镇的一座登陆场内，莱梅尔森第47摩托化军第29摩托化师和第17、第18装甲师，在实施掩护任务的同时，遭遇布良斯克方面军第50集团军辖内部队和戈卢别夫第13集团军残部，这些苏军部队试图设立防御，掩护布良斯克和特鲁布切夫斯克。这些遭遇战很快演变为历时数日的激战。

在这片登陆场地域爆发激烈战斗完全符合逻辑，这是因为新成立的叶廖缅科布良斯克方面军要想发起任何成功的进攻行动，必须首先将古德里安的部队阻挡在布良斯克和特鲁布切夫斯克之外。另外，不掌握登陆场，叶廖缅科的部队就无法向西进军，同中央方面军陷入困境的第21和第3集团军会合，然后据守戈梅利以南地域。可是，古德里安的装甲部队已牢牢占据乌涅恰和斯塔罗杜布地域，即便叶廖缅科夺得登陆场，发起进攻并同中央方面军会合也不是个容易完成的任务。（参见地图3.2）

布良斯克方面军开始采取行动，力图沿杰斯纳河西岸设立可靠防御，8月16日20点，新组建的第50集团军司令员米哈伊尔·彼得罗维奇·彼得罗夫少将，从设在布良斯克以北15千米柴科维奇镇（Chaikovichi）的集团军司令部下

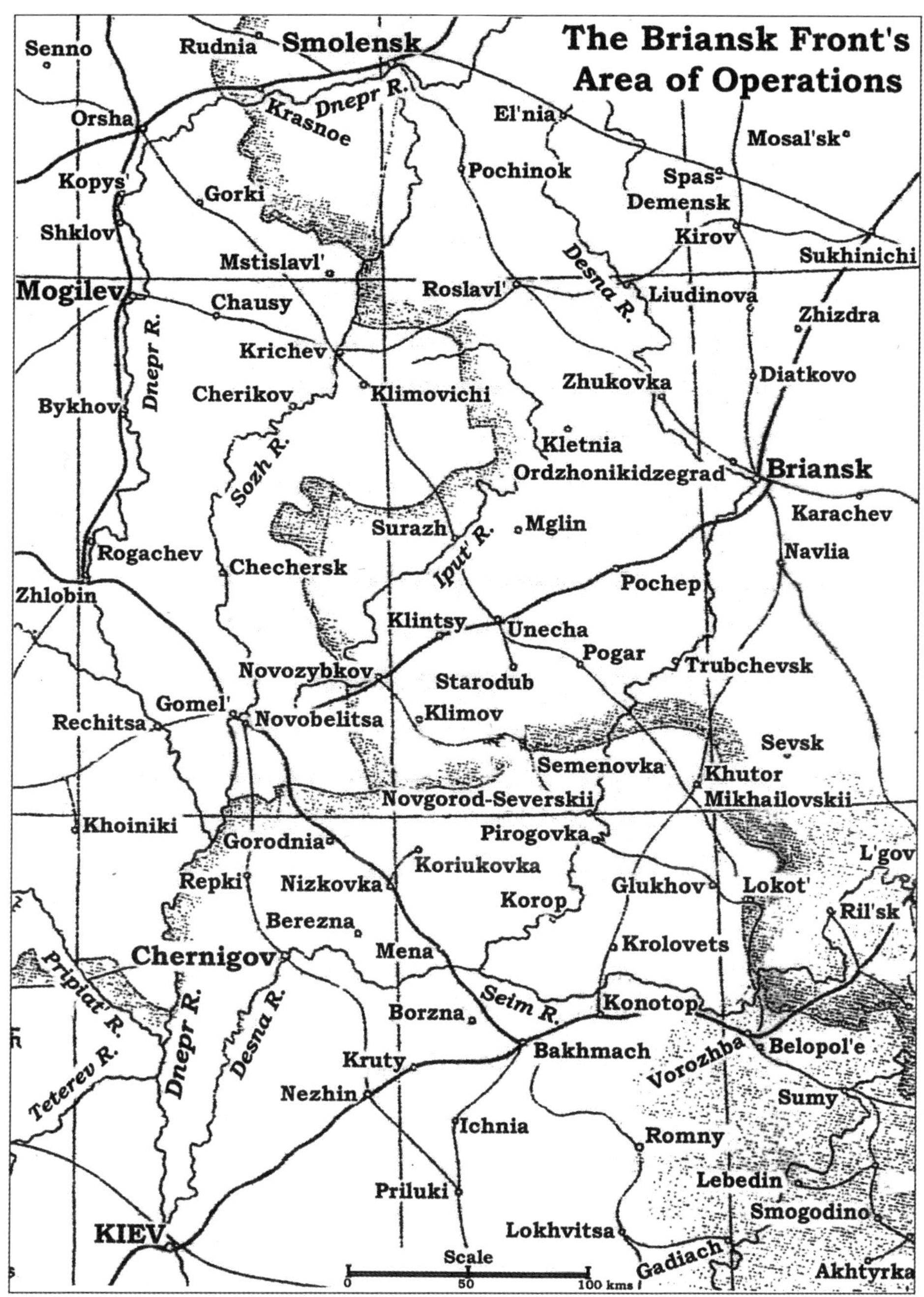

▲ 地图 3.2：布良斯克方面军的作战地域（资料图）

达第1号战斗令。在新方面军战役布势的背景下，彼得罗夫的命令为集团军和辖内兵团分配了初步战斗任务：

· 最高统帅部已组建**布良斯克方面军**，叶廖缅科中将担任司令员，师政委级指挥员马泽波夫和博伊措夫同志任军事委员会委员。

· **第50集团军编成**——步兵第217、第279、第258、第260、第290、第269、第280师，骑兵第55师，步兵第2和第20军的炮兵团，反坦克炮兵第761和第753团，独立高射炮兵第86营，独立第10装甲车营，独立工程兵第5营。

· **友邻力量**——第43集团军位于右侧，第13集团军位于左侧。

· **辖内各兵团的任务：**

★步兵第217、第279师——留在当前部署地域并向巴拉诺夫卡、拉托夫斯卡亚、科哈诺沃一线实施侦察。

★步兵第258师（与反坦克炮兵第761、第753团）——据守茹科夫卡和斯托尔贝一线，向谢夏和尤金一线实施侦察并掩护右侧分界线。

★步兵第260师——8月17日拂晓向佩斯特里科夫卡、卢特纳（科列特尼亚西北方8—10千米）、卡梅涅茨（科列特尼亚西南方15千米）、博洛特尼亚、卢戈夫卡一线实施侦察。将你部阵地移交给步兵第280师，8月18日晨占据指定战线，将1个步兵团部署在佩斯特里科夫卡和卢特纳地段，另外2个步兵团部署在卡梅涅茨、博洛特尼亚、卢卡维察地段，并且侦察至鲁汉和霍季姆察（霍季姆斯克西北方25千米）一线。

★步兵第280师——8月18日晨侦察、占据、守卫步兵第260师地段、斯托尔贝、德米特罗沃，并沿维索科耶—萨利尼科沃、库利涅沃—穆日诺沃、鲁德尼亚—旧谢利斯卡亚斯洛博达、德米特罗沃—济沃夫卡方向实施侦察。

★步兵第290师——留在目前位置，以步兵第878团据守德米特罗沃和波切普地段，以另外2个团守卫戈利亚日耶、捷梅尼奇、帕卢日耶地段，并且侦察至波切普、扎波利耶、科托夫卡、亚科夫斯卡亚一线。

★骑兵第55师——8月17日晨集结在舍卢季基、茹季洛沃、茹季洛沃车站地域，任务是沿茹季洛沃—姆格林—科斯秋克维奇、茹季洛沃—乌涅恰方向实施侦察，不惜一切代价同第13集团军建立联系。

★军属炮兵和其他部队——参见单独的命令。

★预备队——步兵第278师，集结在戈利亚日耶和扎斯塔维谢正北面树林内；步兵第269师，留在原先位置、大波尔皮诺和布良斯克东面树林内。

★集团军司令部——8月17日23点设在维戈尼奇地域。

★通信——每个师应派两名联络官，携带车辆和警卫，8月17日4点前赶至集团军设在柴科维奇的司令部。[27]

8月19日，莱梅尔森第47摩托化军着手将第17装甲师和第29摩托化师侦察部队转向东面的布良斯克和特鲁布切夫斯克，布良斯克方面军与古德里安部队的遭遇交战就此爆发。虽说尚不清楚敌人的实际情况，但彼得罗夫还是在当日11点给集结起来的集团军下达了更加具体的命令：

· **敌人的情况**——至少1个配有坦克的摩托化师沿姆格林、乌涅恰方向前进，企图切断布良斯克与戈梅利之间的交通线，其先遣部队8月18日攻占乌涅恰和斯塔罗杜布。

· **友邻力量**——第43集团军位于右侧，第13集团军位于左侧，沿舍卢季基、巴甫洛夫卡、佩斯昌卡、克林齐、乌谢尔皮耶一线掘壕据守，任务是同步兵第55师①相配合，歼灭突入乌涅恰地域之敌。

· **任务：**

★步兵第217、第279、第258、第260、第278、第290师——据守你部防御地段并沿前线展开积极侦察。

★步兵第269师——留在原先位置并以强有力的先遣支队在亚科夫斯卡亚、柳博日奇、阿列利斯克、奥斯特拉亚卢卡、特鲁布切夫斯克地域夺取杰斯纳河上渡口。

★骑兵第55师——不惜一切代价同第13集团军建立紧密联系，向姆格林发起强有力的冲击，粉碎敌人。

① 译注：骑兵第55师。

★步兵第269师——师长霍赫洛夫上校亲自负责同骑兵第55师建立联系，8月19日派加强支队赶赴科列特尼亚和阿库利奇并坚守你部防御阵地。

★步兵第280师——8月20日拂晓前沿皮利希诺、克拉斯诺耶、赫梅列沃、索斯诺夫卡一线占据你部防御地段。

★集团军航空兵（第50与第13集团军航空兵协同）——歼灭突破至乌涅恰地域之敌。

·**各师师长**（特别是第258、第260、第290、第269、第55师师长）——对敌人实施侦察，以便我方轰炸机8月19日—20日夜间消灭其主力。

·**报告**——提交侦察报告，不得迟于8月19日17点。[28]

彼得罗夫第50集团军在布良斯克周围和以北竭力加强布良斯克方面军右翼防御时，叶廖缅科指示戈卢别夫第13集团军残部，在布良斯克南面的杰斯纳河西岸设立一道绵亘防线，该集团军约半数力量刚刚在方面军左翼的新济布科夫、姆格林（Mglin）、乌涅恰地域完成多少有些混乱的后撤。同时，戈卢别夫应重组麾下支离破碎的部队，以便向西发起一场可靠的反突击，突破德国第24摩托化军的装甲封锁线，同叶夫列莫夫麾下第21集团军会合。但这项任务非常艰巨，因为戈卢别夫的许多步兵师损失惨重，几乎无法认为他们已做好战斗准备。

由于第13集团军的实力明显不济，戈卢别夫起初只投入麾下最具战斗力的部队，在特鲁布切夫斯克和南面75千米的诺夫哥罗德–谢韦尔斯基接近地设立防御，这道防御将为第13集团军日后发起反突击提供坚实的基础。与此同时，他还把麾下实力最弱的师调往后方，接受休整补充，以便日后重返前线。最令戈卢别夫挠头的问题是缺乏关于敌军部署和意图的情报，因此，侦察成为各前置兵团的优先任务。

8月21日15点20分，戈卢别夫下达第056号战斗令，开始认真设立新防御。这道命令要求他的集团军构设并占据一道70千米长的防线，从波加尔东北偏北方约30千米处向南延伸到波加尔以南40千米处，这道防线实际上穿过布良斯克和特鲁布切夫斯克以西登陆场的南半部，同北面第50集团军的防御相连，并从西南面和西面掩护两座城市的接近地：

·**敌人的情况**——敌重兵集团集结在乌涅恰、斯塔罗杜布、旧波切皮耶地域（杰斯纳河以西60—80千米）。

·**友邻力量**——第50集团军据守在右侧，第21集团军位于左侧。

·**第13集团军的情况**——沿拉马苏哈、瓦卢耶茨、巴克兰、波加尔、基斯捷尔、沃罗比耶夫卡一线（特鲁布切夫斯克西北方25千米至以西35千米、西南偏西方50千米、西南方60千米）组织防御，组建一支快速预备队，做好不久后发起进攻的准备。

·**辖内各兵团的任务：**

★步兵第45军（步兵第155、第282师，榴弹炮兵第378团，军属炮兵第420团）——据守谢姆齐、卡拉切瓦、巴克兰、波苏季奇一线（特鲁布切夫斯克西北偏北方23千米至西北方40千米、以西35千米），以步兵第282师1个团扼守特鲁布切夫斯克，获得接替后，步兵第137师撤入特鲁布切夫斯克南面的集团军预备队并掩护杰斯纳河上的渡口。

★空降兵第4军（步兵第6、第307师和军属炮兵第462团）——据守波加尔、基斯捷尔、布奇基、沃罗比耶夫卡一线（特鲁布切夫斯克以西35千米至西南偏西方50千米、西南方65千米）。

★骑兵第4师——集结在阿列利斯克地域（特鲁布切夫斯克东北方20千米），做好向波切普发起进攻的准备。将师部设在阿列利斯克。

★坦克第50师——在巴克兰地域（特鲁布切夫斯克西北方40千米）获得步兵第282师辖内部队接替后，集结于波别达车站（诺夫哥罗德-谢韦尔斯基东北方38千米）附近的集团军预备队处，做好沿波别达车站—维捷姆利亚或波别达车站—诺夫哥罗德-谢韦尔斯基方向发起进攻的准备。

★步兵第137师——获得步兵第282师接替后，加入集团军预备队，掩护特鲁布切夫斯克南面的杰斯纳河渡口。

★步兵第132师——在涅吉诺地域（特鲁布切夫斯克东南偏南方48千米）休整补充。

★步兵第143师——据守你部当前防线并加强萨古季耶瓦地段（特鲁布切夫斯克西南方20千米）。

★步兵第148师——撤至苏泽姆卡地域（特鲁布切夫斯克东南偏南方38千

米）休整补充。

★步兵第121师（后勤部队）——撤至苏泽姆卡地域。

★骑兵第21和第52师——集结在科列耶夫卡东南面树林内。

★预备队步兵团——调至谢夫斯克（诺夫哥罗德–谢韦尔斯基东北偏东方80千米）。

★部队组建处主任——在谢列季纳布达北面树林组织收容点，收容散兵游勇和遭扣留人员。

· **集团军指挥所**——旧古塔以北1千米的树林内，第二梯队位于戈罗然卡。

· **报告**——每日4点和22点提交作战和情报摘要，12点和18点提交战斗报告。[29]

正如这份报告中暗示的那样，第13集团军步兵第137、第132、第143、第121师向东穿过施韦彭堡第24摩托化军前进中的装甲师的交叉火力，刚刚逃离包围圈，根本无法继续实施积极的行动。因此，戈卢别夫将这些师撤至杰斯纳河以东30—45千米的后方集结区，让他们在那里休整补充，并接收不断派往布良斯克方面军的各行进营和行进连的援兵。虽说这些补充兵使几个遭受严重损失的师重返前线（例如步兵第143师），但许多新兵要么是只受过部分训练的预备役士兵，要么是完全没有受过训练的应征兵，多达50%的士兵甚至没有武器。可是，命令就是命令，叶廖缅科和他麾下的集团军司令员们别无选择，只能将这些稚嫩的士兵投入即将到来的战斗。

除了在布良斯克西南面和特鲁布切夫斯克西面设立防御地幅外，8月21日19点20分，戈卢别夫给步兵第143师残部下达命令，指示该师占据至关重要的交通中心诺夫哥罗德–谢韦尔斯基并设立环形防御掩护该城。诺夫哥罗德–谢韦尔斯基位于特鲁布切夫斯克以南75千米的杰斯纳河西岸，这座城市之所以重要是因为它横跨从库尔斯克向西通往谢夫斯克（Sevsk），跨过杰斯纳河向西伸向切尔尼戈夫或向西南方通往基辅的主公路。叶廖缅科和戈卢别夫一致认为，控制该城对重建与中央方面军第21集团军的直接联系至关重要：

致步兵第143师师长

1.敌斯塔罗杜布集团形成向南面和东南面发展的威胁，同时威胁我方左翼与第21集团军的结合部。

2.为肃清这种威胁，作为对第056号令的修正，步兵第143师和反坦克炮兵第699团、高射炮兵第12营（位于诺夫哥罗德-谢韦尔斯基）应于1941年8月22日日终前进入谢苗诺夫卡（诺夫哥罗德-谢韦尔斯基西北偏西方50千米）和诺夫哥罗德-谢韦尔斯基地域并设立环形防御。

为加强你师，位于诺夫哥罗德-谢韦尔斯基的步兵第148师余部编入你部，另外还有一个由1000名战斗兵组成的行进营，正经铁路开赴皮罗戈夫卡车站。[30]

因此，8月21日日终时，彼得罗夫第50和戈卢别夫第13集团军正沿杰斯纳河及其西面占据或准备占据相对稳固的防御阵地。采取最为严密的防御措施后，叶廖缅科于8月22日展开积极行动，应对古德里安快速力量的南进大潮。这似乎是一项尤为紧迫的任务，因为叶廖缅科的司令部8月21日—22日夜间和8月22日上午不断收到相关情报，称德军摩托—机械化部队从先前一路向南的推进改为向东进击。实际上，就像情况很快会证明的那样，8月22日拂晓后不久，莱梅尔森派第47摩托化军两个师的先遣部队向东赶往杰斯纳河。南面，托马将军的第17装甲师从姆格林地域转向东南方的特鲁布切夫斯克。北面50多千米外，博尔滕施泰因将军的第29摩托化师沿茹科夫卡城对面的杰斯纳河西岸向东南方行进，从西北面冲向布良斯克城。（参见地图3.1）

这些报告令叶廖缅科深感震惊，他立即指示彼得罗夫第50集团军和戈卢别夫第13集团军应对这两个威胁，抢在德军到达杰斯纳河前将其切断或阻挡住对方。彼得罗夫迅速回应，8月22日11点匆匆派两个加强步兵师从布良斯克开赴西南方，希望在德国人到达波切普之前拦截并击败对方：

· **敌人的情况**——敌摩托—机械化部队8月21日在阿扎罗沃和波切普地段（杰斯纳河以西35千米，布良斯克与特鲁布切夫斯克中途）展开积极的战斗侦察，迫使遂行防御的步兵第878团从苏多斯季河西岸撤至东岸（向南流经波切普和波加尔，在格列米亚奇耶东面汇入杰斯纳河），8月21日上午在那里转入防御。第13集团军一个行进营在谢姆齐（波切普以南13千米）附近展开行动。

·辖内各兵团的任务：

★步兵第280师——立即派出至少2个步兵营，搭乘汽车，在反坦克武器加强下，重新夺回并扼守从波切普（特鲁布切夫斯克西北偏北方45千米）通往皮亚内罗格（波切普东南偏东方10千米）和红罗格（波切普以东20千米）的公路，将一个特别集群留在红罗格地域，将一个加强支队留在皮亚内罗格地域，同步兵第878团建立联系。

★步兵第269师——派出1个搭乘汽车的加强步兵团和1个炮兵营，重新夺回从波切普通往科托夫卡（波切普东南偏南方12千米）和谢姆齐（波切普以南13千米）的公路，在科托夫卡和红斯洛博德卡（波切普东南偏南方15千米）地域派驻特别集群并同谢姆齐的行进营建立联系。

★所有师长——应特别留意建立可靠的通信并确切掌握辖内部队的情况和所处位置。[31]

第50集团军采取行动后不久，戈卢别夫第13集团军也对叶廖缅科的警告做出回应。由于不掌握切实可靠的情报，同北面的彼得罗夫一样，叶廖缅科和戈卢别夫都在盲目行事。虽然他们很清楚德军已到达并占据乌涅恰和斯塔罗杜布地域，但他们不知道德国人是否占领了这两座大城镇。不管怎样，叶廖缅科认为这两个镇子至关重要，因为前者位于南北向主公路与布良斯克至戈梅利这一东西向主公路的交叉口，而后者坐落在南北向公路和连接特鲁布切夫斯克与戈梅利的公路上。在缺乏确切情报的情况下，戈卢别夫只能派出两个加强营实施战斗侦察，两个营执行的任务相似，具体说来就是识别并遏制乌涅恰、斯塔罗杜布地域的德军部队，可能的话，夺取并加强这两个镇子：

致步兵第307师师长

抄送空降兵第4军军长

由于不清楚斯塔罗杜布地域是否有敌军存在，我命令：

1.立即派出1个搭乘汽车的加强步兵营和1个炮兵连，8月22日日终前占领斯塔罗杜布，组织环形防御守卫该城并向西北方的克林齐（斯塔罗杜布西北方

40千米）实施侦察。

2.我正通过铁路运送一个配备6辆BT坦克的坦克连以加强该支队，您应当卸载该连并把他们交给位于斯塔罗杜布的营长。

3.我正派出10辆汽车交给你部使用，在他们到达前做好分配工作。

4.行动发起时和你部占领斯塔罗杜布后提交报告。

5.以步兵第45军的1个营占领乌涅恰。[32]

致步兵第45军军长

由于不清楚斯塔罗杜布地域（特鲁布切夫斯克以西70千米）是否有敌军存在，我正派步兵第307师1个营赶往斯塔罗杜布。我命令：

1.派1个步兵营和1个炮兵连向乌涅恰（斯塔罗杜布以北30千米）展开细致侦察，8月23日晨占领乌涅恰，在该镇组织环形防御，并向西北方的苏拉日实施侦察。

2.向乌涅恰展开行动时，以及占领该镇后提交报告。[33]

叶廖缅科和戈卢别夫不知道的是，施韦彭堡第24摩托化军辖内部队的确已占领两个镇子，目前至少以1个装甲师，不久后将以2个完整的装甲师据守乌涅恰、斯塔罗杜布及周边地域。施韦彭堡军辖下的莫德尔第3装甲师驻扎在乌涅恰、斯塔罗杜布镇内及周边时，朗格曼第4装甲师正迅速从北面进入该地域。苏军两个加强营组成的战斗群完全无法匹敌一个实力强大的德军装甲师，更不必说两个了。因此，戈卢别夫的侦察战斗群只完成了一项受领的任务，确定两个镇子驻有德军强大的部队后便匆匆归建。

侦察营汇报他们的发现之前或之后，戈卢别夫已料到最坏的结果，8月22日20点，这位第13集团军司令员谨慎地命令集团军辖内最大的坦克兵团，巴哈罗夫上校的坦克第50师，集结在更靠近前线的集结区。进入集结区后，巴哈罗夫坦克师将在必要情况下投入战斗，阻挡德军装甲部队：

致坦克第50师师长

1.空降兵第4军正据守波加尔、博尔谢沃、沃罗诺克一线（特鲁布切夫斯克西南偏西方80千米至以西35千米）并掩护同第21集团军的分界线。

2.左侧，第21集团军左翼正沿索洛沃和博尔谢沃一线（特鲁布切夫斯克西南偏西方45—80千米）后撤。

3.坦克第50师作为我的预备队，应集结在沃罗比耶夫卡地域（特鲁布切夫斯克西南方62千米），并做好沿（a）沃罗比耶夫卡和斯塔罗杜布、（b）沃罗比耶夫卡和谢苗诺夫卡发起反冲击的准备。[34]

尽管叶廖缅科采取积极行动，建立可靠防御掩护布良斯克、特鲁布切夫斯克和诺夫哥罗德-谢韦尔斯基，但焦虑的最高统帅部大本营给这位方面军司令员施加压力，要求他立即采取行动，封闭出现在布良斯克方面军左翼与中央方面军右翼之间、斯塔罗杜布地域的缺口。8月22日晨，红军总参谋长沙波什尼科夫给叶廖缅科发去一封电报，强调封闭缺口的紧迫性：

据阿尔古诺夫上校的一份报告称，第13集团军正遂行后撤，以便沿苏多斯季河占据一道防线。

我要求第13集团军留意斯塔罗杜布方向产生的威胁，您应特别注意掩护与中央方面军的分界线。

中央方面军第21集团军右翼撤至卢日基、洛巴诺夫卡、扎梅舍沃一线（特鲁布切夫斯克以西120千米至西南偏西方85千米）。在这种情况下，将第13集团军左翼撤至索洛沃、博里晓沃、波加尔一线（特鲁布切夫斯克西南偏西方80千米至以西35千米），并继续向北退守苏多斯季河。把一股预备力量留在方面军之间的结合部。[35]

叶廖缅科和麾下集团军司令员们竭力构设可靠防御并采取措施与第21集团军重新建立联系时，古德里安军队构成的威胁似乎有所加剧。尽管第24摩托化军仍停留在斯塔罗杜布和乌涅恰，但该军的存在打乱了叶廖缅科与第21集团军重新建立联系的计划。更糟糕的是，第47摩托化军第17装甲师逐渐逼近波切普，一切迹象表明，该师的意图是突破苏军防御，前出到杰斯纳河西岸。最令叶廖缅科、彼得罗夫、戈卢别夫焦虑的是，他们掌握的情报寥寥无几，因而无从判断德国人的意图及最终目标。结果，古德里安的部队停止前进等待进一步指示时，布良斯克方面军和辖内第50、第13集团军对德军的行动产生各种想象，这些凭空想象给他们的防御措施增添了一丝绝望气息。

例如，叶廖缅科8月21日和22日采取初步措施、意图遏制德军推进后的接下来两天，布良斯克方面军、第50和第13集团军也下达了新命令，以改善布良斯克和特鲁布切夫斯克接近地的防御。首先，8月23日16点30分，彼得罗夫指示第50集团军，派出步兵第280师，在步兵第878团和第269师的加强下夺取并据守波切普及周边地域，无论镇内是否有德军存在。该镇位于布良斯克西南方约50千米、特鲁布切夫斯克西北方45千米的苏多斯季河畔，叶廖缅科和彼得罗夫都认为该镇非常重要，因为它控制着布良斯克—乌涅恰公路（参见地图3.3）：

· **敌人的情况**——未经证实的消息表明，只有小股敌分队盘踞在波切普。

· **辖内各兵团的任务：**

★步兵第280师（与步兵第878团）——8月24日拂晓以1个步兵团和1个炮兵营前出到苏多斯季河东岸，占领波切普镇（布良斯克西南方50千米，特鲁布切夫斯克西北方45千米），组织侦察，抓捕俘虏并确定波切普地域之敌的番号。

★步兵第269师——8月24日拂晓以1个步兵团和1个炮兵营占据并守卫从波切普南延至罗若克河河口这一地段的苏多斯季河东岸，以1个加强支队占据卡拉切沃（波切普西南偏南方20千米），并同第13集团军部署在巴克兰地域（波切普西南偏南方27千米）的步兵第155师建立联系。

★步兵第878团（及其炮兵）——作战方面仍隶属步兵第280师。[36]

当晚20点，彼得罗夫下达夺取波切普的命令后没过几个小时，叶廖缅科在布良斯克方面军第03/op号战斗令中更全面地阐述了他的防御计划：

· **敌人的情况**——敌第47摩托化军，编有第29摩托化师，第3、第4、第17装甲师和第18装甲师余部，这些力量构成古德里安集团，目前在布良斯克方面

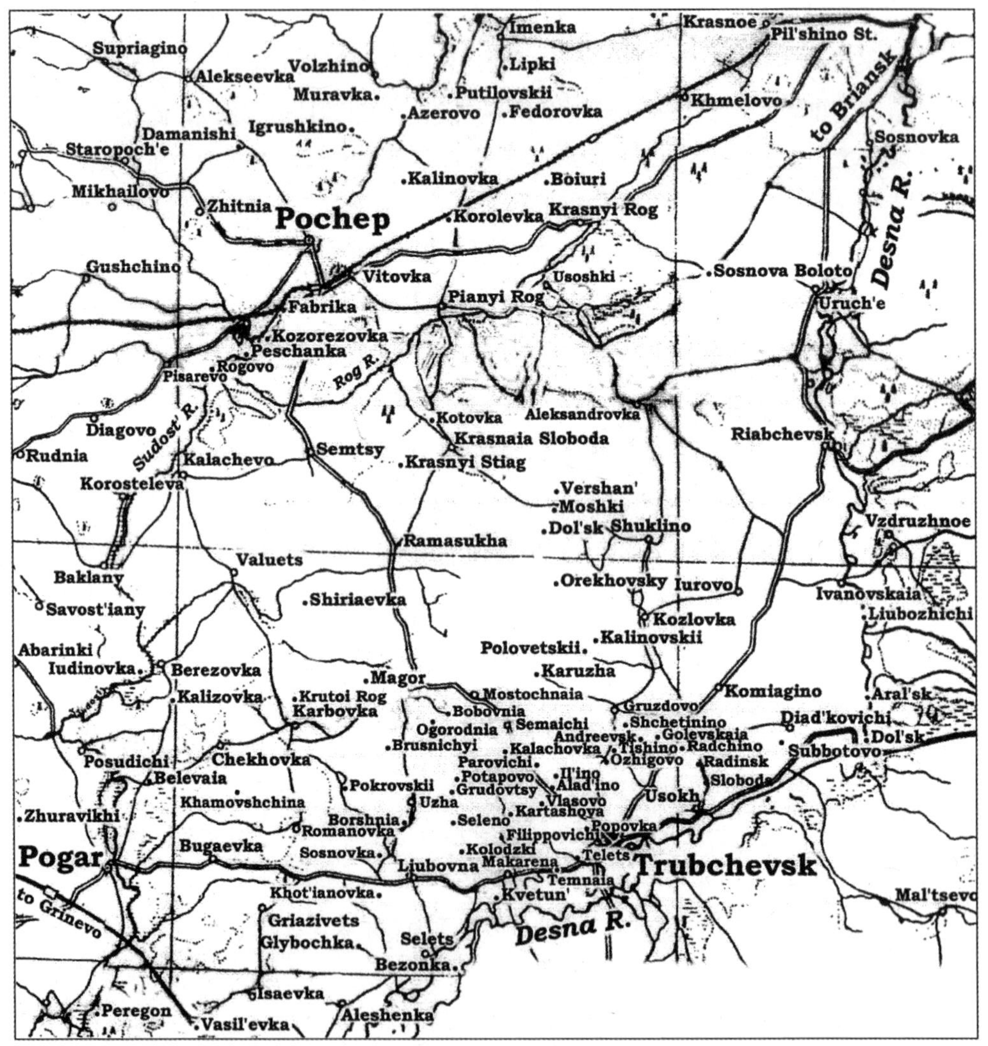

▲ 地图 3.3: 波切普和波加尔地域（资料图）

军辖内部队对面行动。波切普、姆格林、乌涅恰地域的敌坦克和摩托化部队最为活跃。同时，他们正沿罗斯拉夫利和布良斯克方向集结兵力并沿整条战线实施侦察。

· **友邻力量**——第43集团军位于右侧，第21集团军位于左侧。

· **布良斯克方面军的任务**——据守别特利察车站、茹科夫卡、维索科耶、苏多斯季河东岸、波加尔、博尔晓沃、卢日基一线（布良斯克西北偏北方110千米至特鲁布切夫斯克西南偏西方85千米），以所有火力配系和与航空兵协同实施的反突击歼灭敌人并沿整条战线展开积极侦察。

· **辖内各兵团的任务：**

★第50集团军（步兵第217、第279、第258、第260、第280、第290、第278师，骑兵第55师，步兵第2和第20军军属炮兵团，反坦克炮兵第761和第753团）——据守别特利察车站、茹科夫卡、维索科耶一线（布良斯克西北偏北方110千米至以西50千米），以及延伸至波切普的苏多斯季河东岸，将1个师部署在防坦克地域，从西面掩护布良斯克接近地，至少留下1个步兵师担任集团军预备队。特别留意：（a）罗斯拉夫利—布良斯克方向；（b）乌涅恰—波切普—布良斯克方向。

★第13集团军（步兵第269、第155、第282、第307、第137、第148、第143、第6、第132、第121、第283师，骑兵第4、第21、第52师，坦克第50师）——据守波切普、苏多斯季河东岸、波加尔、博尔晓沃、卢日基一线（特鲁布切夫斯克西北方45千米至特鲁布切夫斯克西南偏西方85千米），应特别留意设在波切普、巴克兰、谢姆齐的筑垒地域，在乌特和皮亚内罗格地段构筑一道斜切阵地，掩护与第13集团军的分界线，将步兵第283师留在集团军左翼诺夫哥罗德-谢韦尔斯基地域，夺取斯塔罗杜布，在该镇留下1个加强步兵团，将空降兵军撤入苏泽姆卡以北树林内的预备队。

· **方面军预备队：**

★步兵第299师——谢利措（布良斯克西北方20千米）正北面的树林内。

★步兵第287师——锡涅泽尔基车站地域。

★坦克第108师——奥利霍夫卡正南面的树林内。

★近卫迫击炮兵第1团——白别列加以南10千米的树林内。

·特别指示：

★各集团军司令员——组建集团军快速预备队，为此，他们应使用汽车和马匹运输。同时还应在各个师组建快速预备队。

★第50集团军司令员——继续加强第一道防线，还应特别注意发展第二道和第三道防线。

★第13集团军司令员——以集团军辖内部队加强第一道防线，并沿（a）乌特、皮亚内罗格、谢姆齐，（b）波加尔、博尔晓沃、基斯特尔、乌格雷车站—工厂一线，构设集团军斜切阵地。

★方面军直属部队——构设杰斯纳河防线和斜切阵地，并沿杰斯纳河西岸在（a）乌特、（b）曼楚罗夫卡、（c）阿列利斯克、（d）奥斯特拉亚卢卡、（e）特鲁布切夫斯克、（f）萨古捷耶瓦、（g）维季姆利亚、（h）卡斯梅斯卡亚斯洛博达、（i）马梅奇基诺设立登陆场，最强大的登陆场设在诺夫哥罗德-谢韦尔斯基地域。

★所有指挥员——优先沿各条防线和斜切阵地以环形防御设立防坦克障碍，构建反坦克炮兵阵地并配以侧射火力，沿敌坦克有可能发起冲击的方向部署配备反坦克炮、地雷和燃烧瓶的预备队。

·方面军和诸集团军航空兵的任务：

★在歼击航空兵掩护下大规模使用航空兵力量，重点打击敌集团和队列并与地面部队协同行动。

★通过系统性侦察发现敌人的部署变更和集结。

★掩护步兵第299、第287、第283师开至和在布良斯克地域的集结。

·各集团军军事委员会——将未经上级指挥员批准便擅自后撤的一切企图扼杀在萌芽状态并按照最高统帅斯大林同志的要求执行“不得后撤一步”的命令。

·指挥所——只有获得上级部门的批准，各指挥所方可变更位置。

★第50集团军指挥所——波卢日耶地域。

★第13集团军指挥所——古塔车站地域。[37]

根据叶廖缅科的新指示，戈卢别夫和彼得罗夫8月24日将拟制的防御计划呈交叶廖缅科审批。得到方面军司令员批准后，两人当晚分别给第13和第50集团军下达战斗令。戈卢别夫已于8月22日晚些时候向波切普以南地域派出两支营级特遣队，8月24日18点，他下达了全面防御令。这道命令为第13集团军诸兵团分配新防御阵地，从北面约60千米的波加尔南延至诺夫哥罗德-谢韦尔斯基以西地域（参见地图3.4）：

·**敌人的情况**——敌坦克和摩托化步兵组成的主力集团集结在集团军对面的波切普、姆格林、乌涅恰地域，配有坦克的1个摩托化团位于斯塔罗杜布地域，敌侦察部队正沿我集团军整条防线展开行动。

·**友邻力量**——右侧，第50集团军据守茹科夫卡和日里亚季诺一线并沿苏多斯季河至波切普一线遂行防御；左侧，第21集团军据守卢日基、洛巴诺夫卡、扎梅舍沃、新济布科夫一线（特鲁布切夫斯克西南偏西方85千米至以西120千米）。

·**第13集团军的任务**——沿苏多斯季河据守波切普、波加尔、基斯特尔、波努罗夫卡、沃罗诺克、卢日基一线（特鲁布切夫斯克西南偏西方85千米至西北方45千米），以火力和反冲击消灭敌人，同时不断进行积极的侦察。

·**辖内各兵团的任务：**

★步兵第45军（步兵第269、第282、第155师，军属炮兵第420团和榴弹炮兵第387团）——沿苏多斯季河据守波切普、科佐列佐夫卡、罗戈沃、巴克兰、波苏季奇、波加尔一线（特鲁布切夫斯克西北方45千米至以西35千米），将步兵第269师1个团部署在波切普和罗戈沃一线，另外2个团部署在乌特、皮亚内罗格、罗若克河一线的斜切阵地上，将步兵第282师1个团留在特鲁布切夫斯克担任军预备队。步兵第45军军长负责在右侧的波切普地域掩护同友邻兵团的分界线。指挥所——拉马苏哈地域。

★步兵第307师（与军属炮兵第462团）——据守波加尔、博尔谢沃、基斯特尔一线（特鲁布切夫斯克以西35千米至西南50千米），以强有力的环形防御掩护波加尔和基斯特尔并在波加尔和格列米亚奇地段沿苏多斯季河构筑一道防线。

★步兵第6师——据守基斯特尔、大安德雷科维奇、波努罗夫卡一线（特鲁布切夫斯克西南方50—70千米），同时在基斯特尔、布奇基和布达一线沿河流构筑防御阵地。指挥所——布奇基。

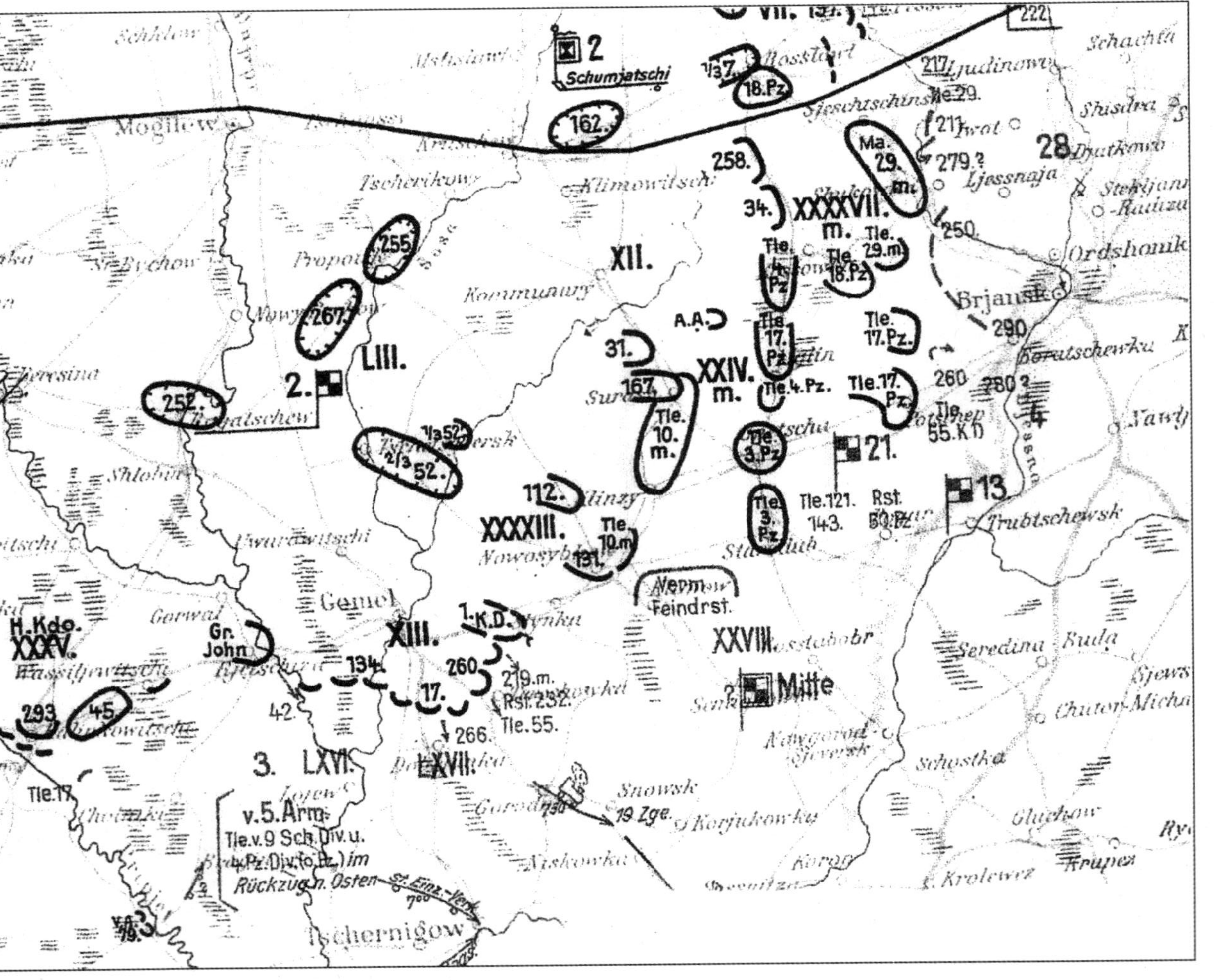

▲ 地图 3.4：中央集团军群右翼的战场态势，1941 年 8 月 24 日（资料图）

★步兵第143师——将你部位于诺夫哥罗德-谢韦尔斯基和谢苗诺夫卡的防御移交给步兵第283师，向前部署，8月25日沿波努罗夫卡、沃罗诺克、卢日基一线（特鲁布切夫斯克西南方70千米至西南偏西方85千米）占据防御。指挥所——洛马科夫卡。

★空降兵第4军——获得步兵第6和第143师接替后，在苏泽姆卡车站北面树林内担任预备队。

★步兵第283师（在诺夫哥罗德-谢韦尔斯基地域担任集团军预备队）——以至少1个搭乘车辆的营组成快速集群，做好朝诺夫哥罗德-谢韦尔斯基—波加尔、诺夫哥罗德-谢韦尔斯基—波努罗夫卡—卢日基发起反冲击的准备，在诺夫哥罗德-谢韦尔斯基构设防御。指挥所——诺夫哥罗德-谢韦尔斯基。

★坦克第50师[在沃罗比耶夫卡地域（特鲁布切夫斯克西南方62千米）担任集团军预备队]——做好沿沃罗比耶夫卡—基斯特尔—波加尔、沃罗比耶夫卡—科索博尔—卢日基方向发起进攻的准备。指挥所——沃罗比耶夫卡。

★骑兵第52师（在科列耶夫卡树林内担任集团军预备队）——做好朝斯塔罗杜布、克林齐、谢苗诺夫卡独立展开行动或会同坦克第50师遂行反冲击的准备，向谢苗诺夫卡和拉多梅斯实施侦察，并在杰斯纳河东岸沿皮罗戈夫卡和切普列耶夫卡一线构设防御。

★骑兵第4师——集结在弗兹德鲁日诺耶、柳博维奇、阿列利斯克地域（特鲁布切夫斯克东北方18—24千米），在该地域掩护杰斯纳河上的渡口，派先遣支队向西赶往雷日斯基和福姆奇诺地域，并对西面的皮亚内罗格、红斯洛博达和科托夫卡实施侦察。

★其他兵团和部队——按照先前下达的第056号令接受训练和补充，首先应重建步兵第6、第143、第155、第137师。

★所有部队——立即展开防御工作，首先应以当地居民构筑防坦克障碍并修建斜切阵地。

★集团军工程兵主任——拟制一份关于以部队和当地居民为劳力的详细工程构筑计划。

★集团军航空兵的任务：

☆展开系统性侦察，确定敌人的部署变更和集结。

☆集中轰炸固定不动或移动中的敌步兵、运输车辆和坦克。

☆8月26日掩护步兵第283师在诺夫哥罗德-谢韦尔斯基地域卸载。

★所有指挥员——阻止一切未经上级指挥员批准便擅自后撤的企图，按照最高统帅斯大林同志的要求，“不得后撤一步”。

★指挥所——只有获得上级部门的批准，各指挥所方可变更位置。

★物资配送站——利戈夫。

★报告——每日12点和22点向第13集团军司令部提交对先前所下达作战命令的更改和情报摘要，每日4点和17点提交战斗报告。

★集团军指挥所——旧古塔。[38]

几小时后的8月24日23点，彼得罗夫将军给第50集团军下达了类似的命令，要求麾下部队沿一条约100千米长的宽大战线遂行防御，这道防线从罗斯拉夫利以东、杰斯纳河畔的弗罗洛夫卡（Frolovka）起，向南延伸到茹科夫卡以西，再至波切普：

· **敌人的情况**——第29摩托化师、第17装甲师和一个番号不明的装甲师正在集团军防线对面行动并沿整条战线展开积极侦察，他们在步兵第258和第260师防线对面尤为活跃。

· **友邻力量**——第43集团军据守在右侧；左侧，第13集团军在谢姆齐、沃罗比耶夫卡、谢苗诺夫卡地段（特鲁布切夫斯克西北偏北方34千米至西南方95千米）转入防御。

· **第50集团军**（步兵第217、第279、第258、第260、第280、第290、第278师，骑兵第55师，军属炮兵第151和第645团，反坦克炮兵第761和第753团，榴弹炮兵第207团）——据守弗罗洛夫卡、茹科夫卡、斯托尔贝、苏多斯季河东岸、波切普一线（布良斯克西北偏北方110千米至西南方45千米），将集团军预备队的1个师部署在达尔科维奇、柴科维奇、加利亚日耶地域，要特别留意罗斯拉夫利—布良斯克、波切普—布良斯克方向。

· **辖内各兵团的任务：**

★步兵第217师（与榴弹炮兵第207团）——在大卢特纳至“五一”国营

农场这片地段据守斯诺波季河东岸和杰斯纳河一线（布良斯克西北方70千米至西北偏北方95千米），步兵第766团获得第43集团军辖内部队接替后撤入右翼后方的预备队，展开积极侦察并掩护同第43集团军的分界线。师部——科谢瓦特村。

★步兵第279师——留在当前位置，沿杰斯纳河守卫霍洛片科维农场和茹科夫卡地段（布良斯克西北偏北方50—70千米）并前出到拉季奇和旧科切瓦一线实施侦察。师部——波戈列洛夫卡。

★步兵第258师（与反坦克炮兵第761团和军属炮兵第151团）——留在当前位置，据守茹科夫卡和斯托尔贝地段（布良斯克西北偏北方50千米至以西55千米），应特别留意布良斯克—罗斯拉夫利公路和奥夫斯图格、乌普鲁瑟、萨利尼科沃方向，朝旧科切瓦和科列特尼亚一线实施侦察，在左侧掩护同步兵第258师的分界线。师部——奥夫斯图格。

★步兵第260师（与反坦克炮兵第753团2个连和军属炮兵第645团）——在斯托尔贝和德米特罗沃地段（特鲁布切夫斯克以西55千米至西南偏西方60千米）据守你部既占阵地，应特别留意斯托尔贝、科列特尼亚、日里亚季诺和沃罗贝尼亚方向并在左侧掩护同步兵第260师的分界线。师部——红帕哈里。

★步兵第280师[与反坦克炮兵第753团（欠2个连），步兵第878团，步兵第290师1个炮兵营，步兵第1020团，步兵第269师1个炮兵营]——师主力留在原先位置，在皮利希诺和索斯诺夫卡地段（布良斯克西南偏西方60—70千米）继续改善防坦克防御的同时，以步兵第1031、第878、第1020团歼灭敌人，8月25日日终前夺取波切普（布良斯克西南方50千米），尔后在苏多斯季河东岸据守波切普和罗戈沃一线（波切普以南8千米），朝阿库利奇、杰列姆纳、斯塔罗谢利耶一线展开积极侦察，应特别留意波切普—阿库利奇方向和波切普—乌涅恰公路并掩护同第13集团军的分界线。师部——米亚基舍沃（沙季希纳）。

★步兵第290师（欠步兵第878团和炮兵第827团第2营）——留在当前位置并在戈利亚日耶和帕卢日耶地段（布良斯克西北方18千米至以西16千米）改善防坦克防御。师部——托尔马切沃。

★步兵第278师（集团军预备队）——留在当前位置，在希别涅茨和戈利亚日耶地段（布良斯克以西15千米）加强你部阵地并做好发起一场强有力的进攻的准备，打击沿达尔科维奇—佳季科沃、柴科维奇—卡巴利奇（布良斯克—罗斯拉夫利公路）、奥尔忠尼启则—帕卢日耶方向突破之敌。师部——扎斯塔维谢北面的树林。

★骑兵第55师——与方面军航空兵协同，沿一条宽大战线展开行动，8月24日—25日沿奥尔米诺、姆格林、谢韦尔纳亚拉苏哈方向（波切普以西35千米）对敌后方和交通线发起大胆进攻，8月26日晨集结在瓦卢耶茨、别列佐夫卡（波切普以南28千米）的树林附近并同第13集团军取得联系。师部——8月26日晨设在瓦卢耶茨。

★步兵第269师（欠步兵第1020团）——8月24日转隶第13集团军，步兵第1020团和炮兵第836团第1营在作战上隶属步兵第280师，直到接到后续通知。

★集团军炮兵的任务：

☆步兵第217师——在右侧掩护同友邻兵团的分界线，在茹科夫卡和扎连斯基村地域掩护与步兵第279师的分界线。

☆步兵第279师——在维什科维奇和科罗布基地段掩护与步兵第258师的分界线。

☆步兵第258师——在乌戈斯季和克拉斯诺耶兹纳米亚地段掩护罗斯拉夫利公路接近地，在乌普鲁瑟和斯托尔贝地段掩护与步兵第260师的分界线。

☆步兵第260师——沿马尔法方向掩护博古切沃和辛科沃地段接近地，在德米特罗沃和列宁斯基掩护同步兵第878团的分界线。

☆步兵第280师——掩护马尔法、克拉斯诺耶、尼科利斯基、博罗季诺、乌鲁奇耶、索斯诺夫卡接近地。

☆反坦克炮兵第753团（集团军快速预备队）团长——亲自实施侦察并在梅尔库利耶沃、季加诺沃、斯洛博德卡地域构设发射阵地，掩护从罗斯拉夫利和波切普通往布良斯克的接近地。

☆步兵第290师——在卡巴利奇、谢夫里科沃、杰明捷耶夫卡、新斯洛博达地段掩护布良斯克接近地。

★各师师长——利用部队和当地居民手中的所有车辆和马匹组建师快速预备队，应编有1个步兵营、1个师属炮兵连和1个反坦克炮兵连，每个步兵团都应组建类似的预备队。

★集团军快速预备队（步兵第278师第855团2个营，1个师属炮兵营，反坦克炮兵第753团3个连，由步兵第855团团长指挥）——步兵第278师应提供1个车辆或马匹运送的营，集团军汽车连8月25日晨应在扎斯塔维谢西南面树林内继续加以准备，所有空余车辆应在夜间加入快速预备队。

★各师师长——加强并改善防线，应特别注意发展第二、第三道防线（步兵第280、第290、第278师），以快速反坦克炮兵、充足的弹药和燃烧瓶沿敌坦克有可能发起冲击的方向构筑防坦克地域，修筑开放式防坦克陷阱，布设反坦克地雷并派卫兵加以掩护，以精心挑选、训练有素的坦克歼击群据守防坦克地域。

★集团军通信主任——在佳季科沃再设立一个通信中心，8月26日晨同步兵第217和第279师建立可靠的通信联系，确保在战斗条件下同联络官顺利取得联系，与各个师建立无线电联系并为使用无线电台设立代号。

★各师师长和政委：

☆密切留意下级指挥部门提交作战、情报和其他报告的系统性迟滞（从2小时到6小时不等）问题，以及事无巨细的报告未能澄清实际情况、缺乏关于敌人及其行动时间的准确信息等问题，确保及时提交定期和非定期报告及摘要。警告那些迟迟未提交报告和摘要的人，军事委员会今后将采取最严厉的措施。

☆把未经上级指挥部门批准便擅自后撤的一切企图扼杀在萌芽状态——那些擅自后撤部队和分队的指挥员及政委将被立即送交军事法庭审判。

☆只有获得上级部门批准，且新指挥所的通信正常工作后，方可迁移指挥所。

☆在司令部规定的时间提交所有报告摘要，无论情况如何，每隔三小时提交一次作战报告。[39]

确保方面军辖内部队已进入防御阵地或正准备占据指定防区后，叶廖缅科于8月24日晚些时候联系总参谋部，汇报自己的行动，并请求大本营采取措施，改善他这个方面军成功行动的前景。叶廖缅科最初是与红军总参谋长沙波什尼科夫通话，但斯大林本人很快也加入其中。叶廖缅科利用这个机会，请求斯大林帮助解决最棘手的指挥控制问题，即协调布良斯克方面军与中央方面军第3、第21集团军作战行动的问题。具体说来，叶廖缅科请求斯大林撤销中央方面军并把第3和第21集团军交给他的方面军：

叶廖缅科——（电传机）这头的是叶廖缅科中将。

沙波什尼科夫——（电传机）这头的是总参谋长沙波什尼科夫元帅。叶廖缅科同志，您好！请简要汇报方面军的情况。

叶廖缅科——元帅同志，您好！我来汇报前线的敌情。

首先，第50集团军防线上，已确认敌第29摩托化师位于杜布罗夫卡和罗格涅季诺地域；敌第18装甲师位于佩克利诺和列利亚季诺地域。已从这些部队俘获俘虏，根据俘虏的交代确定了这些师的所在地。据俘虏交代，敌第17装甲师在奥索维克地域行动，但我们没有俘获该师的俘虏。敌第18装甲师和第10摩托化师在阿库利奇和波切普地段行动，虽然我们没有俘获这些部队的俘虏，但从敌第3装甲师俘虏的士官们两次透露，敌第4装甲师和第10摩托化师在第3装甲师北面行动。俘虏们已三次证实第3装甲师位于斯塔罗杜布和乌涅恰地域，一名无意间听到指挥官交谈的士官证实，第3装甲师的任务是向南展开行动，切断布琼尼的军队。这份报告具有可信度，因为，首先，第3装甲师8月19日开始从斯塔罗杜布向南开进，但随后转向西面，最终调至斯塔罗杜布北面。据俘虏交代，这种调动是因为该师后方遭到迂回。

（说到）敌人8月24日在茹科夫卡车站地域的行动，他们实施了一场炮火准备，企图以小股集团渗透我方防御地带。敌人沿伊绍瓦和波切普一线的行动最为活跃。在伊绍瓦、科洛德尼亚和先科沃地域，敌人以坦克和摩托化步兵展开冲击，逼退我军左翼部队。步兵第260师目前在马卡罗沃、叶利谢耶维奇、166.1高地地域战斗。同时，敌坦克未能成功跨越防坦克壕。我军发现一批敌坦克集结在沃罗贝尼亚及其南部地域，在科洛德尼亚地域发现敌人约300部各种车辆。另外，在阿扎罗沃地域，敌人配有坦克的2个营逼退我步兵第878团第1营，傍晚前逼近费多罗维奇和波切普地域。敌人已于昨日攻占波切普。战斗目前正沿维托夫卡一线进行。昨天和今天都在该地域发现敌人配有炮兵力量和30—40辆坦克的摩托化步兵。

斯塔罗杜布地域，派去夺取斯塔罗杜布的几个支队和一辆装甲列车沿米什科夫卡一线同敌人战斗。敌人一方，4个炮兵连、摩托化步兵和17—20辆坦克在该地域行动。我方战机在谢夏地域同敌机战斗。第一次出击击落15架敌机，但尚未收悉第二次出击的战果报告。

我已命令步兵第260师师长，肃清在科洛德尼亚、博古切沃、辛科沃地域达成突破之敌。步兵第269师奉命开赴苏多斯季河一线，受领的任务是会同步兵第280和第260师辖内部队消灭突入之敌。另外，克拉斯诺耶以北10千米，部署在防坦克壕后方的坦克师准备以炮兵和坦克力量对敌人发起一场冲击，要么向正西面展开，要么朝西南方遂行，视情况而定。此外，近卫迫击炮第1团（装备“喀秋莎”火箭炮）的1个营正开入该地域。

结论：我认为敌人正以强有力的先遣部队，在大量坦克支援下实施积极侦察。显然，他们随时会沿整条战线发起一场进攻，但不是明天或后天。

接下来，我汇报骑兵第55师的行动。该师部署在姆格林以北20千米，师部设在202.7高地附近。我命令他们沿一条宽大战线展开大胆而又巧妙的行动，向南发起进攻，打击敌后方，前出到乌涅恰以东20千米的拉苏哈以北地域，尔后以其部队向东南方展开行动。

我接到卡尔梅科夫（骑兵第55师师长康斯坦丁·加夫里洛维奇·卡尔梅科夫少将）提出的请求，他要求批准他展开游击战。我还没有做出回复，希望听听您的意见。骑兵第52师的中队撤往西北方，已同卡尔梅科夫同志会合，另外一个被敌人击败的师，200多名士兵组成的步兵群也已同骑兵第55师会合。

现在我汇报第二件事。步兵第287和第283师的运送计划已取消，等待后续通知。我收到科瓦列夫和克瓦申签署的一封电报。以上就是我掌握的情况。

沙波什尼科夫——倘若古德里安明天或后天发起进攻，您打算采取何种计划？请记住，他的主力集团对准的是您的步兵第217和第279师。因此，有必要加强第二梯队并在该地区布设地雷，以防敌人利用这一进攻冲向日兹德拉，并从北面迂回布良斯克。

叶廖缅科——倘若敌人攻向波切普一线及其北面，那么，那里有三道防坦克地带等着他们，我想首先在这些反坦克阵地上击败他们，然后以3个步兵师和1个坦克旅展开一场反冲击消灭敌人。至于北面，也就是步兵第217和第219师[1]的防御地段，我正采取措施派遣工程兵，我还打算把集结在谢利措地域的1个师调往该方向。

沙波什尼科夫——您为第13集团军提供加强了吗？他们需要立即恢复实力。至于步兵第287和第283师，他们应再停留几天，以便完成补充工作。

叶廖缅科——关于第13集团军，我正采取一切措施恢复其实力。我已派出1万名补充兵和2个师，他们到达后纳入第13集团军编成。4个骑兵师也已编入该集团军。我还提供了17辆刚刚开到的坦克以恢复坦克第50师的实力。

沙波什尼科夫——您没有回答我的问题，您打算如何使用骑兵第55师？

叶廖缅科——好的。骑兵第55师可以展开游击战，但只能是在卡尔梅科夫本人确定时机适宜时。我还想提一个关于俯冲轰炸机的问题，因为敌快速力量正在我防线前方行动，俯冲轰炸机可以扰乱他们的机动。这些战机非常出色，特别是对桥梁和狭窄的隘路发起打击时。以往的经历使我了解到这一点，在斯摩棱斯克，敌人以他们的俯冲轰炸机给我军造成妨碍。因此，我请求您为我提供1个P-2战机团，最好是红旗第244团。另外，再给我1个TB-3战机中队，以便对敌人展开系统性夜间袭击，我还请求您提供10架U-2飞机用于通信。

斯大林——斯大林在线上，您好！已给您派去U-2。您将获得TB-3战机。我立即为您提供2个，甚至3个P-2战机团。

我有几个问题问您。

1.我们是否应该撤销中央方面军，合并第3和第21集团军，并把第21集团军辖内兵团划拨给您？我问您这个问题是因为莫斯科对叶夫列莫夫（中央方面军司令员）的工作不太满意。

2.您需要大量补充兵和武器装备。从您的要求看，我认为这些要求是基于每个师1.7万人的旧编制表。但鉴于后勤部队的臃肿，我们现在决定每个师不再编有1.7万人，而是1.1万人。如果旧师继续保留2个炮兵团，每个师的兵力会高达1.3万人，最多达到1.5万人，但不会更多了。我要求您提出申请时考虑这些因素。

---

① 译注：原文如此。

3.我们可以在几天内，明天，最迟后天，为您调派配有一些KV坦克的部队——2个坦克旅和2–3个坦克营，您需要他们吗？

4.如果您能保证击败古德里安这个恶棍，那么我们可以为您调派几个航空兵团和几个“喀秋莎”连。

请您回答。

叶廖缅科——我来回答这些问题。

1.关于撤销中央方面军，我的看法是基于这样一种渴望，击败古德里安并彻底粉碎他的部队，但我们需要可靠掩护南方向。这就意味着我们必须同从布良斯克地域展开行动的突击群紧密配合。因此，我请求您合并第21和第3集团军后将他们转隶给我。至于补充兵，这里显然存在一些误解。我给第13集团军下达的任务是恢复辖内各师的实力，最初只补充到6000人，而非1.7万人。在这个问题上，显然是我们经验不足的工作人员搞岔了。

斯大林同志，非常感谢您为我提供坦克和战机加强。我只请求您加快他们的派遣，我这里非常需要他们。至于古德里安这个流氓，不用说，我们将尽最大努力完成您交给我们的任务，也就是粉碎他。

斯大林——那么，我们可以把叶夫列莫夫同志调离方面军，要是您愿意的话，派他担任您的副手，再任命原第3集团军司令员库兹涅佐夫为第21集团军司令员，第3集团军纳入第21集团军编成。总参谋部认为，库兹涅佐夫同志比叶夫列莫夫更具活力，更能干。我说第21集团军已获得或即将获得2.7万名补充兵。我们认为您可以用第3集团军的参谋人员加强您这个方面军的指挥部。至于中央方面军领率机关，我们希望您把他们送回莫斯科。

这里有一个问题，您那里的伊尔–2强击机，情况如何？

我没有其他问题了，您是否有什么问题要问我？

叶廖缅科——我先回答您的前一个问题。派叶夫列莫夫担任布良斯克方面军副司令员，我没有异议。关于第3集团军领率机关，我请求您把他们作为一个集团军领率机关部署在第50集团军与第13集团军之间的防线上，给他们配备3个步兵师和1个骑兵师，因为那里的每个集团军只有10—11名参谋人员，管理这些集团军的事务对我来说很困难，还请您任命克列伊泽尔少将出任该集团军司令员，他已向我证明了他的能力并展现出了优秀的指挥素质。他目前正指挥西方面军摩托化第10师①。

我的第二个问题，今天我给您发去一份加密报告，在报告中请求您任命步兵第129师师长戈罗德尼扬斯基少将出任第13集团军司令员。他也在战斗中证明了自己的能力并展现出出色的战术技巧和赢得胜利的不屈意志。关于伊尔-2强击机，飞行员和所有指挥员都为他们的行动深感高兴。实际上，仅凭他们的行动便已给敌人造成重大挫败，古德里安集团止步不前达两天之久。

斯大林——好的，我们会按照您的建议去做。

总参谋长希望继续同您交谈。

祝您取得胜利，再见！

叶廖缅科——好的，我会等待。再见，斯大林同志！

沙波什尼科夫——叶廖缅科同志！

明天，也就是1941年8月25日，您将收到一道关于后续作战行动的训令。总参谋部会派一名特别信使乘坐车辆送交给您。接到这道训令后，我要求您发电报给我，汇报收悉情况。就这些。[40]

虽然叶廖缅科的口头请求足以说服斯大林对战线中央地区的战略指挥控制做出必要的调整，但次日，西南方向总指挥部司令员布琼尼元帅和他的政委波克罗夫斯基②也在这场讨论中发表意见，衷心支持叶廖缅科的建议：

1941年8月25日

由于中央方面军辖内部队向南撤退，已形成两个占据阵地的不同方面军，其后方地域相互呈直角。实际上，中央方面军在这种情况下缺乏自己的后方地域。

沿戈梅利和切尔尼戈夫方向缺乏统一的指挥控制，这种情况可能会造成混乱。

为解决这个问题，我提出两个方案。

---

① 译注：摩托化第1师。
② 译注：波克罗夫斯基是西南方向总指挥部参谋长，政委是赫鲁晓夫。

1.将第5集团军编入西南方面军并以奥夫鲁奇、普里皮亚季河河口、涅任、沃罗日巴一线及其后方作为两个方面军的分界线。

2.将中央方面军第21和第3集团军转隶西南方面军，将中央集团军司令部迁至卢布内，掌握第26和第38集团军。

我请求您解决这个问题。[41]

斯大林迅速批准了叶廖缅科和布琼尼的建议，撤销中央方面军。不久后的8月25日18点，叶廖缅科下达一道战斗令，正式将第21和第3集团军纳入布良斯克方面军。可是，这两个集团军并未留在戈梅利以南地域，相反，叶廖缅科把第3集团军领率机关调回布良斯克地域，将第3集团军辖内各师交给第21集团军并为新组建的第3集团军调拨新师。最后，叶廖缅科命令新组建的第3集团军在第50与第13集团军之间的波切普地域占据作战地段：

1.根据最高统帅部1941年8月25日在第001255号加密电报中所做的决定，中央方面军辖内部队1941年8月26日0点转隶布良斯克方面军。

2.布良斯克方面军诸集团军的编成如下，1941年8月28日0点生效：

第50集团军（步兵第217、第279、第258、第260、第290、第278师和骑兵第55师）——右侧分界线为姆岑斯克、日兹德拉、弗罗洛夫卡、卡扎基、波奇诺克、斯摩棱斯克；左侧分界线为克罗梅、布特列、洛普希、德米特罗沃、拉兹雷托耶、姆斯季斯拉夫利。司令部——波卢日耶地域。

第3集团军（步兵第280、第269、第155、第137、第148师和骑兵第4师）——左侧分界线为别利察车站、谢夫斯克、苏泽姆卡、谢列茨、纳比奇、沃霍尔。司令部——弗兹德鲁日诺耶地域。

第13集团军（步兵第282、第307、第143、第6、第132、第121、第283师，骑兵第21、第52师和坦克第50师）——左侧分界线为沃罗日巴、沃罗涅日格卢霍夫、卢日基、莫吉廖夫。司令部——旧古塔地域。

第21集团军（辖第21集团军和原第3集团军辖内部队，不包括第3集团军领率机关、通信和警卫部队）——左侧分界线为中央方面军左边界。

3.布良斯克方面军左边界为原中央方面军左边界。

4.辖内部队转隶第21集团军后，第3集团军应于1941年8月27日晨将领率机关、通信和警卫部队迁至弗兹德鲁日诺耶地域。

5.第50、第3、第13集团军司令员应于8月27日日终前对新部队加以指挥控制，第21集团军司令员收悉这道命令后也应采取同样的措施。

6.最高统帅部任命：

☆中央方面军司令员M.G.叶夫列莫夫中将担任我的副手。

☆第3集团军司令员V.I.库兹涅佐夫中将出任第21集团军司令员。

☆第21集团军司令员戈尔多夫少将改任第21集团军参谋长。

☆摩托化第1师师长Ia.G.克列伊泽尔少将出任第3集团军司令员。

☆第13集团军司令员戈卢别夫少将由苏联国防人民委员部安排。

☆步兵第129师师长A.I.戈罗德尼扬斯基少将出任第13集团军司令员。

☆中央方面军参谋长扎哈罗夫中将由最高统帅部安排。

7.我决定以中央方面军领率机关补充布良斯克方面军司令部。[42]

虽说西方向总指挥部左翼力量在指挥控制方面的这一重大调整很有必要，也很有益处，但并未彻底解决叶廖缅科的指挥控制问题。相反，出于两个原因，这些问题继续存在。首先，最高统帅部大本营在几天内组建了一个新的第40集团军，由库济马·彼得罗维奇·波德拉斯少将指挥，赋予该集团军的任务是，填补布良斯克方面军在特鲁布切夫斯克和诺夫哥罗德–谢韦尔斯基地域行动的第13集团军与该方面军在戈梅利南面和东南面行动的第21集团军之间的缺口。可是，第40集团军并未隶属叶廖缅科布良斯克方面军，相反，大本营将该集团军交给基尔波诺斯将军的西南方面军。虽然大本营这样做的理由很充分——第40集团军负责掩护西南方面军右翼，但该集团军隶属基尔波诺斯意味着叶廖缅科麾下有一股不归他掌握的“外来”力量，这股力量将第21集团军与方面军沿杰斯纳河中游和上游行动的主力隔离开来。

其次，如果说第40集团军插入布良斯克方面军中间给叶廖缅科的指挥控制造成妨碍的话，那么，古德里安发起的新攻势则彻底破坏了叶廖缅科为此付出的努力。8月25日拂晓，也就是斯大林撤销中央方面军，将该方面军辖内部队交给布良斯克方面军统一指挥的当天，古德里安投入他的摩托化军，向南攻往基辅。之后的几天内，古德里安麾下装甲和摩托化师向南疾进，在此过程中破坏苏联大本营付出的一切积极努力，将第21集团军与布良斯克方面军主力彻底隔开。

8月22日—24日，德国人准备基辅攻势

8月22日—24日，德国和苏联军队在第聂伯河与杰斯纳河之间地域展开争夺时，希特勒做出最终决定，彻底包围并歼灭据守基辅地域的苏军部队。受到中央集团军群先前沿南翼赢得诸多胜利的鼓舞，加上贯彻“巴巴罗萨行动”最初理念的必然要求，希特勒命令博克中央集团军群和伦德施泰特南方集团军群以毗邻的右翼和左翼发起一场大规模进攻，包围并歼灭在基辅地域行动的所有苏军部队。为新行动下达命令时，元首还向他的集团军群司令们保证，满足了取得战略性胜利这个先决条件后，中央集团军群最终将攻往莫斯科。

接到希特勒的命令后，中央和南方集团军群在陆军总司令部和最高统帅部的不断协助下，开始策划即将发起的基辅战役。可是，德军指挥部门并未就如何做出相关努力达成一致。例如，获知希特勒决定以中央集团军群右翼全力向南攻往基辅以“粉碎俄国军队”后，博克不无讽刺地指出：“可俄军主力就位于我的东线对面，向南进攻剥夺了我粉碎他们的机会。”[43]不过，8月25日和26日正式下达命令贯彻希特勒发至集团军群司令部的新指令时，学乖了的博克也写道：“一切已成定局，发牢骚无济于事！”他已给古德里安和魏克斯下达自己的命令。[44]

在下一级指挥层面，古德里安8月24日早些时候打电话给他的司令部，通知参谋长利本施泰因开始向南行动，而博克通知魏克斯第2集团军，从戈梅利和新济布科夫一线继续向南攻往杰斯纳河和切尔尼戈夫。当日晚些时候，博克指示魏克斯集结第43、第13、第35军，以7个步兵师和1个骑兵师从戈梅利向南推进，该集团军剩下的力量，即第53、第12军军部和6个步兵师转隶克鲁格第4集团军。随之而来的部署变更涉及魏克斯集团军内的大多数作战力量，超过半数的力量准备向南发起冲击，略少于半数的力量向东穿过集团军剩下的交通路线，再加上各个军之间个别师最后时刻的调整调动，部队的部署、行进和补给相当混乱。不过，为确保部分部队的完整性并振奋士气，魏克斯批准第12军在

向东开拔加入克鲁格集团军时保留其基干师，而第43军则在集团军战役布势左翼接替第12军。[45]

魏克斯和古德里安麾下部队准备继续向南推进时，克鲁格第4集团军将在博克战线中央地带接防242千米宽的地域，这片地域从斯摩棱斯克东面起，先向南延伸到罗斯拉夫利，待古德里安向南发展后，再向南延伸到布良斯克西南方68千米的波切普。克鲁格集团军最终将接替莱梅尔森位于波切普以北地段的第47摩托化军。莱梅尔森军将同施韦彭堡第24摩托化军并肩遂行向南展开的突击，和他们同步进攻的还有调自第2集团军第53和第12军的6个步兵师。博克还把维廷霍夫正在斯摩棱斯克与罗斯拉夫利之间休整补充的第46摩托化军交给克鲁格第4集团军，担任该集团军的预备队和救火队，以防叶利尼亚的激烈战斗引发一场战术危机。[46]

除废除博克进攻莫斯科的计划外，希特勒的新指令还要求博克搁置其参谋人员已着手实施的重组计划，由于预计9月初将恢复向莫斯科的进攻，这番重组涉及炮兵、通信部队、工程兵和特别预备队集群，他们很不情愿地奉命行事，其间受到很多挫折。[47]博克仍将重点放在尽快夺取莫斯科这个目标上，根据哈尔德的苛刻判断，基辅战役不过是个小插曲而已，因此，博克仅派少量部队向南进军。但实际执行战役任务的魏克斯和古德里安却希望投入尽可能多的力量，魏克斯持这种想法是因为他担心第2集团军与古德里安麾下部队之间的缺口，而古德里安抱有这种想法是因为他希望在攻往杰斯纳河、谢伊姆河（Seym）并越过巴赫马奇（Bakhmach）、科诺托普、别洛波利耶（Belopol’e）一线时掩护装甲集群相对敞开的侧翼。[48]

波塔波夫第5集团军（西南方面军）8月20日后撤离基辅北面的第聂伯河西岸，南方集团军群第6集团军第11装甲师8月24日晚些时候在第聂伯河对岸夺得了一座登陆场，这一切似乎使第2集团军继续向南推进变得不太重要。另外，博克的北翼和中央地带也面临严重危机，这片地域从托罗佩茨南延至叶利尼亚，苏军在这些地方对施特劳斯第9集团军、霍特第3装甲集群和克鲁格第4集团军的防御施加了巨大压力。博克竭力寻找援兵，他担心红军有可能突破他的防御并威胁斯摩棱斯克，进而危及向莫斯科发起后续推进的基础。[49]第2集团军尽早折返能为他提供所需要的援兵。因此，在陆军总司令部的支持下，博克意图缩短第2集团军计划中向切尔尼戈夫的推进。但伦德施泰特和赖歇瑙坚决反对，他们敦促第2集团军加速向南，以便在强渡杰斯纳河的行动中提供援助。古德里安对此表示赞同。

博克发给第2集团军和第2装甲集群的新命令并不激进。实际上，魏克斯本人一段时间以来一直建议缩短向南推进的距离。至于古德里安，他派施韦彭堡第24摩托化军在戈梅利战役中协助魏克斯并变更莱梅尔森第47摩托化军的部署，在罗斯拉夫利与波切普之间沿杰斯纳河掩护他的左翼后，第2装甲集群三分之二力量已为向南发起进攻占据了理想的出发阵地。[50]另外，古德里安麾下部队所处的位置非常好，他们可以向东进击，从南面迂回布良斯克，从而为日后攻向莫斯科肃清另一个巨大的障碍。尽管如此，博克的新命令8月24日送抵时，古德里安仍有大量重组和集结工作需要完成，以便次日展开推进，其中大多涉及将大部分防区移交给克鲁格第4集团军。[51]

截至8月24日晚，古德里安装甲集群与魏克斯第2集团军之间的分界线，从布良斯克的杰斯纳河河段与戈梅利中途的苏拉日起，向南延伸194千米，穿过克林齐、克利莫夫（Klimov）、霍尔梅（Kholmy），直至切尔尼戈夫以东98千米，杰斯纳河与谢伊姆河交汇处附近的索斯尼察（Sosnitsa）。同时，克鲁格第4集团军与古德里安装甲集群之间的分界线从第聂伯河畔的莫吉廖夫起，向东延伸194千米，穿过索日河畔的克里切夫，直至罗斯拉夫利东南方的杰斯纳河。可是，待古德里安向南进军，克鲁格第4集团军以从第2集团军转隶而来的第12军（步兵上将瓦尔特·施罗特麾下）沿布良斯克以西的杰斯纳河河段接替第47摩托化军后，古德里安装甲集群与克鲁格第4集团军之间的分界线便向南调整，从苏拉日向东南方延伸，穿过乌涅恰至特鲁布切夫斯克北面的杰斯纳河。[52]

哈尔德和陆军总司令部认为魏克斯第2集团军渡过杰斯纳河、赖歇瑙第6集团军渡过第聂伯河发起的进攻非常重要，而古德里安的进攻是个关键的辅助手段，因此，哈尔德担心古德里安的装甲部队向东偏离得太远，无法为魏克斯提供必要的支援。于是，陆军总司令部8月25日在命令中告诫中央集团军群，古德里安装甲集群应经公路攻往特鲁布切夫斯克以南87千米、杰斯纳河畔的诺夫哥罗德–谢韦尔斯基，以及谢伊姆河以南11千米、诺夫哥罗德–谢韦尔斯基以南98千米的科诺托普，而不是波切普和特鲁布切夫斯克，因为后一条路线会使古德里安的装甲力量在渡过杰斯纳河后赶往分别位于诺夫哥罗德-谢韦尔斯基东南方58、129英里处的格卢霍夫和别洛波利耶，这两个地方更靠近哈尔科夫而非基辅。[53]

尽管第2集团军本应成为博克这场攻势的核心，但这一点并未显现出来，首先是因为陆军总司令部将第53和第12军转隶克鲁格第4集团军，削弱了魏克斯集团军的实力，其次是因为遂行进攻任务的三个军（第13、第35、第43军）并未及时部署，以展开一场组织有序的进攻。例如，炮兵上将鲁道夫·肯普费的暂编第35军，部署在第聂伯河以西的集团军右翼，缺乏一个设备齐全的指挥部，正忙着以第293和第45步兵师执行清理普里皮亚季沼泽这项毫不值得羡慕、令人沮丧的任务。虽然该军巡逻队设法同南面的南方集团军群第6集团军在沼泽地建立起脆弱的联系，但波塔波夫第5集团军逃过第聂伯河，使他们的工作变得毫无意义。

波塔波夫北面，苏军第21集团军也在第35军战线对面匆匆向东撤过第聂伯河，主要是利用切尔尼戈夫以西72千米的柳别奇（Liubech）处的桥梁。另外，戈梅利南面的地形也有利于第21集团军的后撤，他们投入强有力的阻截部队，在装甲列车支援下掩护切尔尼戈夫西部和北部接近地。第35军第45步兵师一个战斗群向柳别奇试探时，该军主力以第293步兵师和第45步兵师余部为先锋向东推进，准备在北面80多千米的列奇察（Rechitsa）渡过第聂伯河。除了将一个战斗群留在第聂伯河西面外，第35军将穿过戈梅利继续赶往新济布科夫以南地域，在东面113千米处占据第2集团军进攻地带的左翼阵地。可是，渡过第聂伯河前，第35军疲惫的部队不得不进行休整并等待架桥设备运至河畔。因此，魏克斯8月31日发起进攻时，第35军未能赶至指定突击阵地。

在第35军艰难跋涉之际，刚刚结束了戈梅利战役的第2集团军麾下兵团——步兵上将汉斯·费尔伯的第13军和戈特哈德·海因里希大将①的第43军，正在接受休整补充。魏克斯的进攻计划要求费尔伯第13军辖内第260、第

① 译注：步兵上将。

17、第134步兵师遂行集团军的主要突击，从戈梅利以南32千米的出发阵地出发，沿戈梅利—切尔尼戈夫公路攻击前进，第17步兵师在中央地段沿公路和铁路线攻往南面65千米的切尔尼戈夫。该师的任务是在切尔尼戈夫夺取一座登陆场，突破苏军第21集团军沿杰斯纳河设立的防线，尔后进攻并占领切尔尼戈夫以南68千米、基辅—科诺托普铁路线上的涅任。这场推进至关重要，因为若能取得成功，就将切断苏军从东面通往基辅的主要交通和后勤路线。一旦德军夺得涅任，基尔波诺斯就无法横向变更其部队的部署，也无法为西面的部队提供补给。

与此同时，第2集团军左翼，海因里希第43军第131和第112步兵师，已经与第24摩托化军第10摩托化师一道肃清了被困于新济布科夫以北的苏军部队，现正在戈梅利以东73千米的新济布科夫地域重组，第1骑兵师在南面提供掩护。完成重组后，海因里希军将于8月24日和25日向南开入进攻阵地，第1骑兵师在右侧填补该军与第13军之间的缺口。[54]

在此期间，东面，8月25日负责遂行古德里安主要突击的六个快速师在前一天晚些时候完成重组。此时，位于古德里安主要突击最前方的是施韦彭堡第24摩托化军辖下的莫德尔第3装甲师，该师集结在杰斯纳河畔特鲁布切夫斯克以西70—80千米处的斯塔罗杜布和乌涅恰，朗格曼第4装甲师梯次部署在后方19—65千米处。西面，勒佩尔第10摩托化师沿苏拉日至新济布科夫一线掩护该军右翼并协助第2集团军左翼力量肃清戈梅利战役后遭包围的苏军第21集团军辖内部队。

施韦彭堡左侧，莱梅尔森第47摩托化军的三个师向东南方展开，赶往布良斯克与特鲁布切夫斯克之间的杰斯纳河河段，掩护古德里安长长的左翼，同时追击苏军第13集团军残部并同叶廖缅科布良斯克方面军第50集团军部分力量交战。托马第17装甲师与苏军第13集团军残部在波切普附近战斗时，博尔滕施泰因第29摩托化师面对苏军第50集团军在杰斯纳河畔茹科夫卡新设立的防御，而内林第18装甲师仍集结在后方65千米的罗斯拉夫利地域，但内林已派出一个战斗群，填补第29摩托化师与第17装甲师之间的缺口。古德里安发起进攻的头两天，施罗特第12军第258和第34步兵师将接管第29摩托化师位于波切普以北的防区，以便博尔滕施泰因师加入向南展开的行动。这场复杂的重组过程反映出古德里安对维廷霍夫第46摩托化军（第10、第7装甲师，武装党卫队“帝国”摩托化师，“大德意志”摩托化团）转隶克鲁格第4集团军牢骚满腹，但古德里安的抱怨有些夸大，因为有限的道路交通网无法支持维廷霍夫军向南部署。[55]

古德里安和魏克斯的进攻准备相当仓促，进一步加剧混乱的是，这两位指挥官都不清楚苏军方面发生的情况。例如，虽然魏克斯知道波塔波夫第5集团军已向东撤过第聂伯河，但他不清楚该集团军的实际所在地。他也不知道自己会遭到向东撤过第聂伯河的苏军第21集团军多大程度的抵抗，或者说，苏军这场后撤是否会给他麾下的第13军攻往切尔尼戈夫造成妨碍。雪上加霜的是，第2集团军前线与切尔尼戈夫之间地带，第聂伯河以东和索日河沿岸，遍布大片沼泽和森林地域，只有铺设在高架路基上的一条铁路线和一条公路穿过这片地域。由于苏军在六个地段封锁这些交通动脉，魏克斯只有两个选择，要么对苏军防御展开正面突击，要么设法迂回，这就进一步拖缓了第2集团军的前进速度。

古德里安也面临类似问题。首先，除了只能以三个摩托化军中的两个发起进攻外，真正令他挠头的是，他对当面之敌的实力一无所知。其次，这场漫长南进的最终目标是斯塔罗杜布以南242千米的罗姆内（Romny），这就意味着他不得不掩护177千米长的左翼，倘若魏克斯麾下部队未能跟上他的推进，他还必须掩护同样长度的右翼。但缓解魏克斯和古德里安担忧的是，鉴于希特勒策划的这场攻势的大胆性，两位指挥官肯定会从突然性中获益。[56]

8月25日日终时，两个具有战略重要性的问题仍未得到解决。首先，希特勒用数周时间向南调整中央集团军群的主要突击方向以消除集团军群南翼遭受的实际或潜在威胁后，终于决定包围并歼灭盘踞在基辅地域的整个西南方面军，从而彻底解决这些威胁。元首认为这一行动符合“巴巴罗萨行动”的最初概念，只有采取这种行动，才能为尔后向莫斯科的胜利进军铺平道路。因此，从德方角度看，问题在于“中央和南方集团军群能否顺利创造这一战略先决条件，即包围并歼灭苏军西南方面军”。

其次，对斯大林和他的大本营来说，现在的情况很明显，除非叶廖缅科的布良斯克方面军遏止或击败古德里安装甲集群和魏克斯第2集团军的南进，否则，苏军沿西方向和西南方向的战略防御的可靠性很值得怀疑。另外，虽然斯大林仍拒绝承认这一点，但若古德里安的推进继续取得成功，整个基尔波诺斯西南方面军就将面临覆灭的危险。因此，从苏联人的角度看，尽管大本营成员对基辅地域苏军部队所面临的危险程度持不同意见，但他们一致同意，只有以铁木辛哥西方向总指挥部辖内三个方面军实施一场成功的反攻，才能阻止古德里安的南进。这样一来，苏联领导层便面临两个问题：首先，“叶廖缅科的布良斯克方面军能否遏止或击败古德里安的部队”？其次，“倘若叶廖缅科方面军无法阻挡住古德里安，西方面军、预备队方面军和布良斯克方面军发起的全面进攻能否迫使中央集团军群叫停古德里安的南进”？

从8月25日晚些时候起，中央集团军群与铁木辛哥西方向总指挥部展开了一场新的角逐，这场角逐比以往的竞赛具有更大的战略意义。简单地说，铁木辛哥西方向总指挥部辖内三个方面军投入其中，竭力击败中央集团军群，抗击古德里安装甲集群和魏克斯集团军，后者正力图消除中央集团军群南翼遭受的威胁。这番角逐的重要性并不亚于德军攻往莫斯科这场拖延已久的行动。

注释

1. 查尔斯·伯迪克、汉斯-阿道夫·雅各布森译，《哈尔德战时日记，1939年—1942年》，加利福尼亚州诺瓦托：要塞出版社，1988年，第508—511页。

2.《恩格尔日记》，1941年8月8日、9日、21日、23日的条目。

3. 佩尔西·E.施拉姆主编，汉斯-阿道夫·雅各布森编撰并评述，《国防军最高统帅部战时日志，1940—1945年（作战处）》第一册，美茵河畔法兰克福：伯纳德＆格雷费出版社，1965年，第1055—1059页。（本书以下简称《最高统帅部战时日志》）

4. 瓦尔特·瓦利蒙特，《德国国防军大本营，1939年—1945年》，波恩：雅典娜出版社，1964年，第203页；阿道夫·豪辛格，《1923年至1945年，德国陆军的历史性转折点》（Befehl im Widerstreit, Schicksalsstunden der deutschen Armee, 1923-1945），图宾根和斯图加特，1950年，第132—135页。

5.《最高统帅部战时日志》，其他行为，附件39，1941年8月20日，第1061页。

6. 同上，1941年8月21日；国防军指挥参谋部L处，Nr. 441412/41 gKdos Chefs，1941年8月21日，元首的作战理念和指示，附件40、附件41，第1061页。

7. 同上；《哈尔德战时日记，1939年—1942年》，第514—515页。

8.《哈尔德战时日记，1939年—1942年》，第515页；《恩格尔日记》，1941年8月23日的条目。

9.《哈尔德战时日记，1939年—1942年》，第515—516页；这段时期的博克日记；海因茨·古德里安，《一个军人的回忆》，第182页。

10. 副本收录于《最高统帅部战时日志》第一册，第1063—1068页。

11.《恩格尔日记》，1941年8月21日的条目。

12. 希特勒1941年8月22日的备忘录，《最高统帅部战时日志》第一册，第1062页。

13. 同上。

14. 同上，第1066—1067页。

15. 同上，第1067页。

16. 同上，第1054—1055页；瓦尔特·瓦利蒙特，《德国国防军大本营，1939年—1945年》，第202—203页。

17. 费多尔·冯·博克，《陆军元帅费多尔·冯·博克：战时日记，1939年—1945年》，宾夕法尼亚州阿特格伦：希弗军事历史出版社，1996年，第289页。

18. 博克同勃劳希契的电话交谈，见《中央集团军群作战日志》，1941年8月22日；《陆军元帅费多尔·冯·博克：战时日记，1939年—1945年》，第290—291页。

19.《陆军元帅费多尔·冯·博克：战时日记，1939年—1945年》，第288页；《中央集团军群作战日志》，1941年8月21日。

20.《第2装甲集群作战日志》。

21.《中央集团军群作战日志》，1941年8月22日—24日；《第2装甲集群作战日志》，1941年8月21日—23日。

22.《哈尔德战时日记，1939年—1942年》，第517、521页。

23. 同上。

24. 同上。

25. 克劳斯·莱因哈特著，卡尔·基南译，《莫斯科——转折点：1941年—1942年冬季，希特勒在战略上的失败》，英国牛津 & 普罗维登斯：冰山出版社，1992年，第39—40页。

26. 《陆军元帅费多尔·冯·博克：战时日记，1939年—1945年》，1941年8月23日—9月2日。

27. 《第50集团军司令员1941年8月16日下达的第01号战斗令：关于集团军的编成和作战任务》（Boevoi prikaz komanduiushchego voiskami 50-i Armii No. 01 ot 16 avgusta 1941 g. o sformirovanii i boevykh zadachakh armii），收录于《伟大卫国战争作战文件集》第43期，莫斯科：军事出版局，1960年，第351—352页。

28. 《第50集团军司令员1941年8月19日下达的第02号战斗令：关于既占阵地的防御》（Boevoi prikaz komanduiushchego voiskami 50-i Armii No. 02 ot 19 avgusta 1941 g. na oboronu zanumaemykh rubezhe），收录于《伟大卫国战争作战文件集》第43期，第352—353页。

29. 《第13集团军司令员1941年8月21日下达的第056号战斗令：关于拉马苏哈、波加尔、沃罗比耶夫卡一线的防御》（Boevoi prikaz komanduiushchego voiskami 13-i Armii No. 056 ot 21 avgusta 1941 g. na oboronu rubezha Romassukha, Pogar, Vorob'evka），收录于《伟大卫国战争作战文件集》第43期，第296—297页。

30. 《第13集团军司令员1941年8月21日下达的第057号单独战斗令：关于步兵第143师在谢梅诺夫卡和诺夫哥罗德—谢韦尔斯基地域设立环形防御》（Chastnyi boevoi prikaz komanduiushchego voiskami 13-i Armii No. 057 ot 21 avgusta 1941 g. na sozdanii krugovoi oborony 143-i Strelkovoi Diviziei v raione Semenovka, Novgorod-Severskii），收录于《伟大卫国战争作战文件集》第43期，第297页。

31. 《第50集团军司令员1941年8月22日给步兵第280和第269师师长下达的第03号单独战斗令：关于重新夺回并控制从波切普至皮亚内罗格、红罗格、科托夫卡和谢姆齐的交通线》（Chastnyi boevoi prikaz komanduiushchego voiskami 50-i Armii No. 03 ot 22 avgusta 1941 g. komandiram 280-i i 269-i Strelkovykh Divizii na perekhvat i uderzhanie putei soobshcheniia iz Pochep na P'ianyi Rog, Krasnyi Rog, Kotovka i Semtsy），收录于《伟大卫国战争作战文件集》第43期，第354—355页。

32. 《第13集团军司令员1941年8月22日给步兵第307师师长下达的战斗令：关于占领斯塔罗杜布》（Boevoe rasporiazhenie komanduiushchego voiskami 13-i Armii ot 22 avgusta 1941 g. komandiru 307-i Strelkovoi Diviziei na zaniatie Starodub），收录于《伟大卫国战争作战文件集》第43期，第297—298页。

33.《第13集团军司令员1941年8月22日给步兵第45军军长下达的战斗令：关于占领乌涅恰》（Boevoe rasporiazhenie komanduiushchego voiskami 13-i Armii ot 22 avgusta 1941 g. komandiru 45-i Strelkovogo Korpusa na zaniatie Unecha），收录于《伟大卫国战争作战文件集》第43期，第298页。

34.《第13集团军司令员1941年8月22日下达的第059号单独战斗令：关于将坦克第50师集结在沃罗比耶夫卡地域》（Chastnyi boevoi prikaz komanduiushchego voiskami 13-i Armii No. 059 ot 22 avgusta 1941 g. na sosredotochenie 50-i Tankovoi Divizii v raïone Vorob’evka），收录于《伟大卫国战争作战文件集》第43期，第299页。

35.《红军总参谋部1941年8月22日下达给布良斯克方面军司令员的第1339号训令：关于将第13集团军左翼撤至索洛沃、博里晓沃、波加尔、苏多斯季河一线》（Direktiva General’nogo Shtaba Krasnoi Armii No. 1339 ot 22 avgusta 1941 g. komanduiushchemu voiskami Brianskogo fronta ob otvode levogo kryla 13-i Armii na rubezh Solova, Borisshchovo, Pogar i r. Sudost），收录于《伟大卫国战争作战文件集》第43期，第8页。

36.《第50集团军司令员1941年8月23日下达的第04号单独战斗令：关于以步兵第280师夺取波切普》（Chastnyi boevoi prikaz komanduiushchego voiskami 50-i Armii No. 04 ot 23 avgusta 1941 g. na ovladenii 280-i Strelkovoi Diviziei Pochep），收录于《伟大卫国战争作战文件集》第43期，第355页。

37.《布良斯克方面军司令员1941年8月23日下达的第03/op号战斗令：关于别特利察车站、茹科夫卡、维索科耶、苏多斯季河东岸、波加尔、博尔晓沃、卢日基一线的防御》（Boevoi prikaz komanduiushchego voiskami Brianskogo Fronta No. 03/op ot 23 avgusta 1941 g. na oboronu rubezha stantsiia Betlitsa, Zhukovka, Vysokoe, vostochnyi bereg r. Sudost’, Pogar, Borshchovo, Luzhki），收录于《伟大卫国战争作战文件集》第43期，第39—40页。

38.《第13集团军司令员1941年8月24日下达的第060号战斗令：关于波切普、波加尔、基斯特尔、卢日基一线的防御》（Boevoi prikaz komanduiushchego voiskami 13-i Armii No. 060 ot 24 avgusta 1941 g. na oboronu rubezha Pochep, Pogar, Kister, Luzhki），收录于《伟大卫国战争作战文件集》第43期，第299—301页。

39.《第50集团军司令员1941年8月24日下达的第07号战斗令：关于弗罗洛夫卡、茹科夫卡、斯托尔贝、波切普的防御》（Boevoi prikaz komanduiushchego voiskami 50-i Armii No. 07 ot 24 avgusta 1941 g. na oboronu rubezha Frolovka, Zhukovka, Stolby, Pochep），收录于《伟大卫国战争作战文件集》第43期，第356—358页。

40.《最高统帅、总参谋长与布良斯克方面军司令员1941年8月24日的谈话记录：关于布良斯克方面军作战地区的情况》（Zapis’ peregovora Verkhovnogo Glavnokomanduiushchego i nachal’nika General’nogo Shtaba s komanduiushchim voiskami Brianskogo Fronta 24 avgusta 1941 g. ob obstanovke v poloce Brianskogo Fronta），收录于《伟大卫国战争作战文件集》第43期，第8—11页。

41.《西南方向总指挥部司令员发给最高统帅的报告：关于重组中央和西南方面军的建议》（Doklad Glavnokomanduiushchego voiskami Iugo-Zapadnogo Napravleniia Verkhovnomu Glavnokomanduiushchemu predlozhenii po reorganizatsii Tsental’nogo i Iugo-Zapadnogo frontov），收录于V.A.佐洛塔廖夫主编，《最高统帅部大本营：1941年的文献资料》，第367页。

42.《布良斯克方面军司令员1941年8月25日下达的第04/op号战斗令，关于将中央方面军辖内部队纳入布良斯克方面军编成》（Boevoi prikaz komanduiushchego voiskami Brianskogo Fronta No. 04/op ot 25 avgusta 1941 g.o vkliuchenii voisk Tsentral’nogo Fronta v sostav voisk Brianskogo Fronts），收录于《伟大卫国战争作战文件集》第43期，第42—43页。

43.《陆军元帅费多尔·冯·博克：战时日记，1939年—1945年》，第291页。

44. 同上。

45. 同上，第291—295页；《中央集团军群作战日志》，1941年8月24日—27日；这段时期的《第2集团军作战日志》。

46.《中央集团军群作战日志》，1941年8月24日；《第2集团军作战日志》，1941年8月24日；《陆军元帅费多尔·冯·博克：战时日记，1939年—1945年》，第291—292页。

47.《中央集团军群作战日志》，1941年8月25日；这段时期的博克日记。

48.《哈尔德战时日记，1939年—1942年》，第515—516页；《第2集团军作战日志》，1941年8月25日；关于敞开的侧翼和缺乏兵力的复杂问题，可参见哈尔德同博克的电话交谈记录，《中央集团军群作战日志》，1941年8月28日。

49.《中央集团军群作战日志》，1941年8月23日—24日；这段时期的哈尔德日记和博克日记；详情参阅1941年8月28日9点30分哈尔德同博克的电话交谈记录。

50. 用古德里安自己的话来说，这是“一块很好的跳板”，参见保罗·卡雷尔，《东进》，美茵河畔法兰克福：乌尔斯泰因出版社，1966年，第104页。

51.《中央集团军群作战日志》，1941年8月22日；《第2装甲集群作战日志》，1941年8月22日。这一变动8月22日生效。在此之前，古德里安的临时性集团军级集群编有第4集团军的3个军（10个师）和他自己的装甲集群。

52. 分界线的这一变动8月28日生效。发生这番变动时，魏克斯集团军与古德里安装甲集群之间的分界线保持不变。

53.《哈尔德战时日记，1939年—1942年》，第516—517页；《中央集团军群作战日志》。

54.《第2集团军作战日志》；这段时期的《中央集团军群作战日志》。

55.《第2装甲集群作战日志》；《陆军总司令部东线每日态势图》。

56.《第2装甲集群作战日志》，1941年8月25日—9月1日；海因茨·古德里安，《一个军人的回忆》，第184页。

第四章
第2装甲集群渡过杰斯纳河，苏军最高统帅部大本营的进攻计划，施图梅集群攻往安德烈亚波尔和西德维纳，1941年8月25日—9月9日

8月25日—28日，古德里安渡过杰斯纳河

古德里安第2装甲集群8月25日拂晓开始攻往基辅。颇具讽刺意味的是，苏军大本营和叶廖缅科当日认为他们终于解决了西方向总指挥部左翼的指挥控制问题。经过无所作为的五天后，担任施韦彭堡第24摩托化军先锋的莫德尔第3装甲师突然从斯塔罗杜布向南攻往杰斯纳河畔的诺夫哥罗德-谢韦尔斯基。与此同时，莫德尔右翼，勒佩尔第10摩托化师从新济布科夫向南奔往索斯尼察，而朗格曼第4装甲师掩护第3装甲师左翼和后方并准备穿过斯塔罗杜布，在莫德尔左侧攻向杰斯纳河。北面，古德里安派莱梅尔森第47摩托化军先遣师（托马第17装甲师）穿过波切普赶往东南方的杰斯纳河，该师受领的任务是在特鲁布切夫斯克渡过杰斯纳河，然后转身向南，沿河东岸前进，协助施韦彭堡第24摩托化军在诺夫哥罗德-谢韦尔斯基夺取杰斯纳河对岸的登陆场，该河在那里的宽度约为1千米，广阔的洪泛区使其变得更难以逾越。（参见地图4.1）

古德里安装甲集群首先攻往杰斯纳河，尔后向更南面进击，实际上引发了两场大规模交战：首先是基辅战役的高潮，这是希特勒、博克、伦德施泰特精心策划的一场攻势；其次是同样重要的斯摩棱斯克交战的顶点，这是斯大林、铁木辛哥、朱可夫、叶廖缅科细心组织的、规模史无前例的一场反攻。

当日5点15分，古德里安离开设在罗斯拉夫利以西32千米，舒米亚奇

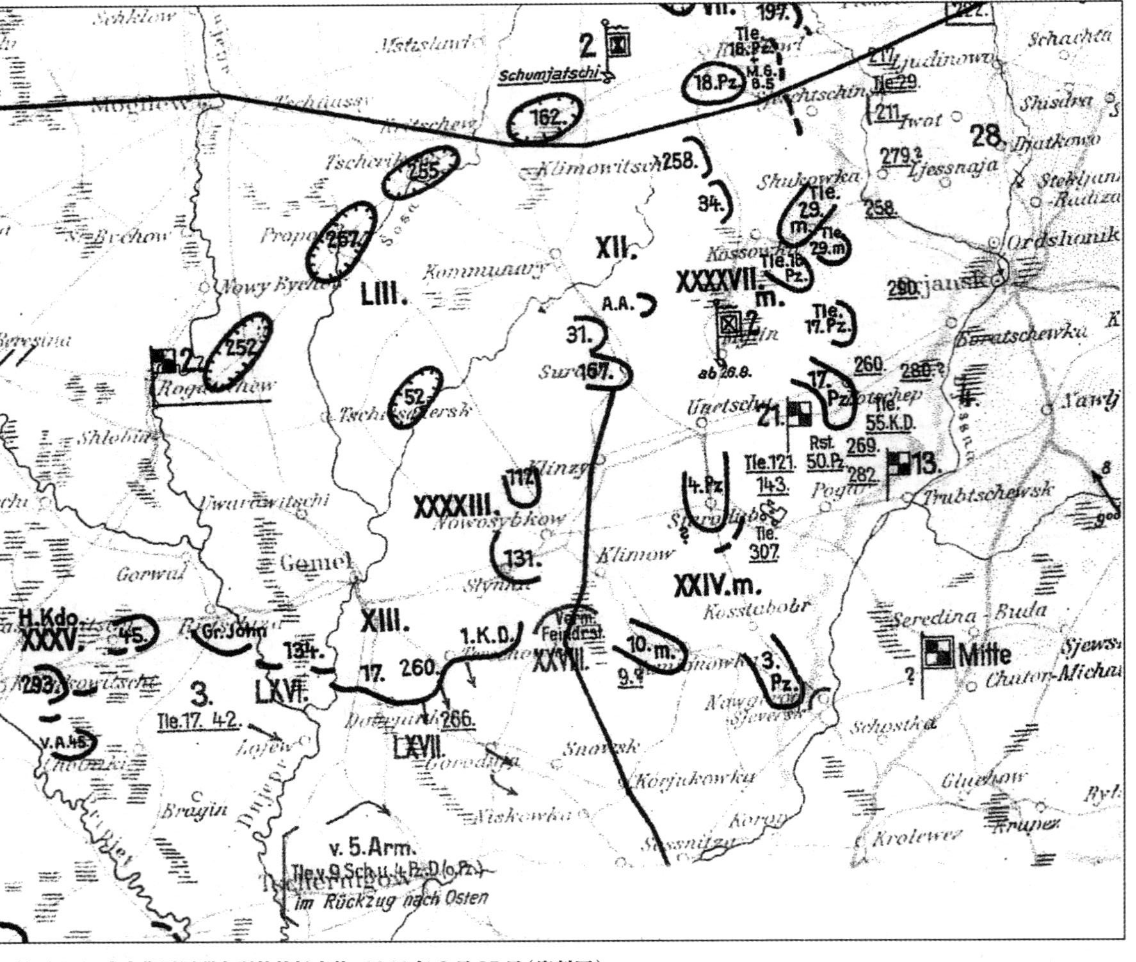

▲ 地图 4.1：中央集团军群右翼的战场态势，1941 年 8 月 25 日（资料图）

（Shumiachi）附近森林内的司令部，打算亲自监督第17装甲师对波切普的突击。8月25日的天气炎热干燥，地面彻底干透，德军装甲部队得以沿本来会被雨水变为一片泥沼的道路和小径前进。尽管如此，行进依然困难，这是因为，如果说一辆汽车会卷起一股尘埃，那么，长长的行军队列则会扬起不折不扣的“龙卷风”。细小的粉尘渗透一切，给车辆和人员蒙上一英寸厚的尘埃。7小时后，古德里安的车队到达距离司令部129千米的姆格林，几辆指挥坦克、四驱轿车和摩托车在那里抛锚，古德里安不得不调派替补车辆。

15点后不久，古德里安终于赶至第17装甲师设在波切普地域的指挥所，托马刚刚决定推迟进攻，因为他们没有获得上级承诺的“斯图卡”俯冲轰炸机的支援。古德里安批评托马的进攻地段过于狭窄，随即赶往步兵部队的前沿阵地。德军装甲掷弹兵迅速发起进攻，渡过苏多斯季河，攻占波切普，夜幕降临前到达该镇以南10千米、苏多斯季河的支流罗格河（Rog），他们仍旧没有获得“斯图卡”的支援。古德里安后来发现，托马装甲师的这场突击恰好命中彼得罗夫第50集团军与戈卢别夫第13集团军的分界线，打击的是第50集团军步兵第260师和第13集团军步兵第280、第269师，苏联人将德军的行动解释为一场机动，旨在夺取特鲁布切夫斯克并从南面迂回他们设在布良斯克的防御。由于古德里安的这场进攻发生在苏军大本营撤销中央方面军、将该方面军辖内集团军转隶叶廖缅科，在杰斯纳河以东组建一个新的第3集团军，调整第13和第21集团军司令员之前几个小时，对叶廖缅科来说，没有什么比这更不合时宜了。

在波切普过夜后，古德里安把司令部迁至波切普以西55千米，乌涅恰附近的一片林地，这番搬迁又是一场噩梦般的行程，从清晨7点30分持续到午夜，速度约为每小时10千米，耗时16个小时才告完成。虽说装甲集群司令部行进期间无法同集团军群或友邻部队取得联系，但哈尔德的高级助手保卢斯也加入其中，从而掌握了一手情况。古德里安在副官比辛少校的陪同下赶往炮兵前进观测所，亲自观看恢复进攻的第17装甲师强渡罗格河，这一次，该师获得了“斯图卡”战机的支援。虽然炸弹落点很准确，但“实际效果却很微弱”。[1]不过，轰炸造成的心理影响强大到足以遏止苏军部队，托马的装甲部队几乎未遭受伤亡便渡过该河。可能由于炮兵前进观测所的军官们动作不慎，苏联人发现了这个观测所，猛烈的迫击炮炮火随即袭来，包括比辛少校在内的五名军官负伤，古德里安侥幸逃脱一劫。渡过罗格河后，第17装甲师搭设起一座桥梁，很快便动身赶往特鲁布切夫斯克的杰斯纳河畔。经过一场强行军，博尔滕施泰因第29摩托化师傍晚前加入托马的装甲师，准备于次日向南进军，率先攻往特鲁布切夫斯克以西35千米的波加尔。因此，古德里安午夜前后返回司令部新驻地时，装甲集群的左翼似乎已得到保护。（参见地图4.2）

在此期间，莫德尔第3装甲师8月25日拂晓从斯塔罗杜布地域出发，目标是70千米外杰斯纳河畔的诺夫哥罗德–谢韦尔斯基，该镇的主要建筑是一座座教堂和修道院，这是遥远的往昔令人悲伤的象征。莫德尔的装甲兵沿主公路前进，这条道路实际上不过是条小径，但德军前进时不得不把它作为双向、三向主干道使用。莫德尔的指挥组搭乘四驱指挥车和装甲车，在摩托车警卫的护送下，与第3装甲师一同向南而行，滚滚尘埃笼罩着前进中的队伍。五小时后，莫德尔的指挥组进入乌克兰境内，距离诺夫哥罗德–谢韦尔斯基还有半数路程，他们在一条小溪旁靠边停车。诺夫哥罗德–谢韦尔斯基仍在32千米外，该镇伫立在河对面高耸的岸边，那里有两座桥梁跨过杰斯纳河，一座是加固桥，另一座是重型木制栈桥，长度超过875米。在路边召开会议时，莫德尔命令第6装甲团团长冯·莱温斯基上校，至少要完好无损地夺取其中一座桥梁，否则，杰斯纳河5.5千米宽的泛洪水面会阻挡该师数日。

杰斯纳河上的两座桥梁得到几座小型登陆场的妥善掩护，据守在此的是戈卢别夫第13集团军格里戈里·阿列克谢耶维奇·库尔诺索夫上校的步兵第143师，以及菲利普·米哈伊洛维奇·切罗克马诺夫上校步兵第148师寥寥无几的残部，他们挖掘了防坦克壕，还把诸如圆木这种障碍物半埋入地下。[2]按照苏军的惯例，两座桥梁上埋有地雷并安装了遥控引爆装置，做好了爆破准备。因为苏军的伪装非常出色，所以莱温斯基直到他的装甲和摩托车营发起冲击后才意识到对方防御阵地的实力和规模。由于进攻方已离开林木茂密的地区，目前处在开阔地带，苏军实施空袭后，猛烈的火炮和迫击炮火力接踵而至，阻挡住莫德尔的进攻步伐。德军步兵无法跟上坦克，因此迅速冲向桥梁的机会转瞬即逝。

夜间，莫德尔重组第3装甲师，前调装甲掷弹兵团和炮兵力量，准备发起协同一致的冲击，装甲掷弹兵居左，第6装甲团主力居右。莫德尔把率领这场

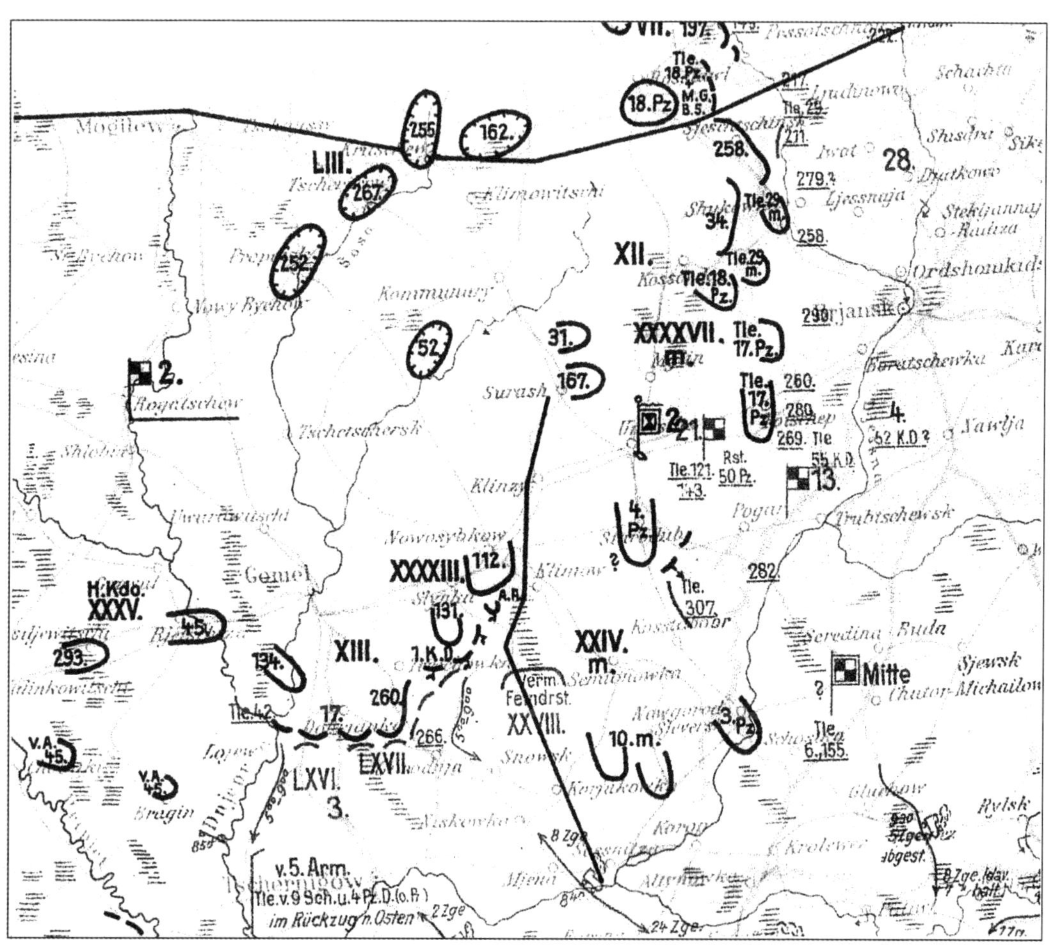

▲ 地图 4.2: 中央集团军群右翼的战场态势，1941 年 8 月 26 日（资料图）

进攻（以及夺取桥梁）的任务交给一个特别突击群，指挥该突击群的是师里的突袭专家布赫特基尔希中尉。布赫特基尔希的突击群编有1个装甲连和搭乘装甲车的机械化步兵，另外还有由接受过排爆训练的战斗工兵组成的一支特别部队，由施特克中尉率领。但在夜间，戈卢别夫第13集团军以亚历山大·尼古拉耶维奇·涅恰耶夫上校的步兵第283师余部加强了登陆场。

为进攻加以准备时，莫德尔实施炮火准备，据守登陆场周边防御的一些苏军士兵惊慌失措，他们开始投降，德军装甲掷弹兵们将之视为一个好兆头。另外，据德方记录称，那些实施抵抗的红军士兵也不太坚决，可能因为他们当中有许多近期征召入伍的年长者，这些人只受过些许训练，显然是作为一种权宜之策投入防线的。至少这一次，苏军政委无力阻止部队的解体。不久之后，莫德尔的装甲掷弹兵突破到城镇西北郊时听到一声剧烈的爆炸，他们首先想到的是一座桥梁被炸毁。尽管莫德尔的部下担心两座桥梁都被炸毁，但厚厚的棕色尘埃像浓雾那样遮蔽战场，导致他们无法查看详情。

但这片浓密的尘埃也为布赫特基尔希赶往主桥梁的突击群提供了掩护，他们同后撤中的苏军部队混杂在一起。迅速穿过镇子北部后，德军突击群到达了俯瞰杰斯纳河谷的崖壁，发现主桥梁依然完好无损。破坏苏军的防坦克防御后，战斗工兵冲向桥台，布赫特基尔希的士兵们则跳下装甲车，朝桥梁奔去。制服猝不及防的苏军哨兵后，他们迅速向前，扯掉炸药包上的引爆线，将炸药包丢入河里。他们还割断了拴住汽油桶的绳子，把这些油桶滚入河里。以水桶和沙箱为掩护，突击队的5名士兵冲至桥中央，施特克在那里发现了一枚准备引爆的重型航空炸弹，于是，他和他的部下把这枚炸弹推到桥边。冲过剩下的438米后，施特克射出一发星爆信号弹，宣布肃清桥梁，这座大桥已彻底落入德军手中。

与此同时，苏军试图重复他们的同志在基辅地域奥库尼诺沃（Okuninovo）和奥斯捷尔（Oster）的表现，守军在那里炸毁了第聂伯河和杰斯纳河上的类似桥梁，步兵第143和第283师派出携带汽油、炸药、燃烧瓶的排级爆破组，意图从下方爬上栈桥，将其炸毁。可是，布赫特基尔希的突击群在河边同他们遭遇。虽然苏军士兵设法将几包炸药放在了栈桥上，但德军工兵迅速将其移除。因此，从理论上来说，德军赢得了两次夺桥之战，先是在桥上，然后又在桥下。战斗结束后，第13集团军报告，与步兵第143师第383、第800团失去联系，而该师步兵第635团有600名手无寸铁的士兵逃离战斗。[3]

莫德尔站在崖壁上观察夺取桥梁的行动时，苏军火炮和迫击炮将他的指挥组笼罩在炮火打击下，莫德尔的手掌被弹片划伤，站在他身旁的师炮兵指挥官被炸死。不到一个小时，莫德尔便驱车驶过这座刚刚夺取的桥梁。他的部队也迅速过河，扩大登陆场，并将防线尽量推向前方，使苏军炮火远离桥梁。此时，莫德尔的装甲掷弹兵在几辆坦克的支援下，击退了苏军猛烈的反冲击。莫德尔告诉这座战略性桥梁的征服者："它抵得上一个师。"[4]古德里安在赶往乌涅恰新司令部的途中无意间收悉了这个消息，他立即指示莫德尔，无论如何都要守住这座桥梁。在此期间，莱温斯基第6装甲团继续向南推进，在距离诺夫哥罗德-谢韦尔斯基8千米处渡过杰斯纳河，并在皮罗戈夫卡（Pirogovka）附近的渡口夺得第二座登陆场。48小时后，莫德尔第3装甲师合并两座登陆场，以确保它们免遭苏军的后续地面攻击。[5]

之后，莫德尔于8月27日派莱温斯基战斗群开赴东南方，先赶往诺夫哥罗德-谢韦尔斯基东南方21千米的绍斯特卡（Shostka），尔后奔向11千米外的沃罗涅日-格卢霍夫（Voronezh-Glukhov）西郊，在那里伏击并俘虏了一火车沿基辅—布良斯克铁路线机动的苏军工程兵。不久之后，莱温斯基的部下炸毁铁轨，破坏了布良斯克与基辅之间的铁路交通。莫德尔不知道的是，在布良斯克方面军与西南方面军的分界线上，绍斯特卡城北面和东面的森林内，还有一座大型弹药厂。莫德尔尚未掌握的另一个情况是，苏军已在格卢霍夫南北两面设立起由筑垒防御阵地构成的强大新防线，就在东面24千米处。莱温斯基战斗群遭遇到苏军越来越激烈的抵抗，在绍斯特卡，工厂的工人们组成自卫队，苏军航空兵也发起猛烈空袭，于是，该战斗群从沃罗涅日-格卢霍夫和绍斯特卡撤回（参见地图4.3）。

此时，戈卢别夫已派谢尔盖·谢苗诺维奇·比留佐夫少将的步兵第132师开赴该地域，该师"沿比林和普罗科波夫卡一线同敌第3装甲师的摩托化步兵和坦克进行战斗"，这条战线位于诺夫哥罗德-谢韦尔斯基东北方13千米。[6]与此同时，亚库宁上校的骑兵第52师（戈卢别夫已命令该师打击莫德尔的装甲力量）撤至诺夫哥罗德-谢韦尔斯基以东21千米的"安东诺夫卡西郊"，但随即

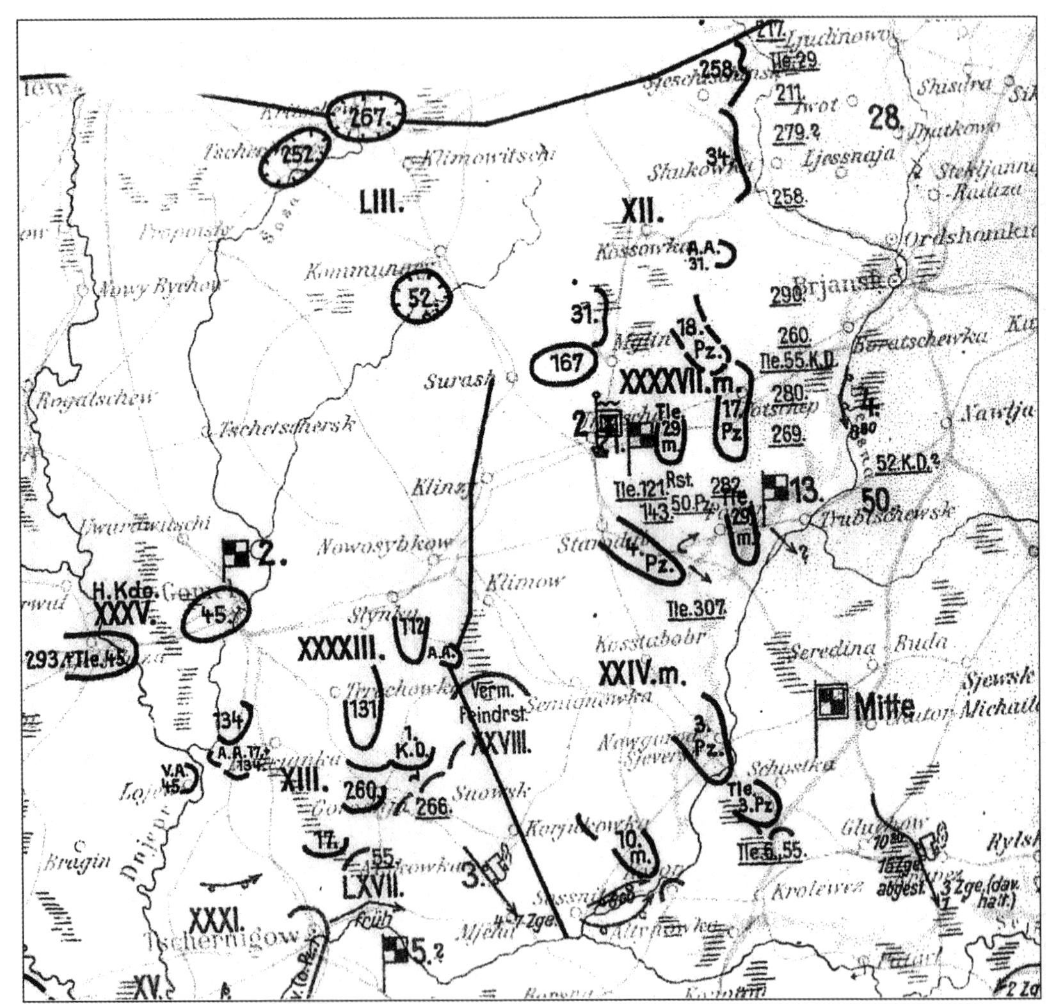

▲ 地图 4.3：中央集团军群右翼的战场态势，1941 年 8 月 27 日（资料图）

接到命令：“继续进攻，前出到诺夫哥罗德-谢韦尔斯基南面的杰斯纳河。”[7]在于诺夫哥罗德-谢韦尔斯基附近展开的、历时三天的激战中，莫德尔掌握的巨大优势使他得以为德国空军的近距离支援部队夺得雷科夫村（Rykov）附近的一座机场，位于诺夫哥罗德—谢韦尔斯基西南方仅8千米处。德军战斗机击落了20多架苏军战机，各高射炮连也击落另外几架敌机。红军航空兵的空袭明确表明，苏军决心顽强抗击对方一切后续推进。[8]

莫德尔的装甲兵竭力夺取诺夫哥罗德-谢韦尔斯基之际，施韦彭堡第24摩托化军右翼，勒佩尔第10摩托化师孤军向南，奉命在索斯尼察（杰斯纳河与谢伊姆河交汇处）和科罗普（索斯尼察以东32千米的杰斯纳河南岸）夺取杰斯纳河上的渡口并掩护施韦彭堡右翼。勒佩尔第10摩托化师8月25日前进了58千米，8月26日又穿过霍尔梅和阿夫杰耶夫卡（Avdeevka），向南推进48千米，离科罗普附近的杰斯纳河已不到19千米。前进期间，勒佩尔的装甲掷弹兵只遭遇V.I.库兹涅佐夫第21集团军右翼力量零星的轻微抵抗，该集团军主力集结在西面，据守斯诺夫河（Snov）接近地，该河向南奔流，在切尔尼戈夫以东21千米处以及切尔尼戈夫城处汇入杰斯纳河。此时，朗格曼第4装甲师集结在斯塔罗杜布地域，目前位于遥远的后方，该师从那里可以支援在诺夫哥罗德-谢韦尔斯基的第3装甲师，也可以协助第10摩托化师攻往科罗普。（参见地图4.4）

勒佩尔的摩托化师8月26日日终时扎营露宿，长长的队列从科罗普北面的前沿阵地起，以一条略有些弯曲的弧线向西北方延伸约98千米，直至克林齐。在他们与海因里希第43军之间有一个56千米宽的缺口，第43军仍在魏克斯第2集团军左翼后方行动。这个缺口是第2集团军第35军迟迟未能进入魏克斯左翼的指定进攻位置所致，它引起了古德里安的高度关注，这是因为除了原中央方面军第13和第21集团军残部对第10摩托化师右翼及后方构成威胁外，勒佩尔师逼近杰斯纳河畔的索斯尼察时，无疑还将遭遇苏军越来越激烈的抵抗。事实证明古德里安的担心是正确的。

勒佩尔的装甲掷弹兵面临的问题比较多，因为该师执行的任务相当艰巨，既要掩护古德里安的右翼和后方，又要前出到科罗普附近的杰斯纳河。由于没有适当的道路可用，该师不得不越野行进，在此过程中耗费了大量油料，特别是车用机油，最终有三分之一的车辆抛锚。装甲集群答应空投补给物资并

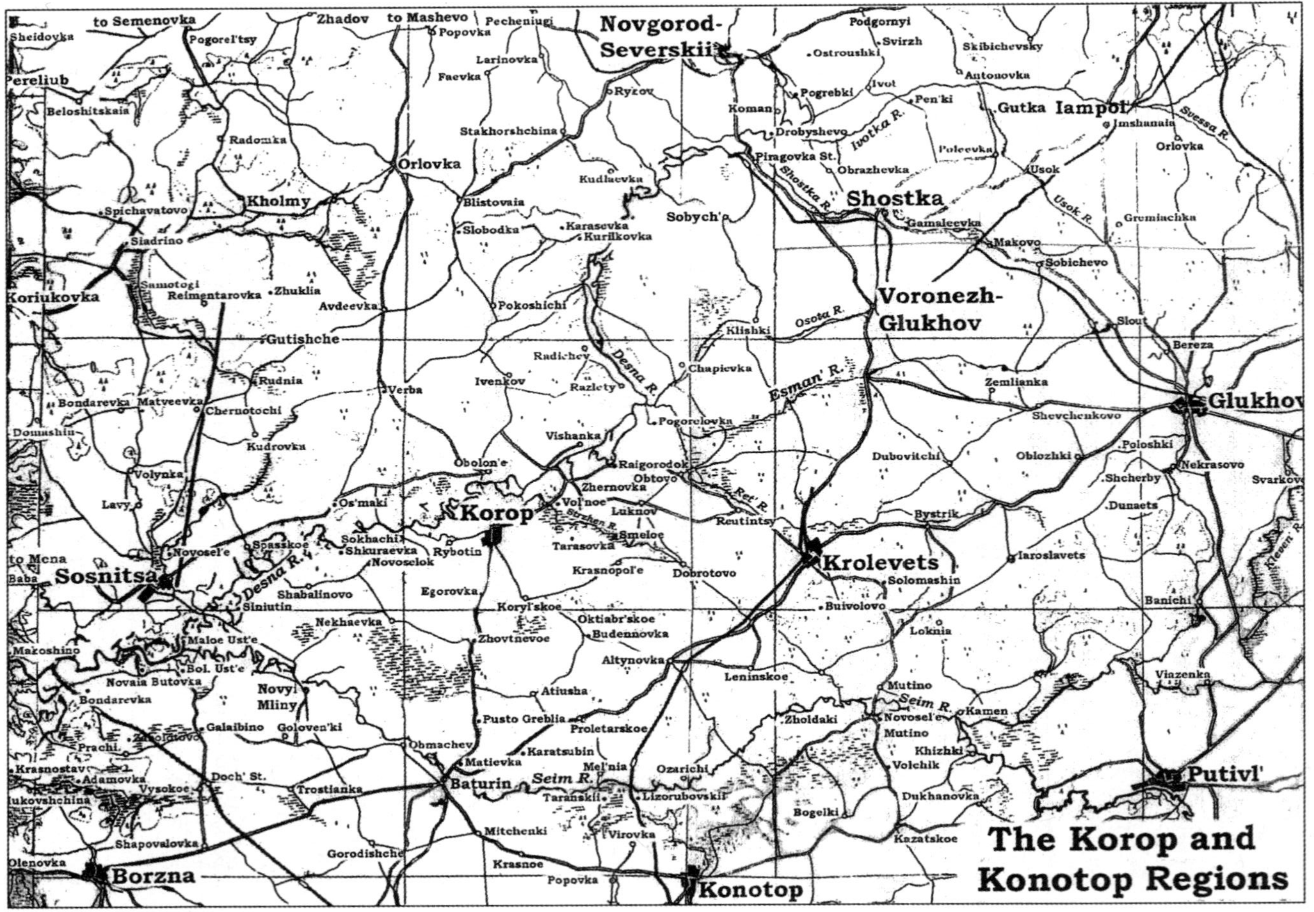

▲ 地图 4.4：科罗普和科诺托普地域（资料图）

从罗斯拉夫利派出一支携带35吨油料的补给车队，古德里安和施韦彭堡随即敦促勒佩尔师继续向前赶往杰斯纳河，拦截据报企图从索斯尼察渡过杰斯纳河逃往科罗普地域的大批红军部队。第10摩托化师将抛锚车辆丢下后向南开进，前出到奥博洛尼耶村（Obolon'e，杰斯纳河以北5千米）南面的杰斯纳河河段，在河对岸夺得一座登陆场，8月28日晚些时候以小股战斗群攻占科罗普。[9]

勒佩尔的装甲掷弹兵向南攻往科罗普北面杰斯纳河河段的大胆冲刺，以及莫德尔第3装甲师在诺夫哥罗德-谢韦尔斯基取得的惊人进展，构成了破坏红军在基辅东北方整个战略防御体系连贯性的威胁。德军将叶廖缅科布良斯克方面军左（西）翼的第21集团军与方面军中央地带和右（东）翼的第13、第3、第50集团军隔开，引发了对方一连串的反应，这些反应首先来自叶廖缅科和他麾下受影响最大的集团军司令员——彼得罗夫和戈卢别夫，随后来自大本营的沙波什尼科夫和西南方向总指挥部的布琼尼。（参见地图4.5）

甚至在勒佩尔摩托化师攻占科罗普前，叶廖缅科便迅速确定了这一新威胁并一如既往地做出积极应对。古德里安恢复进攻行动首日的晚上，即8月25日19点①，叶廖缅科布良斯克方面军提交了一份作战摘要，详细阐述方面军的部署，冷静而又准确，但未提及撤销警报。之所以如此，是因为波切普的激烈战斗似乎很符合前几天的战斗模式，古德里安的部队实施例行侦察，尚未进攻或占领任何重要目标：

· **总体情况**——方面军辖内诸集团军继续坚守、加强各自的阵地并沿整条防线实施侦察。

· **第50集团军的情况**——据守弗罗洛夫卡、茹科夫卡、斯托尔贝、苏多斯季河东岸、波切普一线（布良斯克西北偏北方100千米至西南方45千米），以1个师在达尔科维奇、柴科维奇、戈里亚日耶②地域担任预备队。

★步兵第217师（与榴弹炮兵第207团）——在斯诺波季河东岸的大卢特

① 译注：报告中写的是20点。
② 译注：疑为戈利亚日耶。

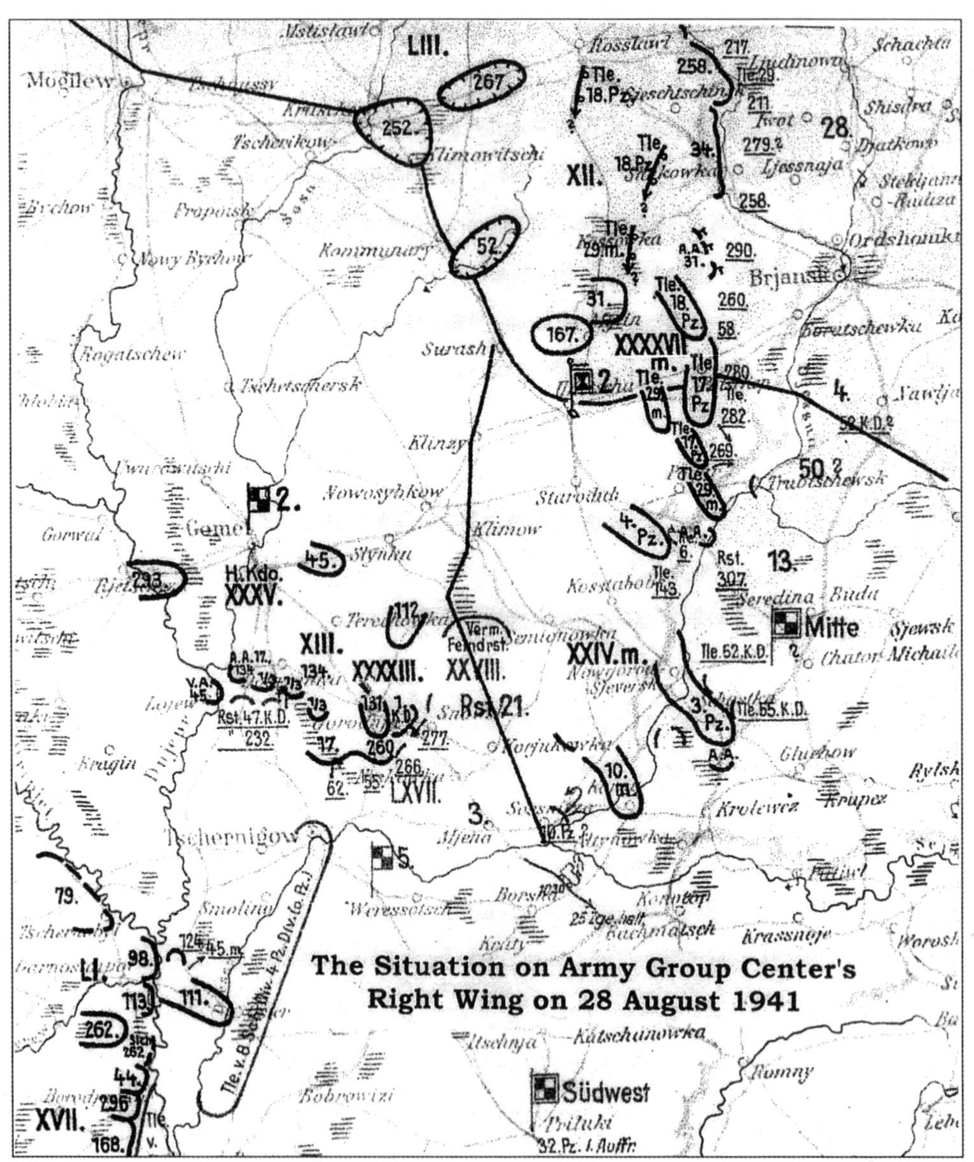

▲ 地图 4.5：中央集团军群右翼的战场态势，1941 年 8 月 28 日（资料图）

纳和“五一”国营农场地段（布良斯克西北方70千米至西北偏北方95千米）据守阵地。

★步兵第279师——沿杰斯纳河的霍洛片科维农场、茹科夫卡、茹科瓦、连古博夫卡地段（布良斯克西北方50—70千米）据守阵地。

★步兵第258师（与炮兵第761团和军属炮兵第151团）——据守茹科夫卡和斯托尔贝一线（布良斯克西北方50千米至以西55千米）。

★步兵第260师（与反坦克炮兵第753团2个连和军属炮兵第645团）——据守斯托尔贝和德米特罗沃一线（布良斯克以西55千米至西南偏西方60千米）。

★步兵第280师[与反坦克炮兵第753团（欠2个连）、步兵第878团]——据守皮利希诺和索斯诺夫卡一线（布良斯克西南偏西方60—70千米），并以3个步兵团攻向波切普。

★步兵第290师（欠步兵第878团）——据守戈利亚日耶和帕卢日耶地段（布良斯克西北方18千米至以西16千米）。

★步兵第278师（集团军预备队）——位于希别涅茨和戈利亚日耶地域（布良斯克以西15千米）。

★骑兵第55师——向奥尔米诺、姆格林、拉苏哈以北地域（波切普以西35千米）展开行动，在敌人后方与航空兵协同行动，于8月26日晨集结在瓦卢耶茨和别列佐夫卡附近的树林内（波切普以南28千米）。

★步兵第269师（欠步兵第1020团）——8月24日调至第13集团军。

· **第13集团军**——沿苏多斯季河据守波切普、波加尔、基斯特尔、波努罗夫卡、沃罗诺克、卢日基一线（特鲁布切夫斯克西南偏西方85千米至西北方45千米）。

★步兵第45军（步兵第269、第282、第155师）——据守波切普、科佐列佐夫卡、罗戈沃、巴克兰、波苏季奇、波加尔一线（特鲁布切夫斯克西北方45千米至以西35千米）。

★步兵第307师（与军属炮兵第462团）——据守波加尔、博尔晓沃、基斯特尔一线（特鲁布切夫斯克以西35千米至西南方50千米）。

★步兵第6师——据守基斯特尔、大安德雷科维奇、波努罗夫卡一线（特鲁布切夫斯克西南方50—70千米）。

★步兵第143师——据守波努罗夫卡、沃罗诺克、卢日基一线（特鲁布切夫斯克西南方70千米至西南偏西方85千米）。

★步兵第283师（集团军预备队）——位于诺夫哥罗德-谢韦尔斯基地域。

★坦克第50师（集团军预备队）——位于沃罗比耶夫卡地域（特鲁布切夫斯克西南方62千米）。

★骑兵第52师（集团军预备队）——位于科列耶夫卡地域。

★骑兵第4师——集结在弗兹德鲁日诺耶、柳博日奇、阿列利斯克地域（特鲁布切夫斯克东北方18—24千米）。

★坦克第108师——位于奥利霍夫卡地域。

★近卫迫击炮兵第1团——位于弗罗洛夫卡地域。

· **方面军航空兵**——侦察并消灭敌人从谢夏向南开拔、从姆格林开赴斯塔罗杜布的队列，实施轰炸并投掷燃烧瓶。[10]

虽然叶廖缅科强调第50集团军辖内加强步兵第280师同德军第17装甲师在波切普的战斗仍在继续，但由于他同方面军最左翼部队及第13集团军之间缺乏可靠的通信联系，他很可能对诺夫哥罗德-谢韦尔斯基地域发生的情况一无所知。不过，他对波切普地域的态势，对麾下部队在布良斯克和特鲁布切夫斯克西面的杰斯纳河西岸据守的重要登陆场深感担忧，这促使他指示彼得罗夫将军的第50集团军，待克列伊泽尔将军第3集团军受领据守至关重要的登陆场地域这项任务时为其提供协助。彼得罗夫8月26日13点15分做出回应，将步兵第280、第269师和他们位于登陆场的防御地段移交第3集团军，并指示两个师与第3集团军司令部建立起必要的联系：

1.根据布良斯克方面军1941年8月25日签署，8月28日0点生效的第03/op号令，第50集团军应编有步兵第217、第279、第258、第260、第290、第278师，骑兵第55师和各师原有的加强部队。

2.第43集团军在右侧行动，与该集团军的分界线为姆岑斯克、日兹德拉、弗罗洛夫卡、卡扎基、波奇诺克、斯摩棱斯克。左侧，第3集团军正从波切普至南面一线转入防御。步兵第269和第280师应于8月28日0点从第50集团军转隶第3集团军。与该集团军的分界线为克罗梅、布特列、洛普希、德米特罗沃、拉兹雷托耶、姆斯季斯拉夫利。

第3集团军司令部——弗兹德鲁日诺耶（特鲁布切夫斯克东北方28千米的杰斯纳河东岸）。

3.**步兵第217、第279、第258、第260、第290、第278师**——留在你们当前的位置并严格执行我1941年8月24日下达的第07号战斗令。

4.**步兵第290师**——你部获得步兵第878团和第280师接替后，派1个团和炮兵第827团第2营据守克拉斯诺耶、赫梅列沃、基谢列夫卡地段（布良斯克西南方45—55千米），将1个加强连部署在索斯诺夫卡地域。

5.**步兵第280师**——8月27日晨接替步兵第878团，以你部主力占据德米特罗沃和波切普地段（特鲁布切夫斯克西北偏北方45—57千米），立即同第3集团军司令部取得联系。

6.**步兵第269师**——遂行先前受领的任务的同时，转隶第3集团军，但同第3集团军司令部取得联系前，先与步兵第280师师部建立紧密的战斗联系。

7.**反坦克炮兵第753团**——留在先前的发射阵地上，8月27日6点转隶步兵第290师。团部——斯洛博德卡（奥尔忠尼启则西南方4千米）。[11]

可是，德军的推进速度和范围相当惊人，业已吞噬诺夫哥罗德-谢韦尔斯基和杰斯纳河、科罗普以北地域，这促使苏军更高层级于8月26日拂晓做出更为积极的应对。接到叶廖缅科关于态势恶化的简短电报后，深感震惊的沙波什尼科夫当日4点代表最高统帅部大本营，命令叶廖缅科采取更加大胆的行动，遏止德军推进：

一个获得坦克支援的敌摩托化团位于斯塔罗杜布地域；但敌人还没有沿斯塔罗杜布西面的乌涅恰—克林齐—新济布科夫铁路线向南发展。第21集团军步兵第55师位于克利莫沃地域。似乎存在这样一种可能性：包围斯塔罗杜布，歼灭斯塔罗杜布之敌，连接第13和第21集团军之侧翼。最高统帅部认为实施这样一场行动完全可行，而且能产生良好的效果。汇报所取得的战果。[12]

当晚19点35分，西南方向总指挥部司令员布琼尼元帅加入其中，要求斯大林更明确地划分他的西南方面军和叶廖缅科布良斯克方面军在抗击古德里安推进方面的责任。具体说来，布琼尼认为德军会继续前进，因而对第21集团军和西南方面军右翼的命运深感担忧。布琼尼电报的潜在含义是希望将第21集团军转隶西南方面军：

我再次汇报原中央方面军辖内部队错综复杂的位置，这些部队目前隶属布良斯克和西南方面军。

第21集团军辖内各师正在戈梅利地域向南后撤，位于列普基地域以北20千米，西南方面军步兵第200师正在那里组织防御。这就存在影响统一指挥的问题。

布良斯克方面军第04/op号令将第13集团军左侧分界线置于西南方面军作战地域内。

有必要立即澄清布良斯克方面军和西南方面军的位置，否则，万一第21集团军继续退却，会在指挥控制和责任方面造成混乱。[13]

勒佩尔第10摩托化师于8月26日下午夺得阿夫杰耶夫卡，当晚20点，叶廖缅科提交作战摘要，汇报情况的同时还告知大本营，戈卢别夫第13集团军将于8月27日拂晓发起一场反突击，旨在夺回斯塔罗杜布，歼灭诺夫哥罗德–谢韦尔斯基以西所有德军部队：

· **敌人的情况**——一股由摩托化步兵、炮兵和坦克组成的敌重兵集团，正从斯塔罗杜布向诺夫哥罗德–谢韦尔斯基发展进攻。

· **友邻力量**——右侧，第50集团军沿苏多斯季河据守；左侧，第21集团军以右翼力量从克利莫沃和新济布科夫一线攻往斯塔罗杜布。

· **第13集团军的任务**——1941年8月27日晨攻向斯塔罗杜布，收复斯塔罗杜布后，对突入之敌的后方发起进攻，将对方歼灭在诺夫哥罗德–谢韦尔斯基西北方。8月27日10点展开冲击。

· **辖内各兵团的任务**：

★步兵第45军（步兵第282、第155、第269师）——朝波切普方向掩护右翼的同时，以步兵第269师据守皮亚内罗格、科托夫卡、谢姆齐一线，向西南方攻往斯塔罗杜布，8月27日日终前到达斯塔罗杜布和卡尔特希诺一线。

★步兵第307师——攻往塔拉索夫卡，日终前到达卡尔特希诺和大安德雷科维奇一线。

★步兵第6师——据守大安德雷科维奇、波利亚内、布达–沃罗比耶夫斯卡亚一线（特鲁布切夫斯克西南方40—63千米），同时掩护突击群之左翼。

★坦克第50师——进入沃罗比耶夫卡、柴金、斯米亚奇耶地域（特鲁布切夫斯克西南方60—68千米），掩护步兵第6与第143师的分界线。

★步兵第143师——阻挡敌人的进攻，防止对方前出到斯米亚奇耶、舍普塔基、福罗斯托维奇一线（特鲁布切夫斯克西南方68—76千米，诺夫哥罗德–谢韦尔斯基以西10千米）。

★骑兵第52师——在诺夫哥罗德–谢韦尔斯基和库里尔科夫卡地域（诺夫哥罗德–谢韦尔斯基西南方20千米）沿诺夫哥罗德–谢韦尔斯基东南面的杰斯纳河掩护集团军左翼。

★步兵第137师——8月27日晨在特鲁布切夫斯克占据、据守登陆场，抗击敌人从波切普发起的冲击，同时掩护杰斯纳河上的渡口。

★步兵第132师——沿杰斯纳河据守奥奇基诺（诺夫哥罗德–谢韦尔斯基以北25千米）和诺夫哥罗德–谢韦尔斯基地段，师部设在希利奇齐（诺夫哥罗德–谢韦尔斯基东北偏北方22千米）。

★骑兵第4师——以强行军开入扎列奇耶和切霍夫卡地域（特鲁布切夫斯克西北偏西方28千米至西北方28千米），攻往伊万泰基和加林斯克，同时掩护突击群之右翼。师部和出发阵地——卡尔波夫卡（特鲁布切夫斯克西北方24千米）。

★集团军航空兵的任务：

☆对战场实施侦察，识别开进中的敌队列。

☆从空中掩护进攻行动。

☆阻止敌预备队开往斯塔罗杜布。

· **特别说明**——我将和作战指挥组待在特鲁布切夫斯克。[14]

在左侧获得步兵第307师支援、前方得到作为快速集群的米哈伊尔·谢苗诺维奇·希什金上校骑兵第4师加强的情况下，埃尔曼·亚科夫列维奇·马甘少将步兵第45军辖内步兵第282、第155、第269师将于8月27日10点在波加尔东南地域进攻古德里安的装甲部队，实际上是托马第17装甲师。待粉碎托马装甲师后，该军将向西攻往斯塔罗杜布，而第13集团军辖内其他师则会沿杰斯纳河掩护突击群左右两翼。

获知叶廖缅科的意图后，焦虑不安的斯大林8月27日2点40分通过“博多”（加密电传机）联系这位方面军司令员，了解进攻准备的进展情况，并决定为他提供更多空中支援。

布良斯克——叶廖缅科在线上。

莫斯科——斯大林在线上，您好。

叶廖缅科——您好，斯大林同志，我能听见您的声音。

斯大林——我打电话给您只谈两分钟。统帅部预备队航空兵第1集群位于哈尔科夫西北方的博戈杜霍夫地域。该集群有4个团，由特里福诺夫指挥，隶属于我。您联系集群指挥员，代表我告诉他，从今天起，也就是8月27日，他和他的航空兵集群暂时归您指挥。您了解这个航空兵集群吗?

叶廖缅科——我对该集群一无所知。但我会立即通过总参谋部，以联络飞机与他们取得联系。我将把他们和方面军航空兵一同投入，以地面力量沿诺夫哥罗德-谢韦尔斯基和斯塔罗杜布方向展开一场反突击，歼灭敌斯塔罗杜布和诺夫哥罗德-谢韦尔斯基集团。明天早上，我将对斯塔罗杜布实施一场向心打击，切断并歼灭敌斯塔罗杜布集团。今天，我方战机摧毁敌人200辆汽车，我知道这都是我们的飞机取得的战果。我没有别的问题，您还有其他指示吗?

斯大林——我没有其他指示了。您知道需要完成些什么。您去联系航空兵集群司令员特里福诺夫吧，确保他及时收悉并执行您的命令。希望您取得成功，祝一切顺利。

叶廖缅科——再见，斯大林同志。[15]

这番交谈结束后不久，即3点40分，沙波什尼科夫指示红空军司令员，在第13集团军遂行反突击期间，将整个航空兵第1集群交由布良斯克方面军指挥。

最高统帅命令：

将预备队航空兵第1集群暂时转隶布良斯克方面军司令员。将航空兵集群的战机调至布良斯克方面军司令员1941年8月27日指定的机场。按照布良斯克方面军司令员的指示进行维护和补给工作。[16]

叶廖缅科的司令部确信这些应对措施正确无误，8月27日6点提交另一份作战摘要。这份报告由方面军参谋长扎哈罗夫将军签署，阐述8月26日日终时的情况，并对叶廖缅科的进攻计划加以介绍：

· **总体情况**——方面军右翼，8月26日和8月26日—27日夜间沿罗斯拉夫利方向同敌侦察群进行战斗；左翼，沿斯塔罗杜布和诺夫哥罗德-谢韦尔斯基方向同转入进攻之敌展开激烈战斗。敌人当日下午攻占诺夫哥罗德-谢韦尔斯基，正向南发展进攻。

· **第50集团军**——情况未发生变化。

★右翼，步兵第217师防御地段正展开积极的行动。

★小股敌集团正沿茹科夫卡和罗斯拉夫利方向在步兵第279、第258师防御地段行动，但各部队的位置未发生变化。

★左翼同敌集团进行战斗，对方企图突破步兵第260、第280师的防御。2个敌步兵连在15辆坦克的支援下，于16点30分攻往科罗列夫卡（波切普东北偏东方9千米），但步兵第280师的炮兵击退进攻并粉碎敌人。

★敌人19点发起第二次冲击，从维托夫卡地域（波切普以东5千米）突向卡利诺夫卡（波切普东北方6千米），与此同时，敌人2个步兵连在坦克支援下从奥利霍夫卡攻往171.3高地。战斗仍在继续。

· **第13集团军**：

★右翼，敌人2个步兵营在坦克支援下于15点30分发起进攻，攻占谢姆齐

（特鲁布切夫斯克西北偏北方34千米）。但我方部队以反冲击击退敌人，22点重新夺回谢姆齐并恢复防线态势。

★小股敌侦察群在巴克兰和波加尔地段（特鲁布切夫斯克西北方40千米至以西35千米）活动，但防线的位置未发生变化。

★左翼，大股敌军（1个装甲师和1个摩托化师）8月26日下午沿斯塔罗杜布、米什科、诺夫哥罗德-谢韦尔斯基方向突破我方防御，攻占诺夫哥罗德-谢韦尔斯基并继续向南发展进攻。

·**方面军航空兵**——8月26日连续发起打击，轰炸开赴斯塔罗杜布和诺夫哥罗德-谢韦尔斯基的敌队列。

·**方面军预备队**——坦克第108师集结在奥利霍夫卡正南面的树林内，步兵第299师集结在谢利措地域（布良斯克西北方20千米）的树林内。

·**与第50集团军的通信**——电话、电报和联络员均正常工作，未发生任何中断。[17]

获得加强的马甘步兵第45军8月17日晨发起突击，标志着特鲁布切夫斯克以西波加尔地域历时三天的激战就此拉开序幕，交战一方为戈卢别夫第13集团军，另一方先是博尔滕施泰因第29摩托化师，托马第17装甲师很快也加入其中。首日的战斗中，步兵第45军甚至没能破坏第29摩托化师设在波加尔南面的防御。更糟糕的是，夜幕降临前，内林第4装甲师投入战斗，迫使步兵第307师退往特鲁布切夫斯克西南方35千米，维捷姆利亚（Vitemlia）的杰斯纳河河段。（参见地图4.3）

激烈的战斗在第13集团军作战地域肆虐之际，叶廖缅科收到第21集团军发来的惊人消息，该集团军正沿施韦彭堡第24摩托化军达成突破的西翼行动。8月27日12点，25日刚刚出任第21集团军司令员的V.I.库兹涅佐夫将军从设在安德罗尼基（Androniki）南面的司令部给叶廖缅科发送了一份战斗报告。这份报告由库兹涅佐夫的参谋长戈尔多夫将军签署，阐述了德军取得的惊人进展，并发出警告，若不设法遏止敌人，会有灾难性后果产生：

·**敌人的情况**——继续沿谢苗诺夫卡—诺夫哥罗德-谢韦尔斯基、戈梅利—多布良卡—梅纳方向进攻，企图封闭围绕第21集团军右翼和中央的合围圈。敌先遣部队占领了索斯尼察（梅纳以东20千米），我们还发现，50—60名敌军士兵、2辆超轻型坦克和摩托车手在索斯尼察东北方35千米的阿夫杰耶夫卡地域实施了一场空降突袭。

· **第21集团军的情况**——卷入持续的战斗，上午10点的位置如下：

★步兵第187师——克林齐和格利尼谢（特鲁布切夫斯克以西108—114千米）。

★步兵第117师——突破包围圈，当日8点在伊万诺夫卡和旧尤尔科维奇地域（切尔尼戈夫东北方75—80千米）战斗。

★摩托化第219师——戈罗多克和谢尼科夫卡（切尔尼戈夫东北方70—75千米）。

★步兵第55师——列梅舍夫卡和佩列皮斯（切尔尼戈夫以北和东北偏北方65—70千米）。

★步兵第232和第75师——据守戈尔诺斯塔耶夫卡车站、扬科夫卡、斯基托克一线（切尔尼戈夫以北和西北偏北方65—70千米）。

★步兵第24师（及骑兵集群的骑兵第32、第43、第47师）——奉命在韦尔博夫卡和多布良卡地域（切尔尼戈夫以北60—70千米）恢复态势。

★步兵第42师——以汽车运往晓尔斯地域（切尔尼戈夫东北方58千米）。

★步兵第277师——占据夏德里纳、卢波索沃、别洛希茨卡亚斯洛博达、莫克雷奥列斯。

★步兵第852团（预备队）——瑙莫夫卡。

· **决心：**

★据守古特卡斯图杰涅茨卡亚、叶利诺、莫申卡、科罗比奇、亚历山德罗夫卡、旧亚雷洛维奇一线（切尔尼戈夫西北偏北方65千米至以北70千米）。

★以骑兵集群和步兵第24师歼灭弗拉季米罗夫卡和多布良卡地域（切尔尼戈夫东北偏北方60—70千米）之敌。

★进攻敌主力集团，对方正开赴谢苗诺夫卡和诺夫哥罗德-谢韦尔斯基。

· **请求：**

★加快步兵第200师的调动，将该师重新编入第21集团军。

★以方面军航空兵阻止敌谢苗诺夫卡集团继续推进并歼灭丘罗维奇、克鲁戈韦茨、多布良卡、鲁德尼亚（萨温基东南方）地域的敌集团。[18]

库兹涅佐夫下令在第21集团军内组建两个突击群，任务是朝东面和东北面发起进攻，突破施韦彭堡的装甲封锁线，同第13集团军辖内部队会合，后者应从杰斯纳河地域向西攻往谢苗诺夫卡。第一个突击群编有第21集团军骑兵集群（辖阿列克谢·普罗科菲耶维奇·莫斯卡连科上校的骑兵第32师、旅级指挥员伊万·库济米奇·库济明的骑兵第43师、安德烈·尼科诺罗维奇·西杰利尼科夫少将的骑兵第47师）和库济马·尼基托维奇·加利茨基少将的步兵第24师。该突击群将从梅纳（Mena）与索斯尼察中途的集结区向东攻击前进，同第13集团军沿杰斯纳河北岸攻往诺夫哥罗德–谢韦尔斯基的部队会合。第二个突击群由米哈伊尔·丹尼洛维奇·格里申上校的步兵第42师和旅级指挥员米哈伊尔·阿法纳西耶维奇·罗曼诺夫的步兵第277师组成，将朝东北方攻往诺夫哥罗德–谢韦尔斯基西北方48千米的谢苗诺夫卡，而后向东攻击前进，与第13集团军辖内部队在诺夫哥罗德–谢韦尔斯基地域会合。

库兹涅佐夫为这些进攻行动加以准备时，最高统帅部大本营终于对布琼尼先前要求将第21集团军编入西南方面军的建议做出回应。8月28日3点50分，沙波什尼科夫的加密电报明确表明，斯大林相信叶廖缅科能够成功协调第21和第13集团军，使之取得会合：

已采取措施肃清从斯塔罗杜布突向诺夫哥罗德–谢韦尔斯基和绍斯特卡地域之敌；但这并不排除西南方面军采取紧急措施掩护这些方向的必要性。您获准为此使用空降兵部队，但您不能指望您的方面军不久后能获得坦克增援。

最高统帅拒绝将第21集团军从布良斯克方面军转隶西南方面军。[19]

不到一个小时，即4点40分，越来越焦虑的库兹涅佐夫又给叶廖缅科发去一封电报。电报在开头处描述了迅速恶化的态势，随后指出库兹涅佐夫认为戈卢别夫第13集团军没有履行相应的职责，也就是说，该集团军未采取足够的措施确保同第21集团军会合：

敌人沿霍罗比奇和晓尔斯方向（切尔尼戈夫东北方58—65千米）突破集团军防线，前出到莫先卡、戈罗德尼亚、德罗兹多维奇地域（切尔尼戈夫以北55千米至东北偏北方55千米）；右翼，敌摩托—机械化集团已到达马科瓦地域（切尔尼戈夫东北方75千米）。这有可能破坏集团军的防御，使其陷入重围，并被零打碎敲的方式歼灭。

我再次请求您立即将步兵第200、第62师和步兵第15军军部交给我，或将戈罗德尼亚指定为第21集团军与第5集团军的分界线，然后批准投入集团军右翼的步兵第66军和骑兵集群。[20]

叶廖缅科知道戈卢别夫第13集团军正在布良斯克、特鲁布切夫斯克、诺夫哥罗德-谢韦尔斯基地域全力应对德军，他的参谋长扎哈罗夫8月28日10点给第13集团军和第21集团军下达了新的进攻命令。虽然发给第13集团军的命令只是重复了叶廖缅科早些时候的训令，但下达给第21集团军的命令比先前的更坚决、更具体：

1.约2个装甲师的敌人已突入诺夫哥罗德-谢韦尔斯基，正朝南面的绍斯特卡和亚姆波尔发展。

2.第13集团军正攻往斯塔罗杜布。

方面军司令员命令：

（a）这种情况要求您下达命令，以第21集团军的至少3个步兵师向斯塔罗杜布发起进攻并在右翼的谢苗诺夫卡地域组建预备力量。

（b）同米哈伊洛夫斯基农场地域的指挥所保持联系并使用这道命令附上的密码以电台与我们联系。[21]

8月28日，在密切留意杰斯纳河及其北面的态势后一整天后，沙波什尼科夫代表显然已不耐烦的斯大林和大本营，于16点45分给库兹涅佐夫发去一道措辞严厉的训令，批评他的不作为，要求他立即采取措施，以免失去恢复一道绵亘防线的机会：

您要求批准投入集团军右翼的步兵第66军和骑兵集群，这一点令人难以理解。您早就应该这样做。利用手头一切可用的力量，立即向东北方发起进攻，同戈卢别夫（第13集团军）会合并肃清达成突破的敌集团。

西南方面军步兵第15军将沿佩库罗夫卡和格拉博沃一线掩护您的左翼。[22]

最高统帅部大本营彻底意识到这样一个事实，古德里安麾下部队正在恢复进攻，向南进入库兹涅佐夫第21集团军与戈卢别夫第13集团军之间的缺口。早在8月26日，大本营便试图加强该地域的防御，组建起库济马·彼得罗维奇·波德拉斯少将指挥的第40集团军，以该集团军填补越来越大的缺口。可是，由于波德拉斯集团军在格卢霍夫（Glukhov）和科罗普地域的集结需要约一周时间，古德里安的部队稳步向南，迫使波德拉斯8月27日晚以零零碎碎的方式投入麾下部队。更糟糕的是，由于开进中的部队在途中遭遇德军装甲部队和摩托化步兵，他的许多兵团不得不以反冲击的方式投入战斗，而不是先行占据预有准备的防御阵地。（参见地图4.5）

8月28日16点，也就是集结中的基尔波诺斯各兵团先头部队同德军发生初步接触几个小时后，西南方面军第00322号作战令传达了下来，这是描述第40集团军初步任务的第一份文件。关于第40集团军的条目写道：

3.**第40集团军**（步兵第293、第135师，坦克第10师，空降兵第2军，反坦克炮兵第5旅）正以空降兵第2军辖内部队占据科罗普和小乌斯季耶地段（科罗普以西30千米），该军已搭乘汽车开至，将沿杰斯纳河南岸继续坚守皮罗戈夫卡车站和斯捷潘诺夫卡一线（科罗普东北方50千米至西南偏西方65千米）。

集团军的任务——防止敌人沿克罗列韦茨、沃罗日巴、科诺托普方向达成突破并坚守方面军右翼，抗击敌人从北面发起的进攻。

司令部——科诺托普。

左侧分界线——苏梅、巴赫马奇、奥利戈多尔夫、晓尔斯克。[23]

就这样，波德拉斯仓促组建的部队奉命据守一条115千米宽的防线，该集团军只有4个师，约5万人，外加40辆坦克，这股力量微不足道。集团军辖内兵团开抵格卢霍夫、克罗列韦茨（Krolevets）、科诺托普地域后，波德拉斯立即将他们投入战斗，下令进攻第24摩托化军第10摩托化师和第3装甲师的先遣部队，在对方渡过杰斯纳河之际对其施以打击。他们采取行动时，莫德尔第3装甲师位于诺夫哥罗德-谢韦尔斯基南面，勒佩尔第10摩托化师已渡过杰斯纳河并夺得科罗普。最后，费奥多尔·尼坎德罗维奇·斯梅霍特沃罗夫少将的步兵第135师同勒佩尔师在科罗普南面和西面战斗时，帕维尔·菲利波维奇·拉古金上校的步兵第293师在诺夫哥罗德-谢韦尔斯基以南20—25千米的绍斯特卡地域与莫德尔的装甲部队展开厮杀。由于苏军步兵师抗击的是德军满编装甲师或摩托化师，波德拉斯别无选择，只得以开至该地域的其他部队加强两个先遣师。36小时内，他先以库济马·亚历山德罗维奇·谢缅琴科少将的坦克第10师增援绍斯特卡地域的拉古金师，尔后又投入反坦克炮兵第5旅。同样，他还以费奥多尔·米哈伊洛维奇·哈里东诺夫少将的空降兵第2军增援科罗普地域的斯梅霍特沃罗夫师。最后，波德拉斯以NKVD第23师先遣团掩护集团军位于绍斯特卡东南方的右翼，内务人民委员部刚刚将该师交给红军野战部队。

导致波德拉斯的任务复杂化的是，第40集团军在这场战斗的大部分时间里隶属基尔波诺斯西南方面军，但该集团军实际上是在库兹涅佐夫第21集团军与戈卢别夫第13集团军之间地段从事战斗的，这两个集团军都隶属叶廖缅科布良斯克方面军。另外，基尔波诺斯西南方面军指望波德拉斯集团军掩护其右翼，而叶廖缅科布良斯克方面军则希望第40集团军遏止古德里安的推进并填补第13与第21集团军之间的缺口。对苏军来说可悲的是，第40集团军显然无法成功遂行这两项任务中的任何一项，将该集团军部署在这片地域只会给叶廖缅科方面军的指挥控制造成巨大的麻烦。

如上所述，基尔波诺斯、布琼尼和叶廖缅科对这种令人尴尬的指挥控制安排大加抱怨时，最高统帅部大本营直截了当地驳回他们的意见。大本营没有批准让第40集团军加入布良斯克方面军以重建一道绵亘防线的要求，而是指示库兹涅佐夫第21集团军以步兵第66军和骑兵集群向东攻往诺夫哥罗德-谢韦尔斯基，从而封闭该集团军与戈卢别夫集团军之间的缺口。可是，由于费奥多尔·德米特里耶维奇·鲁布措夫少将的步兵第66军（辖步兵第55、第75、第232、第266师）是集团军辖内实力最强的一个军，库兹涅佐夫决定以该军在西面据守至关重要的切尔尼戈夫地域，抗击前进中的魏克斯第2集团军。作为步兵第66军的替代品，库兹涅佐夫命令菲利普·费奥多西耶维奇·日马琴科上校的步兵第67军（辖步兵第42、第277师）朝诺夫哥罗德-谢韦尔斯基发起反冲击。

这一切意味着勒佩尔第10摩托化师（其先遣部队位于科罗普），在较小程度上还包括莫德尔位于诺夫哥罗德-谢韦尔斯基的第3装甲师，即将遭遇戈卢别夫第13集团军约三分之一力量从东面、波德拉斯集结起的第40集团军从南面、库兹涅佐夫第21集团军约三分之一力量从西南面发起的协同一致的反突击。

考虑到抗击这些苏军部队的前景，勒佩尔的确处于岌岌可危的境地。此时，他的摩托化师已从北面的谢苗诺夫卡沿公路向南伸展48千米，穿过阿夫杰耶夫卡和霍尔梅，渡过杰斯纳河，直至科罗普。最靠近第10摩托化师，能为其提供支援的德军部队是莫德尔第3装甲师，目前位于诺夫哥罗德-谢韦尔斯基和绍斯特卡地域，在东面32千米外；另外还有第2集团军辖下的海因里希第43军，该军仍在西北方65千米外同苏军第21集团军交战。因此，尽管勒佩尔的装甲掷弹兵取得了蔚为壮观的进展，可是他们现在不得不孤身奋战三天以确保既得战果。

西南方面军8月28日22点提交的作战摘要中首次提及波德拉斯集团军的部署和行动，虽然较为简短，但条目中强调了该集团军面临的危险和辖内部队的分散性：

1.第40集团军：

步兵第293师据守原有阵地。该师8月27日击退敌人朝索贝奇和克利什基（诺夫哥罗德-谢韦尔斯基以南15—25千米）发起的进攻，击毁8辆敌坦克。在科罗普地域，敌人1个步兵连和3辆超轻型坦克渡至杰斯纳河左（南）岸。该师辖内支队正在战斗，以消灭该地域之敌。

坦克第10师集结在波洛什基、谢尔贝、杜纳耶茨地域（格卢霍夫西南方10—15千米，诺夫哥罗德-谢韦尔斯基东南方50—60千米）。

步兵第135师占据大乌斯季耶和沃洛维察一线（科罗普西南偏西方32—68千米），小股支队位于科罗普西面的杰斯纳河南岸。

反坦克炮兵第5旅8月28日晨穿过巴图林（科罗普西南方44千米）。尚未收悉该旅到达克罗列维茨（科诺托普东北偏北方38千米）的消息。

空降兵第2军——（搭乘汽车）赶赴集结区（科罗普和小乌斯季耶地段）。[24]

由于部署在科罗普地域的部队太过虚弱，无法对德军第10摩托化师展开一场协同一致的反冲击，波德拉斯遂将集团军最初的突击重点集中于位于诺夫哥罗德-谢韦尔斯基东南面的莫德尔第3装甲师身上。西南方面军8月29日22点提交的作战摘要表明第40集团军辖内部队过度拉伸，以及该集团军的作战行动非常零碎：

1.第40集团军（步兵第293、第135师，坦克第10师，空降兵第2军，反坦克炮兵第5旅）：

坦克第10师当日晨以1个摩托化步兵团和6辆坦克沿沃罗涅日-格卢霍夫和绍斯特卡方向对敌人发起冲击。在沃罗涅日—格卢霍夫附近（诺夫哥罗德-谢韦尔斯基东南偏南方30千米）击毁/消灭敌人3辆坦克、1个指挥/观察所、5门反坦克炮、6挺机枪、3门迫击炮。敌人1个营据守在绍斯特卡地域（诺夫哥罗德-谢韦尔斯基东南方20千米）。沃罗涅日-格卢霍夫亦被敌人1个营占领。未收悉表明收复这些地域的消息。右侧，骑兵第52师（布良斯克方面军）自当日晨便攻往诺夫哥罗德-谢韦尔斯基，尚不清楚进攻结果。

步兵第293师在皮罗戈夫卡（诺夫哥罗德-谢韦尔斯基以南12千米）和科罗普地域同敌人战斗。15点，敌人1个团和15辆坦克、超轻型坦克攻往阿尔特诺夫卡（科罗普东南方20千米）。

根据集团军司令员的决心，坦克第10师，步兵第293师和空降兵第2军辖内部队沿科罗普方向对敌人展开反冲击。尚未收悉进攻开始的消息。

步兵第135师未与敌人发生接触。

反坦克炮兵第5旅与步兵第10师①一同行动。

第40集团军司令部——科诺托普。[25]

① 译注：原文如此。

8月28日日终前，布良斯克方面军司令员叶廖缅科的整条防线面临严峻挑战。叶廖缅科的参谋长扎哈罗夫当晚18点提交的作战摘要表明了问题有多么严重：

·**总体情况**——布良斯克方面军在右翼继续沿罗斯拉夫利方向遂行防御，并在左翼组织力量肃清敌摩托—机械化部队向诺夫哥罗德-谢韦尔斯基和亚姆波尔的突破。

·**第50集团军**——据守既有防线，以侦察部队遂行战斗，炮兵沿两翼与敌人交火。

★步兵第217师——在杰斯纳河东岸成功据守布达和霍洛片科维一线（布良斯克西北方70千米至西北偏北方95千米），洛济齐、红希帕利、巴甫洛瓦斯洛博达、莫洛季科沃地段除外，敌人2个步兵师和130辆坦克上午10点在那里突破前沿阵地，但被阻挡在距离主防御地带不远处。

★步兵第279师——在杰斯纳河东岸据守泽连斯科沃、奥列霍沃耶湖、斯维亚特基、别列斯托夫斯基、茹科夫卡一线（布良斯克西北方50—70千米），位置未发生变化。

★步兵第258师——据守茹科夫卡和斯托尔贝一线（布良斯克西北方50千米至以西55千米），敌人未采取行动。

★步兵第260师——据守斯托尔贝、舍伊卡、小科斯基、莫罗切沃、卡舍沃、德米特罗沃（布良斯克以西55千米至西南偏西方60千米），抗击一股不太活跃之敌。

★步兵第280师（及步兵第269师第1031团和步兵第290师第878团）——为夺取波切普展开顽强战斗。当日12点2个团位于普季洛夫斯基、泽列纳亚罗夏、卡利诺夫卡、维托夫卡一线，步兵第296师第1020团为夺取列奇察国营农场进行战斗，面对敌人在地面和空中的顽强抵抗。俘虏/战利品——俘获4名敌军官，缴获7辆汽车和2辆摩托车，还在一个敌指挥所缴获了重要文件。

★步兵第278师——以2个团据守达尔科维奇、格拉恩卡、布达（奥尔忠尼启则以北15千米）地域，1个团开赴克拉斯诺耶地域。

★步兵第290师（欠步兵第878团）——据守戈利亚日耶、帕卢日耶、埃利谢耶维奇一线（布良斯克西北方18千米至以西16千米）。

★骑兵第55师——未收悉相关报告。

· **第13集团军**——沿整条战线持续战斗，在右翼抗击夺取波克罗夫斯基、罗曼诺夫卡、切霍夫卡（特鲁布切夫斯克西北偏西方22—28千米）的敌军，在左翼同突破到诺夫哥罗德-谢韦尔斯基地域之敌战斗。

· **第21集团军**——提交这份摘要时尚未收悉第21集团军辖内部队所处位置的报告。

· **预备队：**

★步兵第298师——集结在佳季科沃车站地域（布良斯克以北）。

★步兵第299师——集结在谢利措地域（布良斯克西北方20千米）。

★坦克第108师——作为方面军预备队集结在奥利霍夫卡以南树林内。

★步兵第121师——作为方面军预备队集结在多罗热沃地域。

★坦克第141旅——集结在戈洛洛博沃地域。

· **通信**——第50集团军：未发生中断。第13集团军：严重中断，只能通过电台取得联系。第21集团军：只能通过电台取得联系。[26]

正如这份作战摘要所示，布良斯克方面军中央地带和右翼，杰斯纳河中游和上游，戈卢别夫第13、克列伊泽尔第3、彼得罗夫第50集团军沿河东岸和布良斯克、特鲁布切夫斯克以西的河西岸登陆场顽强据守他们的防御阵地。虽然第3集团军在登陆场周边成功遏止了整个莱梅尔森第47摩托化军的试探性进攻，但叶廖缅科和克列伊泽尔都不了解莱梅尔森的后续意图。尽管该摩托化军第17、第18装甲师和第29摩托化师可以跟在施韦彭堡第24摩托化军身后继续向南推进，但也可能攻往布良斯克、特鲁布切夫斯克或二者兼得，设法强渡杰斯纳河，从而显著扩大古德里安的进攻范围。一旦渡过杰斯纳河，三个德军师可以从南面迂回布良斯克，也可以向南进击，同施韦彭堡麾下部队在诺夫哥罗德-谢韦尔斯基地域会合。实际上，古德里安的计划的确要求第47摩托化军在杰斯纳河东面向南推进，但这一行动被第13集团军在布良斯克和特鲁布切夫斯克以西登陆场的殊死抵抗挫败。

方面军（和第13集团军）左翼，施韦彭堡第24摩托化军辖内第3装甲师已攻占诺夫哥罗德–谢韦尔斯基，并向南渡过杰斯纳河，意图夺取绍斯特卡，而该军第4装甲师正在诺夫哥罗德–谢韦尔斯基北面探寻杰斯纳河上的渡口。由于第13集团军在该地域的部队严重动摇、波德拉斯第40集团军辖内部队数量不明，叶廖缅科认为施韦彭堡的装甲力量可能会向东进击，设法从南面迂回他设在特鲁布切夫斯克和布良斯克、沿杰斯纳河分布的防御；也可能继续向南推进，确保继续隔离库兹涅佐夫沿杰斯纳河下游部署的第21集团军。

库兹涅佐夫第21集团军的情况更加糟糕。在切尔尼戈夫以北地域承受魏克斯第2集团军冲击的同时，该集团军右翼的局势已被第24摩托化军第10摩托化师扭转，这个德军师已渡过杰斯纳河并夺得科罗普。因此，库兹涅佐夫处于两难境地，他要么集结一股力量向东发起反冲击，突破施韦彭堡的装甲封锁线，在第24摩托化军后方某处同第13集团军会合；要么不顾侧翼的情况，全力遏止魏克斯的步兵力量向切尔尼戈夫推进。但此时，这两个选择显然都已超出他的能力。

8月28日晚，大本营和叶廖缅科都采取初步措施，意图至少部分缓解这些困境。首先，当日晚些时候，斯大林决定投入手中仅有的重要预备力量，以此改变叶廖缅科陷入困境的方面军之命运，具体而言，他几乎将战略预备队中剩下的航空兵力量悉数投入。斯大林签署的最高统帅部大本营训令中写道：

1.为破坏敌坦克集团沿布良斯克方向的行动，1941年8月28日—31日，以方面军空中力量和统帅部预备队航空兵展开一场行动。

2.将布良斯克、预备队方面军空中力量，预备队航空兵第1集群和至少100架DB–3轰炸机投入行动，歼灭敌坦克集团。必须投入450架战机。行动发起日期为8月29日或30日拂晓，结束时间是8月31日日终。

3.我委派红空军司令部和军事委员会组织并实施这场行动。

4.1941年8月29日、30日、31日22点汇报行动进程。[27]

与此同时，斯大林还指示叶廖缅科，着手策划一场更大规模的反攻，这一次将利用大本营掌握的几乎所有稀缺的坦克预备力量。因此，当日傍晚，叶廖缅科给麾下尚未投入战斗的坦克和骑兵部队/兵团下达命令，为接下来几天的一场大规模行动加以准备：

8月28日晚，下达给骑兵第4师的第042号战斗令

敌人正以其先遣部队开赴卡尔波夫卡、波克罗夫斯基、罗曼诺夫卡一线（特鲁布切夫斯克西北偏西方25千米至以西20千米）……

1.向卡尔波夫卡、罗曼诺夫卡、格里亚济韦茨一线派出先遣支队后，前出并于1941年8月29日3点前占据莫斯托奇纳亚、谢米亚奇基、沃伊博罗沃地域（特鲁布切夫斯克西北方5—18千米）。

2.同坦克分队建立联系，他们将于8月29日晨进入韦尔尚（特鲁布切夫斯克以北18千米）和拉金斯克（特鲁布切夫斯克东北方9千米）地域以西树林附近……

8月28日19点15分，下达给坦克第141旅的战斗令

敌人正占领谢姆齐、瓦卢耶茨、罗曼诺夫卡……

1.在索夫拉索夫卡和弗兹德鲁日诺耶地段（特鲁布切夫斯克东北偏北方28—35千米）强渡杰斯纳河，1941年8月29日3点前集结在科米亚吉诺、拉金斯克、斯洛博达、苏博托沃地域（特鲁布切夫斯克东北方7—12千米）。

2.在多利斯克、波洛韦茨基、韦尔尚地域（特鲁布切夫斯克以北15—21千米）同坦克第108师建立联系。

3.向波罗维奇、索斯诺夫卡、伊萨耶夫卡和戈里齐实施侦察……[28]

实际上，这些命令将骑兵第4师和坦克第108师集结在从特鲁布切夫斯克西北方15千米沿一条弧线东延至特鲁布切夫斯克东北方12千米的集结地域。这些新锐坦克和骑兵力量在理想情况下将会形成一只装甲铁拳并获得步兵第269、第282、第155、第307、第6师加强，这些步兵师已同第47摩托化军第17装甲师和第29摩托化师展开战斗，交战地域北起波切普东部接近地，沿苏多斯季河向南延伸，穿过波加尔和格列米亚奇（Gremiach），直至特鲁布切夫斯克东南方25千米的杰斯纳河。另外，坦克第50师余部已为该地域南部的步兵第307、第6师提供支援。

虽然采取了这些谨慎的预防措施，但8月28日日终时，斯大林和大本营都意识到，布良斯克方面军作战地域的困境很可能是无法解决的。一如既往，这位独裁者和他的高级军事顾问们依然相信，只有在斯摩棱斯克地域发起一场成功的反攻才能打乱古德里安的计划。基于这个判断，斯大林几天前便指示铁木辛哥和朱可夫，会同叶廖缅科，做好对据守斯摩棱斯克地域的博克中央集团军群展开一场大规模反攻的准备。为沿莫斯科—斯摩棱斯克方向赢得重要的战略性胜利，苏军最高统帅部再次接受有可能败于古德里安之手的风险。

最高统帅部大本营的进攻计划

按照斯大林的想法，8月25日和26日，大本营命令铁木辛哥西方面军、朱可夫预备队方面军和叶廖缅科布良斯克方面军发起联合进攻行动，这些行动共同构成沿斯摩棱斯克、叶利尼亚、新济布科夫方向作战的所有红军部队展开的一场协同一致的全面反攻。古德里安沿杰斯纳河取得的惊人进展成为这场反攻的催化剂，苏军大本营实际上寻求的不过是彻底击败盘踞在斯摩棱斯克地域的博克中央集团军群。8月25日2点30分，大本营给铁木辛哥西方面军下达训令（参见地图4.6）：

·**敌人的情况**——沿别雷、维亚济马、斯帕斯杰缅斯克方向遂行防御的同时，敌人集结其快速力量对付布良斯克方面军辖内部队，显然企图在不久后沿布良斯克和日兹德拉方向展开进攻。

·**西方面军的任务**——继续积极实施不间断的进攻行动，歼灭当面之敌并同预备队方面军左翼力量相配合，9月8日前前出到韦利日、杰米多夫、斯摩棱斯克一线。

·**辖内各军团的任务：**

★第22集团军（叶尔沙科夫，8月28日由尤什克维奇接替）——肃清突入韦利科波利耶车站、纳济莫沃、日日察、扎莫希耶地域（大卢基以东16—50千米）之敌，同时利用航空兵和坦克，以及在纳斯瓦车站、大卢基和韦林斯科耶一线积极而又坚定的防御，从北面和奥波奇卡方向掩护方面军进攻部队。第29和第30集团军前出到韦利日和杰米多夫一线时（斯摩棱斯克西北偏北方65—108千米），集团军左翼力量应攻往乌斯门斯科耶湖一线（韦利日以北30千米）。

★第29集团军（马斯连尼科夫）——发展进攻的同时，向韦利日（斯摩

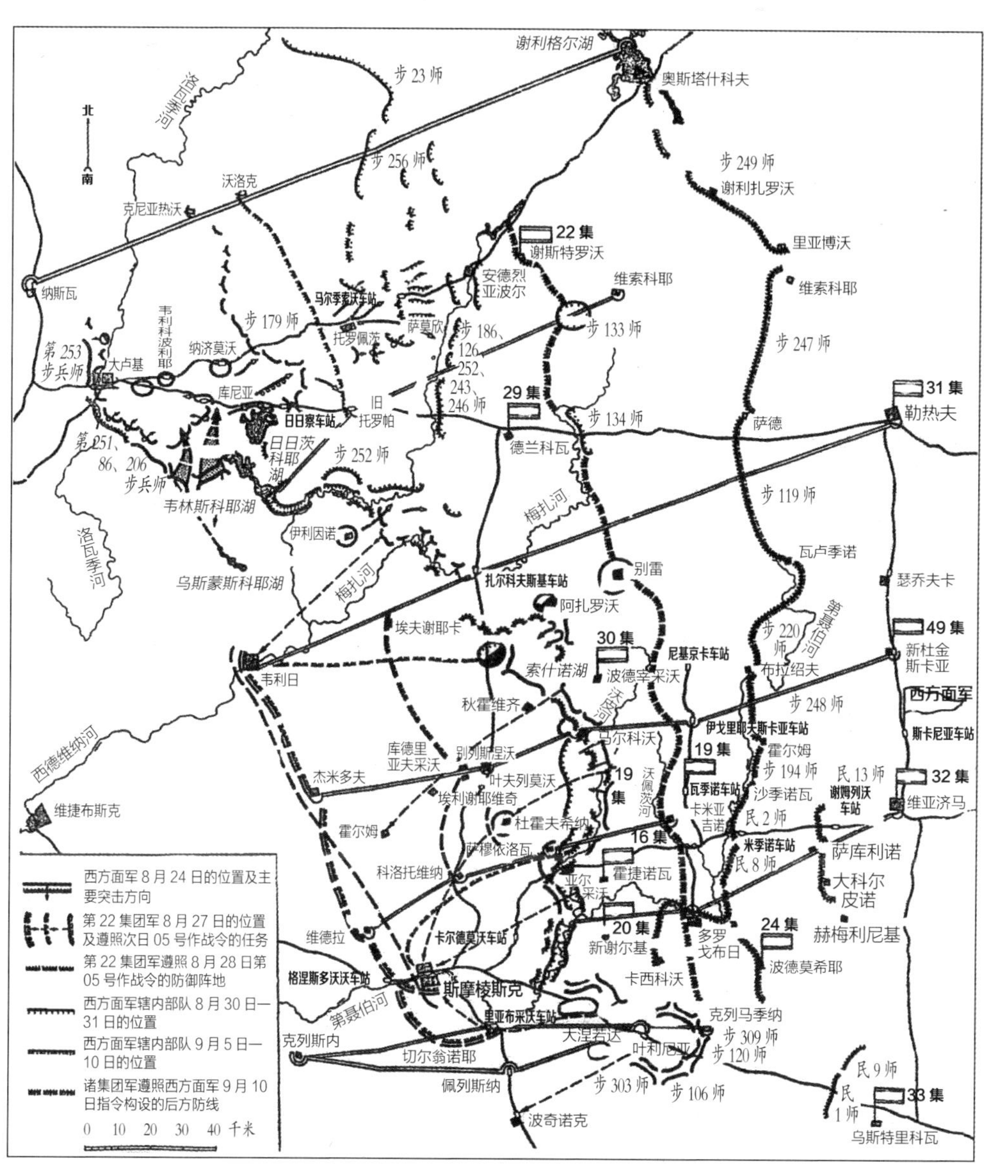

▲ 地图 4.6：铁木辛哥的第三次反攻计划，1941 年 8 月 25 日

棱斯克东北偏北方108千米）实施主要突击。

★第30集团军（霍缅科）——向西南方攻往秋霍维齐（亚尔采沃西北偏北方50千米）、叶利谢耶维奇、霍尔姆（杰米多夫东北偏东方22千米），以此支援第19集团军对杜霍夫希纳和斯摩棱斯克的进攻。

★第19集团军（科涅夫）——发展进攻，夺取杜霍夫希纳，尔后攻占斯摩棱斯克地域。为此，你部应攻往西南方，而不是对斯摩棱斯克发起正面冲击。

★第16集团军（罗科索夫斯基）——向西攻往卡尔德莫瓦车站和斯摩棱斯克，协助第19和第20集团军歼灭敌斯摩棱斯克—亚尔采沃集团。

★第20集团军（卢金）——先向西攻往克洛科沃和里亚布采沃车站（斯摩棱斯克西南方20—25千米），尔后攻往西北方，会同第19和第16集团军歼灭敌斯摩棱斯克集团。

·**友邻力量**——右侧，西北方面军将沿洛瓦季河以积极的防御遏止敌人。与该方面军的分界线为利霍斯拉夫利、谢利格尔湖、纳斯瓦车站一线。左侧，预备队方面军将于8月30日晨展开进攻，肃清敌叶利尼亚集团，并以第24集团军攻往波奇诺克，以第43集团军攻向罗斯拉夫利，击败敌人，夺取这些地点；1941年9月8日前到达多尔吉尼维、希斯拉维奇、彼得罗维奇一线（叶利尼亚西南方80千米）；同时以主力继续沿奥斯塔什科夫、谢利扎罗沃、奥列尼诺、第聂伯河（维亚济马以西）、斯帕斯杰缅斯克、基洛夫一线发展防御地区。与该方面军的分界线为大涅若达、佩列斯纳车站和克拉斯内一线。

·**特别说明：**

★整个行动过程中，在各指挥层级展开精心组织的系统性情报收集工作，以此消除一切意外状况，应特别注意沿敞开的侧翼实施连续而又细致的侦察。

★您必须加强从敌人手中夺取的一切防线和地点并要求您的部队立即构筑防御工事。

★步兵、炮兵、航空兵、坦克兵的行动必须精心协同，由指挥员预先加以研究，整个进攻行动期间和之前，确保为坦克和步兵的行动提供航空兵支援。

★以彻底保密的方式对行动加以准备，不得在电话交谈和电报中讨论进攻行动，派专人以口头方式给相关兵团分配任务。

·汇报收悉情况。[29]

简言之，铁木辛哥左翼和中央的第20、第16、第19和第30集团军由左至右部署，从第聂伯河以南向北延伸到别雷地域，将从东面和东北面朝杜霍夫希纳和斯摩棱斯克发起一场向心突击。同时，铁木辛哥右翼的第29和第22集团军，不仅要抵御第3装甲集群持续不停的进攻，还应攻往杰米多夫和韦利日，以此支援方面军的主要突击。

收到斯大林的指示后不久，铁木辛哥完成了方面军的进攻计划并呈交大本营审批。鉴于任务的紧迫性，大本营在几小时内便批准了这份计划，为铁木辛哥给麾下诸集团军下达命令提供了基础。这份计划为大本营提出的战役概念添加了更多细节：

·**西方面军的任务**——继续进攻的同时，击败突入第22集团军防线之敌并同预备队方面军右翼部队相配合，1941年9月8日前前出到大卢基、韦利日、杰米多夫、斯摩棱斯克一线。

·**友邻力量**——左侧，预备队方面军将于8月30日发起进攻，肃清敌叶利尼亚集团的同时，向波奇诺克发展进攻。与该方面军的分界线为大涅若达、佩列斯纳车站和克拉斯内。

·**战役阶段**——预计进攻行动将分为三个阶段：

★第一阶段（8月28日—29日）——以航空兵和地面力量遏止并击败敌人对第22集团军防线的进攻，补充并重组部队，以便会同预备队方面军对敌人展开一场决定性进攻。同时，第19、第29、第30集团军继续进攻。

★第二阶段（8月30日—9月5日）——发起一场总攻，粉碎当面之敌并完成方面军的当前任务：突破敌战术防御地幅。进攻速度——每昼夜3—4千米。

★第三阶段（9月6日—8日）——发展胜利，前出到最高统帅部训令中规定的战线。进攻速度——每昼夜15千米。

·**各集群和集团军的任务：**

★第22集团军：

☆以航空兵和先遣支队进攻敌人，8月30日前以先遣支队前出到缅绍瓦、马尔季诺夫卡纳济莫瓦车站、阿尔捷莫沃车站和日日茨科耶湖一线（大卢基东北方55千米至以东35千米），整顿集团军，准备发起一场总攻，同时加强指定防线。

☆8月29日日终前以调自托罗佩茨、旧托罗帕地域的坦克和摩托化步兵第57团加强集团军后，再以统帅部预备队1个骑兵师、调自第30集团军的坦克第107师和炮兵武器提供加强。

☆8月30日发起总攻，沿托罗佩茨、库尼亚、大卢基方向遂行主要突击，9月8日日终前到达洛瓦季河、大卢基、乌斯曼斯科耶湖一线。

☆左侧分界线为韦林斯科耶湖，再至乌斯曼斯科耶湖。

★第29集团军——继续遂行你部受领的任务，混成摩托化步兵旅担任集团军预备队。攻往伊利因诺和韦利日，9月6日前到达赫列巴尼哈、乌索季谢湖、普尼谢一线（韦利日以北35千米至东北方45千米），9月8日前到达韦利日和杰米多夫一线（斯摩棱斯克西北偏北方65—108千米）。

★多瓦托尔骑兵集群——继续在敌杜霍夫希纳集团后方行动，尔后朝敌后方的鲁德尼亚（杰米多夫东北方37千米）展开行动。

★第30集团军：

☆以步兵第250师的至少2个步兵团掩护别雷方向的同时，以你部其他部队（欠坦克第107师和步兵第134师）继续进攻，夺取敌支撑点。

☆8月30日朝秋霍维齐、叶利谢耶维奇、霍尔姆（杰米多夫东北偏北方22千米）发起一场总攻，9月6日前到达杜布罗沃、斯塔里纳、兹维亚吉诺、斯帕斯乌格雷一线，9月8日前到达杰米多夫和卡斯普利亚一线（斯摩棱斯克西北偏北方65千米至西北方35千米）。

☆左侧分界线保持不变，但延伸到卡斯普利亚。

★第19集团军（步兵第244、第166、第91、第89、第64、第50师，摩托化步兵第101师，骑兵第45师）：

☆继续进攻，9月3日前夺取杜霍夫希纳。

☆尔后朝西南方发展进攻，夺取斯摩棱斯克地域，9月9日前到达卡斯普利亚和格涅兹多沃一线（斯摩棱斯克西北方35千米至以西15千米）。

☆左侧分界线——保持不变，延伸到格里希诺，尔后延伸到格涅兹多沃。

★第16集团军：

☆继续坚守既占阵地，直至8月30日。

☆8月30日以步兵第152、第38、第108、第144师发起总攻，以右翼力量向东，朝新谢利耶、穆什科维奇、杜霍夫希纳、斯摩棱斯克遂行主要突击，待第19和第20集团军到达斯摩棱斯克地域，重新转入方面军预备队。

☆8月30日后的左侧分界线——多罗戈布日、扎博里耶、斯摩棱斯克。

★第20集团军：

☆转入防御，直至8月30日，将步兵第153和第161师调入集团军预备队接受休整补充。

☆8月30日以步兵第153、第73、第161、第129、第229师朝克洛科沃、里亚布采沃车站（斯摩棱斯克东南方20—25千米）发起总攻，主要突击置于左翼，9月6日前夺取普里德涅普罗夫斯卡亚车站和里亚布采沃车站，尔后将你部的进攻转向西北方，9月8日前到达格涅兹多沃和波戈斯季一线（斯摩棱斯克以西15千米至西南偏南方35千米）。至少保留1个步兵师担任预备队。

★方面军预备队——坦克第1师和调自统帅部预备队的1个骑兵师位于第19与第16集团军分界线，准备发展第16集团军的胜利；坦克第127旅位于瓦季诺地域（亚尔采沃东北偏东方42千米）。

·支援措施：

★8月29日日终前，将指定用于加强第22集团军的部队集结在托罗佩茨和旧托罗帕地域：

☆步兵第134师——搭乘汽车、依靠步行沿别雷—旧托罗帕行军路线调动。

☆摩托化步兵第57团——从瑟乔夫卡经勒热夫调至旧托罗帕（200—300千米）。

☆坦克第107师——获得1个炮兵营加强后，依靠步行沿别雷、涅利多沃和托罗佩茨行军路线调动。

☆调自统帅部预备队的骑兵师经铁路开往托罗佩茨地域。

★8月29日前补充步兵第153、第161、第134师。

★以调自莫斯科的30辆坦克加强坦克第107师。

★为第30集团军补充人员。

★为第19和第20集团军储备4个弹药基数，为第29和第30集团军储备3个弹药基数。

★下达关于总攻的一切命令不得迟于8月28日，8月29日留给各师、各团、各营准备进攻，所有命令通过口头传达。

（索科洛夫斯基中将在命令中补充的特别说明）

根据最高统帅部的训令，不得加强第22集团军，其任务是遂行防御并以先遣支队执行增援行动。

为第20和第29集团军提供渡河工具。

卸载骑兵师，不得将其派往维亚济马。确定位置。

多瓦托尔的骑兵力量尔后应朝韦利日展开行动。

8月30日和31日实施重组，9月1日发起一场决定性进攻。

1.请求大本营为第22集团军调拨坦克第48旅的坦克、2个步兵师和炮兵装备。大本营提供更多战机——2个伊尔-2团，2个拉格-3或米格-3团，2个佩-2团，2个侦察机中队。

2.（空缺）

3.将1个团用于斯摩棱斯克的防空行动；机枪、中型高射炮和其他装备。

为罗科索夫斯基（第16集团军）调拨步兵第152师和坦克第1、第18师。[30]

铁木辛哥的这道命令中最重要的方面是添加了参谋长索科洛夫斯基的说明，具体说来，这场反攻的发起日期从8月30日推延到9月1日。大本营要求索科洛夫斯基做出这一更改一是因为第22集团军的情况急剧恶化，二是因为加强第22集团军、将援兵调给第16和第19集团军需要更多时间，特别是因为坦克第1、第18师和步兵第152师将担任罗科索夫斯基第16集团军的突击先锋。另外，为第20集团军遭受重创的各个师提供补充兵也需要时间。

虽说这场反攻基本上是西方面军8月初所做努力的重演，但规模更大。两场行动存在几个重大差异。首先，铁木辛哥计划以三个不同阶段遂行这场新反攻。第一阶段是8月26日至29日，包括第22集团军阻挡施图梅集群进攻的防御行动，以及在第19、第29、第30集团军继续从事战斗的背景下，变更第16和第20集团军部分力量的部署和对他们的加强、重组。第二阶段涉及方面军辖内所有集团军9月1日—5日会同朱可夫方面军发起的一场全面反攻，旨在突破中央集团军群设在斯摩棱斯克东面和东南面的战术防御地幅，以及完成方面军的当前任务，最重要的是粉碎德军杜霍夫希纳集团。第三阶段也是最后一个阶段，从9月6日持续到9月8日，方面军诸集团军将发展胜利，到达大本营指定的最终位置，可能意味着通过从北面、东面、东南面发起的向心突击夺取整个斯摩棱斯克地域。大本营认为，倘若铁木辛哥和朱可夫麾下部队能实现这一目标，德国中央集团军群就别无选择，只能停止古德里安军团的进攻，将其调回斯摩棱斯克地域。

其次，这场新反攻使用的突击群显然比8月初投入的力量更加强大。例如，大本营以步兵第134和坦克第107师加强第22集团军，以此作为发展胜利的力量；科涅夫第19集团军投入步兵第244、第166、第91、第89、第64、第50师，摩托化第101师，骑兵第75师，比先前多2个师；大本营以新锐坦克第1、第18师加强罗科索夫斯基第16集团军，每个师约有100辆坦克，另外还有获得重建的步兵第152师。大本营认为，既然科涅夫集团军8月17日—22日能够歼灭德军至少1个步兵师（第161师），重创另外几个师（第5、第28、第106师），击败1个装甲师（第7师），获得大力加强的该集团军必然能在9月初取得更大的战果。

可是，第三点差异将给铁木辛哥计划中的反攻造成了明显的负面影响。这就是中央集团军群施图梅集群在大卢基和托罗佩茨地域的进攻行动几乎全歼了叶尔沙科夫第22集团军，并彻底挫败了第29集团军的进攻计划。铁木辛哥8月25日拟制初步反攻计划时，西方面军右翼的态势似乎尚可控制——也就是说，他和大本营认为，他们能在德军到达托罗佩茨地域前阻挡住对方。可是，铁木辛哥麾下诸集团军9月1日展开全面反攻时，施图梅集群麾下部队已攻占托罗佩茨并朝安德烈亚波尔（Andreapol’）顺利发展。除了将铁木辛哥的注意力从方面军主要突击行动中引开外，施图梅集群造成的破坏还迫使这位方面军司令员从中央地带向右翼调派重兵，削弱了遂行主要突击的突击群的潜在力量。

在大本营计划中以西方向总指挥部发起的这场反攻中，第二股重要组成力量是朱可夫预备队方面军辖内战备状况最佳的集团军，具体而言就是拉库京将军指挥的第24集团军和谢列兹尼奥夫将军指挥的第43集团军，后者8月下旬被彼得·彼得罗维奇·索边尼科夫少将替代。第24集团军部署在预备队方面军左翼，奉命进攻位于叶利尼亚地段的古德里安集团军级集群第20军；第43集团军沿罗斯拉夫利方向抗击古德里安第7和第53军。大本营8月25日2点35分给朱可夫预备队方面军下达的进攻训令如下：

·**敌人的情况**——沿别雷、维亚济马、斯帕斯杰缅斯克方向遂行防御的同时，敌人集结其快速力量对付布良斯克方面军辖内部队，显然企图在不久后沿布良斯克和日兹德拉方向展开进攻。

·**预备队方面军的任务**——以你部主力（第31、第49、第32、第33集团军）继续沿奥斯塔什科夫、谢利扎罗沃、奥列尼诺、第聂伯河（维亚济马以西）、斯帕斯杰缅斯克、基洛夫一线加强防御地幅，8月30日以左翼第24和第43集团军发起进攻，消灭敌叶利尼亚集团，夺取叶利尼亚，尔后攻往波奇诺克和罗斯拉夫利，8月8日前到达多尔吉尼维、希斯拉维奇、彼得罗维奇一线（叶利尼亚西南方85千米）。

·**辖内诸兵团的任务：**

★第24集团军（拉库京集团军，8个步兵师、1个机械化师、1个坦克师）——以向心突击歼灭敌叶利尼亚集团，9月1日前到达大涅若达车站、彼得罗沃、斯特罗伊纳一线（叶利尼亚西北方11千米至西南方12千米）；尔后，发展进攻的同时攻往波奇诺克，夺得该镇后，于9月8日前前出到多尔吉尼维和希斯拉维奇一线。

★第43集团军（谢列兹尼奥夫）——留下步兵第222和第53师据守其防御地段，集团军主力在斯帕斯杰缅斯克和基洛夫地域扼守阵地，8月30日以2个步兵师和2个坦克师朝罗斯拉夫利这一总方向发起进攻。夺取罗斯拉夫利后，于9月8日前前出到希斯拉维奇和彼得罗维奇一线。

★第31（多尔马托夫）、第49（扎哈尔金）、第32（费久宁斯基）、第33集团军（奥努普里延科）——留在原地，继续强化你们的防御地带。

★每个以民兵师组成的集团军预备队都将1个步兵师留作方面军预备队，从而沿苏希尼奇和日兹德拉方向加强防御，并在基洛夫和柳季诺沃地域掩护同布良斯克方面军的分界线，通过步行行军完成部署变更。

★将步兵第298师交给布良斯克方面军司令员，9月1日前通过铁路将该师运至佳季科沃地域。

·**友邻力量**——右侧，西方面军正在发展进攻，将于9月8日前出到韦利日、杰米多夫、斯摩棱斯克一线。第20集团军左翼力量会同第16和第19集团军，将击败敌斯摩棱斯克集团并占领斯摩棱斯克地域，起初攻往克洛科沃和里亚布采沃车站这一总方向，尔后攻往西北方。与西方面军的分界线为大涅若达车站、佩列斯纳、克拉斯诺耶一线。左侧，布良斯克方面军将于9月2日展开进攻，歼灭盘踞在杜布罗夫卡、波切普、苏拉日地域之敌，尔后前出到彼得罗维奇、奥斯莫洛维奇、白杜布拉瓦、古塔科列茨卡亚一线。与布良斯克方面军的分界线为姆岑斯克、日兹德拉、弗罗洛夫卡、罗斯拉夫利、姆斯季斯拉夫利。

·**特别说明：**

★整个行动过程中，在各指挥层级展开精心组织的系统性情报收集工作，以此消除一切意外状况，应特别注意沿敞开的侧翼实施连续而又细致的侦察。

★您必须加强从敌人手中夺取的一切防线和地点并要求您的部队立即构筑防御工事。

★步兵、炮兵、航空兵、坦克兵的行动必须精心协同，由指挥员预先加以研究，整个进攻行动期间和之前，确保为坦克和步兵的行动提供航空兵支援。

★以彻底保密的方式对行动加以准备，不得在电话交谈和电报中讨论进攻行动，派专人以口头方式给相关兵团分配任务。

·汇报收悉情况。[31]

铁木辛哥西方向总指挥部遂行的这场反攻，第三个，也是最具雄心的组成部分是已陷入困境的叶廖缅科布良斯克方面军的行动。根据最高统帅部的战略理念，叶廖缅科方面军显著改变其组织编成后，将对向南推进的古德里安第2装甲集群发起攻击，粉碎对方前进中的装甲力量，恢复一道绵亘防线，从戈梅利南面的第聂伯河东延至杰斯纳河畔的诺夫哥罗德-谢韦尔斯基，再沿杰斯纳河向北延伸到叶利尼亚以南。为此，叶廖缅科麾下部队将跨过一条宽大战线，打击古德里安第2装甲集群左翼，这条战线从诺夫哥罗德-谢韦尔斯基沿杰斯纳河向北延伸到布良斯克西北方50千米的茹科夫卡。新组建的第40集团军虽然不在叶廖缅科麾下，但该集团军也将在古德里安的部队到达杰斯纳河前，对其“鼻部”展开攻击。

但在叶廖缅科有望完成这项深具挑战性的任务前，必须对他麾下各兵团的指挥控制做出相应调整，以便他们能更有效地遂行作战行动。为此，8月25日2点，斯大林和大本营着手加强一些部队的指挥控制，其作战地域从基辅东北方125千米的切尔尼戈夫起，沿杰斯纳河向东北方延伸到布良斯克：

1.为合并沿布良斯克方向和沿戈梅利方向行动的部队之指挥控制，1941年8月26日0点撤销中央方面军，辖内部队转隶布良斯克方面军。1941年8月26日0点起，布良斯克方面军将编有第50、第3、第13和第21集团军。

2.合并沿戈梅利方向和莫济里方向行动的部队，第3集团军辖内所有部队转隶第21集团军。布良斯克方面军司令员应将第3集团军领率机关沿姆格林方向部署，为其抽调第50和第13集团军辖内部分师，这一点由您决定。

3.任命原中央方面军司令员M.G.叶夫列莫夫中将为布良斯克方面军副司令员。

4.任命原第3集团军司令员V.I.库兹涅佐夫中将为第21集团军司令员。暂任第21集团军司令员的V.N.戈尔多夫少将改任第21集团军参谋长。

5.任命原摩托化第1师师长Ia.G.克列伊泽尔少将为第3集团军司令员。

6.解除K.D.戈卢别夫少将第13集团军司令员的职务，其任命由国防人民委员部另行安排。任命原步兵第129师师长A.M.戈罗德尼扬斯基少将为第13集团军司令员。

7.布良斯克方面军司令员获准以中央方面军领率机关的部分指挥人员补充布良斯克方面军领率机关，其他人员由国防人民委员部另行安排。

8.解除索科洛夫中将中央方面军参谋长的职务，其任命由最高统帅部另行安排。

9.布良斯克方面军与西南方面军的分界线依然以中央方面军与西南方面军之间的分界线为准。

10.确认收悉并汇报执行情况。[32]

由于这道指令，叶廖缅科获得扩充的布良斯克方面军现在编有第21、第13、第3和第50集团军，部署地域从杰斯纳河下游的切尔尼戈夫地域起，向东延伸至该河中游的诺夫哥罗德-谢韦尔斯基，再沿杰斯纳河上游北延到布良斯克。叶廖缅科方面军的指挥力量也得到加强，获得了两位经过战斗考验的“斗士”——克列伊泽尔和戈罗德尼扬斯基将军。可是，这道指令并未解决最棘手的问题，也就是施韦彭堡第24摩托化军三个快速师已牢牢楔入布良斯克方面军第21集团军与第13集团军之间。叶廖缅科的任务是解决这个问题。导致这一困境更趋复杂的是，大本营给他下达进攻训令后不久，古德里安重新发起进攻，致使训令中的许多要求无法贯彻。情况的变化迫使大本营和叶廖缅科不断更改布良斯克方面军的反攻计划，以至于这场反攻最初不得不以零零碎碎的方式进行，最终导致布良斯克方面军麾下诸集团军被各个击破。

虽然铁木辛哥西方面军和叶廖缅科布良斯克方面军面临诸多问题，但大本营8月25日着手组织的这场反攻，是他们迄今为止策划的规模最大、最具雄心的战略性行动。就规模和范围而言，这场新反攻使铁木辛哥7月初、7月下旬和8月初组织的几次反突击和反攻相形见绌。例如，7月初所谓的“铁木辛哥反攻”涉及4个集团军（第20、第21、第19、第22集团军）和3个机械化军（第25、第5、第7机械化军）；西方面军诸突击集群7月23日发起的反攻涉及4个集团军（第29、第30、第34、第28集团军）的5个战役集群（马斯连尼科夫、霍缅科、加里宁、亚尔采沃、卡恰洛夫战役集群），外加1个骑兵军；西方面军和预备队方面军8月中旬展开的反攻涉及6个集团军（第29、第30、第19、第16、第20、第24集团军）和8月21日加入进攻的1个集团军（第22集团军），以及1个骑兵集群。相比之下，铁木辛哥这场新反攻本应投入3个方面军（西方面军、预备队方面军、布良斯克方面军），11个集团军（第22、第29、第30、第19、第16、第20、第24、第43、第50、第3、第13集团军），外加2个多少有些相关的集团军（第40、第21集团军）和1个骑兵集群（多瓦托尔骑兵集群）。但在当前情况下，由于施图梅集群先发制人，第22和第29集团军无法参加这场反攻。

鉴于先前的进攻行动给德国中央集团军群造成的破坏，大本营相信这场新战略攻势能赢得决定性胜利。虽说7月初的“铁木辛哥反攻”几乎未给前进中的博克军队造成任何破坏，但7月下旬多个突击集群实施的反突击阻挡住了中央集团军群向斯摩棱斯克以东的推进，给在斯摩棱斯克东面据守合围对外正面的第3装甲集群快速师造成了严重破坏，并将被困于斯摩棱斯克北面和东北面的苏军第16、第19、第20集团军很大一部分力量救出。之后，苏军8月中旬的反攻重创数个德军步兵师并彻底挫败德军一个加强装甲师计划中的反突击，这在战争中尚属首次。大本营据此推断，倘若继续这一进程，8月底规模更大的反攻必然给博克集团军群造成更大的破坏，也许能彻底结束该集团军群向莫斯科的推进。

证实最高统帅部大本营这一判断的是，8月25日，接到以古德里安军队向南攻往基辅的命令后不久，博克在日记中写道：

昨天收到陆军总司令部宣布的指令。除了初步简报外，指令中没有什么新东西。在我看来，它只是隐瞒了唯一的希望，但这方面真正的线索寥寥无几；也许我们可以打垮北翼的俄国人，从而使情况好转，至少缓解我在“东部战线”遭受的压力。现在看来，（东部战线）坚守不了太久。我被迫将辛辛苦苦拼凑起来的预备力量分散出去，希望在我战线后方发起的进攻能实现一定程度的安全，以免防线遭突破。

赢得诸多胜利后，倘若东线战役的良机在我集团军群惨淡的防御作战中悄然流失，这不是我的责任。[33]

可是，正如博克在日记中所写的那样，要想达到苏军最高统帅部目的，铁木辛哥必须首先设法遏止施图梅集群对西方面军右翼的猛攻。否则，这一点，加上古德里安向南发起的突击，会给他的战略防御造成破坏，继而导致大本营雄心勃勃的进攻计划流产。

北翼：8月29日—9月9日，施图梅集群攻往安德烈亚波尔和西德维纳

要是铁木辛哥认为西方面军右翼的态势在8月25日稳定了下来，那他就大错特错了。尽管支离破碎的第22集团军8月25和26日着手以后方部队在托罗佩茨和旧托罗帕构设防御，铁木辛哥还命令马斯连尼科夫第29集团军向北

抽调力量协助阻止施图梅集群的推进，但接下来五天，该地域的情况愈发恶化。将被困于大卢基南面和东南面的叶尔沙科夫第22集团军歼灭大半后，施通普夫第20装甲师（第57摩托化军）会同第102、第256、第206步兵师迅速攻往东北方，不久之后，克诺贝尔斯多夫第19装甲师（第40摩托化军）也加入其中。彻底肃清第22集团军被围部队后，德国第23军第253、第251、第86步兵师在装甲力量身后开往北面和东北面，掩护施图梅集群拉伸的左翼。经过一场短暂的交战，施通普夫的装甲兵8月29日攻占托罗佩茨，次日继续攻往托罗佩茨东北偏东方45千米，西德维纳河畔的安德烈亚波尔。南面不远处，克诺贝尔斯多夫的装甲兵稳步向东，赶往旧托罗帕以东25千米的西德维纳（Zapadnaia Dvina），前进途中驱散据守日日茨科耶湖以北防御、已遭受重创的苏军部队。（参见地图4.7）

与此同时，8月28日，在瓦西里·亚历山德罗维奇·尤什克维奇少将（他在指挥亚尔采沃集群步兵第44军期间表现出色）指挥下的重建的第22集团军之后方部队，试图构设防御掩护托罗佩茨和安德烈亚波尔。尤什克维奇8月28日17点下达的初步防御令说明了他这个集团军的临时性，以及相关防御的脆弱性：

· **敌人的情况**——敌人以第19、第20装甲师和第30摩托化师继续沿集团军整条防线遂行进攻。

· **友邻力量**——第27集团军位于右侧，第29集团军位于左侧，分界线保持不变。

· **第22集团军的情况**——在先前沿波多利纳、191.9高地、戈尔卡、扎利科夫斯科耶湖、列恰涅、旧托罗帕一线（从托罗佩茨西北方20千米南延至托罗佩茨以西，再至旧托罗帕）构设的后方防线以西从事顽强战斗。

· **辖内各兵团/部队的任务：**

★榴弹炮兵第709团——据守波多利纳、179.1高地、加涅沃地段（托罗佩茨西北方24千米）。

★汽车第196营——据守179.1、191.9高地、卡梅斯塔亚地段。

★独立高射炮兵第137营和独立反坦克炮兵第13营——据守19.5高地和泽尔内（托罗佩茨以北10千米）。

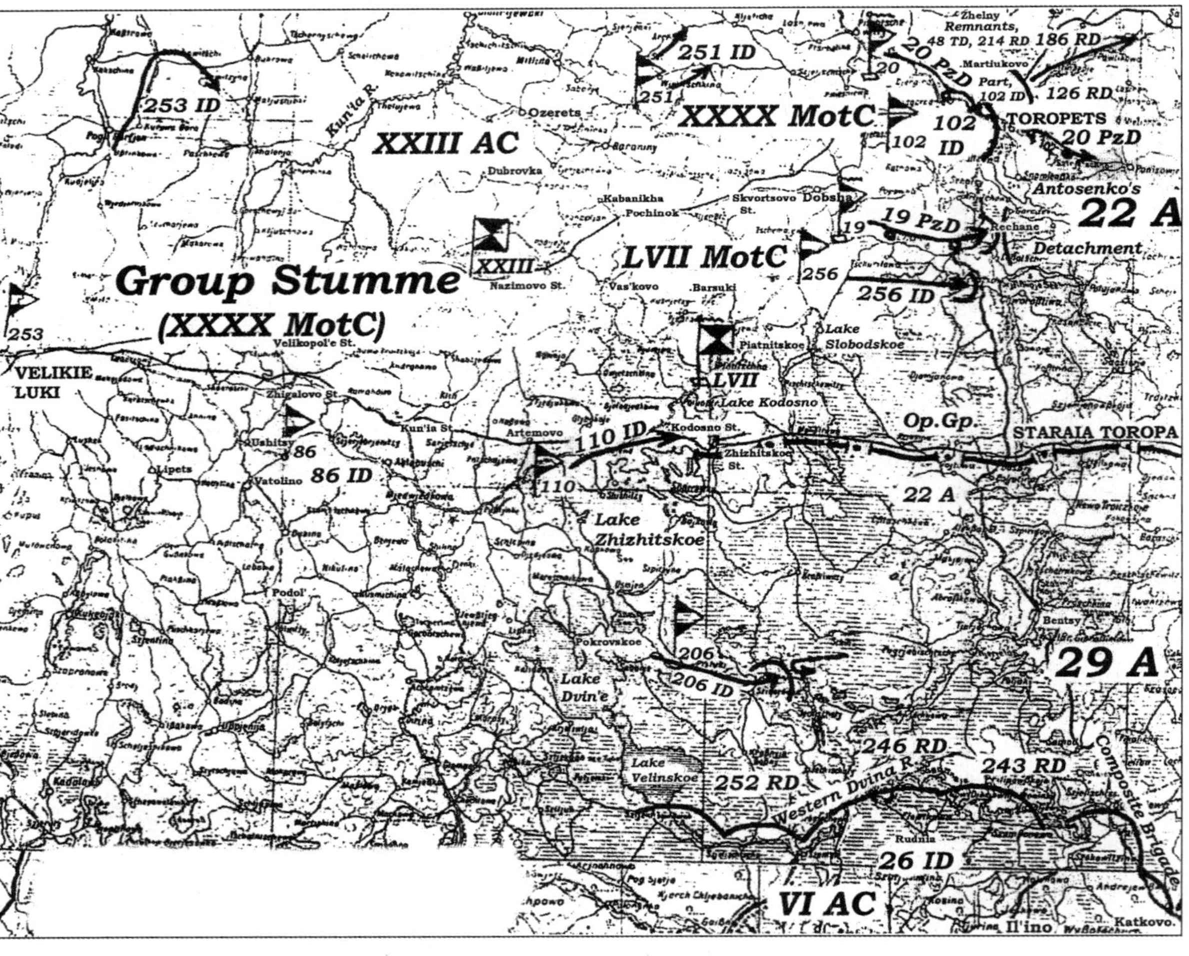

▲ 地图 4.7：施图梅集群的推进，1941年8月29日（资料图）

★步兵第186师（与摩托化步兵第36营）——据守戈尔卡、199.2高地和马尔秋霍沃地段。

★步兵第126师（与榴弹炮兵第390团和独立反坦克炮兵第179营）——据守199.2高地、扎利科夫斯科耶湖和扎列奇耶。

★榴弹炮兵第360团（与榴弹炮兵第615团）——据守扎利科夫斯科耶湖、列恰涅、新布里季诺地段（托罗佩茨以南8千米至东南偏南方7千米）。

★安托先科支队——撤至列佩赫尼诺和米季科沃一线（托罗佩茨西南方8千米至西南偏南方9千米）。

·指挥职责：

★萨莫欣少将（步兵第29军）——扎利科夫斯科耶湖以北集群。

★萨佐诺夫上校（步兵第51军）——托罗佩茨以南集群。

★杰维上校——托罗佩茨卫戍司令，接受步兵第29军指挥。

·指挥所——马尔季索沃车站。[34]

这道防线上除了一连串连、营级支撑点外别无他物，防线从北面、西面、南面围绕托罗佩茨城，沿一道弧线延伸，距离市中心约8—10千米。

同一天，被派至托罗佩茨地域掌握态势并设法恢复防御秩序的西方面军参谋长索科洛夫斯基，向沙波什尼科夫和铁木辛哥汇报情况道：

我现在简要报告第22集团军防线1941年8月28日日终时的情况：

第一，面对敌人的压力，截至8月28日20点，集团军辖内部队基本撤至后方防线。

第二，步兵第186师正在集结并扼守尼舍维齐（托罗佩茨西北方11千米）和亚克希诺一线。

步兵第126师位于亚克希诺和扎利科维耶一线。一个小股敌坦克群已在这些师之间的分界线达成突破，正下达命令将其歼灭。

步兵第98和第214师应撤往步兵第186师北面，但我们尚未收悉关于他们的情况报告。安托先科支队22点左右开始从科斯季诺地域撤往托罗佩茨以南阵地。

1个混成营正据守日日察车站地域。

第三，获得坦克加强的4个敌步兵营，正位于占据后方阵地的我方部队对面。其主力位于托罗佩茨西面和西南面一段距离外，但这一情况需要核实。

第四，总司令命令马斯连尼科夫（第29集团军）8月29日晨之前将1个步兵师和1个摩托化旅调至托罗佩茨地域。[35]

正如这份报告指出的那样，第22集团军和索科洛夫斯基都不了解德军的确切位置，更不必说他们辖内的部队了。德军第20装甲师8月29日攻占托罗佩茨后，尤什克维奇将军给麾下各指挥部下达命令，要求他们重新夺回该城。例如，尤什克维奇8月30日1点30分命令萨莫欣将军："将部队调入亚瑟湖、库金斯科耶湖、索洛缅诺耶湖之间的地峡，到达指定战线后立即组织进攻，重新夺回托罗佩茨，并采取一切可行措施，防止敌人向东突破。"[36]当日上午晚些时候，尤什克维奇给坦克第48师下达类似命令，由于该师没有任何坦克，之后改编为步兵师。

可是，这些命令毫无意义，因为德军次日径直推开该地域实力虚弱、支离破碎的苏联守军，向东攻往安德烈亚波尔和西德维纳，促使铁木辛哥和他的军事委员会于8月30日3点发出一份更加全面的电报，描述第22集团军作战地域恶化的态势。这封电报直接发给斯大林本人。

第22集团军在大卢基地域的合围战中遭受严重损失，特别是在装备方面。集团军逃离包围圈的各个师，兵力为从400至4000人不等，一些师的火炮和重机枪数量只能以个位数计。

一些分散的集群和支队仍在敌后方的大卢基地域从事战斗。叶尔沙科夫和第22集团军军事委员会委员列昂诺夫同其中一个集群待在一起，但我们没能同他们取得联系。

第22集团军逃离包围圈的部队、后勤部队组建的独立支队、方面军组建的安托先科上校混成支队，在8月27日和28日同敌摩托—机械化部队的持续战斗中被打垮，面对敌人施加的巨大压力，8月29日夜间撤往托罗佩茨地域。截至12点的情况如下：

1.步兵第186和第126师在托罗佩茨西郊和东北郊战斗。

2.步兵第48和第214师在托罗佩茨北面战斗。

3.安托先科混成支队在托罗佩茨南面战斗。

4.正设法歼灭当日白天突入托罗佩茨的敌坦克和冲锋枪手集团。

5.已在托罗佩茨地域识别出敌人2个摩托化步兵师和1个装甲师。

敌大卢基集团编有10个师，包括2个装甲师，虽然在战斗中遭受严重损失，但继续朝托罗佩茨发展进攻。

我们已采取以下措施：

1.组建一个混成支队，编有2个摩托化团、1个坦克营和1个炮兵营，由安托先科上校指挥，目前正在托罗佩茨南面战斗。

2.为第22集团军调拨1个反坦克炮兵团和1个炮兵团，现已到达。

3.从马斯连尼科夫集团军抽调步兵第246师和2个摩托化团，步兵第246师掩护旧托罗帕地域，2个摩托化团在托罗佩茨东南方占据西德维纳河上的渡口。

4.叶尔沙科夫到达前，第22集团军辖内部队的指挥工作由原步兵第44军军长尤什克维奇将军负责，博尔金同志和一个作战指挥组将为他提供协助。

5.采取严厉措施恢复第22集团军辖内部队的秩序和纪律。由于擅自放弃阵地，步兵第186和第48师师长被送交军事法庭审判。

但情况还是很严峻。敌人占领托罗佩茨一线构成这样一种威胁：他们将沿托罗佩茨、涅利多沃、勒热夫方向，以及托罗佩茨、涅利多沃、别雷方向发展，进入马斯连尼科夫和霍缅科的后方。

因此，我们紧急请求您为方面军提供协助，立即调拨配有坦克营的2个步兵师、1个坦克旅、3个航空兵团（1个歼击航空兵团、1个强击航空兵团和1个轰炸航空兵团）。我们还请求调拨组建2个师级炮兵团的武器装备。[37]

施图梅集群，左翼获得第23军第251、第253、第86步兵师的掩护和支援，8月30日一整天继续向东迅速攻往安德烈亚波尔和西德维纳，遭遇的抵抗微乎其微。黄昏前，克诺贝尔斯多夫第19装甲师先遣部队到达西德维纳以北18千米，亚米谢镇（Iamishche）对面的西德维纳河西岸。当晚23点50分，铁木辛哥和他的军事委员会委员们再次联系斯大林。这一次，他们确认托罗佩茨已然陷落，并且承认若西方面军希望凭借茂密的林区阻挡德军的猛烈突击，别无选择的马斯连尼科夫不得不把第29集团军辖内部队撤至西德维纳附近的西德维纳河一线（参见地图4.8）：

经过激烈的巷战，我军部队于8月29日—30日夜间弃守托罗佩茨。8月30日一整天，敌人继续以大股摩托—机械化部队（第57摩托化军）向东南方发展进攻。其由坦克和摩托化步兵组成的先遣部队，19点30分到达亚瑟湖、库金斯科耶湖、格里亚杰茨科耶湖、大莫什诺湖地域。我们没能成功阻止敌军，对方正继续向西德维纳河发展。因此，8月30日上午，马斯连尼科夫同志（第29集团军）的后方遭受到威胁。

方面军军事委员会决定，命令马斯连尼科夫同志于8月30日15点将2个师（步兵第252、第243师）撤至西德维纳河的亚米谢、西德维纳车站、巴尔洛沃地段，以防敌人继续向东发展。马斯连尼科夫已下令在集团军防线对面留下掩护部队，阻挡敌伊利因诺集团的行动。马斯连尼科夫集团军主力到达（西德维纳河）前，河上渡口由先前调拨的2个摩托化团加以掩护，步兵第246师将从旧托罗帕调往热列兹诺沃的西德维纳河渡口。

霍缅科同志（第30集团军）已接到命令，立即将集团军步兵第134师从别雷地域调往涅利多沃车站附近，从而夺取该地域的道路中心。坦克第107师将调入别雷地域，在那里迅速整顿部队。[38]

第22集团军在托罗佩茨和旧托罗帕地域的态势急剧动荡、失去控制时，铁木辛哥的确已命令马斯连尼科夫北调集团军辖内部分力量，加强第22集团军，救援尤什克维奇的部队。更重要的是，马斯连尼科夫将把麾下其他部队向东撤入新防御阵地，掩护第30集团军（正在别雷西南方行动）与第22集团军新左翼（旧托罗帕以东某处）之间的缺口。马斯连尼科夫奉命行事，8月31日21点从设在伊利因诺东北方25千米，科诺沃（Konovo）的司令部给他的集团军下达了新命令（参见地图4.9）：

· **敌人的情况**——以配有坦克和火炮的重兵集团沿托罗佩茨、格里亚杰茨科耶湖、日日察车站和旧托罗帕方向遂行攻击，并以歼击机和轰炸机为支

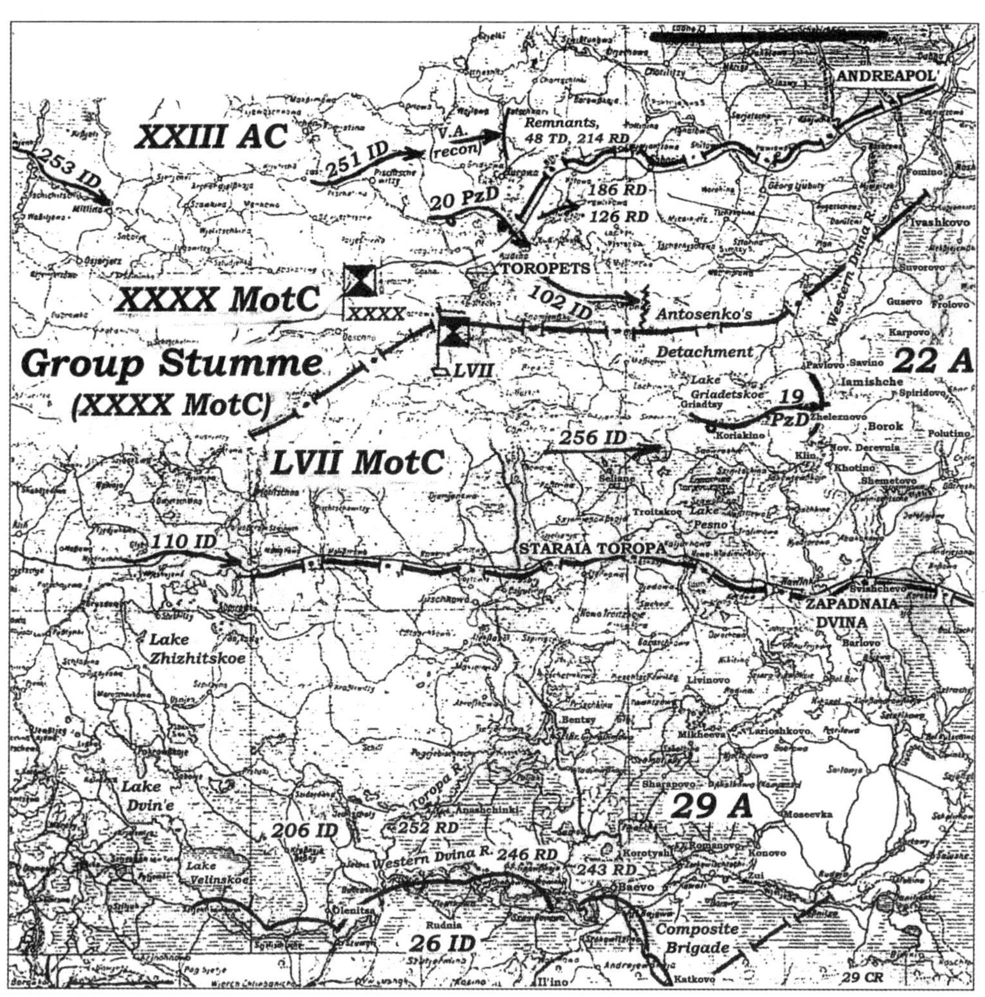

▲ 地图 4.8: 施图梅集群的推进，1941 年 8 月 30 日（资料图）

援，在帕尔霍瓦和索希地域展开积极活动。

· **第29集团军的任务**——沿大莫什诺湖和格里亚杰茨科耶湖一线掩护北翼；西翼位于格里亚杰茨科耶湖和佩斯诺一线；南翼位于奥列尼察至祖伊（伊利因诺西北方20千米至东北方24千米）的西德维纳河北岸。1941年8月31日晚，集团军主力将在亚米谢（西德维纳以北18千米）和巴尔洛沃（西德维纳以南5千米）到达西德维纳河东岸，以防敌人朝东面和东南面发展。

· **友邻力量**——第22集团军在右侧行动，同该集团军的分界线为科多斯诺湖、亚米谢和维索科耶。

· **辖内诸兵团的任务：**

★步兵第246师（与安托先科上校的支队）——沿谢利亚涅、科里亚基诺、格里亚德齐（托罗佩茨东南方20千米）这条行军路线以强行军开至格里亚杰茨科耶湖以南地域，阻止敌人沿托罗佩茨和涅利多沃公路的进攻，在敌人施加强大压力的情况下，坚守大莫什诺湖、格里亚杰茨科耶湖、佩斯诺湖一线（托罗佩茨以东18千米至东南方25千米），掩护集团军主力沿西德维纳河东岸开抵。师部——克林东北面树林。

★混成师——集团军主力到达前，沿托罗佩茨和涅利多沃公路掩护西德维纳河上的桥梁。将你部防区移交给步兵第243师后，在斯皮里多沃、雷科沃、新波卢季诺地域（安德烈亚波尔以南25—28千米，西德维纳东北偏北方16—18千米）转入集团军预备队，做好沿斯皮里多沃—亚米谢（向西北方）、斯皮里多沃—热列兹诺沃（向西）、斯皮里多沃—霍季诺（向西南方）方向展开行动的准备，同时从祖耶沃至奥斯特罗日科构设一道后方防线。

★步兵第252师（与独立反坦克炮兵第309营）——留下步兵第932团、1个炮兵营和1个工兵连掩护师主力后撤，沿阿纳辛基、列舍特尼诺、沙拉波沃、米赫耶瓦、利特维诺沃、科罗夫尼察、梅利尼察、西德维纳路线向东行进。8月31日晚些时候起，沿西德维纳河占据并坚守霍季诺、巴尔洛沃、希巴列瓦、阿瓦科诺沃地段（西德维纳以北10千米至以南10千米），防止敌人向东发展并沿韦列萨河东岸构设一道后方防线。

★步兵第243师——沿西德维纳河西岸留下1个团，掩护师南翼部队后撤，沿科罗特希、 罗曼诺沃、科诺沃、莫谢耶夫卡、拉廖什科沃、巴尔洛

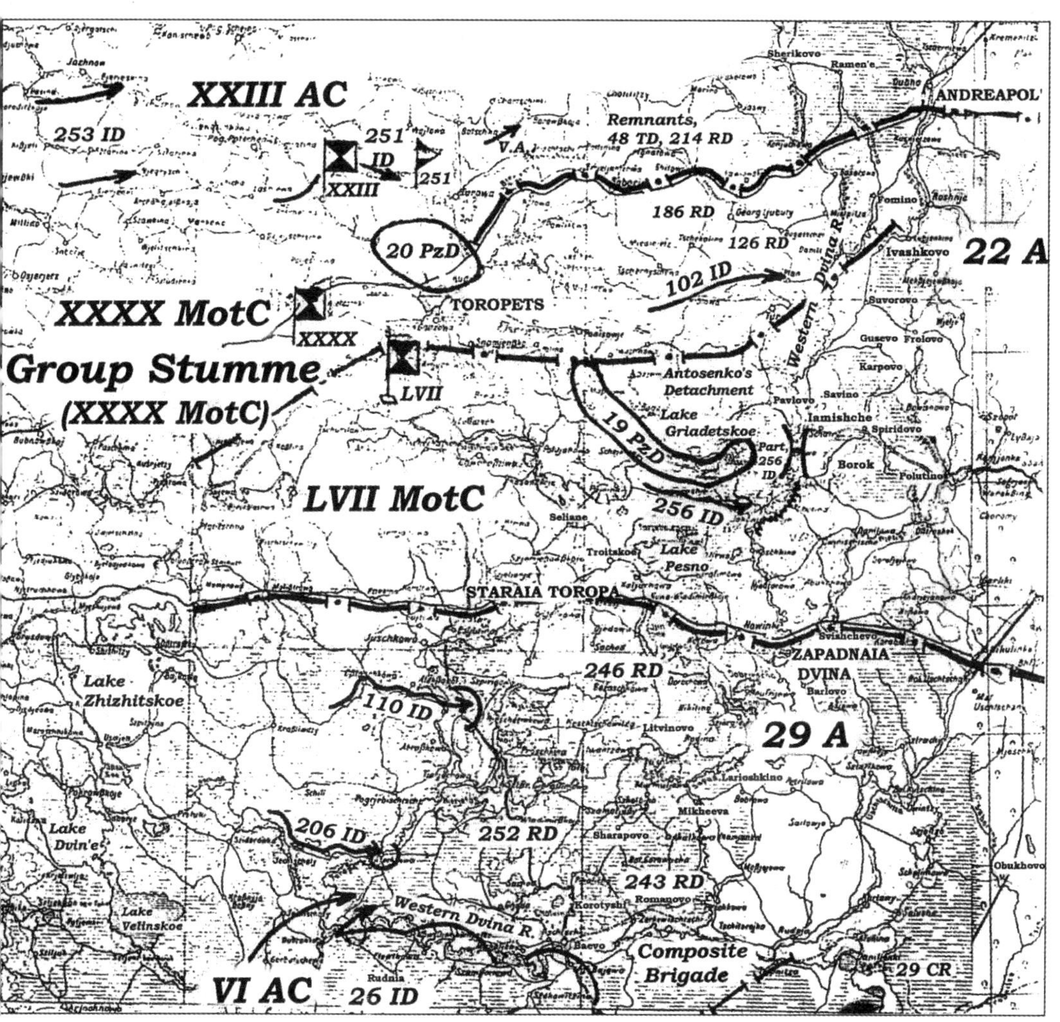

地图 4.9: 施图梅集群的推进，1941 年 8 月 31 日(资料图)

沃、齐巴列尔沃、斯维谢沃、舍梅托沃、博罗克路线向东行进，占据并守卫亚米谢、藻泽尔基、博罗克地段（西德维纳以北10—18千米），防止敌人向东发展。

★骑兵第29团——遂行你部先前受领的任务，在遭遇敌重兵攻击的情况下，后撤并集结于奥布霍沃地域（西德维纳东南方25千米），沿奥布霍沃—别尔基、奥布霍沃—科欣基车站、奥布霍沃—切尔涅亚方向展开积极侦察。

★各掩护部队——沿各师行军路线遂行掩护行动的同时，于8月31日—9月1日夜间后撤，集结在各师长指定的地域。

★炮兵——军属炮兵第644团应沿大戈罗瓦哈、罗曼诺沃、科诺沃、拉廖什科沃、帕波特基纳、科罗布基路线以强行军开至科罗布基地域（西德维纳以东8千米）并占领发射阵地，任务如下：

☆做好9月1日4点开炮射击的准备。

☆阻止敌人逼近安德罗诺沃、莫什尼察、谢米奇诺、特罗菲莫沃。

☆压制敌炮兵。

☆在热列兹诺沃、库季诺沃、西德维纳车站阻止敌人渡过西德维纳河。

★集团军工程兵主任——构设障碍带，右侧从亚米谢至科多斯诺湖，左侧从扎尔基湖至韦林斯科耶湖。在后撤期间利用集团军工程兵部队和各防线兵团的人员和装备炸毁托罗帕河和西德维纳河上的所有铁路桥及其他桥梁。

★混成航空兵第46师——1941年8月31日拂晓时的任务为：

☆在西德维纳、旧托罗帕、日日察车站、奥列尼察、阿纳辛基、沙拉波沃、罗曼诺沃、佩特里洛沃地域，以空中巡逻掩护各部队撤至他们的新防线。

☆沿托罗佩茨—热列佐沃、托罗佩茨—旧托罗帕、普里卢基—阿韦尔科沃、伊利因诺—谢沃斯季亚诺沃公路实施不间断的侦察。

☆立即汇报并歼灭识别出的敌军队列，同时阻止敌人从西北面、西面和西南面逼近西德维纳河。

★第29集团军指挥所——8月31日12点前设在科诺沃（伊利因诺东北方27千米，西德维纳以南20千米）东面树林内；之后设在扎博连科（西德维纳东南偏东方15千米）以西3.5千米的183.1高地。

★报告——提交下述报告:（1）敌主力开始进攻;（2）撤出你部所在地域;（3）你部新防御的准备情况;（4）掩护部队的后撤;（5）掩护部队到达指定地域。[39]

事实证明，施图梅集群从大卢基地域穿过托罗佩茨的壮观推进是一场卓有成效的冒险。例如，施图梅麾下部队报告，截至8月27日日终时，他们共俘获/缴获3.4万名俘虏和400门火炮，随着他们继续向东进击，这个数字还将增加。可是，8月29日攻占托罗佩茨后天气恶化，施图梅集群的后续推进明显放缓，这使支离破碎的苏军部队得以实施抵抗，从而更顺利地向东逃离德军施加的打击。

虽然各条道路几乎都无法通行，接连不断的暴雨导致情况愈加恶劣，但第57摩托化军第20装甲师还是在9月2日到达安德烈亚波尔郊区。南面，克诺贝尔斯多夫第19装甲师和第40摩托化军辖内第102、第256、第110、第206步兵师也于次日在西德维纳北面和南面逼近西德维纳河西岸。此时，几乎整个西德维纳河西岸都已落入德国人手中，第102和第256步兵师分别在安德烈亚波尔以南和西德维纳以北约10千米处夺得河东岸的小型登陆场。（参见地图4.10）

但就在这时，出于几个令人信服的理由，施特劳斯第9集团军叫停施图梅集群的进军。首先，恶化的天气条件给施图梅集群的后勤补给制造了额外压力，特别是在两个装甲师急需的燃料和所有部队都需要的弹药方面。其次，施图梅集群此时到达的位置，已经同中央集团军群余部在南面的战线保持平齐，继续前进会使他的部队超越友邻力量，从而危及两翼的安全。最后一点加剧了这种可能性：北方集团军群第16集团军本应支援并掩护施图梅集群进攻行动的北（左）翼，但他们越来越无法提供这种保护，因为该集团军部分力量被苏军的顽强抵抗牵制在托罗佩茨以北73千米的霍尔姆地域。

就这样，一场战役间歇出现在安德烈亚波尔和西德维纳地域，交战双方在此期间将各自的部队调入更利于防御的阵地，并为获得后续优势而展开争夺。出于这些目的，苏军最高统帅部大本营指示铁木辛哥采取措施，“肃清突入第22集团军防线之敌”，并且提供了2个新锐步兵师，以便尤什克维奇能够完成任务。与此同时，尤什克维奇和马斯连尼科夫分别于9月1日12点和15点30

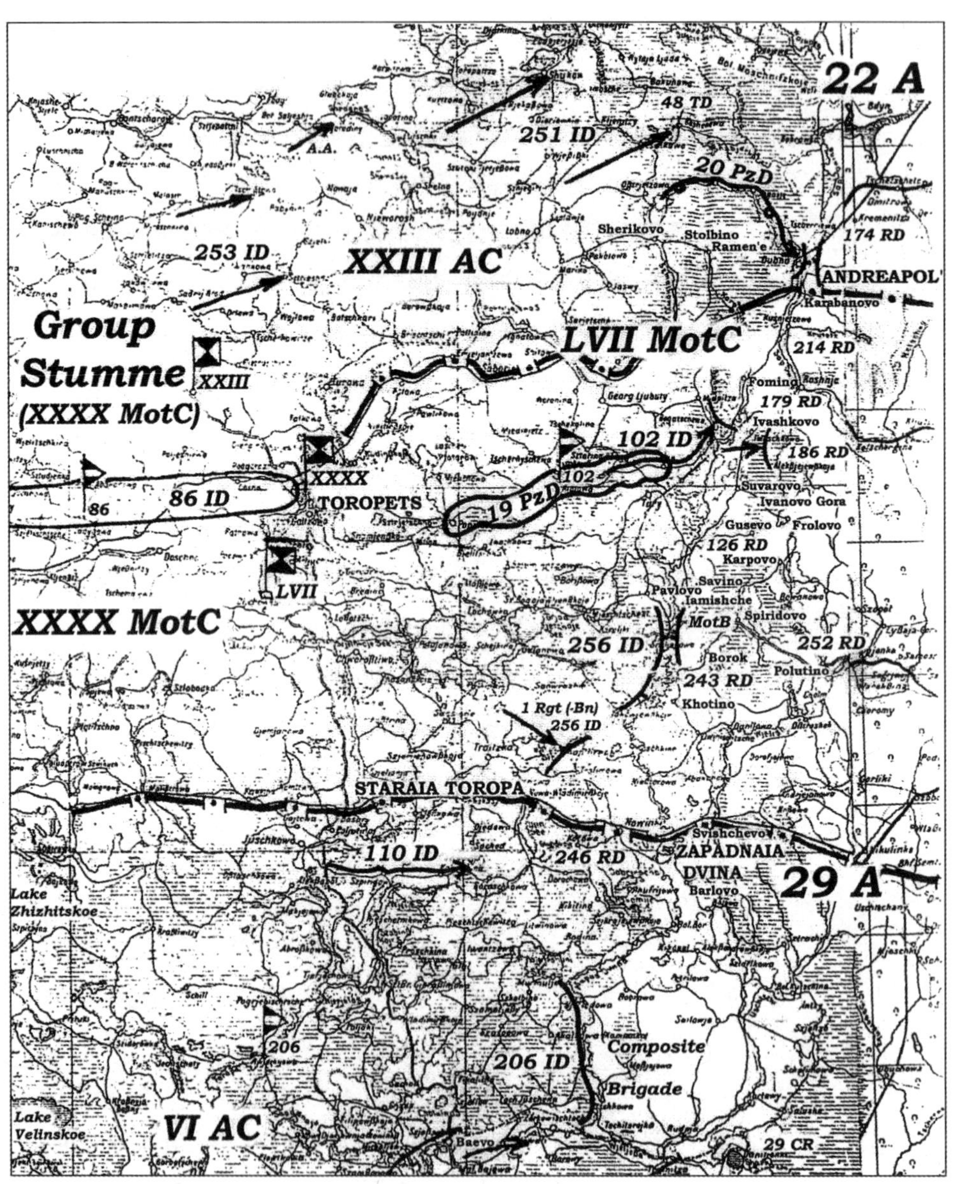

▲ 地图 4.10：施图梅集群的推进，1941 年 9 月 2 日（资料图）

分给第22和第29集团军下达新战斗令。除了给集团军辖内兵团分配具体防御任务外，这些命令还指示两个集团军发起局部进攻以改善己方防御，并特别强调以方面军和统帅部预备队调拨的行进营、行进连和武器装备补充各个师，从而恢复其战斗力。

9月3日—6日，安德烈亚波尔地域爆发短暂战斗，第22集团军对施图梅集群设在安德烈亚波尔以南、西德维纳河东岸的小型登陆场展开冲击。9月7日，该集团军又对安德烈亚波尔西北方的德军阵地遂行攻击。虽说第一场进攻迫使德军第256步兵师将其部队撤至河西岸，但第二场进攻以彻底失败告终。这些短暂的激烈冲突使该地域这段交战期落下帷幕，无独有偶，南面斯摩棱斯克地域的战斗也平息下来。（参见地图4.11）

沿大卢基、托罗佩茨和安德烈亚波尔方向的行动结束时，9月7日或8日，终于回到第22集团军防线的叶尔沙科夫将军准备了一份关于第22集团军8月21日—25日战斗经历的战后报告，将其呈交给铁木辛哥元帅和西方面军军事委员会其他委员。除涉及第22集团军的战斗经历和其遭遇的诸多细节外，报告中还包括叶尔沙科夫对自己作为集团军司令员的表现非常坦率的自我评估：

关于第22集团军1941年8月21日—25日的作战行动

为执行西方面军第17号令，第22集团军1941年8月21日13点发起进攻。这场进攻在步兵第126、第179、第174、第186师作战地段正常发展。当日日终前，各部队取得3—5千米进展。进攻在步兵第214师左翼和步兵第170师作战地段有所延误，后者遭遇敌人强大的筑垒阵地，无法向前推进。

坦克第48师没有任何可用的坦克，因此只能作为一个步兵师从事战斗，在其作战地段展开积极侦察。

刚刚整顿完毕的步兵第98师没有火炮，只有50挺重机枪。该师获得约5000名补充兵，这些新兵8月19日—20日从伏尔加河沿岸军区开至。该师两个团位于步兵第179师后方，担任步兵第29军预备队，任务是发展胜利，第三个团搭乘卡车，在乌希齐国营农场附近担任集团军预备队。

根据相关情报，集团军战线对面之敌是第251、第253、第206、第110步兵师和布鲁宁支队。

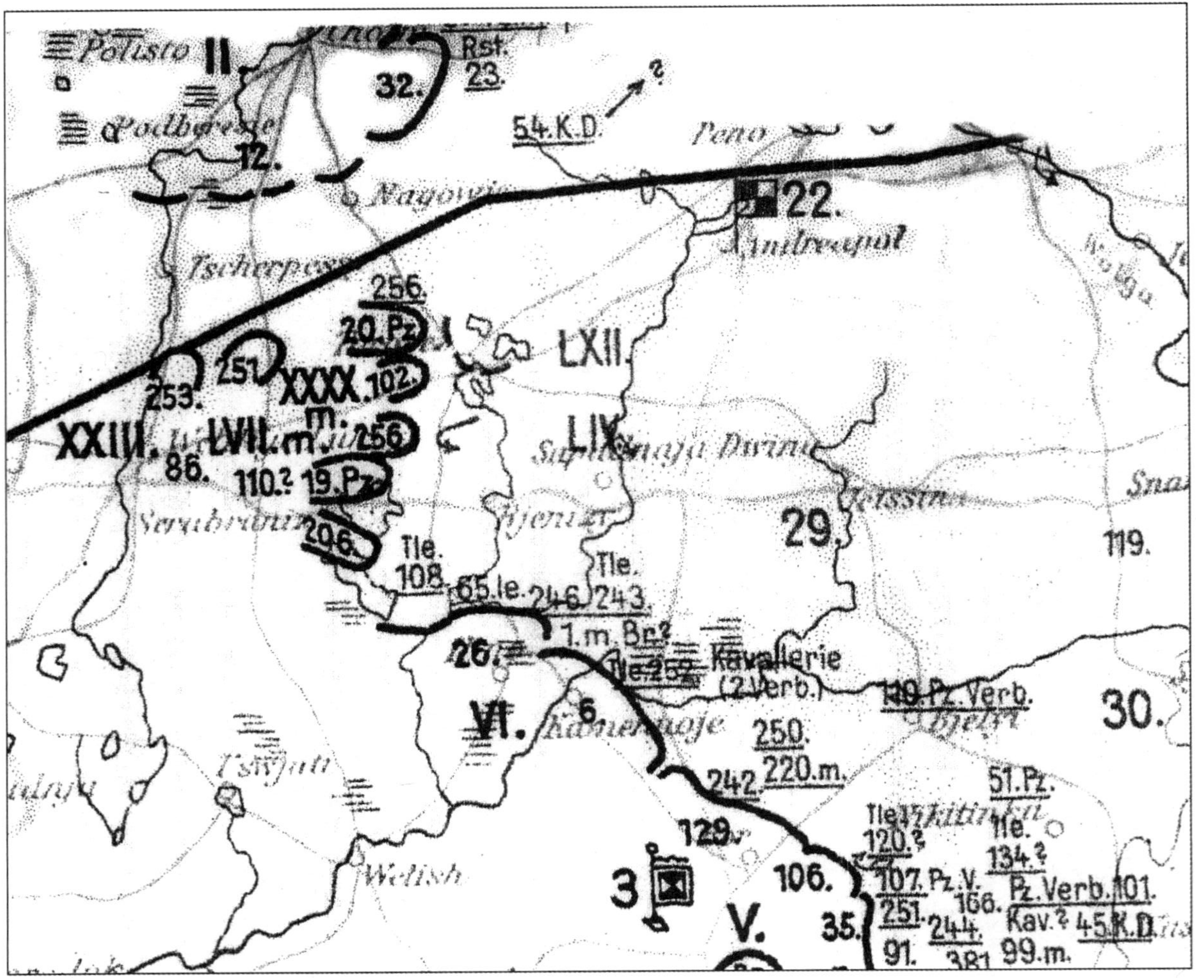

▲ 地图 4.11：中央集团军群左翼的战场态势，1941 年 8 月 28 日（资料图）

1941年8月22日晨，集团军辖内部队继续进攻。上午10点，配有坦克的1个敌步兵团突破前线，攻往步兵第186师作战地段的德列基并迅速向北冲往安尼诺（大卢基东南方32千米）。担任集团军预备队的步兵第98师步兵团14点投入战斗，赶去支援步兵第186师辖内部队。5门反坦克炮被派往阿布利亚普希地域（大卢基东南偏东方28千米），加强库尼亚地域（大卢基以东26千米）的防坦克防御。步兵第112师一个新组建的团也派出2个营，其中一个营赶往弗托里诺沃地域，据守库尼亚接近地，另一个营前往维申卡地域，掩护东北方向。

到14点，敌人似乎正以由步兵和坦克组成的大股力量遂行进攻。步兵第98师另外2个团进入卡缅卡和米亚索沃地域，以便同步兵第62军辖内部队一道向东南方发起一场联合进攻，肃清敌人的突破。两个团当日日终前完成集结。

当晚20点，敌先遣部队攻占乌希察国营农场、日加洛沃国营农场、韦利科波利耶车站（大卢基以东16千米至东南偏东方18千米），其主力当晚进入这些地域。

8月23日，坦克第48和步兵第214师作战地段的情况未发生变化，根据集团军司令员的命令，步兵第126和第179师撤至他们先前占据的阵地。

8月23日—24日夜间，步兵第179师撤出前线（欠1个团），受领的任务是会同步兵第126师歼灭乌希齐国营农场（大卢基东南偏东方18千米）[①]附近的敌集团。步兵第62军的反冲击和步兵第179师的进攻未能取得成功。步兵第179师师长格沃兹杰夫失去对麾下各团的控制，敌坦克将该师师部与辖内各团切断。

敌机对我方部队的战斗队形实施规模庞大、持续不断的打击。

1941年8月24日，步兵第179和第126师辖内部队再次对乌希齐国营农场发起进攻，但面对敌方战机、坦克、迫击炮和步兵施加的强大压力，步兵第179师撤至库尼亚河（大卢基东南偏东方12千米）后方，步兵第126师也未获成功。14点，敌人以坦克对步兵第174师施加强大压力，该师损失惨重，其左翼撤至一道中间防线，但步兵第170师继续顽强坚守其阵地。

16点，空中侦察发现敌坦克和炮兵集结在乌希齐国营农场、日加洛沃国

① 译注：就是乌希察国营农场。

营农场、佩斯基、扎博洛季耶地域（大卢基东南偏东方15—16千米）。16点起，敌扎博洛季耶集团（多达40辆坦克和2个摩托化步兵营）攻往大卢基。8月24日一整天，敌歼击机和轰炸机反复对我方部队施加压力。同步兵第186和第98师失去联系。

集团军司令部为肃清敌人的突破而采取的措施未达到预期效果，主要因为我们没能集中力量形成一只拳头，被派去肃清突破的部队指挥控制不力、通信欠佳，派遣这些部队的兵团本来足以肃清敌人的突破。

到17点，情况已经很明确，我们无法肃清敌人的突破，集团军辖内部队遭包围，补给线自8月22日便被切断，炮弹仅剩四分之一个基数。以152毫米火炮为例，每门火炮只有2—7发炮弹，燃料和食物即将耗尽，所有部队的战斗队形都暴露在敌炮火下。

8月23日夜间从一名阵亡的敌军官身上缴获的命令清楚地表明，敌人正以2个军（第57装甲军和第40军）攻往德维尼耶湖和日日茨科耶湖以西，任务是歼灭我大卢基集团。考虑到所有的困难情况，集团军司令员更改退往东北方的初步计划，决定组织一场后撤，从包围圈退往北面，方向为大、小乌斯维亚特（大卢基东北方30千米）。

突围期间的战斗队形组织如下：步兵第126和坦克第48师担任第一突围梯队，步兵第179和第214师残部担任第二梯队，步兵第62军辖内部队位于他们后方，最后是紧随其后的步兵第170师，任务是掩护后撤部队的后方。

突围期间，步兵第126师奉命留在乌希齐国营农场担任掩护力量并封锁扎博洛季耶，坦克第48师和步兵第366团将沿奥韦奇基诺和伊万采沃一线（大卢基东北偏东方7—25千米）留下掩护力量。

各部队1941年8月24日22点动身出发。

夜间，敌第19装甲师辖内部队沿扎博洛季耶至大卢基的公路推进，一个团接一个团。敌人占领了通往乌希察国营农场的公路与大卢基至韦利科波利耶车站的铁路线之间的居民点和高地。步兵第214、第126师的装备（火炮和汽车）和军后勤部队在步兵第214师主要进攻方向的道路上延伸，8月25日晨跟随突围部队向前推进。第48、第179、第170、第174师的装备跟在各个师身后展开行动。

突围期间，火炮和运输车辆遭到敌飞机、火炮、迫击炮和坦克施加的巨大压力，结果，大批火炮和车辆在突围过程中被击毁，各部队也被部分歼灭。

指挥控制问题

从第22集团军8月21日发起进攻伊始，集团军司令部作战指挥组和军事委员会便动身离开，赶往一个新指挥所（罗曼诺沃西面的树林，库尼亚西北偏西方7千米），以便更靠近各部队指挥员。但8月22日日终前，该指挥所遭到敌机和逼近的坦克两次射击，因而提出搬迁指挥所的问题。军事委员会决定迁往步兵第29军指挥所，在那里可以更顺利地指挥大多数师的战斗。

8月23日夜间，我们到达步兵第29军指挥所，但他们的通信所亦遭到攻击，因此，我们不得不迁往设在米哈利基地域（大卢基东南偏东方11千米）的另一个指挥所。在米哈利基，我们使用步兵第29军的通信设施（有线通信和电台）。集团军的电台没能运抵新指挥所，显然是在途中被敌人击毁了。8月22日、23日和24日，我们的通信依靠电话、电台和步兵第61、第51、第29军的联络员进行。8月23日后，我们同步兵第98和第186师失去联系。

发起突围前，集团军司令部的指挥员们被派至各部队，以便进行通信联络及检查突围准备令的执行情况。各军军长和步兵第126、第214师师长被召至军事委员会，除分配任务外，还给他们下达了关于组织并实施突围行动的具体指示。

各部队发起突围时，集团军军事委员会、集团军司令部剩余人员、步兵第29军军部跟在步兵第214师各步兵团身后步行前进。8月25日夜间，在新谢利耶以东地域渡过一条河流时，集团军司令部和军部的一群人员及一些红军战士，同前方步兵团失去联系。结果，他们无法跟上这个或其他步兵团；遭到敌人炮火和机枪火力打击后，他们的行动放缓，直到天亮后才找到己方步兵团。

步兵部队位于前方很远处，他们穿越的通道当日晨被敌人再次封闭。结果，军事委员会、参谋长、司令部指挥人员和100名红军士兵被迫独自突破敌人的封锁线并设法沿后撤部队的主要突围方向前进。8月25日2点后，我们失去对部队的指挥控制。

军事委员会和546名士兵组成的一个支队，9月5日在波利亚内地域（安德烈亚波尔以北35千米）的步兵第133师作战地段突出包围圈。

人员损失

战斗开始前——8月20日，部署在前线的各部队共计71613人，据不完整数据统计，截至9月7日，逃离包围圈的人员共计20025人。扣除8月21日至27日的7271名伤员，44317人未能归队，这个数字中包括阵亡者。

撤离包围圈的行动目前仍在继续，许多群体和个人尚在敌人后方战斗，正设法突出包围圈归队。

物资损失

根据9月1日的消息，带出18091支步枪，损失42226支步枪。自9月1日起，携带武器逃出包围圈的士兵继续到达。他们带出125支冲锋枪，遗弃367支；带出39挺轻机枪，丢弃486挺；带出25挺重机枪，损失354挺；带出30门各种口径的迫击炮，丢弃261门；撤出39门各种口径的火炮，丢失264门。

汽车——8月20日，各部队有1273辆汽车，截至9月3日，撤出370辆。

损失的武器数量，包括8月21日—22日进攻战斗中损失的武器装备。

总结

1.第22集团军作战指挥组，以指挥员叶尔沙科夫同志和军事委员会委员列昂诺夫同志为代表，低估了左翼的危险。事实证明，西方面军司令员铁木辛哥元帅下达命令后，集团军采取的措施不力（1个步兵团和1个由250名士兵组成的歼击支队在左翼担任预备队）。他们没能及时发现左翼对面的敌坦克集群，因而未采取额外措施加强防坦克防御。

2.敌人发起进攻后，集团军司令部没能彻底弄清突破前线的敌军部队的编组情况，事实证明，被派去肃清突破之敌的步兵第98师并不足以消灭敌人。如果我们命令步兵第98师沿库尼亚河和乌希齐国营农场以东高地占据出发阵地并在8月23日12点前将步兵第179师前调到这一线，然后以这两股兵力发起肃清突破之敌的行动，应该能取得更好的效果。

3.携带物资装备的突围队列组织欠佳——所有装备主要集中在步兵第214师身后的一条道路上。另外，向前突破的步兵显然忘记了他们的技术装备。

4.突围期间的指挥控制组织得不好，个别指挥员对情况的估计有误。事实证明，联络员并不适合应对当时的情况。

5.我们认为集团军最严重的错误是让司令部与辖内部队之间出现了缺口，导致部队在战斗最关键的时刻失去指挥控制。

6.部队抗击敌坦克的训练不足，许多部队尚未消除“坦克恐惧症”，这是步兵第186师混乱后撤的主要原因之一。

第22集团军司令员叶尔沙科夫中将

第22集团军军事委员会委员，军级政委列昂诺夫[40]

叶尔沙科夫和他的政委列昂诺夫为第22集团军遭遇的灾难感到自责，这是这一时期苏军高级指挥员的特点之一。虽说这种自责是合适和准确的，但其他一些因素也是导致灾难发生的原因。例如，红军指战员训练状况不佳，从班级到师级完全缺乏可靠的小股部队训练，武器装备严重短缺——特别是团级、师级、集团军级的反坦克炮和野炮，等等。就连斯大林也没有为此责备他的战地指挥员。由于缺乏合格的指挥人员，叶尔沙科夫刚刚返回红军防线，斯大林便任命他为西方面军第20集团军司令员。不到四周，叶尔沙科夫的新集团军再度陷入重围，这次是在亚尔采沃南面恶名昭著的维亚济马包围圈——这位集团军司令员被德军俘虏。[41]

9月7日，希特勒插手干预，下令停止一切后续推进，施图梅集群正式结束了这场胜利的行动。待左翼得到保障后，按照希特勒的命令，中央集团军群撤销施图梅集群，陆军总司令部将整个孔岑第57摩托化军交给莱布北方集团军群，以便该军加入期待已久的推进，向东穿过瓦尔代丘陵。博克对将自己的装甲力量分散到集团军群右翼①的森林地区感到不快，因为此举延误了他朝莫斯

① 译注：左翼。

科的进军。但同时他也对北翼的行动结果感到满意，因为他的集团军群借此获得了继续攻往莫斯科的有利位置，尽管恢复这场进攻要到晚些时候。

虽然德军对大卢基和托罗佩茨的进攻给铁木辛哥西方面军最右翼造成严重破坏，但希特勒坚持沿一条宽大战线遂行进攻行动，削弱了德军集结在莫斯科方向的力量，必然给进攻莫斯科的行动造成延误。可是，由于这种模式与“巴巴罗萨计划”的最初理念相一致，再加上古德里安和魏克斯的南进十分顺利，希特勒对造成的延误并不在意。相反，他坚信这些成功的侧翼进攻为中央集团军群顺利攻占莫斯科创造了有利条件，首先是困住了大批红军部队，其次是为集团军群不断拉伸的侧翼消除了一切威胁。

归根结底，从中央集团军群的立场看，施图梅集群这场进攻最有益的方面显然是给铁木辛哥即将发起的全面反攻造成了不利影响。虽然深感沮丧的集团军群司令博克当时并未意识到这一点，但施图梅集群的反突击在两个基本方面给苏联大本营沿西（莫斯科）方向的战略防御造成了负面影响。首先，施图梅集群持续不停地推进重创了叶尔沙科夫第22集团军，迫使马斯连尼科夫第29集团军停止进攻并向后退却，并且抽调兵力沿托罗佩茨和安德烈亚波尔方向阻挡向前涌动的德军进攻大潮，这就拖了铁木辛哥反攻的后腿。此举有效消除了铁木辛哥计划投入反攻的五个突击群中的两个。另外，施图梅集群的行动还严重削弱了指定在西方面军反攻中担任先锋的另外几个突击群，即第30和第19集团军，铁木辛哥被迫从这些集团军和准备参加反攻的方面军预备队抽调兵力遏止施图梅的推进，以免他给西方面军造成更大破坏。

其次，施图梅集群重创第22集团军，迫使第29集团军将兵力分散到一条更宽的战线上，并且消耗了铁木辛哥的大部分战略预备队，加上西方面军在反攻中遭受到严重损失，中央集团军群9月底发起代号为“台风行动”的进攻时，科涅夫指挥的西方面军，实力远远弱于几周前，因而无法抵挡德军的推进。

从苏联最高统帅部大本营的角度看，施图梅集群的反突击的确表明铁木辛哥西方面军遭受了一场严重挫败。可是，与古德里安和魏克斯麾下部队给叶廖缅科布良斯克方面军造成的破坏相比，施图梅集群带来的伤害显得苍白无力。因此，大卢基和托罗佩茨地域的失败只是加强了斯大林、大本营和铁木辛哥的信念：沿西方向阻挡德军的唯一办法是对博克中央集团军群实施一场猛烈打击。以往的经历证明，这场打击的最佳地点是博克集团军群的最薄弱处，即第9集团军虚弱的“东线”和第4集团军脆弱的叶利尼亚突出部。

简言之，1941年8月31日和9月1日，苏军最高统帅部刻意沿西（莫斯科）方向展开一场大规模战略豪赌，将该地域的所有部队投入一场全面反攻。大本营非常清楚，倘若无法遏止古德里安的军队，必然会出现一场严重挫败，因此将剩下的筹码悉数押在了铁木辛哥西方面军、朱可夫预备队方面军和叶廖缅科布良斯克方面军协同一致的进攻上。

注释

1. 海因茨·古德里安，《一个军人的回忆》，第185页。

2. 第13集团军的每日命令和报告，可参阅《伟大卫国战争作战文件集》第43、第45期，第300—320页。戈卢别夫第13集团军命令步兵第283师于8月25日—26日夜间接替步兵第143师，但不清楚这场换防是否及时进行。第13集团军还把尼古拉·彼得罗维奇·亚库宁上校的骑兵第52师派至该地域，莫德尔第3装甲师次日遭遇该师的坦克。

3. 同上，第304页。

4. 保罗·卡雷尔，《东进》，美茵河畔法兰克福：乌尔斯泰因出版社，1966年，第115页。

5. 《第2装甲集群作战日志》。

6. 《第13集团军司令员1941年8月29日呈交布良斯克方面军司令员的战斗报告：关于集团军辖内部队的位置和将他们撤至杰斯纳河东岸的必要性》（Boevoe donesenie komanduiushchego voiskami 13-i Armii komanduiushchemu voiskami Brianskogo Fronta ot 29 avgusta 1941 g. o polozhenii voisk armii i neobkhodimosti otvoda ikh na vostochnyi bereg r. Desna），收录于《伟大卫国战争作战文件集》第43期，莫斯科：军事出版局，1960年，第303—304页。

7. 同上，第304页。

8. 《第2装甲集群作战日志》；海因茨·古德里安，《一个军人的回忆》，第186—188页。

9. 第2装甲集群作战日志。

10. 《布良斯克方面军司令部1941年8月25日20点提交的第014号作战摘要：关于方面军辖内部队的作战行动》（Operativnaia svodka shtaba Brianskogo Fronta No. 014 k 20 chasam 25 avgusta 1941 g. o boevykh deistviiakh voisk fronta），收录于《伟大卫国战争作战文件集》第43期，第43—44页。

11. 《第50集团军司令员1941年8月26日下达的第08号战斗令：关于集团军战斗编成的变化和相关部队的任务及分界线》（Boevoi prikaz komanduiushchego voiskami 50-i Armii No. 08 ot 26 avgusta 1941 g. o zadachakh i razgranichitel’nykh liniiakh voisk armii v sviazi s izmeneniem v ee boevom sostave），收录于《伟大卫国战争作战文件集》第43期，第359页。

12. 《最高统帅部大本营下达给布良斯克方面军司令员的第001296号训令：关于歼灭斯塔罗杜布地域之地》（Direktiva Stavki VGK No. 001296 komanduiushchemu voiskami Brianskogo Fronta o razgrome protivnika v raoine Starodubа），收录于V.A.佐洛塔廖夫主编，《最高统帅部大本营：1941年的文献资料》，第138页。

13. 《西南方向总指挥部司令员发给最高统帅的报告：关于澄清布良斯克方面军和西南方面军防御地幅的必要性》（Doklad Glavnokomanduiushchego voiskami Iugo-Zapadnogo Napravleniia No. 205 Verkhovnomu Glavnokomanduiushchemu predlozhenii o neobkhodimosti utochneniia polos oborony Brianskogo i Iugo-Zapadnogo frontov），收录于V.A.佐洛塔廖夫主编，《最高统帅部大本营：1941年的文献资料》，第367—368页。

14. 《第13集团军司令员1941年8月26日下达的第061号战斗令：关于夺回斯塔罗杜布》（Boevoi prikaz komanduiushchego voiskami 13-i Armii No. 061 ot 26 avgusta 1941 g. na ovladenie

Starodub），收录于《伟大卫国战争作战文件集》第43期，第301—302页。

15.《最高统帅与布良斯克方面军司令员通过专线电话交谈的记录》（Zapis' peregovorov po priamomu provodu Verkhovnogo Glavnokomanduiushchego s komanduiushchim voiskami Brianskogo fronta），收录于V.A.佐洛塔廖夫主编，《最高统帅部大本营：1941年的文献资料》，第143—144页。这番交谈持续了10分钟。

16.《最高统帅部大本营发给红空军司令员、航空兵第1集群、布良斯克方面军司令员的第001325号训令：关于航空兵第1集群的暂时性转隶》（Direktiva Stavki VGK No. 001325 komanduiushchemu VVS Krasnoi Armii, 1-i Rezervnoi Aviagruppoi, voiskami Brianskogo fronta o vremennom perepodchinenii 1-i Rezervnoi Aviagruppy），收录于V.A.佐洛塔廖夫主编，《最高统帅部大本营：1941年的文献资料》，第181—182页。

17.《布良斯克方面军司令部1941年8月27日提交的第017号作战摘要：关于方面军辖内部队的作战行动》（Operativnaia svodka shtaba Brianskogo Fronta No. 017 k 6 chasam 27 avgusta 1941 g. o boevykh deistviiakh voisk fronta），收录于《伟大卫国战争作战文件集》第43期，第43、第46页。

18.《第21集团军司令部1941年8月27日发给布良斯克方面军司令部的第031号战斗报告：关于集团军辖内部队的情况》（Boevoe donesenie shtaba 21-i Armii No. 031 ot 27 avgusta 1941 g. shtabu Brianskogo Fronta o polozhenii voisk armii），收录于《伟大卫国战争作战文件集》第43期，第339—340页。

19.《最高统帅部大本营发给西南方向总指挥部司令员的第001355号训令：关于掩护斯塔罗杜布和绍斯特卡方向》（Direktiva Stavki VGK No. 001355 Glavnokomanduiushchemu voiskami Iugo-Zapadnogo Napravleniia o prikritii napravleniia Starodub, Shostka），收录于V.A.佐洛塔廖夫主编，《最高统帅部大本营：1941年的文献资料》，第145页。

20.《第21集团军司令员呈交布良斯克方面军司令员的第2107号报告：关于态势和防止集团军陷入合围的措施》（Doklad komanduiushchego 21-i Armiei No. 2107 komanduiushchemu voiskami Brianskogo fronta ob obstanovke i merakh po nedopushcheniiu okruzheniia armii），收录于《伟大卫国战争作战文件集》第43期，第368页。

21.《布良斯克方面军司令部1941年8月28日发给第21集团军司令员的第041号战斗令：关于攻往斯塔罗杜布》（Boevoi rasporiazhenie shtaba Brianskogo Fronta No. 041 ot 28 avgusta 1941 g. komanduiushchemu voiskami 21-i Armii na nastuplenie v napravlenii Starodub），收录于《伟大卫国战争作战文件集》第43期，第47页。

22.《最高统帅部大本营发给第21集团军司令员的第001374号训令：关于肃清敌人在戈罗德尼亚地域的突破》（Direktiva Stavki VGK No. 001374 komanduiushchemu 21-i Armiei o merakh po likvidatsii proryva protivnika v raione Gorodin），收录于V.A.佐洛塔廖夫主编，《最高统帅部大本营：1941年的文献资料》，第145页。

23.《西南方面军司令员1941年8月28日下达的第00322号作战指令：关于沿第聂伯河防御》（Operativnaia direktiva komanduiushchego voiskami Iugo-Zapadnogo Fronta No. 00322 ot 28 avgusta 1941 g. na oboronu po r. Dnepr），收录于《伟大卫国战争作战文件集》第40期，莫斯科：军事出版局，1960年，第133页。

24.《西南方面军司令部1941年8月28日22点提交的第00117号作战摘要：关于方面军辖内部队的作战行动》（Operativnaia svodka shtaba Iugo-Zapadnogo Fronta No. 00117 k 22 chasam 28 avgusta 1941 g. o boevykh deistviiakh voisk fronta），收录于《伟大卫国战争作战文件集》第40期，第135页。

25.《西南方面军司令部1941年8月29日22点提交的第00119号作战摘要，关于方面军辖内部队在基辅东北方的作战行动》（Operativnaia svodka shtaba Iugo-Zapadnogo Fronta No. 00119 k 22 chasam 29 avgusta 1941 g. o boevykh deistviiakh voisk fronta severo—vostochnee Kieva），收录于《伟大卫国战争作战文件集》第40期，第138—139页。

26.《布良斯克方面军司令部1941年8月28日18点提交的第020号作战摘要：关于方面军辖内部队的作战行动》（Operativnaia svodka shtaba Brianskogo Fronta No. 020 k 18 chasam 28 avgusta 1941 g. o boevykh deistviiakh voisk fronta），收录于《伟大卫国战争作战文件集》第43期，第47—48页。

27.《最高统帅部发给布良斯克、预备队方面军司令员的第0077号训令：关于展开一场空中行动，歼灭敌坦克集团》（Prikaz Verkhovnogo Glavnokomanduiushchego No. 0077 komanduiushchim voiskami Brianskogo I Rezervnogo Frontov o provedenii vozdushnoi operatsii po razgromu tankovoi gruppirovki protivnika），收录于V.A.佐洛塔廖夫主编，《最高统帅部大本营：1941年的文献资料》，第146页。

28.《布良斯克方面军司令部1941年8月28日发给骑兵第4师和坦克第141旅的战斗令》（Boevye rasporiazheniia shtaba Brianskogo Fronta ot 28 avgusta 1941 g. komandiram 4-i Kavaleriiskoi Divizii i 141-i Tankovoi Brigady），收录于《伟大卫国战争作战文件集》第43期，第49页。

29.《最高统帅部大本营1941年8月25日下达给西方面军司令员的第001254号训令：关于发展进攻，歼灭敌斯摩棱斯克集团》（Direktiva Stavki Verkhovnogo Glavnokomandovaniia voiskam Zapadnogo fronta No. 001254 ot 25 avgusta 1941 g. o razvitii nastupatel’noi operatsii s tsel’iu razgroma Smolenskoi gruppirovki protivnika），收录于《伟大卫国战争作战文件集》第41期，莫斯科：军事出版局，1960年，第7—8页。

30.《西方面军辖内部队1941年8月25日的进攻计划，关于歼灭敌斯摩棱斯克集团》（Plan nastupatel’noi operatsii voisk Zapadnogo fronta ot 25 avgusta 1941 g. po razgromu Smolenskoi gruppirovki protivnika），收录于《伟大卫国战争作战文件集》第41期，第74—76页。

31.《最高统帅部大本营发给预备队方面军司令员的第001253号训令：关于准备发起行动，歼灭敌叶利尼亚集团》（Direktiva Stavki VGK No. 001253 komanduiushchemu voiskami Rezervnogo fronta o podgotovke operatsii po razgromu El’eninskoi gruppirovki protivnika），收录于V.A.佐洛塔廖夫主编，《最高统帅部大本营：1941年的文献资料》，第136—137页。

32.《最高统帅部大本营发给布良斯克和中央方面军司令员的第001255号训令：关于撤销中央方面军》（Direktiva Stavki VGK No. 001255 komanduiushchim voiskami Brianskogo i Tsentral’nogo frontov ob uprazdnenii Tsentral’nogo fronta），收录于V.A.佐洛塔廖夫主编，《最高统帅部大本营：1941年的文献资料》，第134—135页。

33. 费多尔·冯·博克，《陆军元帅费多尔·冯·博克：战时日记，1939年—1945年》，宾夕法尼亚州阿特格伦：希弗军事历史出版社，1996年，第292—293页。

34.《第22集团军司令员1941年8月28日下达的第21号战斗令：关于波多利纳、戈尔卡、旧托罗帕一线的防御》（Chastnyi boevoi prikaz komanduiushchego voiskami 22-i Armii No. 21 ot 28 avgusta 1941 g. na oboronu rubezha Podolina, Gorka, Staraia Toropa），收录于《伟大卫国战争作战文件集》第41期，第250页。

35.《西方面军参谋长呈交红军总参谋长的报告：关于第22集团军辖内部队截至1941年8月28日日终时的情况》（Doklad nachal'nika shtaba Zapadnogo fronta ot 28 avgusta 1941 g. nachal'niku General'nogo Shtaba o polozhenii voisk 22-i Armii k iskhodu 28 avgusta 1941 g.），收录于《伟大卫国战争作战文件集》第41期，第93页。

36.《第22集团军司令员1941年8月30日下达给中央地带指挥员的第23号战斗令：关于前出到亚瑟湖、库金斯科耶湖、索洛缅诺耶湖之间地峡，准备发起进攻，重新夺回托罗佩茨》（Chastnyi boevoi prikaz komanduiushchego voiskami 22-i Armii No. 23 ot 30 avgusta 1941 g. komandiru tsentral'nogo uchastka na vydvizhenie voisk na rubezh peresheika mezhdu Ozerami lassy, Solomennoe, Kudinskoe s tsel'iu podgotovki nastupleniia dlia ovladeniia gor. Toropets），收录于《伟大卫国战争作战文件集》第41期，第251页。

37.《西方面军军事委员会1941年8月30日呈交最高统帅的报告：关于第22集团军防线的情况》（Doklad voennogo soveta Zapadnogo fronta ot 30 avgusta 1941 g. Verkhovnomu Glavnokomanduiushchemu o polozhenii na fronte 22-i Armii），收录于《伟大卫国战争作战文件集》第41期，第99—100页。

38.《西方面军军事委员会1941年8月30日呈交最高统帅的报告：关于第22集团军辖内部队弃守托罗佩茨，以及第29集团军右翼兵团撤至西德维纳河后方》（Doklad voennogo soveta Zapadnogo fronta ot 30 avgusta 1941 g. Verkhovnomu Glavnokomanduiushchemu o ostavlenii voiskami 22-i Armii gor. Toropets i o reshenii otvesti pravoflangovye soedineniia 29-i Armii za r. Zapadnaia Dvina），收录于《伟大卫国战争作战文件集》第41期，第99—100页。

39.《第29集团军司令员1941年8月31日下达的第14号战斗令：关于加强沿勒热夫方向的防御》（Boevoi prikaz komanduiushchego voiskami 29-i Armii No. 14 ot 31 avgusta 1941 g. ob usilenii oborony na Rzhevskom napravlenii），收录于《伟大卫国战争作战文件集》第41期，第274—275页。

40.《第22集团军军事委员会呈交西方面军军事委员会的报告：关于集团军1941年8月21日—25日沿大卢基和托罗佩茨方向实施的作战行动》（Dokladnaia zapiska Voennogo Soveta 22-i Armii Voennomu Sovetu Zapadnaia fronta o boevykh deistviiakh armii na Velikolukskom i Toropetskom napravleniakh s 21 po 25 avgusta 1941 g.），收录于《伟大卫国战争作战文件集》第41期，第241—244页。

41. 在哈默尔堡的战俘营待了一年后，叶尔沙科夫死于心脏病发作，具体日期不详。参见A.A.马斯洛夫，《被俘的苏军将领：苏军将领被德国人俘虏后的命运》，伦敦：弗兰克·卡斯出版社，2001年，第17—18页和第35页。

第五章 苏军的第三场反攻：西方面军的杜霍夫希纳进攻战役，初期行动和第一阶段，1941年8月25日—31日

如前所述，铁木辛哥的杜霍夫希纳反攻发起时，德军对西方向总指挥部北翼和南翼的打击破坏了他的进攻方案。例如，施特劳斯第9集团军和孔岑第57摩托化军沿大卢基方向的推进，一举打垮叶尔沙科夫第22集团军和马斯连尼科夫第29集团军右翼的防御，导致西方面军的反攻难以按计划进行。德军这场进攻最直接的影响是迫使马斯连尼科夫放弃对德军设在韦利日东北方、西德维纳河东面的伊利因诺支撑点的突击。结果，马斯连尼科夫8月26日把进攻伊利因诺的步兵第243和第246师北调，在西德维纳沿西德维纳河构设防御，阻挡施特劳斯的推进。截至9月1日，施特劳斯的成功进击已迫使马斯连尼科夫整个第29集团军在西方面军右翼的西德维纳地段沿西德维纳河转入防御。

初期行动，8月25日—27日

尽管如此，斯大林、大本营和铁木辛哥仍坚信他们的诸集团军能够打垮中央集团军群设在斯摩棱斯克东面的防御。因此，他们继续实施进攻准备。按照铁木辛哥的计划，第30和第19集团军将对博克所谓的“东线”中央地段重新发起进攻，从而拉开战役第一阶段的序幕。（参见地图4.6）

8月25日

前一天已从铁木辛哥处收到新行动预先通知的第30集团军司令员霍缅科，8月25日1点45分给他的下属们发出一道预先号令，其内容很好地说明了战役发起的过程：

·**敌人的情况**——敌人继续实施顽强抵抗，同时将最后的预备力量投入战斗，企图坚守其既占阵地。

·**友邻力量**——和原先一样（第19集团军在左侧，第29集团军在右侧）。

·**第30集团军的任务**——继续完成8月25日第044号令[①]赋予的任务，步兵第162师在1个步兵团和1个摩托化步兵团的加强下遂行主要突击，14点攻往舍列佩和230.3高地（杜霍夫希纳东北偏北方38千米）。

·**辖内各兵团的任务：**

★步兵第242师——据守旧莫罗霍沃和新莫罗霍沃地段，掩护集团军突击群之右翼并在左翼攻往丘尔基诺和科斯季诺。

★步兵第250师（欠第922团）——夺取215.2高地，尔后攻往229.6高地。

★步兵第162师（与步兵第250师第922团和摩托化步兵第237团）——攻往伊夫基诺和扎列奇耶，夺取小福缅基和伊夫基诺（杜霍夫希纳东北偏北方36千米），尔后朝扎列奇耶发展胜利，阻止敌人撤往西南方。

★步兵第251师——8月25日6点以1个团接替坦克第107师摩托化步兵第120团，掩护集团军突击群左翼，在右翼做好发展步兵第162师的胜利，攻往欣基、克列切茨、博里西科瓦的准备。

★坦克第107师——摩托化步兵第120团和坦克第143团获得接替后，集结在巴拉诺沃以西树林内，整顿部队并维修养护你们的装备。

★炮兵——6点做好准备，任务如下：

☆1941年8月25日拂晓后继续摧毁所有已确定的目标。

☆13点50分至14点，对敌人设在洛辛耶亚梅、舍列佩、228.9高地、舍列

① 译注：原文如此。

佩以东1.5千米树林西北边缘、旧谢洛南面300米树林北部边缘的发射阵地实施强有力的火力急袭。

☆压制敌人部署在科斯季诺、伊夫基诺、沙尼诺农场地域的炮兵和迫击炮兵部队。

★指挥所——仍设在原先地点。[1]

霍缅科签发作战命令后，又于13点10分下达重组令：

·**敌人的情况**——未发生变化。

·**辖内各兵团的任务：**

★步兵第134师——据守乌斯季耶、索波季、别雷、格林措瓦、波利亚诺瓦、利亚普基诺、霍季诺、别列佐夫卡、莫罗佐沃、莫什基一线，以防敌人突向别雷，你部应：

☆8月26日4点前以1个团接替步兵第250师步兵第918团。

☆8月27日5点前将主力集结在别雷西南方预有准备的防御阵地。

☆8月28日6点前沿乌斯季耶和索波季一线接替集团军侦察支队。

★步兵第250师步兵第918团——获得步兵第134师接替后，于8月27日5点前集结在日德基地域，做好同师主力一道展开行动的准备。

★混成侦察支队（直属第30集团军司令部）——获得步兵第134师接替后解散，人员和装备返回各自原先的部队。[2]

除第30集团军在别雷与杜霍夫希纳中间继续遂行突击外，多瓦托尔将军编有骑兵第50和第53师的骑兵集群将为霍缅科的进攻提供支援，对别雷—杜霍夫希纳公路以西的敌后方发起袭击，骚扰德军指挥部，切断敌人的通信，破坏德军补给线并摧毁杜霍夫希纳与杰米多夫之间的德军补给仓库。该骑兵集群8月中旬集结在扎尔科夫斯基（Zharkovskii）以东10—20千米的沼泽和森林地域，远远位于第30集团军右翼后方，多瓦托尔用一个多星期时间反复寻找德军防御的薄弱处，以便他的骑兵力量通行穿越。8月23日，他终于获得成功，3000名战斗骑兵和1000名辅助人员组成的骑兵力量携带30挺重机枪，在切尔内鲁切（Chernyi Ruchei）的别雷—杜霍夫希纳公路以西17—20千米的乌斯季耶附近突破德国第5军第129步兵师的防御。在这场短暂而又激烈的战斗中，多瓦托尔声称他的骑兵粉碎德军第129步兵师第430团部署在乌斯季耶以西6千米，波德维亚济耶（Podviaz’e）附近的第9营。有趣的是，虽然苏方记录未置一词，但德国第9集团军指出，苏军8月22日—23日夜间在杜霍夫希纳西北偏北方15千米的布拉克利齐（Braklitsy）附近实施空投。据报，这场空投由80—100人实施，可能是为多瓦托尔集群运送补给，并将德国人的注意力从该集群主力的行动上转移开。（参见地图5.1）

突破德军防御后，多瓦托尔的骑兵朝西南方疾驰，穿过图尔纳耶瓦（Turnaeva），进入杜霍夫希纳西北方25—35千米，杰米多夫东北偏东方45—55千米的热莫霍瓦（Zhemokhova）、雷布舍瓦（Rybsheva）、扎博里耶（Zabor’e）地域。在这些地方，多瓦托尔的骑兵分成一个个独立集群展开行动，给德国第9集团军第5军后方地域造成破坏。第3装甲集群部署在多瓦托尔骑兵集群计划中的前进路线附近，司令部设在杜霍夫希纳西北偏北方32千米的雷布舍瓦，8月26日，该集群对后方地域遭受的威胁做出应对，派一个保安连赶往雷布舍瓦以北12千米的格里佳基诺村（Gridiakino），据报，前进中的苏军步兵集结在那里。与此同时，第5军第129步兵师和中央集团军群都采取积极措施打击遂行突袭的苏军骑兵。步兵第129师师部设在别雷—杜霍夫希纳公路上的奥泽尔内（Ozernyi）以西5千米的韦尔维谢（Vervishche），该师派侦察营赶往西南方，格里佳基诺村以北5千米的斯克雷捷亚（Skryteia）。中央集团军群则从杰米多夫派出两个保安支队，赶往该城东北方35千米，格里佳基诺村以西18千米的旧德沃尔（Staryi Dvor）。另外，集团军群后方地域指挥部着手沿戈布扎河（Gobza）南岸设立一连串由安全哨所构成的拦截线，从杰米多夫向东北方延伸到雷布舍瓦，以防苏军骑兵向南进入杜霍夫希纳。这些部队最终围绕多瓦托尔的行动区域形成一道松散、漏洞百出的封锁线。

随着德军保安部队从各个方向赶来，多瓦托尔灵活调动骑兵集群主力，以免遭到德军打击，同时朝各个方向派出小股集团，以此隐瞒他的真实意图。首先，他的骑兵主力8月26日从格里佳基诺地域向西赶往雷布舍瓦西北方15—20千米的鲁德尼亚附近，8月27日中午到达那里。之后，他的骑兵部队向南疾

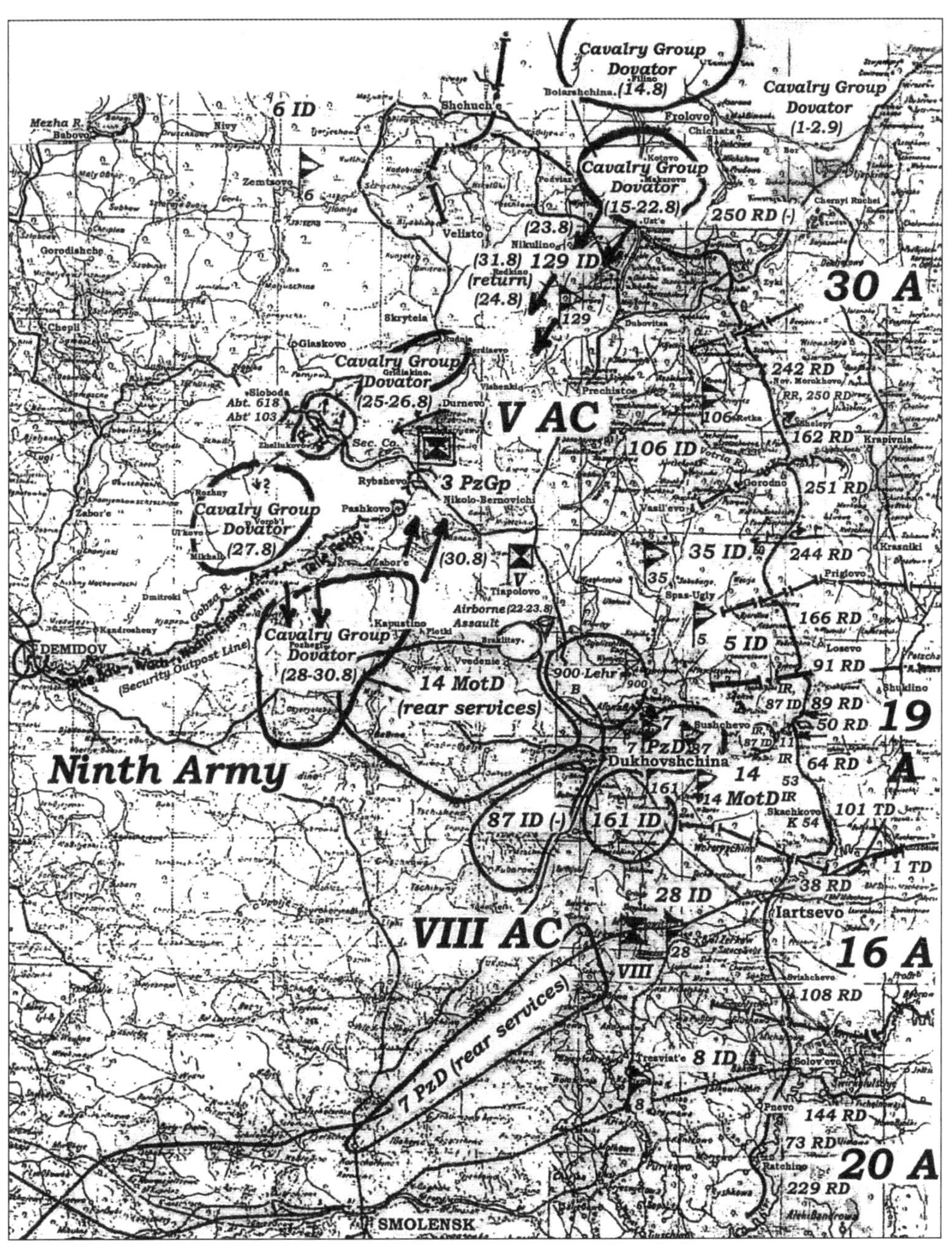

▲ 地图 5.1：多瓦托尔骑兵集群的突击（资料图）

驰，8月28日赶往热莫霍瓦地域（又称热柳霍沃、斯梅科沃），8月30日向南渡过戈布扎河，穿过中央集团军群沿该河至杜霍夫希纳西北方30千米的扎博里耶地域设立的警戒哨。虽说多瓦托尔集群的确在德国第9集团军后方造成混乱，但到月底时，从西面、南面和东面逼近的德军保安部队迫使多瓦托尔将他的骑兵集群向北撤往最初的出发阵地。实际上，由于第30集团军未能突破德军防御，多瓦托尔的这场行动纯属多余。

多瓦托尔在中央集团军群第9集团军和第5军后方地域实施牵制行动时，霍缅科第30集团军竭力突破德国第5军第35、第106、第129步兵师的防御。截至8月25日，这三个德军师沿一条相对较直的战线据守精心构设的防御，这道防线从杜霍夫希纳东北方30千米，沃皮河西面的马莫诺沃地域（Mamonovo）向西北方延伸约65千米，跨过别雷公路，直至休奇耶湖（Shchuch’e）东端。第5军8月24日—25日夜间设立起这道连贯而又平直的新防线，当时，该军将第129步兵师撤离18千米深、20千米宽的突出部，这个暴露的突出部位于弗罗洛瓦镇（Frolova），朝北伸向别雷—杜霍夫希纳公路以西。第5军军长劳夫将军命令第129步兵师后撤，主要是因为多瓦托尔的骑兵8月23日在乌斯季耶和波德维亚济耶地域达成突破，但也是为缩短该军明显过度拉伸的防线。尽管实施了这场后撤，可是该军辖内三个师的防御地段，平均宽度仍超过20千米/每师，这就意味着各个师不得不把三个团悉数靠前部署，仅留小股营级预备队。第5军没有任何预备队，第9集团军也只能以遭受损失的第900摩托化教导旅充当预备力量，该旅集结在南面约10千米处，第8军第5步兵师后方。霍缅科希望对第5军显而易见的弱点和多瓦托尔骑兵力量造成的破坏加以利用。

在右翼和第30集团军作战地域实施必要的重组时，西方面军8月25日20点提交了一份作战摘要，汇报接到大本营进攻指令时诸集团军的部署和战备状况（参见地图5.2）：

· **总体情况**——中央地带和左翼继续进攻的同时，西方面军正组织部队肃清敌人在右翼达成的突破并歼灭突入后方的敌军。

· **第22集团军**——没有新消息。

· **第29集团军**——继续遂行先前受领的任务。

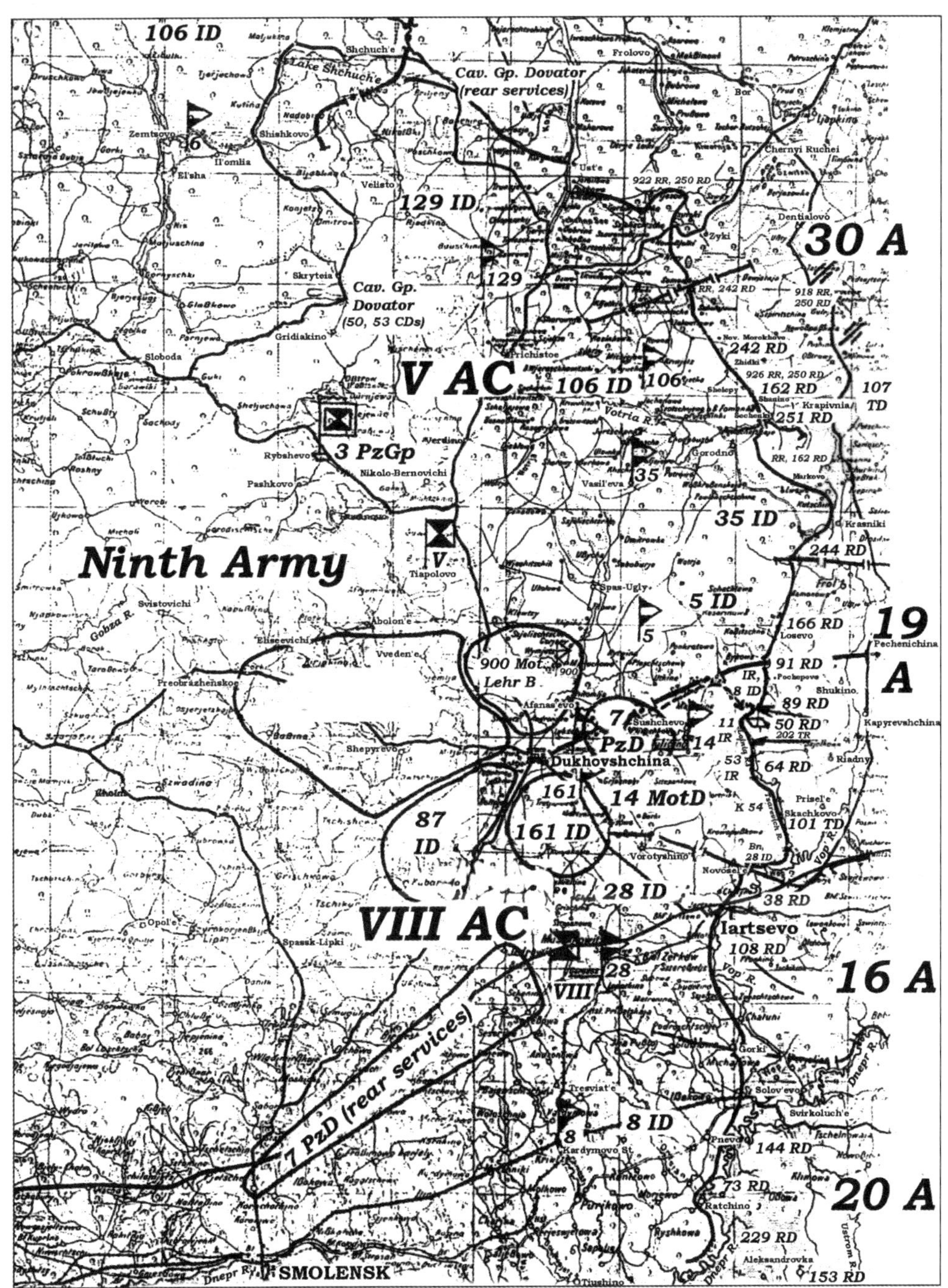

▲ 地图 5.2：第 9 集团军“东线”的战场态势，1941 年 8 月 25 日晚间（资料图）

★步兵第252师——位置未发生变化。

★步兵第246和第243师——自2点起在原战线战斗，打击敌人的顽强抵抗。

★摩托化步兵第1、第2团——会同步兵第243师进攻卡特科沃，该镇正在燃烧。

★第29集团军司令部：边齐，指挥所设在波亚尔科沃南面的小树林。

·**多瓦托尔骑兵集群**——未收悉新消息。

·**第30集团军**——14点从新莫罗霍沃、米哈伊洛夫希纳、茹科沃一线发起进攻，冒着机枪、迫击炮和火炮火力对敌人的顽强抵抗实施打击。

★步兵第242师——克服敌人的激烈抵抗，17点夺得埃尔霍沃东郊，目前正为攻占整个埃尔霍沃（新莫罗霍沃以南2千米）进行战斗。

★步兵第250师第926团——为夺取215.2高地进行战斗。

★步兵第162师——面对敌人的顽强抵抗，为夺取228.0高地和舍列佩进行战斗。

★步兵第251师——面对敌人的激烈抵抗，为夺取欣基进行战斗，但敌人没有发起反冲击。

★坦克第107师——撤往巴拉诺沃以西树林，接受休整和补充。

★战利品：缴获3门反坦克炮、1支反坦克步枪、3个迫击炮连[1]、6挺重机枪；击毁8支冲锋枪、5门反坦克炮、2个迫击炮连、8座暗堡。

★损失：伤亡118人。

·**第19集团军**——实施30分钟炮火准备后，于8月25日8点恢复进攻，遭遇敌人强有力的抵抗，并在道路上和树林中遇到敌人设置的工程障碍。集团军在右翼发展进攻，截至17点，具体位置如下：

★步兵第244师——克服敌人猛烈的火炮和迫击炮火力，并以先遣部队夺得新洛谢沃，敌人将弹药丢弃在第二扎尼诺附近（数量正在核实），分成小股向西退却。

★步兵第166师（与第二梯队的步兵第735团）——为夺取博尔尼基和洛谢

① 译注：具体含义不明。

沃进行战斗，缴获3门122毫米榴弹炮、350枚地雷、21支步枪、4支冲锋枪、1挺重机枪、3400发子弹、2门迫击炮和2辆原属我方的坦克，还发现埋有200名德军士兵的20座坟墓，以及70—80具来不及埋葬的尸体，隶属第56步兵团（第5步兵师）。

★步兵第91师——夺得190.3高地和穆克，正为攻克巴拉绍瓦进行战斗。

★步兵第89师——冒着敌人猛烈的机枪和迫击炮火力，以部分力量强渡洛伊尼亚河并朝220.3高地发展进攻，打击敌第14步兵师（摩托化）。第3营营长帕普阿什维利上尉在战斗中英勇牺牲。

★步兵第50师——由于敌人从220.3、212.6高地射出猛烈火力，该师未取得进展，正在原先位置进行战斗。战利品：1挺大口径机枪、6支冲锋枪、2支自动手枪。8月25日的损失：19人阵亡，57人负伤。

★步兵第64师——遭遇掘壕据守之敌的顽强抵抗，蒙受严重损失后，沿波波瓦、彼得罗瓦、奥西波瓦一线（亚尔采沃以北10—13千米）进行战斗，发现30辆敌坦克位于科哈诺沃以西树林内，还发现其他敌坦克群集结在锡尼亚科沃以南。

★坦克第101师——敌人发起四次反冲击并占领228.0高地和斯卡奇科沃的教堂（亚尔采沃以北8—10千米）后，该师被迫后撤，左翼位于新谢利耶东北方1千米（亚尔采沃以北5千米）。反冲击期间，击毁敌人9挺重机枪和1门反坦克炮，击毙150名敌军士兵，俘获2名俘虏，还缴获11辆自行车、5支步枪和1门迫击炮。损失：3人阵亡，16人负伤。

★骑兵第45师——赶往卡斯塔拉诺瓦地域。

· **第16集团军**——位置未发生变化，当面之敌较为消极。

· **第20集团军**——正履行受领的任务。

★步兵第144和第73师——敌人以有条不紊的火力封锁渡场，两个师在原先的位置进行战斗，辖内部队部署在拉特奇诺和帕什科沃地域。

★步兵第229和第153师——为争夺249.9高地进行持续战斗，敌人以强有力的反冲击和猛烈的迫击炮、火炮火力迫使我方部队于8月25日6点放弃该高地，但我方11点发起反冲击，13点前重新夺回该高地。

★步兵第161师——面对敌人的激烈抵抗，为夺取维什尼亚基、波吉比尔卡以北树林、萨莫杜罗夫卡以南无名高地持续进行战斗，8点攻占丘瓦希南面的无名高地，发现许多德军士兵的尸体，由于敌人的炮火命中师指挥所，该师14点与辖内各团失去联系。战利品：缴获敌人4挺重机枪。

★步兵第129师——以步兵第343和第457团的2个营攻往普罗赫洛波夫卡，但被敌人猛烈的迫击炮、机枪火力和连级规模反冲击击退，不过，敌人最终被逐回戈罗多克。

· **方面军预备队**——步兵第152师位于涅耶洛沃国营农场、德罗兹多沃、谢尔格耶夫斯科耶国营农场地域；坦克第1师位于卡佩列夫希纳、祖博夫希纳、马特韦恩基地域。

· **方面军航空兵**——与地面部队协同并实施侦察，同时遂行歼灭突入第22集团军后方的敌摩托—机械化部队这项主要任务，8月24日—25日夜间和8月25日晨共出动97个飞行架次。

★轰炸航空兵第23师——8月24日—25日夜间在佩斯基、日加洛沃国营农场、乌希齐国营农场地域轰炸达成突破的敌摩托—机械化部队，以及乌斯维亚特地域的机场和敌指挥部，引发多场大火和数起爆炸，焚烧了韦利科波利耶和日加洛沃车站。

★混成航空兵第43师——8月24日—25日夜间在伊利因诺和尼科利斯科耶国营农场轰炸敌人的阵地，战果不明；8月25日晨与第19集团军辖内部队协同行动。

★混成航空兵第46师——8月24日—25日夜间在伊利因诺地域轰炸敌人的阵地，8月25日晨与第22集团军辖内部队协同行动。

★混成航空兵第47师——与第22集团军辖内部队相配合，在赫拉姆措沃和克列斯特地域消灭敌摩托—机械化部队，摧毁21辆汽车，烧毁3辆运水车，击伤4—5辆坦克，炸毁20辆大车，给敌人造成大量人员伤亡。

★混成航空兵第31师——与第22集团军辖内部队相配合，在大卢基和涅韦尔地域实施侦察。

★敌人的损失：8月24日3架Ju-88被击落。

★我方的损失：1架SB被击落，1架伊-16发生事故，1架SB在机场着陆时坠毁。[3]

8月25日的战斗中，第30集团军步兵第251、第162、第250、第242师并排发起进攻，冲击德军第106步兵师设在谢琴基（Sechenki）与新莫罗霍沃（Novoe Morokhovo）之间的、7千米宽的防区。这场猛烈突击在埃尔霍沃（Erkhovo）和舍列佩附近突破德军防御并取得1—2.5千米进展。第106步兵师防御遭受的巨大压力迫使该师在中央地段和右翼撤至第二道防线。夜幕降临时，霍缅科希望将步兵第250师第918团投入战斗，以便在次日取得更大进展，该团将从集团军右翼变更部署到中央地带的日德基地域（Zhidki）。但对霍缅科来说，不幸的是，由于坦克第107师在近期战斗中的人员伤亡相当惨重，他别无选择，只能将该师撤出战斗。（参见地图5.3）

南面，科涅夫第19集团军作战地域内，步兵第89、第91、第166、第244师也并排发起冲击，在集团军中央和右翼10千米宽地段成功取得1—2千米进展。战斗中，步兵第89和第91师设法在洛伊尼亚河（Loinia）西岸占领一座小型登陆场，并从德军第14步兵师第11团手中夺得巴拉绍瓦村（Balashova）。由于第11团也遭受了严重损失，第8军军长海茨将军不得不以调自第8步兵师的一个团级战斗群加强第14步兵师摇摇欲坠的防御，而第8步兵师主力仍在坚守索洛维耶沃南面的第聂伯河河段。失去一个步兵团后，第8步兵师几乎不太可能消灭苏军第20集团军在索洛维耶沃以南的第聂伯河西岸据守的诸多小型登陆场。（参见地图5.4）

北面，第19集团军右翼，苏军步兵第166、第244师给德国第5军右翼第5步兵师的防御造成巨大压力，迫使该师放弃洛谢沃（Losevo）南北两面的部分前沿防御。用不了几天，科涅夫集团军越来越大的压力将迫使海茨投入担任预备队的第87步兵师部分力量以遏制对方的进攻。第87步兵师是第9集团军在斯摩棱斯克地域最后的步兵预备力量，该集团军只有寥寥无几的部队可用于对付铁木辛哥在斯摩棱斯克东面和东北面发起的另一场大规模进攻。

西方面军为强化这场反攻而重组、加强辖内诸集团军时，铁木辛哥敦促第30和第19集团军加快进攻速度，并要求第20和第16集团军采取各种可行措施促进进攻行动的发展。据此，科涅夫8月26日1点10分给第19集团军下达新进攻令，以期完成歼灭德军杜霍夫希纳集团的任务：

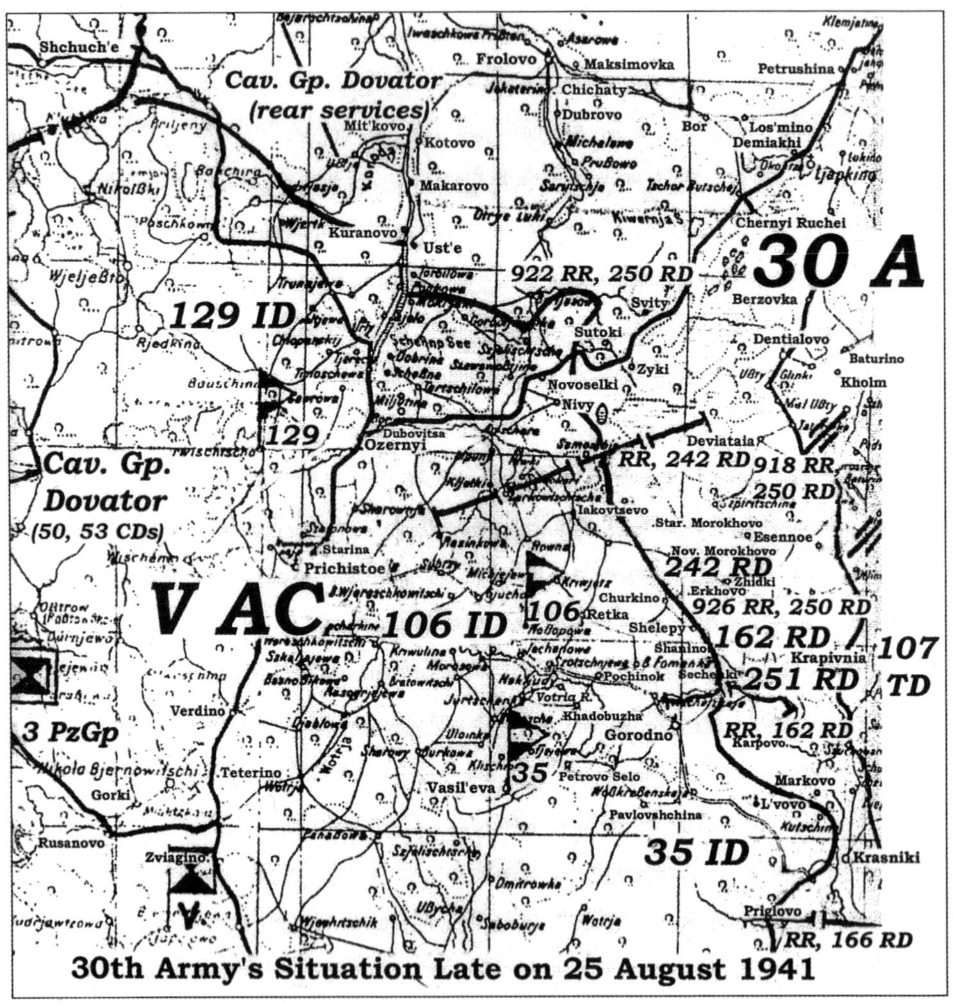

▲ 地图 5.3：第 30 集团军的作战态势，1941 年 8 月 25 日晚间（资料图）

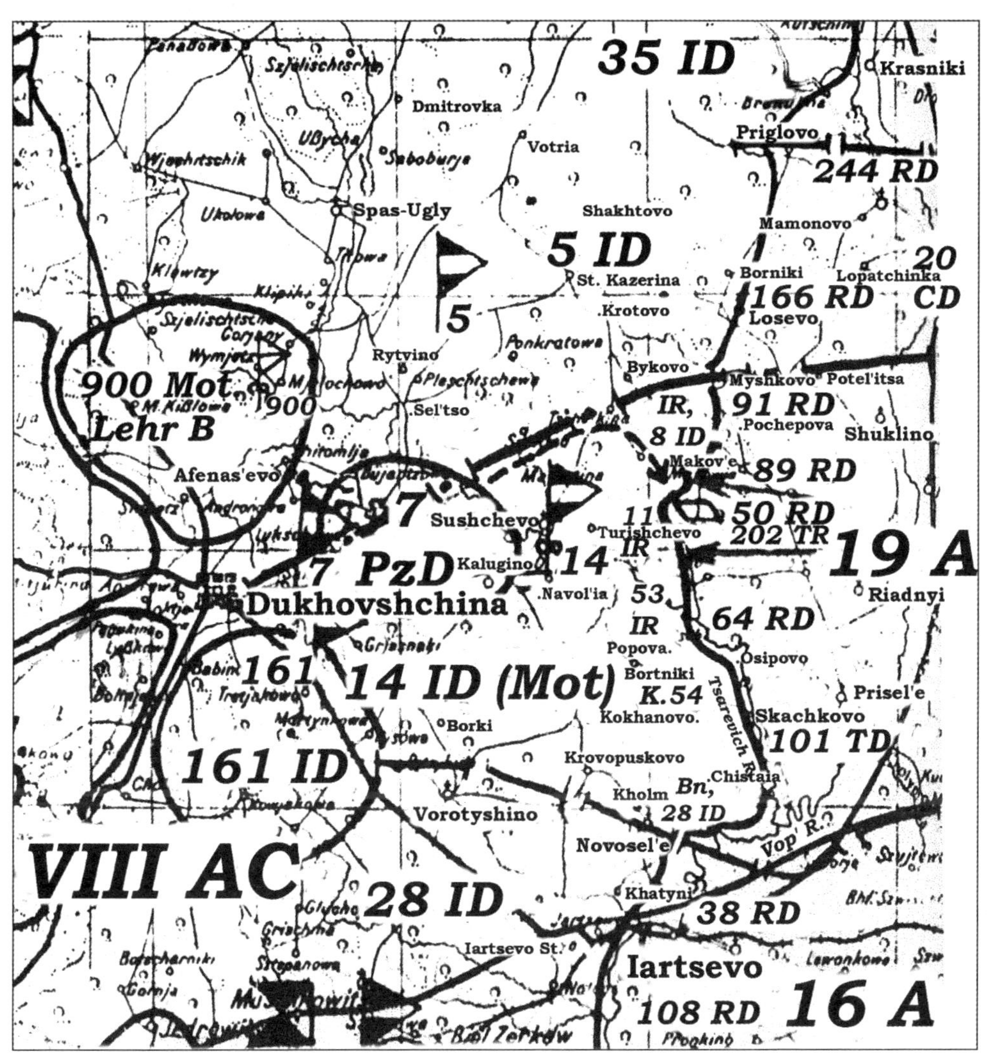

▲ 地图 5.4：第 19 集团军的作战态势，1941 年 8 月 25 日晚间（资料图）

·**敌人的情况**——在集团军右翼遭遇挫败后，敌第5步兵师微不足道的力量撤至新洛谢沃和斯捷帕尼季诺一线，企图在那里以独立支撑点遏制步兵第244和第166师的进攻，他们前调1个步兵师（第87师）的新锐部队，顽强据守卡扎科瓦、希什基诺、锡尼亚科瓦、科哈诺沃、新谢利耶地段，并调集预备队（迫击炮连和摩托化步兵），企图阻挡步兵第50师的成功突击。

·**友邻力量**——正在执行先前受领的任务。

·**第19集团军的任务**——夜间在右翼向克罗托沃展开行动，发展步兵第244和第166师的胜利，同时歼灭敌第5步兵师残部，8月26日11点攻往杜霍夫希纳，歼灭洛伊尼亚河与察列维奇河之间的敌杜霍夫希纳集团。

·**辖内各兵团的任务：**

★步兵第244师——在库奇纳、列瓦绍沃、卡扎里纳地域（亚尔采沃以北26—30千米）消灭敌人的支撑点，攻往旧卡扎里纳，会同步兵第166师消灭敌人，掩护骑兵第45师在第一、第二新洛谢沃投入突破口，日终前夺取伊萨科沃农场（西部）、沙赫洛沃和新卡扎里纳，同时掩护集团军右翼。将1个营留在比佳戈沃地域担任预备队。

★步兵第166师（与榴弹炮兵第399团）——会同步兵第244师攻往克罗托沃，消灭敌人并切断对方撤往西面的路线，掩护骑兵第45师在博尔尼基地段投入突破口，并于日终前夺取克罗托沃、梅什科沃、巴尔苏基（亚尔采沃以北23—26千米）。

★步兵第91师——攻往巴拉绍瓦和梅什科沃，夺取230.0高地（梅什科沃以北0.5千米）和226.2高地（梅什科沃以南0.5千米）一线（亚尔采沃以北20—23千米），以先遣部队夺取雷特维诺和波尼佐维耶并将1个步兵团调入我的预备队。

★步兵第89师——攻往220.3高地和谢利措，日终前夺取224.9高地（谢利措以北0.5千米）和马舒季诺一线（亚尔采沃以北18—20千米），并以先遣部队在马列耶夫卡和巴甫洛瓦夺取洛伊尼亚河上的渡口。

★步兵第50师（与坦克第202团，炮兵第596团第1营，炮兵第302团第4营）——全力攻往卡卢吉诺和马舒季诺，歼灭敌人，日终前夺取马舒季诺、新尼科利斯科耶国营农场、苏谢沃、卡卢吉诺（亚尔采沃以北14—18千米），将1个步兵团留在师左翼后方担任第二梯队。

★步兵第64师——将部队变更部署到右翼后，攻往图里谢沃，日终前夺取马索洛沃、纳沃利尼亚和博尔特尼基（亚尔采沃以北10—14千米）。

★坦克第101师——歼灭敌人，夺取科哈诺沃和霍尔姆地域（亚尔采沃以北5—10千米）。

★骑兵第45师——在第一新洛谢沃和博尔尼基地段（亚尔采沃以北25—26千米）投入突破口，向茹科瓦和杜霍夫希纳发起突袭，破坏敌人的后方地域和预备队，并以部分力量在敌后方从克罗托沃攻往谢尔基纳，以此协助集团军主力的正面突击。

★炮兵——8月26日6点前做好准备，11点—11点30分对洛谢沃、卡扎科瓦、希什基纳、彼得罗瓦、科哈诺沃、奇斯塔亚地段实施炮火准备，任务如下：

☆以大规模火力急袭压制敌迫击炮和人员。

☆压制新谢利谢、克罗托沃、巴尔苏基、锡罗京卡地域和卡卢吉诺、图里谢沃、希什基诺地域的敌炮兵。

☆将榴弹炮兵第399团2个营和榴弹炮兵第506团1个营编为远战炮兵群。

★航空兵的任务：

☆以歼击机掩护骑兵第45师的投入。

☆8月26日11点25分以轰炸机打击敌防御前沿，在锡罗京卡和218.5高地（希什基纳以南）压制敌军及发射点。

☆通过反复轰炸消灭集结在在夏赫洛沃、别尔季诺、梅什科沃、克罗托沃地域的敌方人员和坦克。

☆以强击机协助骑兵第45师的突击。

★集团军指挥所和司令部——位置不变。

★报告——提交作战和侦察摘要的时间保持不变。[4]

8月26日中午后不久，科涅夫集团军将投入8个步兵师和1个坦克团的几乎全部力量，以一场协同一致的突击彻底粉碎德军防御。苏军进攻部队面对的是实力已然受损的德军第5步兵师的2个团，他们扼守的8千米宽防御地段从马莫诺沃西面南延至洛谢沃以南，另外还有第14步兵师掌握的3个团（第8步兵师1个团级战斗群和第14步兵师第11、第53团）和2个营级战斗群（一个调自第28

步兵师，另一个则是第14步兵师第54摩托车营），据守的防御地段宽约22千米，从洛谢沃南面向南延伸到新谢利耶以北。鉴于苏军的兵力优势约为2比1，博克的防御的确面临着一场严峻考验。

8月26日

8月26日中午后不久，霍缅科第30集团军和科涅夫第19集团军恢复进攻。从谢琴基向西北方延伸到新莫罗霍沃这片地段，第30集团军以步兵第251、第162、第250师和步兵第242师半数力量进攻德军第35步兵师位于卡尔波瓦附近的左翼，以及第106步兵师右翼和中央地段。西方面军8月26日20点提交的作战摘要描述了战斗结果：

· **总体情况**——西方面军在中央地带和左翼继续进攻；右翼，第22集团军正设法突出包围圈。

· **第22集团军**——据指挥员报告，他们在包围圈内继续从事战斗，正撤往东北方并给敌人造成严重损失。

★步兵第62军——在集团军左翼分成小股后撤，8月25日—26日到达切尔诺斯季河、波奇诺克、巴尔苏基、捷列霍夫卢格、兰基一线。

★步兵第29军——作为集团军主力集群，按照军长的命令，8月24日—25日夜间完成向东北方突围的任务。该军8月25日1点在大卢基以东地域发起大规模突袭，以有组织的方式遂行突围，尔后撤往东面。步兵第29军辖内部队正继续向东行进，赶往切尔诺斯季河和波奇诺克一线。

★没能同叶尔沙科夫取得联系，但正采取措施恢复通信。

★第22集团军撤离的部队、第29集团军学员支队和方面军派出的混成支队，8月25日沿波多利纳、波利比诺、亚克希诺、新杰列夫尼亚一线占据防御，阻止敌人突向托罗佩茨和旧托罗帕。

★集团军通信团一个独立支队，在卡德舍夫少校率领下，于8月25日占据叶基米诺、奥泽列茨、卡巴尼哈一线。

★拉特金上尉率领的混成支队占据波奇诺克、巴尔苏基、斯克沃尔措沃车站地域。

★波卢欣混成支队正据守210.9、216.9高地和洛沙耶德一线。

★安托先科混成支队将于8月26日日终前赶至以下位置：摩托化步兵第9团——鲁季诺和萨维诺，与波卢欣支队协同行动；摩托化步兵第8团——萨维诺和日日察车站，与第29集团军学员支队协同行动。

★第29集团军学员支队正在日日察车站进行战斗。

★正在核实第22集团军辖内其他部队的位置。

· **第29集团军**——以步兵第252师据守右翼，在左翼以步兵第248和第243师进攻敌人设在沙特科沃、209.6高地、卡特科沃的支撑点。司令部——边齐。

· **多瓦托尔骑兵集群**——未收悉新消息。

· **第30集团军**——8月26日12点在埃尔霍沃、215.2高地东坡、沙尼诺、谢琴基一线恢复进攻，同时沿舍列佩和扎列奇耶方向集结力量，抗击敌人的猛烈火力和空袭。

★步兵第242师——以右翼力量据守旧莫罗霍沃和新莫罗霍沃一线，以左翼力量从东北方攻往丘尔基诺；15点前出到布鲁希地域（丘尔基诺东北方1千米）。

★步兵第250师——攻往丘尔基诺，夺得215.2高地，15点在该高地以西500米处战斗。

★步兵第162师——为夺取舍列佩和伊夫基诺进行战斗。

★步兵第251师——右翼力量为夺取大列皮诺进行战斗，左翼力量掩护纳泽缅基和托尔奇洛沃地段。

★坦克第107师——8月26日12点撤至米哈伊洛夫希纳地域，在那里整顿部队。

★8月26日的损失：伤亡182人。

★战利品：缴获1挺重机枪、1门反坦克炮和1支冲锋枪。

· **第19集团军**——以步兵第244师部分力量在右翼掩护舒佩基和普里格洛沃地段，8月26日11点沿战线其他地段发起冲击，主要突击位于克罗托沃和杜霍夫希纳方向，13点50分投入骑兵第45师，沿主要突击方向发展胜利。集团军右翼，第一新洛谢沃和斯捷帕尼季纳地段之敌向西退却，以连续的支撑点实施抵抗，集团军中央地带和左翼，敌人沿卡扎科瓦和新谢利耶一线的抵抗较为顽强，以步兵和坦克发起数次反冲击。17点，集团军辖内各兵团的战斗情况如下：

★步兵第244师——据守舒佩基和普里格洛沃地段并沿战线其他地段攻往旧卡扎里纳，师主力到达第一新洛谢沃以东树林的西部边缘，先遣部队位于第一、第二新洛谢沃一线。在博尔尼基以北地域发现敌人以15具红军士兵的尸体布设的诡雷。

★步兵第166师——克服敌掩护部队的抵抗，以2个团前出到伊萨科夫卡、227.0高地、博尔尼基西南面小树林西部边缘、222.3高地一线，第三个团在右翼后方担任第二梯队。

★步兵第91师——遭到追击的敌小股集团沿中间防线遂行抵抗，该师到达225.1里程碑和斯捷帕尼季纳地段的独立建筑物一线，在那里遭遇敌人从巴尔苏基西南面小树林东部边缘和南面高地射来的猛烈火力。

★步兵第89师——克服敌人的顽强抵抗，前出到波切洛沃、洛伊尼亚河西岸、220.3高地东坡一线。

★步兵第50师——击退敌人以步兵和喷火坦克发起的四次反冲击，坚守阵地，击毁11辆敌坦克，烧毁另外2辆。

★步兵第64师——击退敌人1个步兵连在坦克支援下发起的反冲击，并在右翼朝宰采沃国营农场西南方树林实施反冲击，但中央地带和左翼仍在先前位置战斗。

★坦克第101师——在原先位置同敌人交火。

★骑兵第45师——13点50分在步兵第244与第166师结合部投入战斗，15点以一个骑兵团赶往新谢利谢，第二个骑兵团穿过步兵第166师战斗队形左翼赶往伊万尼基，第三个团在师左翼担任第二梯队。

· **第16集团军**——位置未发生变化，当面之敌不太活跃，没有发现敌人的新部队。

· **第20集团军**——继续在西方向沿第聂伯河据守原先的阵地，并沿莫托沃以南树林、波吉比尔卡、丘瓦希以西溪流、224.8高地一线，在南方向沿乌斯特罗姆河东岸至普拉斯洛沃一线加强其阵地。

★步兵第144和第73师——据守既占阵地，以分散的火炮和迫击炮火力沿师防线射击。步兵第144师炮兵摧毁敌人1挺机枪并压制了斯克鲁舍沃地域的2个敌炮兵连。

★步兵第229和第153师——整个夜间和8月26日晨为夺取249.9高地进行战斗，同时击退敌人在火炮和迫击炮猛烈火力支援下发起的强有力反冲击。

☆面对敌人猛烈的迫击炮和机枪火力，步兵第229师混成团11点弃守249.9高地，在高地北坡掘壕据守。

☆步兵第153师第435和第666团遭到敌步兵在4辆坦克和迫击炮支援下发起的两次进攻，但他们击退敌人并收复了丢失的阵地。

★步兵第161师——第542和第603团在既占阵地上战斗，步兵第477团在敌人猛烈的迫击炮和机枪火力打击下弃守丘瓦希以南无名高地并撤至丘瓦希以西溪流后方，在那里掘壕据守。

★步兵第129师——步兵第457团沿普罗赫洛波夫卡以东300米一线留下战斗掩护力量，撤至乌斯特罗姆河东岸，在那里掘壕据守，构设更强大的防御；步兵第438团以部分力量夺得布雷基诺东面的无名高地。

· **方面军预备队**——步兵第152师和坦克第1师位于原先位置，步兵第134师将于8月26日日终前集结在别雷地域，坦克第18师位于瓦季诺地域。

· **方面军航空兵**——8月25日—26日夜间和8月26日上午与诸集团军地面部队协同行动，主要努力集中在击败突入第22集团军后方之敌上，共出动97个飞行架次。

★轰炸航空兵第23师——8月25日—26日夜间在韦利科波利耶车站、谢尔采车站、莫罗佐沃、旧谢利耶、阿尔捷莫瓦、克列斯特、卡缅卡、乌斯维亚特地域轰炸突入之敌，发现数起火灾和爆炸。

★混成航空兵第43师——8月25日—26日夜间轰炸卡尔德莫沃车站和敌人在卡尔德莫沃、扎米亚季诺、图里谢沃、希什基诺地域的集结，机组人员报告，炸弹命中目标；同第19集团军相配合，于8月26日上午轰炸锡罗京卡、图里谢沃、拉赫马尼诺地域之敌，致使多处燃起大火。

★混成航空兵第46师——8月25日—26日夜间轰炸赫列巴尼哈地域的渡场，以及敌人在克鲁季基东面和南面集结的兵力，机组人员注意到多处燃起大火并发生剧烈爆炸；8月26日上午与第29集团军辖内部队协同行动。

★混成航空兵第47师——侦察第22集团军前线，在第19集团军作战地区消灭卡扎科瓦和阿法纳西耶夫地域之敌。

★混成航空兵第31师——轰炸库尼亚车站和米绍沃地域，机组人员注意到多处燃起大火。

★敌人的损失——尚不掌握相关信息。

★我方损失：1架SB被击落，1架伊-16发生事故，1架SB在机场着陆时坠毁。[5]

虽然付出了大量人员伤亡，但在当日白天，第30集团军步兵第242、第162、第250师和步兵第251师右翼力量在谢琴基和舍列佩地域取得1—1.5千米进展。德军第106步兵师右翼发生弯曲，但并未破裂。南面，步兵第166和第244师在科涅夫第19集团军右翼向西冲击，打垮德国第5军第5步兵师的防御，迫使该师弃守第一防御阵地，向西退往设在洛伊尼亚河上游，沙赫洛沃村（Shakhlovo）和伊萨科夫卡村（Isakovka）的新防御阵地。15点，科涅夫将德雷耶尔骑兵第45师投入两个师的结合部发展胜利。夜幕降临前，科涅夫右翼力量楔入德军第5步兵师防御达8千米深，迫使该师和左侧第35步兵师将毗邻的侧翼撤至后方新防线。这两个德军师别无选择，要么守住阵地，要么悉数覆没，因为第5军和第9集团军腾不出任何预备力量。（参见地图5.5）

南面，第19集团军步兵第89和第91师对德国第5军防御连贯性构成的威胁更大。两个师当日下午展开冲击，在波切洛沃和巴尔苏基地域的洛伊尼亚河对岸获得立足地，迫使海茨投入第87步兵师的另外一个团以阻挡苏军的猛攻。博克在日记中确认了施特劳斯和海茨面临的问题，他写道：“俄国人近期集结兵力，对第9集团军东部防线展开猛烈攻击，因此，他们取得了纵深突破。”[6]（参见地图5.6）

铁木辛哥对当日取得的战果感到满意，下午晚些时候，他催促罗科索夫斯基第19①和卢金第20集团军加快制定进攻计划，要求两位集团军司令员下达新命令，改善防御，加强辖内部队，在几天内投入这场全面反攻。

① 译注：原文如此。

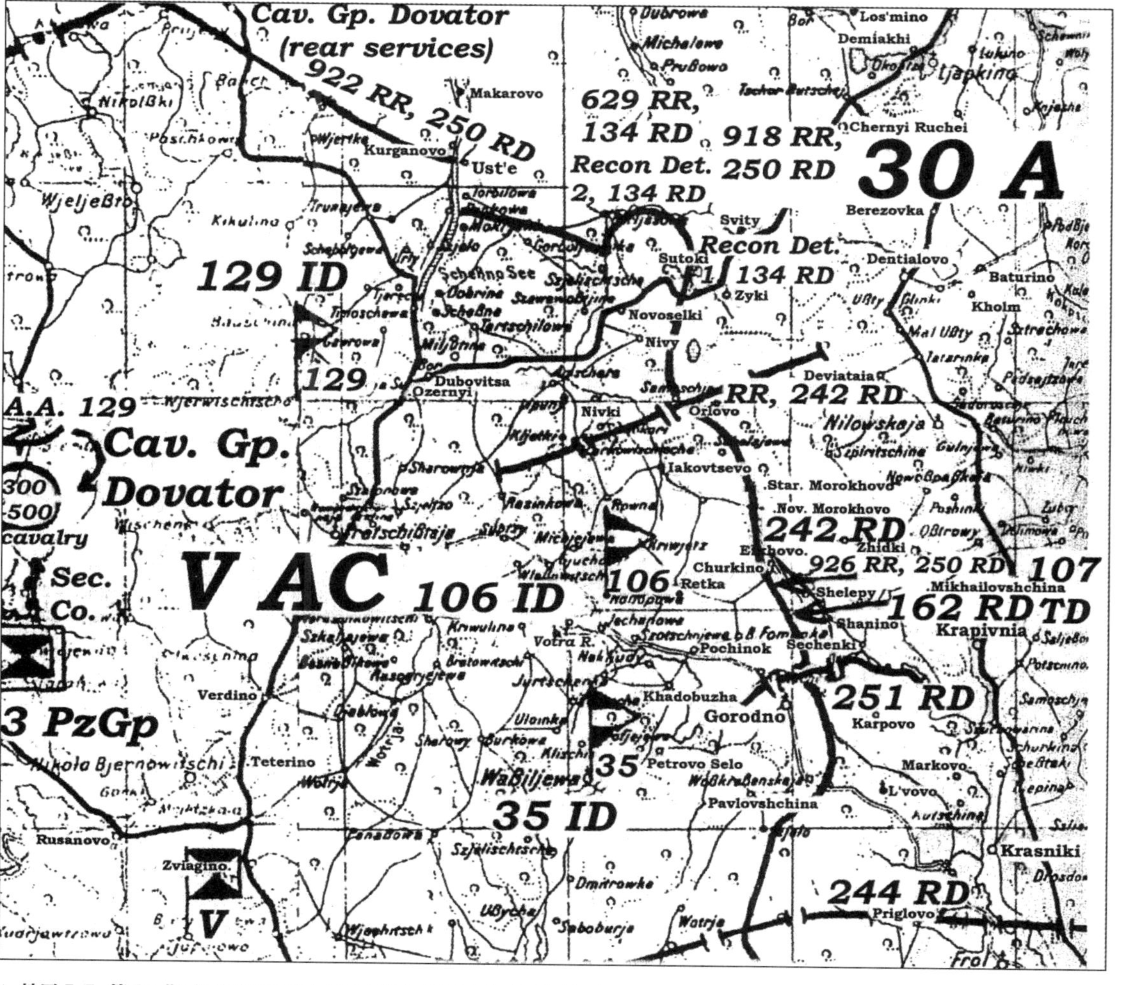

地图 5.5：第 30 集团军的作战态势，1941 年 8 月 26 日晚间（资料图）

▲ 地图 5.6：第 19 集团军的作战态势，1941 年 8 月 26 日晚间（资料图）

8月27日

在第9集团军“东线”的激战在8月27日变得愈发激烈，霍缅科和科涅夫将麾下部队投入突击，希望彻底打垮德军设在斯摩棱斯克东面和东北面的防御。正如西方面军当晚20点提交的作战摘要表明的那样，对德国人来说态势的确处在“千钧一发”之际（参见地图5.7）：

· **总体情况**——方面军右翼，第22集团军正撤离包围圈；中央地带，各部队继续进攻并克服敌人的顽强抵抗；方面军左翼，各部队正加强既占阵地。

· **第22集团军**——继续突围的同时，以部分逃离包围圈的部队沿叶基米诺、卡巴尼哈、波奇诺克、日日察车站一线占据防御，集结部分兵力并在奥泽列茨地域整顿部队，同时以独立支队沿波多利纳、托罗佩茨、旧托罗帕一线构筑并占据一道后方防线。

★8月27日，空中侦察发现敌摩托化步兵和坦克构成的主力集团（实力不明）位于大卢基以东、库尼亚车站和科多斯诺湖地域。

★8月27日，敌人以1个摩托化步兵营和10—12辆坦克从西面攻往奥泽列茨，但我方部队在航空兵支援下击退了敌人的冲击，击毁4辆敌坦克，15点恢复态势。

★敌人1个摩托化步兵营正对日日察车站遂行攻击，尚未收悉关于战斗结果的报告。

★正在核实第22集团军撤离部队的情况。

· **第29集团军**——据守其右翼，在左翼对敌人的顽强抵抗发起一场成功的冲击。

★步兵第252师——据守原先的防线。

★步兵第246师——成功发起进攻，夺得沙尔科沃以东高地上的支撑点和209.6高地，消灭敌人6个机枪阵地、2门火炮、18门迫击炮、2辆汽车和2个步兵排。

★步兵第243师——夺得大博罗克并为争夺诺温卡进行战斗，敌人从采尔皮诺发起一场反冲击，步兵第906团退至诺温卡东部，争夺诺温卡的战斗仍在继续。

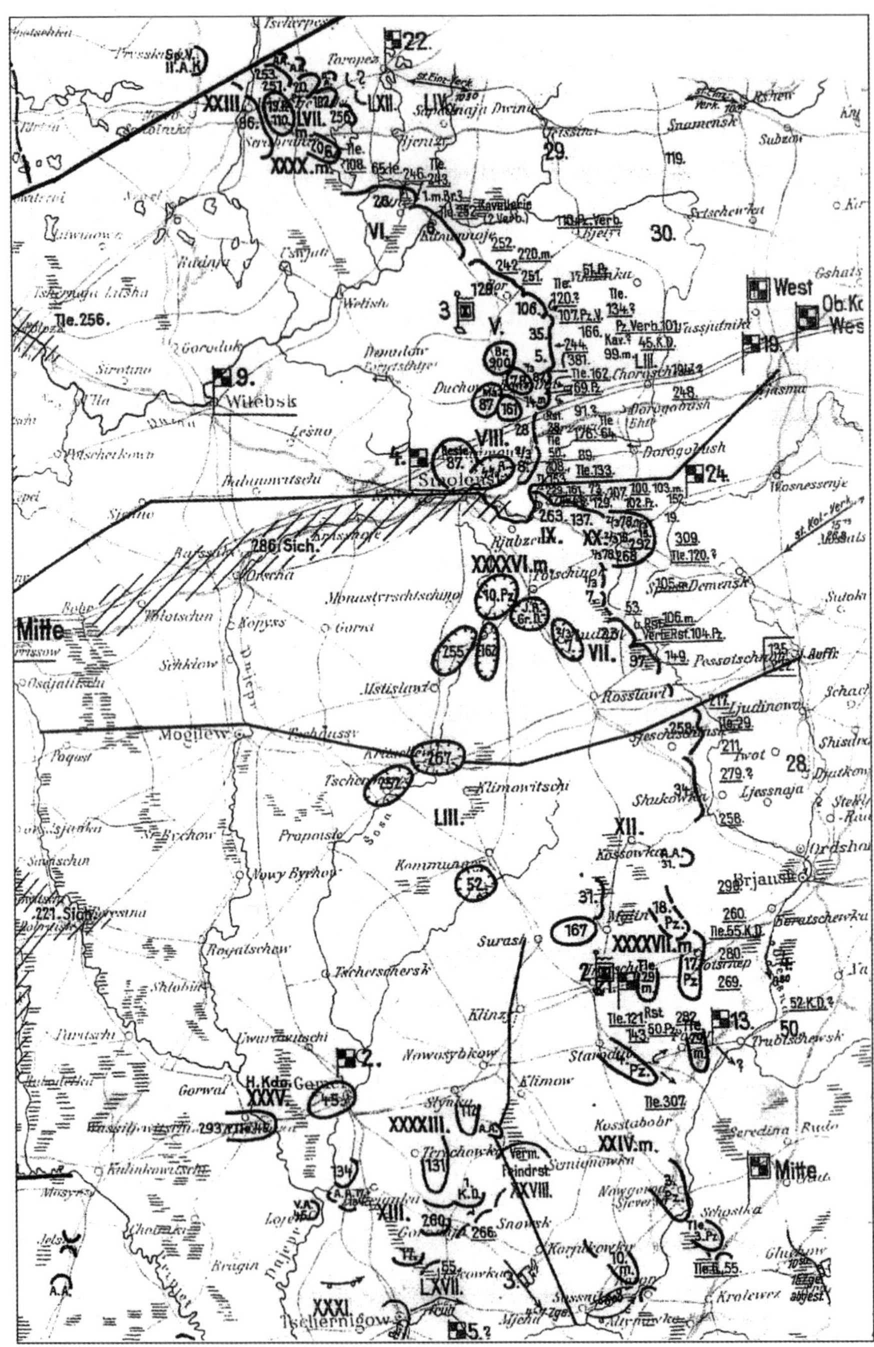

▲ 地图 5.7：中央集团军群的作战态势，1941 年 8 月 27 日晚间（资料图）

★混成旅——位置未发生变化。

★战俘交代的情况——步兵第246和第243师俘获了德军第6步兵师第37、第58步兵团的18名俘虏，据他们交代，8月22日—24日，步兵第252师位于西德维纳河南岸的分队在格拉佐沃地域的刺刀冲击期间击毙90名德军士兵，骑兵第29团侦察队在奥尔登卡地域的战斗中毙伤45名德军士兵。

· **多瓦托尔骑兵集群**——骑兵集群同剩余马匹待在一起的一名联络员报告，一如既往，该集群未同他取得联系。尚未收悉该集群的消息。

· **第30集团军**——自8月27日晨起，以侦察支队追击从洛西米诺、切尔内鲁切一线迅速退却的敌人，自9点起从旧莫罗霍沃和谢卡奇一线发起进攻。据说敌人遭遇多瓦托尔骑兵集群施加的压力，正将其部队从洛西米诺、奥克利察、切尔内鲁切一线撤往南面，我方骑兵步行突入波德维亚济耶。后撤之敌获得旧莫罗霍沃、戈罗德诺一线顽强防御的掩护。截至8月27日17点，集团军辖内部队的战斗情况如下：

★步兵第134师第1侦察支队前出到第二洛西米扬卡，第2侦察支队到达斯维特，但这两处均未发现敌人（仅在苏托基发现敌人丢弃的炮弹和车辆）。两个侦察支队正继续向前。

★步兵第134师第629团和步兵第250师第918团——赶往西南方，队列前部17点跨过藻泽里耶和切尔内鲁切一线。

★集团军辖内其他部队在原先位置，打击敌人沿旧莫罗霍沃、舍列佩、戈罗德诺一线的顽强防御。

★集团军左翼同第19集团军右翼取得联系并夺得马尔科沃以西地域。

· **第19集团军**——8月27日12点沿第一新洛谢沃、新谢利谢、伊万尼基、卡扎科瓦、穆日洛瓦、波波瓦、斯卡奇科沃一线展开冲击，遭遇敌人顽强抵抗。8月27日17点，集团军辖内部队位于以下位置：

★步兵第244师——行动重点集中于右翼，攻往旧莫罗霍沃，打击敌人顽强的抵抗并夺得马尔科沃、库奇纳、列瓦绍瓦、沙赫洛沃。敌人仅以虚弱的掩护力量在舒佩基和普里格洛沃地段行动。

★步兵第166师——发起进攻，但一整天都被敌人猛烈的火力阻挡住原先位置。

★步兵第91师——12点击退敌人从谢缅科沃以北树林发起的反冲击并守住己方阵地，给敌人造成严重损失，在战场上发现200多具德军士兵的尸体，缴获270箱82毫米迫击炮炮弹，以及若干步枪、冲锋枪和摩托车。

★步兵第89师——发起进攻，但被敌人猛烈的机枪和迫击炮火力所阻，目前正在原先位置进行战斗。

★步兵第50师——攻往216.6高地，以1个团强渡洛伊尼亚河，目前在214.0高地以西树林的西部边缘进行战斗。

★步兵第64师——进攻并夺得奥西波沃，目前正为夺取波波瓦展开战斗。

★坦克第101师——在原先位置上战斗。

★骑兵第45师——上午10点在帕诺沃村东北方树林附近投入战斗，冲向别尔季诺和波尼佐维耶，我方飞机15点发现该师集结在旧卡扎里纳地域，但之后未收到他们的消息。

· **第16集团军**——位置未发生变化，以火炮和迫击炮同敌人交火，集团军前方未发现敌人的新部队。

· **第20集团军**——8月27日13点前加强既占阵地。

★步兵第144和第73师——据守原先的阵地，对敌阵地实施侦察，以火炮和迫击炮同敌人交火，以我方炮火压制红谢利耶地域的1个敌炮兵连。

★步兵第229和第153师——加强既占阵地，击退对方的局部进攻和以独立集团渗透我方防御的企图。12点，敌人以50名步兵和数辆坦克从苏博罗夫卡攻往249.9高地，但被击退。

★步兵第161师——位置未发生变化，以火炮和迫击炮同敌人交火。

★步兵第129师——修筑战壕工事并遂行侦察，在原先阵地上同敌人交火。

· **方面军预备队**——步兵第152师和坦克第1师位于原先位置。

· **方面军航空兵**——与诸集团军地面部队协同，重点集中于消灭突入第22集团军后方之敌。拂晓后，恶劣的天气给空中行动造成限制，当日共出动84个飞行架次。

★轰炸航空兵第23师——消灭日日察车站和纳济莫瓦车站以西地域之敌，引发数起火灾和爆炸，在明斯克和戈罗德诺地域遂行特别任务，8月26日—27日夜间空投传单。

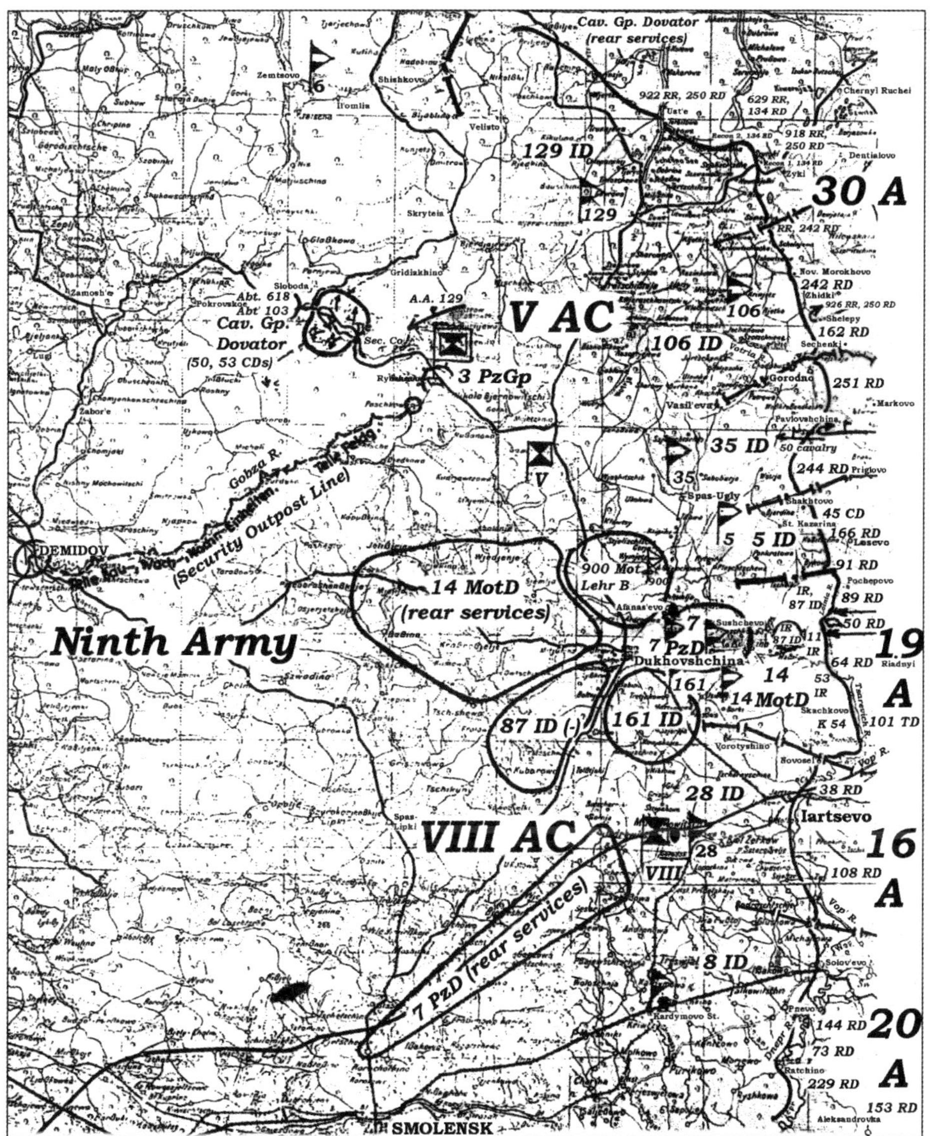

▲ 地图 5.8：第 9 集团军“东线”的战场态势，1941 年 8 月 27 日晚间（资料图）

★混成航空兵第43师——8月26日—27日夜间对杰米多夫、杜霍夫希纳、克拉斯内、维捷布斯克公路和维捷布斯克机场实施侦察，8月27日晨与第19集团军辖内部队协同，消灭基斯洛瓦和沙赫洛沃地域的敌方人员及火力点。

★混成航空兵第46师——在伊利因诺地域轰炸敌人集结的兵力和车辆，在数处引发大火。

★混成航空兵第31师——轰炸库尼亚车站地域的敌军，引发数起大火。

★混成航空兵第47、第46师——由于天气条件恶劣，8月27日晨未遂行战斗飞行。

★我方损失：1架米格-3被敌高射炮火击落。[7]

与昨日不同，第30和第19集团军当天取得的进展较为有限，主要是因为霍缅科和科涅夫集团军遭受的损失，以及德军精心组织的防御。主要依靠协同一致的火炮、迫击炮、机枪火力，以及第87步兵师两个新锐团的反冲击，劳夫第5军和海茨第8军前沿部队设法在受威胁最严重地段将苏军的推进限制在不超过几百米。最引人注目的是霍缅科右翼的推进，在那里，他虚弱的掩护部队终于发现德军第129步兵师撤离了别雷公路北面和西面的弗罗洛沃突出部。苏军步兵第134师对此做出反应（尽管较为迟缓），以其部队前出到乌斯季耶地域。另外，集团军左翼，步兵第251师利用第19集团军在洛谢沃以北的推进，以辖内部队向西进击并夺得戈罗德诺，这个支撑点是德国第5军第35步兵师左翼防御的基石。（参见地图5.8）

铁木辛哥也对当日的行动做出应对，命令第30和第19集团军次日继续进攻，对德军防御保持最大压力。要想让第16和第20集团军在即将于9月1日发起的进攻中取得积极战果，这一点绝对必要。但实际上，由于抽调部队协助北面第22集团军稳定其防御，第30集团军的实力遭到严重削弱，次日突击时其冲击力微乎其微。

第一阶段，8月28日—31日

依然乐观的科涅夫于8月27日24点给辖内部队下达新的进攻令，再次设法彻底歼灭敌杜霍夫希纳集团：

· **敌人的情况**——8月27日，敌人以原先的力量顽强抗击集团军的进攻，仅在集团军右翼的第一新洛谢沃和别尔季诺方向退却。当日晨，我们发现敌人1个步兵团的摩托化队列正从杜霍夫希纳地域向前开拔（可能是第87步兵师辖内部队）。

· **第19集团军的任务**——8月28日继续进攻，以右翼力量沿别尔季诺、波尼佐维耶和杜霍夫希纳一线迂回敌杜霍夫希纳集团并切断对方撤往察列维奇河的路线，从而将其歼灭。最大程度地发展夜间行动。

· **分界线**：

★步兵第244师与步兵第166师分界线——保持不变，至谢利谢，再至蓬克拉托瓦，含上述地点，由步兵第166师负责。

★步兵第166师——左侧分界线保持不变，至伊万尼基，再至梅什科沃和谢利措。

★其他各师分界线保持不变。

· **航空兵的任务**：

★在别尔季诺、穆日洛瓦、瓦西利西诺地域掩护集团军编组，应特别注意掩护别尔季诺、梅什科沃地域和骑兵第45师行动方向。

★轰炸航空兵——同地面部队协同，消灭谢尔基纳、苏谢沃、锡罗京卡地域的敌炮兵。

★消灭从杜霍夫希纳开来的敌预备队。[8]

8月28日

8月28日最激烈的战斗发生在第30集团军中央地带的舍列佩地域，步兵第251和第162师在那里取得数百米进展；另外还有洛谢沃西南方的洛伊尼亚河下游，在那里，第19集团军步兵第89和第91师为夺取河上的渡口，同德军第87步兵师新投入的两个团展开持续战斗。此时的战斗沦为交战双方近乎静止的一场激烈厮杀。与此同时，科涅夫右翼，步兵第244和第162师以骑兵第45师为先锋，在洛伊尼亚河上游成功夺得德军第35步兵师设在沙赫洛沃的支撑点。（参见地图5.9）

德军位于斯摩棱斯克以东的防御不断遭到侵蚀，哪怕扫一眼集团军群每

▲ 地图 5.9：第 19 集团军的作战态势，1941 年 8 月 28 日晚间（资料图）

日态势图，也会令博克越来越感到焦虑。哈尔德8月28日联系博克的参谋长并告诉他，希特勒对北方集团军群装甲力量与博克集团军群装甲部队即将在北面的旧鲁萨和杰米扬斯克地域展开的协同充满热情，博克在日记中做出激烈回应："因此，我再次极为严肃地提请哈尔德注意第9集团军防线的情况；倘若俄国人继续进攻，这道防线无法据守太久。除了那里的少量预备队，两个师开至受威胁防线大约需要5天时间。"[9]

博克随后证实了苏军大本营和铁木辛哥深信不疑的东西，他写道："如果第9集团军无法坚守、斯摩棱斯克丢失，那么第4集团军也不得不后撤。"[10]博克随后强调第9集团军对态势恶化的严重关切，他补充道："因为我还没有发现防线遭到新的严重突破，所以在昨日发给陆军总司令部的报告中，以类似但不太尖锐的方式汇报了第9集团军的请求。"[11]

身处陆军总司令部的哈尔德在日记中提及博克的报告，证实了潜在的灾难性情况：

10点30分，冯·博克元帅情绪激动地打来电话：集团军群的防御临近崩溃点。倘若俄国人继续进攻，集团军群就无法据守其东线。从戈梅利地域调集的新锐师无法在9月3日前开抵第5军遭受威胁的地段。我们在该地段能否坚守那么久值得怀疑。可如果第9集团军后撤，第4集团军也必须退却。守住防线的唯一办法是投入装甲力量……现在看来相当肯定，撤回第9集团军不可避免。若俄国人继续进攻，唯一的解决办法是让北翼力量（施图梅集群）推进到德维纳河上游，然后以施图梅的装甲力量向南发起攻击。[12]

哈尔德随后添加了一条评论，证实了第9集团军步兵力量和装甲预备队遭受到严重损失：

对我的问题所做的答复是：东线的危险点位于第14摩托化师与第28步兵师之间的分界线上，以及第129步兵师左翼。第161步兵师的战斗力现在仅剩25%。第87步兵师必须接替第14摩托化师。这样一来，预备队仅剩武装党卫队"帝国"师。正在考虑放弃叶利尼亚突出部，这是个非常艰难的抉择，因为此举意味着丧失后续行动的一个基地。[13]

哈尔德随后在日记中透露出关于德军整体实力和步兵师战斗力的一些令人不安的数字，他指出，截至8月中旬，虽说每个步兵师的等级评定均为“适合作战”，但他们的平均实力仅为66%。由于第5和第8军8月中旬后继续从事激烈战斗，第106、第35、第5、第14摩托化师，第28、第8师的实力可能更弱，也许介于30%—40%之间。另外，8月20日—27日间，6.3万名补充兵开抵前线，这意味着迄今为止伤亡38万人的东线陆军只获得了17.5万人的补充。更糟糕的是，第3装甲集群辖内装甲师的装甲力量已降至45%，也就是说，每个师仅有50—60辆坦克，而月中后对第19集团军发起反冲击，遭受挫败和重创的第7装甲师，装甲力量仅剩24%。[14]

8月28日16点30分，博克和哈尔德哀叹第9集团军东部防线的状况时，铁木辛哥同科涅夫取得联系，以便弄清情况并确定第19集团军在重要地段继续进攻及取得胜利的可能性：

铁木辛哥——科涅夫同志，您好。我了解德雷耶尔（骑兵第45师师长）；但您命令他尽早靠近前线，他的部队靠近洛伊尼亚河，但多少有些分散，实力受到削弱，不久后我们会看到这一点。关于夜间行动和这些行动到当日晨的执行情况，如果可以的话，请您汇报一下。

科涅夫——元帅同志，您好。夜间行动并未取得任何特别的战果。今天，各部队自拂晓起一直在战斗，已夺得沙赫洛沃，240、233.4高地和沿洛伊尼亚河至227.0高地一线，正为争夺伊万尼基西北方1千米的226.7高地进行战斗，另外，225.1高地和斯捷帕尼季纳村都已攻占；博雷科（步兵第50师师长）正从斯捷帕尼季纳沿洛伊尼亚河西岸向南进攻，已夺得穆日洛沃、格里亚斯诺夫、米哈伊洛夫以西树林的一部分。战斗表明，敌人的第二道防御带穿过帕夫洛夫希纳、帕诺夫、沙赫洛沃以西树林，沿洛伊尼亚河向东南方延伸到新谢利谢，再至220.3高地，然后再沿洛伊尼亚河延伸到河口。我方右翼之敌在防御前沿大量埋设反步兵和反坦克地雷。

在这场战斗中，我们识别出敌第35步兵师第34步兵团，盘踞在帕诺夫地域的整个第5步兵师，沙赫洛沃和伊万尼基地域的整个第28步兵师，盘踞在马科维耶地段和南面沿集团军左翼部署的第83、第7、第49步兵团。另外，敌第8步兵师第84步兵团位于马科维耶和博洛季诺地段，在帕诺夫还俘获了敌第14步兵师第53团的俘虏。敌人正顽强坚守这道防线。

关于德雷耶尔，据他报告，在帕诺夫消灭敌人1个连，在莫罗佐沃以北2千米消灭敌人1个连，他的侦察支队在巴甫洛夫希纳未发现敌人，但由于马匹疲劳，他没有在巴甫洛夫希纳采取任何行动。我命令他更靠近河流而不是撤离前线，这样他便可以尽快整顿部队并利用附近的森林进行隐蔽。

我的计划是继续突破敌人的防御带，夺取克罗托沃，今天消灭盘踞在洛伊尼亚河与察列维奇河之间的敌人。

我请求调派坦克，只要1个营就好，另外请您督促为我们调拨探雷器。[15]

除了强调他继续保持的乐观情绪外，科涅夫的这番话还表明，第19集团军获取情报的能力得到大幅度改善。实际上，尽管几个德军步兵团的番号识别有误，但科涅夫的评述表明，他对集团军当面之敌的鉴别力相当敏锐。

西方面军8月28日20点呈交的作战摘要再次准确阐述了相关态势：

· **总体情况**——方面军右翼，第22集团军正完成撤离包围圈的行动并沿彼得罗夫斯科耶、斯克沃尔措沃车站、日日察车站一线进行激烈战斗，同时还在构设并占据亚梅、曼科沃、列佩希诺、锡多罗沃中间防线和波多利诺、亚什基诺、扎利科夫斯科耶湖、旧托罗帕后方防线。方面军中央地带，各部队继续进攻，打击敌人强有力的抵抗。而在方面军左翼，各部队继续加强他们的阵地。

· **第22集团军**——集团军正对撤离包围圈的部队加以整顿并同数量占据优势之敌展开激烈战斗，同时以部分力量据守彼得罗夫斯科耶、斯克沃尔措沃车站、日日察车站一线；但未收悉关于该集团军当日下午作战行动的报告。

★编有第19、第20装甲师和第30摩托化师的敌第57装甲（摩托化）军，向托罗佩茨发展进攻，8月28日12点，发现以下几支敌摩托—机械化队列：（a）头部—科斯季诺，尾部—列夫科沃；（b）头部—斯克沃尔措沃车站，尾部—波奇诺克；（c）头部—丘赫尼，尾部—阿尔捷莫瓦。

★步兵第214和第112师——沿彼得罗夫斯科耶和达维多沃一线占据防御。

★坦克第48师——撤至亚梅（彼得罗夫斯科耶东北方12千米）、199.5高地、曼科沃一线，同敌人一个装甲师展开激烈战斗。

★步兵第126师——同敌人一个装甲师在斯克沃尔措沃车站地域进行战斗。

★安托先科支队——在季穆尔尼基和科多斯诺湖地段战斗并构设一道从列佩希诺延伸至锡多罗沃和197.6高地的防线以便从南面和西南面掩护托罗佩茨。

★第29集团军学员支队——在日日察车站同敌摩托化步兵战斗。

★步兵第186师——8月28日14点30分弃守斯克沃尔措沃车站附近的防御，向东面和东北面混乱后撤，正采取措施恢复秩序。

· **第29集团军**——集团军右翼，面对敌人以猛烈的火炮、机枪、迫击炮火力施加的压力，步兵第252师被迫后撤；中央地带和左翼部队正加强防御，具体如下：

★步兵第246师——特鲁布尼基、199.4高地东北坡、209.6高地东坡。

★步兵第243师——209.6高地、博德涅夫卡西南面树林、尼古拉耶夫斯克东北方1千米的树林、亚西科沃。

★混成旅（NKVD摩托化步兵第1、第2团）——位于原先位置，同时从北面、东北面、东面包围卡特科沃并以1个营在175.4高地附近从南面掩护自身。

★骑兵第29团——在左翼遂行原先的任务（侧翼掩护）。

· **第30集团军**——右翼，步兵第629团（步兵第134师）和步兵第918团（步兵第250师）于8月28日晨向西南方追击敌人；中央地带和左翼，集团军辖内部队8月28日13点从旧莫罗霍沃、埃尔霍沃、谢琴基、谢卡奇一线恢复进攻，17点前出到以下位置：

★步兵第134师（与步兵第250师第629和第918团）——右翼部队向西南方追击敌人，中央和左翼部队据守原先的阵地。敌人在各条道路大量布设地雷。

★步兵第242师——进攻未获成功，在原先位置进行战斗。

★步兵第250师——发起进攻并到达丘尔基诺南面400米灌木地域至229.6高地北坡一线，正为夺取该高地进行战斗。

★步兵第162师——攻往霍缅基，右翼到达228.9高地西坡，左翼到达沙尼诺西南方1千米的独立建筑。

★步兵第251师——夺得大列皮诺，15点到达212.9高地至谢卡奇西南方路口一线并继续攻往克列切茨和戈罗德诺。

★坦克第107师——坦克第143团在米哈伊洛夫希纳地域担任集团军司令员的预备队，其他团正支援步兵第162和第251师的进攻。

★8月28日的损失：伤亡453人。

★8月27日和28日的战利品：缴获4辆半埋起来的坦克、2辆烧毁的坦克、2辆摩托车、15箱炮弹、2门迫击炮、250支步枪、1挺重机枪、3挺轻机枪。

·**第19集团军**——8月27日—28日展开夜间行动，但未取得重要战果，8月28日继续进攻，重点集中于夺取敌人的独立抵抗基点。敌人在右翼大量埋设反坦克和反步兵地雷，在中央地带和右翼[①]实施顽强抵抗。截至8月27日17点[②]，集团军辖内部队在以下位置战斗：

★步兵第244师——进攻240.1高地和沙赫洛沃以西小树林东部边缘。

★步兵第166师——面对敌人的猛烈防御火力，进攻227.0和226.7高地。

★步兵第91师——夺得225.1高地和斯捷帕尼季纳，并为夺取伊万尼基以南树林和谢缅科沃东郊进行战斗。

★步兵第89师——在原先位置同敌人交火。

★第50步兵师——攻往211.6高地，在左翼夺得穆日洛瓦以西树林的一部分。

★步兵第64师和坦克第101师——在原先位置同敌人交火。

★骑兵第45师——其他信息表明，骑兵第45师主力8月28日下午位于帕诺夫地域，其侦察部队位于旧卡扎里纳地域（正在核实）。该师设法突向别尔季诺，但由于敌人火力猛烈，这场行动未能获得成功，该师撤回出发阵地，在那里过夜。该师在莫罗佐瓦地域消灭敌人7个连，在帕诺夫地域消灭敌第14步兵团4个连。8月28日拂晓，该师从帕诺夫地域撤至扎尼诺、洛帕特奇基、沃尔科沃地域以让疲惫的部队获得休整补充。正在核实该师人员和马匹遭受的损失。

·**第16集团军**——位置未发生变化，当面之敌尽管不太活跃，但偶尔以火炮和迫击炮轰击集团军的阵地。

---

① 译注：原文如此。
② 译注：原文如此。

· **第20集团军**——位置未发生变化。集团军辖内部队正加强他们的阵地并准备实施部分重组。当面之敌不太活跃，但从普涅沃和多布罗米诺地域以有条不紊的炮火，从多布里科瓦和索普希诺地域以机枪、迫击炮火力打击各路口和集团军编组。我方炮兵消灭敌人1门迫击炮、2挺重机枪和4辆大车，压制数门火炮、迫击炮和1挺重机枪，并在帕什科沃西南地域驱散敌人1个步兵排，在维什尼亚基地域驱散敌人搭乘卡车的1个步兵排。小股敌人攻往249.9高地顶峰，但被我方火力击退。8月23日—26日缴获的战利品包括8门反坦克炮、7门迫击炮、4挺机枪、4支自动武器、25枚手榴弹、200多发炮弹、2辆摩托车和另一些装备。

· **方面军预备队**——坦克第1和步兵第152师位于原先位置。

· **方面军航空兵**——8月27日—28日夜间打击敌人的机场，但由于气候条件恶劣，除确定天气的个别飞行架次外，8月29日晨①的空中行动有所减少，共出动30个飞行架次。

★轰炸航空兵第23师——8月27日—28日夜间打击维捷布斯克、卡缅卡、鲁德尼亚、祖博沃，以及乌斯维亚特的敌机场，注意到祖博沃燃起大火，但由于云层遮蔽，尚未发现其他战果。执行夜间任务的25架飞机，由于天气条件不佳，其中11架返回机场，9架降落在我方控制地域的各处，另外5架尚无消息。

★混成航空兵第31师——夜间以1架飞机轰炸科多斯诺湖西岸之敌，发现目标地域燃起大火。

★当日下午，方面军航空兵对第22集团军防线上的敌摩托—机械化队列实施打击。

★其他航空兵师未进行战斗飞行。

★我方损失：1架执行任务的佩-2飞机未能返回。[16]

因此，和前几天一样，尽管第30和第19集团军继续进攻，但只取得了有

---

① 译注：原文如此。

限战果，而8月28日第22集团军作战地域的消息继续吸引铁木辛哥和大本营的注意。这一点完全可以理解，因为同8月中旬的情况一样，博克中央集团军群与铁木辛哥西方面军之间再度展开一场致命角逐，这一次对交战双方来说都是决定最终命运的紧要关头。从铁木辛哥的角度看，最紧迫的问题是："西方面军能否粉碎第9集团军的'东线'并迫使德国人在援兵到来前放弃斯摩棱斯克地域？"而在博克看来，问题恰恰相反："第9集团军辖内部队能否为集团军群北翼和南翼至关重要的斗争坚守足够长的时间，从而迫使苏军大本营和铁木辛哥放弃他们的反攻？"8月28日夜幕降临时，交战双方都无法明确回答这些问题。（参见地图5.10）

但是，苏联最高统帅部大本营和铁木辛哥的决心都未动摇。在斯大林的敦促下，8月28日夜幕降临后，铁木辛哥命令霍缅科和科涅夫，无论如何必须继续进攻，同时拟制一道命令，其目的无非是夺取整个斯摩棱斯克地域。霍缅科和科涅夫立即做出回应，分别下达新进攻令。

霍缅科8月28日20点10分签发的新进攻令如下：

· **敌人的情况**——顽强坚守旧莫罗霍沃、新莫罗霍沃、丘尔基诺、舍列佩、211.9高地、214.9高地、235.1高地和戈罗德诺一线。

· **第30集团军的任务**——8月29日晨沿整条战线对敌人展开进攻，完成集团军第047号令赋予的任务。5分钟炮火急袭后，步兵应于9点发起冲击，按照各师长的命令打击敌编队。

· **辖内各兵团的任务：**

★坦克第107师——将编有30辆坦克的1个营和摩托化步兵第120团第1营交给步兵第251师，该师进攻力量集结于卡尔波瓦地域。

★步兵第251师——投入坦克，沿戈罗德诺和新谢尔基方向遂行冲击，沿克列切茨和弗罗利措沃一线夺取沃特拉河上的渡口。

★我的预备队——摩托化步兵第120团第2营，集结在古利亚耶沃地域。

★炮兵编组和任务——保持不变。

★各师分界线——保持不变。[17]

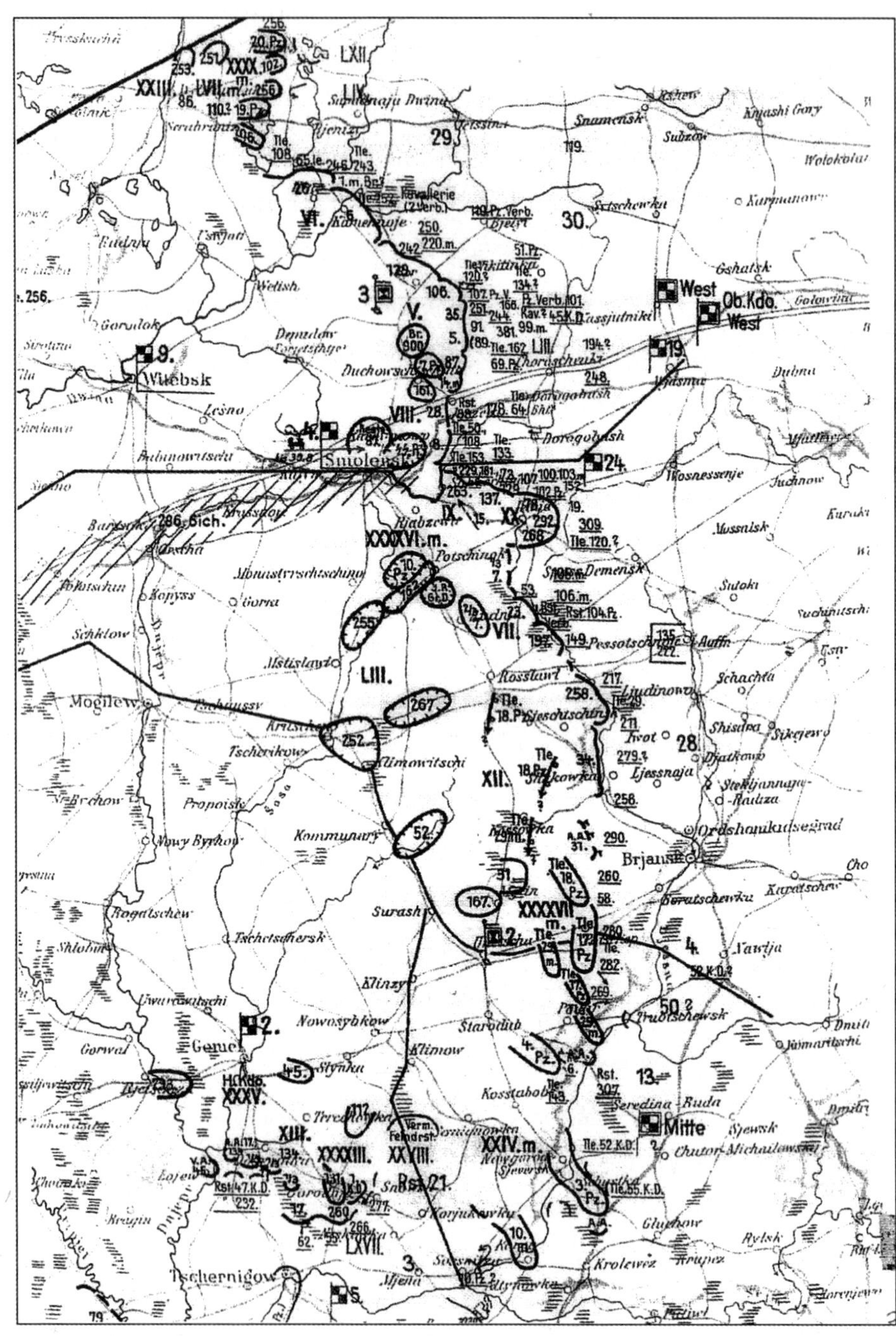

▲ 地图 5.10: 中央集团军群的作战态势，1941 年 8 月 28 日晚间（资料图）

霍缅科的意图是投入获得坦克和摩托化步兵加强的步兵第251师，粉碎德军第106步兵师右翼防御，向西推进，在列特卡（Rekta）南面渡过沃特拉河（Votra），从而迂回第106步兵师中央力量设在舍列佩以西的防御。

21点15分，科涅夫也给第19集团军下达了与霍缅科协商过的进攻令：

· **敌人的情况**——以整个第5和第28步兵师，以及第35、第8、第14步兵师和第11装甲师部分力量据守集团军战线对面，防御前沿位于巴甫洛夫希纳、帕诺夫村、沙赫洛沃以西树林、新谢利谢以西树林、巴尔苏基一线，更南面则沿洛伊尼亚河西岸一线部署，少量预备队位于基斯洛沃、马舒季诺、米希诺地域。

· **友邻力量**——右侧，第30集团军从旧莫罗霍沃、舍列佩、谢卡奇一线攻往西南方；左侧，第16集团军据守新谢利耶（东部）一线，在南面沿沃皮河设防。分界线没有变化。

· **第19集团军的任务**——8月29日14点突破敌人在沙赫洛沃、伊万尼基、卡扎科瓦、梅什科沃地段（亚尔采沃以北22—30千米）的防御，沿新谢利谢、克罗托沃、梅什科沃、博洛季诺、马舒季诺方向进攻，包围并歼灭盘踞在洛伊尼亚河与察列维奇河之间的敌集团，尔后向杜霍夫希纳发展进攻。

· **辖内各兵团的任务：**

★步兵第244师（与榴弹炮兵第399团第1营）——在沃特拉河与西面林地之间地段掩护集团军右翼的同时，朝229.4高地、旧卡扎里纳、潘克拉托瓦发起主要突击，突破敌人设在新卡扎里纳和新谢利谢地段（亚尔采沃以北25—27千米）的防御，日终前夺取基斯洛沃和潘克拉托瓦一线。

★步兵第166师（与榴弹炮兵第399团，欠第1营）——向克罗托沃和梅什科沃南郊发起主要突击，突破敌人从新谢利谢至路口（227.0高地以南0.5千米，亚尔采沃以北23—25千米）的防御，日终前夺取潘克拉托瓦和梅什科沃一线。

★步兵第91师——攻往225.1和230.8高地，日终前夺取梅什科沃和谢尔基纳一线（亚尔采沃以北21—23千米）。

★步兵第89师——攻往220.3高地和229.8高地南坡（亚尔采沃以北19—21千米），日终前夺取谢尔基纳以西树林的西部边缘。

★步兵第50师（与坦克第202团，榴弹炮兵第302团第4营，榴弹炮兵第596团第1营）——朝216.1高地和卡卢吉诺发起主要突击，突破敌人设在214.0高地和伊万诺沃地段（亚尔采沃以北17—19千米）的防御，日终前夺取图尼卡河一线。

★步兵第64师（与榴弹炮兵第596团第2营）——朝218.5高地和苏谢沃发起主要突击，突破敌人设在希什基诺至图里谢沃以东0.5千米树林北部边缘一线（亚尔采沃以北15—17千米）的防御，夺取苏谢沃地域，以及荣军院和苏谢沃地段的察列维奇河上渡口，并阻止敌人撤往察列维奇河后方。

★坦克第101师——据守彼得罗瓦、奥西波瓦、斯卡奇科沃、奇斯塔亚一线（亚尔采沃以北7—15千米），同时掩护集团军左翼和同第16集团军的分界线。

★预备队——步兵第613团，位于卡斯塔拉诺瓦地域；步兵第390团，位于219.4高地和谢利科沃。

★炮兵——6点前做好开炮射击的准备，13点30分至14点实施炮火准备。

★航空兵（缺失）。

★集团军司令部和指挥所——位置保持不变。

★报告——提交作战和侦察摘要的时间保持不变。[18]

凭借这些命令，铁木辛哥委派霍缅科和科涅夫以第30、第19集团军毗邻的左翼和右翼力量组织一场大规模突击。这位方面军司令员希望，在三天的战斗中，这些获得几乎所有可用坦克加强（每个集团军约30辆）的部队，能在德国第5、第8军已遭到严重削弱的第106、第35、第5步兵师防区打开个缺口。倘若能在8月29日—31日做到这一点，那么他们就有理由相信，整个方面军9月1日同样能实现这种胜利。因此，第30和第19集团军实际上正在完成铁木辛哥大规模反攻的第一阶段任务。

为完善这一计划并对反攻第二阶段加以准备，铁木辛哥8月28日23点30分给方面军辖内所有部队下达了一道新的全面进攻令：

·**总体情况**——敌人以多达10个师（包括2个装甲师）的兵力继续沿大卢基方向进攻并在战线其他地带顽强防御，同时不断发起反冲击，企图遏止方面军诸集团军的进攻。

·**友邻力量**——右侧，西北方面军正以一场积极防御沿洛瓦季河遏止敌人。与该方面军的分界线为利霍斯拉夫利、谢利格尔湖、纳斯瓦车站，以上地点均由西方面军负责。左侧，预备队方面军将于8月28日晨发起进攻，消灭敌叶利尼亚集团，以第24集团军攻往波奇诺克，以第43集团军攻往罗斯拉夫利，9月8日前到达多尔吉尼维和希斯洛维奇一线。与该方面军的分界线为克列米亚季诺车站、里亚布采沃车站、克拉斯内，以上地点均由西方面军负责。

·**西方面军的任务**——9月1日发起一场决定性进攻，粉碎敌人，9月8日日终前到达韦林斯科耶湖、普赫诺沃、巴拉诺沃、韦利日、杰米多夫、格涅兹多沃、切尔翁诺耶一线，同时沿大卢基方向实施积极防御。

·**辖内各兵团的任务：**

★第22集团军——沿克尼亚若沃和日日茨科耶湖组织前沿防御，实施侦察，以先遣支队加强向西展开的行动，沿沃洛克、托罗佩茨、旧托罗帕一线设立一道主防线，整个集团军应在9月5日前彻底完成战备并做好攻往大卢基的准备。左侧分界线为维索科耶、旧托罗帕、韦林斯科耶湖，以上地点均由第22集团军负责。

★第29集团军（步兵第252、第246、第243师和NKVD特别旅）——据守西德维纳河一线，以靠前部署的部队扼守现有阵地，将1个步兵师和1个摩托化旅调至旧托罗帕地域，防止敌人朝托罗佩茨发展，9月5日前做好向南攻往伊利因诺和韦利日的准备。左侧分界线为勒热夫、扎尔科夫斯基车站和韦利日，以上地点均由第29集团军负责。

★多瓦托尔骑兵集群（骑兵第50、第53师）——继续履行你部受领的任务，前出到第30集团军当面之敌的后方地域，会同第30集团军消灭敌人，尔后准备向南面的韦利日展开行动。

★第30集团军（步兵第250、第242、第251、第162、第134师，坦克第107师）——继续进攻的同时，于8月30日和31日实施重组并做好发起一场全面进攻的准备，9月1日转入决定性进攻，从而粉碎敌人，向杰米多夫遂行主要突击，9月6日前到达叶夫谢耶夫卡和库德里亚夫采沃一线，9月8日日终前到达韦利日和杰米多夫一线。左侧分界线为伊戈里耶夫斯卡亚车站、卡尔波瓦、别列斯涅沃、杰米多夫，以上地点均由第30集团军负责。

★第19集团军（步兵第244、第166、第91、第89、第50、第64师，坦克第101师，骑兵第45师）——继续进攻的同时，于8月30日和31日实施重组并做好发起一场全面进攻的准备，9月1日转入决定性进攻，粉碎敌杜霍夫希纳集团，9月6日前到达叶夫列莫瓦和科洛托维纳一线，9月8日日终前到达杰米多夫和维德拉一线，同时保留1个步兵师担任集团军预备队。左侧分界线为科米亚吉诺、萨穆伊洛瓦、科洛托维纳、维德拉，以上地点均由第19集团军负责。

★第16集团军（步兵第152、第38、第108师，坦克第1、第18师）——8月30日和31日重组，9月1日发起一场决定性进攻，以右翼力量遂行主要突击并将快速坦克集群在集团军右翼投入突破口，借此粉碎敌亚尔采沃集团，从北面和西面实施合围，夺取斯摩棱斯克，不得对该城实施正面突击，9月8日日终前以集团军主力前出到维德拉和格涅兹多沃一线。左侧分界线为维亚济马、多罗戈布日和索洛维耶沃渡口。

★第20集团军（步兵第144、第73、第229、第153、第161、第129师）——继续顽强据守集团军左翼，在集团军中央地带组建一个突击群，8月30日和31日做好进攻准备，9月1日发起一场决定性进攻，以主力从南面包围斯摩棱斯克，9月8日日终前到达格涅兹多沃、博贝里和里亚布采沃车站一线。

★方面军工程兵主任——8月30日前为第20和第16集团军提供渡河工具。

★方面军航空兵司令——将各航空兵师交给诸集团军，以此提供空中支援并制定航空兵与诸集团军的协同计划，特别是与第16集团军和快速集群（坦克第1、第18师）的协同。

★所有指挥员：

☆战役期间务必在所有指挥层级实施妥善组织的系统性侦察，以免部队遭敌人突袭，应特别注意沿所有敞开的侧翼实施不间断的细致侦察。

☆你们必须加强从敌人手中夺取的所有战线和支撑点并要求辖内部队立即构筑防御工事。

☆预先彻底研究并整合步兵、炮兵、战机和坦克的行动，并为步兵和坦克的行动提供持续不断的空中支援。

☆战役准备工作必须严格保密，禁止以电话交谈和电报的形式讨论此事，以口头命令和专人传达的方式给相关人员和部队下达任务指令。

★汇报收悉情况。[19]

这道综合令确定了诸集团军9月1日发起全面进攻前所要执行的具体任务，以及进攻开始后的当前和尔后任务。最重要的是，命令中要求第30和第19集团军继续进攻，以此对德国第9集团军的防御保持压力。这道命令还要求以2个坦克师（第1和第18师）组建起快速集群，其任务是从亚尔采沃以北，第16集团军作战地域发起一场果断推进，攻往杜霍夫希纳和斯摩棱斯克。

8月29日

8月29日，最终进攻令下达后，铁木辛哥焦急地等待着，而霍缅科和科涅夫集团军投入麾下所有力量，打击德国第9集团军第5、第8军设在斯摩棱斯克东北面和东面的防御。西方面军8月29日20点提交的摘要描述了当日的作战行动。仿佛是为强调铁木辛哥的严重关切似的，这份摘要的内容比前几天的报告更加详细（参见地图5.11）：

·**总体情况**——方面军右翼，第22集团军撤离包围圈的部队在波多利诺、亚什基诺、扎利科夫斯科耶湖、旧托罗帕地段沿后方防线同敌坦克和摩托化步兵进行激烈战斗；方面军中央地带的力量继续进攻，以歼灭顽强坚守支撑点之敌；方面军左翼力量正强化阵地并为即将发起的总攻实施重组。

·**第22集团军**——据守波多利纳、尼舍维齐、扎利科夫斯科耶湖、新杰列夫尼亚一线，同时整顿部队并以部分力量在个别地段同敌坦克和摩托化步兵进行激烈战斗。

★敌人的主要努力集中于托罗佩茨和该镇东北方。空中侦察8月29日11点40分发现敌坦克和车辆组成的一股队列正在开进，其头部位于纳济莫沃，尾部在库尼亚车站。13点发现另一支多达300部车辆的队列在歼击机掩护下开进，头部位于谢利谢，尾部位于科多斯诺湖。

★坦克第48师和步兵第214师——沿中间防线部署的部队在波德罗夏和曼科沃一线同敌人展开持续不断的战斗。

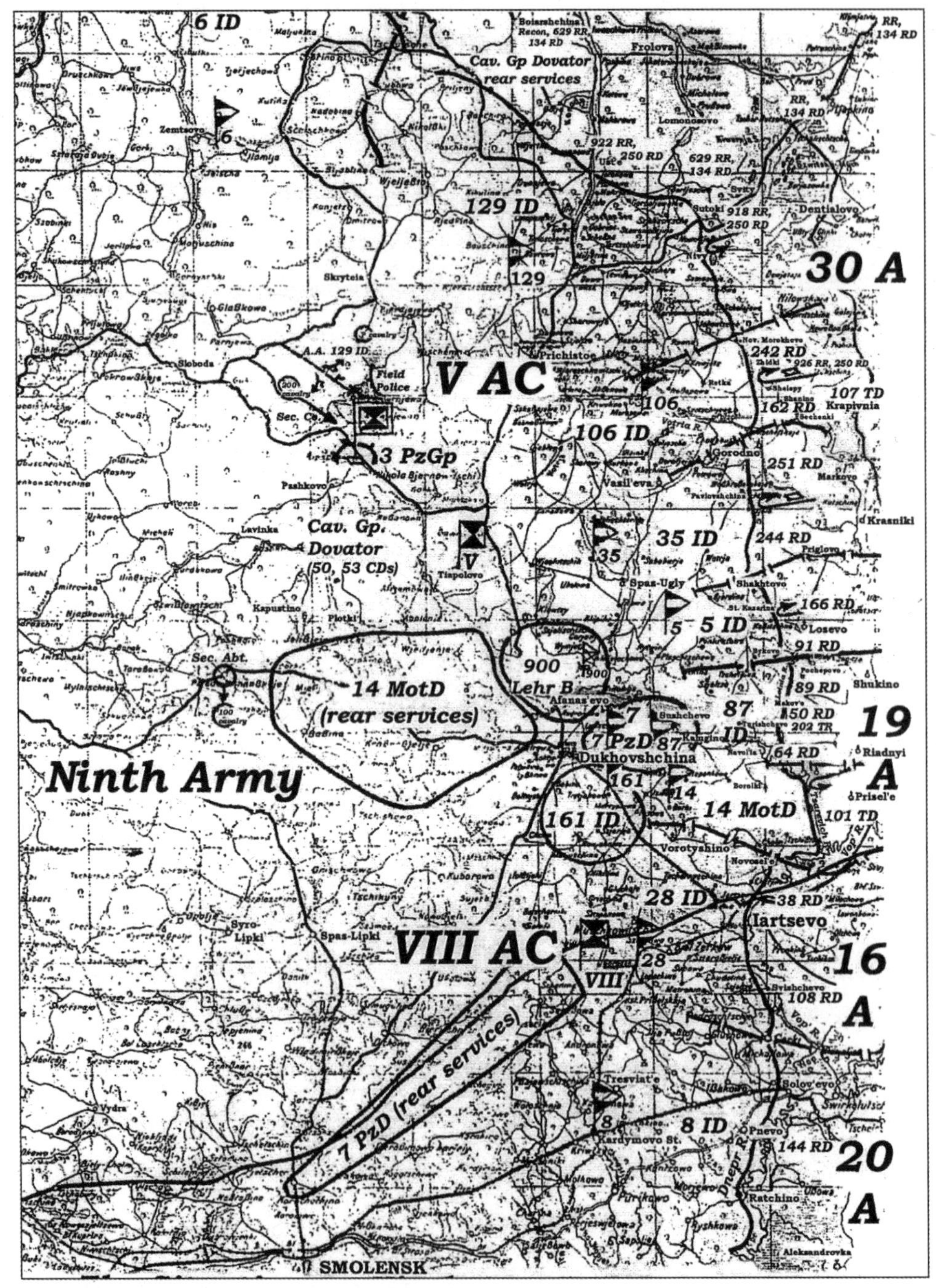

▲ 地图 5.11: 第 9 集团军“东线”的战场态势, 1941 年 8 月 29 日晚间（资料图）

★步兵第174师、步兵第186师第709团、炮兵第199团和摩托化步兵第38营——据守波多利纳和亚什基诺一线，但未收悉关于战斗结果的消息。

★步兵第126师——据守亚什基诺和扎利科夫斯科耶湖一线，敌坦克和摩托化步兵组成的一股力量8月29日10点突向亚什基诺和法季科瓦，但被雷区所阻，无法继续前进。正采取措施肃清敌人的突破。

★步兵第186、第126师（一部）和调自托罗佩茨的1个民兵支队——自12点起，同敌人在托罗佩茨西北郊、北郊、西郊展开巷战，敌冲锋枪手攻入市中心，巷战正在进行中。

★步兵第186师和2个炮兵团（一部）——据守沙特雷和新杰列夫尼亚一线。

★安托先科混成支队——据守奥利霍夫卡、锡多罗沃、米季科沃一线，17点同企图从南面包围奥利霍夫卡的敌摩托化步兵进行战斗，以一场反冲击击退敌人。

★第29集团军学员支队——成功据守日日察车站。

★尚未收悉关于集团军辖内其他部队作战行动的消息。

· **第29集团军**——继续扼守其右翼并遵照总司令的命令实施重组。

★步兵第252师——以1个加强步兵营据守小纳波尔基、索希、里亚古什卡一线，击退敌人1个营从科切加罗沃地域发起的进攻。

★步兵第246师——16点30分将一个半团集结在皮亚丘索瓦地域，14点25分以剩余力量击退敌人朝巴耶沃发起的进攻。

★步兵第243师——以1个加强步兵团据守特鲁布尼基和克雷瑟一线，以剩余力量在别良基和祖伊地段沿西德维纳河北岸占据防御。

★混成旅（NKVD摩托化步兵第1、第2团）——以1个营据守克雷瑟和叶拉加一线，余部赶往罗季诺、舍斯塔科沃和扎卢日耶地域。

★骑兵第29团——位于原先位置。

· **多瓦托尔骑兵集群**——未收悉相关情况。

· **第30集团军**——右翼，追击后撤之敌；左翼，8月29日9点从新莫罗霍沃、伊夫基诺、谢卡奇一线发起进攻，沿戈罗德诺和新谢尔基方向遂行主要突击，迫使敌人朝西南方实施战斗后撤。担任掩护的小股敌步兵在各条道路和森林中的通道埋设地雷，集团军战线其他地段，敌人实施强有力的抵抗。

★步兵第134师——集团军侦察报告指出，该师先遣支队到达洛莫诺索沃车站地域，在那里没有发现敌人，也未发现多瓦托尔集群的部队（需要核实）。

★步兵第918团先遣支队（隶属步兵第134师）——上午10点在济基地域同敌掩护部队战斗，经过一场短暂交火，迫使敌人撤入济基西南面树林内。

★步兵第629团侦察群（2个步兵排）派去同多瓦托尔集群建立联系——8月29日10点从弗罗洛瓦地域赶往博亚尔希纳。

★步兵第134师第629、第918团——追击敌人，但由于第30集团军司令部未同他们联系，未收悉其所处位置的报告。

★步兵第134师（欠第918团）——休整补充，一个团位于洛西米诺、杰梅希、佩特鲁希纳地域，第二个团位于别雷地域。

★步兵第242、第250、第162师——发起进攻，但遭遇敌人的猛烈火力，对方在相关地段埋设地雷，有些地段还设有铁丝网障碍，导致这些师仅取得有限战果。

★步兵第251师——发起进攻，遭遇敌人的猛烈火力，14点30分到达214.9高地以东500米小树林的西部边缘，夺得235.1高地和戈罗德诺西南方小树林，正为夺取戈罗德诺进行战斗。

★坦克第107师（欠摩托化步兵第237团，但配有坦克第143团和炮兵第119团）——在米哈伊洛夫希纳地域担任集团军司令员的预备队。

★8月28日的损失：伤亡220人。

★8月29日缴获的战利品（据不完整的数据统计）：4门反坦克炮、6挺重机枪、5挺轻机枪、10箱37毫米炮弹。

· **第19集团军**——实施部分重组并在侧翼遂行防御的同时，于8月29日14点从沙赫洛沃、斯捷帕尼季纳和奥西波瓦一线发起进攻，敌人依托预有准备的防御实施顽强抵抗。

★步兵第244师——在沃特里亚河与普里格洛沃以西森林之间掩护集团军右翼的同时，从沙赫洛沃和新谢利谢一线展开冲击，但被遂行防御的敌第56步兵团（第5步兵师）精心组织的火力所阻。

★步兵第166师——重组辖内部队，同时从新谢利谢和伊万尼基一线发起冲击，虽然遭遇遂行防御的敌第14步兵团（第5步兵师）有组织的火力打击和敌人布设的雷区，但成功发展进攻。

★步兵第91师——沿伊万尼基和斯捷帕尼季纳一线遂行冲击，同时克服雷区并肃清伊万尼基以南树林内的小股敌军。

★步兵第89师——从220.3高地一线对遂行防御的敌第173步兵团（第87步兵师）发起冲击，在两翼夺得敌人数个火力发射点，正顺利发展进攻。

★步兵第50师（与坦克第202团和2个榴弹炮兵营）——从卡扎科瓦和穆日洛瓦一线发起进攻，但战果不明。

★步兵第64师——从宰采沃国营农场以东1千米树林的西部边缘、波波瓦、奥西波瓦一线展开冲击，进攻重点集中于左翼。

★坦克第101师——重组辖内部队以支援集团军左翼的同时，沿奥西波瓦、斯卡奇科沃的教堂、200高地一线占据防御。

★骑兵第45师——8月27日和28日伤亡200人、损失150匹战马，8月28日19点起集结在藻夫拉日耶和洛帕特奇基以西树林内。

★集团军辖内部队8月28日缴获的战利品——45支步枪、1挺重机枪、5挺轻机枪、3挺大口径机枪、8支自动武器、9支手枪、3门迫击炮、3部电台和20辆自行车。

· **第16集团军**——位置未发生变化，当面之敌并不活跃，集团军防线前方未发现敌人的新部队。

· **第20集团军**——沿第聂伯河一线掘壕据守，同时在中央和左翼完成重组。

★步兵第144和第73师——据守原先的阵地，同时以火炮和迫击炮火力沿防线同敌人交火。

★步兵第229师（与步兵第153师第435团）——据守苏博罗夫卡东北方1千米小树林的北部边缘、249.9高地东坡、205.9高地、丘瓦希以北树林、224.8高地一线，偶尔以迫击炮对敌射击。

★步兵第153师（欠第435团）——8月29日10点前集结在奈杰诺瓦以北小树林、萨莫伊洛沃以南小树林、萨莫伊洛沃以东2千米树林内。

★步兵第161师——加强既占阵地，准备于8月29日—30日夜间接替步兵第229师并进入罗莫达诺沃和尤尔基诺地域，偶尔在防线上同敌人交火。

★步兵第129师——据守224.8高地上的阵地、克列米亚季诺东北方1千米的树林、乌斯特罗姆河至特鲁别利尼亚河河口一线；步兵第343团集结在鲁别若克和斯洛博德卡地域，偶尔在防线上以迫击炮同敌人交火。

★8月28日—29日夜间从第聂伯河西岸撤回——1辆拖车、1辆T-26坦克和5辆卡车。

· **方面军预备队**——坦克第1师和步兵第152师，仍在原先的位置。

· **方面军航空兵**——行动重点是沿托罗佩茨方向发现并消灭敌人，同时协助第19集团军推进，由于恶劣的天气条件给行动造成限制，仅出动77个飞行架次。

★混成航空兵第46师——沿托罗佩茨—纳济莫瓦、托罗佩茨—库尼亚、托罗佩茨—科多斯诺湖方向实施侦察。

★混成航空兵第47师——侦察并消灭日日察车站、库尼亚车站、科多斯诺湖、纳济莫瓦车站地域之敌，击毁敌人10辆坦克和4辆汽车，压制敌人2个炮兵连的火力并给敌方人员造成严重损失。

★混成航空兵第31师——在纳济莫瓦、库尼亚车站、大卢基地域遂行侦察并消灭敌军部队。

★混成航空兵第43师——在第19集团军战线展开行动，在别尔季诺、韦尔霍维耶、扎米亚季诺、锡罗京卡、希什基诺地域轰炸敌炮兵阵地和集结的敌坦克，机组人员报告，一些炸弹直接命中。

★轰炸航空兵第23师和侦察航空兵第38中队——未实施战斗飞行。[20]

尽管第30和第19集团军的战线上爆发了激烈战斗，可是西方面军在当日的行动中只取得了微不足道的战果。相反，中央集团军群倒是可以大肆吹嘘他们在8月29日取得的进展，也就是施图梅集群获得的战果。该集群辖内第19和第20装甲师向东推进，几乎畅通无阻地穿过托罗佩茨，攻向安德烈亚波尔和西德维纳。虽说报告中未提及这一点，但铁木辛哥肯定对当日缺乏进展深感沮丧，特别是考虑到古德里安在中央集团军群右翼向南发起了蔚为壮观的新推进。

看起来德国人重新恢复了信心，比如，陆军总司令部的哈尔德在日记中简单地写道："集团军群的东部防线相对较为平静。"[21]就连对施特劳斯能否守住东部防线持悲观态度的博克，当日白天视察第5和第8军后也深受鼓舞，他在日记中写道："第9集团军防线只遭到有限的进攻……所有人都认为，近日采取措施后，即便俄国人继续进攻，防线也能坚守一段时间。"[22]令哈尔德、博克和施特劳斯始料未及的是，铁木辛哥的"铁锤"即将以前所未有的力度砸向中央集团军群中央地带。

虽然尽管西方面军8月29日仅取得了少许进展，但铁木辛哥仍坚持实施他的进攻计划。当晚晚些时候，激烈的战斗在第19集团军作战地域肆虐之际，这位方面军司令员命令霍缅科第30集团军次日重组部队，形成一只更强大的进攻"铁拳"，8月31日投入战斗，9月1日加入总攻。但在重组部队的同时，集团军应以步兵第251、第162师在左翼继续进攻。

霍缅科8月29日23点给他的集团军下达了重组令：

· **第30集团军的任务**——继续进攻，同时对辖内部队实施重组。

· **辖内各兵团的任务：**

★步兵第134师——坚守既占地段的同时，掩护集团军右翼：

☆派先遣支队赶往（a）乌斯季耶、大科兹洛沃、博里索沃，（b）索洛维耶沃、奇恰塔、马克西莫夫卡，（c）梅扎地域，（d）洛西米诺、切尔内鲁切、杰梅希一线。

☆步兵第918团应前出到索什诺、阿尔扎韦茨、阿姆沙拉和扎莫希耶一线。

☆师主力沿费柳基诺、叶利切诺、209.0高地、切列佩、卡列罗沃、巴图里诺、拉德热诺、佩列沃济诺、斯特鲁耶沃一线部署。

☆沿杰梅希、新莫罗霍沃一线接替步兵第242师辖内部队。

☆左侧分界线为巴图里诺、埃西纳亚、新莫罗霍沃、克里韦茨。

★步兵第242师——在215.2高地和舍列佩地段接替步兵第250师辖内部队，当前任务是夺取丘尔基诺、科斯季诺、229.6高地。左侧分界线为多尔戈耶、舍列佩、埃哈诺沃。

★步兵第162师——夺取230.3高地、普洛斯科耶、伊夫基诺。左侧分界线保持不变。

★步兵第251师——夺取克列切茨和新谢尔基并掩护集团军左翼。

★步兵第250师（欠第918团）——获得接替后集结在苏哈列沃、沃罗比伊哈、波诺马里地域。

★坦克第107师——8月30日8点前集结在新维索科耶农场以东树林。

★军属炮兵第542团第2营——8月30日—31日夜间在多尔戈耶、古利亚耶沃、旧谢洛地域占据支撑点，接受军属炮兵第542团团长指挥。

★坦克第107师的炮兵——留在原先的支撑点，支援步兵第162师。

·以书面形式汇报执行情况，8月30日24点前完成重组。[23]

这番重组赋予步兵第134师先遣支队的任务是在突出部内据守集团军最右翼，这个突出部是德军第129步兵师几天前撤离后形成的，另外，该师主力将在新莫罗霍沃西北方地段接替步兵第242师。集团军右翼获得掩护后，步兵第242师将调至集团军中央地带，在那里接替步兵第250师，后者撤至步兵第242师后方担任集团军预备队。这些调动建立起一个新突击群，编有步兵第251、第162、第242师，由步兵第250师提供支援，并获得坦克第107师炮兵力量加强，该突击群将于8月31日发起一场协同一致的冲击，打击德军第35步兵师左翼和第106步兵师右翼，以及从新谢尔基向西北方延伸到舍列佩以西这片10千米宽的中央地段。

8月30日

8月30日，第30集团军忙于完成重组、第19集团军发起新突击时，铁木辛哥指示罗科索夫斯基第16集团军和卢金第20集团军加快完成进攻准备并为9月1日发起的全面反攻下达最终命令。具体说来，这涉及组建新突击群从而率领方面军展开决定性进攻。罗科索夫斯基8月30日18点给第16集团军下达进攻令：

·**敌人的情况**——以获得加强的第28步兵师据守沃皮河以西地域，防御前沿位于科哈诺沃、新谢利耶（东部）、亚尔采沃车站、祖博沃、斯维谢沃、马克耶沃一线，获得1—3道铁丝网和设在哈特尼、波洛吉、大戈尔基、小戈尔基地域的暗堡的掩护。其战术预备队位于萨穆伊洛瓦、谢穆希纳、索普雷基纳地域，托罗帕以西树林，以及别列祖耶沃、伊萨科沃、埃斯科瓦、特列斯维亚季耶、巴尔苏基、利霍夫斯科耶地域。

· **友邻力量**——右侧，第19集团军正朝杜霍夫希纳、萨穆伊洛瓦、科洛托维纳这一总方向进攻；左侧，第20集团军正攻往杜霍夫希纳这个总方向。

· **第16集团军的任务**——以步兵第38师1个团和整个步兵第108师在沃皮河东岸据守亚尔采沃和布亚诺沃地段的同时，于9月1日7点以剩下的力量发起进攻，当前任务是歼灭敌亚尔采沃集团，前出到马利措瓦、索普雷基诺、波洛吉一线，尔后朝斯捷潘诺沃和尼古拉埃德列维奇发展进攻，同时掩护自身的右翼，抗击敌人的反冲击。

· **辖内各兵团的任务：**

★坦克第1师（与榴弹炮兵第311团和军属炮兵第587团）——从奇斯塔亚和新谢利耶地段（亚尔采沃以北3—4.5千米）发起进攻，当前任务是前出到无名河流（新谢利耶以西3千米）东岸并夺取马利措瓦和无标高高地（谢穆希纳以西0.5千米）一线。

★步兵第152师（与步兵第38师炮兵第214团和加农炮兵第471团第1、第3营）——从新谢利耶和哈特尼地段发起进攻，当前任务是夺取库季诺瓦、帕尼纳、哈特尼一线，9月1日日终前到达索普雷基纳西南郊和234.9高地一线。

★步兵第38师（欠炮兵第214团，但获得军属炮兵第49团第2营）——以1个团据守从亚尔采沃南延至亚尔采沃以南3.5千米树林南部边缘一线的沃皮河东岸，余部在哈特尼湖和亚尔采沃车站地域发起进攻，当前任务是夺取帕尼纳、佩尔沃迈斯基、亚尔采沃地域，尔后以整个师展开进攻，9月1日日终前到达234.9高地东南坡、波洛吉、波洛吉东南方3千米路口地段。

★步兵第108师（与军属炮兵第49团第1营）——掩护你部左翼并在沃皮河东岸据守从锯木厂（旧扎沃皮耶西南方3.5千米）至布亚诺沃（索洛维耶沃以东2千米）一线的同时，做好于9月2日晨攻往斯维谢沃和波德罗希耶的准备。

★坦克第127旅（我的预备队）——9月1日5点前部署在曼奇纳和科茹霍瓦以西树林东部边缘的出发阵地，待坦克第1和步兵第152师到达萨穆伊洛瓦和库季诺瓦一线，在察列维奇河河口南延至杜布罗沃这一地段渡过沃皮河，在霍尔姆以西和新谢利耶（西部）西南方森林占据集结区。

★炮兵——8月31日20点前做好实施30分钟火力急袭的准备，任务如下：

☆沿防御前沿压制敌人的反坦克炮和支撑点。

☆防范科哈诺沃、克罗沃普斯科沃、伊瓦申卡方向的敌侧射火力和反冲击。

☆集中4个营的火力打击科哈诺沃西南面树林的西南边缘，以3个营的火力打击克罗沃普斯科沃东南面树林的出口，以3个营的火力打击克罗沃普斯科沃西南面树林的出口。

☆步兵到达萨穆伊洛瓦、库季诺瓦、帕尼纳一线时，将炮兵第214团转隶步兵第38师。

☆远战炮兵群（统帅部预备队加农炮兵第471团第2营、军属炮兵第49团第3营，由第471团团长指挥）——压制萨穆伊洛瓦、索普雷基纳、佩尔沃迈斯基西北方洼地、波洛吉地域的敌炮兵和预备队，防止敌预备队逼近克罗沃普斯科沃和斯托戈沃。

★集团军工程兵主任——以工兵第243和第169营现有材料、力量和装备在察列维奇河河口至杜布罗沃这片地段加紧修筑渡口，以便中型和重型坦克渡河。部队渡河后，保持桥梁完好，而不是将其拆除，从而确保同后方的交通联系，按照集团军参谋长的指示掩护这些桥梁。

·**补给站**——多罗戈布日车站。

·**运输**——根据各师师长和独立部队指挥员的命令行事。

·**指挥所**——设在霍捷诺瓦东北方1千米的树林内，辅助指挥所（VPU）8月31日21点后设在维舍戈尔以北0.5千米的树林内，但随后将沿莫斯科—明斯克公路移动。[24]

罗科索夫斯基的进攻令，将编有坦克第1师、步兵第152师和步兵第38师三分之二力量的一个突击群集结在从亚尔采沃车站北延至新谢利耶这片约5千米宽的地段。这股力量至少有2万名士兵和100辆坦克，并获得坦克第127旅的加强。该旅有40—50辆坦克，待两个突击师到达当前目标，该旅将在坦克第1师、步兵第152师作战地域加入交战。罗科索夫斯基的突击群面对的是德国第8军第28步兵师左翼的一个步兵团，该团兵力为5000—6000人。南面，苏军步兵第108师将于9月2日渡过沃皮河，向西发起一场辅助突击。（参见地图5.12）

虽然第16集团军组建起一个令人印象深刻的突击群，其实力远远超过德

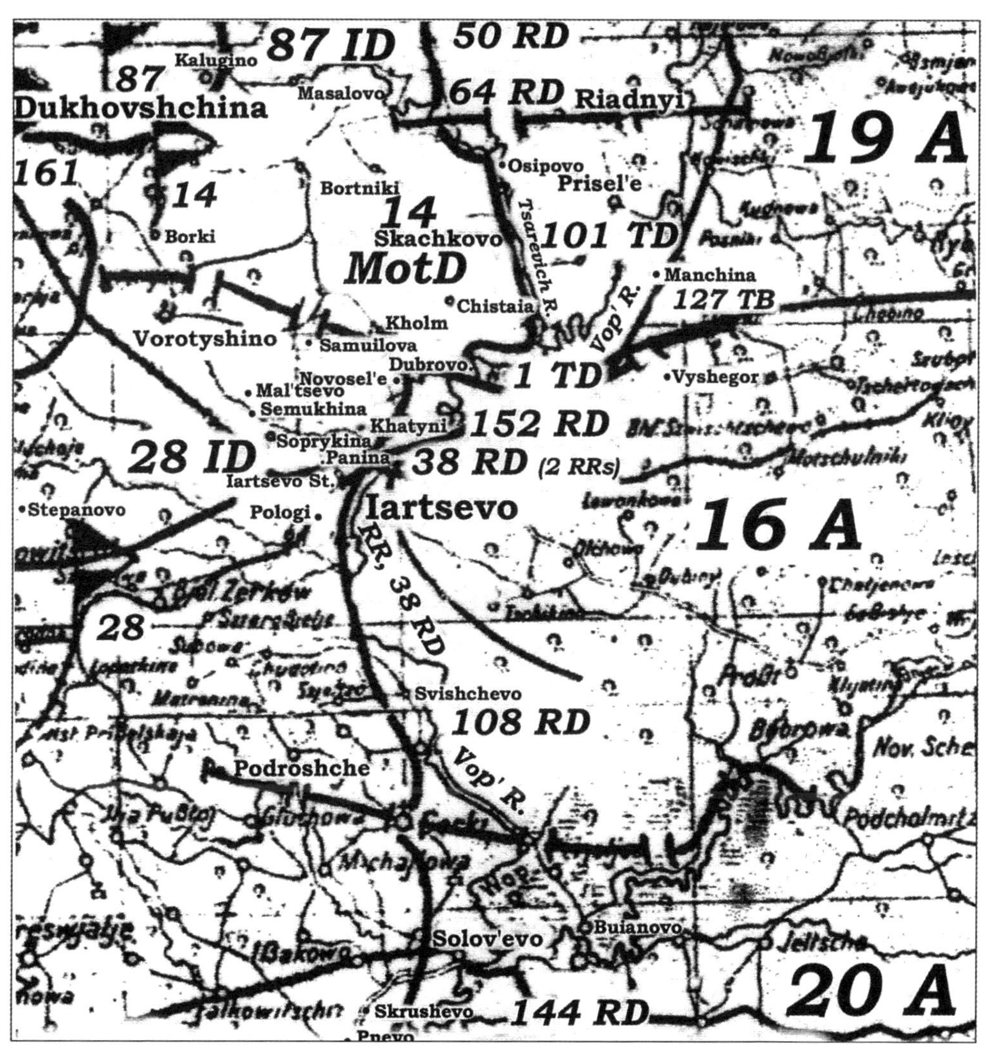

▲ 地图 5.12：第 16 集团军突击群的反攻，1941 年 8 月 31 日晚间（资料图）

国守军，但该集群也面临着与进攻地段地形特征相关的潜在严峻问题。具体而言，占据出发阵地前，坦克第1师和步兵第152师必须渡过沃皮河，然后跨过作战地段内数条南北向溪流发起进攻。导致这些困难更趋复杂的是，突击群进攻的是德军精心构设的防御，这些阵地获得火炮、迫击炮和机枪交错火力的掩护。尽管如此，铁木辛哥和罗科索夫斯基还是认为他们的部队能解决这些问题并较为轻松地突破德军防御。

8月30日晚些时候，卢金将军也给第20集团军下达了进攻令：

· **敌人的情况**——敌军依靠普涅沃、米季科沃、季特科沃预有准备的防御枢纽，据守普涅沃高地、米季科沃、利亚霍沃、杜布罗瓦、戈洛维诺以南树林和马利诺夫卡（从普涅沃南延15千米至马利诺夫卡这一线的第聂伯河河段以西），预备队位于卡尔德莫沃地域（第聂伯河以西15千米）。敌第263步兵师据守索普希诺、苏博罗夫卡、克列米亚季诺、亚科夫列维奇一线（第聂伯河以东，第20集团军所谓的“南线”）。

· **友邻力量**——右侧，第16集团军将于9月1日晨发起进攻，在其右翼遂行主要突击；左侧，步兵第107师（隶属预备队方面军第24集团军）正攻往萨德基和小涅若达（叶利尼亚西北方10千米）。

· **第20集团军的任务**——在左翼遂行防御的同时，于9月1日10点朝扎波利耶（第聂伯河以西10—12千米，斯摩棱斯克以东25千米）这个总方向发起冲击，粉碎当面之敌，前出到霍莫斯季河（第聂伯河以西7—10千米）。

· **辖内各兵团的任务：**

★步兵第144师（与加农炮兵第592团第1营）——以1个团攻向斯克鲁舍沃和普涅沃，夺取这两处的同时，于9月1日10点以余部攻往米季科沃和利亚霍沃，并于日终前夺取马什基诺和费杜尔诺一线，同时掩护集团军突击群之右翼。

★步兵第153师（与榴弹炮兵第302团和反坦克炮兵第872团2个连）——8月30日—31日夜间获得步兵第144师接替，9月1日10点从洛古诺沃和拉特奇诺以西高地上的出发阵地出发，对拉特奇诺以西高地上的敌人发起冲击，日终前夺取莫列沃，并在那里掘壕据守，尔后准备攻往波奇诺克。

★步兵第161师（与加农炮兵第592团第2营，反坦克炮兵第872团1个连）——8月30日—31日夜间在帕什科沃至帕什科沃以南树林这一地段接替步兵第73师，9月1日10点从第聂伯河西岸阵地发起进攻，以你部右翼力量遂行冲击，日终前夺取并加强莫列沃国营农场和季特科沃。尔后做好攻往藻夫拉日耶的准备。

★步兵第73师——以1个团夺得马利诺夫卡和索普希诺后，于9月1日10点以余部从第聂伯河西岸登陆场发起冲击，消灭敌人，日终前占据季特科沃以南树林的西部和南部边缘。步兵第129师的2个炮兵营将提供支援。

★步兵第229师（与反坦克炮兵第872团2个连和工程兵第127营）——据守苏博罗夫卡、249.9高地、丘瓦希、224.8高地一线并以短促突击连续夺取249.9高地南坡、维什尼亚基西北方树林、221.3高地。

★步兵第129师（与轻型工程兵第129营）——在克列米亚季诺至马里伊诺这一地段据守乌斯特罗姆河，以2个炮兵营从库切罗沃地域开炮射击，支援步兵第73师的进攻，至少将一个半团留在米列耶沃和瓦休基地域担任预备队，准备朝西南面和东南面展开反冲击。

★炮兵的任务：

☆压制斯克鲁舍沃、普涅沃、米季科沃、莫列沃、雷日科沃、列梅尼谢地域的敌炮兵。

☆压制米季科沃、利亚霍沃、洛古诺沃以西高地、戈洛维诺以南树林、马什基诺、莫列沃、费杜尔诺地域的敌火力配系和抵抗基点。

☆防止敌人从普涅沃、米季科沃、洛古诺沃、巴别耶沃、杜布罗瓦、拉特奇诺方向和季特科沃以东树林、帕什科沃发起反冲击。

☆远战炮兵群（军属炮兵第126团）——炮火准备持续时间：40分钟。当日战斗的弹药消耗：1个基数。

★集团军工程兵主任——9月1日3点前在步兵第144、第153、第161、第73师作战地段各搭建两座桥梁并确保这些桥梁不间断地发挥作用。

★集团军防空兵主任——9月1日3点起，从空中掩护各渡场。

★指挥所——保持不变。

★观察所——9月1日8点设在奥索沃。

★特别说明：

☆所有指挥员必须加强从敌人手中夺取的阵地和支撑点，立即修筑防御工事并组织协同一致的火炮和机枪火力配系。

☆协同步兵与炮兵的行动，在相关地形上确保这种协同并以炮火支援步兵的推进。

☆将配备探雷器的工程兵派至步兵前方。[25]

虽然卢金进攻部队的出发阵地位于第聂伯河西岸登陆场，但这些登陆场的深度较浅，导致突击部队和河上的渡口实际上很容易遭到德军火炮和迫击炮的打击。使第20集团军的任务更趋复杂的是，德国第8军第8步兵师据守河流西岸的两个团也占据了强大的防御阵地并获得了火炮和迫击炮交织火力的掩护。虽说卢金麾下部队的力量依然不足，遂行突击的6个师没有一辆坦克，但其总兵力约有2.5万人，总实力远远超过遂行防御的约8000名德军。（参见地图5.13）

罗科索夫斯基和卢金为9月1日的进攻行动集结部队的这两天时间里，激烈的战斗仍在西方面军辖内诸集团军的大部分作战地域肆虐（参见地图5.14）。方面军8月30日20点提交的作战摘要阐述了这些行动：

· **整体情况**——方面军右翼，面对兵力占据优势之敌的猛攻，第22集团军弃守托罗佩茨，8月30日一整天沿亚瑟湖、波尼佐维亚、格里亚杰茨科耶湖一线持续进行战斗。中央地带，方面军辖内部队继续进攻敌人的顽强防御。方面军左翼，各部队正实施重组并加强他们的阵地。

· **第22集团军**——为保卫托罗佩茨，沿整条战线同敌坦克和摩托化步兵战斗。经过激烈的白刃巷战，敌人8月29日日终前攻占托罗佩茨，8月30日朝格里亚杰茨科耶湖（从托罗佩茨通往涅利多沃的公路）发展进攻。

★空中侦察发现配有坦克的敌摩托化部队正沿托罗佩茨—涅利多沃公路行进。8月30日13点30分，其头部位于洛霍夫卡、尾部在托罗佩茨；16点30分，其头部位于谢利谢，尾部在科多斯诺湖。

★坦克第48师（与步兵第214师余部）——以部分力量沿扎普鲁季耶和加

▲ 地图 5.13：第 20 集团军突击群的反攻，1941 年 8 月 31 日晚间（资料图）

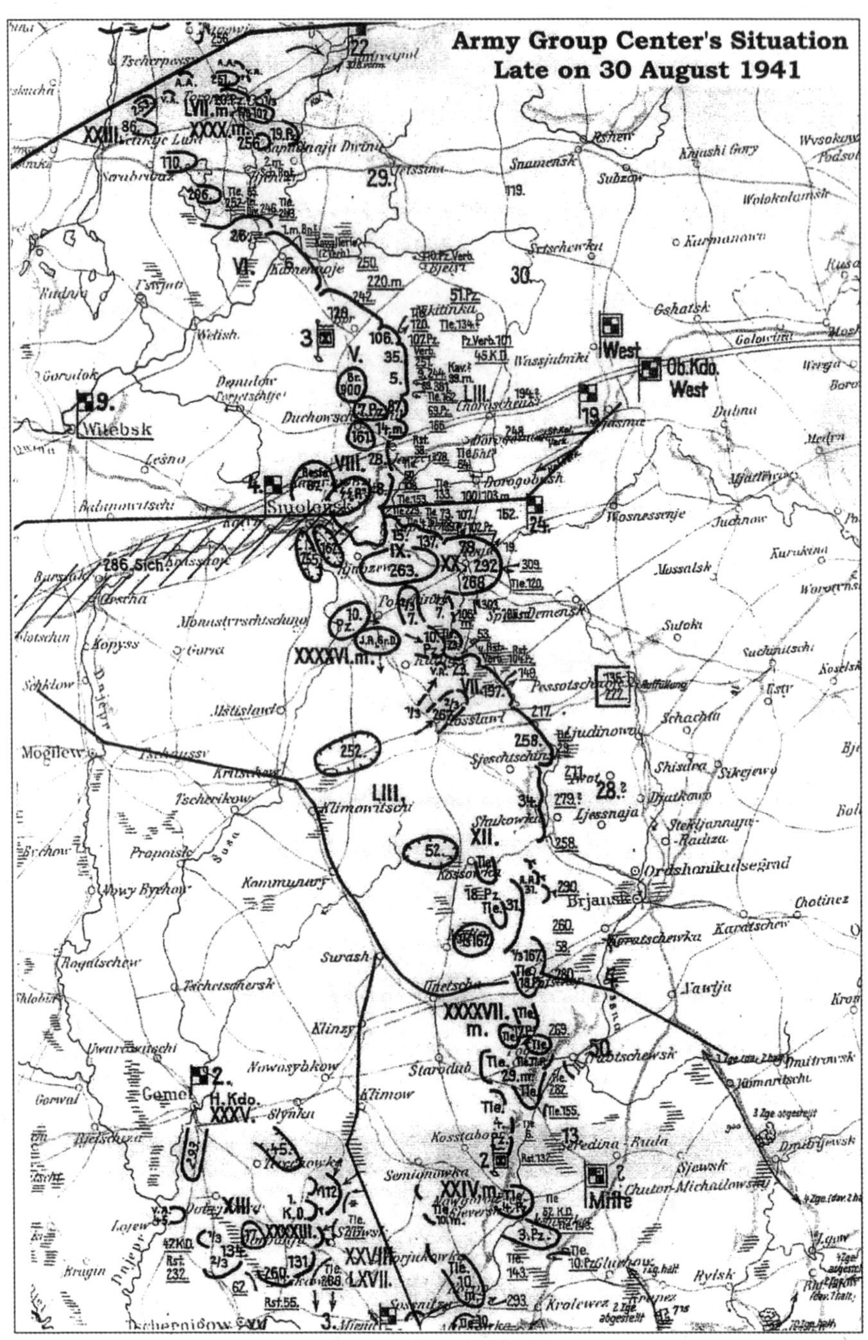

▲ 地图 5.14：中央集团军群的作战态势，1941 年 8 月 30 日晚间（资料图）

夫里洛夫斯科耶一线（亚瑟湖以北10—4千米）构筑防御，8月30日晨从佐洛季洛沃、萨福诺沃、扎普鲁季耶地域攻往托罗佩茨，其先遣部队于13点到达别尔多沃（亚瑟湖西北面）。

★步兵第690团和榴弹炮兵第501、第589团组成的一个支队——8月30日8点30分从瓦西列沃地域（库金斯科耶湖北岸）攻往托罗佩茨，10点沿科尔季诺和扎列奇耶一线到达托罗帕河东岸，遭遇敌人强有力的抵抗，无法取得后续进展。

★步兵第126师——8月30日晨从波尼佐维耶地域（托罗佩茨以东12千米）攻往托罗佩茨。遭到敌人从右侧实施的迂回后，该师撤回出发阵地。

★安托先科混成支队——在达成突破的敌军部队逼迫下，退至洛霍夫卡、舍基诺、鲁萨诺瓦戈拉一线（戈罗杰茨科耶湖西岸和南岸），敌大股摩托—机械化部队位于其防线对面。

★第29集团军学员支队——撤至旧托罗帕地域。

★未收悉关于集团军辖内其他部队的新消息。

· **第29集团军**——在右翼（步兵第252师）的特鲁布尼基、亚西科沃、埃拉加地段遂行防御，击退敌人的进攻并实施重组。

★步兵第252师——击退敌人从鲁米谢和维波尔佐沃地域（伊利因诺东北方14千米）发起的两次进攻后，以1个步兵团沿索希和帕利农场一线战斗，在1个炮兵团支援下抗击敌人配有坦克的1个步兵团。

★步兵第246师——位于原先位置（伊利因诺以北15—20千米）。

★步兵第243师——击退敌人1个连从沙尔科沃和舍雷加内（伊利因诺东北方16千米）发起的进攻后，据守原有阵地。

★混成旅（NKVD摩托化步兵第1、第2团）——从舍斯塔科沃、皮谢维察、利特维诺沃地域开赴西德维纳镇附近，正以部分力量进入热列佐沃，以便沿西德维纳河东岸的热列佐沃和西德维纳一线以占据防御。

★骑兵第29团——履行先前的任务（侧翼掩护）。

★集团军正准备执行方面军司令员根据大本营1941年8月30日第3950号训令下达的命令（撤往东北方的西德维纳地域）。

· **多瓦托尔骑兵集群**——当日未收悉关于该集群的其他消息。

· **第30集团军**——8月30日9点恢复进攻，以夺取克里韦茨、埃尔哈诺沃、涅克柳多瓦、旧谢洛、杜尼基一线，同时为掩护别雷方向实施重组。未收悉关于集团军右翼力量作战行动的消息，但敌人正在伊万诺维奇、丘尔基诺、新谢尔基、斯拉温卡地段顽强抵抗集团军的进攻。截至17点，集团军辖内部队在以下位置战斗：

★步兵第134师——8月30日晨开赴掩护别雷方向的防线，先遣支队前出到梅扎、博里索沃、乌斯季耶、大科兹洛沃、索洛维耶沃、马克西莫夫卡、洛西米诺、切尔内鲁切、杰梅希一线，师主力在贵柳基诺、埃利奇诺、209.0高地、切列佩、巴图里诺、拉德日诺、佩列沃济诺、斯特鲁耶沃地段占据防御。

★步兵第918团（隶属步兵第250师，但在步兵第134师辖内战斗）——沿索什诺、阿尔热韦茨村、阿什马雷、扎莫希耶一线转入防御，但当日白天未收悉具体消息。

★步兵第242师——在原先位置同敌人交火，同时将部队调至杰梅希、旧莫罗霍沃一线，以掩护杰梅希、新莫罗霍沃、克里韦茨地域。

★步兵第250师——在原先位置同敌人交火，将把215.2高地西坡至舍列佩北郊的防区移交给步兵第242师并集结在苏哈洛沃、波诺马里、勒扎韦茨地域。

★步兵第162师——当日白天未能向前推进。

★步兵第251师——沿戈罗德诺、新谢尔基方向进攻，夺得戈罗德诺并发展进攻，敌人退往西北方。

★坦克第107师——位置未发生变化。

★损失和战利品——正在核实。

· **第19集团军**——8月30日10点继续进攻，但面对敌人的顽强抵抗，取得的进展极为有限。截至17点，集团军辖内部队在原先位置战斗。

★骑兵第45师——在基斯拉耶沃树林附近、克利莫沃国营农场和舍尔希基整顿部队。

★敌人正前调新锐预备力量，以更多火炮和机枪加强其防线并阻挡我方部队推进。

· **第16集团军**——位置未发生变化。

· **第20集团军**——加强其阵地，完成重组并补充辖内各部队。

★步兵第144、第73师——位置未发生变化，偶尔以火炮、迫击炮和机枪同敌人交火，师属炮兵8月29日—30日夜间压制敌人位于红谢利耶地域的2个炮兵连和1个迫击炮连，以及敌人设在普涅沃教堂的观察所。

★步兵第229师——接替步兵第153、第161师后，沿苏博罗夫卡东北方1千米小树林的南部边缘至249.9高地东坡、维什尼亚基西北方小树林的北部边缘、博罗夫卡河、224.8高地一线掘壕据守，敌人以零星炮火轰击该师防线。一辆敌坦克8月25日在249.9高地附近被新型子弹射中后起火燃烧。

★步兵第129师——沿224.8高地、克列米亚季诺东北方1千米的树林一线，以及乌斯特罗姆河至特鲁别利尼亚河河口一线据守原先的阵地。

★步兵第153、第161师——集结在原先的指定地域。

· **方面军预备队**（坦克第1师和步兵第152师）——位于原先位置。

· **方面军航空兵**——与诸集团军辖内部队协同，对开进中的敌预备队展开行动，重点集中在托罗佩茨方向。由于气候条件不利，仅出动49个飞行架次。

★混成航空兵第46师——在赫列巴尼哈、谢沃斯季亚诺沃、伊利因诺地域对敌人实施侦察并掩护第29集团军的行动。

★混成航空兵第47师——在日日茨科耶湖、科多斯诺湖以东和德维尼耶湖以西地域打击敌步兵、炮兵和坦克的集结，击毁18辆汽车和6门火炮，并给敌人造成人员损失。

★混成航空兵第31师——8月29日—30日夜间轰炸日日茨科耶湖和科多斯诺湖以西公路上的敌军，数处燃起大火；8月30日上午对托罗佩茨地段和韦利科波利耶车站铁路线实施侦察。

★混成航空兵第43师——支援第19集团军辖内部队。

★轰炸航空兵第23师和侦察航空兵第23中队——由于天气条件恶劣，未执行战斗飞行任务。[26]

8月30日的战斗与前一天的行动如出一辙。遂行防御的德国人阻挡住苏军一切后续发展，但第30集团军左翼除外，步兵第251师在那里重新夺回数日前丢失的戈罗德诺阵地。证实态势相对稳定的是，哈尔德和博克都没有太过留意第9集团军的东线，而是将注意力集中于施图梅集群在托罗佩茨、古德里安两个摩托化军在南面沿杰斯纳河取得的战果。实际上，德军第62和第155步兵师的消息令博克深感鼓舞，魏克斯第2集团军几天前将这两个师北调，现在它们终于到达斯摩棱斯克以南地域。因此，凭借这些援兵，博克集团军群当日黄昏时似乎正在赢得同铁木辛哥西方面军进行的这番角逐。

虽然西方面军8月30日收获甚微，但铁木辛哥命令第30和第19集团军8月31日继续进攻，哪怕仅仅是为了在诸集团军发起大举进攻前粉碎中央集团军群重新竖立起的信心。辖内各师为改善沃皮河以西阵地的态势而进行战斗之际，科涅夫当日晨完成了新进攻计划。获得铁木辛哥批准后，他于11点30分给麾下部队下达了新进攻令：

· **敌人的情况**——敌第5、第28步兵师和其他师部分部队正据守在我集团军战线对面，敌预备队有可能从杜霍夫希纳地域开至，我们已发现敌人正沿从洛莫诺索沃（杜霍夫希纳以北21千米）经布里科沃至斯帕斯乌格雷的后方防线修筑工事。

· **友邻力量**——右侧，第30集团军将向杰米多夫展开果断进攻；左侧，第16集团军将在右翼遂行主要突击，发起一场决定性攻势。与该集团军的分界线为科米亚吉诺车站、萨穆伊洛瓦、科洛托维纳。

· **第19集团军的任务**——沿新谢利谢和宰采瓦国营农场一线突破敌人的防御，消灭敌杜霍夫希纳集团，日终前到达基斯洛瓦、梅什科沃、苏谢沃、纳沃利尼亚、博尔特尼基、科哈诺沃、奇斯塔亚一线，尔后朝波尼佐维耶和杜霍夫希纳发展进攻。

· **辖内各兵团的任务：**

★步兵第244师——据守从沃斯科列先斯科树林边缘至帕诺夫的阵地，以此掩护集团军右翼，以余部攻往旧卡扎里纳和基斯洛沃，日终前夺取基斯洛沃和潘克拉托瓦。左侧分界线为谢尔希基、博尔特尼基、克罗托沃、232.1高地（波尼佐维耶以北1千米）。

★步兵第166师（与榴弹炮兵第399团）——以你部右翼发起主要突击，在新谢利谢和谢缅科沃地段突破敌人的防御，日终前夺取潘克拉托瓦和梅什科沃，尔后攻往波尼佐维耶，骑兵第45师应在夺取潘克拉托瓦和梅什科沃后投入交战。左侧分界线为佩切尼奇诺、巴拉绍瓦、梅什科沃，巴甫洛瓦。

★步兵第89师（与榴弹炮兵第120团，2个反坦克炮兵连，步兵第91师1个榴弹炮兵营）——在谢缅科沃、卡扎科瓦地段突破敌人的防御，日终前夺取谢尔基纳树林，尔后攻往巴甫洛瓦。左侧分界线延伸到马舒季诺，尔后延伸到布采沃。

★步兵第50师（与榴弹炮兵第596团，加农炮兵第311团第3营，1个反坦克炮兵连和坦克第202团）——在卡扎科瓦和216.1高地地段突破敌人的防御，以左翼力量发展进攻，从南面包围谢尔基纳树林，日终前夺取221.8高地和苏谢沃。以你师先遣部队在荣军院和苏谢沃地段夺取察列维奇河上的渡口并为骑兵第45师在你部作战地域投入交战做好准备。左侧分界线一如既往延伸到伊万诺沃，尔后伸展到苏谢沃和巴拉诺瓦。

★步兵第64师（与榴弹炮兵第302团第4营，1个反坦克炮兵连）——在伊万诺沃至宰采瓦国营农场以西树林这片地域突破敌人的防御，在你部右翼朝图里谢沃遂行主要突击，夺取图里谢沃和213.4高地（位于察列维奇河南岸），以部分力量协助步兵第50师夺取苏谢沃。左侧分界线一如既往延伸到科尔科维奇，尔后延伸到波波瓦和胡德科瓦。

★坦克第101师（与1个反坦克炮兵连）——恢复察列维奇河西岸的态势，夺取222.8高地和奇斯塔亚一线，随后转入防御，掩护集团军左翼。

★炮兵——做好9月1日6点实施45分钟炮火急袭的准备。远战炮兵群——榴弹炮兵第311团第1、第2、第4营。任务如下：

☆压制敌防御前沿的火力点和迫击炮。

☆压制克罗托沃、梅什科沃、贝科沃地域，以及谢尔基纳、马舒季诺、苏谢沃、拉赫马尼诺地域的敌炮兵。

☆阻止敌人从潘克拉托瓦、梅什科沃、谢尔基纳树林和苏谢沃地域发起反冲击。

☆以3—4个营的火力阻止敌人从纳沃利尼亚、乌瓦罗瓦、波波瓦射出的侧射火力。

★航空兵的任务：

☆以所有战机发起打击，在巴尔苏基、谢梅诺夫卡、锡罗京卡、阿法纳西耶瓦、希什基诺地段和穆日洛瓦（178.8里程碑）以西0.75千米的小树林，沿敌防御前沿协助消灭敌人。

☆在克罗托沃、波尼佐维耶、谢尔基纳地域和谢尔基纳、巴甫洛瓦、苏谢沃、谢尔基纳树林地域消灭敌炮兵和预备队。

☆在新谢利谢、科尔科维奇、瓦西利西诺地域掩护集团军辖内集群。

☆掩护骑兵第45师投入交战。

★集团军预备队：

☆步兵第91师——位于莫捷瓦、波捷利察、扎德尼亚亚地域，准备沿伊万尼基、梅什科沃、波尼佐维耶和博洛季诺、卡卢吉诺、巴甫洛瓦方向发起进攻。派联络员同步兵第166、第89和第50师师长取得联系。

☆骑兵第45师——继续留在克利莫沃国营农场、沃尔科瓦、丘季诺沃地域，同时做好在步兵第166和第50师作战地段发展胜利的准备。向步兵第166、第89、第50师作战地段派遣联络员和侦察组。

·**特别说明：**

★整个进攻行动期间，在各指挥层级实施持续不断、精心组织的侦察，无论如何必须防止部队遭受突然袭击，特别注意对敞开的侧翼展开持续而又细致的侦察行动。

★你们必须加强从敌人手中夺取的一切阵地和支撑点，但不能为此减缓进攻速度。

★我要求你们精心组织步兵、炮兵、坦克兵和航空兵之间的协同，并再次提醒你们，要发挥出各种类型的步兵火力的最大威力。

·**指挥所和集团军司令部**——位置保持不变。

·**进攻发起时间**——会在一道特别命令中下达。

·**报告**——确认收悉，并在8月31日18点前向我提交你们的战斗令和作战计划。[27]

科涅夫的进攻计划，要求集团军辖内8个师中的6个同时发起冲击，集中力量克服他们在先前的进攻中未能攻克的德军支撑点。为协助克服前进途中的这些障碍，科涅夫将宝贵的反坦克力量分配下去，并把大部分可用坦克交给博雷科上校的步兵第50师和米哈伊洛夫上校的坦克第101师。博雷科将以坦克第202团攻击德军设在谢尔金树林（Shchelkin）和苏谢沃（Sushchevo）的重要支撑点，它们位于洛谢沃西南偏南方7—9千米的洛伊尼亚河西岸。而米哈伊洛夫将以他的坦克肃清从斯卡奇科瓦（Skachkova）以南至霍尔姆，察列维奇河西岸之敌，并同在第16集团军最右翼推进的坦克第1师保持联系。最让科涅夫挠头的问题是，经过数周近乎持续不断的战斗，集团军辖内部队已疲惫不堪。他把步兵第91师留作预备队，试图以此解决这个问题。（参见地图5.15）

如果说第30和第19集团军因先前的激烈战斗而疲惫不堪的话，那么，就连遂行防御任务超过一周的新锐集团军，也在人员和装备方面遭遇了疲惫和短缺问题。例如，第20集团军转入全面进攻24小时前的8月31日6点05分，司令员卢金将军给铁木辛哥发去一份报告，解释重组和进攻准备正在进行中，但也对麾下部队进攻前夕的状况大加抱怨。这份报告发给"西方向总司令铁木辛哥元帅"，卢金在开头处称："遵照您8月28日下达的第05号训令，集团军正在实施重组，并以4个师占据出发阵地，以2个师据守左翼，以便向西发起进攻。"指出"集团军进攻行动的准备工作全面展开"的同时，卢金列举了集团军的诸多不足和缺点：

为步兵第229师提供的2500名补充兵已到达。步兵第153和第161师各获得3000名补充兵，他们都没有武器。8月29日和30日，这些补充兵以汽车和联合运输方式（步行和车辆）抵达前线，随后立即在第聂伯河西岸占据出发阵地。

截至8月30日日终时，步兵第153和第161师各获得2500支步枪，但这些武器中有一部分需要加以短期维修。因此，步兵第153和第161师各有约500—700名士兵没有武器。分配给各个师的补充兵，约10%未接受过训练。因此，部分补充兵不得不等待武器运到并接受最简单的战斗训练。

到达的补充兵从未开过枪，因而需要1—2天熟悉他们得到并借此投入战斗的武器。

截至8月31日晨，集团军的7门火炮没有107毫米炮弹，29门迫击炮没有120

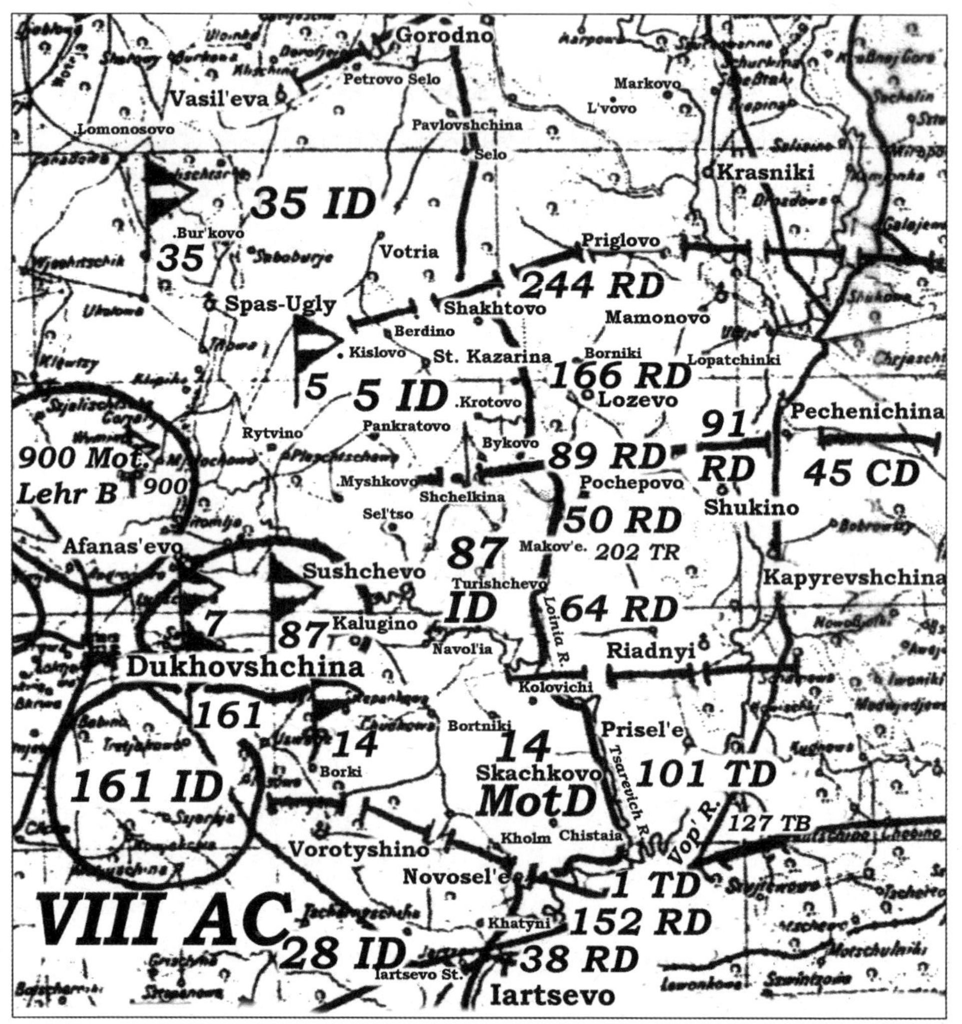

▲ 地图 5.15：第 19 集团军突击群的反攻，1941 年 8 月 31 日晚间（资料图）

毫米炮弹，上级答应为每门152毫米火炮提供60发炮弹，为24门122毫米火炮各提供40发炮弹，另外还为轻型76毫米火炮提供炮弹，但这些炮弹均未运到。我们只有一些榴弹，这对攻克敌筑垒地带防御前沿效力不大。

各师炮兵力量也缺乏必要的通信手段，待部队突入敌纵深，无法确保与他们的协同。

榴弹炮兵第592、第126团的电缆只能同一处建立通信联系。军属炮兵第129团声测距连没有专用电缆，这就是在空中缺乏炮兵校射机时，无法压制新发现的9—10个敌炮兵连的原因。

榴弹炮兵第302团只有22千米电缆。8月26日我们向方面军司令部申请的探雷器，30日获得调拨，但我们没有收到哪怕是1千米的电缆，另外还缺其他设备和夹线钳。8月份指定调拨给集团军的2000千米电缆，我们只获得80千米。由于方面军的短缺，调拨剩余电缆的要求遭到拒绝。

榴弹炮兵第302团的18门火炮，只有10辆拖车。

我提及的上述事宜，迫使我在没有足够数量的适当口径炮弹和必要通信手段的情况下发起进攻。

我请求：

1.立即下令为集团军调拨炮弹和电缆。

2.派航空兵掩护渡口。

3.更准确地划分我们同第24集团军的分界线。[28]

虽然存在这些不足和短缺，但科涅夫自豪地提交了一份列举第19集团军自8月17日发起进攻以来缴获的战利品的清单。鉴于科涅夫打击的是德军7个步兵师（第161、第5、第8、第28、第35步兵师，第14摩托化师）[①]和1个装甲师（第7师）的辖内部队，这份清单的确令人印象深刻，要知道科涅夫集团军主要由只受过部分训练和从未接受过训练的预备役士兵和应征兵组成。

---

① 译注：原文如此。

第19集团军1941年8月17日—30日缴获的战利品

No.	战利品的类型	数量
Ⅰ.火炮、枪支、弹药战利品		
1	车辆	7
2	反坦克炮	16
3	105毫米火炮	19
4	155毫米火炮	9
5	75毫米高射炮	11
6	120毫米迫击炮	9
7	150毫米加农炮	3
8	各种口径的火炮	19
9	迫击炮	20
10	重机枪	19
11	自动手枪	13
12	手枪（巴拉贝鲁姆）	10
13	反坦克步枪	21
14	冲锋枪	84
15	迫击炮底座	883
16	机枪弹链和弹匣	208
17	步枪	248
18	机枪备用枪管	224
19	炮队镜	1
20	自动武器	21
21	炮兵用全景瞄准镜	1
22	步枪子弹	332522
23	大口径子弹	246
24	手榴弹	531
25	各种口径的迫击炮弹	936
26	各种口径的炮弹	5065
27	炮弹架	159
28	坦克瞄准镜	2
29	火箭弹	93
30	大口径机枪	7
31	双筒望远镜	4
32	自动手枪子弹	2820
33	喷火器	1

续表

34	高射机枪	1
	Ⅱ.车辆战利品	
35	坦克	86
36	轻型车辆和卡车	12
37	喷火坦克	1
38	救护车	1
39	拖车	1
40	摩托车	11
41	自行车	161
	Ⅲ.工程兵战利品	
42	剪线钳	12
43	反步兵地雷	129
44①		
45	反坦克地雷	106
46	定向地雷	6
47	MZP②	2
	Ⅳ.化学战利品	
48	防毒面具	334
49	喷火器背囊	1
50	防化服	37
	Ⅴ.军需战利品	
51	大衣	610
52	各种类型的夹克	63
53	钢盔	231
54	帆布雨衣	462
55	毛毯	126
56	长筒靴	20双
57	皮革背包	62
58	旗帜	1
59	战地厨房	2
60	指挥部帐篷	1
	Ⅵ.通信战利品	
61	电台	6

① 译注：原文有疏漏。
② 译注：不明。

续表

62	电话设备	14
63	电话车	1
Ⅶ.航空兵战利品		
64	在战斗中击落敌机	7
65	声音测位器	1
66	机载机枪	2
67	飞机仪电系统	2
68	飞机发动机	1

注：

1.部分战利品和武器已移交我方兵团使用，其他的运至前进仓库和维修基地。

2.军需战利品正在加以维修，之后将运至后方。

3.部分损坏的武器战利品（30多辆坦克）和部分火炮战利品需要撤离战场，但发生延误，一方面是因为缺乏必要的运输手段（拖车），另一方面是因为这些武器战利品实际上仍位于敌迫击炮和机枪射程内。[29]

8月31日

一如既往，西方面军8月31日20点提交的作战摘要描述了当日的行动：

·**总体情况**——方面军右翼，第22集团军以部分力量同敌摩托—机械化部队持续战斗，迟滞对方赶往西德维纳河的行动，集团军主力撤至西德维纳河东岸防线。第29集团军主力撤至西德维纳河东岸，在那里据守亚米谢、西德维纳、巴尔洛沃一线，同时坚守索希、帕利、别良金、祖伊防线，以此掩护后撤路线。方面军中央地带和左翼，各部队正在加强既占阵地并实施重组。

·**第22集团军**——8月31日以激烈的迟滞行动阻挡敌摩托—机械化部队并将主力撤至西德维纳河一线，同时面对敌集团沿托罗佩茨、格里亚杰茨科耶湖、热列佐沃方向进行的极为活跃的行动。

★步兵第214师和坦克第48师（余部）——15点前沿切尔纳亚和阿布拉莫夫斯科耶湖一线（安德烈亚波尔以西25千米至西南方25千米）实施后卫行动，主力部队随后穿过洛布诺湖、波斯佩洛耶、帕什科沃一线（安德烈亚波尔以西20千米至西南方20千米）。

★一个混成集群（步兵第126和第186师残部，由萨莫欣少将指挥）——15

点以其主力穿过丹斯科耶和普罗斯库里诺一线（安德烈亚波尔西南方20千米至西南偏南方20千米），同时以后卫部队沿马尔季索沃和切尔内舍沃一线（安德烈亚波尔西南方25千米至西南偏南方25千米）掩护后撤。

★安托先科支队（摩托化步兵第8、第9团）——同优势之敌进行一系列战斗后，撤至西德维纳河东岸，在那里加入第29集团军混成旅，该旅正在热列佐沃地域（西德维纳以北15千米）据守西德维纳河上的渡口。

· **第29集团军**——集团军主力8月31日撤至西德维纳河东岸，以部分兵力在那里沿亚米谢、西德维纳、巴尔洛沃一线（西德维纳以北17千米至以南5千米）占据防御，主力继续撤往指定防线。

★混成旅（摩托化步兵第1、第2团，摩托化步兵第8、第9旅残部和安托先科支队）——在热列佐沃地域据守西德维纳河上的渡口，敌人配有坦克的1个步兵团位于他们前方。

★步兵第246师——以2个团沿佩斯诺湖、乌林湖、格卢博科耶湖一线（西德维纳西北方13千米至以西11千米）占据湖泊间隘路，1个团集结在西德维纳镇。

★步兵第252师——8月31日12点30分，师主力头部穿过边齐（西德维纳西南偏西方25千米），掩护部队沿索希和帕利农场一线同敌人配有坦克的1个步兵团进行战斗。

★步兵第243师——师主力先头部队15点靠近谢波列瓦，同时掩护步兵第910团的调动，该团在西德维纳河北岸的别良金和祖伊地段（西德维纳西南方25—30千米）占据阵地。

★骑兵第29团——在集团军左翼实施侦察并集结在奥布霍瓦地域（西德维纳东南偏南方25千米）。

★尤尔洛夫的学员营——8月30日16点在克里夫基纳地域（旧托罗帕以西7千米）战斗。

· **多瓦托尔骑兵集群**——据无线电报告称，该集群主力8月31日8点30分集结在尼库利诺东北方森林内（别雷—杜霍夫希纳公路西北方10—12千米，旧莫罗霍沃西北方25千米），准备结束突袭并返回。

★第30集团军司令部已下令与该集群建立联系并组织协同。

★多瓦托尔集群的第二部分，由骑兵第37团团长指挥，编有900名战斗兵，集结在第二洛西米扬卡、奇恰塔、伊瓦什基纳、埃卡捷里诺夫卡附近（别雷—杜霍夫希纳公路上的切尔内鲁切西北方10—15千米），受领的任务是突入尼库利诺西北地域，8月31日—9月1日夜间设法同第30集团军取得联系。

· **第30集团军**——重组部队，将步兵第134师调入戈拉科沃、斯托多利谢、涅利多沃地域（别雷西北偏北方45—55千米），以掩护别雷方向，抗击敌人从西北面托罗佩茨发起的进攻。敌机一整天都在对集团军防线实施侦察。

· **第19集团军**——8月31日重组辖内部队并坚守阵地。敌人当日晨发起几次未获成功的反冲击，但当日下午不太活跃，仅偶尔发射火炮和迫击炮。

★8月29日和30日的损失——阵亡183人，负伤706人，11人在战斗中失踪。8月27日—28日，骑兵第45师伤亡100人和100匹马，157人和他们的马匹在战斗中失踪。

★8月31日缴获的战利品——2辆坦克、1辆卡车、1辆轻型汽车、1挺轻机枪、1门迫击炮、63个防毒面具。

· **第16和第20集团军**——加强己方阵地并遵照方面军第05/op号令完成重组任务。集团军防线上发生火炮和迫击炮的交火。

· **预备队**——坦克第1和步兵第152师位于原先位置。

· **方面军航空兵**——行动重点是沿托罗佩茨方向识别并歼灭敌军，掩护部队重组并协助第19集团军推进，共投入144个飞行架次。

★混成航空兵第46师——与第22集团军辖内部队协同，在热列佐沃、克林、格里亚杰茨科耶湖、洛霍夫卡、巴甫洛沃、希普科沃地域轰炸集结的敌坦克、车辆和人员，炸毁敌人15辆汽车，并给对方造成人员伤亡。

★混成航空兵第47师——在巴甫洛沃和洛霍夫卡地域消灭敌摩托—机械化部队的集结，击毁45辆汽车，炸伤2—3辆坦克并给敌人造成严重的人员伤亡。

★轰炸航空兵第31师——在斯塔里察地域，沿托罗佩茨和涅利多沃公路，在戈尔基、尼基季纳、谢利谢地域实施侦察，在扎博洛季耶附近攻击敌坦克和车辆队列。

★混成航空兵第43师——在纳沃利尼亚、谢利措、拉费尼诺、锡尼亚夫卡地域轰炸敌炮兵和步兵，机组人员称数枚炸弹直接命中目标。

★敌人的损失：1架He-113被击落。

★我方损失：1架飞机被击落，2架飞机未能返回机场，其中一架显然在我方控制地域迫降。[30]

总的说来，8月31日，一种诡异的沉寂笼罩着中央集团军群的“东线”，铁木辛哥麾下诸集团军展开断断续续的战斗，试图隐瞒他们的进攻准备，同时完成重组，并为即将发起的新反攻将部队集结在出发阵地。在大本营和铁木辛哥看来，当日最令人鼓舞的消息是第22和第29集团军的后撤显然较为顺利。夜幕降临前，第22、第29集团军司令员尤什克维奇和马斯连尼科夫将军设法将他们的主力撤至沿西德维纳河上游构设的新防线，这道防线从安德烈亚波尔地域向南延伸到西德维纳地域。当然，他们都没有意识到，希特勒很快就会插手干预，阻止施图梅集群沿这条河流继续前进。他们不知道的是，希特勒下达停止进军的命令并非因为他们的防御，而是因为希特勒“在北面有更重要的事情”，因而需要把施图梅的装甲师调往那里。（参见地图5.16）

对铁木辛哥来说，另一个积极方面是8月30日收到了关于多瓦托尔将军骑兵集群的消息，该集群10天前进入德军后方地域，随后与第30集团军和西方面军失去了联系。8月31日8点30分，方面军终于收到了该集群发来的电报，称他们即将返回第30集团军防线。8月31日午夜，铁木辛哥向总参谋部的沙波什尼科夫汇报了这个好消息：

多瓦托尔同志的骑兵集群编有骑兵第50和第53师，执行铁木辛哥元帅亲自赋予的任务，沿杜霍夫希纳这个总方向对敌后方地域展开行动。

发起突袭前，我们将一份保密地图、一份无线电信号表和无线电通信的加密文件交给该集群司令部。骑兵集群主力插入敌后方前，通信主要依靠无线电台，我们已在作战摘要中指出这一点。多瓦托尔同志进入敌人后方期间，与剩余马匹待在一起的联络员和无线电台并没有跟随他前进，这就是我们同他失去持续不断的联系的原因。无线电台和联络员待在一起，他们同多瓦托尔的联系没有中断，我们通过他们与多瓦托尔定期联系。

我们多次对骑兵集群的行动地域实施空中侦察，拍摄当地地形，并设法确定骑兵集群的位置，但这些措施未能取得有利结果。

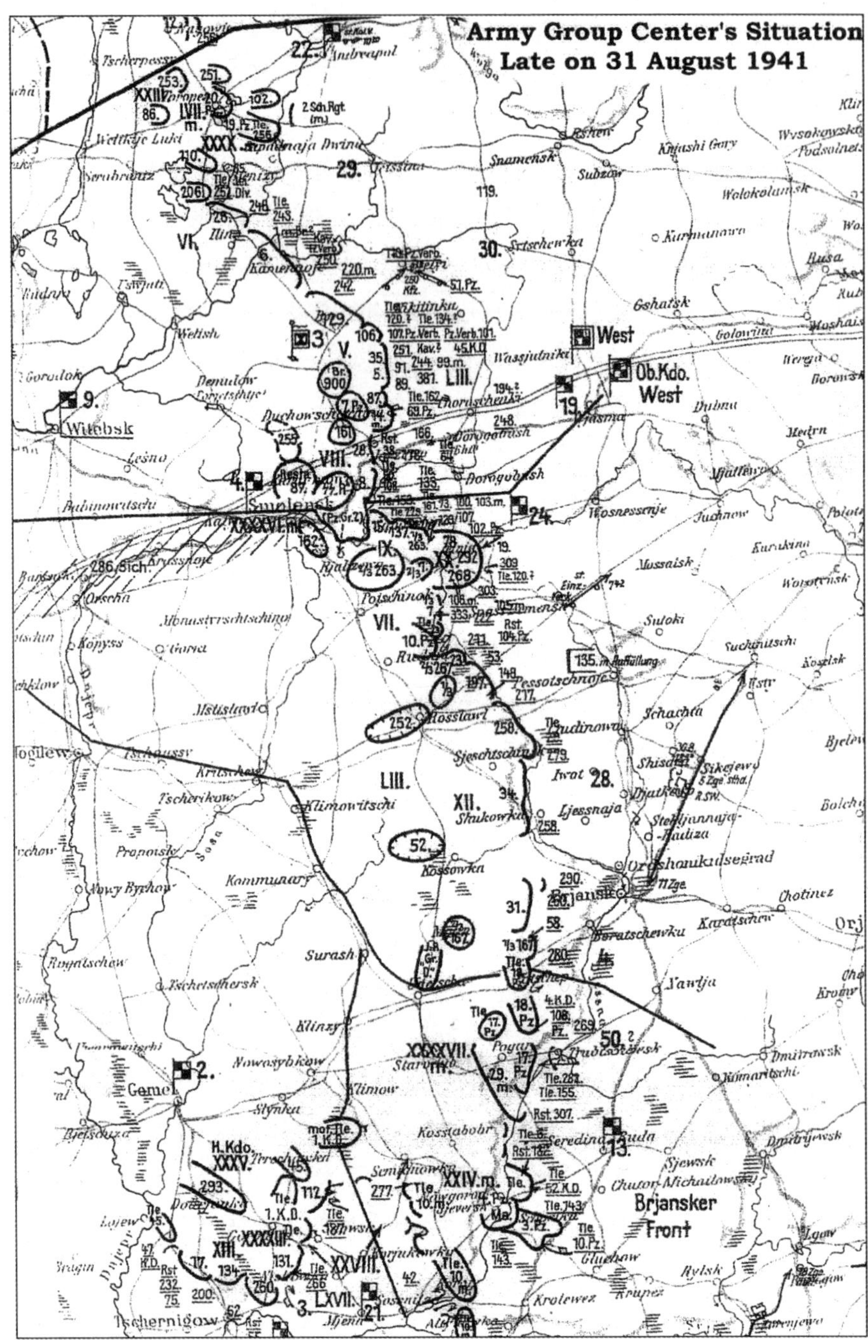

▲ 地图 5.16：中央集团军群的作战态势，1941 年 8 月 31 日晚间（资料图）

今天8点30分收到的一封电报表明骑兵集群集结在尼库利诺以东森林内（奥泽尔内的别雷—杜霍夫希纳公路西北方10—12千米），准备结束突袭返回。该集群正实施侦察，确定在何处遂行突击，但他们并未要求提供食物和弹药补给。

第30集团军司令部已奉命采取强有力的措施同骑兵集群取得联系。

8月31日—9月1日夜间，900名骑兵和100名战斗兵组成了一个支队，他们携带反坦克炮，任务是朝尼库利诺以东森林方向突破敌人的防御，从而协助骑兵集群从突袭行动中脱身。

索科洛夫斯基、卡兹宾采夫、马兰金[31]

随着西方面军右翼的态势似乎逐渐趋于稳定，加之多瓦托尔骑兵集群平安返回红军防线，铁木辛哥满怀期待地等待着次日晨发起的全面反攻。从德方角度看，哈尔德和博克都未表现出对第9集团军“东线”的过度关注。但8月31日短暂的战役间歇可能至少向他们发出了苏联人即将发起大规模进攻的暗示。不管怎样，博克当晚命令担任预备队的第255步兵师北调，如果海茨需要他们，次日就为第8军提供支援。事实证明这是个谨慎之举。

虽说铁木辛哥策划的全面反攻显然仅仅是一场初步性行动，但出于几个原因，西方面军诸集团军8月26日—31日实施的有限进攻明显加强了大本营和铁木辛哥的乐观情绪，他们相信一场全面反攻至少能实现某些重要目的。第一个，也是最重要的原因是，面对德国第5、第8军的防御，第30和第19集团军取得重大进展。具体说来，通过投入多瓦托尔骑兵集群，前者得以撕裂德军第129步兵师设在别雷—杜霍夫希纳公路以西大型突出部的防御，迫使第5军放弃该突出部。与此同时，后者在从马尔科沃南延至洛谢沃这一地段成功迫使德国第5军第5步兵师和第8军第87步兵师向西退却，并消灭了亚河上的登陆场。另外，伴随这些胜利而来的一系列详细报告，表明德军在沿第9集团军整个“东线”进行的战斗中遭受到严重损失。因此，铁木辛哥的消耗战似乎正在达成目的。

第二个原因，尽管铁木辛哥和斯大林当时并未意识到这一点，但第29和第22集团军在安德烈亚波尔与西德维纳之间沿西德维纳河加强他们的防御后，施图梅集群的推进在8月31日明显放缓。这一现实缓解了铁木辛哥对德军有可能通过打击西方面军右翼，继而破坏他的反攻的担心。第三个，也是最后一个原因是，西方面军诸集团军完成了这些壮举，但并未将特别预备队投入战斗，他们已将这些预备力量集结起来，准备以此率领新的反攻，具体而言，这些预备队指的是新锐、相对满编的坦克第1、第18和步兵第152师。

但在确保后续胜利前，斯大林和铁木辛哥也不得不考虑到一些不利因素。首先，正如卢金第20集团军在令人沮丧的报告中指出的那样，第19、第30和第20集团军都在近期的战斗中遭受到严重损失。虽说补充兵不断开抵前线，但大多数新兵是仅受过部分训练的预备役人员或完全没有受过训练的应征兵，而且这些新兵中的很大一部分甚至连最基本的武器也没有。这就意味着西方面军遂行突击的诸集团军不得不在进行战斗的同时对这些新兵加以教育和训练。其次，尽管方面军右翼逐渐稳定下来，但尤什克维奇第22集团军和马斯连尼科夫第29集团军都无法参加这场反攻。更糟糕的是，铁木辛哥不得不从第30集团军和他的战略预备队抽调几个师，例如步兵第134、第243、第246师，用于加强第22和第29集团军的防御。

尽管存一些消极因素，但到8月31日时，大本营和铁木辛哥已别无选择，只能按照他们宏大的计划行事。几小时内，北起别雷、南至诺夫哥罗德–谢韦尔斯基的整条战线上将爆发激战，对交战双方而言，这是一场生死攸关的角逐。在希特勒和德国国防军看来，随之而来的斗争很可能决定“巴巴罗萨行动”的命运，而对斯大林和红军来说，失利即便不代表共产主义国家及其武装力量的最终失败，也意味着持续的混乱和破坏。

注释

1.《第30集团军司令员1941年8月25日下达的第045号战斗令：关于继续进攻》（Boevoi prikaz komanduiushchego voiskami 30-i Armii No. 045 ot 25 avgusta 1941 g. na prodolzhenii Nastupleniia），收录于《伟大卫国战争作战文件集》第41期，莫斯科：军事出版局，1960年，第288—289页。

2.《第30集团军司令员1941年8月25日下达的第046号单独战斗令：关于部队重组》（Chastnyi boevoi prikaz komanduiushchego voiskami 30-i Armii No. 046 ot 25 avgusta 1941 g. na peregruppirovku voisk），收录于《伟大卫国战争作战文件集》第41期，第289—290页。

3.《西方面军司令部1941年8月25日20点提交的第120号作战摘要：关于方面军辖内部队的作战行动》（Operativnaia svodka shtaba Zapadnogo fronta No. 120 k 20 chasam 25 avgusta 1941 g. o boevykh deistviiakh voisk fronta），收录于《伟大卫国战争作战文件集》第41期，第76—77页。

4.《第19集团军司令员1941年8月26日下达的第039/op号战斗令：关于歼灭洛伊尼亚河与察列维奇河之间的敌杜霍夫希纳集团》（Boevoi prikaz komanduiushchego voiskami 19-i Armii No. 039/op ot 26 avgusta 1941 g. na unichtozhenie Dukhovshchinskoi gruppirovki protivnika mezhdu rekami Loinia i Tsarevich），收录于《伟大卫国战争作战文件集》第41期，第185—187页。

5.《西方面军司令部1941年8月26日20点提交的第122号作战摘要：关于集团军辖内部队的作战行动》（Operativnaia svodka shtaba Zapadnogo fronta No. 122 k 20 chasam 26 avgusta 1941 g. o boevykh deistviiakh voisk fronta），收录于《伟大卫国战争作战文件集》第41期，第80—83页。

6. 费多尔·冯·博克，《陆军元帅费多尔·冯·博克：战时日记，1939年—1945年》，宾夕法尼亚州阿特格伦：希弗军事历史出版社，1996年，第294页。

7.《西方面军司令部1941年8月27日20点提交的第124号作战摘要：关于方面军辖内部队1941年8月27日的作战行动》（Operativnaia svodka shtaba Zapadnogo fronta No. 124 k 20 chasam 27 avgusta 1941 g. o boevykh deistviiakh voisk fronta v techenie 27 avgusta 1941 g.），收录于《伟大卫国战争作战文件集》第41期，第85—86页。

8.《第19集团军司令员1941年8月27日下达的第042/op号战斗令：关于继续进攻，歼灭敌杜霍夫希纳集团》（Boevoi prikaz komanduiushchego voiskami 19-i Armii No. 042/op ot 27 avgusta 1941 g. na prodolzhenii nastupleniia s tsel’iu unichtozheniia Dukhovshchinskoi gruppirovki protivnika），收录于《伟大卫国战争作战文件集》第41期，第188—189页。

9.《陆军元帅费多尔·冯·博克：战时日记，1939年—1945年》，第295页。

10. 同上。

11. 同上。

12. 查尔斯·伯迪克、汉斯-阿道夫·雅各布森译，《哈尔德战时日记，1939年—1942年》，加利福尼亚州诺瓦托：要塞出版社，1988年，第518—519页。

13. 同上，第519页。

14. 同上。

15.《西方面军司令员同第19集团军司令员的交谈记录：关于集团军8月27日—28日夜间和8月28日白天作战行动的战果》（Zapis’ peregovora komanduiushchego voiskami Zapadnogo fronta s komanduiushchim voiskami 19-i Armii o rezul’tatakh boevykh deistvii voisk armii v noch’ s 27 na 28 i dnem 28 avgusta 1941 g.），收录于《伟大卫国战争作战文件集》第41期，第89页。

16.《西方面军司令部1941年8月28日20点提交的第126号作战摘要：关于方面军辖内部队的作战行动》（Operativnaia svodka shtaba Zapadnogo fronta No. 126 k 20 chasam 28 avgusta 1941 g. o boevykh deistviiakh voisk fronta），收录于《伟大卫国战争作战文件集》第41期，第90—92页。

17.《第30集团军司令员1941年8月28日下达的第051号战斗令：关于继续进攻》（Boevoi prikaz komanduiushchego voiskami 30-i Armii No. 051 ot 28 avgusta 1941 g. na prodolzhenii Nastupleniia），收录于《伟大卫国战争作战文件集》第41期，第290—291页。

18.《第19集团军司令员1941年8月28日下达的第043号战斗令：关于歼灭洛伊尼亚河与察列维奇河之间的敌集团》（Boevoi prikaz komanduiushchego voiskami 19-i Armii No. 043 ot 28 avgusta 1941 g. na unichtozhenie gruppirovki protivnika mezhdu rekami Loinia i Tsarevich），收录于《伟大卫国战争作战文件集》第41期，第189页。

19.《西方面军司令员1941年8月28日下达的第05/op号令，关于发起进攻，夺取斯摩棱斯克城》（Prikaz komanduiushchego voiskami Zapadnogo fronta No. 05/op ot 28 avgusta 1941 g. na podgotovku nastupleniia s tsel’iu ovladniia gor. Smolensk），收录于《伟大卫国战争作战文件集》第41期，第93—95页。

20.《西方面军司令部1941年8月29日20点提交的第128号作战摘要：关于方面军辖内部队的作战行动》（Operativnaia svodka shtaba Zapadnogo fronta No. 128 k 20 chasam 29 avgusta 1941 g. o boevykh deistviiakh voisk fronta），收录于《伟大卫国战争作战文件集》第41期，第95—99页。

21.《哈尔德战时日记，1939年—1942年》。

22.《陆军元帅费多尔·冯·博克：战时日记，1939年—1945年》，第295—296页。

23.《第30集团军司令员1941年8月29日下达的第052号战斗令：关于集团军辖内部队的重组》（Boevoi prikaz komanduiushchego voiskami 30-i Armii No. 052 ot 29 avgusta 1941 g. na peregruppirovku voisk armii），收录于《伟大卫国战争作战文件集》第41期，第291页。

24.《第16集团军司令员1941年8月30日下达的第2/op号战斗令：关于消灭敌亚尔采沃集团》（Boevoi prikaz komanduiushchego voiskami 16-i Armii No. 2/op ot 30 avgusta 1941 g. na unichtozhenie Iartsevskoi gruppirovki protivnika），收录于《伟大卫国战争作战文件集》第41期，第138—139页。

25.《第20集团军司令员1941年8月30日下达的第060号战斗令：关于攻往扎波利耶》（Boevoi prikaz komanduiushchego voiskami 20-i Armii No. 060 ot 30 avgusta 1941 g. na nastuplenie v napravlenii Zapol’e），收录于《伟大卫国战争作战文件集》第41期，第222—224页。

26.《西方面军司令部1941年8月30日20点提交的第130号作战摘要：关于方面军辖内部队的作战行动》（Operativnaia svodka shtaba Zapadnogo fronta No. 130 k 20 chasam 30 avgusta 1941 g. o boevykh deistviiakh voisk fronta），收录于《伟大卫国战争作战文件集》第41期，第

100—103页。

27.《第19集团军司令员1941年8月31日下达的第044号战斗令：关于夺取基斯洛沃、苏谢沃、博尔特尼基、奇斯塔亚一线》（Boevoi prikaz komanduiushchego voiskami 19-i Armii No. 044 ot 31 avgusta 1941 g. na ovladenie rubezhom Kislovo, Sushchevo, Bortniki, Chistaia），收录于《伟大卫国战争作战文件集》第41期，第193—194页。

28.《第20集团军司令员1941年8月31日发给西方面军司令员的报告：关于进攻的准备工作，以及集团军辖内部队在武器、弹药和通信设备方面的不足》（Doklad komanduiushchego voiskami 20-i Armii ot 31 avgusta 1941 g. komanduiushchemu voiskami Zapadnogo fronta o podgotovke k nastupleniiu i nedostatochnom obespechenie voisk armii vooruzheniem, boepripasami sredstvami sviazi），收录于《伟大卫国战争作战文件集》第41期，第224—225页。

29.《1941年8月17日—30日，第19集团军各兵团缴获的战利品清单》（Vedomost' zakhvachennogo trofeinogo imushchestva soedineniiami 19 A za period s 17 po 30.8.41.），收录于《伟大卫国战争作战文件集》第41期，第919—192页①。

30.《西方面军司令部1941年8月31日20点提交的第132号作战摘要：关于方面军辖内部队的作战行动》（Operativnaia svodka shtaba Zapadnogo fronta No. 132 k 20 chasam 31 avgusta 1941 g. o boevykh deistviiakh voisk fronta），收录于《伟大卫国战争作战文件集》第41期，第104—105页。

31.《西方面军司令部1941年8月31日发给红军总参谋长的报告：关于多瓦托尔骑兵集群的情况》（Donesenie shtaba Zapadnogo fronta ot 31 avgusta 1941 g. nachal' niku General' nogo Shtaba o polozhenii Kavaleriiskoi Gruppy Dovatora），收录于《伟大卫国战争作战文件集》第41期，第106页。

① 译注：原文如此。

第六章
苏军的第三场反攻：西方面军的杜霍夫希纳进攻战役，第二阶段，1941年9月1日—10日

西方面军的总攻，9月1日—3日

在最高统帅部大本营的敦促下，铁木辛哥麾下力量9月1日拂晓后不久展开全面反攻。实施炮火准备后，第20、第16、第19、第30集团军辖内兵团7点—9点间对德国第9集团军第8、第5军辖内各师发起协同一致的冲击。德军据守的防线约90千米宽，从索洛维耶沃南面第聂伯河畔的马利诺夫卡向北延伸，穿过亚尔采沃，直至新马罗霍沃（Novoe Morokhovo）。由于西方面军第22和第29集团军尚未彻底稳定方面军右翼的态势，这两个集团军都无法参加铁木辛哥这场趋于高潮的反攻。另外，西德维纳河上游依然紧张的态势迫使霍缅科第30集团军抽调宝贵的兵力加强尤什克维奇和马斯连尼科夫的部队，这就意味着铁木辛哥率领进攻的某些突击群，实力弱于原定计划。（参见地图6.1和表6.1）

西方面军总兵力为32个步兵师、4个坦克师、3个骑兵师和3个坦克旅，四个遂行进攻的集团军组织的突击群在初期进攻中投入14个步兵师和3个坦克师，尔后又以3个步兵师、1个骑兵师、1个坦克旅提供加强。就这样，铁木辛哥最终将方面军39个师又3个旅中的22个师和1个旅投入战斗。他们面对的德军，以六又三分之二个步兵师据守前沿，二又三分之一个步兵师、1个装甲师、1个摩托化师和1个装甲旅担任预备队。（参见表6.2）

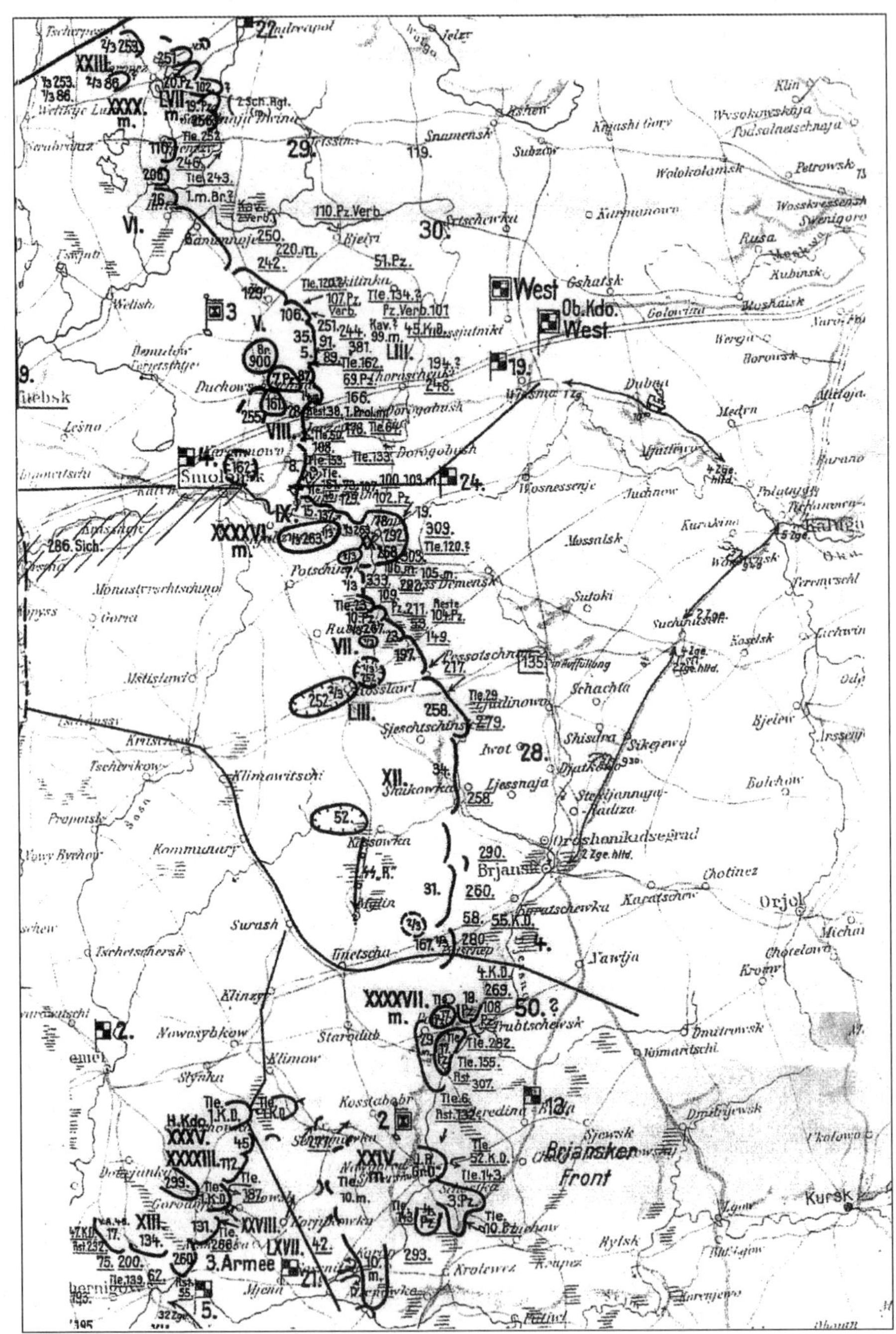

▲ 地图 6.1：中央集团军群的作战态势，1941 年 9 月 1 日晚间（资料图）

表6.1：西方面军1941年9月1日的编成和高级指挥员（步兵、骑兵、坦克、机械化兵团和部队）

<table>
<tr><td colspan="3">西方面军
苏联元帅谢苗·康斯坦丁诺维奇·铁木辛哥，
9月10日由伊万·斯捷潘诺维奇·科涅夫中将接替</td></tr>
<tr><td rowspan="5">第16集团军
康斯坦丁·康斯坦丁诺维奇·罗科索夫斯基中将[①]。</td><td rowspan="3">步兵第44军</td><td>步兵第38师</td></tr>
<tr><td>步兵第108师</td></tr>
<tr><td>步兵第152师</td></tr>
<tr><td colspan="2">红旗坦克第1师
亚历山大·伊里奇·利久科夫上校</td></tr>
<tr><td colspan="2">坦克第127旅（原坦克第18师）
坦克兵少将费奥多尔·季莫费耶维奇·列米佐夫</td></tr>
<tr><td rowspan="9">第19集团军
伊万·斯捷潘诺维奇·科涅夫中将，9月11日由米哈伊尔·费多罗维奇·卢金中将接替。</td><td colspan="2">步兵第50师</td></tr>
<tr><td colspan="2">步兵第64师</td></tr>
<tr><td colspan="2">步兵第89师</td></tr>
<tr><td colspan="2">步兵第91师</td></tr>
<tr><td colspan="2">步兵第166师</td></tr>
<tr><td colspan="2">步兵第244师</td></tr>
<tr><td colspan="2">骑兵第45师</td></tr>
<tr><td colspan="2">坦克第101师（9月16日改编为摩托化步兵第101师）
格里戈里·米哈伊洛维奇·米哈伊洛夫上校</td></tr>
<tr><td colspan="2">独立坦克第205团（原坦克第14师）</td></tr>
<tr><td rowspan="6">第20集团军
米哈伊尔·费多罗维奇·卢金中将，9月11日由菲利普·阿法纳西耶维奇·叶尔沙科夫中将接替。</td><td colspan="2">步兵第73师</td></tr>
<tr><td colspan="2">步兵第129师</td></tr>
<tr><td colspan="2">步兵第144师</td></tr>
<tr><td colspan="2">步兵第153师</td></tr>
<tr><td colspan="2">步兵第161师</td></tr>
<tr><td colspan="2">步兵第229师</td></tr>
<tr><td rowspan="9">第22集团军
菲利普·阿法纳西耶维奇·叶尔沙科夫中将，9月11日由瓦西里·亚历山德罗维奇·尤什克维奇中将[②]接替。</td><td rowspan="3">步兵第29军</td><td>步兵第126师</td></tr>
<tr><td>步兵第179师</td></tr>
<tr><td>步兵第214师</td></tr>
<tr><td rowspan="3">步兵第51军</td><td>步兵第98师</td></tr>
<tr><td>步兵第112师</td></tr>
<tr><td>步兵第170师</td></tr>
<tr><td rowspan="2">步兵第62军</td><td>步兵第174师</td></tr>
<tr><td>步兵第186师</td></tr>
<tr><td colspan="2">坦克第48师（9月2日改编为坦克第17、第18旅）
德米特里·亚科夫列维奇·亚科夫列夫上校</td></tr>
</table>

① 译注：少将。
② 译注：少将。

续表

第29集团军 伊万·伊万诺维奇·马斯连尼科夫中将	**步兵第178师**
	步兵第243师
	步兵第246师
	步兵第252师
	独立摩托化旅
第30集团军 瓦西里·阿法纳西耶维奇·霍缅科少将	**步兵第134师**
	步兵第162师
	步兵第242师
	步兵第250师
	步兵第251师
	坦克第107师（9月16日改编为摩托化步兵第107师） 彼得·尼古拉耶维奇·多姆拉切夫上校
方面军直属兵团/部队	**骑兵集群** 列夫·米哈伊洛维奇·多瓦托尔上校（秋季晋升为少将）
	骑兵第50、53师
	第62、64、65、66筑垒地域
	坦克第126旅（原坦克第17师） 伊万·彼得罗维奇·科尔恰金上校
	坦克第128旅（原坦克第57师） 指挥官不明
	独立坦克第49、52、54、56、59、64、66、184、186营

表6.2：西方面军9月1日反攻时的突击集群布势

苏军进攻地带	交战双方的部队		德军预备队
	苏军	德军	
第30集团军	靠前部署：步兵第242、第162、第251师，坦克第107师 预备队：步兵第250师	第5军：第106、第35步兵师	无
第19集团军	靠前部署：步兵第244、第166、第89、第50、第64师，坦克第101师 预备队：步兵第91师、骑兵第45师	第5军：第5步兵师 第8军：第87步兵师（三分之二）、第14步兵师（摩托化）	第87步兵师（三分之一）、第7装甲师、第900摩托化教导旅
第16集团军	靠前部署：步兵第152、第38师，坦克第1师 预备队：坦克第127旅、步兵第108师	第8军：第28步兵师	第161步兵师
第20集团军	靠前部署：步兵第144、第153、第161、第73师 预备队/侧翼：步兵第229、第129师	第8军：第8步兵师	武装党卫队“帝国”摩托化师

注：德国中央集团军群认为第161步兵师“不适合战斗”，而武装党卫队“帝国”摩托化师在叶利尼亚的战斗中遭受严重损失，正在接受整补。

9月1日

9月1日下午，西方面军参加全面反攻的诸集团军给铁木辛哥司令部发去初步报告。其中最重要的是罗科索夫斯基第16集团军提交的报告，实际上，该集团军是铁木辛哥四个突击集群中实力最强的一股，负责实施方面军的主要突击。罗科索夫斯基的参谋长马兰金将军15点从设在霍捷诺瓦（Khotenova）的司令部发出这份报告，该镇位于亚尔采沃以东18千米的第聂伯河东岸。这份作战摘要较为积极：

· **第16集团军的情况**——沿沃皮河东岸据守亚尔采沃、斯克鲁舍夫斯克、布亚诺沃一线，于9月1日7点沿奇日基、杜布罗瓦、亚尔采沃一线强渡沃皮河，并朝新谢利耶、斯捷潘诺沃、尼古拉—埃德列维奇这个总方向发起进攻。

· **敌人的情况**——第336步兵团（步兵第161师）各分队（营）和第28步兵师各部队（团）据守在集团军战线对面，以强有力的火力实施顽强抵抗并大量布设地雷和工程障碍。

· **辖内各兵团的情况：**

★坦克第1师——9月1日12点占据以下位置：

☆步兵第175团——在霍尔姆和新谢利耶（西部）（亚尔采沃以北4—5千米）西面的无名河流之东岸战斗。

☆新切尔卡斯克步兵团——在步兵第175团身后担任第二梯队，位于奇斯塔亚西南郊（亚尔采沃以北4.5千米）。

☆敌第336步兵团第2营据守在步兵第175团战线对面，据俘虏交代，第336步兵团第1营正撤至后方接收补充兵。

☆截至8点30分的损失——伤亡25人。

☆师部——曼奇纳以西1千米的树林内（亚尔采沃东北方9千米）。

★步兵第152师——截至12点，占据以下位置：

☆步兵第544团——夺取哈特尼（亚尔采沃以北3.5千米）以北1.5千米的无名高地。

☆步兵第480团——沿217.9高地东坡至哈特尼东郊一线（亚尔采沃以北2.5千米）战斗。

☆步兵第646团——在杜布罗沃（亚尔采沃东北方4千米的沃皮河东岸）东面的小树林内担任第二梯队。

☆正核实遭受的损失和缴获的战利品，已俘获14名俘虏。

☆师部——奥泽里谢东南方2千米的小树林内。

★步兵第38师——以步兵第48团据守亚尔采沃和沃皮河东岸的169.9里程碑，其他团到达以下位置：

☆步兵第29团——哈特尼湖南岸、亚尔采沃东郊、亚尔采沃车站（亚尔采沃以北1.5千米至以东1.5千米）。

☆步兵第343团——在沃皮河西岸，步兵第29团身后担任第二梯队。

☆未缴获/俘获战利品和战俘，正核实损失。

★步兵第108师——在沃皮河东岸据守169.9里程碑、斯克鲁舍夫斯克农场、布亚诺沃地段（亚尔采沃以南1—14千米）。

★坦克第127旅（集团军司令员的预备队）——集结在奥泽里谢地域，尚未投入战斗。

· **友邻力量**——右侧，坦克第101师（第19集团军）正沿奥西波瓦和斯卡奇科沃一线（亚尔采沃以北7—11千米）战斗，通过联络员同该师联系；左侧，步兵第144师（第20集团军）在第聂伯河东岸据守科罗夫尼基和扎博里耶地段，通过联络员与该师联系。

· **道路状况**——令人满意，适合各种轮式车辆通行。

· **通信**——以电台、电话和联络员与各部队联系。

· **特殊物品**——集团军战线9月1日未使用燃烧瓶。

· **集团军司令部**——霍捷诺沃东北方1千米的树林内。

· **辅助指挥所**——维舍戈尔以北0.5千米的树林内。[1]

5小时后的9月1日20点，第16集团军汽车装甲兵主任向罗科索夫斯基和方面军汽车装甲兵主任提交了一份集团军坦克力量进攻首日的作战行动摘要。这份报告非常重要，因为铁木辛哥整场反攻的命运在很大程度上取决于第16集团军坦克部队的战斗表现，特别是利久科夫上校的红旗坦克第1师的表现。[2]

·**总体情况**——第16集团军辖内部队9月1日7点在奇斯塔亚、新谢利耶、哈特尼、亚尔采沃车站地段对敌人展开进攻，朝斯捷潘诺沃和格里希诺这一总方向进击。敌人以强大的火力实施抵抗并向西遂行战斗后撤。当日未同敌坦克交战。

·**集团军辖内坦克力量：**

★坦克第1师——在奇斯塔亚和新谢利耶（东部）地段对敌发起进攻后，前出到霍尔姆以西1千米树林的西部边缘至新谢利耶（西部）一线并继续执行第16集团军司令员的命令，以便前出到马利采沃和谢米奥西纳一线。

☆摩托化步兵第175团[2个KV坦克排，2个T−34坦克连（欠1个排），1个BT坦克连]——在奇斯塔亚和新谢利耶（东部）地段对敌发起进攻，20点前夺得新谢利耶（西部）。

☆摩托化步兵第6团（1个KV坦克排，1个T−34坦克连，1个BT坦克连）——在摩托化步兵第175团右翼后方作为第二梯队展开行动，投入战斗,发展进攻，夺得霍尔姆以西1千米小树林的东部边缘。

☆师长的预备队——摩托化步兵第6团第3营，1个T−26坦克连，1个T−40坦克连，1个BT−7坦克排和1个T−34坦克排渡至沃皮河西岸，但未投入战斗。

☆坦克维修点——沃罗特诺沃树林附近。

☆师部——曼奇纳以西1千米的树林内。

★坦克第127旅（集团军司令员的预备队）——位于奥泽里谢以东树林附近。

★第1739号前进仓库——位于阿诺霍沃东南方1千米的树林附近。

★第22汽车装甲兵维修站——位于尼科洛−波戈列洛沃。

★人员和装备的损失——予以核实后分别汇报。[3]

最后，按照罗科索夫斯基的指示，参谋长马兰金9月1日24点给西方面军和友邻第19、第20集团军发去一份报告，简要概述第16集团军进攻首日的表现（参见地图6.2）：

·**总体情况**——消灭敌第161和第28步兵师辖内部队的同时，集团军编成内各师于1941年9月1日日终前到达以下位置：

★坦克第1师——萨穆伊洛瓦以南溪流的东岸。

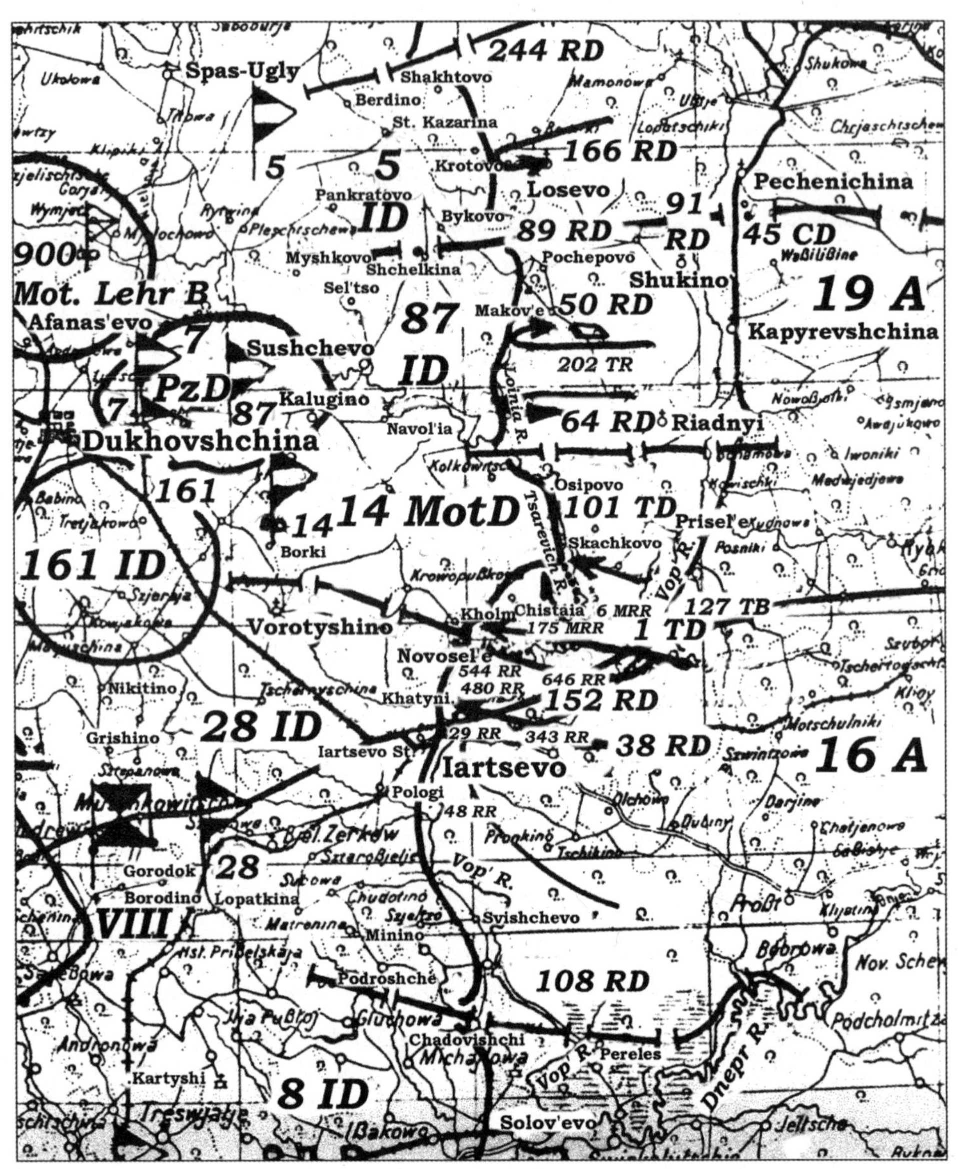

▲ 地图 6.2：第 16 和第 19 集团军的作战态势，1941 年 9 月 1 日晚间（资料图）

★步兵第152师——萨穆伊洛瓦以南溪流的东岸。

★步兵第38师——209.2高地、亚尔采沃车站、174.7里程碑。

★步兵第108师——在沃皮河东岸据守169.9里程碑和布亚诺沃地段。

★坦克第127旅——作为集团军司令员的预备队集结在奥泽里谢地域。

· **战果和决心**

★集团军司令部已收到47名士兵俘虏和1名军官俘虏，俘虏正继续送至。

★集团军辖内部队将于9月2日晨继续进攻，执行先前的任务。[4]

战斗首日，罗科索夫斯基的突击集群渡过沃皮河，打垮德军第28步兵师辖内步兵团设在亚尔采沃以北的防御。夜幕降临时，坦克第1师先遣部队取得5千米进展，前出到从霍尔姆以西1千米起，沿一条溪流的东岸南延至新谢利耶（西部）一线。利久科夫左侧，步兵第152师前出到以下位置：从哈特尼以北1.5千米起（亚尔采沃以北3.5千米），向南穿过217.9高地东部，直至哈特尼东郊（亚尔采沃以北2.5千米）。最后是第16集团军突击集群左翼，步兵第38师从哈特尼湖南岸（亚尔采沃以北1.5千米）向南穿过亚尔采沃东郊，赶往亚尔采沃车站（亚尔采沃以东1.5千米），以此填补战线，尔后继续向南，开赴亚尔采沃南面、沃皮河东岸的169.9高地。这场进攻命中德国第8军第14摩托化师与第28步兵师的分界线，两个苏军师一举粉碎前者的右翼团和后者的左翼团。

尽管罗科索夫斯基取得了初步战果，但苏军先前推进的坦克力量很快发现他们楔入德军两个步兵师之间，遭到猛烈侧射火力的打击，而前方的数条小河流阻挡住了他们的前进。因此，除非罗科索夫斯基迅速以新锐坦克力量加强坦克第1师，否则，这些坦克将沦为德军炮火和空袭的靶子。

与第16集团军作战地带的有利态势形成鲜明对比的是，正如9月1日17点提交的作战摘要所示，霍缅科越来越虚弱的第30集团军在铁木辛哥这场全面反攻的第一天，面临的情况艰巨得多（参见地图6.3）：

· **总体情况**——集团军辖内部队1941年9月1日发起进攻，以左翼力量遂行主要突击，同时以右翼力量掩护别雷方向。敌人以精心组织的火力和移动的迫击炮火力配系实施顽强抵抗。截至17点，集团军辖内部队到达以下位置：

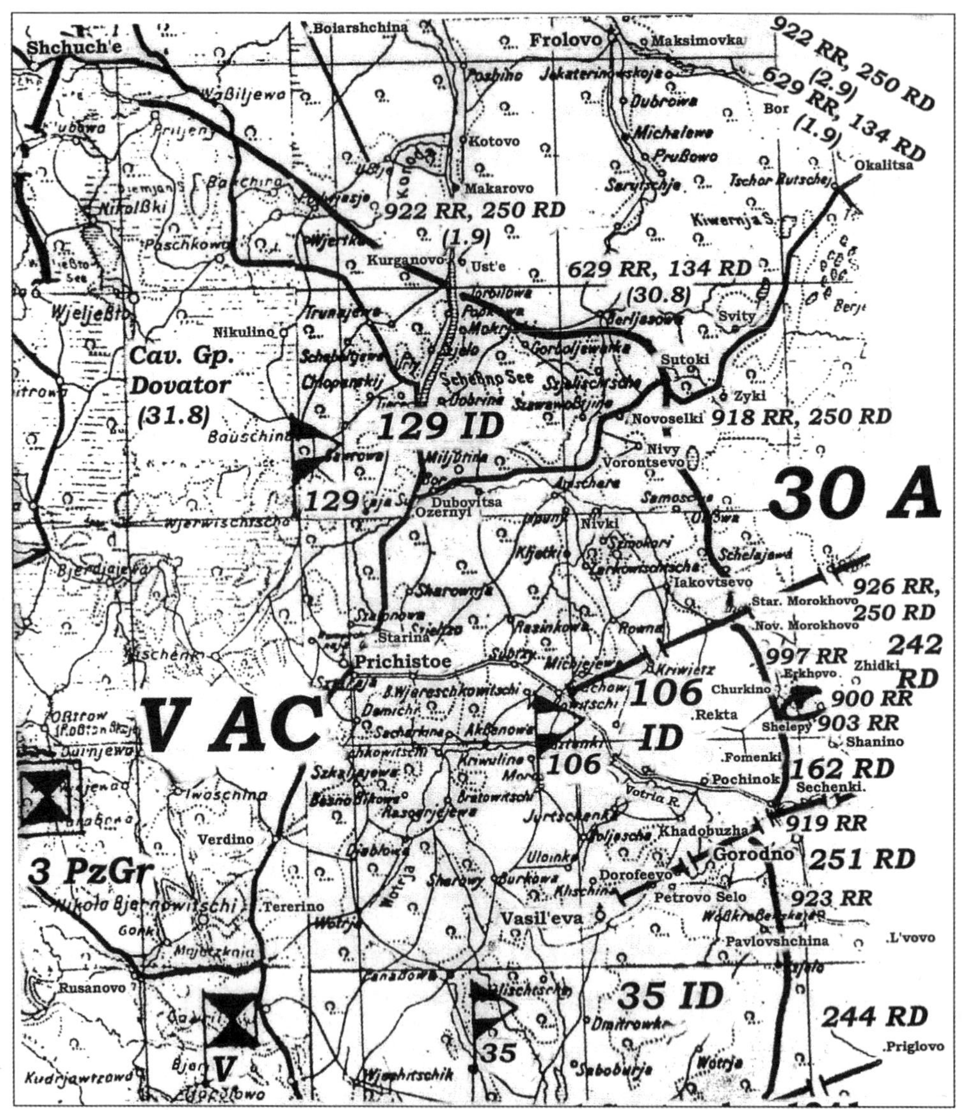

▲ 地图 6.3: 第 30 集团军的作战态势, 1941 年 9 月 1 日晚间（资料图）

★坦克第107师——位于原先位置，战斗队形没有变化。

★步兵第242师——9月1日9点展开冲击，遭遇敌人激烈抵抗和机枪火力，15点35分到达以下位置：

☆步兵第997团——距离丘尔基诺东北郊500米。

☆步兵第903团——舍列佩东郊。

☆步兵第900团——在步兵第903团身后担任第二梯队。

★步兵第162师——攻往福缅基和230.3高地，但未能获得成功，目前位于原先位置，同时以炮火打击敌支撑点。

★步兵第251师——9点发起冲击，16点30分到达以下位置：

☆步兵第919团——占领214.9高地，正攻往克列切茨。

☆步兵第223团——到达伊万诺沃以东500米的灌木丛地域，目前正攻往伊万尼诺。

★步兵第250师（集团军预备队）——在原先位置整顿部队并进行战斗训练。

· **多瓦托尔骑兵集群**——未收悉新消息。

· **天气**——多云，伴有间歇性降雨，但各条道路通行无虞。[5]

实际上，第30集团军的进攻以彻底失败而告终，辖内部队充其量只取得几百米进展。恼怒不已的霍缅科在当晚23点40分下达给麾下指挥员们的新命令解释了个中原因：

集团军辖内部队9月1日的进攻行动过于迟缓，缺乏主动性。在我们意图取得战果处，完全看不到我方部队沿这些方向的巧妙机动和为突击提供的加强。另外，尽管敌人的机枪和迫击炮火力不太猛烈，可是步兵第162师第501团一整天停滞不前。遭遇敌人侧射火力时，该团团长毫无主动性，甚至没有考虑实施机动，朝另一个方向展开果断进攻。[6]

当日的失利并未吓倒霍缅科，申斥完麾下指挥员后，他分配了希望下属们次日能够完成的新任务：

· **总体任务**——我命令集团军辖内部队完成第053号令。

· **辖内各兵团的任务：**

★步兵第250师（步兵第515团第1营沿奥尔洛瓦和埃尔霍沃一线，马约罗夫的侦察支队位于乌斯季耶地段）——在苏哈列沃、沃罗比伊哈、波诺马里地域（舍列佩东北方10—12千米）留下1个团担任我的预备队。9月2日4点前以步兵第922团沿博尔、切尔内鲁切、奥科利察一线接替步兵第629团；以步兵第918团攻往新谢尔基和沃龙措沃（切尔内鲁切西南方13—18千米），实施机动，包围敌抵抗基点，同时掩护集团军右翼，抗击敌人从西面和西南面发起的进攻。先遣支队前出到上卡拉科沃、弗罗洛沃、乌斯季耶地域，以马约罗夫的侦察支队向西面的休奇耶湖、韦利斯托湖和索什诺湖实施侦察。

★步兵第242师——朝215.2高地和丘尔基诺（新马罗霍沃以南3千米）发起主要突击，同时在其他地段留下掩护力量，实施积极的火力射击。

★步兵第162师——夜间占据一道狭窄战线，以便朝沙尼诺和福缅基（克拉皮夫尼亚以西5—7千米）发起冲击，同时避免采用纵深梯队配置的战斗队形。会同步兵第242师朝229.1、241.2高地发起一场辅助突击，在战线其他地段实施积极的火力射击。

★步兵第251师——夜间将主力变更部署到左翼，同（第19集团军）步兵第244师取得联系的同时，夺取多罗费耶沃的路口，以及克列切茨和多罗费耶沃地段（戈罗德诺西南偏西方5—7千米）沃特拉河上的渡口。

★坦克第107师——按照集团军8月31日的训令集结你部主力，同时将先遣支队派往舒米雷、基塔耶沃、博里索沃地域（别雷以北22—24千米），从西面和西北面掩护集团军右翼，应特别留意同步兵第134师师部保持不间断的联系并将所有必要信息汇报给该师。

· **时间**——1941年9月2日8点发起进攻。[7]

霍缅科并不打算继续在集团军左翼沿一条相对较宽的战线遂行突击，他确定了具体进攻目标，先前挫败集团军进攻行动的德军重要支撑点都在其中。但实际上，霍缅科心照不宣地承认，第30集团军疲惫不堪，已不再具备实施任何有意义的进攻行动的能力。最令人沮丧的事实是，他的集团军不得不把坦克第107师派往北面，加强沿别雷西北接近地构设防御的步兵第134师，此举导致第30集团军的坦克力量被抽调一空。

虽然没有找到第20集团军的每日作战摘要，但德军9月1日的作战态势图清楚地表明，卢金集团军从第聂伯河西岸登陆场发起的多路突击也以失败告终，就像卢金在8月31日发给铁木辛哥的部队状况报告中预料的那样。这一切反过来意味着，铁木辛哥不得不把次日赢得新胜利的希望完全寄托于罗科索夫斯基第16和科涅夫第19集团军肩头。（参见地图6.4）

9月1日午夜过后不久，罗科索夫斯基给第16集团军下达新命令，阐述了他在当天午夜时向铁木辛哥所做的承诺。与霍缅科不同，罗科索夫斯基要求麾下遂行突击的4个师，在坦克第127旅的加强下，迅速摆脱亚尔采沃西北面和西面的困境，在该镇南面渡过沃皮河，向西推进15千米，沿霍莫斯季河夺取相关目标，与从南面第聂伯河西岸登陆场向西进攻的第20集团军部队会合：

致坦克第1师，步兵第152、第38、第108师和坦克第127旅指挥员

· **第16集团军的任务**——1941年9月2日10点转入进攻，夺取尼基季诺、格里希诺、卢基亚尼基、马利亚夫希纳、特列赫斯维亚季耶一线，尔后前出到霍莫斯季河一线。

· **辖内各兵团的任务：**

★坦克第1师——当前任务：夺取尼基季诺和格里希诺（亚尔采沃以西15千米）。尔后攻往霍莫斯季河（亚尔采沃以西25千米）。

★步兵第152师——当前任务：夺取格里希诺和戈罗多克一线（亚尔采沃西南偏西方15千米）。尔后攻往梅德韦杰瓦（亚尔采沃西南偏西方24千米）。

★步兵第38师——当前任务：夺取戈罗多克和洛帕特基纳一线（南部）（亚尔采沃西南方15千米）。尔后攻往博罗季诺（亚尔采沃西南方23千米）。

★步兵第108师——当前任务：夺取米尼诺和恰多维希一线（亚尔采沃西南偏南方15千米）。尔后攻往卡尔特希（亚尔采沃西南方21千米）。

★坦克第127旅（我的预备队）——准备前调，发展坦克第1师作战地段的胜利。

★各个师——遵照集团军第2/op号令，在先前划定的分界线内展开行动。[8]

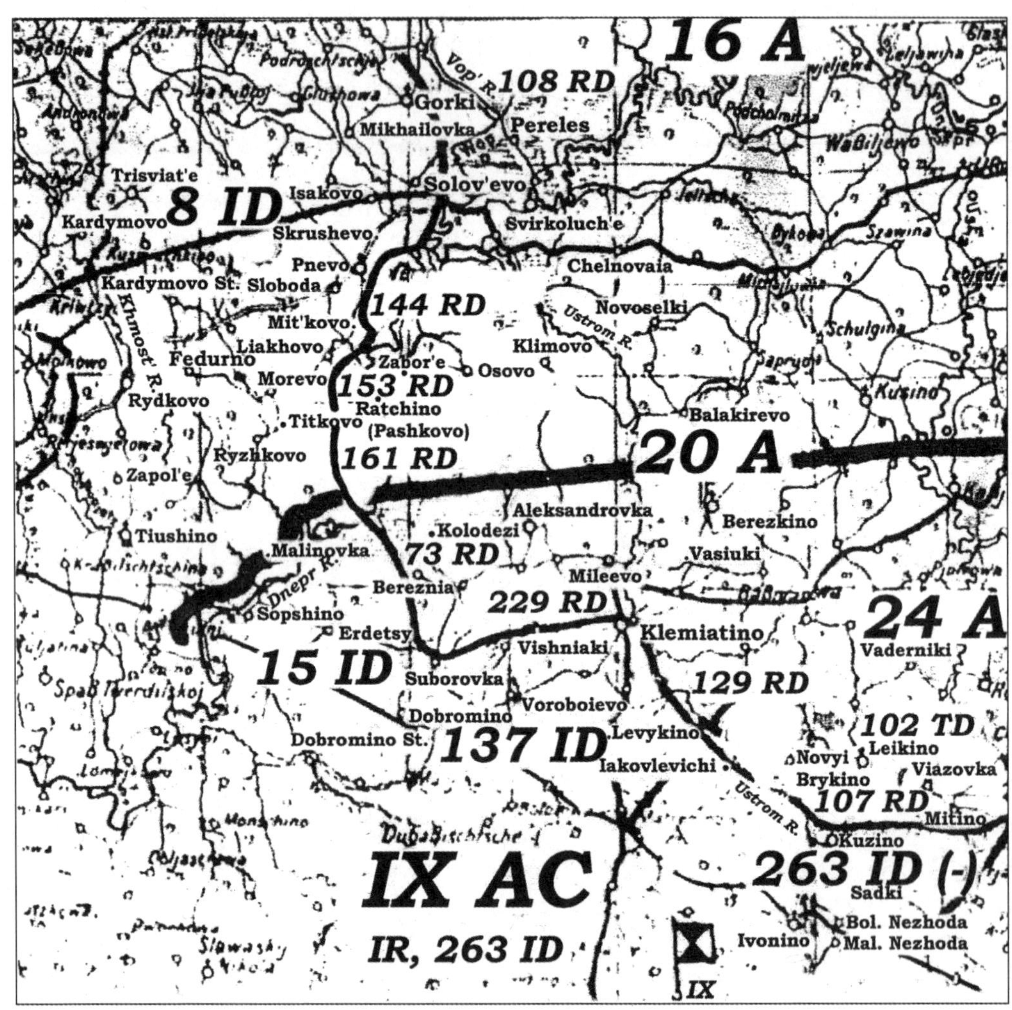

▲ 地图 6.4：第 20 集团军的作战态势，1941 年 9 月 1 日晚间（资料图）

第16集团军右侧，第19集团军于9月1日取得些许进展后，科涅夫在9月2日4点下达了新进攻令。这是科涅夫右侧[①]的罗科索夫斯基向铁木辛哥保证第16集团军辖内部队“将于9月2日晨继续进攻，执行先前的任务”之后四小时的事。（参见地图6.5）

我命令：

· **步兵第91师**（与榴弹炮兵第120团）——9月2日清晨前集结在科尔科维奇、米亚格琴基、普里谢利耶地域（亚尔采沃东北偏北方10—14千米），在奥西波瓦和科哈诺瓦地段（亚尔采沃以北9—12千米）攻往斯捷潘诺夫卡，夺取斯捷潘诺夫卡（北部）和博尔基（亚尔采沃西北偏北方14—16千米），并在拉赫曼科瓦地域（亚尔采沃西北方15千米）切断杜霍夫希纳—亚尔采沃公路。左侧分界线为库季诺沃、帕德利谢、米亚格琴基、科哈诺瓦和博尔基南面的农场。

· **坦克第101师**（与步兵第91师配属的部队）——变更部署至左翼（亚尔采沃以北6—8千米），会同坦克第1师和步兵第91师向伊瓦申卡和佩特雷基纳发展进攻，日终前夺取博尔基、沃罗特舍瓦、姆霍夫卡（亚尔采沃西北偏北方12—14千米），并以先遣部队在尼佐沃谢洛（亚尔采沃西北方8千米）附近切断杜霍夫希纳—亚尔采沃公路。

· **步兵第166师**——继续攻往梅什科沃（亚尔采沃以北24千米），完成8月31日第044号令赋予的任务，9月2日清晨前将1个步兵团撤至220.5高地和波捷利察地域担任我的预备队，将榴弹炮兵第399团的1个营交给步兵第89师。

· **步兵第244、第89、第50和第64师**——继续进攻，完成8月31日第044号令赋予你们的任务。

· **骑兵第45师**——留在马斯利希和马特韦恩基地域担任我的预备队的同时，在佩切尼奇诺、卡佩列夫希纳、哈琴基地段沿沃皮河组织防坦克防御。

· **炮兵**——6点前做好实施一场15分钟炮火急袭的准备。任务如下：

★压制拉赫玛尼诺、库拉吉诺、苏谢沃、图里谢沃地域及纳沃利尼亚、胡特科沃、奥西诺夫基地域的敌炮兵。

---

① 译注：左侧。

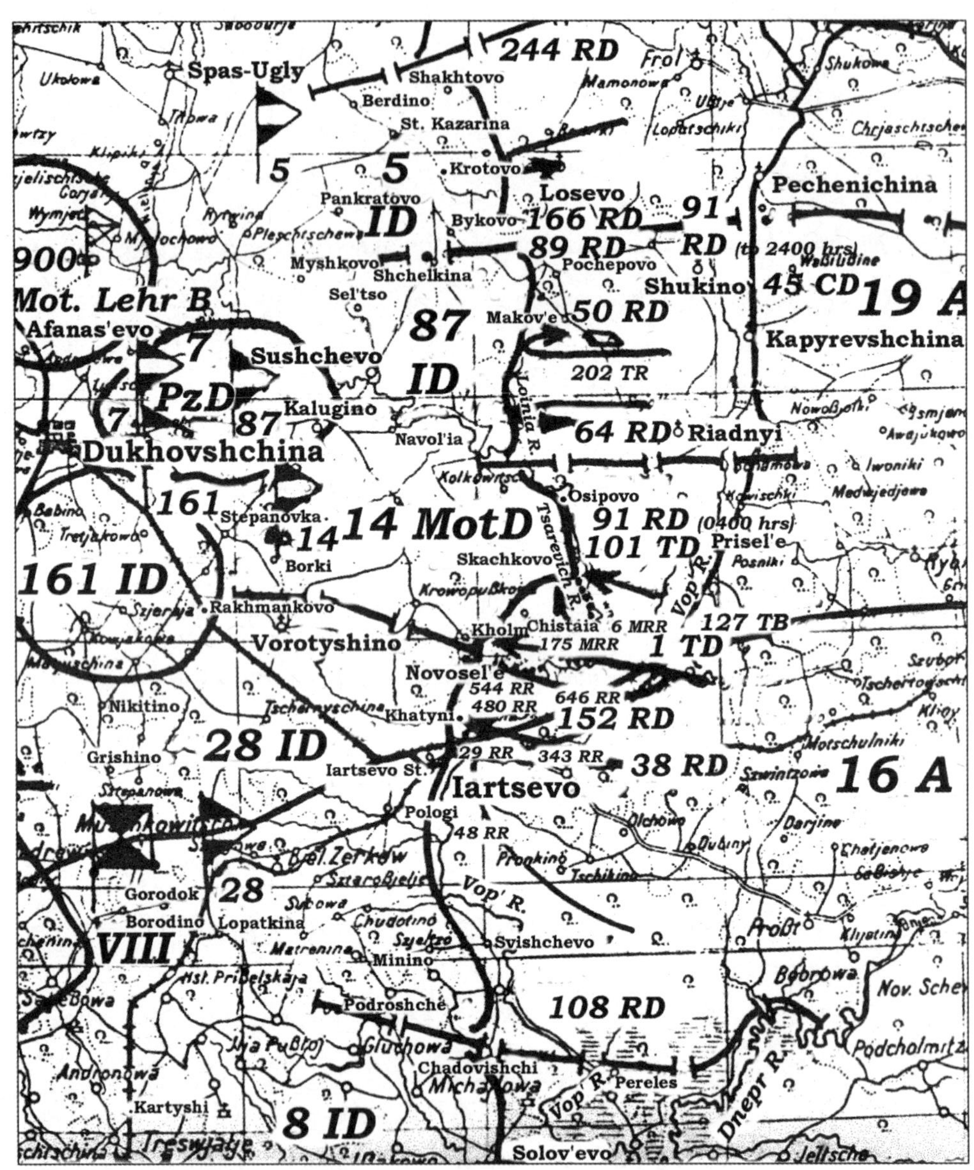

▲ 地图 6.5：第 16 和第 19 集团军 1941 年 9 月 1 日晚间的作战态势，以及 1941 年 9 月 2 日的进攻计划（资料图）

★发展进攻期间，以加农炮兵第311团2个营支援步兵第91师的进攻。

·**航空兵的任务：**

★掩护集团军在伊万尼基、奇斯塔亚、瓦西利西诺地域的重组。

★以强击航空兵支援步兵第91和坦克第101师的进攻。

★1941年9月2日8点50分沿防御前沿打击先科瓦、科哈诺沃、克罗沃普斯科沃。

★沿奥特里亚—德米特罗夫卡—克罗托沃—杜霍夫希纳和科尔科维奇—杜霍夫希纳方向遂行侦察。[9]

一如既往，科涅夫的进攻令简明扼要，几乎将集团军辖内最具战斗力的部队悉数集结在最左翼，他们在那里可以最大限度地加强第16集团军突击行动的力量和势头。具体说来，先前担任预备队的步兵第91师，以及刚刚着手肃清察列维奇河下游西岸德军部队的坦克第101师，将从由奇斯塔亚北延至河西岸奥西波瓦的这座6千米宽的登陆场出发发起冲击，向西推进12—16千米，然后转身向南，切断杜霍夫希纳与亚尔采沃之间的德军交通线。与此同时，北面14千米外，集团军辖下的步兵第166师将朝梅什科沃发起一场辅助突击，而集团军辖内其他师会尽量将德军牵制在集团军主要突击地段与辅助突击地段之间。具有讽刺意味的是，铁木辛哥批准的这些命令，实际上导致动用6个集团军、以击败并歼灭杜霍夫希纳和斯摩棱斯克地域所有德军部队为目的的大规模反攻，变为2个，也可能是3个集团军实施的战役性打击，这场打击充其量只能孤立并消灭据守在亚尔采沃镇河流西面和南面的2.5个德军步兵师。

可是，西方面军司令部9月2日8点提交的作战概要，极为详细地描述了前一天的战斗，混淆了这样一种可悲的现实：当日的战斗就算没让大本营失望，也令铁木辛哥司令部沮丧不已。（参见地图6.6）

·**总体情况**——方面军右翼，第22和第29集团军继续沿利胡沙防线和西德维纳河东岸掘壕据守，敌摩托化步兵组成的小股侦察部队位于他们前方；方面军中央地带和左翼，9月1日—2日夜间，各部队为9月2日晨的进攻积极加以准备。

·**第22集团军**——继续整顿部队的同时，于9月1日下午沿诺瓦亚和拉缅耶一线同敌摩托化步兵战斗，对方获得了坦克和装甲车支援。而在集团军中央地带和左翼，各部队继续加强既占防线。未收悉关于该集团军9月1日—2日夜间作战行动的消息。

· **第29集团军**——截至9月2日5点，位置基本未发生变化，集团军当面之敌不太活跃。

★步兵第243师——在西德维纳河东岸的亚米谢和霍季诺地段（西德维纳以北10—18千米）掘壕据守。

★步兵第246师——以2个步兵团在索隆基诺、卡柳霍瓦、格卢博科耶、多罗霍瓦和梅利尼察地段（西德维纳以西15千米至西南方10千米）据守湖泊间隘路，1个步兵团正在西德维纳河东岸的索季诺和巴尔洛沃地段（西德维纳以北5千米至以南5千米）设立防线。

★步兵第252师（集团军司令员的预备队）——位于穆希诺、斯皮里多沃、新波卢季诺地域（西德维纳东北偏北方16—20千米），准备朝谢利诺、亚米谢、霍季诺展开行动。

★摩托化旅一部——在谢利诺和萨维诺地段（西德维纳以北18—22千米）占据防御。

★骑兵第29团——据守普洛夫诺耶湖和埃姆连湖一线（西德维纳以南25—30千米），同时掩护集团军，抗击敌人从南面和西南面发起的进攻。

★摩托化旅一部——位于比比列沃和布霍维齐地域（西德维纳以东12—14千米），准备朝西德维纳展开行动。

· **多瓦托尔骑兵集群**——夜间到达菲利诺地域（别雷—杜霍夫希纳公路上的洛西米诺西北方20千米）。第30集团军司令部已派一名代表赶往该集群的集结区以弄清他们的状况并带去四卡车食物和补给物资。

· **第30集团军**——当日下午继续进攻，20点前（再次）夺得舍列佩。但集团军辖内其他部队在原先位置从事战斗，对付敌人沿战线其他地段的顽强抵抗，在帕纳西基诺、列克塔、科斯季诺、福缅基地域遭到敌重型炮兵连的猛烈火力打击，截至9月2日5点，集团军辖内部队占据了以下位置：

★步兵第134师——据守戈拉诺沃、斯托多利谢、涅利多沃地域（别雷以北45—60千米）。

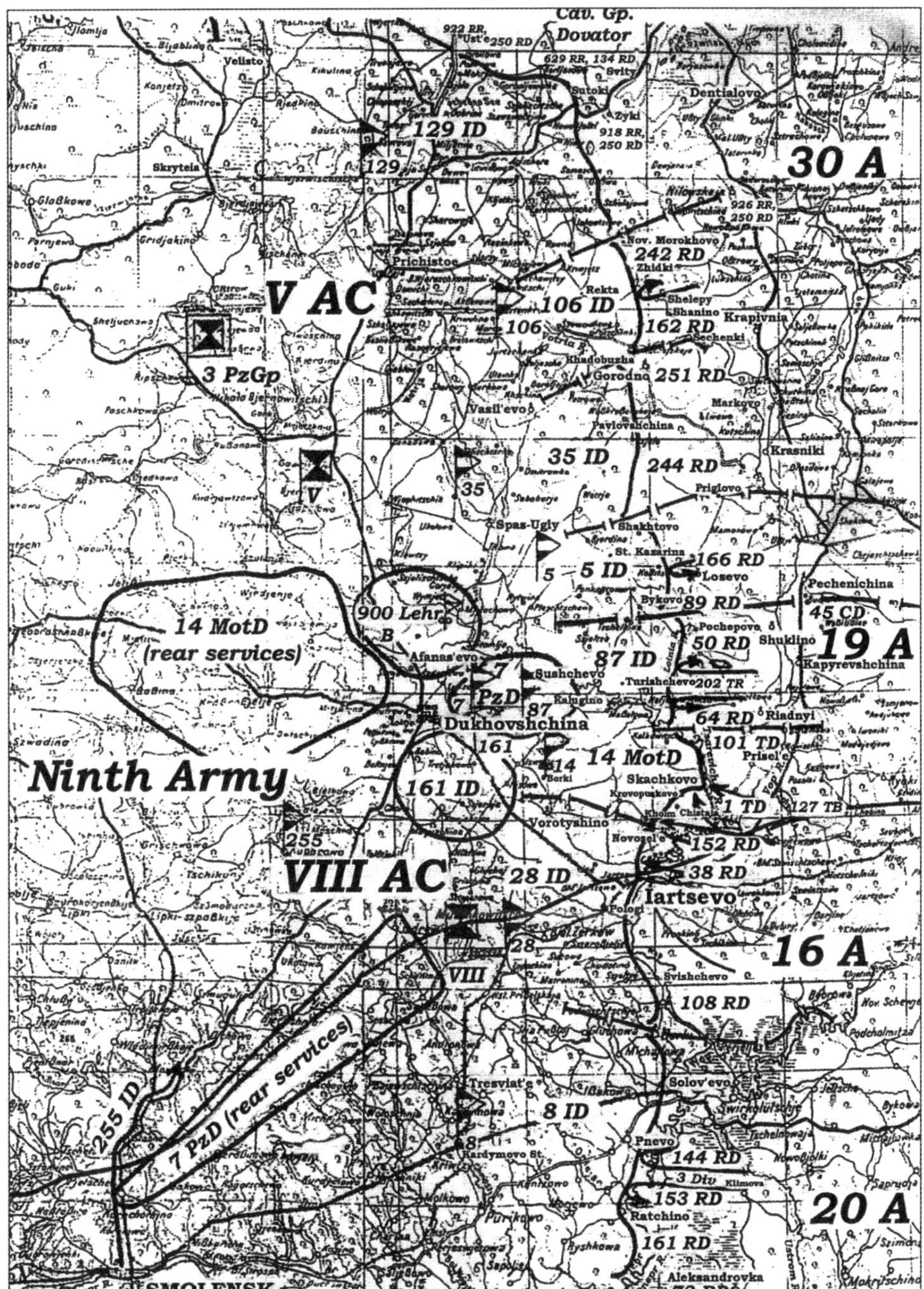

▲ 地图 6.6：第 9 集团军“东线”的战场态势，1941 年 9 月 1 日晚间（资料图）

★步兵第629团（步兵第134师，欠1个营）——据守博尔和切尔内鲁切地段（别雷西南偏南方20千米）。

★步兵第918团（步兵第250师）——遭遇敌人激烈抵抗，沿斯温科沃、谢格洛沃、苏托基一线（切尔内鲁切西南偏南方10千米）战斗。

★坦克第107师（与步兵第629团2个营）——在别雷地域占据环形防御。

★步兵第242师——9月1日19点夺得舍列佩，正继续进攻。

★步兵第162师——发起进攻，但未能取得进展，目前在原先位置战斗。

★步兵第251师——沿214.9高地、新谢尔基、戈罗德诺西南郊一线（切尔内鲁切以南13—15千米）掘壕据守。

★9月1日的损失——伤亡248人。

★战利品——缴获5挺轻机枪、2门迫击炮、15支步枪，消灭敌人5个暗堡和18个火力发射点。

· **第19集团军**——9月1日下午在集团军右翼和中央地带发起的进攻未能获得成功。集团军左翼力量朝科哈诺沃（亚尔采沃以北9千米）缓慢发展进攻，正准备投入担任预备队的步兵第91师，该师集结在科尔科维奇、米亚格琴基、普里谢利耶地域。

★集团军辖内部队将于9月2日9点继续进攻，在左翼发展胜利。

★敌人沿巴甫洛夫希纳、帕诺夫、新谢利谢、巴尔苏基、锡罗京卡、波波瓦、科哈诺沃一线占据防御并在集团军右翼和中央地带顽强抵抗我方的进攻。集团军左翼，察列维奇河以南，敌人正向西退却，坦克第101师展开追击。

★步兵第244、第166、第89、第50、第64师——截至9月2日5点，位置未发生变化。

★坦克第101师——占据的战线从奥西波瓦东郊（亚尔采沃以北11千米）向南延伸到斯卡奇科沃东郊（亚尔采沃以北7千米）、科哈诺沃（亚尔采沃以北10千米）南面的几座建筑、霍尔姆东郊（亚尔采沃以北5千米）。9月1日俘获敌第（161摩托化师）第336步兵团15名俘虏，但未收悉关于损失和战利品的报告。

· **第16集团军**——当日下午消灭敌第161和第28步兵师部分部队，日终前到达沿萨穆伊洛瓦以南（亚尔采沃西北偏北方4千米）溪流之东岸向南延伸到库季诺沃以西（亚尔采沃西北方2.5千米）溪流之东岸和亚尔采沃车站（亚尔采沃镇中心以西2千米）一线。在那里，集团军的推进被雷区、铁丝网、敌火炮和迫击炮从克罗沃普斯科沃地域（亚尔采沃西北偏北方8千米）射来的侧射火力所阻。

★敌人遭受到严重损失，在部分地段丢下火炮、机枪、迫击炮、弹药和其他装备。集团军辖内部队前出到以下位置：

★坦克第1师——萨穆伊洛瓦以南溪流之东岸。

★步兵第152师——库季诺沃以西溪流之东岸。

★步兵第38师——亚尔采沃车站和174.7里程碑。

★步兵第108师——在沃皮河东岸据守169.9里程碑和布亚诺沃。

★坦克第127旅（集团军司令员的预备队）——位于奥泽里谢地域（亚尔采沃以东的集团军后方地域）。

★俘获48名俘虏，包括1名军官，正在核实缴获战利品的数量。

★集团军辖内部队将于9月2日晨继续进攻，执行先前受领的任务。

·**第20集团军**——9月1日下午继续进攻，执行先前的任务，9月1日—2日夜间沿所到达位置挖掘阵地。

★步兵第144师——发起冲击，遭遇敌人从普涅沃（亚尔采沃以南20千米）射出的猛烈防御火力。前进受阻后，沿斯克鲁舍沃（亚尔采沃以南15千米）以东1千米至普涅沃以东200米、米季科沃东北方1千米和利亚霍沃一线掘壕据守。

★步兵第153师——发起冲击，在杜布罗瓦北面的无名高地遭遇敌人的猛烈火力和铁丝网障碍，沿从洛古诺沃以西600—800米南延至拉特奇诺以西600—800米一线掘壕据守。

★步兵第161师——恢复进攻，从右翼的杜布罗瓦向西推进300—400米；在左翼为争夺戈洛维诺南面的森林展开战斗，遭遇敌人布设的铁丝网和暗堡后停止前进，日终时沿所到达战线掘壕据守。

★步兵第73师——据守既占阵地，9月1日17点朝249.9高地发起一场短促突击，将敌人驱离维什尼亚基西北面的树林，夺得249.9高地，日终前向南推进500米，但后续推进被敌人从苏布罗夫卡东北方小树林射出的猛烈火力所阻。

★步兵第129师——据守现有阵地。

★集团军辖内部队将于9月2日晨继续进攻，执行先前的任务。

· **援兵：**

★到达情况——步兵第133师将于9月2日8点前搭乘两列火车从维亚济马开至瑟乔夫卡，该师余部正在装载或准备装载。步兵第178师（装备）：一列火车9月2日6点20分驶离维亚济马车站。该师正以汽车运送，正对该师辖内部队的位置加以核实。

· **损失**——核实中。

· **方面军航空兵**——9月2日上午①出动75个飞行架次，支援第16和第19集团军的进攻。

★混成航空兵第43师——在普里谢利耶、斯卡奇科沃、亚尔采沃车站地域掩护部队集结，在维亚济马、谢穆采沃、伊兹杰什科沃掩护部队卸载，在莫列沃、巴巴耶沃地域打击敌人的抵抗基点。

★混成航空兵第47师——在克罗托沃、梅什科沃、贝科瓦、谢尔基纳、希什科沃、苏谢沃地域打击敌人的摩托—机械化部队、炮兵和步兵；实施侦察，并将战机转场到新机场。击毁或击伤敌人8辆坦克、32辆汽车、12辆摩托车、2辆装甲车，给敌人造成了严重的人员损失。

★混成航空兵第46和第31师——由于天气条件不利，未执行战斗飞行任务。

★侦察航空兵第38中队——对萨福诺沃、杜霍夫希纳、亚尔采沃和斯摩棱斯克地域实施侦察。

★我方损失：1架佩-2未返回机场。[10]

虽然第30和第20集团军9月1日未能取得战果，但第16集团军突击群渡过沃皮河，向西推进5千米，在此过程中粉碎了德军第14摩托化师右翼团和第28步兵师左翼团的前沿防御。南面，集团军辖内步兵第152和第38师，向亚尔采沃西北方推进3千米，向该镇以西推进2千米，但未能打垮德军第28步兵师中央地段的防御。

① 译注：原文如此。

罗科索夫斯基右侧，位于科涅夫第19集团军左翼的米哈伊洛夫上校坦克第101师，设法肃清第14摩托化师部署在察列维奇河下游西岸的部队，并靠近在第16集团军右翼战斗的友邻部队。可是，面对德军第14摩托化师和第87步兵师的坚决抵抗，沿第19集团军战线其他地段遂行冲击的各个师仅取得几百米进展。而第14摩托化师右翼力量和第28步兵师左翼力量在战斗中的殊死抵抗，迫使海茨将军从实力已然耗尽的第161步兵师抽调1个团加强第14摩托化师，并且命令第161步兵师余部和第7装甲师一个战斗群9月2日开入受威胁地段后方的集结区。另外，第8军军长海茨和第9集团军司令施特劳斯一再要求提供援兵后，博克不太情愿地将第255步兵师交给了第9集团军，倘若态势进一步恶化，该师将用于亚尔采沃地段。并未过度惊慌的博克在日记中简洁地写道："敌人对第9集团军发起打击，正攻往斯摩棱斯克东面，并在他们以往惯用的地段向北发起后续进攻。"[11]

9月2日

在大本营和铁木辛哥的敦促下，西方面军辖内诸集团军于9月2日8点左右继续进攻，当日的激烈战斗就此爆发。随后的厮杀在霍缅科第30集团军的戈罗德诺、新莫罗霍沃地段，以及亚尔采沃北面和西面尤为激烈，在那里，第19和第16集团军突击群毗邻的左翼和右翼力量发起联合进攻，竭力克服并打垮德国第8军第14摩托化师和第28步兵师的防御（参见地图6.7）。

9月2日19点，罗科索夫斯基的参谋长给西方面军司令部发去一份报告，汇报日终时的态势并解释集团军进展缓慢的原因（参见地图6.8）：

· **总体情况**——敌人正沿集团军整条战线顽强抵抗。

· **辖内各兵团的位置**——各部队继续进攻，9月2日17点所处的位置如下：

★步兵第152师——从索普雷基纳西郊（亚尔采沃西北方5.5千米）南延至234.9高地东坡，反复对234.9高地发起冲击。

★步兵第38师——从209.2高地西坡南延至佩尔沃迈斯基村东郊和波洛吉东郊（亚尔采沃以西5千米）。

★步兵第108师——在沃皮河西岸的斯维谢沃和扎德尼亚地段持续战斗。

★坦克第1师——正在核实该师所在位置，晚些时候汇报。

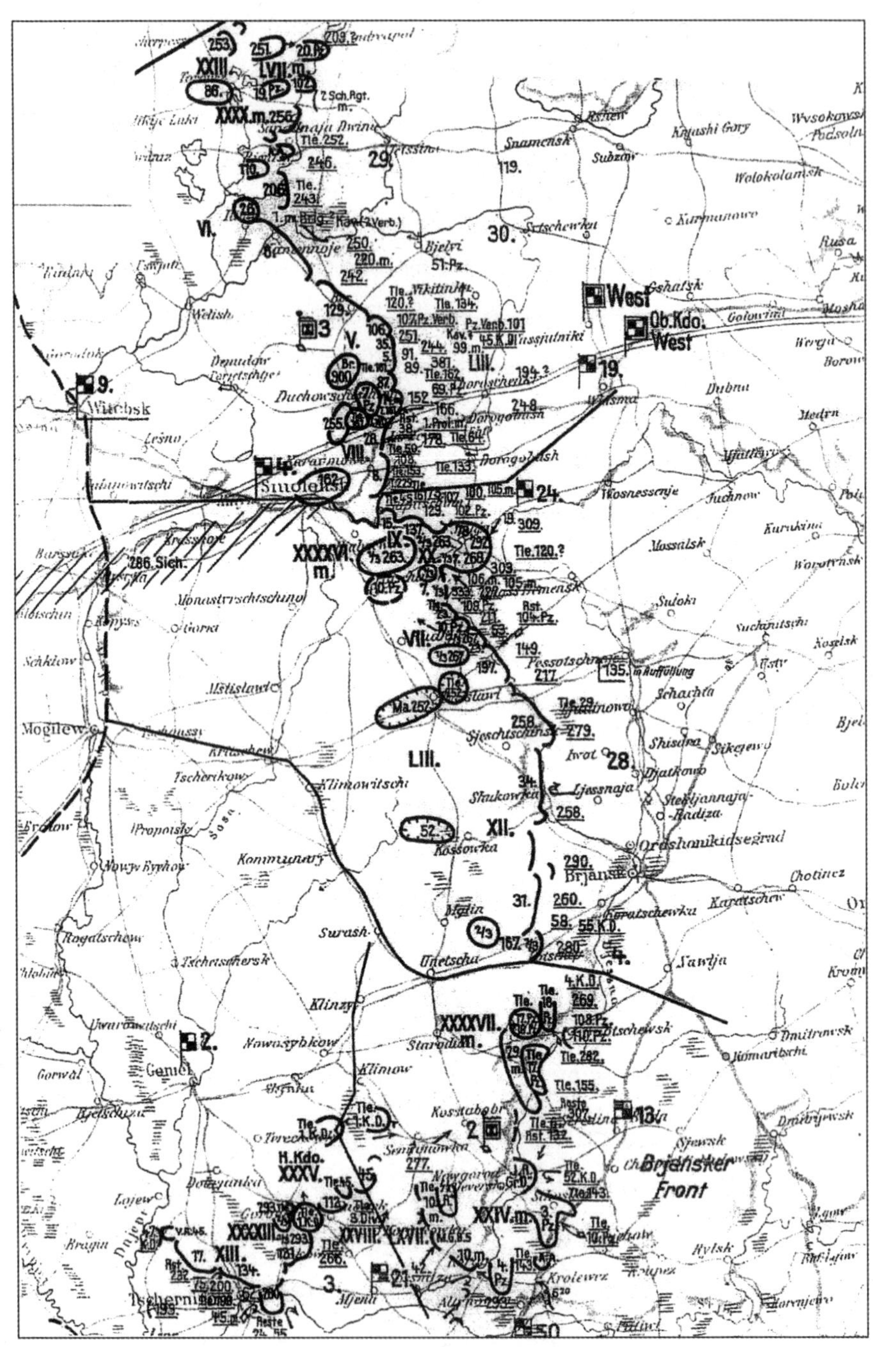

▲ 地图 6.7: 中央集团军群的作战态势, 1941 年 9 月 2 日晚间（资料图）

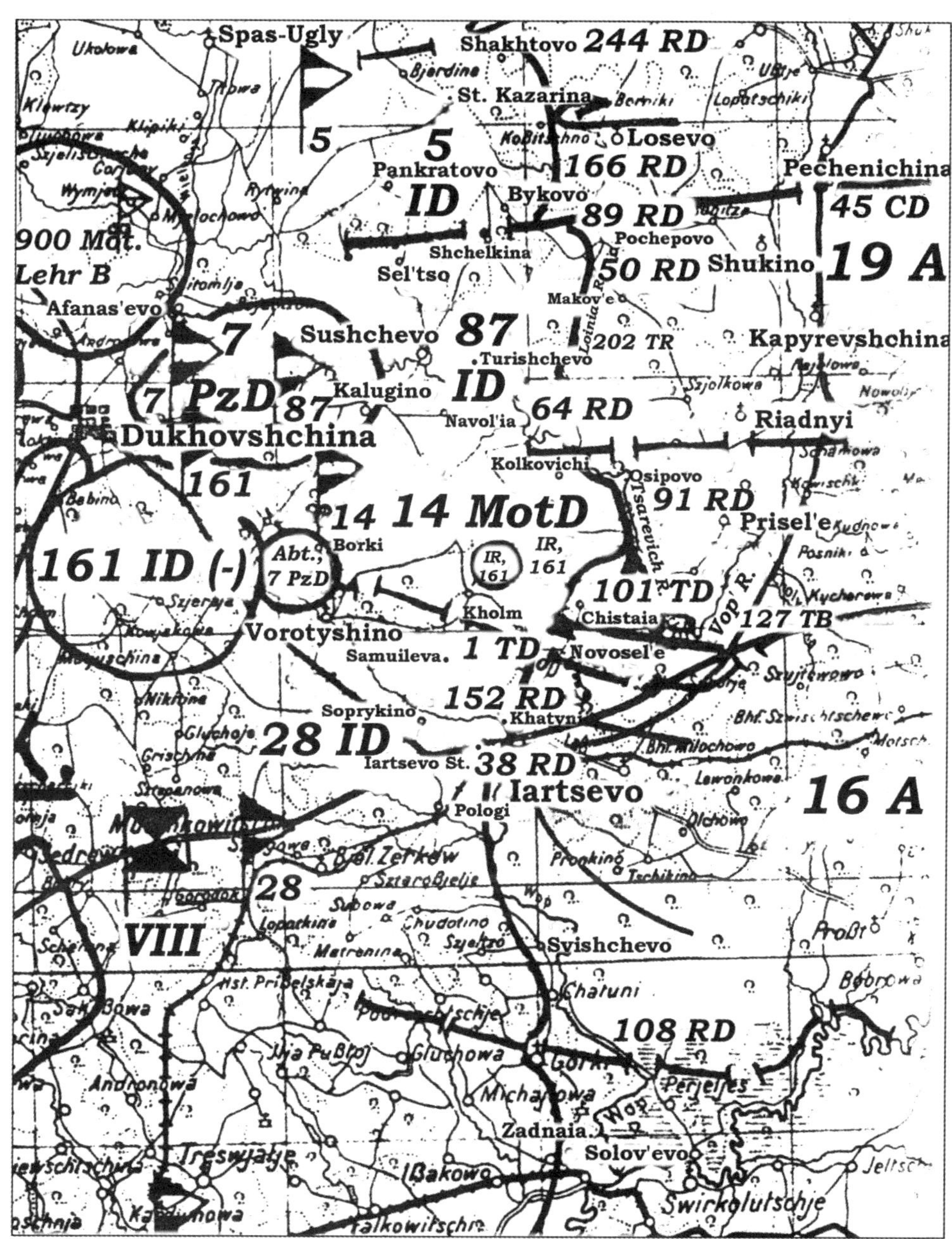

▲ 地图 6.8：第 16 和第 19 集团军的作战态势，1941 年 9 月 2 日晚间（资料图）

· **总结**——9月2日白天，敌人展现出比9月1日更大的积极性，沿我集团军整条战线的火炮和迫击炮火力显著加强，在克罗沃普斯科沃地域和西面的树林持续施以猛烈的火炮、迫击炮侧射火力。[12]

实际上，正如罗科索夫斯基的报告和德国第9集团军每日态势图所示，德军的强大防御和颇具破坏力的火炮、迫击炮火力精心协同，将苏军坦克第1师和步兵第152师的推进深度限制在不到2千米。

第30集团军突击群精心组织，但较为有限的进攻也没能取得更大战果。霍缅科在17点发给铁木辛哥的一份简短报告中含糊地描述了第30集团军9月2日的进展（参见地图6.9）：

· **总体情况**——自1941年9月2日8点起，集团军辖内部队一直在进攻并与敌人交火，但截至17点，没能赢得胜利，目前仍在原先位置同敌人交火，这是因为对方顽强抵抗，并从克里韦茨、列克塔、科斯季诺、福缅基、波奇诺克、扎列奇耶地域以大口径迫击炮和重型火炮施以猛烈炮火所致。

· **详情**：步兵第629团（步兵第134师）——将博尔至奥克利察的阵地交给步兵第250师第922团，9月2日8点时正开赴步兵第134师集结地域。

· **损失**——伤亡48人。

· **天气条件**——集团军所在地域降下大雨，导致车辆在各条道路上都难以通行。

· **通信情况**——与辖内各师的通信断断续续，仅从13点至16点30分通过电台与方面军司令部取得过联系。[13]

西方面军9月2日19点提交的每日作战摘要描述了方面军微不足道的进展并稍稍提及铁木辛哥和大本营越来越强烈的受挫感，这场反攻显然已是强弩之末：

· **总体情况**——方面军右翼，第22集团军以其右翼力量在安德烈亚波尔西郊战斗，而在其中央和左翼，他们正会同第29集团军辖内部队继续加强沿西

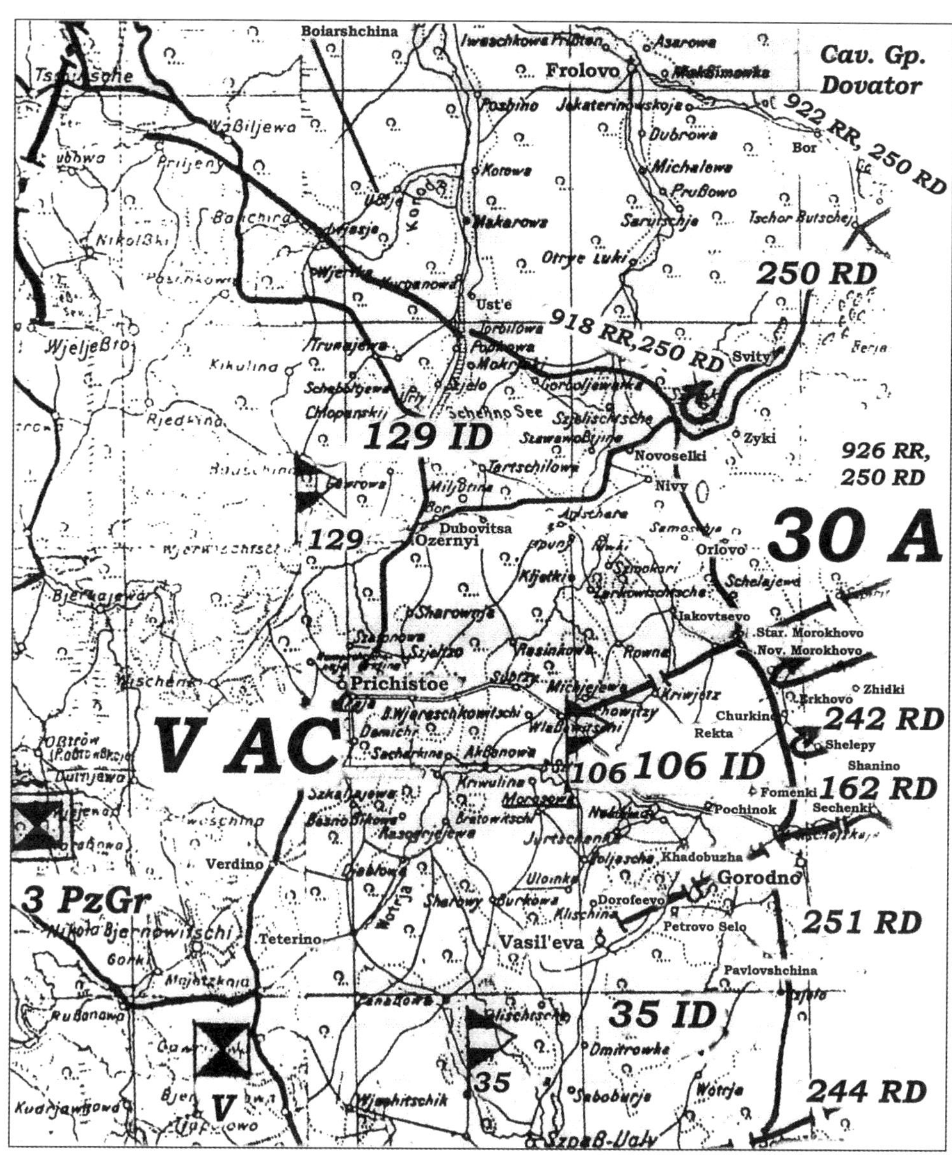

▲ 地图 6.9：第 30 集团军的作战态势，1941 年 9 月 2 日晚间（资料图）

德维纳河东岸占据的阵地，当面之敌以小股力量遂行侦察。方面军中央地带和左翼，第30、第19、第16和第20集团军辖内部队继续进攻。

· **第22集团军**——继续整顿部队，9月2日在右翼的安德烈亚波尔西郊同敌摩托化步兵和坦克持续战斗并在中央地带和左翼继续加强既占阵地。

★步兵第214师——敌人2个步兵营和30辆坦克从拉缅耶（安德烈亚波尔以西7千米）发起进攻，面对这种沉重的压力，该师9月2日12点前将右翼部队撤至安德烈亚波尔和卡拉巴诺沃西郊（安德烈亚波尔以南3千米）。9月2日12点，该师朝安德烈亚波尔北郊和南郊发起反冲击，将敌人逐回西面。

★一个由300名士兵组成的支队正前往科茹洛沃和斯托尔比诺，以便攻入前进之敌集团的后方。

★集团军辖内其他部队的位置未发生变化，当面之敌不太活跃，偶尔施以火炮和迫击炮炮火。

· **第29集团军**——位置未发生变化，敌人正在加强他们的阵地，但除此之外并无太积极的活动。修筑工事的同时，敌人还把摩托化步兵和坦克集结在西德维纳河西岸的热列佐沃地域（西德维纳以北15千米）。

· **多瓦托尔骑兵集群**——骑兵集群主力（2500人）已到达，同该集群余部（约1500人） 会合并集结在菲利诺地域（切尔内鲁切的别雷—杜霍夫希纳公路以西20千米）。

· **第30集团军**——实施部分重组，9月2日9点沿新莫罗霍沃和戈罗德诺一线展开进攻，但在战线任何一处均未取得进展，截至9月2日17点，辖内部队占据原先的位置并同敌人交火。敌人实施顽强抵抗并投入重型火炮和大口径迫击炮。

★步兵第629团（步兵第134师）——将博尔至奥克利察的防区交给步兵第922团（步兵第250师），9月2日8点赶赴步兵第134师防御地段。

★步兵第226团（步兵第250师）（集团军预备队）——位于苏哈列沃、沃罗比伊哈、波诺马里地域。

· **第19集团军**——进行了15分钟炮火准备后，于9月2日9点恢复进攻。右翼力量一整天都在原先位置战斗；面对敌人的激烈抵抗，集团军中央和左翼力量缓慢推进。担任集团军预备队的步兵第91师14点在集团军左翼投入交战，发展坦克第101师取得的战果。截至9月2日17点，集团军辖内部队在以下位置战斗：

★步兵第244、第166、第89、第50师——遭遇敌人猛烈的防御火力，未能取得进展，正在原先位置战斗。

★步兵第64师——攻往马斯洛沃（亚尔采沃以北14千米），14点前取得200—300米进展，以左翼部队强渡察列维奇河，目前正继续向西攻击前进，但遭到敌人猛烈的火炮、机枪、迫击炮火力的打击。

★步兵第91师（集团军预备队）——在奥西波瓦和222.8高地（亚尔采沃以北11—12千米）接替坦克第101师辖内部队，14点向西攻往科济米纳和斯捷潘科瓦（北部）。

★坦克第101师——与（第16集团军）坦克第1师左翼部队紧密协同，向西缓缓推进。17点，该师左翼位于霍尔姆（亚尔采沃西北偏北方6千米）以西700—1000米。敌人一架“福克-沃尔夫”飞机在该师作战地段被机枪火力击落，3名机组人员被俘。

★骑兵第45师——集结在原地域，准备在集团军中央或左翼发展胜利。

· **第16集团军**——9月2日10点以其右翼力量继续进攻，以完成先前受领的任务，沿整条战线遭遇敌人猛烈的防御火力，但辖内部队继续进攻；左翼力量坚守在原先的位置。集团军当面之敌是德军第336步兵团（第161步兵师）和第28步兵师辖内部队，这些敌军正大量布设地雷和工程障碍。12点30分，集团军辖内部队在以下位置战斗：

★坦克第1师——沿萨穆伊洛瓦（亚尔采沃西北方5千米）以南溪流之东岸战斗，先遣部队位于溪流以西1.5—2千米的树林中（亚尔采沃西北偏西方6—7千米）。

★步兵第152师——库季诺沃以西和西南方无名溪流的东岸（亚尔采沃西北偏西方4—4.5千米）。

★步兵第38师——在从佩尔沃迈斯基村东郊（亚尔采沃以西4.5千米）南延至波洛吉东郊（亚尔采沃西南方5千米）一线战斗。

★步兵第108师——据守原先的阵地。

★坦克第127旅（集团军预备队）——位于奥泽里谢地域。

★战利品：缴获2门火炮、2门迫击炮、20支步枪。

★损失：坦克第1师伤亡25人，步兵第152师伤亡150人；集团军辖内其他部队的损失正在核实。

★集团军正继续进攻。

· **第20集团军**——9月2日晨以右翼力量继续进攻，以完成先前受领的任务，但遭遇敌人猛烈的防御火力；沿整条战线击退对方数次反冲击。

★步兵第144、第161、第153、第73师——在原先位置同敌人交火，某些地段仅取得了微不足道的进展；击退敌人发起的多次局部反冲击。

★步兵第229和第129师——据守原先的阵地。

· **援兵**（调给第22集团军）：

★步兵第133师——装载并发运6列火车，另外3列火车正在装载。

★步兵第178师——师属物资装载并发运7列火车，其中1列在涅利多沃车站（西德维纳以东50千米）卸载，另外1列火车正在装载。汽车运送的部队，步兵第38团9月2日20点前集结在涅利多沃以南树林内，师主力（步兵第709、第639团）先遣部队17点30分位于博西诺（别雷东南方13千米）。

· **方面军航空兵**——由于天气条件恶劣，9月1日—2日夜间和9月2日上午未出动飞行架次。9月1日未能返航的1架佩-2已在地面上发现，完好无损，待天气好转后就将返回机场。[14]

正如铁木辛哥在作战摘要中指出的那样，西方面军取得进展的几个兵团是科涅夫第19集团军辖下米哈伊洛夫上校的坦克第101师（向西推进约1千米）和罗科索夫斯基第16集团军辖下利久科夫上校的坦克第1师、彼得·尼古拉耶维奇·切尔内舍夫上校的步兵第152师（分别向西取得1.5千米和1千米进展）。因此，铁木辛哥元帅和愈发沮丧的大本营又度过了不祥的一天。

从中央集团军群司令博克的角度看，苏军的猛烈进攻令人不安，很大程度上是因为这位集团军群司令已说服自己，第9集团军“东线”的态势已趋于稳定。因此，懊恼的博克9月2日晚些时候在日记中写道：

今天，敌人在波切普（应为亚尔采沃，参阅苏军9月1日的进攻）和该镇正北面对第9集团军最南翼发起进攻，他们在那里展开冲击还是第一次。倘若敌人继续进攻，我们可能会面临大麻烦！[15]

虽然从前线收到的消息令人沮丧，但9月2日晚或9月3日晨，西方面军参谋长索科洛夫斯基将军给红军总参谋长沙波什尼科夫发去一份令人欣慰的报告，缓解了上级部门对托瓦多尔骑兵集群最终命运的担心。索科洛夫斯基的这份报告全文如下：

致红军总参谋长，苏联元帅沙波什尼科夫同志

报 告

关于多瓦托尔同志的骑兵集群（骑兵第50、第53师）1941年8月23日—9月2日在别雷、杰米多夫、杜霍夫希纳地域敌后方实施的行动

Ⅰ.1941年8月10日，西方面军军事委员会亲自赋予骑兵集群以下任务：

（a）在杰米多夫和杜霍夫希纳地域进入敌后方。

（b）瘫痪敌人的交通线，同时破坏其运输、仓储、指挥部和通信手段。

（c）在敌占区弄清当地居民对红军的态度。

Ⅱ.8月11日和12日，骑兵集群为执行这些任务加以准备。该集群的3000名骑兵携带30挺重机枪,经过一场跋涉50千米的行军，穿越遍布森林的沼泽地带后，于8月14日集结在下卡拉科沃、布德尼察、什韦金地域（别雷以西25—35千米，扎尔科夫斯基以东8—16千米）。

一个侦察群发现敌人位于菲利诺、博亚尔希诺、罗日诺和科托沃（别雷西南偏西方25—35千米，扎尔科夫斯基东南方10—18千米）。骑兵集群先遣部队随后将敌人逐至克列斯托瓦亚、波德维亚济耶、乌斯季耶（北部）一线（别雷西南方40千米，扎尔科夫斯基东南方15—23千米）。由于敌人实施异常顽强的抵抗并坚守希赫托沃、克列斯托瓦亚、波德维亚济耶、乌斯季耶一线，骑兵集群8月15日—22日的战斗未能突破敌人的防御并进入其后方。

该集群8月22日变更部署，将主力集结在米季科沃地域（别雷—杜霍夫

希纳公路上的杰米亚希以西20千米），8月23日4点在波德维亚济耶以东、乌斯季耶（杰米亚希西南偏西方28千米）附近突破敌人的防御，粉碎敌第9步兵师（应为第129步兵师）第430团第9营，随后以5个骑兵团和1个混成团在图尔纳耶瓦（杜尔涅沃）地域（杜霍夫希纳西北偏北方35千米）进入敌人后方。

8月23日—30日，骑兵集群在热莫霍瓦、雷布舍瓦、扎博里耶地域（杜霍夫希纳西北方20—35千米）展开行动，在这些地方消灭敌指挥部、运输车辆和仓库并沿杰米多夫—别雷、杰米多夫—杜霍夫希纳通信线路炸毁通信设施。

Ⅲ.完成受领的任务后，骑兵集群于9月20日在奇恰塔地域（切尔内鲁切的别雷—杜霍夫希纳公路西北方14千米）归建。该集群目前集结在斯莫罗多夫卡、绍拉霍夫卡、瓦西科瓦地域（切尔内鲁切西北方10—12千米），在这些地方集结部队。

Ⅳ.多瓦托尔骑兵集群在敌后方地域展开积极行动的结果是，8月23日至9月2日，他们击毙3000名德军士兵和19名军官，击毁150辆各种类型的汽车、4辆装甲运兵车、2辆坦克、4门火炮、6门迫击炮和3挺重机枪，缴获65挺轻机枪、67匹马和许多步枪及自动武器，烧毁3座仓库和数个装满燃料的储油罐，捣毁敌人2个营部和1个团部。

骑兵集群返回时，携带着他们俘虏的400名敌官兵。

在敌后方行动期间，该集群确认：

（a）敌占区的绝大多数居民对红军抱有高度敌意，正焦急地等待红军回来。

（b）杰米多夫和杜霍夫希纳地域没有敌预备队。

（c）敌人高度重视收割田地里的庄稼。

相关经历表明，以类似骑兵集群组织对敌后方的突袭时，有必要为他们配备小口径火炮、反坦克炮、少量轻型坦克和大功率电台。

Ⅴ.关于骑兵集群更加详细的作战报告，将由西方面军军事委员会于1941年9月5日直接呈交最高统帅。[16]

仔细核实德方相关记录就会发现，多瓦托尔遂行突袭的骑兵的确给德军后方地域造成了一些破坏，但该集群规模较小，战斗力有限，这导致他们无法取得更大的战果。就德军为遏止苏军骑兵而使用的兵力而言，德国人最终投入了第129步兵师侦察营（从北面），第3装甲集群司令部的几个保安营（从南面），以及从西面杰米多夫调来的2个支队（加强的营级支队）。另外，德军几个保安营沿戈布扎河（Gobza）南岸设立起一道45千米长的封锁线，从杰米多夫向东北方延伸到雷布舍瓦（Rybsheva）。可是，多瓦托尔的骑兵出人意料地逼近第3装甲集群司令部，该司令部设在杜霍夫希纳西北偏北方33千米，雷布舍瓦镇的重要交通路口。毫无疑问，这令德军司令部人员惊慌失措。

另外，虽然苏方记录没有提及，但德方记录表明，苏军飞机8月22日—23日夜间，也就是多瓦托尔集群发起突袭的当天，在杜霍夫希纳西北偏北方15千米的巴拉克利齐地域（Braklitsy）投下一个相当规模的空降兵支队。该支队也许兼备牵制和后勤性质，可能受红军情报总局（GRU）或西方面军情报部（RU）指挥。不管怎样，除了给德军通信造成破坏外，多瓦托尔的这场突袭使他一举成名并为他赢得了将级军衔。1941年12月，率领近卫骑兵第2军的多瓦托尔在莫斯科门前的战斗中英勇牺牲。

但对铁木辛哥来说，现在没有时间分享骑兵们英勇突袭的荣耀。令人沮丧的是，他这场反攻已呈颓势，他和他那些集团军司令员都很清楚这一现实。因此，这位方面军司令员别无选择，必须抢在这场反攻彻底耗尽势头前尽力榨取战果。他的目光再次投向麾下最成功的两个集团军，即罗科索夫斯基第16和科涅夫第19集团军，他要最大限度地利用这些集团军，给把他们同难以企及的中间目标隔开的德军部队，以及德军设在杜霍夫希纳至关重要的指挥中心和军事基地造成破坏。为此，铁木辛哥命令两个集团军继续进攻，而西方面军辖内其他集团军提供一切可能的支援。

铁木辛哥决心已定，他至少可以从这样一个事实中得到些许安慰：方面军右翼险象环生的态势终于稳定下来。实际上，那里的确稳定了下来，但这并非西方面军采取的任何行动所致。相反，安德烈亚波尔和西德维纳的态势得到改善，主要是因为德国元首刚刚决定结束第57摩托化军第19和第20装甲师向安德烈亚波尔的大胆冲刺——这样他便可以将获胜的几个师撤出战斗，把他们派往北面的杰米扬斯克地域。希特勒希望两个装甲师在那里与北方集团军群第56摩托化军紧密协同，重演他们在大卢基、托罗佩茨、安德烈亚波尔实现的壮举，向东突击，一举夺取杰米扬斯克和瓦尔代丘陵。

根据铁木辛哥的指示，科涅夫和罗科索夫斯基9月2日午夜过后给他们的集团军下达了新的进攻令，前者的命令下达于2点40分，后者则是在20分钟后。选择这样的时间并非巧合，而是因为铁木辛哥完全将整场反攻的命运寄托在这两股力量的肩头：

第19集团军1941年9月3日2点40分下达的第049号战斗令，指挥所设在瓦西利西诺以东1千米的树林内

· **敌人的情况**——据守在集团军右翼和中央地带对面，以精心组织的机枪和迫击炮火力实施顽强抵抗的同时，在集团军左翼对面撤往斯卡奇科瓦和奇斯塔亚一线。

· **友邻力量**——正履行先前受领的任务。

· **第19集团军的任务**——沿巴甫洛夫希纳和新谢利谢一线（亚尔采沃以北25—38千米）遂行防御，1941年9月3日8点在中央地带和左翼继续攻往杜霍夫希纳。

· **辖内各兵团的任务：**

★步兵第244、第166、第89、第50师——任务保持不变。

★步兵第64师（与加强部队和榴弹炮兵第596团第2、第3营）——向斯洛博达和谢利措（亚尔采沃以北20千米）发起主要突击，歼灭斯洛博达、奥西诺夫基、胡特科瓦地域（亚尔采沃以北11—13千米）之敌。会同步兵第91师，以你师部分力量沿察列维奇河南岸遂行冲击，在苏谢沃夺取察列维奇河上的渡口，日终前到达苏谢沃、库拉吉诺、斯捷潘科瓦（北部）一线（亚尔采沃西北偏北方14—16千米）。

★步兵第91师——朝科哈诺沃和马克耶瓦方向发起主要突击，会同步兵第64师和坦克第101师消灭位于拉费尼纳、斯捷潘科瓦（南部）、博尔基、波塔波瓦、科哈诺沃地域（亚尔采沃以北9千米至西北方14千米）的敌人，日终前夺取215.8高地和博尔基一线（亚尔采沃西北方14千米），并且以你师先遣部队在特列季亚科沃（亚尔采沃西北方17千米）切断亚尔采沃—杜霍夫希纳公路。

★坦克第101师——发展胜利，攻往姆霍夫卡，日终前夺取博尔基和沃罗特希诺一线（亚尔采沃西北偏北方9—12千米）并以你师先遣部队在尼佐沃谢洛地域（亚尔采沃西北方10千米）切断亚尔采沃—杜霍夫希纳公路。

★骑兵第45师——做好在步兵第91、坦克第101师作战地段投入突破的准备，向西发展胜利，破坏敌后方地域和他们设在杜霍夫希纳地域的指挥部，日终前集结在杜霍夫希纳西面的树林内，以便向敌后方展开后续行动。

★预备队——步兵第735团位于原先位置。

★炮兵——1941年9月3日6点前做好准备，任务如下：

☆压制拉赫马尼诺、马舒季诺、苏谢沃、图里谢沃、纳沃利尼亚、胡特科瓦、奥西诺夫卡、锡尼亚科瓦地域的敌炮兵。

☆阻止敌人从波塔波瓦地域发起反冲击。

★航空兵的任务：

☆掩护集团军在苏谢沃、科哈诺沃、瓦西利西诺地域的重组。

☆协助步兵第64、第91师，坦克第101师歼灭斯捷潘科瓦、佩特雷基纳、波塔波瓦地域之敌并消灭从杜霍夫希纳开来的敌预备队。

☆沿别尔季诺—德米特罗夫卡、波尼佐维耶—奥特里亚德诺耶、卢克希诺—杜霍夫希纳方向实施侦察，注意观察斯捷潘科瓦、佩特雷基纳、波塔波瓦地域的敌军编组。

★集团军指挥所和司令部——位置保持不变。

★报告——按照原定时间提交作战和情报摘要。[17]

第16集团军1941年9月3日3点提交的第40号作战摘要，司令部设在霍捷诺瓦东北面树林内

· **态势**——第16集团军9月2日10点继续向斯捷潘诺沃和尼古拉–埃德列维奇发展进攻，打击敌第336步兵团（第161步兵师）和第28步兵师辖内部队，敌人以猛烈火力实施顽强抵抗并大量布设地雷和工程障碍。9月2日17点30分，敌人进攻坦克第1师右翼，18点夺得新谢利耶（东部），但坦克第127旅攻向新谢利耶（东部），21点恢复坦克第1师战线上的态势。

·辖内各兵团的情况：

★坦克第1师——9月2日24点前加强以下阵地：

☆摩托化步兵第6团——霍尔姆西郊（亚尔采沃以北5千米）。

☆摩托化步兵第175团——新谢利耶（西部）以西1.5千米（亚尔采沃以北4千米），小树林的西部边缘。

★步兵第152师——沿库季诺沃东面树林的西北边缘至234.9高地一线掘壕据守，具体情况如下：

☆步兵第544团——沿库季诺沃东面树林的边缘至库季诺沃（亚尔采沃东北偏北方2.5千米）一线掘壕据守，防线面朝西北方。

☆步兵第480团——在234.9高地上（亚尔采沃东北偏北方3千米）掘壕据守。

☆步兵第646团——在哈特尼（亚尔采沃以北3.5千米）以北1.5千米的树林北部边缘掘壕据守。

☆战利品：缴获1门105毫米火炮、6辆坦克、许多迫击炮和其他武器。

★步兵第38师——沿帕尼纳东郊（亚尔采沃西北偏西方3千米）至亚尔采沃西北郊（亚尔采沃镇中心以西4千米）和波洛吉东南郊（亚尔采沃西南偏西方4.5千米）掘壕据守，任务是于夜间前出到234.9高地和波洛吉一线。

☆9月2日的损失：9人阵亡、259人负伤、7人被俘。

☆战利品：缴获4挺大口径机枪、24支步枪和1部电话。

★步兵第108师——在沃皮河西岸的阿尔费罗瓦和扎德尼亚地段（扎德尼亚以南6—17千米）进行激烈战斗。

★坦克第127旅——9月2日18点沿新谢利耶（东部）和克罗沃普斯科沃方向（亚尔采沃西北方10千米）对敌人发起进攻，9月2日22点前恢复坦克第1师战线的态势。

☆战利品：消灭敌人11个步兵营[①]，击毁15门反坦克炮、5门野炮和12门迫击炮。

① 译注：原文如此。

☆该旅21点集结在新谢利耶（东部）地域（亚尔采沃东北偏北方5千米），在那里整顿部队并补充弹药。

· **友邻力量**——右侧，坦克第101师（第19集团军）正沿奥西波瓦、斯卡奇科沃、霍尔姆东北郊一线战斗，通过联络员与该师保持联系；左侧，步兵第144师（第20集团军）在沃皮河西岸沿马克耶沃和利亚霍沃一线战斗，通过联络员与该师保持联系。

· **道路状况**——集团军作战地域的道路被雨水冲毁，车辆无法通行。

· **通信**——以电台、电话和联络员与集团军辖内部队保持联系。

· **特别说明**——集团军战线9月2日未使用燃烧瓶。

· **集团军司令部**——霍捷诺沃东北方1千米的树林内。

· **指挥所**——维舍戈尔以北1千米的树林内。[18]

9月3日，罗科索夫斯基和科涅夫决定集结并投入麾下所有做好战斗准备的部队，向西发起一场密集突击，打击据守亚尔采沃西南面、西面、西北面的敌第8军第28步兵师之中央和右翼，以及据守察列维奇河以西的该军第14摩托化师。苏军这场突击投入8个师（5个步兵师、2个坦克师、1个骑兵师）和1个坦克旅，从左至右（由南向北）并排发起冲击，当面之敌是据守30千米宽防线的2个德军步兵师（约7个团），这道防线从索洛维耶沃的第聂伯河河段西面起，向北延伸到察列维奇河与洛伊尼亚河交汇处西北方2千米的穆日洛瓦村。另外，在从亚尔采沃北延至穆日洛瓦这片16千米宽的主要突击地带，苏军投入7个师（4个步兵师、2个坦克师、1个骑兵师）打击德军5个团。（参见表6.3）

表6.3：第16和第19集团军1941年9月3日突击期间，交战双方的布势

苏军进攻地段	交战双方的部队		德军预备队
	苏军	德军	
第19集团军	第一梯队：步兵第64、第91师，坦克第101师 第二梯队：骑兵第45师	第8军第14摩托化师：第11、第53、第101步兵团 第8军第161步兵师：第336步兵团	第7装甲师战斗群（9月3日晚些时候）
第16集团军	第一梯队：坦克第1师，步兵第152、第38、第108师 第二梯队：坦克第127旅	第8军第28步兵师：第49、第71、第83步兵团	第255步兵师（9月3日晚些时候）

注：德军第14摩托化师可能获得第8步兵师一个营级战斗群的加强。

虽然不清楚交战双方的作战兵力，因为这些部队都已遭到严重消耗，但苏军投入的力量可能多达5.5万人和80辆坦克，而遂行防御的德军不到2万人，几乎没有坦克。科涅夫和罗科索夫斯基集团军没有大股预备队，而9月3日黄昏，惶惑不安的博克以第255步兵师（约8000名战斗步兵）和第7装甲师配有约30辆坦克的一个战斗群加强第8军防区。

除第16和第19集团军的突击外，铁木辛哥还命令霍缅科第30集团军和卢金第20集团军于9月3日加入进攻。虽然铁木辛哥知道这两个集团军可能无法取得成功，但他们必须试一下，哪怕仅仅是为防止德军从他们的作战地域抽调兵力增援第8军设在亚尔采沃周边及北面的防御。

9月3日

可是，由于部队重组和组建率领集团军进攻的突击群耗费的时间，也可能因为铁木辛哥希望迷惑德方守军，西方面军辖内集团军9月3日在不同时刻展开进攻，科涅夫第19集团军和卢金第20集团军8点率先投入攻击，第30集团军12点展开冲击，最后是罗科索夫斯基第16集团军，于14点发起的主要突击。此时，从亚尔采沃以南第聂伯河西岸北延至新莫罗霍沃地域的整条战线上都爆发了激烈的战斗。（参见地图6.10）

除战场情况报告外，铁木辛哥收到的第一份战斗报告是霍缅科第30集团军17点发给西方面军司令部的作战摘要：

·**态势**——集团军辖内部队自1941年9月3日12点起一直在继续进攻，但没能取得成功，右翼一直实施防御。敌人以猛烈的火力顽强抵抗并坚守他们的主要抵抗枢纽。

·**17点所处的位置：**

★步兵第134师——遂行防御，据守原先的阵地（位于涅利多沃地域）。

★坦克第107师——继续防御并掩护别雷方向。

★步兵第250师（欠步兵第926团）——步兵第922团在博尔和奥科利察地域（切尔内鲁切西北方5—7千米）占据防御，步兵第918团为夺取基里亚基诺和苏托基湖（切尔内鲁切西南方12千米）与敌人交火。

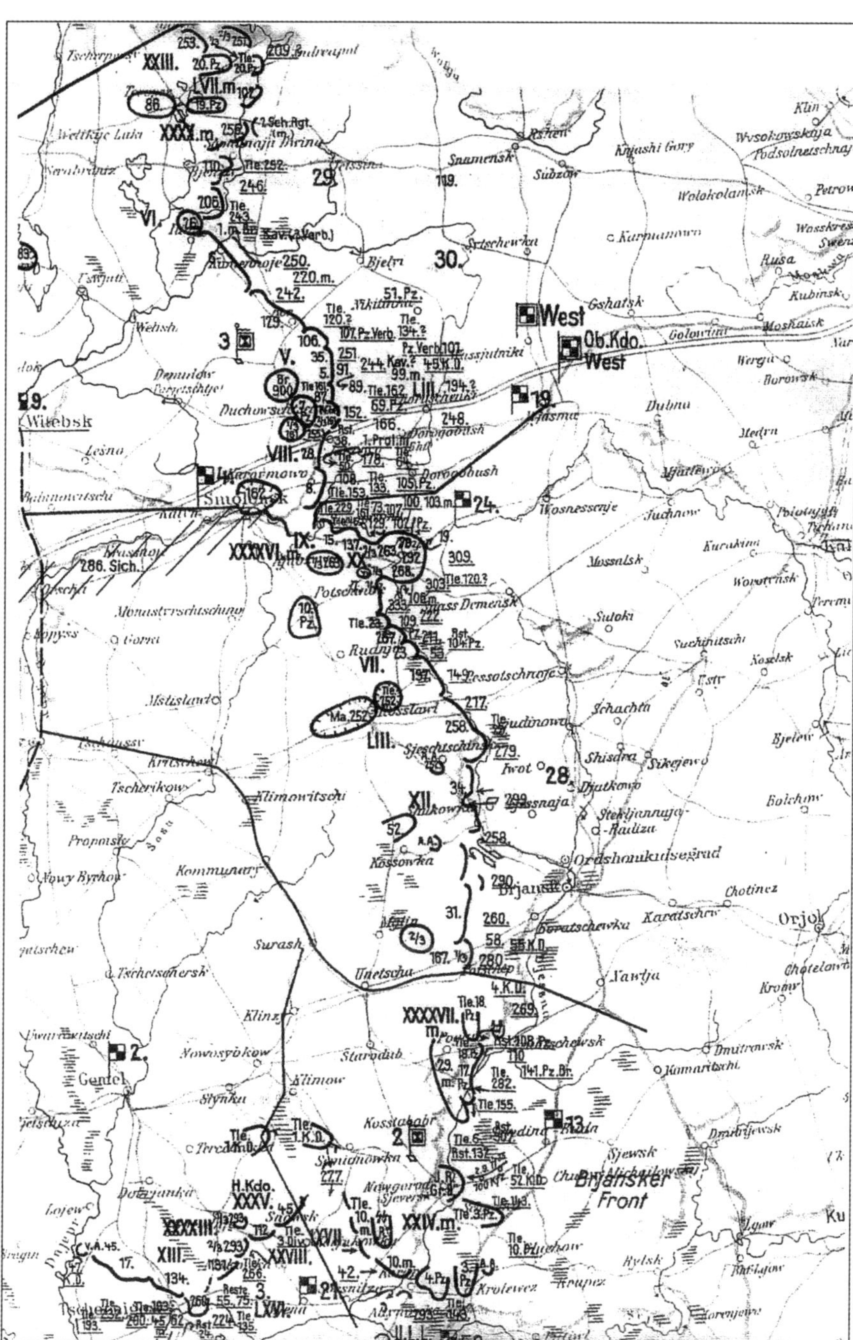

▲ 地图 6.10：中央集团军群的作战态势，1941 年 9 月 3 日晚间（资料图）

★步兵第242师——继续进攻，17点前从北面、南面和东面包围丘尔基诺（新莫罗霍沃以南3千米），正为夺取该支撑点战斗。

★步兵第162师——攻往伊夫基诺（舍列佩以西2千米），但遭遇敌人猛烈的防御火力。

★步兵第251师——攻往克列茨、新谢尔基、马莫诺沃的同时，沿穆克、新谢尔基、马莫诺沃以东400米路口一线（戈罗德诺西面和西南面2—4千米）战斗。

★步兵第926团（步兵第250师）——作为集团军司令员的预备队集结在原先位置。

· **天气条件**——多云，车辆在各条道路的通行较为困难。

· **通信**——与辖内各师的通信未发生中断。[19]

当日18点30分，卢金第20集团军给辖内部队下达一了道新战斗令，除提供前一天进攻行动的部分信息外，主要给辖内各师分配9月4日需要完成的新任务：

· **总体情况**——2个步兵团被击败后，敌第8步兵师继续坚守马克耶沃、普涅沃、米季科沃、利亚霍沃、杜布罗瓦、戈洛维诺以南树林、新马利诺夫卡、索普希诺一线（亚尔采沃以南15—36千米），第263步兵师据守索普希诺、苏博罗夫卡、克列米亚季诺、乌斯特罗姆河一线（叶利尼亚西北方15—45千米）。

· **第20集团军的任务**——加强己方阵地的同时，应以左翼、中央和右翼力量继续朝斯洛托沃（亚尔采沃西南方28千米）这个总方向进攻，任务是粉碎当面之敌，9月4日日终前到达马什基诺、纳德瓦河一线（亚尔采沃西南偏南方20—25千米），以先遣部队夺取霍莫斯季河上的渡口（亚尔采沃西南偏南方25—30千米）。

· **友邻力量**——右侧，第16集团军正朝西面实施一场成功的进攻；左侧，第24集团军正朝叶利尼亚实施一场成功的进攻。

· **辖内各兵团的任务：**

★步兵第144师（欠步兵第449团）——以1个营据守既占阵地的同时，以

2个营夺取普涅沃（亚尔采沃以南20千米），以1个团从东面和东北面发起冲击，夺取米季科沃（亚尔采沃以南23千米）并掩护集团军突击群右翼，尔后准备攻往马什基诺（亚尔采沃西南偏南方25千米）。

★步兵第153师（辖步兵144师第449团，榴弹炮兵第302团）——9月4日5点前占据从利亚霍沃以东200米至利亚霍沃以南0.5千米交叉路口的出发阵地（亚尔采沃以南23—24千米），9月4日12点攻往利亚霍沃和莫列沃，日终前夺取莫列沃（亚尔采沃以南26千米）并派先遣支队进入波奇诺克。你师在第聂伯河西岸的战斗队形应以2个团担任第一梯队，另外2个团部署在第二梯队。

★步兵第161师（辖加农炮兵第592团）——接替步兵第153师并占据拉特奇诺（亚尔采沃以南26千米）以西高地东面200米的出发阵地后，攻往巴别耶瓦和莫列沃国营农场（亚尔采沃西南偏南方26—27千米），日终前夺取莫列沃国营农场并派先遣支队赶往霍莫斯季河和186.6高地（亚尔采沃西南偏南方30千米）。你师在第聂伯河西岸的战斗队形应以2个团担任第一梯队，另1个团在拉特奇诺北面的右翼担任第二梯队。

★步兵第73师——9月3日24点前在帕什科沃和南面树林（亚尔采沃以南28千米）接替步兵第161师并掩护集团军突击群左翼，9月4日12点攻往杜布罗瓦和季特科沃南郊（亚尔采沃西南偏南方28—30千米），日终前夺取季特科沃，坚守你部阵地的同时，夺取季特科沃南面的树林和新、旧马利诺夫卡（亚尔采沃东南偏南方34—35千米），以此协助集团军突击群的进攻。攻克季特科沃后，也派一个先遣支队赶往赫莫斯季河和里亚比尼诺集体农庄（西面2千米处）。

★步兵第229、第129师——继续（沿集团军南部防线）据守你们的阵地，防止敌人从你们对面抽调兵力增援其他地段。

★集团军炮兵主任的任务：

☆以弹幕射击支援步兵第153、第161师进攻并前出到利亚霍沃西南方1千米小树林至巴别耶沃西郊一线，尔后以连续的密集火力打击步兵的目标。

☆以拦截火力支援步兵第153和第161师的推进并截断敌人从米季科沃、莫列沃、莫列沃国营农场、杜布罗沃以南树林射出的火力。

☆我命令军属炮兵第126团担任远战炮兵群，任务是：压制敌炮兵，首先是普涅沃、普涅夫斯卡亚斯洛博达、马什基诺、瓦奇科沃国营农场、莫列沃的敌迫击炮连，然后是莫列沃国营农场和季特科沃地域的敌炮兵。

☆1941年9月4日11点—12点，以有条不紊的火力实施炮火准备。

· **时间**——12点按照规定的信号发起总攻：从各师观察所射出的一连串绿色信号弹。

· **弹药消耗**——9月4日的弹药消耗限制在0.75个基数。

· **集团军指挥所**——奥索沃以西高地。[20]

首先，卢金第20集团军的这份作战摘要表明，集团军辖内各师9月3日没能取得任何进展。其次，卢金严格限制集团军炮兵力量9月4日的弹药消耗，表明西方面军没有针对他关于至关重要的炮兵力量短缺弹药的抱怨采取任何措施，这很可能是因为整个方面军也缺乏弹药。最后一点，卢金在战斗令中不厌其烦地告诉两个师在进攻期间应采用何种战斗队形，表明这些师级指挥员仍未掌握进攻战斗的基础知识。由于火炮、坦克和工兵装备的短缺，他们也无法组织有效的诸兵种协同。毋庸置疑，第20集团军9月4日取得成功的前景非常黯淡。

尽管存在诸多问题，可是西方面军辖内诸集团军还是在9月3日尽职尽责地发起新的进攻，投入战斗的时间集中于8点至14点。铁木辛哥西方面军9月3日20点提交的作战摘要详细描述了当日的行动，一如既往，这份报告准确而又坦率：

· **总体情况**——方面军右翼，第22集团军继续在安德烈亚波尔西郊同敌步兵和坦克战斗并沿别诺沃和普洛托莫伊一线与敌人展开炮战，第29集团军继续加强他们的阵地，同时受领的任务是会同第22集团军步兵第252和第126师，歼灭敌人配有坦克的1个步兵团，对方在苏沃罗沃和伊万诺瓦戈拉地域突破到西德维纳河东岸。方面军中央地带和左翼，第30、第19、第16和第20集团军继续进攻。

· **第22集团军**——右翼，9月3日14点30分在安德烈亚波尔西郊同敌步兵和坦克战斗；中央地带，步兵第186师正在肃清在苏沃罗沃和伊万诺瓦戈拉地域（安德烈亚波尔以南16—18千米）达成突破的敌步兵团；左翼，步兵第126

师成功击退敌人从阿尔汉格雷和巴甫洛沃一线（安德烈亚波尔以南28千米）强渡西德维纳河的企图 。辖内各兵团的位置如下：

★步兵第174师——占据安德烈亚波尔西北郊、西郊和南郊，自9月3日9点起一直同敌人配有坦克的1个步兵团战斗。

★步兵第214师——在安德烈亚波尔南面沿西德维纳河东岸占据防御。

★步兵第179师——据守原先的阵地并以猛烈的火炮和迫击炮火打击敌人。

★步兵第186师——同突入苏沃罗沃和伊万诺瓦戈拉地域（安德烈亚波尔以南18千米）之敌战斗。

★步兵第126师——受领的任务是会同第29集团军步兵第186、第252师展开联合行动，肃清突入苏沃罗沃地域之敌。

★尚未收悉关于在诺瓦亚和杜季诺展开行动的各支队的消息。

· **第29集团军**——继续沿西德维纳河东岸加强防御阵地。

★步兵第243师——位置未发生变化，与防线对面的敌装甲师辖内部队展开战斗并以猛烈的火炮和迫击炮火力打击敌人。

★步兵第246师——位置未发生变化，以火炮和迫击炮同敌人交火。

★步兵第252师——9月3日3点离开阵地，任务是会同第22集团军步兵第126师消灭步兵第186师作战地域之敌。

★摩托化旅——位于原先的位置。

★骑兵第29团——未收悉关于该团的新消息。

· **多瓦托尔骑兵集群**——位置未发生变化，正对辖内部队加以整顿。

· **第30集团军**——在右翼遂行防御，9月3日12点以步兵第250、第242、第162、第251师辖内部队从新莫罗霍沃和戈罗德诺一线发起冲击，但未获成功，17点在原先位置同敌人交火。

★敌人顽强抵抗并继续坚守他们的抵抗枢纽。

★坦克第107师——和先前一样，在别雷地域占据阵地。

· **第19集团军**——9月3日8点继续在中央地带和右翼遂行突击，没能取得重要战果。

★截至17点，集团军辖内部队在战线各地段仅取得100—200米进展。

★敌人在集团军战线对面布设地雷和铁丝网加强防御后，以猛烈的自动武器、火炮和迫击炮火力抗击集团军的进攻。

★集团军辖内部队将进攻重点放在左翼，18点发起一场果断进攻，以期歼灭从彼得罗瓦向南穿过科哈诺瓦以西树林至奥西诺夫卡地域（亚尔采沃以北8—11千米）这一地段的敌人，但各部队的位置没有发生变化。

★步兵第244师9月2日的损失：13人阵亡，75人负伤。

★步兵第244师9月2日缴获的战利品：210支步枪，3挺重机枪，8挺轻机枪，3门迫击炮，3辆自行车，131个防毒面具，8500发弹药。

· **第16集团军**——9月3日14点以右翼力量继续进攻，以完成先前受领的任务。

★坦克第1师——先遣部队16点30分前出到萨穆伊洛瓦（亚尔采沃西北偏北方5千米）以南溪流之东岸一线，与此同时，师主力到达新谢利耶西郊至库季诺沃以北树林西部边缘一线（亚尔采沃以北2.5—5千米）。

★步兵第152师——在原先的位置战斗。

★步兵第38师——为夺取帕尼诺、佩尔沃迈斯基村和波洛吉（亚尔采沃西北偏西方、以西、西南偏西方2—3千米）展开顽强战斗，从南面和西南面包围这些据点。

★步兵第108师——在原先的位置战斗。

★坦克第127旅——据已核实的消息称，该旅在9月2日的战斗中击毁敌人15门反坦克炮、5门野炮和12门迫击炮，缴获1门105毫米火炮、6辆坦克、4挺大口径机枪和24支步枪。

· **第20集团军**——9月3日9点以右翼力量继续进攻并在普涅沃和索普希诺地段的敌防御地带卷入持续战斗，而集团军左翼力量坚守原先的阵地。

★步兵第144和第153师——反复冲击米季科沃和利亚霍沃地域（索洛维耶沃西南偏南方7—10千米），但未获成功，目前在原先位置上战斗。

★步兵第161师——实施30分钟炮火准备后，于14点攻往杜布罗瓦和莫列沃国营农场（索洛维耶沃西南偏南方12—15千米），但战果尚不明朗。

★步兵第73师——在谷仓以西（索洛维耶沃西南偏南方17千米）战斗，同时封锁敌人的暗堡。该师第392团在原先位置上战斗。

★步兵第229和第129师——（沿集团军南部防线）据守原先的阵地，偶尔沿战线同敌人展开炮战。

· **援兵：**

★步兵第133师——9月3日20点前装载并发出19列火车，另外2辆火车正在装载，9列火车已到达（涅利多沃的）卸载站。

★步兵第178师——装备和补给物资经铁路运送，15列火车已装载并发送，11列火车到达卸载站，已开始卸载。这些部队已用汽车运至涅利多沃地域，正在卸载。

· **方面军航空兵**——由于天气条件恶劣，当日上午的行动仅限于侦察飞行，共出动10个飞行架次。

★实施的侦察行动如下：混成航空兵第46师——伊利因诺地域；混成航空兵第31师——托罗佩茨和别雷卢格；混成航空兵第43师——杜霍夫希纳。

★轰炸航空兵第23师、混成航空兵第47师、侦察航空兵第38中队未执行飞行任务。

★敌人的损失：1架KhSh-126飞机被击落。

★我方损失：1架伊-16飞机未能返回机场。8月30日未能返航的1架雅克-4飞机返回机场。[21]

9月3日最激烈的战斗发生在一片8千米宽的狭窄地段，从察列维奇河与洛伊尼亚河交汇处以西1千米的彼得罗瓦村被炸毁的建筑物起，向南延伸到帕尼诺、佩尔沃迈斯基、波洛吉村的东部接近地。这道锯齿状战线向南延伸，穿过奥西诺夫基东部边缘、科哈诺沃以西树林、新谢利耶西郊，直至亚尔采沃西北郊、库季诺沃北面和西面的树林及田野。整片开阔地域点缀着一片片小树林，由北向南流淌的溪流和由东向西的支流在这片地域纵横交错。由于第19集团军步兵第64、第91师和坦克第101师各个团的推进并不均衡，沿这道战线进行的战斗，在某些地段涉及德军第14摩托化师的前进警戒线，而在另一些地段则将该师第一、第二防御阵地囊括其中。（参见地图6.11）

第16集团军坦克第1师，步兵第152和第38师的进攻地段同样如此。但在这里，因为德军第28步兵师或第14摩托化师的一个团发起反冲击，向西攻往新谢利耶，当日中午才被苏军坦克第127旅的反冲击逼退，所以交战双方的前沿阵地彻底交织在一起。为这场混乱战斗添加一丝恐怖意味的是，亚尔采沃西面和西北面的德军炮兵营射出的致命炮弹持续不断，雨点般落在苏军和己方部队头上。无论哪一方何时、在何处发起进攻，经常沦为白刃厮杀的激烈战斗都会沿整条战线蔓延开来，波及的地域包括德军警戒地带，以及守军第一战术防御带第一、第二道防御阵地的战壕和散兵坑。

虽说许多红军团、营、连级指挥员自六周前接受战火洗礼以来，在进攻和防御行动方面学到许多重要教训，但持续不断的高昂消耗和成千上万名只受过部分训练或完全没有接受过训练的新兵的开到，要求这种学习过程一次次重复。甚至就连经验丰富的幸存者也必须学习应对战场上的严酷环境，9月初，各种武器装备的短缺经常使他们无法将学到的经验教训付诸实践。

红军各步兵团、营、连仍缺乏训练有素的工程兵和战斗工兵，以及必要数量的工兵基本装备，例如克服铁丝网和其他障碍物用的铁钳、剪线钳、炸药等。与过去的进攻行动相比，红军步兵突击队现在组织得更好并编入诸兵种合成突击群，但大多数情况下，他们还是仅携带基本单兵武器（步枪和手枪），在76毫米野炮支援下投入进攻，通常不携带机枪和反坦克炮，而且不得不徒手推动直瞄火炮，跨过被对方火炮和迫击炮彻底覆盖的地段进入发射阵地。这与红军1943年中期组建的精心组织、具有致命效力的突击群完全不同。另外，前进中的苏军步兵经常别无选择，不得不以手头现有装备或徒手克服德军布设的雷区、障碍物和筑垒地域。尽管大多数集团军司令员严令禁止，但缺乏训练、受挫严重的分队还是采用密集的正面冲击，因此出现灾难性伤亡也不足为奇。

更糟糕的是，分成小股或大股战斗群率领突击或进攻的红军坦克，不是缺乏通信电台，就是没有足够的支援步兵，要么就是在战斗初期阶段被德军轻武器和迫击炮火力将提供掩护的步兵力量隔开。发生后一种情况是因为红军没有装甲运兵车，他们的摩托化步兵不得不骑在坦克上或跟在坦克身后，步行或小跑着投入战斗。因此，虽然科涅夫巧妙部署步兵和反坦克部队，精心组织火炮和迫击炮支援，于8月20日和21日在沃皮河以西击退并重创了第7装甲师遂行反冲击的战斗群，但坦克第101、第1师和第127旅9月初发起的进攻却完全是另外一种情况。铁木辛哥、科涅夫、罗科索夫斯基和这些坦克兵团指挥员9月3日日终时彻底理解了这一现实。

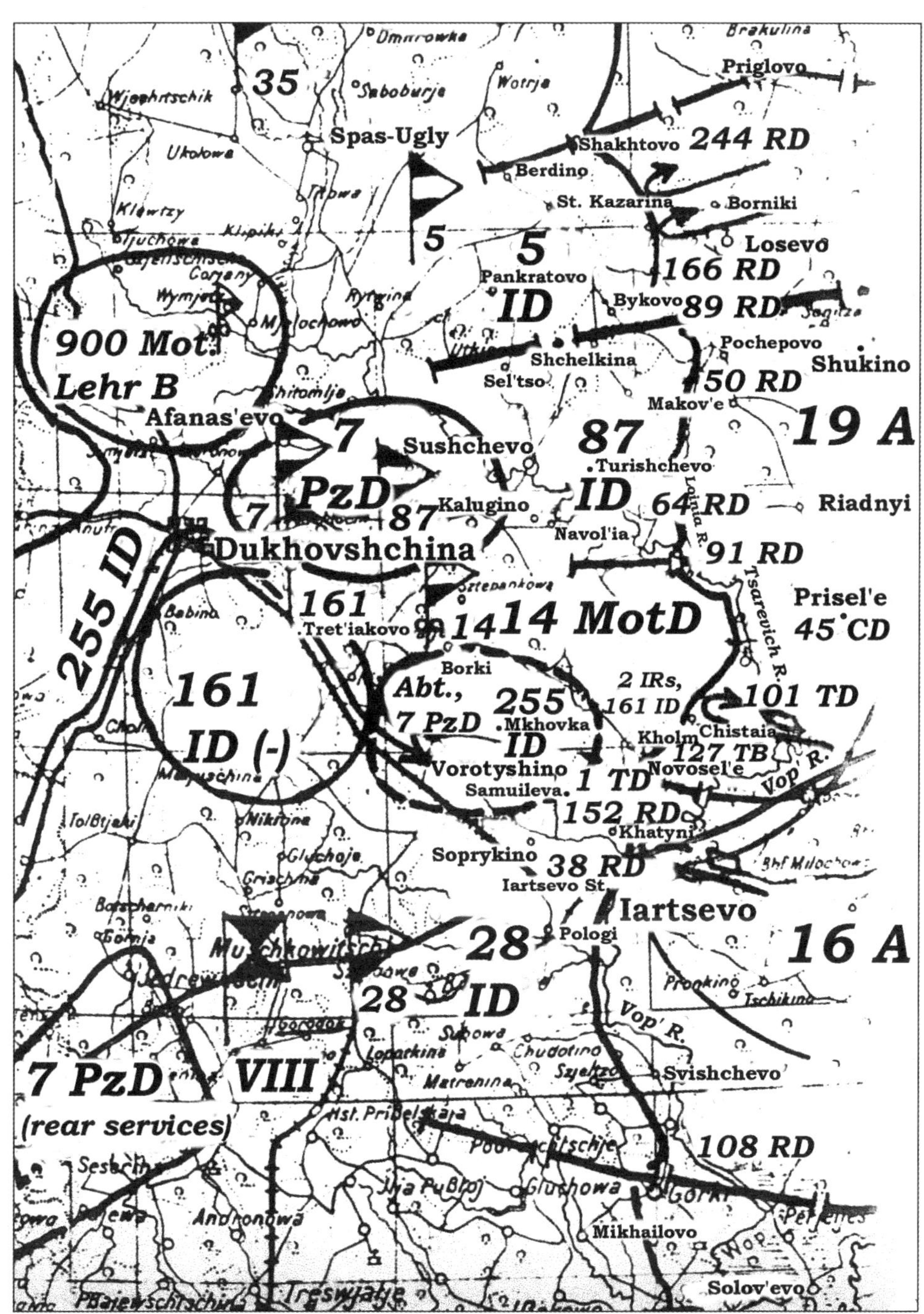

▲ 地图 6.11：第 16 和第 19 集团军的作战态势，1941 年 9 月 3 日晚间（资料图）

虽然苏军的进攻行动过于仓促，红军指战员也较为稚嫩，但突击的猛烈度还是给久经沙场的德军指挥官留下了深刻印象。实际上，截至当日中午，第8军第14摩托化师和第28步兵师饱受重压，惊慌失措的海茨将军无计可施，只得通过施特劳斯将军恳请第9集团军或中央集团军群立即调派援兵。正如博克当晚在日记中指出的那样：

（俄国人）昨天和今天对第8军的猛烈进攻迫使我们将第255师交给第9集团军。早上刚刚宣称能以自身力量解决问题的第9集团军，今晚却迫切要求将第162师（也调自第2集团军）纳入麾下。但在找到其他可用力量接防危险的斯摩棱斯克地域前，我无法提供该师……因此，第162师要到9月6日才能交给第9集团军，但会更靠近第8军防线。[22]

实际上，遂行防御的两个德军师，战斗力在9月3日日终时已遭到严重削弱，除前调博克派出的第255步兵师外，海茨不得不把已遭受重创的第161步兵师的另一个团投入战斗，加强第28步兵师摇摇欲坠的防御。

就算铁木辛哥和他的高级将领们完全明白自己面临的困难，在考虑结束这场反攻前，他们还需要面对另外三个严峻的现实问题。首先，斯大林和大本营其他成员都认为无论如何都必须继续进攻。其次，由于朱可夫预备队方面军即将在叶利尼亚的第24集团军作战地域取得重大战役性胜利，铁木辛哥方面军需要继续冲击第9集团军的东线——哪怕仅仅是为阻止对方抽调兵力增援叶利尼亚守军，以便取得后续胜利。第三点是叶廖缅科的布良斯克方面军的“无所作为”，斯大林将该方面军视为实现这场全面反攻的重要力量，但他们还没有将主力用于对付古德里安装甲集群，而当初恰恰是该集群深具威胁的行动促成了铁木辛哥的这场反攻。

面对这些现实问题，铁木辛哥别无选择，只能设法完成西方面军业已开启的这场血腥厮杀。因此，9月3日—4日夜间，这位方面军司令员指示麾下诸集团军次日继续进攻。鉴于西方面军在前三天的激烈战斗中给德军造成的破坏，铁木辛哥依然相信，在战线某处，最有可能的是第16和第19集团军进攻地带，德军的防御很可能土崩瓦解。实现这一点的前提是，科涅夫和罗科索夫斯基必须投入集团军辖内全部力量展开猛攻。

科涅夫率先对铁木辛哥的命令做出回应，9月3日23点30分下达了新进攻令：

·**总体情况**——敌人顽强据守马莫诺瓦、帕诺沃、280.9里程碑处的树林（克罗托沃东北方1千米）、伊万尼基、扎米亚季诺、希什基诺一线，但在步兵第91师和坦克第101师的重压下弃守奥西波瓦和科哈诺沃。9月3日13点30分，空中侦察发现敌预备队正从杜霍夫希纳开往东北方。

·**友邻力量**——继续执行先前受领的任务。

·**第19集团军**——继续遂行受领的任务，消灭敌杜霍夫希纳集团。

·**辖内各兵团的任务：**

★步兵第244师——沿沃斯克列先斯克、沙赫洛沃、229.3高地一线（亚尔采沃西北偏北方28—32千米）掩护集团军右翼的同时，在229.7高地和新谢利谢地段突破敌人的防御，夺取斯塔拉亚卡扎里纳和克罗托沃（亚尔采沃西北偏北方24—27千米），尔后攻往基谢列瓦（克罗托沃以西5千米）。

★步兵第166师（欠步兵第735团）——在伊万尼基、225.1里程碑的小树林地段（亚尔采沃以北21—23千米）突破敌人的防御，夺取226.9高地和贝科瓦（伊万尼基西南4千米），尔后攻往梅什科沃（亚尔采沃西北偏北23千米）。

★步兵第89师——在谢缅科沃和213.6高地地段（亚尔采沃以北18—20千米）突破敌人的防御，夺取贝科沃和锡罗京卡（亚尔采沃西北偏北方17—18千米），尔后攻往谢利措（亚尔采沃西北偏北方22千米），从北面包围谢尔基纳树林，并以你师部分力量协助步兵第50师消灭敌人设在卡扎科瓦（亚尔采沃以北18千米）的支撑点。

★步兵第50师（步兵第2团）——在214.0高地和伊万诺瓦地段（亚尔采沃以北15—16千米）突破敌防御，从而消灭据守卡扎科瓦的敌军，夺取211.6高地，尔后攻往苏谢沃（亚尔采沃西北偏北方17千米）。

★步兵第64师——攻往胡特科瓦、拉费尼纳、博尔特尼基、奥西诺夫卡，日终前到达库拉吉诺和斯捷潘科瓦（北部）一线（亚尔采沃西北方13—15千米），从而在察列维奇南岸的谢维亚科瓦和斯洛博达地段（亚尔采沃以北12—15千米）突破敌人的防御。

★步兵第91师——在彼得罗瓦至科哈诺沃以西树林这片地段（亚尔采沃以北9—12千米）突破敌人的防御，攻往奥西诺夫卡和波塔波瓦，会同步兵第64师和坦克第101师消灭拉费尼纳、克罗沃普斯科沃、奥西诺夫卡地域之敌，日终前到达斯捷潘科瓦（南部）和博尔基地域（亚尔采沃西北方12—15千米），并以你师先遣部队在科列斯托夫卡地域（亚尔采沃西北方17千米）切断公路。

★坦克第101师——以部分力量攻往克罗沃普斯科沃和奥西诺夫卡（亚尔采沃西北偏北方7—9千米），会同步兵第91师消灭奥西诺夫卡和克罗沃普斯科沃地域之敌，日终前到达博尔基和沃罗特希诺一线（亚尔采沃西北偏北方8—12千米），并以你师先遣部队在尼佐沃谢洛地域切断公路。

★炮兵——5点前做好准备，对敌坚固目标（火力点和迫击炮）实施15分钟炮火准备。

☆将各种武器的火力集中于突破地段的狭窄正面，同时以机枪、迫击炮和火炮火力支援进攻，特别是要投入45毫米火炮和团属炮兵，以直瞄火力打击敌坚固目标。

☆对那些不利用小口径火炮和团属炮兵的指挥员及工作人员，师长们必须加以严肃处理。

☆远战炮兵——任务：压制纳沃利尼亚、斯捷普科沃、拉费尼诺地域的敌炮兵并打击逼近卡卢吉诺、斯捷潘诺夫卡、波塔波瓦、沃罗特希诺地域的敌预备队。

★集团军航空兵的任务：

☆1941年9月4日10点以所有可用战机在锡尼亚科瓦、斯洛博达、博尔特尼基、奥西诺夫卡、克罗沃普斯科沃地段打击敌防御前沿的火力点和步兵。

☆实施连续打击，消灭斯捷潘诺夫卡、博尔基、沃罗特希诺、萨穆伊洛瓦、拉费尼诺地域之敌和逼近这些地域的敌预备队。

☆在伊万尼基、萨穆伊洛瓦、瓦西利西诺地域掩护集团军编组。

☆沿以下路线实施侦察，探明敌人在公路上的动向：奥特里亚—博尔特尼基；杜霍夫希纳—克罗特沃；杜霍夫希纳—斯特兰舍沃；杜霍夫希纳—萨穆伊洛瓦。

★集团军预备队：

☆步兵第735团——位于波夏加耶利察和230.5高地地域。

☆步兵第2团——位于博洛季诺以东2千米的谢利科沃地域。

☆骑兵第45师——在原地域执行先前受领的任务。

★集团军司令部和指挥所——位置保持不变。[23]

科涅夫的这道命令看似简洁、积极，但第一段包含某些不妙的消息。苏军侦察机的确发现了敌重兵集团正沿斯摩棱斯克通往东北方杜霍夫希纳的公路开进。实际上，9月4日拂晓，步兵上将威廉·韦策尔[①]的第255步兵师正在杜霍夫希纳卸载，即将开入东南方的前进集结区，具体说来就是第28步兵师位于亚尔采沃西北面摇摇欲坠的左翼后方8—11千米的沃罗特希诺地域（Vorotyshino）。

科涅夫颁布命令后几小时，罗科索夫斯基也于9月4日6点10分给麾下各师长下达了进攻令，这是因为他已获得铁木辛哥批准，将突击行动推延到9月4日中午：

·**态势**——敌第161、第28步兵师辖内部队沿科哈诺沃、霍尔姆、谢穆希纳、231.0里程碑、库济米纳卡、波洛吉、谢利措、扎德尼亚一线顽强抵抗，同时将新锐预备力量前调到克罗沃普斯科沃和萨穆伊洛瓦地域。

·**友邻力量**——右侧，第19集团军坦克第101师沿科哈诺沃至霍尔姆东北郊一线向西进攻；左侧，第20集团军步兵第144师沿马克耶沃和普涅沃一线战斗。

·**第16集团军的任务**——于1941年9月4日12点继续进攻，会同第19集团军辖内部队，在克罗沃普斯科沃、沃罗特希诺、谢穆希纳地域消灭敌杜霍夫希纳集团，并以主力集群向乌兹瓦利耶（亚尔采沃西北方15千米）发展进攻，同时掩护自身之左翼，抗击敌人从西面发起的进攻。

① 译注：中将。

·**坦克第127旅**——攻往新谢利耶（东部）、霍尔姆、克罗沃普斯科沃，会同坦克第101师消灭霍尔姆和克罗沃普斯科沃地域之敌（亚尔采沃以北6—7千米），尔后攻往马克耶瓦和斯捷潘科瓦（北部）（亚尔采沃西北偏北方11—13千米）。

·**坦克第1师**（与炮兵第18团第1营、军属炮兵第587团）——消灭萨穆伊洛瓦和伊维申卡地域（亚尔采沃以北5—6千米）之敌，尔后攻往马克耶瓦西南郊和斯捷潘科瓦（南部）（亚尔采沃西北偏北方11—13千米）。

·**步兵第152师**（与炮兵第214团、统帅部预备队加农炮兵第471团第1营）——以1个团沿谢穆希纳、索普雷基诺、234.9高地一线（亚尔采沃西北偏西方4—7千米）从西面掩护你部左翼的同时，以你师余部攻往221.3高地和姆霍夫卡，日终前到达姆霍夫卡和沃罗特希诺一线（亚尔采沃西北方10千米）。

·**步兵第38师**（欠炮兵第214团）——向帕尼纳和234.9高地南坡发起一场主要突击，9月4日日终前夺取231.0高地、库济米纳、波洛吉一线（亚尔采沃以西5千米至西南方6千米），从而掩护集团军突击群，抗击敌人从南面和西南面发起的反冲击。

·**步兵第108师**（与军属炮兵第49团第2营）——以1个团在沃皮河东岸据守斯克鲁舍夫斯克农场和布亚诺沃地段，以你师余部发起进攻，夺取斯维谢沃和博利舍戈尔基一线（亚尔采沃以南7—10千米），尔后攻往波德罗希耶（亚尔采沃西南偏南方10千米）。

·**炮兵**——11点45分至12点实施15分钟炮火准备，任务如下：

★在霍尔姆、萨穆伊洛瓦南部、谢穆希纳、231.0高地、库济米纳、米济诺沃、博利舍戈尔基地域压制敌人的反坦克炮和火力点。

★以4个营支援坦克第127旅的进攻。

★阻止敌人从克罗沃普斯科沃以西树林、伊维申卡—霍尔姆方向，从马利措瓦东南面树林向谢穆希纳，从库济米纳东南方树林向234.9高地发起的反冲击。

★第16集团军远战炮兵群（统帅部预备队加农炮兵第471团第2、第3营，军属炮兵第49团第1、第3营）——由统帅部预备队加农炮兵第471团团长指挥，任务是压制奥斯塔舍夫卡、尤希纳、杰杰希纳、祖博沃、阿尔费罗沃地域的敌炮兵。

· **补给站**——多罗戈布日车站。

· **集团军指挥所**——霍捷诺瓦东北方1千米的树林内；辅助指挥所——维舍戈尔以北0.5千米的树林内。[24]

科涅夫和罗科索夫斯基的进攻计划涉及第19和第16集团军几乎每一个战斗兵团发起的大规模突击，但骑兵第45师和其他师的2个步兵团除外，这些部队构成了第19集团军预备队。两个集团军计划于9月4日在约36千米宽的地段投入9个步兵师、2个坦克师和1个坦克旅，这条战线北起新谢利谢，南至洛伊尼亚河和察列维奇河以西，穿过亚尔采沃西部边缘，沿沃皮河进一步向南伸展到皮希诺地域（Pishchino）。除步兵第108师在亚尔采沃以南负责一个9千米宽的消极地段，以及各进攻兵团之间存在较小的缺口外，12个战斗兵团将沿约24千米宽的战线展开突击，每个师的进攻正面平均为2千米。这股力量面对的是德军5个师的13个步兵团。（参见表6.4）

虽说苏军所有兵团的实力严重不足，但德军第5、第87、第28步兵师和第14摩托化师的情况同样如此，苏军进攻力量约为6.3万人和80辆坦克，当面之敌不到2万人，外加30—40辆坦克，据守前沿防御和战术预备队地域。这就意味着投入第255步兵师的9000名战斗兵将对第9集团军的防御起到决定性作用。

表6.4：第16和第19集团军1941年9月4日突击期间，交战双方的布势（由北至南）

苏军进攻地带	交战双方的部队		德军预备队
	苏军	德军	
第19集团军	第一梯队：步兵第244、第166、第89、第50、第64、第91师，坦克第101师 预备队：骑兵第45师和2个步兵团	第5军：第5步兵师（3个团） 第8军：第87步兵师（3个团），第14摩托化师（3个团和第161步兵师第336团）	第7装甲师战斗群，第255步兵师（9月4日投入）
第16集团军	第一梯队：坦克第127旅，坦克第1师，步兵第152、第38、第108师	第8军：第28步兵师（第49、第71、第83团）	

注：德军第14摩托化师还获得了第8步兵师1个营级战斗群加强，第28步兵师获得了第161步兵师1个营级战斗群加强。

西方面军的总攻，9月4日—5日

9月4日

在不得已的情况下，西方面军第30、第19、第16和第20集团军各突击群9月4日晨恢复进攻。一如既往，西方面军9月4日20点呈交的作战摘要准确地阐述了当日战斗的要点（参见地图6.12）：

· **总体情况**——方面军右翼诸集团军继续坚守安德烈亚波尔并为肃清敌人位于西德维纳河东岸的2个团展开战斗，方面军中央和左翼力量正在继续遂行进攻。

· **第22集团军**——9月4日17点，右翼和中央力量遂行防御，左翼力量同突入伊万诺瓦戈拉和苏沃罗沃地域之敌战斗。

★步兵第174、第214、第179师——位置未发生变化，当面之敌不太活跃。

★步兵第126、第186师——击退敌人在伊万诺瓦戈拉发起的猛烈反冲击，该镇三次易手，但9月4日12点，步兵第186师重新夺回伊万诺瓦戈拉。

· **第29集团军**——在右翼击退敌人，迫使对方向西退却。亚米谢和沙特雷西北方树林爆发激烈战斗，但集团军防线其他地段的态势未发生变化。

★步兵第252师——会同步兵第243师，迫使2个敌步兵团向西退却，夺得祖博沃，正为夺取亚米谢进行战斗。

★步兵第243师——迫使敌人向西退却，正在夺取沙特雷和235.4、203.7、205.8高地。

★步兵第246师——据守原先的阵地。

· **多瓦托尔骑兵集群**——集结在奇恰塔地域，休整、整顿部队。

· **第30集团军**——为夺取敌抵抗基点展开战斗，但未获成功，位置未发生变化。

· **第19集团军**——为消灭敌杜霍夫希纳集团，9月4日会同第16集团军右翼力量发起进攻，同时在左翼展开主要突击，攻往乌维亚济耶。扼守巴甫洛夫希纳、沙赫洛沃、扎米亚季诺、波波瓦、克罗沃普斯科沃一线之敌以精心组织的机枪、火炮和迫击炮火力实施顽强抵抗。集团军右翼之敌大量布设雷区和铁丝网障碍。各部队17点的位置如下：

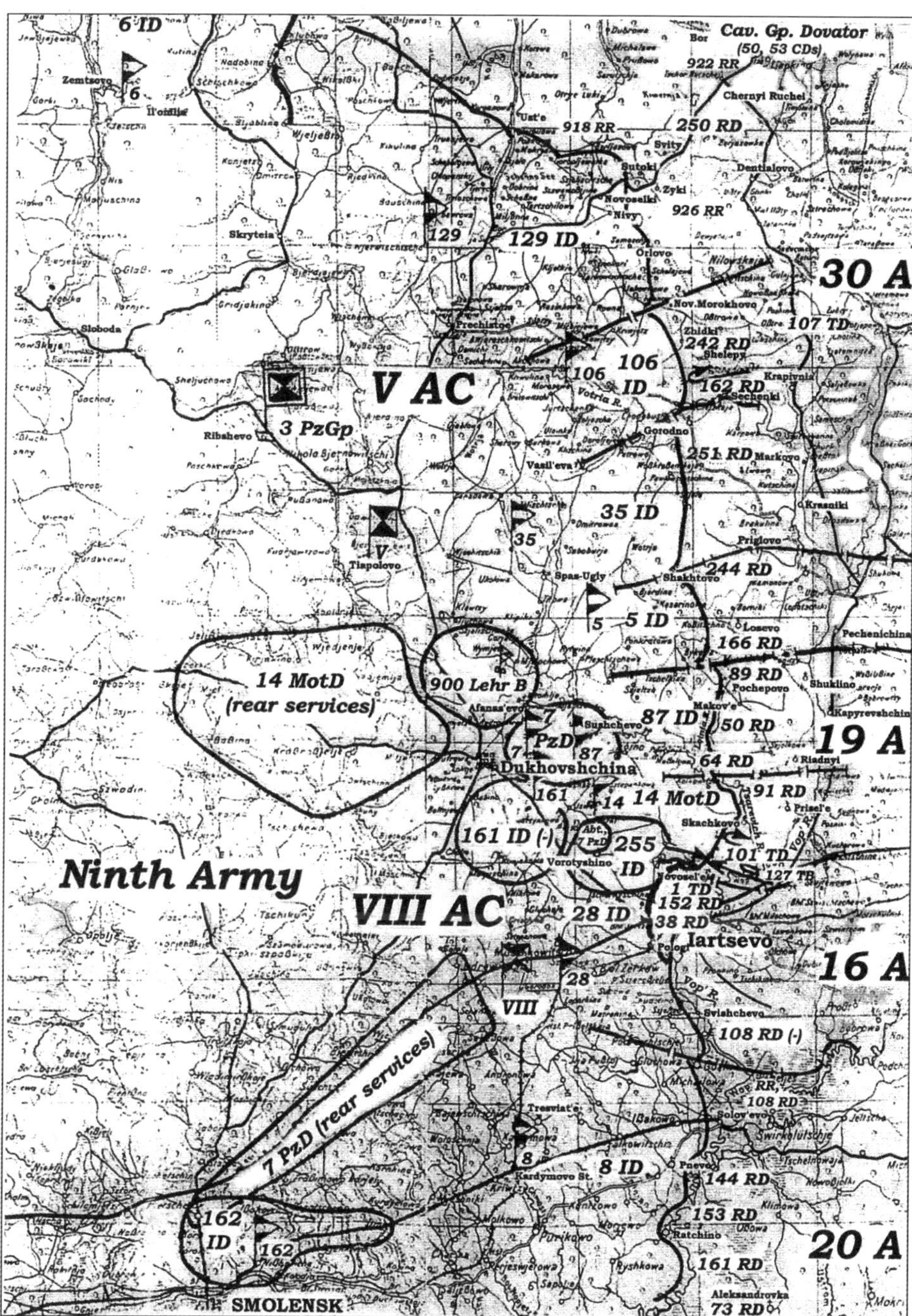

▲ 地图 6.12：第 9 集团军“东线”的战场态势，1941 年 9 月 4 日晚间（资料图）

★步兵第244、第166、第89、第50、第64、第91师——进攻未获成功，在原先位置从事战斗。

★坦克第101师——攻往伊瓦申基，14点夺得221.6高地以东1千米小树林的西部边缘，15点成功击退敌人从克罗沃普斯科沃以西小树林发起的反冲击，正为夺取221.6高地进行战斗。

★集团军预备队——步兵第735团位于波捷利察地域；步兵第2团位于谢利科沃；骑兵第45师位于马斯利希。

·**第16集团军**——9月4日在右翼攻往新谢利耶（西部）和克罗沃普斯科沃，但未获成功。

★坦克第1师——由于敌人2个营发起反冲击，该师放弃新谢利耶（西部）并撤往奇斯塔亚、新谢利耶（东部）和哈特尼以北山谷，正准备实施进攻，重新夺回先前的阵地。

★步兵第152师——以右翼力量据守哈特尼以北树林，以左翼力量夺得库季诺沃以北溪流上的桥梁至谢穆希纳东郊一线，目前据守在234.9高地西坡。

★步兵第38和第108师——在原先位置上战斗。

·**第20集团军**——9月4日以右翼力量发起进攻，但未获成功。

★步兵第144师——在斯克鲁舍沃、普涅沃、米季科沃接近地的出发阵地同敌人交火。

★步兵第153师——取得100—150米进展，但面对敌人设在利亚霍沃东郊的铁丝网止步不前，正设法在敌人的铁丝网障碍上打开通道。

★步兵第161师——沿帕什科沃以北树林至帕什科沃西部边缘一线同敌人交火。

★步兵第73师——以1个步兵团沿帕什科沃东南郊至戈洛维诺以南树林北部边缘一线战斗，其他部队沿马利诺夫卡以东2千米的峡谷口部至埃尔杰齐小树林西北边缘一线战斗。

★步兵第229师——据守原先的阵地，以零星火力沿防线同敌人交火。

★步兵第129师——1个步兵营设法强渡乌斯特罗姆河（叶利尼亚西北方25千米），发现敌人已炸毁希帕列维的渡口后，正为夺取东面的树林进行战斗。辖内其他部队的位置未发生变化。

★坦克第128旅——从卡库什基诺地域赶往佩斯基、贝科沃和维戈里地域。

· **援兵**（派给第22集团军）：

★步兵第133师——9月4日19点前装载并发送30列火车，1列火车正在装载，17列火车已卸载，13列火车仍在途中。

★步兵第178师——通过铁路运送该师的装备和补给物资，19列火车已装载并发送，16列火车正在卸载，3列火车仍在途中。

★步兵第44军领率机关——完全由火车运送，3列火车已发出，1列火车已卸载，另外2列仍在途中。

· **方面军航空兵**——由于天气条件恶劣，当日上午未执行战斗飞行任务。附加信息表明，1架米格-3战机因发生事故而烧毁。[25]

正如这份作战摘要所示，西方面军辖内诸集团军9月4日未能取得进展。尽管苏军投入大部分力量冲击德国第8军位于亚尔采沃北面、西面和南面的防御，可是这些突击均告失败，这是因为第8军军长海茨将军将新开到的第255步兵师主力投入战斗的缘故。韦策尔将军的步兵获得第7装甲师战斗群的坦克支援，在从克罗沃普斯科沃（Krovopuskovo）南延至新谢利耶（西部）这一5千米宽的地段投入行动。德军2个步兵团14点左右发起进攻，这场反冲击迫使第19集团军坦克第101师、第16集团军坦克第127旅和坦克第1师停止进攻——德军击退后者，16点夺得新谢利耶西部。第16集团军左侧，卢金第20集团军辖内各师彻底受挫，甚至没能给德军第8步兵师设在第聂伯河以西的防御造成任何破坏。可是，铁木辛哥决心不管怎样都要继续完成这场反攻，西方面军以担任预备队的坦克第128旅（40—50辆坦克）加强第20集团军，这一点表明了铁木辛哥的决心。（参见地图6.13）

9月5日

9月4日午夜过后，铁木辛哥指示科涅夫第19集团军和罗科索夫斯基第16集团军继续进攻，但屈从于现实的他命令第30和第20集团军转入防御，休整补充辖内部队。9月5日凌晨，科涅夫和罗科索夫斯基给麾下部队下达了新进攻令：

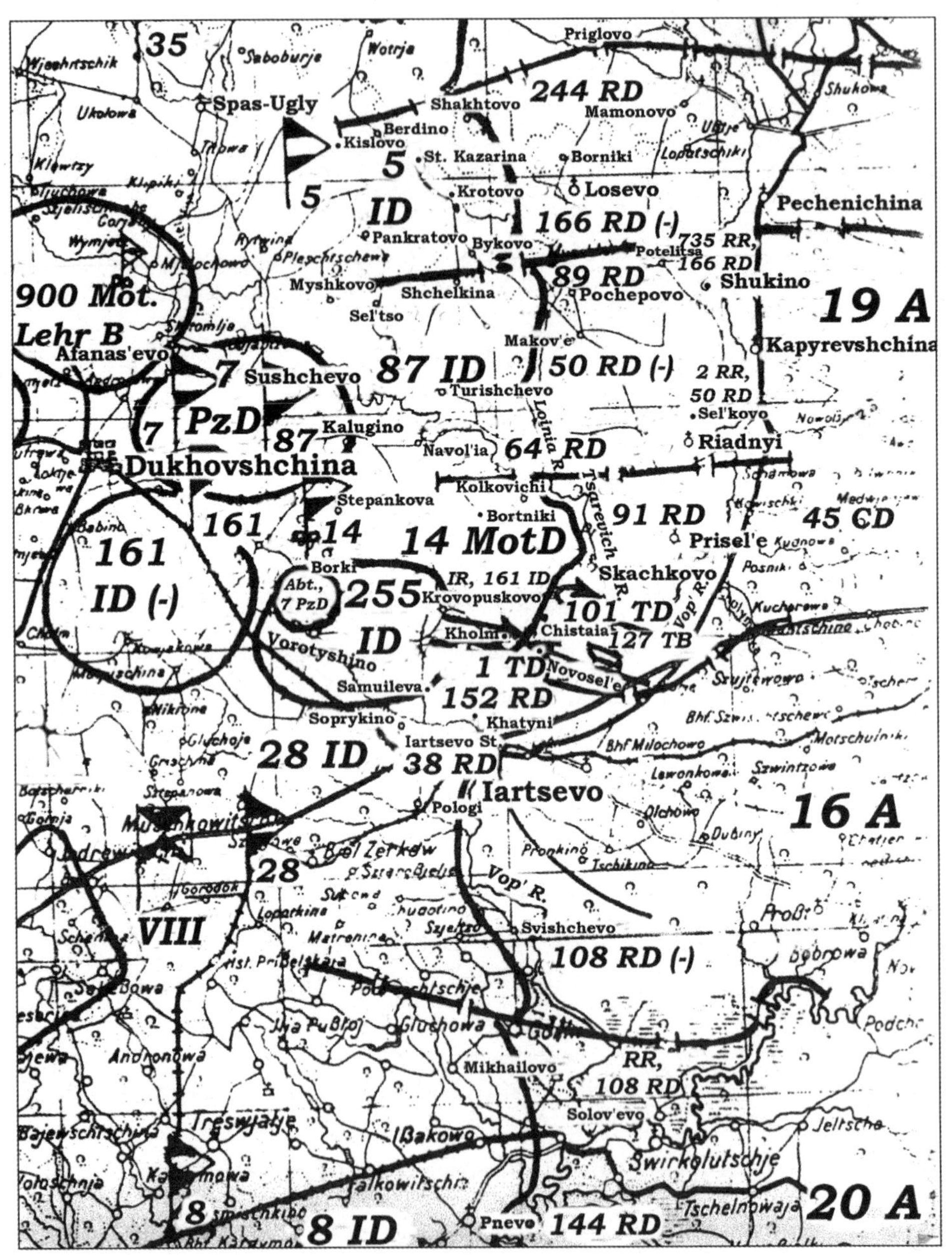

▲ 地图 6.13：第 16 和第 19 集团军的作战态势，1941 年 9 月 4 日晚间（资料图）

第19集团军1941年9月5日2点15分下达的第051号战斗令，指挥所设在瓦西利西诺以东1千米的树林内

· **敌人的情况**——敌人正企图沿整条战线以有组织的防御遏止我们的进攻并朝克罗沃普斯科沃和霍尔姆发起反冲击。

· **友邻力量**——正执行他们先前受领的任务。

· **第19集团军的任务**——沿沃斯克列先斯克和宰采瓦国营农场一线实施积极防御，遏止敌人并防止敌人从战线其他地段抽调兵力；9月5日12点以右翼力量继续攻往杜霍夫希纳，会同第16集团军，将敌杜霍夫希纳集团消灭在克罗沃普斯科沃、斯捷潘诺夫卡和乌兹瓦利耶地域。

· **辖内各兵团的任务：**

★步兵第244师——坚守沃斯克列先斯克和新谢利谢一线并防止敌人沿沃斯克列先斯克—库奇诺和沙赫洛沃—扎尼诺方向达成突破。

★步兵第166师（与榴弹炮兵第399团第3营）——9月5日夜间在巴拉舍瓦和斯捷潘尼季纳地段接替步兵第89师辖内部队，积极防御新谢利谢和斯捷潘尼季纳地段，阻止敌人突向波捷利察。

★步兵第89师（与榴弹炮兵第399团第1、第2营，反坦克炮兵第874团第1、第2、第4连）——9月4日—5日夜间接替步兵第50师辖内部队，坚守斯捷潘尼季纳、220.3高地、214.0高地、伊万诺瓦地段，防止敌人突向新科罗维亚。

★步兵第64师（与榴弹炮兵第302团第4营，反坦克炮兵第874团第5连）——以部分力量掩护你部右翼，师主力攻往斯洛博达和库拉吉诺，夺取库拉吉诺和米赫伊科沃以北一线，并于日终前从南面在纳沃利尼亚和苏谢沃地域夺取察列维奇河上的渡口。

★步兵第91师（与加农炮兵第596团，反坦克炮兵第874团第3连）——攻往科哈诺沃、胡德科沃和格里亚兹诺基，会同步兵第64师和坦克第101师消灭斯捷潘科瓦和克罗沃普斯科沃地域之敌，日终前夺取米赫伊科沃和215.8高地（斯捷潘科瓦南面）一线。

★坦克第101师——在步兵第50师炮兵第202团支援下，于9月5日晨攻往克罗沃普斯科沃和乌兹瓦利耶，日终前夺取斯捷潘诺夫卡（南部）、乌兹瓦利耶、博尔基地域。

★步兵第50师——以步兵第2团沿察列维奇河一线掩护科尔科维奇和米亚格琴基地段，9月5日将炮兵第202团集结在米亚格琴基和巴雷基纳地域，支援坦克第101师。获得步兵第89师接替后，于9月6日晨将你师余部集结在谢利科沃、科尔科维奇、普里谢利耶、博罗杜利诺地域担任我的预备队，做好在坦克第101师作战地段和与第16集团军结合部发起进攻的准备。

★骑兵第45师——留在当前位置并执行先前受领的任务。

★炮兵——9月8点前做好准备（步兵第50师炮兵力量除外），实施15分钟炮火准备。

☆炮兵的任务——伴随步兵，压制敌机枪和迫击炮火力，阻止敌人的反冲击。

☆远战炮兵的任务——压制纳沃利尼亚、斯捷潘诺瓦、姆霍夫卡、克罗沃普斯科沃、奥西诺夫卡地域的敌炮兵，以远程火力打击从杜霍夫希纳地域开往库拉吉诺、斯捷潘诺夫卡、波塔波瓦、沃罗特希诺地域的敌预备队。

★集团军司令部和指挥所——位置保持不变。[26]

第16集团军1941年9月5日4点下达的第04/op号战斗令，司令部设在维舍戈尔以北0.5千米

·**总体情况**——敌第161、第250、第28步兵师辖内部队正沿科哈诺沃以西树林东部边缘、霍尔姆、萨穆伊洛瓦、谢穆希纳、231.0高地、库济米纳、波洛吉、阿尔费罗沃、博利舍戈尔基一线顽强抵抗，其预备队位于克罗沃普斯科沃以西树林、佩特雷基纳、切尔内绍瓦地域和胡多季诺以西树林内。

·**友邻力量**——右侧，第19集团军坦克第101师正从霍尔姆和科哈诺瓦一线攻往克罗沃普斯科沃；左侧，第20集团军步兵第144师正沿马克耶沃、普涅沃、米季科沃一线战斗。

·**第16集团军的任务**——在沃皮河东岸据守斯塔罗扎沃皮耶和布亚诺沃地段，9月5日12点发起进攻，以主力攻往萨穆伊洛瓦、伊维申卡、博尔基，会同第19集团军左翼师将敌亚尔采沃集团消灭在霍尔姆、克罗沃普斯科沃、伊维申卡、谢穆希纳地域，于9月5日日终前到达马克耶瓦、姆霍夫卡、沃罗特希诺一线。

·辖内各兵团的任务：

★坦克第1师（与步兵第38师第48团，坦克第127旅1个摩托化营，榴弹炮兵第18团第2营，统帅部预备队榴弹炮兵第375团，军属炮兵第587团）——在新谢利耶（东部）西北方1.5千米的小树林至新谢利耶（西部）这一地段对敌人发起冲击，夺取霍尔姆、221.6里程碑、萨穆伊洛瓦东郊一线，尔后朝马克耶瓦发展进攻，9月5日日终前到达波塔波瓦至波塔波瓦西南方1.5千米树林西部边缘一线。

★步兵第152师（与坦克第127旅坦克第35团，炮兵第214团，统帅部预备队加农炮兵第471团第1、第2营）——以1个步兵团沿谢穆希纳、索普雷基纳、234.9高地一线掩护你部左翼，抗击敌人从西南方发起的反冲击，同时以你师余部对敌人展开进攻，夺取萨穆伊洛瓦、伊维申卡南部、221.3高地地域，尔后攻往姆霍夫卡，前出到波塔波瓦西南方1.5千米树林西部边缘至沃罗特希诺一线，并在沃罗特希诺西南方1千米的路口处切断杜霍夫希纳—亚尔采沃公路。

★步兵第38师（欠步兵第48团，但获得炮兵第214团）——在帕尼纳和佩尔沃迈斯基地段对敌发起冲击，改善你部阵地，夺取并加强234.9高地、佩尔沃迈斯基以西0.5千米的无名高地、佩尔沃迈斯基一线。

★步兵第108师（欠1个步兵营，但获得军属炮兵第49团第2营）——占据防御，前沿阵地设在从斯塔罗扎沃皮耶西北方2.5千米树林北侧起，穿过斯克鲁舍夫斯克至布亚诺沃一线，在沃皮河西岸留下加强战斗警戒哨。

★炮兵——9月5日8点前做好准备，以便实施15分钟炮火准备，任务如下：

☆沿坦克第1师、步兵第152和第38师战线压制敌反坦克炮和火力点。

☆阻止敌侧射火力和敌人从克罗沃普斯科沃以西树林、伊维申卡以北、马利措瓦西南方、库济米纳西南面树林发起的反冲击。

☆远战炮兵（炮兵第471团第3营，军属炮兵第49团第1、第3营，由加农炮兵第471团团长指挥）——任务如下：

■压制克罗沃普斯科沃、萨穆伊洛瓦、奥斯塔舍夫卡、尤希诺地域的敌炮兵和克罗沃普斯科沃以西树林内的敌预备队。

■做好集中3个营火力的准备，打击沃罗特希诺和马利措瓦西南方树林的出口。

★混成航空兵第43师的任务：

☆10点45分至11点、11点15分至11点30分，以5—6架战机组成的机群压制克罗沃普斯科沃、波塔波瓦、伊维申卡以及奥斯塔舍夫卡、尤希诺、杰杰希纳地域的敌炮兵和预备队。

☆9月5日白天，阻止敌预备队从杜霍夫希纳开赴谢穆希纳，从斯摩棱斯克开赴佩尔沃迈斯基村。

·特别指示：

★坦克第127旅指挥员：

☆9月9日6点前把坦克第35团集结在哈特尼和库季诺沃地域，将该团转隶步兵第152师师长。

☆将师部迁至戈罗多克以东1千米的树林附近。

☆为坦克第35团提供物资和技术支持。

★步兵第108师指挥员——抽调1个营担任我的预备队，9月9日13点前将该营集结在奥泽里谢地域。

·**补给站**——多罗戈布日车站。

·**运输**——遵照各个师和各独立部队指挥员的命令行事。

·**团军指挥所**——维舍戈尔以北0.5千米的树林内。[27]

西方面军1941年9月5日2点30分下达给第30集团军的第81/op号战斗令

·**第30集团军的任务**——以强有力的支队在夜间展开行动，继续遂行所受领任务的同时，第30集团军应构设一道稳固的防线，在主力到达处修筑并加强防御阵地，从而为部队提供必要的休整。

·具体任务：

★步兵第250师——将敌人驱离苏托基地域（切尔内鲁切西南偏南方12千米），以你师部分力量夺取萨沃斯季诺、沃龙措沃、尼维地域（切尔内鲁切西南偏南方18—19千米）并掘壕据守。

★步兵第162师撤入集团军预备队，9月6日将该师集结在卢卡舍沃、克拉皮夫尼亚、波奇诺克地域（切尔内鲁切以南26—28千米）。

★加强阵地的同时，每个团至少需要在纵深处构设两道以梯次配置的支撑点构成的防线并挖掘配置完善的战壕，同时为机枪、交通壕、防坦克和防步兵障碍物提供掩护。

★9月12日前为一道充分准备的防线完成工程修筑工作。

★9月7日将作战计划和防御工事修筑计划呈交我审批。[28]

西方面军1941年9月5日2点30分下达给第20集团军的第79/op号战斗令

· **第20集团军的任务**——为第20集团军构设一道稳固防线，整顿部队并让他们获得必要的休整，我命令：

· **具体任务：**

★将2个步兵师撤入集团军预备队，日终前把他们集结在以下位置：步兵第161师——红霍尔姆、斯莫罗金卡、费多罗夫斯科耶地域；步兵第153师——列普什基、克利莫瓦、萨莫杜罗夫卡地域。

★9月5日转入防御，沿第聂伯河东岸、沿左翼师所占据的战线、沿第聂伯河西岸先遣部队已到达位置设立主防御带。

★在纵深处组织梯次配置的防御，立即着手构设阵地，每个团至少需要构设两道支撑点防线，辅以配置完善的战壕，为机枪、交通壕、防坦克和防步兵障碍物提供掩护，同时应特别留意你部左翼的防御。

★继续构筑集团军已开始修建的防线，9月15日前完成这项工作。

★9月7日日终前将作战计划和防御工事修筑计划呈交我审批。[29]

遵照铁木辛哥的训令，卢金于9月5日16点给第20集团军各兵团下达了防御令：

· **敌人的情况**——敌第8步兵师依托精心构设的抵抗枢纽据守普涅沃高地、米季科沃、利亚霍沃、杜布罗瓦、戈洛维诺以南树林和马利诺夫卡，敌第263步兵师据守索普希诺、苏博罗夫卡、克列米亚季诺、新亚科夫列维奇一线。

· **第20集团军的任务**——将部分力量撤入集团军预备队的同时，应沿第聂伯河东岸、埃尔杰齐、249.9高地、丘瓦希、224.8高地一线，以及伍斯特罗曼至普拉索洛沃一线转入防御，前沿阵地设在第聂伯河西岸。

·辖内各兵团的任务：

★步兵第144师（与步兵第153师1个团，加农炮兵第592团第1、第3营，反坦克炮兵第872团2个连）——9月6日1点前接替步兵第153师，随后从沃皮河河口至拉特奇诺一线沿第聂伯河东岸占据防御，同时特别留意据守索洛维耶沃和科罗夫尼基方向并掩护集团军与第16集团军的分界线。据守你部位于第聂伯河西岸的阵地，以先遣支队占据支撑点和高地并以强大的障碍物加强这些支撑点与高地间的缺口。

★步兵第153师——9月6日1点前将1个步兵团和整个防区移交给步兵第144师，9月6日5点前集结在列普什基、克利莫沃、萨莫杜罗夫卡地域担任集团军预备队。你部行军路线穿过奥索沃和亚罗申基。

★步兵第73师（与步兵第161师1个团，加农炮兵第592团第2营）——9月6日1点前接替步兵第161师，随后在拉特奇诺至索普希诺一线据守第聂伯河东岸。以强有力的先遣支队扼守你部设在第聂伯河西岸的阵地，以强大的障碍物加强这些支队间的缺口并掩护与步兵第144师的分界线。

★步兵第161师——9月6日1点前将1个步兵团和整个防区移交给步兵第73师，7点前集结在舍加基、斯莫罗金卡、普里沃利尼亚、红霍尔姆地域，担任集团军预备队。你部行军路线穿过库切罗沃、巴拉基列沃和斯莫罗金卡。

★步兵第229师（与军属炮兵第126团，榴弹炮兵第302团第1营，反坦克炮兵第872团1个连，工兵第127营）——在莫托沃以南树林至249.9高地和丘瓦希一线据守你部阵地的同时，以短促突击连续夺取249.9高地南坡、维什尼亚基西北面树林和221.3高地。

★步兵第129师（与榴弹炮兵第302团第2营，反坦克炮兵第872团2个连，轻型工程兵第129营）——据守你部阵地的同时，对亚科夫列沃发起短促突击，将敌人牵制在亚科夫列沃，防止对方朝叶利尼亚方向变更部署。

★坦克第128旅——留在现有位置，担任我的预备队。

·特别指示：

★步兵第144和第73师——9月7日—8日夜间替换配属你师的步兵团，将他们派至集结地域返回原先建制。

★所有师级指挥员——在纵深处组织梯次配置的阵地，立即着手配备这些阵地。每个团必须至少构设两道支撑点防线（不包括第聂伯河西岸的前进阵地）并充分配备战壕、掩体和暗堡，为机枪、交通壕、防坦克和防步兵障碍物搭设防御覆顶。

·报告——9月6日19点前将防御计划和工程防御计划呈交我审批。9月15日前完成防御工事的修筑工作，每日20点向我提交进展报告。

·集团军指挥所——新谢尔基。[30]

总的来说，这些命令明确表明，铁木辛哥的总攻的确已告失败。随着方面军各突击群的规模和实力急剧下降，到9月5日，只有科涅夫第19集团军和罗科索夫斯基第16集团军有能力遂行任何形式的进攻行动。最能说明问题的是，尽管科涅夫仍将敌杜霍夫希纳集团作为目标，但命令中的内容表明，该集团军的作战范围远远达不到这个遥远的目标。相反，正如罗科索夫斯基指出的那样，新任务只是消灭规模小得多的敌亚尔采沃集团。但此时，就像西方面军9月5日20点提交的作战摘要表明的那样，就连完成这个难度大幅度缩小的任务也超出铁木辛哥麾下部队的实际能力（参见地图6.14）：

·**总体情况**——方面军右翼诸集团军坚守安德烈亚波尔并为歼灭敌人突破到西德维纳河东岸的2个团进行战斗；方面军中央地带，第30、第19、第16集团军继续进攻；方面军左翼，第20集团军正在加强既占阵地。

·**第22集团军**——9月5日15点在其右翼加强原先的阵地并在中央地带和左翼遂行进攻。

★安托先科支队和步兵第126、第186师——9月5日18点15分，从苏沃罗沃以东2千米的树林、236.2高地、弗罗洛沃、亚尔德一线（安德烈亚波尔以南17—22千米）再度发起进攻，但战果不明。

★步兵第133师——以4个营和1个炮兵团占据维特比诺湖、克里沃耶湖、奥赫瓦特湖地域（安德烈亚波尔西北偏北方35—40千米）的抵抗基点，以此确保与第27集团军的分界线，其他部队继续集结 。

★步兵第214师9月2日—4日的损失——伤亡148人。

·**第29集团军**——在右翼的亚米谢、热列佐沃、博罗克地域沿西德维纳河

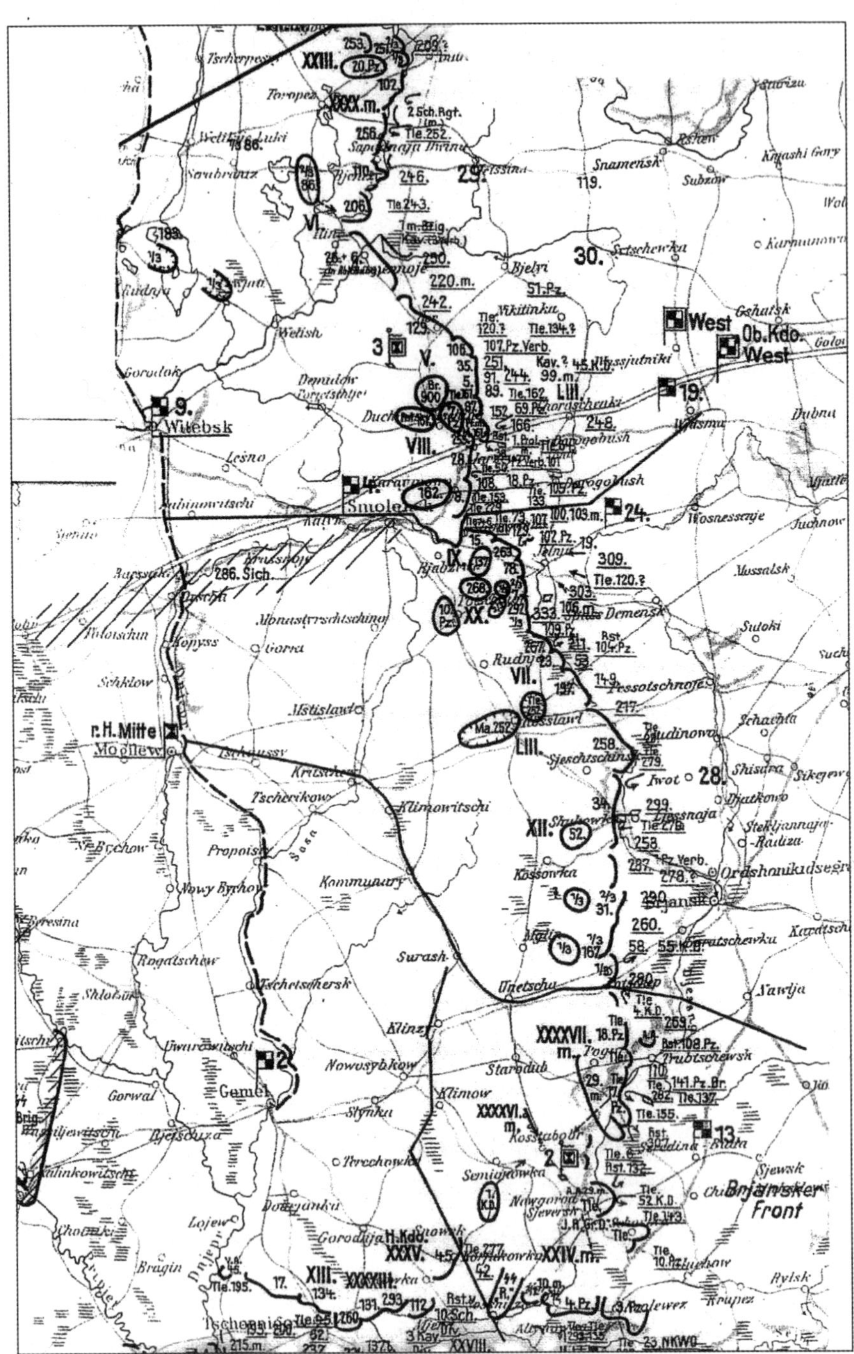

▲ 地图 6.14：中央集团军群的作战态势，1941 年 9 月 5 日晚间（资料图）

东岸同敌人战斗，在左翼加强阵地，在中央地带各湖泊间隘路与敌步兵战斗。

★步兵第252师——13点以1个团在谢列日诺以南1千米占据防御，正面朝北，余部在原先阵地从事战斗，击退敌人的反冲击。

★步兵第243师——发起冲击，但未获成功，目前据守博罗克和新杰列夫尼亚一线（西德维纳以北12—15千米）。

★步兵第178师——13点前在穆希诺、日维尔卡、祖耶沃地域完成集结。

★步兵第246师——以2个团加强既占阵地，第3个团在湖泊间隘路的特罗菲莫沃附近同敌人配有坦克的2个步兵营战斗，但部分力量13点撤至扎片科维耶。

★战利品：缴获1挺轻机枪、1支自动武器、3支步枪、3辆自行车、2个防毒面具、800发各种口径的子弹，击毙175名敌军士兵。

★损失——正在核实。

· **多瓦托尔骑兵集群**——位置未发生变化。

· **第30集团军**——9月5日8点以步兵第250、第242、第162、第251师发起冲击，但未获成功，截至9月5日17点，位置未发生变化。

★损失：伤亡131人。

· **第19集团军**——据守沃斯克列先斯克和宰采沃国营农场一线并实施部分重组，左翼力量于12点攻往杜霍夫希纳。敌人在一整天内对该集团军整条战线施以猛烈的火炮和迫击炮炮火。坦克第101师战线上，敌人1个步兵团在猛烈的火炮和迫击炮炮火支援下，于9月5日7点从科哈诺沃以西小树林和克罗沃普斯科沃地域发起反冲击，但这场进攻被击退。截至17点，集团军辖内部队占据以下位置：

★步兵第244师——据守沃斯克列先斯克、沙赫洛沃、新谢利谢一线。

★步兵第166师——据守新谢利谢以南1千米小树林至伊万尼基一线，并在博拉舍瓦和斯捷潘尼季纳地段接替步兵第89师。

★步兵第89师——9月5日晨据守斯捷潘尼季纳和220.3高地地段，当日下午沿220.3高地和伊万诺瓦一线接替步兵第50师。

★步兵第50师——以部分力量在原先位置战斗并将防区移交给步兵第89师，以便9月6日晨在谢利科沃、科尔科维奇、巴拉杜利诺地域转入集团军预备队。

★步兵第64师——以部分力量掩护左翼，自12点起以师主力攻往锡尼亚科沃，正在核实他们所处的位置。

★步兵第91师——攻往博尔特尼基，13点夺得彼得罗瓦，目前在斯卡奇科瓦西面的小树林战斗。

★坦克第101师——从斯卡奇科瓦西南方0.5千米小树林至霍尔姆东北方1.5千米高地一线发起进攻的同时，遭遇敌人1个步兵团（获得猛烈的火炮和迫击炮炮火支援）从科哈诺沃以西小树林和克罗沃普斯科沃地域展开的反冲击，被迫撤至霍尔姆东北方1.5千米高地上的新防御。该师12点击退这场反冲击，敌人遭受严重损失，面对我方步兵和坦克施加的沉重压力，13点开始退向克罗沃普斯科沃。

★集团军预备队——骑兵第45师位于原先位置；步兵第2团（欠1个营）在察列维奇河西岸占据斯卡奇科沃至（地图上）标有“斯卡奇希诺”这一地段的防御。

· **第16集团军**——继续实施部分重组，9月5日以右翼力量攻往萨穆伊洛沃和伊维申卡（亚尔采沃以北5—7千米），以歼灭霍尔姆、克罗沃普斯科沃、伊维申卡、萨穆希纳地域之敌。其左翼力量沿沃皮河东岸据守旧扎沃皮耶和布亚诺沃一线并在河西岸布设战斗警戒哨。敌第761立陶宛步兵团和第400步兵团在实施顽强抵抗的同时缓缓撤往萨穆伊洛沃和乌兹瓦利耶。

★坦克第1师（与坦克第127旅一部）——克服敌人强有力的抵抗，16点30分前夺得奇斯塔亚西郊和新谢利耶（西部）一线。

★步兵第152师（与坦克第127旅一部）——迫使敌第761、第400步兵团退往北面和西北面，15点30分夺得萨穆伊洛沃东面的溪流至221.3里程碑一线，正在继续进攻。

★步兵第38师——在原先位置上战斗。

★步兵第108师——在沃皮河西岸留下安全警戒哨，在沃皮河东岸的斯塔罗扎沃利耶[①]和布亚诺沃地段转入防御。

★战利品：坦克第1师的高射炮兵9月3日击落1架敌机；步兵第38师缴获3

---

① 译注：斯塔罗扎沃皮耶?

门迫击炮、1挺重机枪和2挺轻机枪，俘获2名德国兵；坦克第127旅9月4日消灭敌人2个步兵连、17门反坦克炮和10门迫击炮。

★损失：

☆坦克第1师：9月4日13人阵亡，185人负伤；9月1日至4日，396人阵亡，1622人负伤。

☆步兵第152师——兵力折损30%，但具体数字需要核实。

☆步兵第38师——9月4日有113人阵亡，337人负伤。

☆坦克第127旅——9月4日损失24辆坦克。

· **第20集团军**——9月5日加强阵地，位置未发生变化，偶尔沿集团军防线同敌人展开炮战。

· **方面军航空兵**——由于当日上午天气条件不佳，仅实施了数量有限的侦察飞行，共出动10个飞行架次。

★混成航空兵第31师——出动5个架次察看天气，并对安德烈亚波尔和西德维纳地域的敌人实施侦察。

★混成航空兵第46师——出动5个飞行架次，2个架次察看涅利多沃和西德维纳地域的天气，3个架次侦察安德烈亚波尔和达尼洛沃地域之敌。[31]

无论铁木辛哥赋予第16和第19集团军的目标多么有限，正如遂行突击的各苏军师迅速增加的伤亡表明的那样，9月初亚尔采沃地域的战斗与整个斯摩棱斯克交战期间任何时间发生在任何地点的厮杀同样激烈。例如，利久科夫上校的坦克第1师，9月1日—4日伤亡2000多人，这个数字超过该师9月1日初始兵力的25%。切尔内舍夫上校位于左侧的步兵第152师，兵力折损约30%，将这个比例转换为具体数字，该师的损失超过3000人。基里洛夫上校的步兵第38师，仅9月4日就阵亡450名士兵，总伤亡也超过2000人。第16集团军9月1日的总兵力约3.2万人，若加上步兵第108师的损失，这些伤亡几乎达到该集团军初始兵力的三分之一。

虽然没有相关资料，但科涅夫第19集团军在九月反攻期间遭受的损失可能同罗科索夫斯基集团军相似。不过，由于科涅夫麾下部队自8月中旬以来一直在不断进攻，他们的损失大概更高，整体实力也许更加虚弱。

西方面军9月5日提交晚间作战摘要后几个小时，铁木辛哥指示科涅夫和罗科索夫斯基在次日恢复进攻，两人奉命行事，第19集团军5点投入进攻，第16集团军10点展开冲击。此时，两位集团军司令员和铁木辛哥本人都意识到进一步取得成功的可能性甚微，但另一些现实问题导致他们别无选择，只能继续进行这种徒劳无益的进攻。这些现实问题中，最具说服力的一个是朱可夫预备队方面军在南面对德军叶利尼亚突出部发起了进攻。徒劳地猛攻德军占据的登陆场数周后，拉库京第24集团军辖内各师9月4日似乎即将取得胜利。几天前，苏军终于突破德国人的登陆场防御，倘若德军援兵无法立即赶至，登陆场防御似乎将彻底崩溃。因此，大本营要求铁木辛哥无论如何必须继续实施反攻，哪怕仅仅是为对中央集团军群保持压力，防止对方将至关重要的预备队从第9集团军作战地域调往叶利尼亚。（参见地图6.15）

实际上，中央集团军群司令博克的描述印证了苏军大本营的判断，他在9月4日和5日的日记中写道：

9月4日——（对集团军群的防御发起的）最猛烈的进攻发生在第9集团军第8军防区。

9月5日——我已将最后的预备队（第255步兵师）交给第9集团军，以便接替一个疲惫不堪的师。集团军想把这个师部署到前线，对此我无法批准，因为我必须在该集团军防线后方保留一些预备力量。个别师再度发出抱怨，部分师处于防御状态。[32]

在某种程度上说，仿佛是为强调他不愿延长亚尔采沃的流血牺牲，科涅夫于9月5日23点给第19集团军辖内部队下达了最简短的进攻命令。这道命令“发给步兵第64、第91师和坦克第101师师长，副本抄送步兵第244、第166、第89、第50师和骑兵第45师师长”，仅确定了战线前方3千米的一个目标：

步兵第64、第91师和坦克第101师应继续执行包围、消灭克罗沃普斯科沃地域（亚尔采沃西北偏北方9千米）之敌的任务。1941年9月6日5点展开行动，从而使敌人来不及重组并逃离打击。[33]

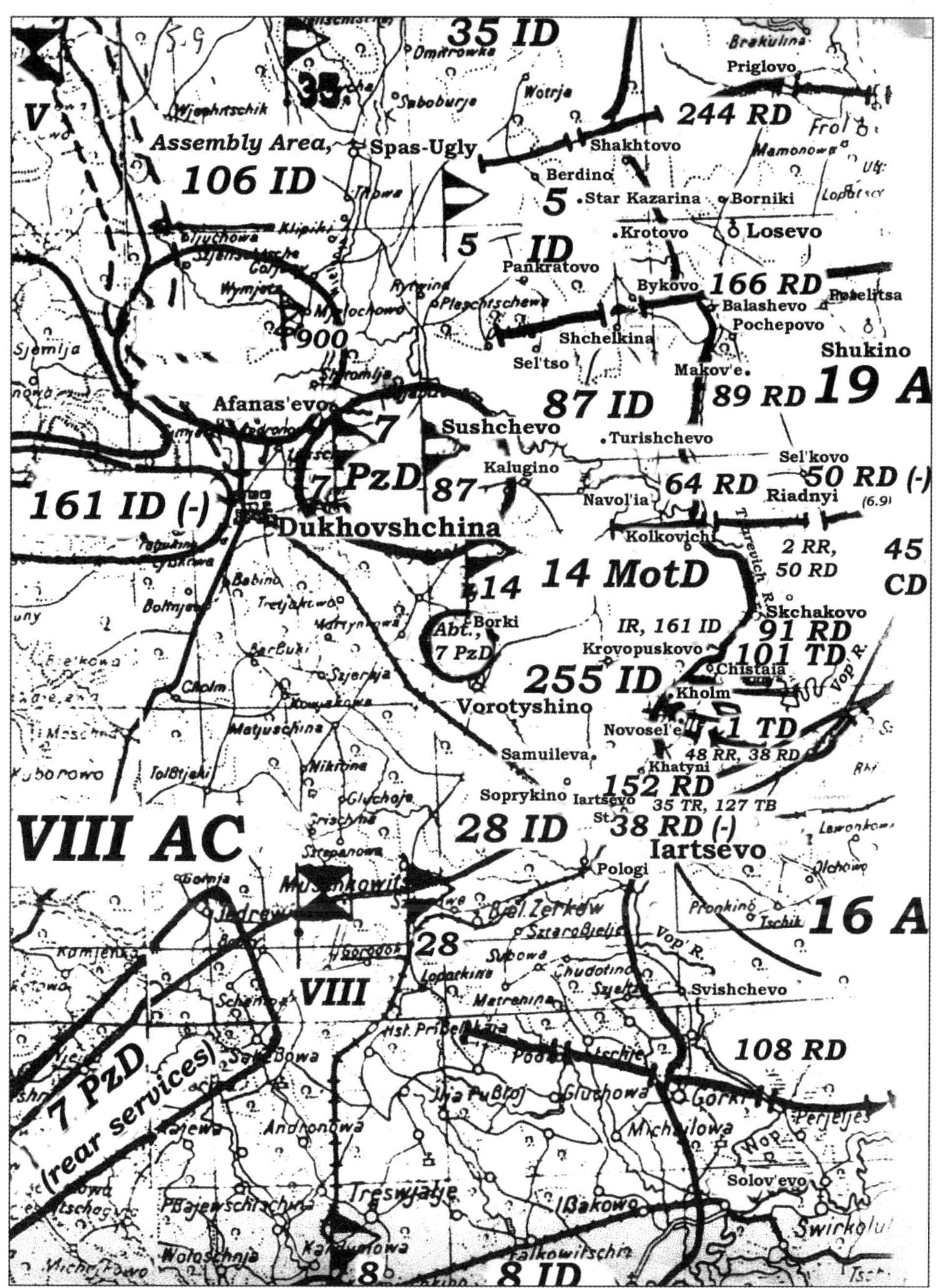

▲ 地图 6.15：第 16 和第 19 集团军的作战态势，1941 年 9 月 5 日晚间（资料图）

45分钟后，罗科索夫斯基也给第16集团军辖内部队下达命令，更加详细地阐述了只发起一场目标有限的进攻的想法：

·**敌人的情况**——敌第161、第250、第28步兵师遭受严重损失，正退往以下一线：从博尔特尼基以西树林东部边缘起，延伸到科哈诺沃以西树林、霍尔姆、新谢利耶（西部）以西树林北部边缘、221.3高地、谢穆希纳北部、杰杰希纳、库济米纳、波洛吉。

·**友邻力量**——右侧，第19集团军左翼向西进攻的部队9月5日日终前到达博尔特尼基、科哈诺沃、科哈诺沃西南方1.5千米的小树林一线，9月6日晨将继续攻往克罗沃普斯科沃；左侧，第20集团军步兵第144师沿马克耶瓦和普涅沃一线战斗。

·**第16集团军的任务**——在沃皮河东岸据守斯塔罗扎沃皮耶和布亚诺沃地段，并且于1941年9月6日10点以主力继续进攻，会同第19集团军包围并消灭奥西诺夫卡、伊维申卡、221.3高地、霍尔姆地域之敌，9月6日日终前到达波塔波瓦、姆霍夫卡、沃罗特希诺一线（亚尔采沃西北方10—12千米）。

·**辖内各兵团的任务：**

★坦克第1师（及配属部队）——继续攻往西北方，夺取霍尔姆、221.6里程碑、萨穆伊洛瓦东郊地域，尔后朝马克耶瓦发展进攻，9月6日日终前到达波塔波瓦至波塔波瓦西南方1.5千米树林西北边缘一线。

★步兵第152师（及配属部队）——以1个步兵团掩护自身左翼，抗击敌人从西面和西南面发起的反冲击，同时以你师余部对敌人展开进攻，夺取伊维申卡、221.3高地、萨穆伊洛瓦西部地域，尔后向西北方攻往姆霍夫卡，9月6日日终前到达姆霍夫卡和238.7高地一线。

★步兵第38师（欠步兵第48团，辖炮兵第214团）——向西发起进攻，夺取并加强234.9高地和佩尔沃迈斯基一线。

★步兵第108师（及配属部队）——继续在沃皮河东岸据守斯塔罗扎沃皮耶和布亚诺沃地段并在沃皮河西岸部署加强战斗警戒哨。

★炮兵——9月5日6点前做好准备，9点30分—10点实施30分钟炮火准备，任务如下：

☆压制敌前沿阵地的反坦克炮和火力点。

☆阻止敌人从克罗沃普斯科沃东面和西面的树林、伊维申卡北面、马利措瓦西南面树林发射侧射火力及发起反冲击。

☆第16集团军远战炮兵（炮兵第471团第3营，军属炮兵第49团第1、第3营，由加农炮兵第471团团长指挥）——任务如下：

■压制克罗沃普斯科沃、伊维申卡、234.4高地、奥斯塔舍夫卡地域的敌炮兵，以及克罗沃普斯科沃以西树林内的敌预备队。

■集结3个营的火力打击沃罗特希诺西南方1.5千米的路口。

★混成航空兵第43师——8点30分至8点45分、9点至9点15分，以5—6架战机组成的机群在克罗沃普斯科沃、马克耶瓦、姆霍夫卡、奥斯塔舍夫卡、尤希诺、杰杰希纳地域压制敌炮兵和预备队，9月6日白天阻止敌预备队沿从杜霍夫希纳和斯摩棱斯克通往亚尔采沃的公路开至。

★补给站——多罗戈布日车站。

★运输——按照各个师和各独立部队指挥员的命令行事。

★集团军指挥所——维舍戈尔以北0.5千米的树林内。[34]

整体上看，第16和第19集团军的进攻计划寻求的不过是包围并歼灭亚尔采沃西北方8—12千米地域内的德军部队，也就是韦策尔第255步兵师主力，该师两个先遣团已于昨日夺取这片地域。这当然同铁木辛哥几天前赋予麾下诸集团军的雄心勃勃的目标相差甚远。

结局，9月6日—9日

虽说结局在9月5日已尘埃落定，西方面军的反攻以失败告终，但大本营坚持要求铁木辛哥麾下力量继续实施牵制性进攻，支援预备队方面军在叶利尼亚地域和在南面沿杰斯纳河展开的行动。因此，9月6日过后，西方面军下达了防御和进攻令：后者要求科涅夫第19集团军执行牵制进攻这种具有牺牲性的任务，前者指示西方面军辖内诸集团军构设德军装甲力量无法突破的坚固防御。

遵照铁木辛哥的指示，科涅夫9月7日下达了第一组进攻和防御令。例如，他在当日清晨3点命令集团军辖内大部分师组织并实施一连串进攻，沿集团军战线打击德军重要的抵抗枢纽。此时，德国第8军军长海茨将军已派韦策尔第255步兵师据守第14摩托化师的大部分防线，后者的防御地段宽度缩减为2.5千米，位于科尔科维奇（Kolkovichi）与斯卡奇科沃（Skachkovo）之间的察列维奇河西岸，就在第19集团军左翼对面：

· **敌人的情况**——在9月4日—6日的反冲击期间遭受严重损失后，敌人已沿我集团军整条防线转入防御。

· **友邻力量**——继续执行他们先前受领的任务。

· **第19集团军的任务**——在右翼和中央地带积极防御，9月7日11点45分发起进攻，消灭并夺取敌人的独立防御枢纽，从而剥夺敌人加强其防御的机会并消耗他们的有生力量。

· **辖内各兵团的任务：**

★步兵第244、第166、第89师——积极防御你部阵地，消灭敌人，夺取以下抵抗枢纽：步兵第244师——新谢利谢；步兵第166师——谢缅科沃和213.6高地；步兵第89师——扎卡科瓦。

★步兵第64师——遂行进攻，日终前夺取波波瓦和斯洛博达。

★步兵第91师——将部队变更部署至右翼的同时，发起进攻，夺取博尔特尼基并发展胜利，肃清科哈诺沃以西森林内的敌人。

★坦克第101师——发起进攻，日终前夺取克罗沃普斯科沃和221.6高地。

★骑兵第45和步兵第50师——任务保持不变。

★炮兵——8月7日8点前做好开火准备，任务如下：

☆沿前沿阵地压制敌人的迫击炮并打击各师的进攻目标。

☆以5—10分钟炮火急袭压制敌火力点并阻止敌人发起反冲击。

☆远战炮兵的任务：压制马索洛沃、库拉吉诺，拉费尼纳、奥西诺夫卡、库济米纳，胡德科瓦、波塔波瓦等地域的敌炮兵并以远程炮火阻止敌预备队开至。

★集团军司令部和指挥所——位于原先位置。[35]

13点30分，这些进攻行动正在进行或刚刚完成，科涅夫指示科列斯尼科夫上校的步兵第89师，在第19集团军中央地带及后方构设强大而又深邃的防御（参见地图6.16）：

1.沿220.3高地西坡至214.0高地西坡一线加强你部阵地的同时，着手强化以下地域：（1）波切波瓦、卡扎科瓦东北面小树林、马科维耶西郊；（2）马科维耶以西0.5千米的椭圆形小树林、马科维耶国营农场南面的小树林、220.3高地；（3）博洛季诺和南面的小树林。在第一、第三个地域设立营级防御，以加强连据守第二个地域。

2.在以下防线构筑斜切阵地：（1）波切波瓦东南郊南延至无名溪流东北岸，包括216.7高地北面的小树林，面朝西南方；（2）马科维耶和布拉尼纳地段溪流东北岸，面朝西南方；（3）216.7高地西北坡和马科维耶，面朝西北方。

3.沿以下防线梯次配置炮兵力量，用于防坦克防御：（1）营属和团属炮兵沿洛伊尼亚河东岸部署，在220.3和214.0高地附近部署2—4门火炮。（2）师属炮兵和加强炮兵沿以下防线部署：（a）217.9高地以西小树林西部边缘、216.7高地、220.3高地（马科维耶东南方）、219.4高地；（b）217.9高地、217.0高地、布拉尼纳。

4.夺取卡扎科瓦和卡扎科瓦以西无名高地，改善防御后牢牢据守防御前沿，将之作为日后发起进攻的登陆场。[36]

科涅夫麾下部队9月7日和8日再度发起进攻，但还是没能取得任何重要战果。这些徒劳无获的进攻行动9月8日夜幕降临前告终，科涅夫22点45分命令步兵第166师组建一个快速反坦克战斗群，直属第19集团军司令部：

致步兵第166师指挥员和步兵第735团第1营营长

1.9月9日10点前组建一支集团军快速反坦克预备队，编有步兵第735团第1营，反坦克炮兵第874团第2、第5连，25辆嘎斯卡车（调自步兵第166师）和1个工兵支队（障碍设置支队）。

2.这支预备队由步兵第735团第1营营长指挥，9月9日10点前集结在祖博沃和波捷利察地域，指挥所设在波捷利察。

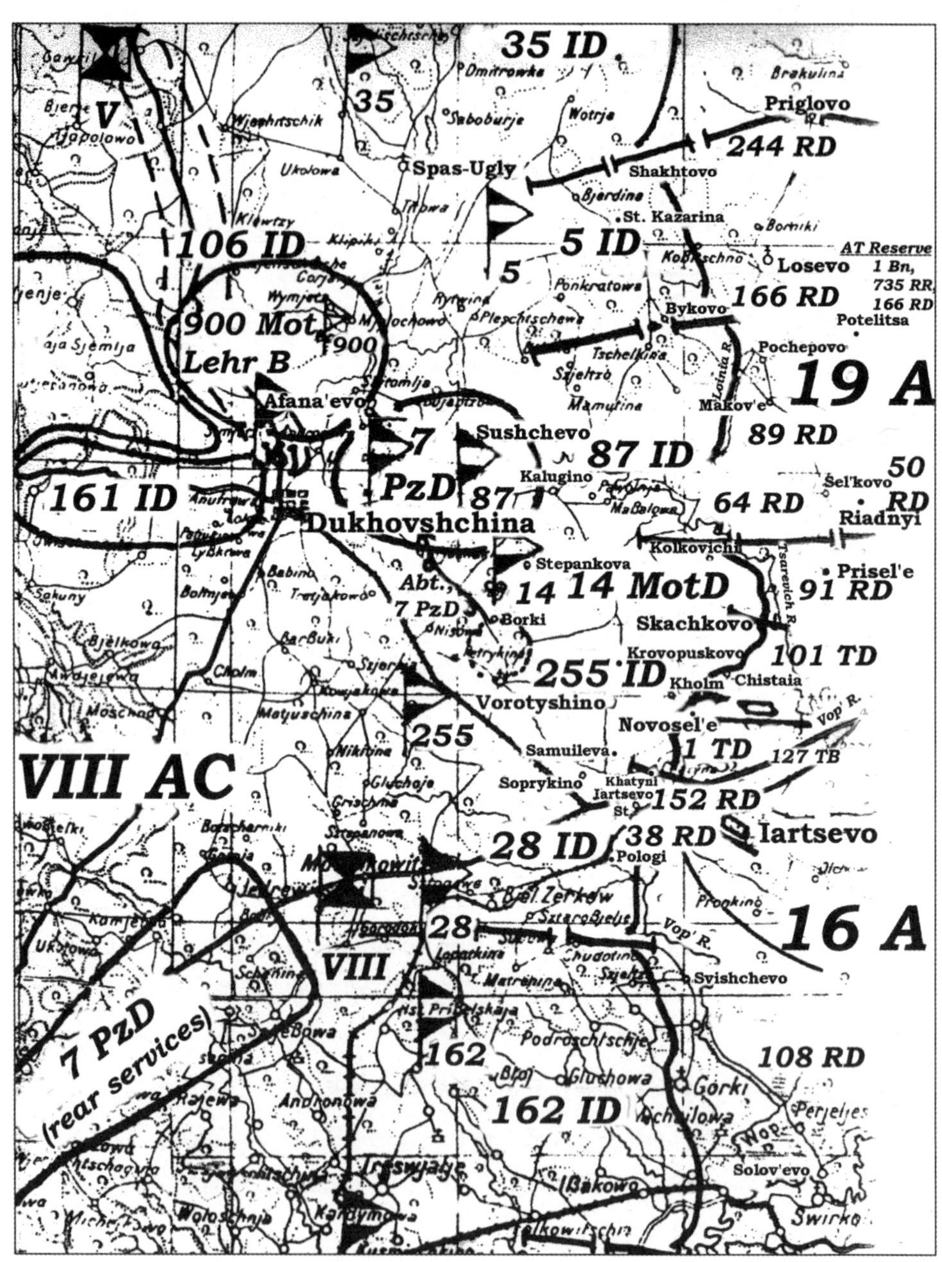

▲ 地图 6.16：第 16 和第 19 集团军的作战态势，1941 年 9 月 7 日—9 日（资料图）

3.预备队指挥员应于9月9日12点开始沿藻夫拉日耶、220.8高地、波捷利察一线构设防坦克防御。

4.步兵第166师师长应于9月9日10点前将整个步兵第735团第1营集结在波捷利察地域。

5.与此同时，集团军汽车装甲兵主任西罗塔上校应将25辆嘎斯卡车集中在波捷利察东北面树林内，准备运送步兵第735团第1营人员。

6.集团军工程兵主任应以反坦克武器支援反坦克预备队并为构设这些防线提供安全保障和协助。

7.集团军通信主任应确保同步兵第735团第1营营长的直接通信。[37]

按照两天前确立的模式，科涅夫9月8日24点再度下令发起进攻，这次投入列别坚科上校的步兵第91师，米哈伊洛夫上校坦克第101师的少量坦克提供支援。这道命令发给“第64、第91、第101师师长，副本抄送第24、第166、第89、第50师师长”，科涅夫写道：

1.9月9日继续消灭敌人。实施15—20分钟精心组织的炮火准备后，夺取敌人设在波波瓦、科哈诺沃以西树林、克罗沃普斯科沃的抵抗枢纽。

2.坦克第101师师长应将4辆坦克交给步兵第91师师长。

3.我要求步兵跟随在炮弹炸点后300米，巧妙地投入战斗，从而使敌人来不及加以准备并击退我方进攻。

4.9月9日12点30分开始行动。[38]

9月9日1点35分，罗科索夫斯基命令第16集团军以部分力量支援科涅夫的进攻，但除此之外还要构设更强大的防御，以防德军发起进攻：

· **敌人的情况**——敌第161、第250、第28步兵师正沿霍尔姆、萨穆伊洛瓦、谢穆希纳、索普雷基纳西南方树林东北边缘、帕尼纳、亚尔采沃车站、波洛吉、阿尔费罗瓦北面树林东北边缘、哈特尼、大戈尔基、扎德尼亚一线顽强抵抗我集团军的进攻并从克罗沃普斯科沃和波洛吉地域纵深地带前调预备队。

· **友邻力量**——右侧，第19集团军坦克第101师正沿克罗沃普斯科沃东面树林东南边缘一线战斗；右侧[①]，第20集团军步兵第144师在第聂伯河东岸据守布亚诺沃和奥索瓦地段。

· **第16集团军的任务**——9月9日11点以步兵第38师和步兵第152师一部继续进攻，夺取234.9高地和佩尔沃迈斯基村一线，余部遂行防御并实施侦察。

· **辖内各兵团的任务：**

★坦克第1和步兵第152师（及配属、加强部队）——加强你部阵地并沿防线实施战斗侦察。

★步兵第38师（与军属炮兵第49团第1、第2营）——9月9日11点投入进攻，夺取并加强234.9高地、佩尔沃迈斯基一线。

★步兵第152师——以1个营从234.9高地发起进攻，沿通往佩尔沃迈斯基的道路攻入敌侧翼和后方，以此支援步兵第38师的冲击，与步兵第38师师长协调进攻事宜。

★步兵第108师（及配属部队）——在沃皮河东岸据守斯塔罗扎沃皮耶和布亚诺沃地段并在河西岸部署加强战斗警戒哨以探明师防线前方敌人的重组情况和动向，特别是在右翼。

★炮兵——做好准备，9月9日9点实施10分钟炮火急袭，任务如下：

☆压制敌人设在帕尼纳、佩尔沃迈斯基村、帕尼纳西南方0.5千米灌木林的火力点、反坦克炮和迫击炮。

☆阻止敌人从234.9高地以南树林东部边缘和波洛吉发射侧射火力及发起反冲击。

☆压制敌人设在奥斯塔舍夫卡、库尔措沃、波洛吉、杰杰希纳地域的炮兵。

☆集结炮火：（a）4个营针对马利采沃西南面树林出口；（b）4个营针对谢穆希纳西南方1千米的树林边缘；（c）5个营针对库济米纳西南面的树林边缘。

★混成航空兵第43师的任务：

☆以下时间段在库济米纳、波洛吉、佩尔沃迈斯基村地域以3—5架战机

---

①译注：左侧。

组成的机群压制敌步兵战斗队形：9点50分至10点、10点30分至10点40分。

☆10点至14点在萨穆伊洛瓦、索普雷基纳、波洛吉、亚尔采沃地域支援步兵第152和第38师的进攻。

☆9月9日白天，沿从杜霍夫希纳、斯摩棱斯克、亚尔采沃而来的公路遏止敌预备队开至并阻止集团军战线对面之敌变更部署和调动。

★补给站——多罗戈布日车站。

★运输——按照各师和各独立部队指挥员的命令行事。

★集团军指挥所——维舍戈尔以北1.5千米的树林内。[39]

西方面军转入防御，9月10日

决心和防御令

铁木辛哥之所以专注于遂行局部进攻并加强麾下各集团军的防御，特别是针对敌装甲力量的突击，除了要分散德国人的注意力，牵制其预备队、使其远离叶利尼亚地域外，还基于一些非常现实的考虑。实际上，9月份第一周结束时，铁木辛哥就对大批德军集结在斯摩棱斯克东面和东北面深感震惊，他有充分的理由为此而担心。8月20日至9月9日期间，第9集团军的实力增加约50%，兵力从初期的7个步兵师又1个装甲师加强到末期的11个步兵师又1个装甲师。另外，由于第19和第20装甲师9月份第一周结束时，从西方面军右翼第22集团军防线前消失，铁木辛哥认为他们也已调往南面加强第9集团军。（参见表6.5和地图6.17）

虽说沿第9集团军“东线”部署，抗击苏军四个集团军的许多德军师在最近几周的激烈战斗中遭到严重消耗，但遂行防御的苏军各集团军同样如此。另外，苏军诸集团军的坦克消耗殆尽之际，德国第7装甲师的实力却已恢复大半，倘若第19和第20装甲师开到，就将形成一股即便不能说势不可挡，至少也极其强大的装甲大军。

铁木辛哥对这种潜在威胁深感担心，因而命令他的参谋长索科洛夫斯基将军将这些想法写在报告中，9月10日14点发给红军总参谋部作战部部长亚历山大·米哈伊洛维奇·华西列夫斯基将军：

1.方面军当面之敌分为四个主要集团。第一个敌集团在第27与第22集团军的分界线行动，编有3个师，其中一个师正迫使步兵第256师退往片诺。第二个敌集团编有5个师（第102、第256、第110、第26步兵师和第20装甲师），正朝西德维纳和涅利多沃展开行动，该集团对付的是马斯连尼科夫集团军（第29集团军）。第三个敌集团位于第30集团军战线对面，编有3个步兵师，部署在新谢尔基、扎莫希耶、杜博维察地域，显然企图攻往别雷。第四个敌集团部署在第19和第16集团军战线对面，辖7—8个师，包括扎德尼亚、杜霍夫希纳、亚尔采沃地域的1个装甲师和1个摩托化师。该集团可能还有另外1—2个步兵师，9月7日—10日间发现他们调离斯摩棱斯克地域，即将出现在这片地域。这个集团最密集的兵力部署在第19集团军与第16集团军分界线，他们显然打算朝亚尔采沃发起一场短途突击。

2.为防范敌人转入一场反攻，总司令命令：

表6.5：1941年8月20日至9月9日，中央集团军群在第9集团军“东线”的兵力部署

苏军	德军			
	8月20日		9月10日	
	靠前部署	预备队	靠前部署	预备队
第22集团军	第23军：第251、第86、第206步兵师 第40军：第102、第256步兵师	第110步兵师，第57摩托化军，第19、第20装甲师	第2军：第123、第12步兵师 第23军：第251步兵师 第40军：第102、第256步兵师	第253步兵师
第29集团军	第6军：第26、第6步兵师		第6军：第206、第26、第6步兵师	第110、第86步兵师
第30集团军	第5军：第129、第106步兵师		第5军：第129、第106、第35步兵师	
第19集团军	第5军：第35、第5步兵师 第8军：第161步兵师		第5军：第5步兵师 第8军：第87步兵师、第14摩托化师、第255步兵师	第900摩托化旅、第7装甲师、第161步兵师
第16集团军	第8军：第28步兵师		第8军：第28步兵师	第162步兵师
第20集团军	第8军：第8步兵师		第8军：第8步兵师	
面对第30、第19、第16、第20集团军的兵团总数	7个步兵师	1个装甲师、1个装甲旅	9个步兵师	2个步兵师、1个装甲师、1个装甲旅

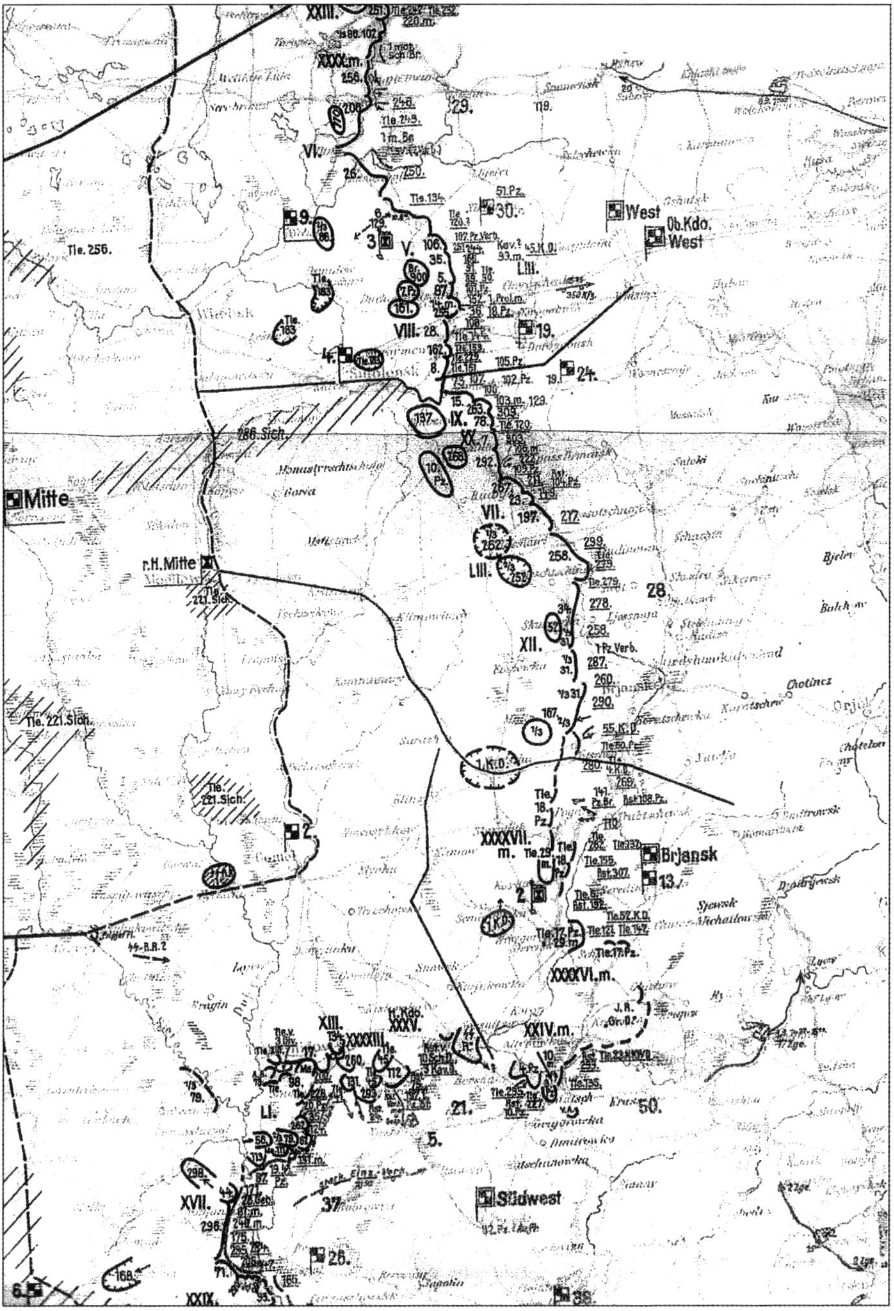

▲ 地图 6.17：中央集团军群的作战态势，1941 年 9 月 9 日晚间（资料图）

（1）方面军辖内诸集团军在既占阵地转入防御，就地挖掘战壕，大量使用障碍物构设可靠的支撑点。

（2）每个集团军必须从次要方向抽调至少1个师担任预备队。

（3）各集团军应立即沿茹科帕河、涅利多沃、别雷一线开始构设集团军后方防线，南面沿斯韦塔河和沃佩茨河，穿过多罗戈布日车站和曼特罗沃至别利亚维纳。

3.维亚济马方向，应沿沃皮河在库济米诺、涅耶列沃车站、多罗戈布日地段构设一道后方防线，这道防线已半数完工，应继续加以发展。

4.让诸集团军掌握敌编组情况。应采取措施，梯次配置反坦克武器并使各部队进入战备状态。

5.除将步兵第134师留在涅利多沃地域、坦克第107师留在别雷地域、坦克第128旅留在贝科沃地域担任方面军预备队外，总司令还打算将2个步兵师（第64和第152师）和2个坦克师（第101和第1师）撤入方面军预备队，步兵第64师和坦克第101师驻守瓦季诺地域，步兵第152师和坦克第1师部署在卡库什基诺地域。

索科洛夫斯基　卡兹宾采夫[40]

大本营已料到铁木辛哥的决定。由于预备队方面军第24集团军两天前已解决叶利尼亚“事件”，根据斯大林的指示，沙波什尼科夫9月10日3点35分下达一道训令，批准西方面军辖内部队转入防御。这道训令承认，“面对占据精心构设的阵地的敌人，方面军辖内部队旷日持久的进攻已导致严重损失”，另外，“敌人撤至预有准备的防御阵地，我方部队被迫逐一突破这些防御”。沙波什尼科夫通知铁木辛哥，斯大林批准他采取如下行动：

停止对敌人的后续进攻，转入防御，就地掘壕据守。削弱次要方向的防御，降低防御密度，将6—7个师撤入预备队，从而为日后的进攻建立一个强大的机动集群。[41]

毫无疑问，铁木辛哥如释重负。考虑新防御态势的意图和要求后，这位方面军司令员将大本营的批准令传达给各集团军司令员，并附上关于防御配置和防御技术的初步指导。这道发给“第22、第29、第30、第19、第16、第20集团军司令员”，副本抄送“总参谋长、预备队方面军参谋长、方面军后勤部主任、方面军政治部主任”的命令中写道：

· **敌人的情况**——敌人正以8—9个步兵师的兵力沿片诺和涅利多沃方向行动。沿战线其他地段依托预有准备的阵地进行防御之同时，他们正将新锐力量集结在杜霍夫希纳和卡尔德莫沃车站地域。

· **西方面军的任务**——方面军辖内部队应转入防御，就地掘壕据守，每个集团军应削弱次要方向，腾出至少1个师担任预备队。

· **第22集团军**——依托库季河、科尔皮诺、苏哈内、扎别罗、安德烈亚波尔一线和西德维纳河阵地组织牢固防御，沿普罗尼诺、米舒里诺、彼得罗沃一线和维特比诺、奥托洛沃一线构设前沿阵地，主要任务是防止敌人突向东面和东北面。在片诺地域组建一支集团军预备队。左侧和右侧分界线保持不变。

· **第29集团军**——沿西德维纳河坚守防线，同时据守西德维纳镇。左侧分界线为勒热夫、巴图里诺、梅扎河、扎尔科夫斯基车站和韦利日（以上地点均由第29集团军负责）。

· **第30集团军**——坚守你部既占阵地，防止敌人突向别雷和卡纽季诺车站，在博里索沃地域设立一个营抵抗枢纽，从西北面掩护别雷。左侧分界线保持不变。

· **第19集团军**——坚守你部既占阵地，防止敌人突向瓦季诺，应特别注意加强你部左翼的防御。左侧分界线保持不变。

· **第16集团军**——坚守并在纵深处加强你部既占阵地，沿亚尔采沃方向保留一股预备力量。左侧分界线保持不变。

· **第20集团军**——坚守你部既占阵地，应特别留意索洛维耶沃渡口地段和你部左翼。左侧分界线保持不变。

· **所有集团军**——沿茹科帕河、涅利多沃、别雷一线，在南面沿斯韦塔河、沃佩茨河、多罗戈布日车站、曼特罗沃、列维亚维纳一线构设集团军后方防御阵地。

·方面军预备队：

★步兵第134师——位于涅利多沃地域，包括防坦克阵地。

★坦克第107师——位于别雷地域，包括一道防坦克防线。

★将以下兵团撤入方面军预备队：

☆步兵第64师——9月12日撤至瓦季诺西南地域，沿沃佩茨河在皮罗戈沃和卡米亚吉诺地段占据一道防线。

☆步兵第152师——获得步兵第112师接替后，开赴卡库什基诺地域。

☆坦克第101师——9月14日撤至瓦季诺西北面树林。

☆摩托化第1师（原坦克第1师）——9月13日撤至卡库什基诺地域。

★骑兵第45师——9月15日开至什韦列沃地域，准备执行我的特别任务（以单独命令下达）。[42]

铁木辛哥的指导要求西方面军形成一个典型的防御配置，但这也是兵力不足、指战员缺乏训练、各种武器严重短缺等现实问题所导致的。由于缺乏组织完善、装备精良的集团军，西方面军被迫采用单梯队战役布势，将六个集团军沿整条防线并排部署。这是因为铁木辛哥兵力不足，无法将1—2个集团军部署在第二梯队，除非他危险地削弱兵力兵器密度和整体防御的耐久性，这会导致他的防线很容易被敌装甲力量在相对狭窄的地段突破。（参见地图6.18）

为弥补第二梯队的缺乏，铁木辛哥试图组建一支编有7个师的快速预备队，包括2个步兵师①、2个坦克师、1个摩托化步兵师和1个骑兵师。虽说这支快速预备队理应能抗击推进中的敌装甲力量，但从他们的状况看，有能力在战场上实施机动的预备队师寥寥无几。骑兵第45师的确具备机动性，但该师兵力不足，且缺乏重武器。至于快速预备队的坦克力量，在获得新坦克和卡车前，坦克第101、第107师和摩托化第1师完全名不副实。另外，就算这些师装备齐全，他们也没有为步兵提供掩护的装甲运兵车，因此其步兵跟不上更具机动性的坦克。

---

①译注：3个步兵师。

同时，这些预备队不得不充当填补潜在缺口、阻挡敌人有可能达成的突破的一种手段。为弥补快速预备队的这种缺陷，铁木辛哥指示麾下诸集团军以防坦克支撑点和防坦克地域的形式构设静态防坦克防御，沿敌坦克可能推进的方向部署，同时组建快速坦克和反坦克预备队，用于抗击并击败突破诸集团军前沿防御的敌装甲力量。

第19和第30集团军构设的防御，在西方面军诸集团军设置的防御中非常典型。科涅夫9月11日3点05分给第19集团军下达了防御令：

· **敌人的情况**——敌人依托预有准备的阵地进行防御之同时，在杜霍夫希纳和卡尔德莫沃地域集结新锐力量。

· **友邻力量**——据守既占阵地，分界线保持不变。

· **第19集团军的任务**——据守既占阵地，设立两道防线，防止敌人突向瓦季诺。第一道防线从沃斯克列先斯克起，穿过大型森林的西部边缘、伊万尼基、斯捷潘尼季纳、卡扎科瓦、穆日洛瓦、宰采瓦国营农场和科哈诺沃，直至奇斯塔亚；第二道防线沿沃特拉河和沃皮河延伸，沃特拉河位于集团军分界线内。

★以工程兵构设第一道防线，包括至少排级的全配置战壕、交通壕、指挥所和观察所、狭长掩壕和防空壕。

★在奥西波瓦—奇斯塔亚、穆日洛瓦—宰采瓦国营农场、卡扎科瓦地段和大型森林大量埋设地雷和工程障碍物，抗击敌步兵和坦克。

★集团军工程兵主任应以集团军工程兵部队在沃皮河渡场构设登陆场防御工事并特别注意沿沃皮河东岸加强从卡佩列夫希纳至集团军左侧分界线这片地域。

· **辖内各兵团的任务：**

★步兵第244师——坚守你部防御地段，防止敌人沿沃斯克列先斯克—克拉斯尼察、沙赫洛沃—扎尼诺方向达成突破，左侧分界线从杰多瓦起，穿过乌斯季耶和博尔尼基至克利皮基。

★步兵第166师（与榴弹炮兵第399团）——据守227.0高地（新谢利谢东南方1.5千米）、小树林西部边缘（伊万尼基东北面0.5千米）、斯捷潘尼季

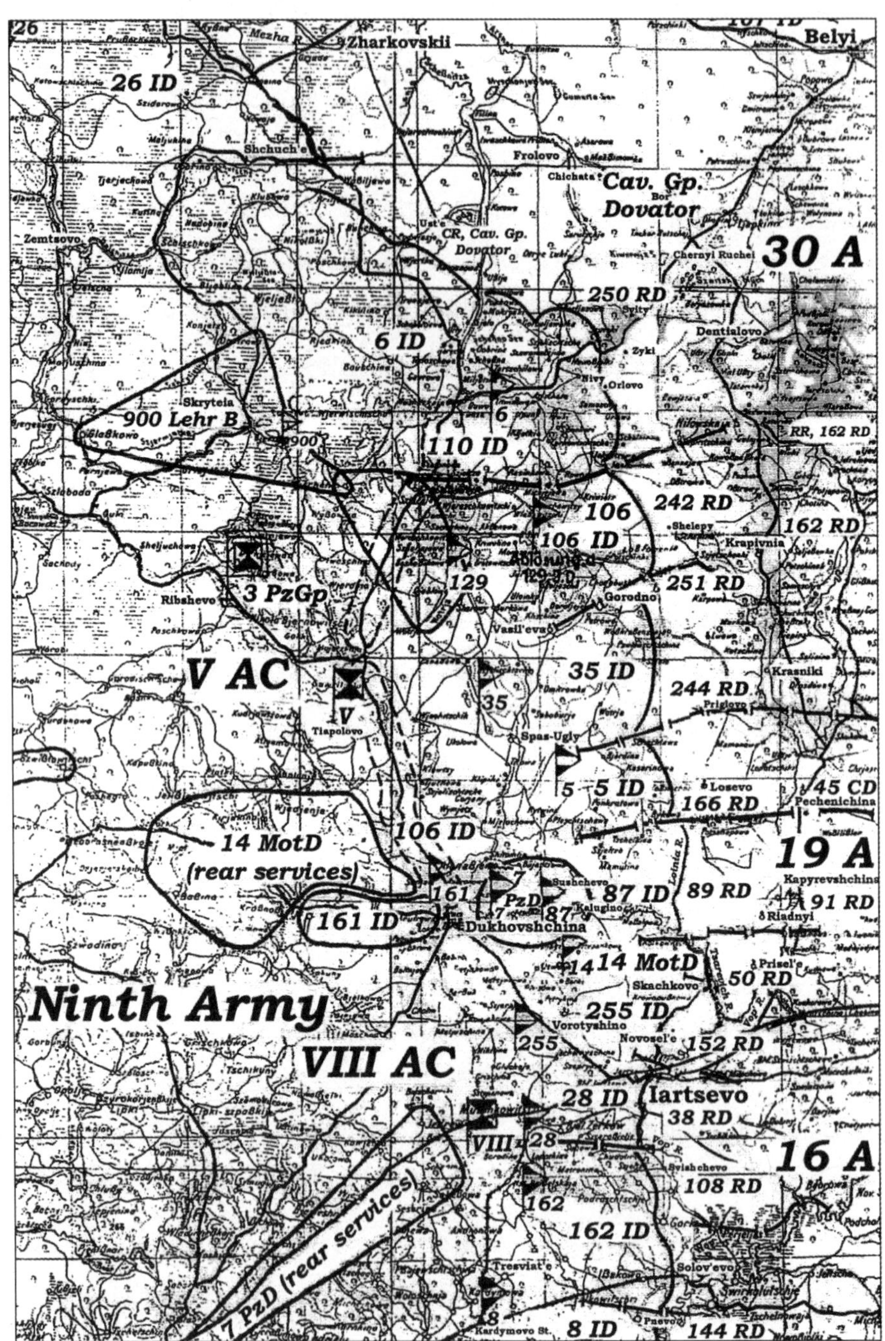

▲ 地图 6.18：1941 年 9 月 11 日之后西方面军的防御布势（资料图）

纳、220.3高地、图罗沃、洛帕钦基地域，左侧分界线从141.5高地（加夫里洛沃北面）起，穿过扎沃兹尼和卡扎科瓦至巴甫洛沃。

★步兵第89师（与炮兵第163团，炮兵第302团第4营，反坦克炮兵第874团第1、第4连）——据守卡扎科瓦、科尔科维奇、杜布罗夫卡、哈里纳地段，主防御前沿设在214.0高地、211.6高地、宰采瓦国营农场以南1千米的小树林一线。左侧分界线从萨莫瓦起，穿过科尔科维奇、察列维奇河及河曲部（宰采瓦国营农场西南方2千米）至杜霍夫希纳。

★步兵第50师（与榴弹炮兵第596团、榴弹炮兵第120团、反坦克炮兵第874团第3连）——据守奥西波瓦、奇斯塔亚、博罗杜利诺、巴雷基纳地段，主防御前沿设在奥西波瓦西郊、222.8高地、奇斯塔亚西郊一线。

★步兵第64师——9月12日8点前集结在加夫里洛沃、列皮谢、韦多萨地域（亚尔采沃东北方24—28千米），9月12日23点前开至帕凯、米哈列沃、普洛斯地域（亚尔采沃东北方35—40千米），在那里加入方面军预备队，准备沿沃佩茨河的皮罗戈沃和卡米亚吉诺地段（萨福诺沃以北）占据第二梯队防御。

★坦克第101师——9月12日8点前集结于梅德韦杰耶沃、库哈列瓦、亚诺瓦地域（亚尔采沃东北方15—20千米），尔后展开夜间行军，9月14日晨开至勒扎瓦、涅耶洛沃、勒扎瓦车站地域（亚尔采沃东北方40—45千米），加入方面军预备队。

★步兵第91师——担任我的预备队，9月12日8点前集结在卡佩列夫希纳、布拉戈达特诺耶、新谢尔基地域，做好沿沃皮河在布拉戈达特诺耶和帕德利谢地段占据并配置一道防线的准备。

★步兵第166和第50师师长——9月12日2点前接替步兵第64、第91和坦克第101师。

·**集团军快速反坦克预备队**（辖反坦克炮兵第874团第2、第5连，1个工兵支队，由反坦克炮兵第874团团长指挥）——位于当前地域。

·**炮兵的任务：**

★远战炮兵（加农炮兵第311团，榴弹炮兵第302团第4营）——准备对逼近波尼佐维耶—茹科瓦—巴甫洛瓦、新尼科利斯科耶国营农场—苏谢沃（针对渡口）、库拉吉诺、胡德科沃—斯捷潘诺瓦—波塔波瓦、沃罗特希诺地域之敌实施防御火力急袭，同时压制谢尔基诺和克罗沃普斯科沃地段的敌炮兵。

★阻止敌步兵和坦克在别尔季诺—诺瓦亚—旧卡扎里纳、克罗托沃—贝科瓦—潘克拉托瓦、谢缅科沃—锡罗京卡—谢尔基诺、阿法纳西耶瓦—希什基诺—卡卢吉诺、博尔特尼基—科哈诺沃以西树林—克罗沃普斯科沃地域集结并占据出发阵地，从而发起进攻。

★集中10个营的火力阻止敌步兵和坦克逼近斯洛博达、奥西诺夫卡、克罗沃普斯科沃地段。

★步兵第89和第50师师长——拟制一份炮兵反准备计划。

★集团军炮兵主任——沿沃皮河一线组织防坦克防御，各师师长9月12日晨之前提交纵深梯次配置防坦克防御的计划。

· **特别指示**——各师师长应：

★采取严格措施，确保所有人员、马匹和装备转入地下防御。

★发展防御地段的同时，大量构设假战壕并精心伪装全师的整个战斗队形。

★为所有发射武器构设预备阵地并设立预备指挥所。

· **集团军司令部和指挥所**——位置保持不变。

· **报告**——按原定时间提交作战和情报摘要。[43]

9月11日24点，霍缅科也给第30集团军下达了防御令：

· **敌人的情况**——敌人继续以第6、第129步兵师和第106步兵师余部顽强据守格里亚达、莫尔济诺、波德维亚济耶、乌斯季耶、别尔列佐沃、托尔切克、扎莫希耶、旧莫罗霍沃、丘尔基诺、新谢尔基一线，同时将新锐力量前调至杜霍夫希纳地域。敌人正沿帕什科沃、扎博洛茨科耶、苏罗夫采沃、索什诺湖东岸、沃龙措沃、亚科夫采沃、新索奇涅沃、科斯季诺一线构设第二道防御阵地。

· **友邻力量**——右侧，第29集团军沿西德维纳河转入防御，左翼师占据巴尔洛沃、埃菲莫沃、莫克雷希一线。与该集团军的分界线为勒热夫、巴图里诺、梅扎河、扎尔科夫斯基车站、韦利日，以上地点均由第30集团军负责。左侧，第19集团军正据守既占阵地，步兵第144师9月11日沿沃斯克列先斯克、帕诺沃、沙赫洛沃一线掘壕据守。

· **第30集团军的任务**——集团军应坚守既占阵地，同时按照第057号令继续加强支撑点及防坦克、后方和斜切阵地，构筑深入地下的战壕，防止敌步兵和坦克朝别雷和卡纽季诺突破。

· **辖内各兵团的任务：**

★多瓦托尔上校的骑兵集群——继续在当前位置整顿部队的同时，以1个骑兵团坚守乌斯季耶、马卡罗沃、科托沃地域（切尔内鲁切以西、西南偏西方20千米），防止敌人突向奇恰塔（切尔内鲁切西北偏西方13千米）。按照先前的指示遂行侦察。

★坦克第107师（方面军预备队）——接到方面军司令部特别指示前，掩护集团军右翼，抗击敌人从北面和西面（向别雷）发起的进攻。

★步兵第250师（与炮兵第118团，欠1个营）——沿勒扎季河占据并坚守奇恰塔、奥斯特罗卢基、马利诺夫卡、科舍列沃、苏托基、济基一线（切尔内鲁切西北偏西方13千米至西南方13千米），在奇恰茨科耶湖、第一洛西米扬卡、博尔、切尔内鲁切地域构设一道后方防线和一块防坦克地域，阻止敌人突向奇恰塔—博尔—别雷和苏托基—切尔内鲁切—别雷。以1个步兵排占据莫罗佐沃和乌斯特罗曼诺夫斯克，构设通往斯维特和克利内（切尔内鲁切西南方10千米至以南10千米）的通行路线，掩护集团军左翼，抗击小股敌军穿过斯维茨基莫赫沼泽的渗透，左侧分界线保持不变。

★步兵第242师——坚守200.8高地、奥尔洛沃、舍列佩、舍斯塔基地域（切尔内鲁切东南偏南方17千米至以南25千米），沿奥尔洛沃、旧莫罗霍沃、新莫罗霍沃、埃尔霍沃以西500米、舍列佩一线设立强有力的战斗警戒阵地，防御前沿位于斯皮里切诺、埃森纳亚、220.0高地、洛辛耶亚梅、第二波奇诺克以西小树林一线。防止敌步兵和坦克突向多尔戈耶，并坚定掩护与步兵第251师的分界线，该分界线保持不变。

★步兵第251师——坚守228.0高地、奥利霍夫卡、伊利因纳农场地域（切尔内鲁切以南25—32千米），沿舍列佩、沙尼诺农场、谢琴基以西1千米、戈罗德诺西郊一线设立战斗警戒阵地，主防御带前沿位于第二波奇诺克以南树林的北部边缘、220.0高地西坡、谢琴基、大列皮纳、奥利霍夫卡一线。防止敌步兵和坦克朝戈尔杰恩基突向萨温卡和卡尔波沃，掩护与步兵第244师的分界线，该分界线保持不变。

★步兵第162师（欠1个步兵团）（集团军预备队）——掩护集团军左翼的同时，加强216.3高地、波季耶兹扎洛沃、克拉皮夫尼亚、卢卡舍沃一线（切尔内鲁切东南偏南方25—30千米），做好会同步兵第251师朝克拉皮夫尼亚、戈尔杰恩基、波洛维基农场、利沃沃发起反突击的准备。

★集团军独立侦察营（ORB）（集团军预备队）——9月15日前完成补充，准备执行战斗任务。

· **各师师长**——至少将1个加强步兵营留作预备队。

· **集团军工程兵主任**——为步兵第251师提供1000枚防步兵地雷，以此加强集团军左翼的防坦克防御。在波戈列利齐地域沿沃特拉河，在列利莫沃地域沿奥西特尼亚河构筑水坝。

· **各师长、团长、营长：**

★应特别注意观察所和指挥所的可靠隐蔽，以及在各种情况下观察、指挥作战行动的能力。

★将所有作战装备（运输工具、马匹、战地厨房、车辆、弹药箱）隐蔽在特别构筑的狭长掩壕内。

· **炮兵的任务**（参见第057号令）。

· **集团军指挥所**——波德宰采沃东北方2千米（切尔内鲁切东南偏南方14千米）。[44]

问题和批评

正如两道命令所示，第19和第30集团军的防御战役布势重复了西方面军战役布势的许多相同弱点，只不过规模较小而已。科涅夫集团军辖内步兵师呈单梯队布势，4个步兵师（第244、第166、第89、第50师）排列在第一梯队，每个师都有自己的安全警戒带，1个师（第91师）担任集团军预备队。但为加强防御纵深，科涅夫命令麾下部队设立两道防线，第一道防线沿防御前沿延伸，第二道防线位于后方（东面）10—12千米的沃皮河和沃特拉河。最后，将坦克第101师和步兵第64师交给方面军担任预备队后，科涅夫以反坦克炮兵第874团为核心，组建起一支小股快速反坦克预备队。他还利用8月中旬后抗击第7装甲师反冲击的经验，将反坦克炮兵第874团的3个连交给步兵第89和第50师，沿敌坦克最有可能发起进攻的方向设立防坦克支撑点。

由于霍缅科第30集团军的实力比科涅夫第19集团军虚弱得多，该集团军构设的防御也更加脆弱。霍缅科同样采用单梯队布势，将步兵第250、第242、第251师靠前部署，多瓦托尔骑兵集群掩护集团军右翼，步兵第162师担任集团军预备队，但附加任务是掩护集团军与第19集团军相连的右翼[1]。虽说霍缅科将坦克第107师交给铁木辛哥担任方面军预备队，但该师的最终部署还是体现了掩护集团军右翼的需要。另外，霍缅科要求靠前部署的步兵师以1个团或几个营构设并据守第二道防御地带，还以集团军属加强侦察营扩充预备队的实力。

正如后续事件表明的那样，由于坦克和反坦克武器的欠缺，第19和第30集团军都不足以抗击德军以装甲师展开的协同一致的冲击。例如，10月1日，中央集团军群发起“台风行动”攻往莫斯科时，第3装甲集群投入3个装甲师（第1、第7、第6装甲师）打击第30集团军左翼步兵第242、第251师的防御。由于防坦克防御较弱，又没有任何坦克力量抗击德军的冲击，霍缅科的防御顷刻间土崩瓦解。

西方面军诸集团军缺乏反坦克部队、武器和坦克力量，此外铁木辛哥的部队还面临诸多其他问题。就像先前许多次战斗证明的那样，方面军指战员在战役和战术方面缺乏经验，甚至无法遂行最基本的进攻和防御行动。到9月初，科涅夫和罗科索夫斯基集团军实施的行动表明，方面军和诸集团军已采取重要措施克服这些缺陷，尽管为此付出了巨大的人力成本。虽然获得了一些改善，但铁木辛哥、诸集团军司令员和司令部各部门负责人在仔细分析过去和目前正在实施的行动后，还是发现了许多问题，若不及时解决就无法提高红军的战斗力。这些问题中，最严重的是各级部门情报收集工作不利，炮兵支援欠佳。

---

① 译注：左翼。

战役仍在进行之际，西方面军司令部和辖内各集团军司令部竭力发现并解决这些问题，收集并分析战争经验的这一过程将持续至战争结束。两份报告说明了这一过程是如何进行的。第一份是霍缅科第30集团军军事委员会9月6日拟制的一道训令，阐述了情报收集和处理的问题：

尽管就组织、持续实施战斗侦察和监视（战场后方的）敌人的问题下达过一系列完整的命令和指示，但各部队（团）和各兵团（师和旅）实施的战斗侦察仍无法令人满意。

另外，某些情况下，与情报机关工作中的失败相关的事实近似于背叛祖国和玩忽职守（步兵第242、第251师）。

通常说来，部分师负责情报事务的人员过于掉以轻心，而不是努力工作，挑选出情报机构中受过教育、考虑周全、始终如一地研究并确定敌人状况及意图的人员。

某些团的情报组织和侦察员被剥离，此举同样发生在任何一个步兵分队。这种情况实际上相当于情报领域的破产，只能通过以下事实加以解释：

1.部分师长、政委、参谋长的不作为，这些直接监督侦察工作的人没有将情报工作视为一个原则性工作。无论何种行动类型和战斗形式（进攻或防御），缺乏精心组织的情报工作总是会导致“盲目性”，而对失败的谴责通常会造成无谓的损失。

2.野战集团军各级指挥部门的指挥员、政委和政治机关低估了情报工作的重要性。

集团军军事委员会，严正警告所有部队和兵团指挥员、政委、参谋长及军事委员的同时，无条件地要求你们立即结束这种松懈状态。

军事委员会现决定：

1.责成集团军参谋长维诺格拉多夫上校、集团军司令部军事委员、各兵团和部队指挥员及政委，从根本上改变他们对组织和实施情报工作的态度并监督情报部门。接下来三天拟制一份具体计划，从而采取措施，改善集团军战斗侦察和特工人员情报工作的状况。将集团军司令部的计划呈交军事委员会审批。

集团军参谋长和集团军司令部军事委员负责审核、批准各师部拟制的计划。各个师的计划必须由师长、师政委和师参谋长会签，各个团的计划由团长和团参谋长会签。

各团、各师和集团军的战斗侦察和特工情报职能，作为一个整体必须在9月份提高到原则性的高度。

首先必须做到：

（a）立即挑选一批情报/侦察人员，将无力从事这项重要工作的人调离集团军情报部门。

（b）在各层级系统性地组织情报人员接受日常培训。

（c）在每一起忽视情报工作或以犯罪的态度对待情报人员而导致失败的事件中，相关责任人必须为他们的行为负责，甚至可以将其送交军事法庭。

2.集团军军事委员会警告第242师师长科瓦连科少将、师军事委员卡比奇金（团政委级）、师参谋长格列博夫少校、师部军事委员赫拉普诺夫，第251师师长斯捷宁上校、师军事委员皮萨连科（团政委级）、师参谋长杜布罗夫斯基上校、师部军事委员宰采夫（营政委级），你们对情报工作的态度表明，你们似乎完全忽略了这一重要领域，你们对这些事情的个人责任将招致相应的后果。

3.集团军军事委员会还承认，对情报部门的状况和集团军情报部部长列别杰夫少校的工作不太满意。

4.军事检察官将以事实为依据，立即对步兵第242和第251师情报部门的工作失误展开调查，继而对犯有罪行的人员提起刑事诉讼。相关调查资料呈交军事委员会，不得迟于1941年9月8日。

5.各团、各师指挥员和政委，指挥部参谋长和军事委员，各部队和兵团情报部门负责人应确认收悉军事委员会的训令。

6.集团军政治部主任和集团军特别支队负责人①应在审核、选择情报部门人员方面为指挥员和他们的指挥部提供更有效的协助。[45]

① 译注：NKVD人员。

第二份报告同样重要，是西方面军炮兵部为解决炮兵使用方面的缺陷于9月7日下达的一道详细训令。这道发给“第19、第16、第20、第22、第29、第30集团军炮兵主任”，副本抄送“红军炮兵司令”，由西方面军炮兵主任，炮兵少将伊万·巴甫洛维奇·卡梅拉签署的训令如是写道：

经过两个月的作战行动，方面军炮兵力量已给敌人造成严重损失。敌人在战场上遗留下的尸体和俘虏的交代证明了这一点，他们证实我方炮兵火力给他们造成了重大损失。

如果我们能够消除炮兵作战使用和工作中存在的不足，我方炮兵的作战效力就会更加显著。

一、侦察和观察

各级炮兵对敌人的侦察依然不力。大多数情况下，我们没能掌握敌防御前沿火力配系（观测所、火力点、反坦克炮等）的实力和编组。之所以存在这种情况，是因为没能就实际地形提出具体任务，缺乏对战场的持续观察，没有选择侧翼和前进哨所，更没有组织从这些哨所实施观察。指挥员们也很少亲自观察战场。因此，侦察行动并不普遍，也没有得出正确结论。

最后需要指出的是，这种情况的存在，也是因为高级炮兵首长和他们的参谋人员没有亲自组织侦察、不掌握情报机构的工作、没有教会他们的下属如何组织和实施侦察所致。

二、炮兵编组及观测所和作战指挥所的布置

炮兵的编组经常与分配给各兵团和炮兵的任务不匹配。在各处都实现强大火力的希望，不可避免地导致兵器分散。观测所和发射阵地挤在一起。观测所和发射阵地距离前沿太远不利于观测炮火和敌人的情况，特别是在发展进攻时，发射阵地过于靠后会降低炮火的效力。很少准备并配置预备发射阵地。

三、步兵和炮兵的协同

组织进攻期间，高级首长和他们的参谋人员通常没有就地形问题给下属部队和分队下达具体任务，大多数情况下，他们也没有分配足够的白昼时间，从而组织团与炮兵群、步兵（或坦克）营与炮兵营、连队与炮兵连之间的协同。高级指挥员和他们的参谋人员通常没有对下属们实施控制，从而让他们熟悉和地形相关的任务。步兵火力和炮兵火力协同不佳。常见的情况是，迫击炮没有加入炮火准备。炮火准备结束后，步兵发起冲击，但他们的武器（机枪、迫击炮、团属火炮）无法掩护他们前进。

发展进攻时，指挥组、炮兵营和炮兵连的观测所仍留在后方遥远处，结果，观测所里的人员无法亲自查看战场上的情况。正因为如此，炮兵指挥员被问及“火炮为何沉默下来”时，他们回答，“因为步兵没有提出要求”。因此，大多数前进观测所仅仅是作为步炮协同的一种象征，在这些观测所校正炮火的情况很少见。炮兵连连长对战场的观察也很糟糕，而且在开炮射击方面没有展现出任何主动性。因此，步兵与炮兵之间几乎完全没有统一的观测体系。

随着战斗的发展，步兵为炮兵指定了目标，但是通常都很粗糙；大多数应由炮兵首长进行精确指挥的地域仅仅粗疏地在地图上标注了一下，军属炮兵经常被要求加入炮击。这种可耻的方式会导致不合理的炮弹消耗，还会造成炮火误伤己方部队的不幸事件，这种情况发生在第19集团军步兵第50和第166师，但没有对这些可耻的事实加以调查并追究相关人员的罪责。

四、射击

各种火炮使用的射击技术仍未达到最高效率。

炮火调整欠佳，校正炮火的夹叉界线不统一，破坏炮火未得到校正。结果，尽管消耗了大量弹药，可是目标经常未被压制。节省弹药消耗的态度没有灌输给发射人员。以榴霰弹射击通常是有益的。由于缺乏关于目标的准确信息（虚假或不正确），这一点可以理解，另外，敌人发起反冲击时，没有哪种炮弹能像榴霰弹那样给敌人造成如此致命的打击。

最有效的射击方式是跳弹射击，可是，尽管为此下达了专门指示，这种方式还是没能加以使用。压制敌炮兵连的时限射击执行得也很糟糕。夜间几乎从未在临时发射阵地组织过妨害射击（疲惫敌军）。

通过参照点和理论线进行的目标指定，存在大量错误之处。

五、装备使用和弹药消耗

有许多例子表明，指挥员的无知导致了火炮损坏。步兵第73师，1门122毫米榴弹炮由于炮组人员不断以极高的射速开炮射击而损坏。步兵第38师，炮组人员忽略正确的射击制度（技术）导致1门火炮损坏。

各门火炮没有正确分配弹药数量，这就导致主要火炮的初速减退量与其他火炮存在严重差异（这就意味着弹着点散布较大）。

不注意节约炮弹，未考虑目标的性质。军级火力配系消耗的炮弹极不合理，这近乎一种无意识的犯罪。有些部队在短时间内消耗的炮弹高达每门火炮1200发。可能因为普通炮兵人员不知道火炮所能承受的压力是有限的，过度使用会导致这些装备（武器）过早失效。

六、战斗训练

虽然部分炮兵专业人员缺乏训练，但战斗平静期很少用于改善这些专业人员（特别是侦察兵和地形测量员）和整个分队的战斗训练。指挥员不太关注对自己的培训，更不用说对分队的训练了。

我命令：

1.编入战斗队形时，不允许观测所和发射阵地的位置挤在一起。进攻期间，炮兵战斗队形应占据尽可能靠近敌人的位置。

要记住，不存在能让他们部署在发射阵地更后方位置的远程火炮。

2.组织进攻时，炮兵首长和高级指挥员应牢记利用白昼的概念，组织步兵、坦克营与炮兵营，步兵、坦克连与炮兵连的协同。

我要求所有高级指挥员及其参谋人员检查辖内部队对地形任务的熟悉程度，以及各部队和分队完成任务的准备情况。如果他们没有做好准备，应通知诸兵种合成军队指挥员，更改进攻发起时间。将未组织有效协同便发起的进攻行动上报。

我要求前进哨所与第一线步兵在一起，通常情况下，炮兵连和炮兵营指挥员应同步兵连和步兵营指挥员待在一起。

为炮兵连连长们召开战术研讨会，鼓励他们采用各种方式发挥主动性，从而熟练、及时地开炮射击，特别是在战斗发展时。

必须消除这种情况：炮兵连和炮兵营指挥员不观察他所支援的步兵连和步兵营的行动，而是漠不关心地等待步兵提出火力支援要求。

3.积极而又正确地构建一个系统性侦察（情报）组织，借此以及时的方式在可视范围内确定发射手段和战斗队形。

广泛使用前进和侧翼观测所。

4.提高发射质量和破坏性炮火的效能。大量使用跳弹和榴霰弹射击，并在夜间以时限射击压制敌炮兵连。

5.利用所有战斗平静期组织战斗训练，同时特别注意训练侦察员、炮火计算和炮兵连指挥员。

6.停止对炮弹，特别是大口径炮弹的盲目消耗。

我要求各集团军炮兵主任亲自掌握军级火力配系的弹药消耗，禁止使用军属炮兵完成师属炮兵和步兵武器可以成功完成的任务。

7.重新安排各炮兵连的火炮数量，从而统一使用这些火炮。

8.对那些造成火炮损坏的人采取最严厉的惩戒措施。

各集团军炮兵主任应于9月20日前汇报为消除这些缺陷所采取的措施，并亲自检查至少2个师。[46]

发布这些命令仅仅是西方面军、方面军辖内诸集团军、红军总参谋部所做的大规模分析工作中的一小部分，这番努力最终会提升红军的战斗力。但在目前，红军指战员们别无选择，只能为阻挡德国中央集团军群奋战到底。

就在铁木辛哥西方面军辖内诸集团军在斯大林和大本营雄心勃勃的大反攻中发挥重要作用之际，朱可夫预备队方面军和叶廖缅科布良斯克方面军辖内部队发起了规模同样庞大的进攻，以此打击中央集团军群据守叶利尼亚地域和向南攻往基辅的力量。

注释

1. 《第16集团军1941年9月1日15点提交的第38号作战摘要：关于集团军辖内部队的位置》（Operativnaia svodka shtaba 16-i Armii No. 38 k 15 chasam 1 sentiabria 1941 g. o polozhenii voisk armii），收录于《伟大卫国战争作战文件集》第41期，莫斯科：军事出版局，1960年，第142—143页。

2. 不要将该师同1941年8月在列宁格勒地域战斗的巴拉诺夫将军坦克第1师相混淆。利久科夫坦克师8月18日以莫斯科摩托化步兵第1师为基干组建而成，在第24集团军辖内参加了叶利尼亚的战斗，8月下旬调至第16集团军。该师9月1日的实力不明，可能拥有100辆各种型号的坦克。1941年9月22日，国防人民委员部将该师改编为近卫摩托化步兵第1师。

3. 《第16集团军汽车装甲兵处1941年9月1日提交的第1号作战摘要：关于集团军汽车装甲兵的进攻行动，以及他们1941年9月1日20点的位置和状况》（Operativnaia otdela avtobronetankovykh voisk 16-i Armii No. 1 ot 1 sentiabria 1941 g. o nastuplenii avtobronetankovykh voisk armii i ikh polozhenii po sostoianiiu na 20 chasov 1 sentiabria 1941 g.），收录于《伟大卫国战争作战文件集》第41期，第143—144页。

4. 《第16集团军司令部1941年9月1日发给西方面军参谋长的战斗报告：关于集团军辖内部队9月1日日终时的情况》（Boevoe donesenie shtaba 16-i Armii nachal’niku shtaba Zapadnogo fronta ot 1-sentiabria 1941 g. o polozhenii voisk armii k iskhodu 1 sentiabria 1941 g.），收录于《伟大卫国战争作战文件集》第41期，第144页。

5. 《第30集团军司令部1941年9月1日17点提交的第92号作战摘要：关于集团军辖内部队的位置》（Operativnaia svodka shtaba 30-i Armii No. 92 k 17 chasam 1 sentiabria 1941 g. o polozhenii voisk armii），收录于《伟大卫国战争作战文件集》第41期，第292页。

6. 《第30集团军司令员1941年9月1日下达的第056号战斗令：关于集团军辖内部队在1941年9月1日进攻行动中的缺点以及9月2日的任务》（Boevoi prikaz komanduiushchego voiskami 30-i Armii No. 056 ot 1 sentiabria 1941 g. o nedostatkakh v nastuplenii voisk armii 1 sentiabria 1941 g. i zadachakh na 2 sentiabria 1941 g.），收录于《伟大卫国战争作战文件集》第41期，第293页。

7. 同上。

8. 《第16集团军司令员1941年9月2日下达的战斗令：关于夺取尼基季诺、卢基亚尼基、特列赫斯维亚季耶一线》（Boevoe rasporiazhenie komanduiushchego voiskami 16-i Armii ot 2 sentiabria 1941 g. na ovladenie rubezhom Nikitino, Luk’ianiki, Trekhsviat’e），收录于《伟大卫国战争作战文件集》第41期，第145页。

9. 《第19集团军司令员1941年9月2日下达的第048号战斗令：关于集团军辖内部队继续进攻》（Boevoi prikaz komanduiushchego voiskami 19-i Armii No. 048 ot 2 sentiabria 1941 g. na prodolzhenii nastupleniia voisk armii），收录于《伟大卫国战争作战文件集》第41期，第196—197页。

10. 《西方面军司令部1941年9月2日8点提交的第135号作战摘要：关于方面军辖内部队的作战行动》（Operativnaia svodka shtaba Zapadnogo fronta No. 135 k 8 chasam 2 sentiabria 1941 g.

o boevykh deistviiakh voisk fronta），收录于《伟大卫国战争作战文件集》第41期，第106—109页。

11. 费多尔·冯·博克，《陆军元帅费多尔·冯·博克：战时日记，1939年—1945年》，宾夕法尼亚州阿特格伦：希弗军事历史出版社，1996年，第300页。

12.《第16集团军司令部1941年9月2日发给西方面军参谋长的战斗报告：关于战斗行动和集团军辖内部队1941年9月2日17点的位置》（Boevoe donesenie shtaba 16-i Armii nachal'niku shtaba Zapadnogo fronta ot 2-sentiabria 1941 g. o boevykh deistviiakh i polozhenii voisk armii k 17 chasam 2 sentiabria 1941 g.），收录于《伟大卫国战争作战文件集》第41期，第145页。

13.《第30集团军司令部1941年9月2日17点提交的作战摘要：关于集团军辖内部队的位置》（Operativnaia svodka shtaba 30-i Armii No. 94 k 17 chasam 2 sentiabria 1941 g. o polozhenii voisk armii），收录于《伟大卫国战争作战文件集》第41期，第294页。

14.《西方面军司令部1941年9月2日20点提交的第136号作战摘要：关于方面军辖内部队的作战行动》（Operativnaia svodka shtaba Zapadnogo fronta No. 136 k 20 chasam 2 sentiabria 1941 g. o boevykh deistviiakh voisk fronta），收录于《伟大卫国战争作战文件集》第41期，第110—112页。

15.《陆军元帅费多尔·冯·博克：战时日记，1939年—1945年》，第301页。

16.《西方面军司令部呈交的报告：关于多瓦托尔骑兵集群1941年8月23日—9月2日在敌后方展开的行动》（Doklad shtaba Zapadnogo front nachal'niku General'nogo Shtaba o deistviiakh Kavaleriiskoi Gruppy Dovatora v tylu protivnika s 23 avgusta po 2 sentiabria 1941 g.），收录于《伟大卫国战争作战文件集》第41期，第67—68页。

17.《第19集团军司令员1941年9月3日下达的第049号战斗令：关于向杜霍夫希纳继续进攻》（Boevoi prikaz komanduiushchego voiskami 19-i Armii No. 049 ot 3 September 1941 g. na prodolzhenii nastupleniia v napravlenii Dukhovshchina），收录于《伟大卫国战争作战文件集》第41期，第197—198页。

18.《第16集团军司令部1941年9月3日3点提交的第40号作战摘要：关于集团军辖内部队的位置》（Operativnaia svodka shtaba 16-i Armii No. 40 k 3 chasam 3 sentiabria 1941 g. o polozhenii voisk armii），收录于《伟大卫国战争作战文件集》第41期，第146—147页。

19.《第30集团军司令部1941年9月3日17点提交的第96号作战摘要：关于集团军辖内部队的作战行动》（Operativnaia svodka shtaba 30-i Armii No. 96 k 17 chasam 3 sentiabria 1941 g. o boevykh deistviiakh voisk armii），收录于《伟大卫国战争作战文件集》第41期，第294—295页。

20.《第20集团军司令员1941年9月3日下达的第063号战斗令：关于攻往斯洛托沃》（Boevoi prikaz komanduiushchego voiskami 20-i Armii No. 063 ot 3 sentiabria 1941 g. na prodolzhenii nastupleniia v napravlenii Slotovo），收录于《伟大卫国战争作战文件集》第41期，第226—227页。

21.《西方面军司令部1941年9月3日20点提交的第138号作战摘要：关于方面军辖内部队的作战行动》（Operativnaia svodka shtaba Zapadnogo fronta No. 138 k 20 chasam 3 sentiabria 1941 g. o boevykh deistviiakh voisk fronta），收录于《伟大卫国战争作战文件集》第41期，第114—116页。

22.《陆军元帅费多尔·冯·博克：战时日记，1939年—1945年》，第302页。

23.《第19集团军司令员1941年9月3日下达的第050号战斗令：关于集团军辖内部队继续攻往杜霍夫希纳》（Boevoi prikaz komanduiushchego voiskami 19-i Armii No. 050 ot 3 September 1941

g. na prodolzhenii nastupleniia voisk armii na Dukhovshchinskom napravlenii），收录于《伟大卫国战争作战文件集》第41期，第198—200页。

24.《第16集团军司令员1941年9月4日下达的第03/op号战斗令：关于消灭克罗沃普斯科沃、沃罗特希诺、谢穆希纳地域的敌集团》（Boevoi prikaz komanduiushchego voiskami 16-i Armii No. 03/op ot 4 sentiabria 1941 g. na unichtozhenie gruppirovki protivnika v raione Krovopuskovo, Vorotyshino, Semukhina），收录于《伟大卫国战争作战文件集》第41期，第147—148页。

25.《西方面军司令部1941年9月4日20点提交的第140号作战摘要：关于方面军辖内部队的作战行动》（Operativnaia svodka shtaba Zapadnogo fronta No. 140 k 20 chasam 4 sentiabria 1941 g. o boevykh deistviiakh voisk fronta），收录于《伟大卫国战争作战文件集》第41期，第116—118页。

26.《第19集团军司令员1941年9月5日下达的第051号战斗令：关于在克罗沃普斯科沃、斯捷潘诺夫卡、乌兹瓦利耶地域消灭敌杜霍夫希纳集团》（Boevoi prikaz komanduiushchego voiskami 19-i Armii No. 051 ot 5 September 1941 g. na unichtozhenie Dukhovshchinskoi gruppirovki protivnika v raione Krovopuskovo, Stepanovka, Uzval'e），收录于《伟大卫国战争作战文件集》第41期，第200—201页。

27.《第16集团军司令员1941年9月5日下达的第04/op号战斗令：关于夺取马克耶沃、姆霍夫卡、沃罗特希诺一线》（Boevoi prikaz komanduiushchego voiskami 16-i Armii No. 04/op ot 5 sentiabria 1941 g. na ovladenie rubezhom Makeevo, Mkhovka, Vorotyshino），收录于《伟大卫国战争作战文件集》第41期，第148—149页。

28.《西方面军司令员1941年9月5日下达给第30集团军司令员的第81/op号战斗令：关于在你部已到达位置掘壕据守》（Boevoe rasporiazhenie komanduiushchego voiskami Zapadnogo fronta No. 81/op ot 5 sentiabria 1941 g. komanduiushchemu voiskami 30-i Armii o zakreplenii na dostignutom rubezhe），收录于《伟大卫国战争作战文件集》第41期，第118页。

29.《西方面军司令员1941年9月5日下达给第20集团军司令员的第79/op号战斗令：关于在你部已到达位置掘壕据守》（Boevoe rasporiazhenie komanduiushchego voiskami Zapadnogo fronta No. 79/op ot 5 sentiabria 1941 g. komanduiushchemu voiskami 20-i Armii o zakreplenii na dostignutom rubezhe），收录于《伟大卫国战争作战文件集》第41期，第118—119页。

30.《第20集团军司令员1941年9月5日下达的第064号战斗令：关于埃尔杰齐、丘瓦希、普拉索洛沃一线的防御》（Boevoi prikaz komanduiushchego voiskami 20-i Armii No. 064 ot 5 sentiabria 1941 g. na oboronu rubezha Erdetsy, Chuvakhi, Prasolovo），收录于《伟大卫国战争作战文件集》第41期，第227—229页。

31.《西方面军司令部1941年9月5日20点提交的第142号作战摘要：关于方面军辖内部队的作战行动》（Operativnaia svodka shtaba Zapadnogo fronta No. 142 k 20 chasam 5 sentiabria 1941 g. o boevykh deistviiakh voisk fronta），收录于《伟大卫国战争作战文件集》第41期，第120—122页。

32.《陆军元帅费多尔·冯·博克：战时日记，1939年—1945年》，第304页。

33.《第19集团军司令员1941年9月5日下达给步兵第64、第91师，坦克第101师师长的第052号战斗令：关于包围并消灭克罗沃普斯科沃地域之敌》（Boevoi prikaz komanduiushchego voiskami 19-i Armii No. 052 ot 5 sentiabria 1941 g. komandiram 64-i i 91-i Strelkovykh i 101-i Tankovoi

Divizii na okruzhenie i unichtozhenie protivnika v raione Krovopuskovo），收录于《伟大卫国战争作战文件集》第41期，第201页。

34.《第16集团军司令员1941年9月5日下达的第05/op号战斗令：关于夺取波塔波瓦、姆霍夫卡、沃罗特希诺一线》（Boevoi prikaz komanduiushchego voiskami 16-i Armii No. 05/op ot 5 sentiabria 1941 g. na ovladenie rubezhom Potapova, Mkhovka, Vorotyshino），收录于《伟大卫国战争作战文件集》第41期，第150—151页。

35.《第19集团军司令员1941年9月7日下达的第053号战斗令：关于夺取敌人的独立抵抗枢纽》（Boevoi prikaz komanduiushchego voiskami 19-i Armii No. 053 ot 7 sentiabria 1941 g. na ovladenie otdel'nymi uzlami oborony protivnika），收录于《伟大卫国战争作战文件集》第41期，第203—204页。

36.《第19集团军司令员1941年9月7日下达给步兵第89师师长的第054号战斗令：关于新防御地域的配置》（Boevoi rasporiazhenie komanduiushchego voiskami 19-i Armii No. 054 ot 7 sentiabria 1941 g. komandiru 89-i Strelkovoi Divizii ob oborudovanii novykh oboronitel'nykh raionov），收录于《伟大卫国战争作战文件集》第41期，第204页。

37.《第19集团军司令员1941年9月8日下达的第057号战斗令：关于建立一支集团军快速反坦克预备队》（Boevoi rasporiazhenie komanduiushchego voiskami 19-i Armii No. 057 ot 8 sentiabria 1941 g. o sozdanii armeiskogo podvizhnogo protivotankovogo rezerva），收录于《伟大卫国战争作战文件集》第41期，第205页。

38.《第19集团军司令员1941年9月8日下达给步兵第64、第91师，坦克第101师师长的第058号战斗令：关于夺取敌人的抵抗枢纽》（Boevoi rasporiazhenie komanduiushchego voiskami 19-i Armii No. 058 ot 8 sentiabria 1941 g. komandiram 64-i, 91-i Strelkovykh i 101-i Tankovoi Divizii na ovladenie uzlami soprotivleniia protivnika），收录于《伟大卫国战争作战文件集》第41期，第205页。

39.《第16集团军司令员1941年9月9日下达的第06/op号战斗令：关于既占阵地的防御》（Boevoi prikaz komanduiushchego voiskami 16-i Armii No. 06/op ot 9 sentiabria 1941 g. na oborony），收录于《伟大卫国战争作战文件集》第41期，第151—152页。

40.《西方面军司令部1941年9月10日呈交总参谋部作战部部长的报告：关于方面军当面之敌集团和为击退敌人有可能发起的进攻而采取的措施》（Doklad shtaba Zapadnogo fronta ot 10 sentiabria 1941 g. nachal'niku Operativnogo Upravleniia General'nogo Shtaba o gruppirovke protivnika pered frontom i merakh po otrazheniiu vozmozhnogo nastupleniia protivnika），收录于《伟大卫国战争作战文件集》第41期，第127页。

41.《大本营发给西方面军司令员的第001805号训令：关于转入防御》（Direktiva Stavki No. 001805 komanduiushchemu voiskami Zapadnogo Fronta o perekhode k oborony），收录于V.A.佐洛塔廖夫主编，《最高统帅部大本营：1941年的文献资料》，第171页。

42.《西方面军司令员1941年9月10日下达的训令：关于方面军辖内部队转入防御》（Direktiva komanduiushchego voiskami Zapadnogo fronta ot 10 sentiabria 1941 g. o perekhod voisk fronta k oborone），收录于《伟大卫国战争作战文件集》第41期，第128—129页。

43.《第19集团军司令员1941年9月11日下达的第055号战斗令：关于既占阵地的防御》（Boevoi prikaz komanduiushchego voiskami 19-i Armii No. 055 ot 11 September 1941 g. na oboronu zanimaemogo rubezha），收录于《伟大卫国战争作战文件集》第41期，第206—207页。

44.《第30集团军司令员1941年9月11日下达的第058号战斗令：关于既占阵地的防御》（Boevoi prikaz komanduiushchego voiskami 30-i Armii No. 058 ot 11 sentiabria 1941 g. na oboronu zanimaemogo rubezha），收录于《伟大卫国战争作战文件集》第41期，第297—298页。

45.《第30集团军军事委员会1941年9月6日下达的第VS/0064号训令：关于采取措施消除组织、实施战斗侦察方面的缺陷》（Postanovlenie Voennogo Soveta 30-i Armii No. VS/0064 ot 6 sentiabria 1941 g. o merakh po likvidatsii nedostatkov v organizatsii i vvedenii voiskovoi razvedki），收录于《伟大卫国战争作战文件集》第41期，第295—296页。

46.《西方面军炮兵部1941年9月7日下达的第2171s号指令：关于消除炮兵在战斗中的使用缺陷》（Direktiva shtaba artillerii Zapadnogo fronta No. 2171s ot 7 sentiabria 1941 g. ob ustranenii nedochetov v ispol’zovanii artillerii v boiu），收录于《伟大卫国战争作战文件集》第41期，第123—126页。

第七章
苏军的第三场反攻：预备队方面军的叶利尼亚进攻战役，1941 年 8 月 30 日—9 月 10 日

策划和初步行动，8月24日—29日

铁木辛哥西方面军8月底和9月初猛攻中央集团军群第9集团军“东线”时，朱可夫预备队方面军，具体而言是该方面军辖内第24集团军，在南面的叶利尼亚登陆场赢得了一场重大胜利，尽管这份胜利转瞬即逝。具有讽刺意味的是，由于这场胜利很快招致如潮的恶评，加之这是朱可夫方面军赢得的战果，相关历史记载详尽无遗地记录下了叶利尼亚周围发生的事件，却轻而易举地忽略了斯摩棱斯克东面和东北面规模更大、更加重要的斗争。

由于8月中旬没能突破德国第20军设在叶利尼亚的防御，负责进攻该城周边德军防御的预备队方面军第24集团军司令员拉库京将军，8月21日请求并获得方面军司令员朱可夫将军批准，停止了这场代价高昂的突击。之后，朱可夫对该集团军未获成功的进攻提出批评的同时，按照大本营的指示，命令拉库京着手准备对该城的防御重新发起进攻。接下来五天，朱可夫以4个师加强拉库京集团军，8月26日时第24集团军的实力达到了11个师，包括7个步兵师，坦克第102、第105师，摩托化第103、第107师。拉库京重组部队，为新的进攻行动重新编组麾下力量。[1]（参见地图7.1和表7.1）

虽说拉库京第24集团军的坦克力量在纸面上看似强大，但这些坦克师、摩托化师的名称具有欺骗性。坦克第102和第105师分别由原先的机械化第26军

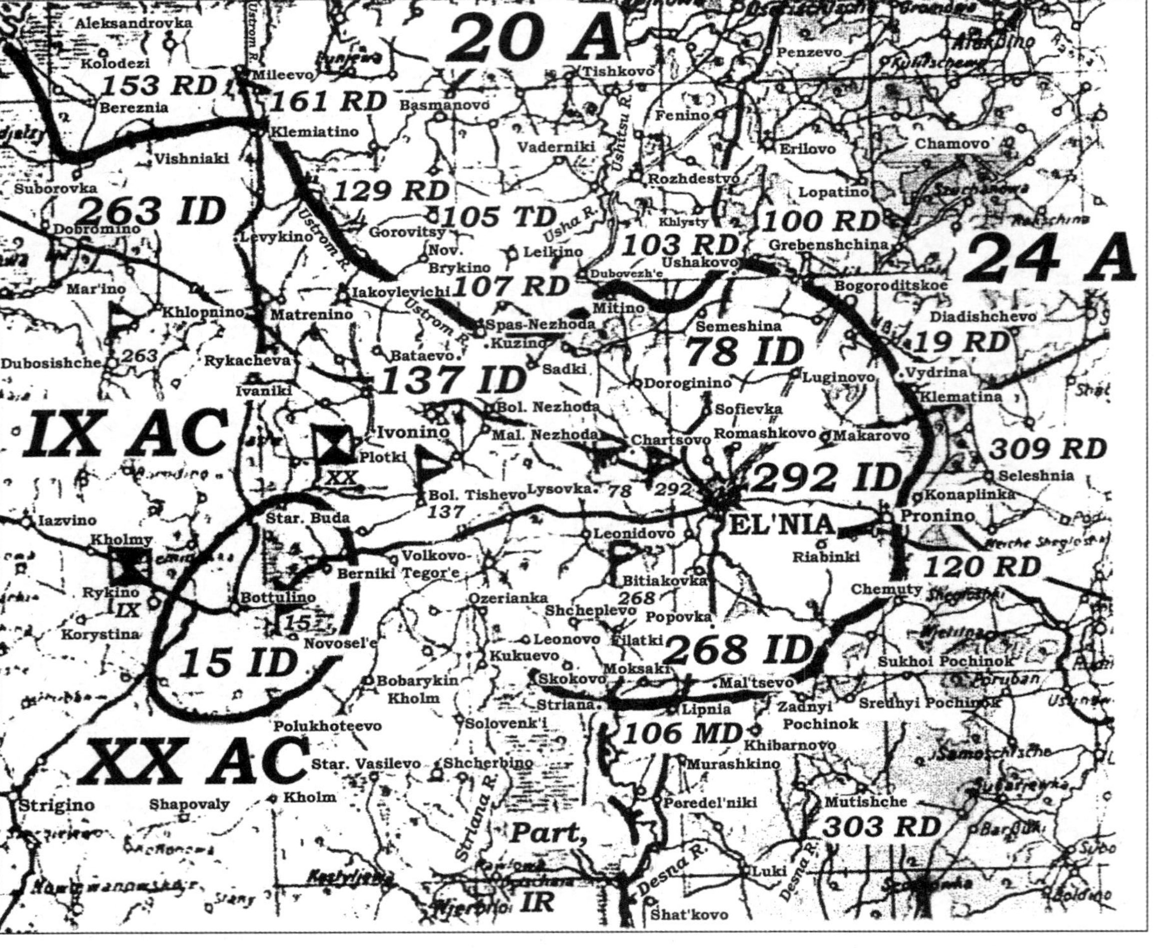

▲ 地图 7.1：叶利尼亚地域的战场态势，1941 年 8 月 25 日（资料图）

表7.1：预备队方面军1941年9月1日的编成和指挥员（步兵、骑兵、坦克、机械化兵团和部队）

预备队方面军 格奥尔吉·康斯坦丁诺维奇·朱可夫大将， 9月11日由苏联元帅谢苗·米哈伊洛维奇·布琼尼接替	
第24集团军 康斯坦丁·伊万诺维奇·拉库京少将	**步兵第19师**
	步兵第100师
	摩托化第103师（实际为步兵师）
	摩托化第106师（实际为步兵师）
	摩托化第107师（实际为步兵师）
	步兵第120师
	步兵第303师
	步兵第309师
	民兵第6师
	坦克第102师（9月10日撤编） 伊万·德米特里耶维奇·伊拉里奥诺夫上校
	坦克第105师（9月13日改编为坦克第146旅） 阿列克谢·斯捷潘诺维奇·别洛格拉佐夫上校
第31集团军 瓦西里·尼基季奇·多尔马托夫少将	**步兵第119师**
	步兵第247师
	步兵第249师
第32集团军 伊万·伊万诺维奇·费久宁斯基中将，9月21日由谢尔盖·弗拉季米罗维奇·维什涅夫斯基少将接替	**民兵第2师**
	民兵第7师
	民兵第8师
	民兵第13师
第33集团军 旅级指挥员德米特里·普拉托诺维奇·奥努普里延科	**民兵第1师**
	民兵第5师
	民兵第9师
	民兵第17师
	民兵第18师
	民兵第21师
第43集团军 彼得·彼得罗维奇·索边尼科夫少将	**步兵第53师**
	步兵第149师
	步兵第211师
	步兵第222师
	坦克第104师（9月6日改编为坦克第145旅） 瓦西里·格拉西莫维奇·布尔科夫上校
	坦克第109师（9月16日改编为坦克第148旅） 谢苗·潘卡拉季耶维奇·切尔诺拜上校

续表

第49集团军 伊万·格里戈里耶维奇·扎哈尔金中将	**步兵第194师**
	步兵第220师
	步兵第248师
	民兵第4师
方面军直属兵团/部队	**步兵第133师**
	第68筑垒地域
	坦克第143旅 伊万·德米特里耶维奇·伊夫利耶夫少校

坦克第56师和机械化第27军坦克第53师改编而来。这两个师都是真正的100系列坦克师，但坦克力量相当薄弱，实际上，苏军8月30日发起突击时，这些坦克悉数并入坦克第102师。至于摩托化师，第103和第107师分别由机械化第26军摩托化第103师和机械化第27军摩托化第221师改编而成，这两个师都曾在一段短暂时期内改为坦克师。拉库京发起突击前夕，只有坦克第102师和加强独立坦克第103营拥有坦克，分别为20辆和15辆。这就使拉库京第24集团军在即将展开的进攻中只能投入35辆坦克。[2]

德方，克鲁格元帅重新投入的第4集团军8月22日接掌古德里安第2装甲集群编成内第9、第20、第7军，以这些力量据守叶利尼亚突出部。（参见表7.2）

此时，马特纳将军的第20军以第15、第78、第292、第268步兵师据守突出部，尽管第78师正在接替炮兵上将恩斯特-埃伯哈德·黑尔①的第15步兵师。后者将筋疲力尽的部队撤至叶利尼亚以西25千米、博图季诺镇（Bottutino）周围的预备阵地，担任军预备队并接受休整补充。撤离期间，黑尔将1个团留在突出部内数日。该团最终撤离时，第15步兵师已在过去一周伤亡约1200人。

突出部北翼，盖尔将军第9军辖内第263、第137步兵师据守的防御阵地从斯摩棱斯克东南面的第聂伯河东岸起，向东南方延伸到叶利尼亚突出部西北角。恩斯特·黑克尔中将②的第263步兵师自8月中旬以来一直在抵挡西方面军第20集团军右翼力量近乎持续不断的冲击，已在战斗中伤亡1200人。这些损失

① 译注：中将。
② 译注：少将。

表7.2：1941年8月22日—9月5日，交战双方在叶利尼亚地域的力量

<table>
<tr><th rowspan="3">地段（宽度）</th><th colspan="5">交战双方的力量</th></tr>
<tr><th colspan="3">德军</th><th colspan="2">苏军</th></tr>
<tr></tr>
<tr><td rowspan="7">叶利尼亚西北方（35千米）——从第聂伯河向东南方延伸到叶利尼亚西北偏北方10千米的米季诺</td><td rowspan="7">第4集团军</td><td rowspan="5">第9军</td><td>第263步兵师（至8月28日）</td><td rowspan="5">第20集团军</td><td rowspan="2">步兵第229师（8月22日起）</td></tr>
<tr><td>第15步兵师（8月28日起）</td></tr>
<tr><td>第137步兵师</td><td>步兵第153师（8月22日—29日）</td></tr>
<tr><td>第263步兵师步兵团（8月31日起）</td><td>步兵第161师（8月22日—29日）</td></tr>
<tr><td>第10装甲师战斗群（9月4日起）</td><td>步兵第129师</td></tr>
<tr><td rowspan="2">预备队</td><td>第15步兵师（至8月28日）</td><td rowspan="2">第24集团军</td><td>坦克第102师</td></tr>
<tr><td>第263步兵师（至8月28日）</td><td>摩托化第107师（8月29日起）</td></tr>
<tr><td rowspan="7">叶利尼亚突出部（40千米）</td><td rowspan="7">第20军</td><td colspan="2" rowspan="2">第263步兵师步兵团（9月1日起）</td><td rowspan="7">第24集团军</td><td>步兵第100师</td></tr>
<tr><td>摩托化第103师</td></tr>
<tr><td colspan="2" rowspan="2">第78步兵师</td><td>步兵第19师</td></tr>
<tr><td>步兵第309师</td></tr>
<tr><td colspan="2" rowspan="2">第292步兵师</td><td>步兵第120师</td></tr>
<tr><td>摩托化第106师</td></tr>
<tr><td colspan="2">第268步兵师</td><td>步兵第303师</td></tr>
<tr><td rowspan="5">叶利尼亚以南（48千米）——从叶利尼亚西南方18千米沿杰斯纳河延伸到罗斯拉夫利以东40千米</td><td rowspan="5">第7军</td><td colspan="2" rowspan="2">第7步兵师</td><td rowspan="5">第43集团军</td><td>步兵第222师</td></tr>
<tr><td>坦克第109师（至9月2日）</td></tr>
<tr><td colspan="2" rowspan="2">第23步兵师</td><td>步兵第211师</td></tr>
<tr><td>步兵第53师</td></tr>
<tr><td colspan="2">第297步兵师</td><td>步兵第149师</td></tr>
<tr><td>总计</td><td colspan="3">10个步兵师和1个装甲战斗群</td><td colspan="2">13—17个步兵师（1—2个坦克师）</td></tr>
</table>

大多发生在该师抗击第20集团军步兵第229、第153、第161、第129师在别列兹尼亚（Bereznia）和克列米亚季诺（Klemiatino）地域反复发起的突击期间，苏军力图取得突破并在多布罗米诺车站（Dobromino）附近切断斯摩棱斯克—叶利尼亚公路。就连8月18日刚刚接替武装党卫队“帝国”摩托化师的第137步兵师也在接下来一周损失近700人，大多发生在同第24集团军企图从西北面包围叶利尼亚的部队进行激烈战斗期间。

这座血腥登陆场的南面，法尔姆巴歇尔第7军第7步兵师1个团，以及第23和第197步兵师据守的防区，从突出部西南角底部的杰斯纳河起，沿该河南延至罗斯拉夫利以东。第7步兵师另外2个团担任预备队。对法尔姆巴歇尔麾下部队来说，幸运的是叶利尼亚南面的战斗主要局限在杰斯纳河西岸的湿地和沼泽地带，苏军第24集团军最右翼[①]和第43集团军右翼部队在河西岸据守着浅近而又脆弱的登陆场。

维廷霍夫将军的第46摩托化军，虽然从严格意义上说隶属古德里安装甲集群，但其辖内部队正在叶利尼亚登陆场西面休整补充。博克希望该军尽快恢复实力，这样便可以在晚些时候率领向莫斯科的进军，必要的情况下，若突出部的情况恶化，该军也可以为第20军的步兵提供支援。维廷霍夫军编有第10装甲师，沙尔将军8月2日接替沃尔夫冈·菲舍尔少将出任师长，该师位于叶利尼亚以西55千米，波奇诺克周围的集结区，内林将军第18装甲师驻扎在罗斯拉夫利地域，瓦尔特·赫恩莱因上校的“大德意志”摩托化步兵团位于波奇诺克以南10—15千米的集结区。

至于交战双方的兵力，拉库京集团军有103200名士兵，远远超过第20军遂行防御的第78、第292、第268步兵师和第9军提供支援的第137步兵师（共计约4万名战斗兵），兵力优势比超过2比1。拉库京的800门火炮和迫击炮（76毫米或更大口径）在火力支援方面为他提供了类似的优势比，防御中的4个德军师只有500门火炮和迫击炮。此外，遂行防御的德军在登陆场内没有任何坦克支援——第10装甲师正在杰斯纳河和叶利尼亚以西集结地域休整补充，该师拥有88辆坦克，三号坦克约占半数，四号坦克数量很少。[3]不过，德国空军以第1高射炮军的几个营加强叶利尼亚的防御，这些88炮在四周内为叶利尼亚提供了“强大的防御支柱”。[4]

最高统帅部大本营8月25日给朱可夫下达进攻训令时试图协调诸方面军的行动，使西方面军（向杜霍夫希纳）、预备队方面军（在叶利尼亚）、布良斯克方面军（向罗斯拉夫利和新济布科夫）同时发起进攻，这在战争中尚属首次。

---

① 译注：最左翼。

遵照指示，朱可夫命令拉库京第24集团军夺取叶利尼亚及周边登陆场，位于拉库京左侧的库罗奇金第43集团军则应组建一个横跨莫斯科公路的突击集群，向西攻占罗斯拉夫利。同时，叶廖缅科布良斯克方面军部署在库罗奇金左侧的彼得罗夫第50集团军，将从杰斯纳河畔的茹科夫卡向西北攻往罗斯拉夫利，支援第43集团军的突击。攻克叶利尼亚和罗斯拉夫利后，第24和第43集团军将先后向西推进，9月15日前到达从斯摩棱斯克以南45千米的多尔吉尼维（Dolgie Nivy）南延至罗斯拉夫利以西40千米的彼得罗维奇（Petrovichi）一线。

为突击行动加以准备前，第24集团军从国防人民委员部获得了23个行进营，每个营约1000人，共2.3万名援兵。拉库京以其中2000人组建预备步兵第185团，其他援兵用于补充集团军辖内各师。具体而言，6000人调给摩托化第107师，4000人调给步兵第100师。步兵第19师和摩托化第106师各获得3000人，坦克第102和摩托化第103师各得到2000人，步兵第120师也获得1000名补充兵。虽说这些援兵满足了70%—100%的补充需要，但各个师仍缺1000名排、连长和2.4万名军士及士兵。[5]这一点，以及补充兵们缺乏经验，在即将到来的进攻中是一个明显的负面因素。

8月26日，拉库京开始为进攻行动展开历时三天的准备，在集团军内组建起两个突击集群，命令他们分别攻往德军叶利尼亚周边防御的北翼和南翼。作为一股牵制力量，第三个实力弱得多的突击集群从东面直接逼迫德军突出部。（参见表7.3和地图7.2）

第一个突击集群编有坦克第102师和步兵第107、第100师，坦克第105师残余人员和坦克悉数编入坦克第102师。该集群获得各个师配属的炮兵团和3个加强炮兵团约400门火炮、迫击炮的支援，将向南发起冲击，突破德军第137步兵师设在叶利尼亚西北偏北方的防御。突击集群辖内兵团从右至左（由西向东）排列，任务如下：

· **坦克第102师**（伊万·德米特里耶维奇·伊拉里奥诺夫上校）——在从库济诺以南高地东延至达希诺农场这块1.5千米宽的地段（叶利尼亚西北方13—15千米）向南发起冲击，首日日终前（沿叶利尼亚西北方11—13千米的铁路线）夺取别扎博特、维波尔佐沃、小涅若达村。

表7.3：1941年8月31日—9月9日，第24集团军进攻叶利尼亚突出部的突击集群

<table>
<tr><th>方向</th><th>兵团/部队</th><th>火炮/迫击炮数量</th></tr>
<tr><td rowspan="8">北部</td><td>坦克第102师，辖炮兵第102和第106团</td><td rowspan="8">400门火炮和迫击炮
14具BM-13多管火箭炮</td></tr>
<tr><td>摩托化第107师，辖炮兵第347团</td></tr>
<tr><td>步兵第100师，辖炮兵第34团和榴弹炮兵第46团</td></tr>
<tr><td>军属炮兵第275团</td></tr>
<tr><td>榴弹炮兵第508团</td></tr>
<tr><td>大威力榴弹炮兵第544团</td></tr>
<tr><td>加农炮兵第573团</td></tr>
<tr><td>反坦克炮兵第879团</td></tr>
<tr><td rowspan="3">南部</td><td>步兵第303师，辖炮兵第844团</td><td rowspan="3">240门火炮和迫击炮
6具BM-13多管火箭炮</td></tr>
<tr><td>摩托化第106师，辖炮兵第106团</td></tr>
<tr><td>加农炮兵第305团</td></tr>
<tr><td rowspan="3">中央</td><td>步兵第19师，辖炮兵第90团</td><td rowspan="3">100门火炮和迫击炮</td></tr>
<tr><td>步兵第309师，辖炮兵第842团</td></tr>
<tr><td>榴弹炮兵第103团</td></tr>
</table>

· **步兵第107师**（帕韦尔·瓦西利耶维奇·米罗诺夫上校）——在萨德基北郊至237.8高地和古里耶沃南郊这一2千米宽地段（叶利尼亚西北方9—11千米）向南发起冲击，首日日终前夺取涅若达车站（叶利尼亚西北方10千米的铁路线上）和沃洛斯科沃农场北面的树林。

· **步兵第100师**（伊万·尼基季奇·鲁西亚诺夫少将）——以2个团在乌扎河至米季诺西南郊这一2千米宽地段向南攻往博戈季洛沃和托卡列沃农场（叶利尼亚西北偏北方5—7千米），以1个加强团在佩尔加诺沃以北约3千米的1.5千米宽地段攻往昌措沃（叶利尼亚西北方6千米铁路线的北面）和扎莫希耶。

为了加强北突击集群的突击力量，一旦进攻行动顺利发展，拉库京将于9月1日晚命令尼基福尔·阿列克谢耶维奇·伊利扬采夫上校的步兵第309师，从叶利尼亚以东地段开至叶利尼亚西北偏北方17—18千米，卡赞卡地域（Kazanka）的集结区，即集团军最右翼后方。9月4日在卡赞卡地域集结后，伊利扬采夫师将赶往西南方，在克列米亚季诺（Klemiatino）至保科瓦（Paukova）东郊和

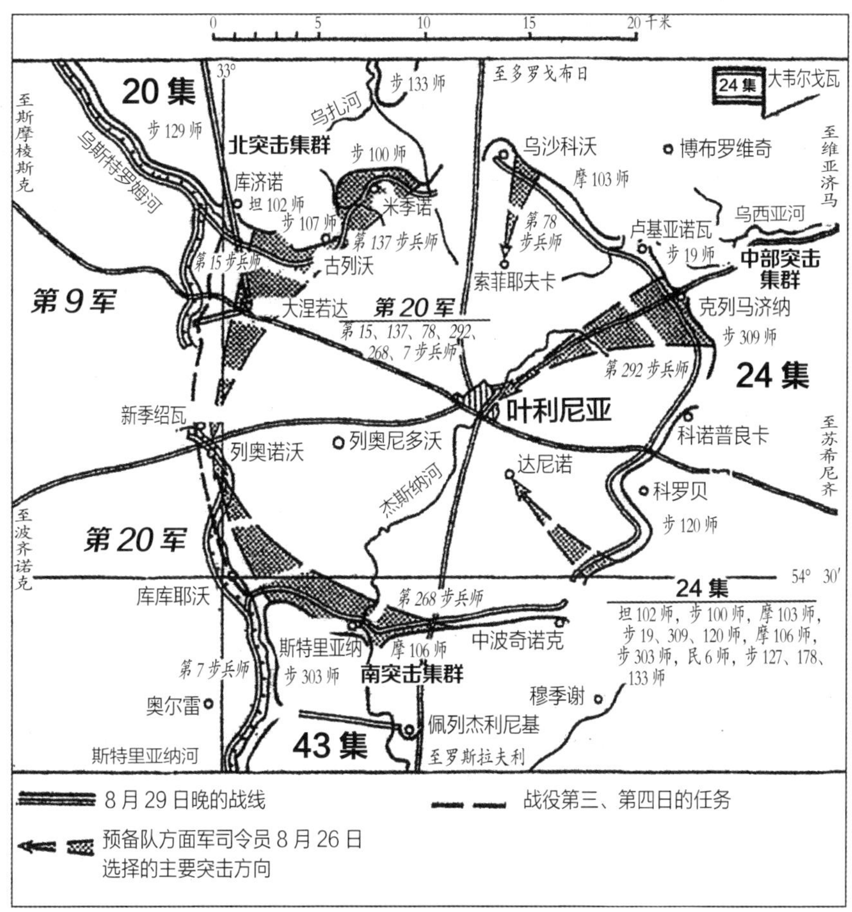

▲ 地图 7.2：第 24 集团军战斗兵团对叶利尼亚的突击

249.0高地这一地段占据出发阵地。最后，该师将对德军第263步兵师设在叶利尼亚西北方20千米、斯摩棱斯克—叶利尼亚主铁路线以北5千米新亚克列维奇（Novyi Iaklevichi）地段的防御展开冲击，支援北突击集群的发展。

第二个突击集群编有步兵第303师和摩托化第106师，右侧获得步兵第120师掩护，2个师属炮兵团和2个加强炮兵团的约240门火炮和迫击炮将为其提供支援。该集群将打击德军第268步兵师设在叶利尼亚南面的防御。步兵第303师由尼古拉·巴甫洛维奇·鲁德涅夫上校指挥，将在斯特里亚纳村（Striana）南面的杰斯纳河与斯特里亚纳河之间的3千米宽地段打击德军第268师右翼，尔后向北进击，夺取斯科科瓦（Skokova）和列奥诺沃（Leonovo）。与此同时，德米特里·彼得罗维奇·莫纳霍夫上校的摩托化第106师将在马利采沃（Mal'tsevo）以南的2千米宽地段打击德军第268师左翼，尔后向北攻击前进，攻克德军设在马利采沃和波波夫卡（Popovka）的支撑点。

一旦两个突击集群突破德军前沿防御，他们就将展开一场钳形机动，沿城西面的叶利尼亚—罗斯拉夫利公路会合，从而包围并协助歼灭第20军遂行防御的第78、第268、第292步兵师主力。为此，第一个突击集群的坦克第102师和第二个突击集群的步兵第303师将构成合围对外正面，第一个突击集群的步兵第100、摩托化第107师和第二个突击集群的摩托化第106师构成合围对内正面。

在此期间，拉库京的牵制力量，也就是在城东面组建的第三个突击集群，负责牵制德军，防止他们抽调兵力加强受到两个主力突击集群威胁的地段。具体而言，亚历山大·伊万诺维奇·乌特文科上校的步兵第19师，部署在叶利尼亚—维亚济马公路以北，德军第292步兵师左翼对面，负责在科列马季纳（Klematina）的公路与北面卢基亚诺瓦（Luk'ianova）之间的3千米宽地段向西进攻。同时，伊利扬采夫上校的步兵第309师将在科列马季纳南面的2千米宽地段向西冲击，打击德军第292步兵师中央，但随后应迅速变更部署到集团军最右翼，支援北突击集群的发展。最后是部署在三个大股突击集群之间，位于突出部东北面的伊万·伊万诺维奇·比里切夫少将摩托化第103师，以及位于突出部东南面的康斯坦丁·伊万诺维奇·彼得罗夫少将步兵第120师，他们将为三个突击集群提供支援，前者牵制德军第78步兵师中央和右翼力量，后者负责牵制德军第292步兵师右翼。

拉库京将所有可用的坦克和集团军70%的炮兵力量分配给两个主力突击集群，从而在突击集群突破地段实现了每千米正面60门火炮和迫击炮的密度，这个数字是铁木辛哥西方面军各集团军进攻地段火炮密度的2—3倍。但是，由于苏军缺乏提供支援的战机和坦克，他们突破德军预有准备的防御和尔后发展胜利会较为困难。另外，拉库京麾下部队将穿过杰斯纳河与斯特里亚纳河之间的沼泽地带并展开进攻，这对他们来说还是第一次。虽然这能让他们达成突然性，但复杂的地形也给部队的调动和机动造成限制。

拉库京投入进攻前夕，方面军司令员朱可夫在一场简短的电话交谈中向斯大林汇报相关情况。这番交谈23点04分结束，在此之前，这位方面军司令员请求斯大林为他提供更多的空中支援，后者予以批准：

朱可夫——我在线上。

斯大林——您好！看来他们好像把您烦得够呛，您临时要求调派战机，是这样吗？

朱可夫——是的，他们（可能是第24集团军）希望30日和31日提供战机，如果能安排的话，他们要求留下这些飞机。

斯大林——准确地说，您想要何种飞机，要多少？

朱可夫——意向是只要作战飞机，也就是轰炸机和歼击机，数量为120—130架。

斯大林——南方急需这些飞机。我请求您让这些飞机调往南方，然后我可以为您派去1个雅克-1团，这是一款优秀的战机，一天后，再给您派1个轰炸机团。两天内，你将成为一个大富豪。至于明天的事情，您务必恪尽职守。我请求您同意。

朱可夫——同意！我只请求您调拨20架飞机用于炮兵校正和掩护航空气球观测支队实施侦察。我请求调拨20架各种型号的飞机，例如3架佩-2和米格，其他的可以是伊-153和雅克-1，总共20架。

斯大林——我会给您派20架飞机，但不会更多。其他所有飞机都将用于南方。我把雅克战机派到哪里，何处需要它们？告诉我，您需要何种飞机？

朱可夫——雅克是一款非常优秀的战机。如果可以的话，我请求调拨2个雅克-1团和1个伊尔-2团。我请求您提供这些飞机加强第24集团军。要是我们能为第43集团军提供1个轰炸机团，那也不错。我还迫切请求您在4—5天内为勒热夫集团军（第31集团军）提供1个歼击机团和1个轰炸机团。在我看来，勒热夫方向即将需要航空力量。我的请求就是这些。

斯大林——我无法立即答应您的全部要求，但会逐渐加以满足。明天我先派出雅克团，其他的会在晚些时候提供。晚安。

朱可夫——明白了。您赋予的任务会得到完成。我会指示那些飞机飞往南方，自己则留下20架各种型号的飞机。我期待您答应提供的其他战机。祝您健康！[6]

第24集团军的突击，8月30日—9月3日

8月30日

以640门火炮、迫击炮和多管火箭炮实施一场精心策划的炮火准备后，拉库京两个突击集群8月30日7点整投入进攻。[7]几乎在这同时，步兵第19和第309师组成的牵制集群在叶利尼亚—维亚济马公路两侧发起冲击，步兵第120和第303师也在叶利尼亚东南面和东北面的次要地段展开辅助突击，这些行动的目的都是将德军注意力从苏军真正的主要突击上引开。进攻发起时，浓雾笼罩着大半个叶利尼亚地域，给交战双方投入战机造成了限制。（参见地图7.3）

北突击集群坦克第102师和步兵第107师的初步突击命中德军第137步兵师中央和右翼，该师师长是弗里德里希·贝格曼中将，据守的防区从他们设在巴塔耶沃（Bataevo）的支撑点北面的乌斯特罗姆河向东延伸，穿过萨德基以北地段，直至古里耶沃（Gur’evo）的乌扎河西岸。伊拉里奥诺夫坦克第102师投入摩托化步兵第102团3个营，在坦克第214团的坦克支援下，从库济诺（Kuzino）东南方的247.6高地附近向巴塔耶沃和南面2千米的别扎博特村（Bezzaboty）发起主要突击，摩托化步兵第102团另外2个营在东面约1.5千米处向斯帕斯涅若达村（Spas—Nezhoda）展开一场辅助突击。可是，反复冲击后，该师的进攻在247.6高地山坡和萨德基西北方2千米的斯帕斯涅若达北郊发生动摇。进攻失利的原因据说是组织不力，在一开始取得2千米进展后，伊拉里奥诺夫的坦克将提供支援的步兵远远甩在后面，迫使步兵后撤，而前面的坦克孤立无援，失去了必要的掩护。尽管存在明显的混乱，但该师在当日的战斗中仅有5人阵亡、9人负伤。

北突击集群中央地带，米罗诺夫上校的步兵第107师在从萨德基以北1千米东延至乌扎河畔古里耶沃的这片地域向南突击，第586团居左，第765团居右，第630团担任第二梯队。马特韦·斯捷潘诺维奇·巴特拉科夫上校率领的步兵第765团打垮了德军前沿防御，中午时前出到萨德基北部边缘。[8]但该团随后为夺取这个村庄进行了长达6小时的激烈战斗，在此过程中，萨德基易手数

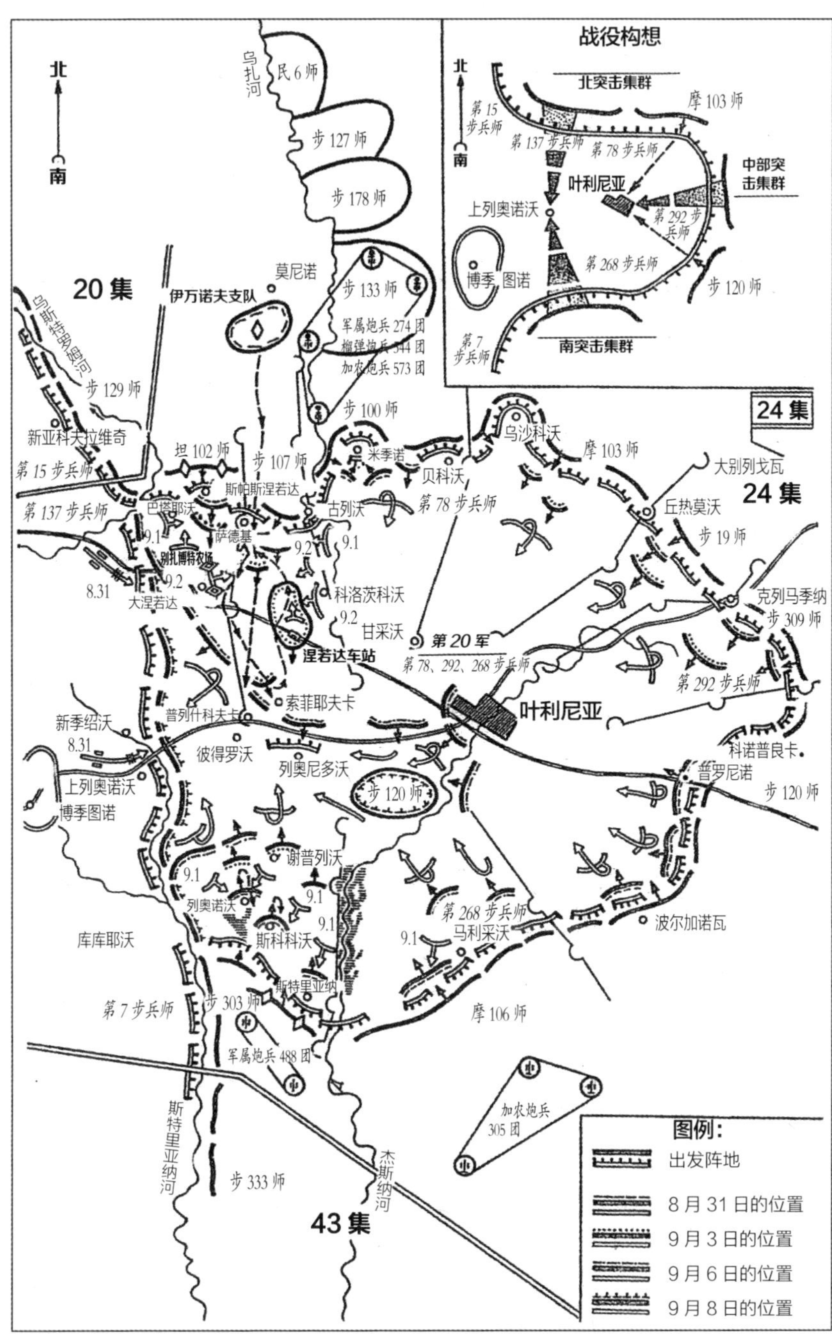

▲ **地图 7.3：第 24 集团军的突击，1941 年 8 月 30 日—9 月 10 日**

次。与此同时，师左翼，涅克拉索夫中校率领的步兵第586团设法取得1千米进展，15点夺得238.7高地，但在高地东南面一片小树林被敌人猛烈的火力所阻。师右翼，在涅克拉索夫团身后担任第二梯队的A.P.梅捷少校步兵第630团逼近达希诺农场（Dashino），但夺取该农场前亦被德军的猛烈火力所阻。突击集群左翼的米季诺（Mitino）地段，鲁西亚诺夫将军的步兵第100师向南攻往博戈季洛沃（Bogodilovo），但朝古里耶沃东面的树林取得0.5千米进展后也发生动摇，不得不应对德军设在米季诺的强大防御，该师付出的代价相对较高，53人阵亡，240人负伤。

因此，尽管伊拉里奥诺夫取得短暂的初步胜利，可是德军强有力的抵抗阻挡住了两个苏军师的进攻，日终前他们仅取得500米进展。坦克第102师伤亡还算轻微，但步兵第107师严重得多。米罗诺夫师40人阵亡，75人负伤，包括19名指挥员，其中4位是营长，还有几名营政委。

北突击集群进攻失利后，拉库京在一份报告中抱怨道："坦克第102和步兵第107师的进攻糟糕至极，尽管他们的兵器密度很高，却几乎没能取得任何进展。这方面的原因首先是两个师的指挥控制混乱不堪，为此，我已严厉申斥两个师的师长和政委并对他们发出警告。"[9]

但这份报告中也包含第24集团军南突击集群取得进展的好消息，据拉库京称，"步兵第303师夺得斯特罗伊纳（斯特里亚纳）村后，几乎彻底完成当前任务，今日取得的战果好得多"。鲁德涅夫上校的步兵第303师（配属步兵第120师第540团）7点发起进攻，遭遇德军第268步兵师的激烈抵抗。但该师当日白天设法取得近2千米进展，前出到斯科科瓦和斯特罗伊纳（Stroina）郊区，夜间以步兵第540团夺得斯特罗伊纳。突击集群右翼，莫纳霍夫摩托化第106师前出到大、小利普卡南郊，但随后不得不设法穿越敌人布设的大范围雷区，为取得这几百米进展，该师阵亡数人，伤者多达108人。

第24集团军对叶利尼亚东北方至东南方这道弧线上的德军防御发起的牵制性突击，战果喜忧参半。彼得罗夫步兵第120师的第474和第401团从左至右排列，并排展开冲击，当日白天取得300—400米进展，第474团夺得新舍韦列沃村（Novoe Shevelevo）。在师右翼进攻的第401团向前推进约1千米，随后被德军的顽强抵抗所阻，21人阵亡，65人负伤。

叶利尼亚北面和东北面，比里切夫摩托化（步兵）第103师本应以第688团封锁德军设在乌沙科沃（Ushakovo）的支撑点，尔后向前推进，夺取乌沙科沃东南方1千米的奥利什基（Ol’shki），并以第583团在日终前攻占乌沙科沃以南5千米，切卡内（Chekany）和卢吉诺沃（Luginovo）北面的树林。可是，第688团面对德军设在乌沙科沃的防御乱成一团，仅取得200—600米进展，而沿4千米宽地段遂行冲击的第583团，仅取得200—300米进展，随后便被德军猛烈的火力所阻。日终前，比里切夫师7人阵亡，304人负伤。

叶利尼亚东面，乌特文科上校的步兵第19师和伊利扬采夫上校的步兵第309师，当日8点在科列马季纳对德军第292步兵师设在叶利尼亚—维亚济马公路北面和南面的防御发起打击。前者取得数百米进展，冲击德军第292步兵师位于丘茹莫瓦（Chuzhumova）、卢基亚诺瓦、维德里纳村（Vydrina）周边的防御期间2人阵亡，59人负伤，但夜间获得360名补充兵。后者第957和第959团发现他们在科列马季纳南面的进展非常艰难，当日白天的行动中，该师34人阵亡、452人负伤，离他们的目标，德军防线后方3千米的马卡罗沃（Makarovo）和米季科沃（Mit’kovo）相距甚远。

在前进指挥所察看了当日的行动后，朱可夫和拉库京8月31日2点30分命令麾下部队7点恢复进攻，目标保持不变，但这一次先要实施10分钟炮火急袭。朱可夫对炮兵力量仅给德军防御造成些许影响，特别是没有航空兵和大量坦克提供支援恼怒不已。在一道题为“关于第24集团军在谨慎并节约使用其炮兵力量方面令人无法满意的组织工作”的训令中，这位方面军司令员严厉批评步兵第100、第106、第120、第127师，认为他们未能利用“炮兵的全部潜力”，并责成拉库京立即消除这些缺陷。[10]

为打破僵局，朱可夫晚些时候采取措施，亲自下令组建一个特别集群，由第24集团军司令部作战指挥组参谋长伊万·马特韦耶维奇·伊万诺夫上校指挥。朱可夫打算命该集群突破敌人设在叶利尼亚西北面的防御，随后向南进击，给德军后方造成破坏并促成集团军两个主力突击群的推进。命令中写道：

为对敌后方交通实施打击，从第102、第107、第100师抽调1个坦克小组、1个突击连、1个摩托化营和10门火炮，组建一个混成支队。组建地域为莫尼纳南面的树林。该支队命名为“伊万诺夫支队”，务必在1941年8月31日日终前做好准备。[11]

朱可夫亲自命令该支队的坦克小组和摩托化营从萨德基和大涅若达（Bol’shaia Nezhoda）地域发起果断推进，穿过德军第137步兵师的前沿防御，进入叶利尼亚以西10—13千米的新季绍沃（Novo-Tishovo）和彼得罗沃（Petrovo）地域，切断叶利尼亚—博尔图季诺（Boltutino）公路，尔后设立牢固的环形防御，阻止德军预备队和运输部队进入或离开叶利尼亚。待第102、第107和第100师到达叶利尼亚西北方10—15千米的别扎博特、大涅若达、杰姆希诺（Demshchino）一线，拉库京就将遵照收悉的特别命令投入该支队。第24集团军炮兵主任将在该支队的整个突袭期间为其提供支援，与该支队的所有通信均通过无线电完成。组建完毕后，伊万诺夫支队直到9月3日晨才投入行动，这反映了第24集团军突击集群力图完成每日任务时遭遇的困难。与此同时，在朱可夫和拉库京的督促下，各突击集群继续展开艰巨、代价高昂的推进。

站在中央集团军群司令部的有利位置，博克密切关注战斗情况，他在8月30日晚的日记中写道：

敌人已楔入叶利尼亚突出部南面的我方防线。克鲁格称突破已达10千米深，敌人配有重型坦克，他要求将第267步兵师和第10装甲师一部交由他指挥，从而肃清敌人的突破。为迅速而又彻底地恢复态势，我把这两个师交给他。事实证明，我无法为古德里安提供更多兵力，否则会危及我的东线。[12]

克鲁格显然夸大了他所面临的状况，但博克还是对该地段保持高度关注，以免向叶利尼亚调动兵力削弱第9集团军在斯摩棱斯克东北面和东面更加脆弱的“东线”。与此同时，8月30日—31日夜间，马特纳第20军命令第263步兵师派1个团支援第137步兵师。8月31日晨，该团在第137步兵师右翼的乌扎河以西地段接管防御。第24集团军8月30日的进展令人失望，朱可夫严厉申斥拉库京集团军，同时思考克服第20军顽强防御的新办法。

8月31日

拉库京诸突击集群8月31日晨恢复进攻，主力于7点发起冲击。但为了让德国人猝不及防，北突击集群摩托化第107师未实施炮火准备便在拂晓前不久突然展开攻击。第24集团军的每日作战摘要含糊地描述了拉库京麾下部队的进展（转述）：

· **总体情况**——面对敌第20军第78、第292、第268步兵师的激烈抵抗，第24集团军8月31日仅取得些许战果。

· **北突击集群**（坦克第102师、摩托化第107师、步兵第100师）——实施10分钟炮火急袭，7点在从库济诺南面东延至米季诺的这片地域发起冲击。

★坦克第102师——以摩托化步兵第102团对据守260.7高地、247.6高地南面小树林、巴特耶沃这些支撑点的德军展开冲击，但面对敌人火炮、迫击炮和机枪的猛烈拦截火力，这场进攻几乎立即陷入停顿。

☆左翼——应摩托化第107师的请求，摩托化步兵第102团派2个营支援该师的进攻，但这些部队也被敌人猛烈的火力所阻并遭受严重伤亡。20点—21点，1个摩托化营在师左翼展开冲击，发展第107师取得的进展，冲入247.9高地南面的小树林，在那里，100名士兵被敌人切断并陷入包围，但60名幸存者最终设法突围而出。

☆右翼——率领摩托化步兵第102团攻往巴塔耶沃的步兵营未能取得任何进展。

☆8月30日—31日的损失——伤亡400人，250人派给伊万诺夫支队。

★摩托化第107师——未实施任何炮火准备或急袭便以步兵第630团在拂晓前发起突然袭击，取得比8月30日更大的进展。

☆步兵第630团——夺得萨德基和238.7高地，迫使敌人向南退却。该团追击后撤之敌，17点前夺得248.3高地南坡，以及萨德基南面和东南面1千米、1.5千米的小树林，23点在大涅若达到达距离斯摩棱斯克—叶利尼亚铁路线不到1千米处，从而完成了当前任务。但该团当日下午遭到敌第137步兵师1个团发起的反冲击，被迫将部分部队撤回北面。

☆战利品——俘获13名俘虏，缴获4辆坦克（其中1辆尚可使用）、4辆卡车、数辆摩托车、2门迫击炮、2挺机枪，以及许多步枪、手榴弹、弹药和文件。

☆损失——正在核实。

★步兵第100师——以3个步兵团发起冲击，但在米季诺和该支撑点东面、西面遭遇敌人顽强抵抗，无法发展摩托化第107师的胜利。只有步兵第85团设法取得1千米进展，夺得米季诺西南方4千米，拉杜季诺西面树林的西北边缘。

·**南突击集群**（步兵第303师、摩托化第106师）

★步兵第303师——在左翼成功推进，但右翼进展甚微。

☆步兵第540团（步兵第120师）——8月30日夺得斯特里亚纳，随后加强既占阵地，击退敌（第10装甲师）坦克发起的数次反冲击。

☆步兵第845团——为夺取叶利尼亚西南偏南方10千米的斯科科沃村进行战斗。

☆步兵第847、第849团——克服敌人的顽强抵抗，夺得列奥诺沃村（叶利尼亚西南方11千米），随即接到集团军下达的命令，向北推进2.5千米，切断叶利尼亚—奥泽连斯克公路。

★摩托化第106师——为夺取叶利尼亚以南10千米的大、小利普卡展开激烈战斗，进展甚微，但夺得大利普卡南郊几座建筑。

·**中央突击集群**（步兵第19、第309师）

★步兵第19师——未能取得任何进展，辖内部队日终前位于以下位置：

☆步兵第282团——扎卡兹农场北面和西北面的小树林。

☆步兵第315团——扎卡兹农场和南面的森林中。

☆步兵第32团——维德里纳以西600米。

★步兵第309师——未能获得成功，辖内部队日终前位于以下位置：

☆步兵第955团——科列马季纳西北方0.5千米。

☆步兵第957团——科列马季纳与保科瓦之间。

☆步兵第959团——249.0高地西坡。

·**辅助突击**（摩托化第103、步兵第120师）

★摩托化第103师——取得一些进展，但未能完成当日任务。

☆步兵第688团——前出到乌沙科沃南郊，将从该支撑点向南延伸的道路控制在火力打击下，但随即被敌人猛烈的火力所阻。

☆步兵第583团——前出到乌沙科沃东南方3.5千米的谢梅希诺东部边缘。

☆战果——摧毁敌人5门迫击炮、4挺重机枪和1座挤满敌军士兵的掩体，压制敌人1个迫击炮连和数个机枪巢。

★步兵第120师（欠步兵第540团）——面对敌人猛烈的防御火力，仅取得些许进展。

☆步兵第401团——沿铁路线推进150—200米，黄昏前到达科诺普良卡、普罗尼诺、科罗贝、波尔特基之间和以西地段（叶利尼亚以东13千米至东南偏南方13千米）。

☆步兵第474团——前出到新舍韦列沃和旧舍韦列沃一线，在241高地、92.0里程碑、225.0高地（叶利尼亚东南方14—15千米）掘壕据守。[13]

因此，第24集团军诸突击集群和各个师当日白天没能达成决定性突破，主要因为德军第137步兵师在萨德基地段的防御得到1个额外步兵团的加强。但北突击集群摩托化第107师和南突击集群步兵第303师设法取得约2千米进展，这使德国人深感担心：苏军从北面和南面攻向突出部根部，突出部内的德军部队即将遭到合围。但正如苏军过去和现在的前进速度表明的那样，第24集团军诸突击集群需要进行更多战斗，耗费更多时间，无疑还要付出更大代价，才能实现重大突破。

博克似乎不像前几天那般担心，他在日记中简单地写道："第4集团军以第10装甲师对昨日的突破点发起一场反冲击。俄国人也对叶利尼亚突出部展开进攻。"[14]尽管如此，当日白天，第20军还是以第263步兵师1个团加强苦战中的第137步兵师，该团在萨德基南面投入战斗。另外，第20军还以第10装甲师的数辆坦克增援第268步兵师设在叶利尼亚南面的防御。

与此同时，第10装甲师配有80多辆坦克的一个战斗群，在叶利尼亚以南30—38千米，杰斯纳河西岸的斯特里亚纳、奇佐夫卡（Chizovka）、安尼纳–斯洛博达（Annina–Sloboda）地段，而不是在叶利尼亚镇内投入战斗。[15]菲舍尔将军装甲师主力之所以如此行事，是因为预备队方面军彼得·彼得罗维奇·索边尼科夫中将[①]第43集团军组建的一个突击集群，已于8月30日拂晓渡过杰斯纳河，向西面的罗斯拉夫利发起大举进攻。该集群遂行冲击时适逢第24集团军猛攻叶利尼亚。第43集团军突击集群编有步兵第149、第211师，坦克第104、第109师，于8月30日渡过杰斯纳河，突破德国第7军设在第23与第197步兵师结合部的防御。向西取得2—6千米进展后，索边尼科夫的突击集群8月31日被德军第267步兵师的2个团挡住，第4集团军从担任预备队的第53军抽调该师，匆匆将其投入战斗。第10装甲师战斗群当日晚些时候发起反冲击，苏军步兵第211师因此产生了恐慌，该师和另一些前进中的苏军师停止进攻并撤回河东岸。

然而，博克的上级却以夸大其词、更具威胁的话语描述叶利尼亚的情况。陆军总司令部的哈尔德写道，“敌人正从四面八方进攻叶利尼亚的防线”。但他又称，他更担心博克的“东线”。他补充道：“该地段北面，敌人显然将发起一场总攻。”博克在日记中对叶利尼亚的情况保持沉默，而他的作战参谋补充道：“自8月30日起，敌人遵照斯大林亲自下达的命令，对叶利尼亚突出部发起的大规模进攻一直在继续。这场进攻获得持续数小时的炮火和坦克支援。”[16]

如果说博克对叶利尼亚的态势踌躇满志，那么，他的对手朱可夫则非常生气。尽管他采用包括规劝、警告、撤职、威胁在内的各种手段，可是他的部队和他那些指挥员似乎没学到任何东西，以往失败的数十次进攻正在他眼前重演。他首先要求鲁西亚诺夫“让第100师继续前进”，支援在第24集团军右翼取得进展的第107师；随后再度严厉申斥麾下指挥员，因为他们居然容忍这么多问题和错误反复出现。他列举许多具体问题，例如侦察不力、情报有误、将已然不足的炮弹浪费在毫无价值的目标上、频频发起代价高昂的正面进攻导致兵力遭到毫无意义的浪费，等等，这一切造成了过高的伤亡和过低的前进速度。

9月1日

8月31日—9月1日夜间，拉库京下达新命令，为即将发起的进攻重组辖内各师并把伊拉里奥诺夫坦克第120师调给伊万诺夫支队的250人归还该师。斯大

① 译注：少将。

林的亲信随从A.N.波斯克列贝舍夫同朱可夫取得联系，询问当日的态势，并要求这位方面军司令员向斯大林简要汇报情况。但朱可夫更担心第43集团军步兵第211师的失败，该师昨日参加了第43集团军向罗斯拉夫利的进攻，现在正混乱不堪地向后撤退：

朱可夫大将——我在线上。

波斯克列贝舍夫——我在线上。您好，我向您传达斯大林同志的指示，您能马上来莫斯科吗？如果能来的话，请您将手头工作暂时交给拉库京或波格丹诺夫，立即赶来莫斯科。

朱可夫——波斯克列贝舍夫同志，您好。我刚刚收到关于向罗斯拉夫利展开行动的步兵第211师的坏消息，该师在夜间惊慌失措，后撤3—6千米，他们的逃窜给步兵第149师造成了不利影响。鉴于情况复杂，我想今晚赶往第211师作战地段，恢复秩序并追究相关人员的责任；所以我想问您，能否推迟我的行程。要是不行，那我就在15分钟内动身。

叶利尼亚的情况发展得还不错。最多两天，敌人就将被挤入一个包围圈，我们现在已到达叶利尼亚—斯摩棱斯克铁路线。如果命令我动身，我就把副手波格丹诺夫留在这里，我会命令波格丹诺夫把沿罗斯拉夫利方向行动的集群交给索边尼科指挥。是前往莫斯科还是赶去前线，我等待斯大林同志的指示。

波斯克列贝舍夫——斯大林同志的回答是："在这种情况下，您可以推迟来莫斯科的行程，到阵地上去。I.斯大林。"

朱可夫——我有个问题问您。我是做好准备在近两天内赶往莫斯科呢，还是按照我自己的计划行事？

波斯克列贝舍夫——您可以按照自己的计划行事。

朱可夫——明白了。祝您健康，代我向斯大林同志问好。[17]

这场短暂的干扰结束后，朱可夫赶去视察第43集团军的战线，而拉库京也赶往前进指挥所检查当日的行动，集团军每日作战摘要中写道：

· **总体情况**——面对敌第20军第78、第292、第268步兵师持续实施的激烈抵抗，第24集团军9月1日在北面和南面又一次进展甚微，对方当日中午获得坦克增援。

· **北突击集群**（坦克第102师、摩托化第107师、步兵第100师）——当日7点从库济诺以南向东南方延伸到大涅若达、向东北方延伸到米季诺的这片地域恢复进攻，打击敌人的激烈抵抗和新投入的敌预备队（调自第263步兵师）。

★坦克第102师——以摩托化步兵第102团对据守260.7高地、247.6高地南面小树林和巴塔耶沃支撑点之敌发起冲击，但几乎立即被敌人猛烈的火炮、迫击炮和机枪拦截火力所阻。

☆左翼——被包围在247.9高地南面小树林以南的摩托化步兵第102团1个营残部，设法返回该师防线。

☆右翼——由于相邻的第20集团军步兵第129师第438团没能及时投入进攻，坦克第102师辖内部队暴露在侧射火力下，摩托化步兵第102团各部队在巴塔耶沃未能取得进展。

☆日终前——坦克第102师摩托化步兵第10团1个营，作为独立战斗群和支队沿不同方向行动，大部分营级指挥员非死即伤，师部已向第24集团军请求补充。

★摩托化第107师——拂晓时发起进攻，以步兵第586团率领推进，任务是“不惜一切代价”肃清涅若达车站附近的敌军。

☆步兵第586团——拂晓后不久，以2个营（400人）实施迂回，夺得德军设在大涅若达以东3千米沃洛斯科沃农场的支撑点，但当日下午被德军一场强有力的反冲击包围和切断。

☆步兵第630和第765团——进攻大涅若达和涅若达车站，但被敌人的有力抵抗所阻。集团军司令员（拉库京）命令坦克第102和步兵第100师支援摩托化第107师的推进。

★步兵第100师——冲击敌人设在米季诺及其东西两面的阵地，当日下午奉命支援摩托化第107师。

☆步兵第85团——从南面迂回米季诺西南方4千米，拉杜季诺的敌支撑点。

☆步兵第355团——在拉杜季诺加强步兵第85团，在师长鲁西亚诺夫亲自率领下，傍晚前攻克该支撑点。

· **南突击集群**（步兵第303师、摩托化第106师）——当日一直留在原先位置，同敌第268步兵师和第10装甲师遂行反冲击的坦克展开激烈战斗。

★步兵第303师——面对敌人在索科科沃和斯特里亚纳北面的激烈抵抗，该师进展甚微。

★摩托化第106师——为夺取叶利尼亚以南10千米的大、小利普卡展开激烈战斗，但没能取得显著进展。

· **东突击集群**（步兵第19、第309师）——日终前未能取得显著进展。夜间，朱可夫命令拉库京将步兵第309师调至集团军左翼①，加强北集群的摩托化第107师。

· **辅助突击**（摩托化第103师、步兵第120师）——在激烈的战斗中进展甚微。

★摩托化第103师——在乌沙科沃周围及南面至乌沙科沃东南方3.5千米的谢梅希诺东部边缘战斗。

★步兵第120师——在科诺普良卡、波尔特基、新舍韦列沃和小舍韦列沃一线几乎未取得任何进展。[18]

夜幕降临后，拉库京命令伊利扬采夫将步兵第309师调至集团军右翼，接替实力严重受损的坦克第102师，并加入北突击集群摩托化第107师向涅若达车站展开的进攻。同时，他命令步兵第19和第120师接防步兵第309师位于这两个师之间的防区，从而接受进一步分散这两个师并显著缓解德军第292步兵师压力的风险。拉库京还高度赞扬步兵第100师师长鲁西亚诺夫上校，这位师长亲自率领对拉杜季诺的突击，以此弥补自己前一天欠佳的表现。拉库京在写给鲁西亚诺夫妻子的信中指出：“他们两次投入进攻，尽力为祖国效忠，而不是怯懦不前。”[19]

---

①译注：右翼。

在此期间，德军一方，马特纳命令第263步兵师前调另一个步兵团，加强已在萨德基地域投入战斗的前一个团。次日晨之前，德军第263步兵师2个团扼守从乌斯特罗姆河东延至乌扎河的整片地段。中央集团军群司令博克仍相信他的部队能够坚守叶利尼亚，他在日记中写道：

（敌人）对第4集团军南翼实施侦察袭击（实际上是第43集团军发起的进攻），北面，特别是在叶利尼亚突出部，敌人展开强大的进攻，据俘虏交代，这是执行斯大林亲自下达的命令。第10装甲师对敌人发起反冲击，那里的步兵师也反复遂行反冲击。不管怎样，我们的进攻正取得进展。[20]

另一方面，陆军总司令部的哈尔德的看法更加全面，他在9月1日的日记中写道："中央集团军群：敌人显然正企图沿杰斯纳河组织防御并坚守这片地域。敌人在叶利尼亚突出部对我方阵地的猛烈进攻，显然同预计中他们在战线中这一地段的进攻有关。"[21]不管怎么说，从这一刻起，8月22日前便接掌叶利尼亚守军，但现在对基辅方向更感兴趣的古德里安将军认为，放弃叶利尼亚突出部不失为明智之举。

9月2日

9月1日—2日夜间，根据朱可夫早些时候加强第24集团军北突击集群的决定，伊利扬采夫上校把叶利尼亚东面的阵地交给步兵第19师，并率领他的步兵第309师开赴西北方25千米处，进入第24集团军右翼后方的阵地。出于三个令人信服的理由，此举非常必要。第一，北突击集群向南面至关重要的斯摩棱斯克—叶利尼亚铁路线遂行的突击，已在大涅若达和涅若达车站北面停滞不前，更糟糕的是，该集群编成内的坦克第102师基本已丧失战斗力。第二，由于第20集团军步兵第129师向乌斯特罗姆河以西的进攻没能取得任何进展，有必要加强该师的进攻行动。第三个原因也许最重要，马特纳第20军已将第263步兵师2个团调入从萨德基西面东延至乌扎河这一重要地段据守防线，位于实力虚弱的第137与第78步兵师之间。9月2日晚些时候，到达库济诺和萨德基北面的新集结区后，步兵第309师立即接到新命令："以积极的进攻行动掩护第102和第107师辖内部队，这两个师已遭受严重损失。”

步兵第309师变更部署到第24集团军左翼[①]的同时，伊万诺夫上校的混成快速支队（以北突击集群精心挑选的指战员组成）将从莫尼诺（Monino）的集结地域出发向南行进，9月2日6点前在摩托化第107师后方、萨德基以北树林占据出发阵地。伊万诺夫和支队参谋长I.A.丹尼洛维奇少校（原步兵第19师参谋长）夜间亲自侦察该地域，拂晓前不久，该支队投入行动。第24集团军9月2日20点提交的作战概要再次记录下了当日的行动：

· **总体情况**——1941年9月2日，面对敌人持续进行的激烈抵抗，第24集团军辖内部队在北面和南面仅取得些许进展。

· **北突击集群**（步兵第309师、坦克第102师、摩托化第107师、步兵第100师）——当日7点在从库济诺南面向东南方延伸到大涅若达，向东北方延伸到米季诺的这片地域恢复进攻，打击包括第263步兵师2个团在内的敌人实施的激烈抵抗。

★坦克第102师——基本上已丧失战斗力。

★摩托化第107师——以步兵第765团（巴特拉科夫上校）解救被围的步兵第586团（涅克拉索夫上校），但遭遇敌人向北面的米季诺发起的一场猛烈反冲击。

☆步兵第586团——被包围在大涅若达以东3千米的沃洛斯科沃农场附近。

☆步兵第765团——发起进攻，力图解救步兵第586团，但被敌人的反冲击所阻。

☆步兵第630团——从西南面发起冲击，夺得米季诺，但旋即遭遇敌人发起的反冲击，团部被敌人打垮，梅捷少校和他的参谋长身负重伤，3名营长中的2名受伤，米季诺得而复失。

☆夜幕降临前，该师位于米季诺地域的左翼面临陷入包围的威胁。

★步兵第100师——按照集团军司令员的命令，在米季诺及其西面对敌人发起进攻，掩护摩托化第107师位于古里耶沃和萨德基以北地域的左翼。

---

① 译注：右翼。

☆步兵第355团——向南进攻，12点前出到以下位置：第3营——萨德基东北方0.5千米小树林的南部边缘；第1营——古里耶沃东北边缘；第2营——米季诺东北郊。

☆步兵第331团——12点以其左翼前出到佩尔加诺沃（叶利尼亚以北10千米）以北乌日察河西岸的贝科沃村，以其右翼前出到米季诺郊区。

☆步兵第85团——在古里耶沃北面担任第二梯队，傍晚前投入战斗，夺得古里耶沃。

☆以步兵第355和第331团继续进攻，日终前夺回拉杜季诺和马卡里诺克（米季诺西南方4—5千米），夜间夺得古里耶沃。

★步兵第309师——从叶利尼亚东面变更部署到北突击集群右翼后方的集结区。

★伊万诺夫支队——侦察部队清晨时绕过叶利尼亚以西6千米的大涅若达和索菲耶夫卡支撑点，从而穿过德军第263步兵师防线，到达叶利尼亚—罗斯拉夫利公路北面的位置。

· **南突击集群**（步兵第303师、摩托化第106师）——同敌第268步兵师遂行反冲击的部队展开战斗，对方获得第10装甲师坦克支援，位置几乎未发生变化。

★步兵第303师——在斯科科沃和斯特里亚纳以北的原先位置从事战斗。

★摩托化第106师——在叶利尼亚以南10千米，大、小利普卡南郊战斗。

· **东突击集群**（步兵第19、第309师）——位置未发生明显变化，面对德军在维德里纳地域实施的反冲击，第19师接管步兵第309师半幅防区。

· **辅助突击**（摩托化第103师、步兵第120师）——在激烈的战斗中仅取得些许进展。

★摩托化第103师——位于乌沙科沃及其南面至乌沙科沃东南方3.5千米的谢梅希诺东部边缘。

★步兵第120师——位于科诺普良卡、波尔特基、新舍韦列沃、小舍韦列沃一线及其西面。[22]

尽管第24集团军面对德军的顽强抵抗进展缓慢，拉库京麾下部队遭受严重损失，但朱可夫仍坚信这场进攻能取得胜利。朱可夫将信心传递给拉库京，后者给麾下各师分配的任务，基本上与前四天相同。

德军一方，马特纳当日命令第292步兵师在维德里纳地域组织一场反冲击，虽说这场进攻的确阻挡住了苏军步兵第19师的推进，但也迫使第292步兵师将最后的预备队投入积极的战斗。与此同时，德军最高统帅部内就弃守叶利尼亚突出部的问题展开激烈争论。经希特勒批准，陆军总参谋长哈尔德和陆军总司令勃劳希契在日记中记录下了相关事件：

1941年9月2日，战争第73天。

8点—18点，同总司令飞赴中央集团军群司令部，就以下问题召开会议：

（a）东线态势。讨论的结果是，我们得出结论，应避免在叶利尼亚突出部据守防线并停止集团军群北翼的一切后续推进。

集团军群司令（冯·博克元帅）汇报了他严重的兵力损失。将能从战线其他地段抽调的兵力悉数调给第2装甲集群后，集团军群只剩下第183步兵师寥寥无几的预备力量。[23]

博克后来在日记中详细阐述了这件事，他写道：“我们在第7军作战地域实施的反冲击实现了既定目标（击败第43集团军的突击）；第10装甲师再度撤离。叶利尼亚突出部更加平静，但俄国人再次进攻第9集团军。”谈及希特勒的战略，特别是叶利尼亚突出部的命运时，博克补充道：

就像国防军最高统帅部的约德尔将军所说的“插曲”那样，将我的右翼转向南面，可能会使我们与胜利失之交臂。向东（莫斯科）发起进攻最快要到9月下旬才能实施！在此之前，保持集团军群现有实力至关重要，只有2个师（第183师和西班牙师）正从后方派至我集团军群。弃守叶利尼亚突出部的问题因而成为焦点。随着时间的流逝，部署在那里的几个师实力逐渐耗尽。同克鲁格几次商讨后，我决定下令放弃该突出部。那里没有长远利益可言，但我必须争取时间，我可以先撤出2个师，这一点非常重要，因为第4集团军200多千米长的战线后方只有4个师担任预备队，其中2个师已投入1个团参与战斗。[24]

但博克的后续意图并未立即影响叶利尼亚地域的流血牺牲，朱可夫和拉库京决心继续他们的进攻行动。除要求9月3日重新发起大举进攻外，朱可夫还命令拉库京将伊万诺夫支队余部投入德军第263步兵师位于叶利尼亚以西的后方。与此同时，9月2日—3日夜间，北突击集群步兵第100师师长鲁西亚诺夫将步兵第335团（应为步兵第331团）调至古里耶沃北面步兵第85团先前占据的防区并命令该团拂晓时攻入这个筑垒村。[25]此后，当日的战斗发展比前一天好得多，南、北突击集群的钳形攻势逐渐形成他们长期以来一直苦苦追寻的合围。

9月3日

第24集团军9月3日晚提交的作战摘要表明，集团军南、北突击集群离赢得胜利已近在咫尺。同时，这份报告也强调了进攻兵团遭受的严重损失：

· **总体情况**——虽然敌人激烈抵抗，但第24集团军北、南突击集群1941年9月3日取得了重大进展，先遣部队到达斯摩棱斯克—叶利尼亚铁路线以南2千米的索菲耶夫卡，距离与南突击集群在叶利尼亚西面的预计会合点仅8千米。

· **北突击集群**（步兵第309师、坦克第102师、摩托化第107师、步兵第100师和伊万诺夫支队）——当日7点在从巴塔耶沃向东穿过大涅若达至米季诺的这片地域恢复进攻，打击敌第263和第78步兵师的激烈抵抗，在涅若达车站及其西面到达铁路线附近，先遣部队位于索菲耶夫卡。

★坦克第102师——辖内摩托化步兵第102团一整天都在萨德基以北树林与遂行反冲击的敌步兵激战。

★摩托化第107师——步兵第586团在包围圈内战斗，该师余部向南推进，力图切断铁路线并同南突击集群会合。

☆步兵第586团（涅克拉索夫）——在大涅若达以东3千米、沃洛斯科沃农场附近的包围圈内战斗，但弹药和食物不足。当日晨，拉库京命令伊万诺夫支队突破包围圈，同涅克拉索夫的部队会合并与步兵第586团残部一起向南推进，越过铁路线。伊万诺夫支队绕过萨德基，同步兵第586团残部在沃洛斯科沃农场北面会合，但伊万诺夫身负重伤，他的参谋长丹尼洛维奇也负了伤，该支队的兵力折损25%，20辆坦克也损失了7辆。

☆步兵第765团（及步兵第630团余部）——拂晓时奉命向南发起冲击，消灭大、小涅若达一线之敌并穿过沃洛斯科沃农场向南推进，从而切断斯摩棱斯克—叶利尼亚铁路并同南突击集群位于铁路线南面的先遣部队会合。该师激战一整天，最终切断铁路并到达涅若达车站西面的铁路和南面的索菲耶夫卡。

★步兵第100师——将步兵第335团（第331团）调至右翼后，在从古里耶沃东延至米季诺一线对敌阵地发起冲击。

☆步兵第355团——先从东南面，尔后从北面、西面和东南面进攻米季诺，发起两次大规模冲击，最终攻克该支撑点。

☆步兵第331和第85团——夺得古里耶沃并向南攻往涅若达车站和索菲耶夫卡以东。

☆以辖内3个团继续进攻，夺得米季诺以南1千米的阿格耶夫卡，日终前沿铁路线部署。

★伊万诺夫支队——该支队跟随侦察部队前进，在沃洛斯科沃农场附近同摩托化第107师步兵第586团会合，但在此过程中遭受严重损失，随后加入摩托化第107师的向南推进。

★步兵第309师——继续实施重组。

· **南突击集群**（步兵第303师、摩托化第106师）——连续两天击退敌人的反冲击后向北推进，夺取索科科沃以北3—4千米、斯摩棱斯克—叶利尼亚铁路线以南7千米、叶利尼亚西南方8—10千米的列奥诺沃和谢普列沃。

★步兵第303师——获得独立坦克第114营（15—20辆坦克）加强后，取得2—3千米进展，夺得列奥诺沃和谢普列沃，停在镇北郊。

★摩托化第106师——仍在叶利尼亚以南10千米的大、小利普卡南郊战斗。

· **东突击集群**（步兵第19、第120师）——没有明显的变化，与敌人交火。

★步兵第120师——沿科诺普良卡、波尔特基、新舍韦列沃和小舍韦列沃一线同敌人交火。

· **辅助突击**（摩托化第103师）——在断断续续的战斗中仅取得些许进展。

★摩托化第103师——在乌沙科沃及其周围战斗，击退敌人数次反冲击。[26]

9月4日—5日，德军撤离

策划

9月3日晚，接到博克的后撤令后，德国第4集团军司令冯·克鲁格命令马特纳第20军，抢在苏军关闭陷阱前，将辖内各师分时间、分阶段撤离突出部。这场后撤要求第11军与第20军紧密协同，分为以下阶段：

·第一阶段（9月3日—4日夜间）——撤离第20军和辖内各师后勤及补给部队。

·第二阶段（9月4日—5日夜间）——将第292步兵师、第78步兵师右翼力量和第268步兵师左翼力量撤至叶利尼亚以西阵地。

·第三阶段（9月5日—6日夜间）——将剩下的部队撤至叶利尼亚以西11—13千米，斯特里亚纳河和乌斯特罗姆河西岸。[27]

当晚，朱可夫可能已料到德军会下达后撤令，遂指示他的两个突击集群迅速向前发展，抢在德军逃脱前封闭包围圈。为了让北突击集群有足够的力量向南推进并按计划同南突击集群会合，这位方面军司令员命令正在多罗戈布日以南沿乌扎河东岸部署的步兵第127师，腾出1个团加强北突击集群。该师师长安德烈·扎哈罗维奇·阿基缅科上校随即下达命令："步兵第395团立即转入临战状态，开赴并集结于新布雷基诺和普拉斯洛沃地域（叶利尼亚西北方15—19千米），在那里接受坦克第102师师长指挥。"[28] 9月4日0点30分离开集结区后，步兵第395团的2180名官兵排成两支平行的队列，步行向南赶往指定集结地。该团团长是35岁的阿马扎斯普·哈恰图罗维奇·巴巴贾尼扬少校，这个亚美尼亚人后来成为红军最杰出的坦克指挥员之一。[29]

9月14日3点50分至4点30分，朱可夫准备次日的行动时，还通过保密电话与莫斯科的斯大林和沙波什尼科夫讨论了叶利尼亚的情况及后续进攻计划：

朱可夫——我在线上。

斯大林和沙波什尼科夫——我们也在线上，您好。肃清叶利尼亚后，您似乎打算将麾下部队投向斯摩棱斯克，让罗斯拉夫利继续处于目前令人不快的境地。我认为您应先行肃清罗斯拉夫利，然后在斯摩棱斯克地域展开行动。继续推迟斯摩棱斯克地域的行动，会同叶廖缅科（布良斯克方面军）肃清罗斯拉夫利，然后派部分师赶往南面，揪住古德里安的尾巴，这样会更好些。当前的主要任务是击败古德里安，斯摩棱斯克不会从我们手中跑掉。

朱可夫——斯大林同志，祝您身体健康。斯大林同志，我并未考虑沿斯摩棱斯克方向展开行动，我认为那是铁木辛哥必须考虑的问题。我现在打算以（第43集团军）（坦克）第109、（步兵）第149、（坦克）第104师发起进攻，加快对敌叶利尼亚集团的破坏 。[30]消灭该集团后，我将把7—8个师派往波奇诺克地域（斯摩棱斯克东南方50千米），掩护自身免遭斯摩棱斯克地域的威胁，然后我将攻往罗斯拉夫利并以一个强有力的集团向西进入古德里安身后。以往的经验表明，以3—4个师实施这种纵深进攻会招致麻烦，因为敌快速部队会迅速包围这种小股集团。这就是我请求您批准这样一场机动的原因。如果您命令我沿罗斯拉夫利方向进军，我可以照办。但是，若我先行肃清叶利尼亚，效果会更好。今天，我叶利尼亚集团右翼力量日终前夺得索菲耶夫卡。敌人的逃生通道仅剩6千米宽。我认为我们将在明天完成战术合围。

斯大林——我担心波奇诺克方向的地形，那里布满森林和沼泽，您的坦克会陷入其中。

朱可夫——请听我汇报相关情况。这场进攻将穿过波古利亚耶夫卡，赶往赫马拉河南面，从而前出到罗斯拉夫利西北方30千米、波奇诺克以南10千米的斯托里诺和巴西科沃地域，穿越的是状况较好的地形。另外，我们应避免沿以往的方向展开进攻。今天，一名开小差逃到我们这一方的德军士兵交代，第267步兵师将于今晚接替已被击败的第23步兵师，他还看见一些党卫队部队。向北发起进攻依然有利，因为这将打击敌人两个师的结合部。

斯大林——不要过于相信俘虏的话。严刑审问后毙了他。我们不反对您向波奇诺克以南机动10千米的建议。您可以采取行动。要特别注意集中空中打击力量并使用多管火箭炮。您认为您何时可以展开行动？

朱可夫——我们将于9月7日实施重组，9月7日加以准备，8日发起进攻。我迫切地请求您提供76毫米火箭弹、152毫米09/30炮弹、120毫米炮弹。另外，可能的话，请为我们提供1个“伊尔”（斯图莫维克强击机）航空兵团、1个佩-2

（轻型轰炸机）航空兵团、10辆KV和15辆T-34坦克。这就是我全部的需要。

斯大林——很遗憾，我们没有火箭炮预备队，有的话，我会提供给您。您已收到一些多管火箭炮。叶廖缅科不得不独自展开对罗斯拉夫利的行动，这简直是一种耻辱。我们为什么不能从西北面组织一场对罗斯拉夫利的进攻呢？

朱可夫——这没有用，没用，斯大林同志。我只能派独立支队在炮兵加强下这样做，但这仅仅是一场牵制行动，我将于9月8日拂晓发起我的主要突击。也许我会设法在9月7日拂晓展开行动。叶廖缅科离罗斯拉夫利还很远，斯大林同志，我认为9月7日或8日发起进攻不算太晚。

斯大林——那个出了名的第211师会长时间“睡觉”吗？

朱可夫——我明白您的意思。我将于9月7日组织这个师。第211师正在重建，会在9月10日后做好准备。我会让该师担任预备队，不会让他们“睡觉”的。我请求您批准我逮捕并审判您提到的那些散布恐慌者。

斯大林——7日比8日更好些。我们很高兴批准您严厉审判那些人。就这样，再见。

朱可夫——祝您健康。[31]

撤离

德军撤离叶利尼亚突出部的行动似乎以一种钟表般精准的方式进行，仅发生了些许战斗。博克在日记中追寻着这场行动的过程，他写道：

- **9月4日**——“第4集团军南翼（罗斯拉夫利以东的杰斯纳河防线），敌人今天再度发起进攻；（他们）在叶利尼亚突出部只取得了微不足道的进展。（他们）对第9集团军第8军防区发起猛烈进攻……”
- **9月5日**——“各条防线今天较为平静。叶利尼亚突出部的疏散工作正按计划进行。”
- **9月6日**——“除了（沿切尔尼戈夫以东杰斯纳河下游发生的）这些战斗，战线相对较为平静，对此，我为我的士兵们感到高兴。”
- **9月7日**——“（敌人）仅在第4集团军右翼发起孤立的进攻，在叶利尼亚和集团军群最北翼……”[32]

突出部的疏散工作顺利进行之际，朱可夫和拉库京想方设法给德国人施加压力并督促南、北突击集群先遣力量尽快在叶利尼亚西面会合。朱可夫在摩托化第107师作战地段观察进攻行动，敦促该师各个团向南推进，完成合围。但正如第24集团军每日作战摘要所示，该集团军又一次没能完成其目标：

· **总体情况**——面对敌人的激烈抵抗，第24集团军南、北突击集群1941年9月4日仅取得些许进展，无法在叶利尼亚以西封闭包围圈。

· **北突击集群**（步兵第309师、坦克第102师、摩托化第107师、步兵第100师和伊万诺夫支队）——在从巴塔耶沃向东穿过大涅若达至涅若达车站附近的铁路线附近这一地域恢复进攻，但丢失了索菲耶夫卡地域的立足地，几乎未能取得进展。

★坦克第102师——以摩托化步兵第102团在巴塔耶沃战斗，抗击敌人多次发起的反冲击，当日下午，步兵第127师第395团加入，在该师左翼投入战斗，但取得的进展不超过几百米。

★摩托化第107师——以步兵第765团和步兵第586、第630团残部率领进攻，但未能从大涅若达、涅若达车站和沃洛斯科沃农场地域向南推进。

★步兵第100师——以步兵第355团率领向南的突击，该师取得几百米进展，夺得米季诺南面一座高地，俘获3名俘虏。

★步兵第309师——完成重组和集结并加强摩托化第107师的推进。

★伊万诺夫支队——加入摩托化第107师战斗队形。

· **南突击集群**（步兵第303师、摩托化第106师）——在列奥诺沃、谢普列沃一线和东延至利普尼亚以南地域，一整天几乎静止不动，仍在与北突击集群潜在会合点以南8千米处。

★步兵第303师（辖独立坦克第114营）——在列奥诺沃和谢普列沃地段仅取得些许战果。

★摩托化第106师——在大、小利普卡南郊战斗。

· **东突击集群**（步兵第19、第120师）——没有显著变化，以火炮和迫击炮同敌人交火。

·辅助突击：

★摩托化第103师——实施炮火准备后，以步兵第583团在左侧、步兵第688团在右侧展开进攻，但在乌沙科沃地段仅取得些许进展。[33]

尽管苏联方面断言南、北突击集群先遣部队9月4日日终时仅相距“数百米”，但实际上，这两股苏军部队之间的距离仍有8千米之遥。另外，德国第20军将叶利尼亚突出部守军向西撤离的通道依然强大，而且完好无损。按照马特纳的后撤计划，第263步兵师2个团，将在第137步兵师右翼力量协助下，把苏军部队阻挡在后撤通道北翼，第7步兵师1个团，将在第268步兵师右翼团支援下，坚守后撤通道南翼。一旦第78、第292步兵师和第268步兵师另外2个团穿过通道向西退却，第263、第78步兵师和第7步兵师2个团将沿乌斯特罗姆河和斯特里亚纳河西岸据守防御，而第137和第268步兵师将撤入军或集团军预备队，进行休整和补充。

现在回顾起来就会发现，正是苏联宣传人员和拉库京将军本人帮助制造了德国人不得不杀开血路逃离叶利尼亚的假象。例如，红军9月下旬出版的一期《红星报》上，拉库京写道：“对德寇的最后一击发生在9月4日—5日夜间。借着夜色的掩护，我方部队的突然袭击落在法西斯集团主力头上。”[34]为德军这场“惨败”锦上添花的是，派驻第24集团军的苏联战地记者弗拉基米尔·斯塔夫斯基在《真理报》上发表了一篇文章，题为《几个德军师在叶利尼亚地域的覆灭》。文章中写道：“9月4日—5日夜间，惊慌失措的德国人在夜色掩护下混乱后撤，他们留下配有自动武器和迫击炮的掩护力量，这些人相当于被判了死刑，他们朝集结在（突出部）入口和出口处的我方部队猛烈开火。”[35]

然而，哈尔德澄清了博克含糊的说辞，在日记中提供了完全不同的说法，他写道：

1941年9月5日，战争第76天。

我方部队弃守叶利尼亚战线上的突出部。直到我们的部队撤离很久以后，敌人才以火力打击我们放弃的阵地，然后再以步兵小心翼翼地占领这些阵地。将部队悄然撤离突出部，是指挥部门取得的一个出色成就。[36]

无论德军的疏散是否伴以激烈的战斗，这场后撤都结束了给交战双方造成严重损失、历时50多天的激烈战斗。另外，在最后一天的战斗中，朱可夫和拉库京竭力打击后撤中的德军，特别是连接叶利尼亚突出部与中央集团军群主防线的后撤通道之北翼和南翼。第24集团军9月5日晚提交的每日作战摘要，再次从苏方视角阐述了所发生的事情：

· **总体情况**——第24集团军1941年9月5日将行动重点置于南、北突击集群方向，力图在叶利尼亚以西取得会合，并投入侦察力量和调自其他师的一些支队，对据守叶利尼亚突出部外围的德军施加越来越大的压力。

· **北突击集群**（步兵第309师、坦克第102师、摩托化第107师、步兵第100师）——沿从巴塔耶沃向东穿过大涅若达和涅若达车站至米季诺以南一线向南展开全面推进，以步兵第395团率领坦克第102师的突击。

★坦克第102师（步兵第395团、摩托化步兵第102团）

☆步兵第395团——以第1、第2营向南冲击，克服德军防御，12点前出到涅若达车站附近的铁路线。投入第3营后，向南攻往伊沃尼诺，同敌人展开激战，抗击对方多次发起的反冲击。

☆摩托化第102团（2个营）——在步兵第395团右侧进攻德军设在巴塔耶沃的支撑点，前出到斯帕斯涅若达的无名溪流南岸至斯帕斯涅若达西南面树林边缘的小树林一线，同时遭受到极为高昂的损失（第1营仅剩31人，第2营的情况也差不多）。

★摩托化第107师——以步兵第630和第765团从大涅若达、小涅若达、沃洛斯科沃农场一线向南进攻，而步兵第586团在激烈的战斗中攻往杰姆希诺，但进展非常有限。

★步兵第100师——以辖内3个团从米季诺地域追击后撤之敌，向南攻往博戈季洛沃，黄昏前到达并占领昌措沃（叶利尼亚西北方7千米的铁路线上）。

★步兵第309师——加强坦克第102师和摩托化第107师的进攻，填补第24与第20集团军之间的缺口。

· **南突击集群**（步兵第303师、摩托化第106师）——从杰斯纳河西面的列奥诺沃和谢普列沃向北发起进攻，冲向河东面的利普尼亚，但战果较为有限。

★步兵第303师（与独立坦克第114营）——在列奥诺沃和谢普列沃地段取得些许战果。

★摩托化第106师——在大、小利普卡南郊战斗。

·**辅助地段**（步兵第19、第120师，摩托化第103师）——拂晓后，各个师以侦察支队进攻敌掩护部队。

★步兵第19师——在叶利尼亚—维亚济马公路两侧进攻敌第292步兵师后卫部队。黄昏前，步兵第315和第32团先遣部队到达叶利尼亚东北郊。

★摩托化第103师——以步兵第583和第688团发起冲击，夺得乌沙科沃支撑点，继续攻往叶利尼亚北郊并于19点开抵。

★步兵第120师——从科诺普良卡、波尔特基、新舍韦列沃、小舍韦列沃一线以西阵地展开冲击，18点到达叶利尼亚东郊和东南郊，紧追后撤中的德军后卫部队。[37]

当日晨，德军第263步兵师2个团，在第137步兵师一部支援下，坚守叶利尼亚西面的后撤通道之北翼时，第78步兵师主力的最后一部分穿过这条通道向西而去。第292步兵师下午早些时候尾随其后，而第268步兵师当日下午晚些时候终于将其防线撤回西面。虽然进攻中的苏军北突击集群第102、第107、第100师骚扰穿越通道的德军部队，但位于突出部外的德军炮兵将他们阻挡在铁路线及其南面。仿佛是对苏军猛烈炮击的某种回应，当天晚些时候降下倾盆大雨，最终出现的浓雾减缓了德军和苏军部队的行动，但也给苏军炮兵造成妨碍，使通道两侧的苏军部队无法采取更多措施阻止德军后撤。借助这一天赐良机和精心策划的撤退计划，第20军三个师的主力几乎毫发无损地撤离突出部，当然，这种“毫发无损”不包括他们前几天遭受的严重损失。

当晚，如释重负的朱可夫给斯大林发去一封电报：

您关于歼灭敌叶利尼亚集团并夺取叶利尼亚的命令已完成。今天，我方部队收复叶利尼亚。打击叶利尼亚以西被击败之敌的战斗正在继续。我会向您呈交一份关于敌人、战利品和我方损失的总结报告。[38]

朱可夫9月8日呈交斯大林的最终报告，以总结拉库京第24集团军取得的成就为开始：

致斯大林同志

抄送：沙波什尼科夫同志

我简要汇报叶利尼亚战役的结果。

8月30日至9月6日，以下敌军部队在叶利尼亚地域行动：第137奥地利步兵师，第78、第292、第268步兵师，第7步兵师1个团，第293步兵师1个团、2个摩托车营，外加200—240门火炮。奥地利师所有指挥人员都是德国人。这些敌军部队8月20日至30日期间从不同方向开至，接替党卫队（摩托化）师、第15步兵师、第17摩托化师、第10装甲师和第5、第31、第41工兵营。据俘虏交代，党卫队师、第15步兵师和第17摩托化师在争夺叶利尼亚的战斗中伤亡惨重，因而被撤至后方。总之，叶利尼亚地域战斗期间，敌人伤亡4.5—4.7万人，大批重机枪、迫击炮、火炮被我们的炮兵和航空兵摧毁。据俘虏交代，第137、第15、第178步兵师的某些部队已没有任何迫击炮和火炮。从大部分部队指挥员的报告和遗留在战场上的尸体看，敌人在过去3—5天内的阵亡人数不下5000人。撤退前，为隐瞒他们的惨重损失，敌人将周边的公共墓地夷为平地并加以伪装……[39]

朱可夫以一贯的坦率评论结束这份报告：

我们没能彻底封闭包围圈并俘获整个敌叶利尼亚集团，因为我方部队的实力显然不足以做到这一点，首先，我们在左右两翼投入的坦克力量不足。

敌人发现抵抗我们的进攻毫无希望后，于9月4日—5日夜间将炮兵主力和后勤部队经通道撤离。9月5日晨，他们开始后撤主力部队，12点—13点，他们着手撤离第一防御梯队。

为掩护部队穿越通道，敌人组织火炮和迫击炮拦阻炮火，并以局部反冲击抵御我侧翼突击集群。敌人还投入了战机。

就我方部队而言，步兵第107和第19师打得很好，步兵第100和第120师也不错，步兵第303和第309师表现欠佳，缺乏主动性。所有部队都在实力严重不足的情况下展开行动。所有炮兵部队的表现都很出色，就连新组建的师的炮兵部队也是如此。多管火箭炮实施了大规模破坏。敌人设在乌沙科沃的防御枢纽被彻底粉碎，火箭炮齐射炸塌并摧毁了敌人的掩体。[40]

毋庸置疑，朱可夫的这份报告在几个方面存有错误：他把第78步兵师误认为第178步兵师，将第263步兵师称作第293步兵师，还错误地识别第17摩托化师，德国陆军中并不存在这个师。他指的可能是第17装甲师，该师7月和8月初曾在叶利尼亚地域行动。鉴于态势混乱，苏军情报部门存在缺陷，以及整个战争中充满了"新奇事物"，这些错误算不上什么。目前流行的观点中存在着更为严重的错误，即认为朱可夫的进攻消灭了据守突出部的德军部队。朱可夫当日晚些时候向斯大林提交了一份更加坦诚、更加准确的总结报告，足以证明流行的观点是不正确的。然而，苏联新闻社（SOVINFORM）发表的一份夸大其词的公告却向全世界宣布：

沿斯摩棱斯克方向，争夺斯摩棱斯克附近叶利尼亚的历时26天的战斗，以歼灭敌武装党卫队师，第15步兵师，第17摩托化师，第10坦克师，第137奥地利步兵师，第178、第292、第268步兵师而胜利告终。敌人这些师的残部仓促向西后撤。我方部队已收复叶利尼亚。[41]

这种结论毫无事实根据。

后记

9月6日，马特纳第20军将辖内部队部署在叶利尼亚以西10—15千米、乌斯特罗姆河和斯特里亚纳河西岸的新防御阵地，叶利尼亚方向的态势随之稳定下来。此时，德国人已设立一道新防线，从斯摩棱斯克东南方的第聂伯河东岸向东南方延伸30千米，至乌斯特罗姆河，再沿乌斯特罗姆河和斯特里亚纳河西岸向南延伸35千米，直至叶利尼亚以南30千米的杰斯纳河。中央集团军群第4集团军负责据守这片地域，将第9军第15和第263步兵师部署在第聂伯河至乌斯特罗姆河地段，第20军第78、第292、第7步兵师占据的阵地沿斯特里亚纳河西岸和杰斯纳河向南延伸。实际上，他们的确揭穿了苏联宣传部门声称的这三个师几乎已悉数覆灭的谎言。

叶利尼亚地域的战斗结束后的第二天，铁木辛哥西方面军也停止了进攻。9月7日18点20分，大本营指示朱可夫把2个师交给最高统帅部大本营，以便组建新的战略预备队。红军第一批获得令人垂涎的“近卫军”称号的5个师①，朱可夫挑选的2个师位列其中，这并非巧合：

最高统帅已命令：

立即将步兵第127和第100师撤出战斗调至后方并做好通过铁路将他们派往另一个地区的准备。

这些师应悄悄撤离前线，为此应利用夜间时段。

向红军总参谋部汇报装载站情况和开始装载的时间。

1941年9月8日前向红军军事交通部提交运送步兵第127和第100师的要求。[42]

9月10日，大本营命令铁木辛哥西方向总指挥部停止一切进攻并转入防御，这道训令适用于西方面军和预备队方面军。两天后的9月11日19点10分②，大本营将朱可夫调至西北方向总指挥部，接替总司令克列缅特·伏罗希洛夫元帅，在9月份剩下的日子里负责监督列宁格勒的防御③。

朱可夫和拉库京评估叶利尼亚战役得出的结论是，第24集团军的进攻未能包围并消灭遂行防御的德军，主要因为他们缺乏足够的坦克和航空兵支援。但红军总参谋部9月13日6点提交的作战评估则苛刻得多。沙波什尼科夫签署的这份报告，突出批评了“进攻组织方面的许多严重缺点”：

第24和第43集团军近期的进攻行动完全没能带来积极成果，只是导致人员和装备过度损失。

---

① 译注：9月18日第一批获得近卫军称号的师只有四个，分别改称近卫步兵第1、第2、第3、第4师。

② 译注：原文如此。

③ 译注：西北方向总指挥部已于8月29日撤销，朱可夫担任的是列宁格勒方面军司令员。

未能取得成功的主要原因是——缺乏必要的突击集群，试图沿集团军整条战线展开进攻，为步兵和坦克进攻提供的航空火力和炮火准备不够强大、过于短暂、组织不力。

从今以后，必须终止且不允许以混乱、虚弱的炮火和航空火力支援步兵和坦克未获得必要预备力量加强的进攻行动。

B.沙波什尼科夫[43]

可是，在战斗期间提交的两份报告和战争结束后撰写的回忆录中，朱可夫以一种更积极的观点阐述了叶利尼亚进攻战役。例如，在9月7日呈交大本营的报告中，朱可夫断言："法西斯指挥部企图不惜一切代价坚守叶利尼亚，全然不顾数千名官兵的生命……我方部队在叶利尼亚地域……击败敌第137、第78、第298、第15、第17步兵师。"他总结道："这些师中的一部分被彻底歼灭，战场上发现了他们的坟墓……敌人的伤亡不下7.5—8万人。"[44]

至于第24集团军在叶利尼亚地域战斗期间遭受的伤亡，俄罗斯官方对红军在整个战争期间所遭受损失的统计表明，预备队方面军第24集团军在8月30日至9月8日的战斗中共投入103200人，伤亡31853人，包括10701人阵亡、被俘或失踪，21152人负伤。[45]但同一份资料还指出，预备队方面军7月30日至9月10日共伤亡103147人，包括45774人阵亡、被俘或失踪，57373人负伤或患病。[46]这些数字，特别是第24集团军8月30日至9月8日损失的31000人，以及预备队方面军7月30日至9月20日①折损的103000人，强调了几个重要结论。（参见表7.4）

如表所示，7月30日至9月10日，预备队方面军只有两个集团军，也就是叶利尼亚地域的第24集团军和罗斯拉夫利以东沿杰斯纳河部署的第43集团军，参与了重大作战行动。由于历时三天的进攻只涉及第43集团军的4—5个师，其中仅有1个师（第211师）严重受损，该集团军的总损失可能不超过1万人。鉴于这些损失，加之第24集团军8月30日至9月8日在叶利尼亚地域的损失超过3.1

① 译注：原文如此。

表7.4：预备队方面军辖内兵团1941年7月30日—9月10日的伤亡

地段	兵团	日期	伤亡
叶利尼亚	第24集团军（7—9个师）	7月30日—8月29日	60000人（估计）
叶利尼亚	第24集团军（9—10个师）	8月30日—9月8日	31853人
杰斯纳河（罗斯拉夫利）	第43集团军（4—5个师）	8月30日—31日，9月5日	10000人（估计）
预备队方面军	**第24和第43集团军**	**7月30日—9月10日**	**103147人**

注：第24集团军7月30日前在叶利尼亚地域战斗的6个师（第19、第104、第120、第107、第100、第103师），伤亡数估计为3万人。

万人，第24集团军肯定要承担7月30日至8月29日在叶利尼亚战斗中折损的6万人中的大部分①。

1941年9月14日，预备队方面军向总参谋部汇报了拉库京第24集团军截至9月12日的状况，印证了上述损失情况：

第24集团军在叶利尼亚地域从事了2个月的战斗，尤以1941年8月30日至9月12日的战斗最为激烈。该集团军已遭受严重损失，兵力短缺。

据一份第24集团军军事委员会关于该集团军截至1941年9月12日的状况的报告称，第24集团军缺3万名现役士兵（步兵、机枪手和迫击炮兵）。截至1941年9月12日，第24集团军各步兵师辖内步兵团的现役士兵数量如下：步兵第309师——657人；步兵第107师——738人；步兵第19师——662人；步兵第303师——400人；摩托化步兵第106师——622人；步兵第103师——1743人②。[47]

至于德国第4集团军第9和第20军的伤亡，几个德军步兵师在苏军8月30日进攻行动之前和期间都遭受到严重损失。但这些师的受损程度并未严重到迫使他们退出战斗，他们都积极参加了德军的下一场进攻，也就是将于三周后发起的“台风行动”。表7.5表明了各德军师在叶利尼亚战斗期间遭受的损失：

① 译注：这种说法相当含糊，表7.4表明7月30日—8月29日在叶利尼亚地域战斗的是第24集团军的7—9个师，并未指出第43集团军参与其中，要么就是这份表格有误。

②译注：这一段同样含糊，不知道这些数字指的是步兵师辖内1个步兵团的人数，还是全师3个团的兵力数。

表7.5：参加叶利尼亚战役的德军师遭受的损失

德方数字或估计			
军	师	日期	损失（人）
第46摩托化军	第10装甲师 武装党卫队“帝国”师 第268步兵师	6月22日—8月8日	4252人（924人阵亡，3228人负伤，100人失踪），在叶利尼亚的损失超过半数
	第10装甲师	9月2日—4日	200人（估计）
第20军	第15、第78、第268、第292步兵师	8月9日—17日 8月9日—9月5日	2254人（每个师每天损失50—150人）
	第15步兵师	8月8日—9月4日	3500人（估计）
	第268步兵师	8月8日—9月4日	3500人（估计）
	第292步兵师	8月9日—10月1日	2600人（大多发生在9月5日前）
	第78步兵师	8月21日—9月5日	2800人（估计）(8月22日—26日约400人)
第9军	第137步兵师	8月18日—9月5日	3500人（8月20日—30日，每天超过50人；8月30日—31日约500人；9月1日约700人）
	第263步兵师	8月18日—9月5日	2500人（估计）(8月20日—27日约1200人)
总计		**7月15日—8月8日** **8月9日—29日** **8月30日—9月5日**	**3000人（估计）** **10000人（估计）** **10000人（估计）**
苏联方面估计的数字			
朱可夫（9月）			7—8万人（整个战役） 4.5—4.7万人（8月30日—9月8日）

注：包括部署在第聂伯河至叶利尼亚地段的德军部队。

苏联方面关于德军在叶利尼亚地域的战斗中遭受损失的说法显然过于夸大。整个战役期间折损7—8万人，是德军实际损失（2.3万人）的三倍左右。他们称德军8月30日至9月5日损失4.5—4.7万人，这个数字达到第9军和第20军总兵力（约7万人）的50%多，甚至超过第24集团军承认的自身损失——约3.2万人。实际上，第24集团军损失3.2万人，德国第20军折损约1万人，交换比为3比1，这同该地域和战线其他地段以往战斗的损失比相一致。

尽管苏联方面的说法夸大其词，但第4集团军第9和第20军辖内6个师遭受的损失相当严重，特别是因为大部分伤亡者是各个师战斗团的步兵。其结果是，每个师的步兵战斗力折损一半，总损失相当于3个满编步兵师。[48]

最后需要指出的是，苏军在叶利尼亚的胜利非常重要，因为这代表红军在战争期间首次赢得真正的胜利。但取得这场胜利是因为第24集团军夺得了叶利尼亚，而不是歼灭了据守该城的德国军队。反过来说，希特勒和博克也为苏军的胜利做出了“贡献”，因为他们决定放弃该突出部，而非不惜一切代价予以坚守。他们做出这个决定仅仅是因为，若不撤离叶利尼亚突出部从而获得预备力量，中央集团军群其他作战地段，特别是第9集团军的“东线”，就会处于危险之中。

结论：杜霍夫希纳和叶利尼亚的对比

苏军大本营和铁木辛哥8月底及9月初为打击斯摩棱斯克和叶利尼亚地域德军部队而组织的反攻，的确是一场雄心勃勃、风险系数较高的冒险。做出这个决定是基于两个假设。第一个假设是苏军在斯摩棱斯克赢得胜利，是迫使中央集团军群停止魏克斯第2集团军和古德里安第2装甲集群向南推进唯一可行的办法。第二个假设是，鉴于铁木辛哥方面军7月下旬和8月中旬的两次反攻不断加大对中央集团军群造成的破坏，铁木辛哥和朱可夫方面军8月下旬规模更大的反攻也许会给博克集团军群造成更严重的破坏，甚至可能导致该集团军群彻底崩溃。苏军大本营和铁木辛哥发起这场反攻时所冒的风险，与中央集团军群正对西方面军左右两翼展开的进攻密切相关。

在第9集团军“东线”和第4集团军叶利尼亚地域进行的战斗印证了苏联人的第一个假设。正如博克和他麾下的指挥官们在他们的报告中多次承认，以及他们在叶利尼亚和斯摩棱斯克东北面的行动证实的那样，中央集团军群的防线的确几近崩溃。但实质性的崩溃并未发生，之所以如此，首先是因为苏联人的第二个假设完全不成立，其次是因为他们承担的风险对这场反攻具有致命影响。斯大林和铁木辛哥的希望，在很大程度上根源于希特勒固执地要求中央集团军群继续打击铁木辛哥的侧翼。该集团军群对西方面军左翼和右翼的进攻不仅没有停顿，而且加速进行。德军展开行动时，切尔尼戈夫、布良斯克和基辅方向的态势急剧恶化，第3装甲集群辖内施图梅集群猛攻据守西方面军右翼的两个集团军，迫使铁木辛哥将至关重要的预备力量北调，远离西方面军主要突击地带，以挽救陷入困境的第22和第29集团军。此举的直接后果是，马斯连尼科夫第29集团军无法参加反攻，霍缅科第30集团军遭削弱，几乎无法在反攻中发挥任何作用。因此，计划中以六个集团军展开的反攻，最终沦为两个集团军实施的进攻，作战力量只有科涅夫第19集团军和罗科索夫斯基第16集团军。虽然他们在亚尔采沃地域和北面付出的努力令人印象深刻，但没有第30集团军的协助，他们缺乏必要的力量打垮中央集团军群恶名昭著的杜霍夫希纳集团。

朱可夫的预备队方面军也没能在斯摩棱斯克以南地域完成受领的进攻任务。拉库京第24集团军的确在叶利尼亚赢得了重大胜利，但这场胜利在很大程度上被证明代价过于高昂。虽说第24集团军的猛烈突击最终迫使德军弃守叶利尼亚，但拉库京集团军遭受的巨大损失，导致他们既无法消灭马特纳防御力量中的任何一股重兵，也无法继续攻往斯摩棱斯克或罗斯拉夫利。另外，第43集团军在叶利尼亚南面渡过杰斯纳河发起的进攻，遭遇到令人尴尬的惨败，几乎没给德国守军造成任何损失。

虽然朱可夫在叶利尼亚的胜利长期以来一直被宣传为红军在战争期间赢得的首次胜利——红军突破敌人预有准备的防御并收复一大块被敌人占领的土地，但叶利尼亚的胜利并非红军的首次大捷，也不是最重要的一次。实际上，这两项荣誉都应归属西方面军第19集团军及其司令员科涅夫。科涅夫的部队8月17日沿沃皮河突破德国中央集团军群第5、第8军的防御，到月底时，在沃皮河西岸夺得一片10—14千米深、25千米宽的地域。相比之下，第24集团军在叶利尼亚收复的地域为18千米深、15—20千米宽。另外，夺得登陆场三天后，第19集团军挫败了获得加强的第7装甲师打垮科涅夫登陆场的企图，在此过程中击毁、击伤70辆敌坦克。最后，就德国第9集团军“东线”可怕的长度而言，8月份最后两周，铁木辛哥西方面军辖内第30、第19、第16集团军跨过一条80千米宽的战线推进2—15千米，迫使中央集团军群第9集团军放弃约700平方千米土地，是拉库京第24集团军在叶利尼亚地域所收复领土的两倍多。

另外，中央集团军群在第9集团军“东线”遭受的损失，不仅相当于，而且很可能超过第4集团军辖内部队在叶利尼亚及其周边蒙受的伤亡。例如，拉库京第24集团军没能彻底粉碎任何一个德军师，但科涅夫第19集团军却沿沃皮河重创第9集团军第8军第161步兵师，导致该师被评定为不适合从事后续战斗。实际上，第161步兵师直到德军发起“台风行动”三周后的10月21日才再度投入战斗。第14步兵师（摩托化）也遭到严重消耗，“台风行动”最初的一个月，该师一直担任预备队。

虽然在叶利尼亚地域战斗的第9和第20军6个师，8月15日至9月5日伤亡约1.8万人，但沿第9集团军“东线”从事战斗的德军部队蒙受的损失更大，可能为2.4万人，相当于4个师的兵力。强调这种差异的是，第4集团军以6个师据守叶利尼亚，第10装甲师一个战斗群提供援助，而第9集团军别无选择，在9月5日战斗结束前不得不以4个师（第87步兵师、第7装甲师、第14摩托化师、第255步兵师）加强遂行防御的6个步兵师（第129、第106、第35、第5、第161、第28、第8步兵师）[①]和第900摩托化教导旅。

尽管科涅夫和罗科索夫斯基第19、第16集团军在斯摩棱斯克东面和东北面、拉库京第24集团军在叶利尼亚赢得胜利，但归根结底，苏军大本营和铁木辛哥的宏大期望在9月5日前已彻底破灭。除未能消灭敌杜霍夫希纳集团并收复斯摩棱斯克外，斯大林和他的将领们现在还要面对德军顺利攻往基辅这个可怕的幽灵。截至9月5日，中央集团军群左翼与目标基辅之间仅存的障碍是叶廖缅科的布良斯克方面军。但正如斯大林和铁木辛哥很快就将获知的那样，此时这股力量也无力扭转乾坤。

1941年9月5日时，8月底至9月初在斯摩棱斯克和叶利尼亚地域进行的血腥战斗，对交战双方最重要的影响尚未显现出来。实际上，红军需要数周时间才能体会到后果，而德国人三个月后才发现其真正的影响。对苏联人来说，8月和9月初的战斗严重削弱了西方面军和预备队方面军辖内诸集团军，事实证明，德军10月1日发起“台风行动”的进攻大潮时，这些集团军根本无法承受这番打击。而德国人则在1941年12月初体会到了他们在斯摩棱斯克和叶利尼亚蒙受损失带来的严重后果，他们既没有步兵师，也没有装甲师来抵挡苏军又一波次新锐集团军的猛烈冲击。

---

① 译注：原文如此。

注释

1.《苏联集团军作战编成，第一部分（1941年6月—12月）》，莫斯科：总参谋部军事科学院军事历史处，1963年，第41页。

2. 参见叶甫盖尼·德里格，《战斗中的红军机械化军：1940年—1941年红军汽车装甲坦克兵史》，莫斯科：AST出版社，2005年。第43集团军坦克第104和第109师分别由机械化第27军坦克第9师和调自外贝加尔军区的独立坦克第59师改编而成。

3. 托马斯·L.延茨主编，《装甲部队：德军装甲力量的组建和作战使用完全指南，1933年—1942年》第一卷，宾夕法尼亚州阿特格伦：希弗出版社，1996年，第210页。

4. 赫尔曼·普洛歇尔中将，《德国空军对苏作战，1941年》，美国空军历史部，空军大学航空航天研究学院，1965年7月，第116页。

5. 关于这些数字和出色的每日战斗记录，可参阅米哈伊尔·卢比亚戈夫，《1941年在叶利尼亚》，斯摩棱斯克：俄国人出版社，2005年，第367页。

6.《最高统帅与预备队方面军司令员的专线电话交谈记录》（Zapis’ peregovorov po priamomu provodu Verkhovnogo Glavnokomanduiushchego s komanduiushchim voiskami Rezervnogo Fronta），收录于V.A.佐洛塔廖夫主编，《最高统帅部大本营：1941年的文献资料》，第147—148页。

7. 令人遗憾的是，预备队方面军和第24集团军的每日记录尚未公布。根据现有文件档案汇编而成的、最详细的战斗叙述当属鲍里斯·卡瓦列尔奇克的《叶利尼亚之战》，收录于收录于《1941年：红军被遗忘的胜利》，莫斯科：亚乌扎-艾克斯摩出版社，2009年，第128—183页；以及米哈伊尔·卢比亚戈夫的《1941年在叶利尼亚》。

8. 8月30日—31日，第43集团军进攻罗斯拉夫利期间，步兵第211师在遭遇德军第10装甲师遂行反冲击的坦克时“逃之夭夭”，朱可夫遂委任巴特拉科夫上校为该师师长。巴特拉科夫在莫斯科保卫战期间负伤，伤愈后出任步兵（原海军步兵）第42旅旅长，率领该旅参加斯大林格勒保卫战。他在巷战中再度负伤，伤愈后在总参军事学院学习，后晋升少将，1945年8月率领红旗第2集团军步兵第59师参加了在中国东北的对日进攻作战。

9. 米哈伊尔·卢比亚戈夫，《1941年在叶利尼亚》，第388页。引自*TsAMO RF*, f. 1087, o. 1, d. 5, l，第198页。大部分关于这场战斗的详细后续记述都可以在卢比亚戈夫这本出色的著作中找到。

10. 同上，第395页。

11. 同上，第396页。引自*TsAMO RF*, f. 1087, o. 1, d. 5, l，第199页。

12. 费多尔·冯·博克，《陆军元帅费多尔·冯·博克：战时日记，1939年—1945年》，宾夕法尼亚州阿特格伦：希弗军事历史出版社，1996年，第298页。

13. 米哈伊尔·卢比亚戈夫，《1941年在叶利尼亚》，第397—401页，引自第24集团军每日作战摘要。

14.《陆军元帅费多尔·冯·博克：战时日记，1939年—1945年》，第299页。

15. 截至9月4日，第10装甲师共有153辆可用坦克，包括9辆一号、38辆二号、75辆三号、18辆四号和13辆指挥坦克。但该师仅以这些坦克中的三分之一支援在叶利尼亚战斗的步兵，另外三分之二用于挫败第43集团军渡过杰斯纳河发起的进攻。参见托马斯·L.延茨主编，《装甲部队：德军装甲力量的组建和作战使用完全指南，1933年—1942年》第一卷，第206页。苏军坦克第104和第109师投入的坦克，可能稍超过50辆。

16. 米哈伊尔·卢比亚戈夫，《1941年在叶利尼亚》，第402页。引自《哈尔德日记》和中央集团军群每日作战摘要。

17. 《A.N.波斯克列贝舍夫与G.K.朱可夫专线电话交谈的记录》（Zapis' peregovorov po priamomu provodu A. N. Poskrebysheva s G. k. Zhukovym），收录于V.A.佐洛塔廖夫主编，《最高统帅部大本营：1941年的文献资料》，第155页。

18. 米哈伊尔·卢比亚戈夫，《1941年在叶利尼亚》，第403—408页。引自第24集团军每日作战摘要。

19. 同上，第406—407页。

20. 《陆军元帅费多尔·冯·博克：战时日记，1939年—1945年》，第300页。

21. 米哈伊尔·卢比亚戈夫，《1941年在叶利尼亚》，第408页，引自未删减版的《哈尔德日记》。

22. 同上，第410—414页，根据第24集团军每日作战概要改写而成。

23. 同上，第415—416页。

24. 《陆军元帅费多尔·冯·博克：战时日记，1939年—1945年》，第301—302页。

25. 米哈伊尔·卢比亚戈夫，《1941年在叶利尼亚》，第418—419页。书中反复提到步兵第335团，但步兵第100师编成内没有这个团。他说的可能是步兵第331团，该团在第100师辖内。

26. 同上，第419—423页。引自第24集团军每日作战摘要。

27. 布莱恩·I.福盖特，《巴巴罗萨行动：东线的战略和战术，1941年》，加利福尼亚州诺瓦托：要塞出版社，1984年，第181页。引自《第11军第7号作战日志》（XI Army Corps, "KTB 7,"），1941年9月2日—3日，收录于NAM T-314/405；《第20军第1号作战日志》（XX Army Corps, "KTB 1,"），1941年9月3日，收录于NAM T-314/651。

28. 米哈伊尔·卢比亚戈夫，《1941年在叶利尼亚》，第423—424页，引自第24集团军第858/sh号令。

29. 在1941年和1942年指挥了步兵团后，巴巴贾尼扬于1942年年中至1944年年末指挥一个机械化旅。1944年年末至1945年5月战争结束，他指挥近卫坦克第1集团军近卫坦克第11军，1975年晋升为坦克兵主帅。

30. 朱可夫提及的第43集团军步兵第149师，坦克第104、第109师，8月30日和31日已卷入第43集团军在叶利尼亚南面渡过杰斯纳河的流产的进攻行动。

31. 《最高统帅、总参谋长与预备队方面军司令员的专线电话交谈记录》（Zapis' peregovorov po priamomu provodu Verkhovnogo Glavnokomanduiushchego i nachal'nika General'nogo Shtaba s komanduiushchim voiskami Rezervnogo Fronta），收录于V.A.佐洛塔廖夫，《最高统帅部大本营：1941年的文献资料》，第162—163页。

32. 《陆军元帅费多尔·冯·博克：战时日记，1939年—1945年》，第303—306页。

33. 米哈伊尔·卢比亚戈夫，《1941年在叶利尼亚》，第419—423页，引自第24集团军每日作战摘要。

34. 同上，第434页。

35. 同上，第433页。

36. 同上，引自未删减的德文版《哈尔德日记》。

37. 米哈伊尔·卢比亚戈夫，《1941年在叶利尼亚》，第434—441页。引自第24集团军每日作战摘要。

38. 同上，第441页。引自*TsAMO RF* f. 219, o. 679, d. 33, l，第21页。

39. 鲍里斯·卡瓦列尔奇克，《叶利尼亚之战》，第171—172页。引自V.克拉斯诺夫《不为人知的朱可夫：一位军事统帅的沉浮》（Neizvestnyi Zhukov. Lavry i ternii Polkovodta），莫斯科：奥尔马出版社，2000年，第210页。

40. 米哈伊尔·卢比亚戈夫，《1941年在叶利尼亚》，第441—442页。

41. 同上，第447页。

42. 《最高统帅部大本营下达给预备队方面军司令员的第001736号训令：关于将步兵第127和第100师撤出战斗》（Direktiva Stavki VGK No. 001736 komanduiushchemu voiskami Rezervnogo Fronta o vyvode iz boia 127-i i 100-i Strelkovykh divizii），收录于V.A.佐洛塔廖夫，《最高统帅部大本营：1941年的文献资料》，第162页。步兵第100和第127师很快改称近卫步兵第1、第2师。

43. 《最高统帅部大本营发给预备队方面军司令员的第001941号训令：关于进攻组织方面的缺点》（Direktiva Stavki VGK No. 001941 komanduiushchemu voiskami Rezervnogo Fronta o nedostatkakh v organizatsii nastupleniia），收录于V.A.佐洛塔廖夫，《最高统帅部大本营：1941年的文献资料》，第181—182页。

44. 米哈伊尔·卢比亚戈夫，《1941年在叶利尼亚》，第450—451页；弗拉基米尔·别沙诺夫，《坦克大屠杀，1941年》，莫斯科：AST出版社，2001年，第412页。

45. G.F.克里沃舍耶夫主编，《揭秘：苏联武装力量在战争、作战行动和军事冲突中的损失》，莫斯科：军事出版局，1993年，第224页。

46. 同上，第169页。

47. 米哈伊尔·卢比亚戈夫，《1941年在叶利尼亚》，第454页。引自*TsAMO RF* f. 219, 0. 679, d. 3, ll，第41—44页。

48. 比较起来，德国陆军1941年8月在东线损失196597人，7月份损失172214人，9月份损失141144人。从战斗的激烈度看，中央地带远远超过北方和南方，中央集团军群的损失约占这些伤亡数的40%，博克集团军群8月份折损约7.9万人。如果第4集团军当月伤亡1.6万人，大多发生在叶利尼亚地域，第2集团军伤亡约1.4万人，第2装甲集群损失5300人，第3装甲集群损失7000人，那么，第9集团军则损失3.7万人，大部分发生在“东线”。参见佩尔西·E.施拉姆主编，汉斯-阿道夫·雅各布森编撰并评述，《国防军最高统帅部战时日志，1940—1945年（作战处）》，美茵河畔法兰克福：伯纳德＆格雷费出版社，1965年，第1121页；以及古德里安集团军级集群（第2装甲集群）1941年8月21日、8月31日、9月5日的作战日志，原件的副本。

第八章

苏军的第三场反攻：布良斯克方面军的罗斯拉夫利—新济布科夫进攻战役，第一阶段，1941 年 8 月 29 日—9 月 1 日

8月29日的态势

尽管苏军最高统帅部大本营一再敦促叶廖缅科阻止古德里安向南推进，但古德里安第2装甲集群全然不顾北面的激烈战斗，继续向南进击，8月28日黄昏在诺夫哥罗德–谢韦尔斯基和科罗普附近渡过杰斯纳河。苏军大本营担心古德里安的推进会把叶廖缅科的布良斯克方面军与基尔波诺斯的西南方面军隔开，有可能迂回并包围后者，遂命令空军集中力量阻止古德里安的前进，但徒劳无果。8月29日日终前，施韦彭堡第24摩托化军辖下的勒佩尔第10摩托化师先遣战斗群向南推进20千米，到达离巴赫马奇以北20千米，谢伊姆河（Seim）北面一箭之遥处。第10摩托化师先遣部队随后与苏军第40集团军步兵第293师一部在科罗普地域交战，同时与苏军第21集团军步兵第67军第42师沿谢伊姆河展开战斗。与此同时，东面70千米处，施韦彭堡军辖下的莫德尔第3装甲师在诺夫哥罗德–谢韦尔斯基的杰斯纳河河段东南方50千米处到达格卢霍夫西接近地，在那里同苏军第40集团军主力发生接触，具体说来就是该集团军辖下的坦克第10师和反坦克炮兵第5旅。（参见地图8.1）

为支援先遣部队，施韦彭堡军辖下的朗格曼第4装甲师、托马第17装甲师，以及莱梅尔森第47摩托化军编成内的博尔滕施泰因第29摩托化师，梯次排列在后方的诺夫哥罗德–谢韦尔斯基和特鲁布切夫斯克以西。前者在诺夫哥罗

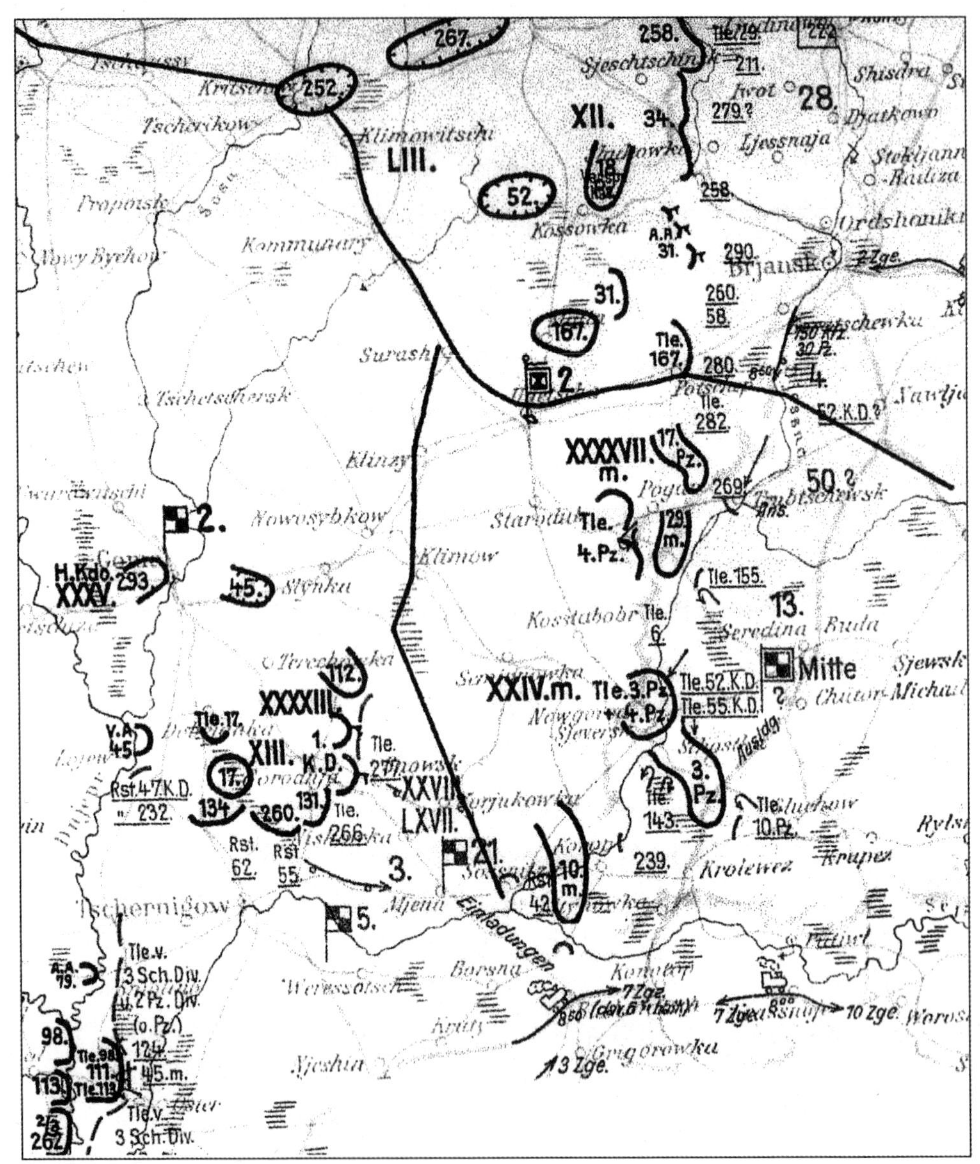

▲ 地图 8.1：中央集团军群右翼的战场态势，1941 年 8 月 29 日（资料图）

德–谢韦尔斯基地域同苏军第13集团军骑兵第52师，在特鲁布切夫斯克以西同第13集团军主力交战。后方，莱梅尔森军辖下的内林第18装甲师从罗斯拉夫利匆匆向南，同时忙着在杰斯纳河以西的古德里安后方地域搜捕戈罗德尼扬斯基第13集团军逃窜的散兵游勇。

此时，第24摩托化军掌握的可用坦克约为320辆，仅为1941年6月22日实力的一半，但由于苏军集团军指挥员手中的坦克寥寥无几，相比之下，第24摩托化军仍是一股相当强大的装甲力量。该军辖内各师的坦克数量如下（括号内的是三号或四号坦克，其他则为一号、二号和指挥坦克）：第3装甲师——45辆（11辆）；第4装甲师——64辆（35辆）；第17装甲师——47辆（24辆）；第18装甲师——85辆（46辆）；第10摩托化师——8辆（12辆）①。因此，虽说施韦彭堡军仍拥有大批坦克，但轻型坦克和指挥坦克的数量过半，这就意味着该军的实力远远弱于这些纸面数字代表的战斗力。另外，每天都有一些修复的坦克返回建制，师和军后勤部门掌握的可修复坦克数量如下：第3装甲师——107辆；第4装甲师——79辆；第17装甲师——76辆；第18装甲师——114辆；第10摩托化师——10辆。[1]至于人员损失，施韦彭堡麾下各师的伤亡相对较轻。8月11日—17日这一周遭受些许损失，8月18日—27日伤亡有所增加，而该军沿杰斯纳河和谢伊姆河同苏军发生接触后，损失成倍上升。（参见表8.1）

表8.1：1941年8月11日—9月10日，第24和第47摩托化军的人员损失

时期 \ 伤亡 \ 军团	第24摩托化军						第47摩托化军			
	第3装甲师		第4装甲师		第10摩托化师		第17装甲师		第18装甲师	
	阵亡	负伤	阵亡	负伤	阵亡	负伤	阵亡	负伤	阵亡	负伤
8月11日—18日	23	82	—	—	22	26	6	2	2	2
8月18日—28日	117	376	109	390	92	140	82	326	2	4
8月28日—31日	62	130	21	40	44	110	39	196	40	69
9月1日—10日	96	407	115	556	112	522	—	—	250	106
总计	**298**	**995**	**245**	**986**	**270**	**798**	**127**	**524**	**294**	**181**

※资料来源：《1941年8月11日—9月10日，第8、第9、第10军损失报告》，古德里安集团军级集群（第2装甲集群）1941年8月21日、8月31日、9月5日提交，原件。

① 译注：原文如此。

从据守左翼并在右翼同布良斯克方面军保持紧密联系的角度看，西南方面军依靠的是波德拉斯第40集团军，大本营8月26日将该集团军交给基尔波诺斯方面军。截至8月28日16点，第40集团军仍未组建完毕，西南方面军的作战摘要阐述了该集团军的状况和任务（参见地图4.4）：

· **第40集团军**（步兵第293、第135师，坦克第10师，空降兵第2军，反坦克炮兵第5旅）——正以空降兵第2军辖内部队占据科罗普和小乌斯季耶地段，该军已搭乘汽车开至，应沿杰斯纳河南岸继续坚守皮罗戈夫卡车站和斯捷潘诺夫卡一线。

★集团军的任务——防止敌人沿克罗列韦茨、沃罗日巴、科诺托普方向达成突破并坚守方面军右翼，抗击敌人从北面发起的进攻。

★司令部——科诺托普。

★左侧分界线——苏梅、巴赫马奇、奥利戈多尔夫、晓尔斯克。[2]

方面军8月29日22点提交的作战摘要详细汇报了波德拉斯第40集团军辖内兵团所处的位置，以及他们为阻止施韦彭堡第24摩托化军先遣师而采取的行动：

1.第40集团军（步兵第293、第135师，坦克第10师，空降兵第2军，反坦克炮兵第5旅）：

坦克第10师当日晨以1个摩托化步兵团和6辆坦克沿沃罗涅日-格卢霍夫和绍斯特卡方向对敌人（第3装甲师）发起冲击。在沃罗涅日-格卢霍夫附近击毁/消灭敌人3辆坦克、1个指挥/观察所、5门反坦克炮、6挺机枪、3门迫击炮。敌人1个营据守在绍斯特卡地域。沃罗涅日-格卢霍夫亦被敌人1个营占领。未收悉表明收复这些地域的消息。右侧，骑兵第52师（布良斯克方面军）自当日晨便攻往诺夫哥罗德-谢韦尔斯基，尚不清楚进攻结果。

步兵第293师在皮罗戈夫卡和科罗普地域同敌人（第10摩托化师）战斗。15点，敌人1个团和15辆坦克、超轻型坦克攻往阿尔特诺夫卡（科罗普东南方20千米）。

根据集团军司令员的决心，坦克第10师、步兵第293师和空降兵第2军辖内部队将沿科罗普方向对敌人发起反冲击。尚未收悉进攻开始的消息。

步兵第135师未与敌人发生接触。

反坦克炮兵第5旅与坦克第10师一同行动。

第40集团军司令部——科诺托普。[3]

古德里安前进中的装甲集群西面，魏克斯第2集团军的步兵正迫使V.I.库兹涅佐夫第21集团军和原第3集团军退往切尔尼戈夫。同时，德军也在肃清库兹涅佐夫集团军被困于切尔尼戈夫东北面和杰斯纳河北面一个突出的大型包围圈内的残部——这些部队8月26日前隶属中央方面军，现在由布良斯克方面军指挥。接下来两天，面对苏军参差不齐的抵抗，古德里安和魏克斯加强了他们的阵地并消灭了许多被围的红军部队，同时准备对叶廖缅科的左翼发起一场致命打击。

古德里安的装甲兵和魏克斯的步兵实施的猛烈突击，给布良斯克方面军第13和第21集团军造成两难局面。具体说来就是他们必须决定如何在左、右翼建立联系，从而形成一道绵亘防线，是沿杰斯纳河进行，还是在更南面。大本营以新组建的第40集团军填补第13与第21集团军之间的缺口，却导致情况更趋复杂，因为波德拉斯集团军隶属基尔波诺斯的西南方面军，而不是叶廖缅科的布良斯克方面军。第13集团军司令员戈卢别夫将军在8月29日9点45分发给叶廖缅科的一份报告中阐述了这种困境（参见地图3.3）：

· **敌人的情况**——敌人正以两个大股快速集群对我集团军与第50、第21集团军结合部之侧翼展开行动。

★左翼——敌人2个装甲师和1个步兵军朝波加尔和诺夫哥罗德-谢韦尔斯基展开行动。

★右翼——敌第47摩托化军向谢姆齐、瓦卢耶茨、罗曼诺夫卡展开行动，可能会攻往特鲁布切夫斯克，或同诺夫哥罗德-谢韦尔斯基集团会合。

· **第13集团军的任务**——执行方面军夺取斯塔罗杜布的命令。

· **辖内各兵团的任务：**

★步兵第269师——以步兵第1018、第1022团（步兵第1020团的兵力损失高达40%）据守乌索什基、皮亚内罗格、科托夫卡（波切普东南方15—20千米），抗击敌人2个摩托化团、40辆坦克和34架轰炸机实施的进攻，同时奉命攻往敌后方的谢姆齐和瓦卢耶茨（波切普以南10—20千米）。

★步兵第282师——为争夺谢姆齐（波切普以南10千米）进行激烈战斗，抗击敌人8月27日达成突破的1个步兵师（第63和第40步兵团）和坦克，余部8月28日在卡拉切夫卡和巴克兰地域（波切普西南偏南方20—25千米）战斗，步兵第877团击退敌坦克和摩托化步兵从拉马苏哈（波切普以南25千米）向特鲁布切夫斯克实施的进攻。该师不再是一股“指挥得当的有效作战力量”，我正设法恢复秩序，必要的话，解除该师师长的职务。该师的任务是在拉马苏哈掩护特鲁布切夫斯克公路并集中力量攻往卡尔博夫卡（波切普以南32千米），打击敌人的侧翼。

★步兵第155师——8月27日13点前出到扎杜边耶和加林斯克（波切普西南方30—35千米）。8月28日，面对敌坦克施加的压力，该师撤至苏多斯季河东岸并沿卡季洛夫卡和别列瓦亚一线（波切普以南30—35千米）加强自身防御。

★骑兵第4师——8月28日在卡尔博夫卡、哈莫夫希纳、波克罗夫斯基地域（波切普以南30—35千米，波加尔东北方15千米）持续战斗，日终前将敌人逼退至谢米亚奇基和乌扎一线，但目前正在整顿部队，准备向北攻往巴克兰。

★步兵第307师——8月28日13点沿霍特金、博尔谢沃、基斯捷尔一线（波加尔以西5千米至西南偏南方15千米）与敌摩托化步兵和50辆坦克战斗，但日终前被迫放弃波加尔（特鲁布切夫斯克以西35千米）。

★步兵第6师——撤至杰斯纳河东岸的卡缅以东树林一线（波加尔以南35千米），当日白天停止后撤，准备重新夺回先前的阵地。敌人以100辆坦克占领格列米亚奇（波加尔以南25千米，特鲁布切夫斯克西南方40千米）。

★坦克第50师——由于步兵第6师后撤，被迫从沃罗比耶夫卡和罗戈夫卡一线（格列米亚奇西南方20千米至以南20千米）退至杰斯纳河东岸，现已停止后撤，正准备夺回阵地。

★步兵第132师——沿比林和普罗克洛波夫卡一线（诺夫哥罗德-谢韦尔斯基东北偏北方10—15千米）同敌摩托化步兵和第3装甲师的坦克战斗。

★骑兵第52师——据守安东诺夫卡西郊和西南方树林（诺夫哥罗德-谢

韦尔斯基以东22千米），任务是进攻并前出到诺夫哥罗德-谢韦尔斯基南面的杰斯纳河。

★步兵第143师——未收悉该师第800和第383团的消息，但第635团600名没有武器的士兵集结在米哈伊洛夫斯基农场地域（诺夫哥罗德-谢韦尔斯基以南20千米）。

★步兵第137师——以1个混成营掩护特鲁布切夫斯克接近地。

·**总结：**

★集团军无法以现有力量消灭达成突破之敌。

★鉴于目前的困难局面，将集团军撤至杰斯纳河东岸，构设坚固防御，准备日后向西展开进攻会更好些。我请求您做出决定。

★集团军各部目前处于被逐一消灭的威胁下。[4]

戈卢别夫的报告准确无误。他的集团军编有11个师，但这些师中的大多数实力严重受损，还有几个师纯属空架子，他们据守的防线宽达100千米。雪上加霜的是，戈卢别夫在特鲁布切夫斯克以西战斗的7个师，面对的是德军第46摩托化军[①]第17装甲师和第29摩托化师，对方还获得第24摩托化军第4装甲师一部支援，而他位于诺夫哥罗德-谢韦尔斯基地域的3个师面对德军第24摩托化军第3装甲师和第4装甲师三分之二的力量。因此，对拥有250辆坦克的敌人发起任何进攻都是愚蠢之举，但这恰恰是叶廖缅科命令戈卢别夫集团军所做的事情。

与戈卢别夫第13集团军相比，布良斯克方面军第21集团军面临的问题更为严重。这是因为施韦彭堡第24摩托化军3个快速师牢牢占据缺口，将布良斯克方面军左翼第21集团军同该方面军沿杰斯纳河上游和中游行动的主力隔开。第21集团军司令V.I.库兹涅佐夫将军在8月29日签发的一道训令中描述了集团军的处境。这道命令是回应叶廖缅科要求他向东组织一场突围的指示，发给集团军辖内部队和布良斯克方面军参谋长（参见地图8.2）：

① 译注：第47摩托化军。

·**总体情况**——敌人跨过集团军整条防线展开进攻，已发现敌斯塔罗杜布集团正沿谢苗诺夫卡、科罗普、霍尔梅、阿夫杰耶夫卡一线活动（将第21集团军与第13集团军隔开）。

★右侧——第13集团军左翼部队据守科斯托博布尔和基斯特尔一线。

★左侧——（西南方面军第5集团军）步兵第15军正据守布罗夫卡和达尼奇一线。

★第21集团军的任务——坚守北部方向（切尔尼戈夫和东北方），同时向东面的敌斯塔罗杜布集团发起主要突击。

★辖内各兵团的任务：

★步兵第67军（步兵第42、第277师）——8月30日晨向东北方攻往谢苗诺夫卡（诺夫哥罗德-谢韦尔斯基以西50千米），日终前到达拉季切夫、阿夫杰耶夫卡、拉多姆卡、波戈列利齐一线，同时组织协同，务必防止各个师之间出现缺口，并掩护步兵第42和第277师侧翼。

★步兵第28军（步兵第187、第219、第117师）——据守古特卡斯图杰涅茨卡亚、莫斯特基、埃利诺、别祖格洛夫卡、新博罗维奇一线（切尔尼戈夫东北方），以1个步兵团在卢卡地域担任预备队并组建一支机动反坦克预备队。

★步兵第66军（步兵第55、第266、第75、第232师，摩托化第20团，第65筑垒地域，第49、第50号装甲列车）——据守博罗维奇车站、卡姆卡、彼得罗夫卡、杜布罗夫诺耶、布罗夫卡一线（切尔尼戈夫北面）并在宰米谢和新姆利内地段接替骑兵集群。

★骑兵集群——获得步兵第66军接替后，集结在马科希诺西北方小树林内。

★预备队——步兵第24师和空降兵第214旅，集结在梅纳西南郊，做好在步兵第42师身后攻往谢苗诺夫卡的准备。

★步兵第28和第66军军长——构设牢固的防御，配有排级战壕和防坦克阵地，将团属和师属炮兵部署在步兵前沿阵地并组织炮兵协同。

★后勤部门——补充物资储备，前运弹药，使其达到规定标准。[5]

▲ 地图 8.2：第 21 集团军的作战地域（资料图）

大体而言，库兹涅佐夫命令集团军辖内步兵第28和第66军不惜一切代价坚守阵地，防线从切尔尼戈夫北面起，向东延伸到斯诺夫河（Snov），再沿斯诺夫河向东北方延伸到斯诺夫斯克（Snovsk），而步兵第66军[①]晚些时候会

① 译注：联系上下文，这里似乎指的是步兵第 67 军。

得到骑兵集群加强，向东北面和东面攻往谢苗诺夫卡和诺夫哥罗德-谢韦尔斯基。这里存在两个问题：首先，从切尔尼戈夫至谢苗诺夫卡的距离为100千米，从谢苗诺夫卡到诺夫哥罗德-谢韦尔斯基又是50千米；其次，戈卢别夫[①]将以2个实力不足的步兵师和3个骑兵师穿越的这片150千米的地区，已被德军第24摩托化军装甲兵主力占据。简言之，库兹涅佐夫的任务比戈卢别夫第13集团军的任务更具挑战性。

策划和行动，8月29日—31日

布良斯克方面军 8 月 29 日的进攻令

为支援西方面军和预备队方面军计划于8月30日和9月1日发起的全面反攻，在斯大林和大本营的敦促下，别无选择的叶廖缅科只得投入整个方面军展开一场总攻。因此，就在第13和第21集团军下达进攻令几个小时前的8月29日7点，叶廖缅科命令布良斯克方面军投入几乎全部坦克和预备力量，8月30日拂晓发起一场反攻：

·**总体情况**——敌人（第3装甲师和摩托化部队）8月26日突破第13集团军左翼，在诺夫哥罗德-谢韦尔斯基地域强渡杰斯纳河，朝亚姆波尔和索斯尼察方向发展，同时攻往谢苗诺夫卡和晓尔斯，意图包围第13和第21集团军侧翼。第50集团军正据守原先阵地，在波切普地域同敌人展开激烈战斗。

·**辖内各兵团的任务：**

★第13集团军（戈卢别夫，8月31日被戈罗德尼扬斯基接替）——掩护你部右翼的同时，在方面军快速集群身后（向西）大力攻往波加尔和斯塔罗杜布，消灭敌人，8月30日日终前到达苏多斯季河一线（波加尔南北两面，特鲁布切夫斯克以西35千米），9月1日晨前出到加尔采沃、格里坚基、多赫诺维奇一线（特鲁布切夫斯克西北方55千米至西南偏西方60千米）。

★快速集群（坦克第108师、坦克第141旅、骑兵第4师，由叶尔马科夫少

---

①译注：原文如此。

将指挥）——（向西南方）攻往格鲁兹多瓦、索斯诺夫卡、波加尔、塔拉索夫卡、沃罗诺克（特鲁布切夫斯克西南方80千米），（尔后向南穿过）热列兹内莫斯季、马舍沃（诺夫哥罗德-谢韦尔斯基西北偏西方35千米）和诺夫哥罗德-谢韦尔斯基，8月30日日终前到达多赫诺维奇、塔拉索夫卡、格里涅沃一线（波加尔以西30千米至西南偏南方15千米），8月31日日终前到达诺夫哥罗德-谢韦尔斯基地域。

☆坦克第108师（辖1个工兵排）——沿莫斯托奇纳亚、罗曼诺夫卡、波加尔、格里涅沃、多赫诺维奇、新姆伦卡、沃罗诺克、热列兹内莫斯季、马舍沃（诺夫哥罗德-谢韦尔斯基西北偏西方35千米）、阿拉波维奇（诺夫哥罗德-谢韦尔斯基以南5千米）、绍斯特卡（诺夫哥罗德-谢韦尔斯基东南方24千米）方向发起进攻并在波苏季奇和波加尔地段强渡苏多斯季河。

☆坦克第141旅（辖1个工兵排）——沿伊利因诺、格雷波奇卡、佩列贡、安德雷科维奇、阿扎罗夫卡、科斯托博布尔（诺夫哥罗德-谢韦尔斯基西北方35千米）、诺夫哥罗德-谢韦尔斯基、亚姆波尔（诺夫哥罗德-谢韦尔斯基东南偏东方35千米）方向发起进攻并在苏沃罗沃和卢金地段强渡苏多斯季河。

☆骑兵第4师——在坦克集群身后作为第二梯队展开进攻，与坦克协同，消灭敌人。

★方面军航空兵——8月29日、30日和31日的任务：

☆8月29日5点—11点——沿戈洛洛博沃、西多罗夫卡、科米亚吉诺、斯洛博达、苏博托沃，坦克第141旅的推进方向，在乌特和曼楚罗夫卡地段掩护杰斯纳河上的渡口，在普柳斯科沃、莫斯托奇纳亚、拉金斯克地域掩护快速集群集结。

☆1941年8月30日——掩护快速集群朝波加尔地域推进，应特别注意掩护波加尔地域的苏多斯季河渡口。

☆强击机和轰炸机——消灭快速集群当面之敌并阻止敌部队的调动。

·指挥控制：

★将集团军密码人员派驻坦克第108师、坦克第141旅和骑兵第4师，确保电台畅通。

★航空兵指挥员——给坦克第108师和坦克第141旅各派一名作战指挥员和一架U-2飞机。

★方面军通信主任——在特鲁布切夫斯克地域设立无线电中心，不得迟于8月29日12点。[6]

只要简单看看这道命令，就连最马虎的旁观者也会对其深感怀疑。尽管第13集团军已残破不全，但叶廖缅科仍要求快速集群在他的副手叶尔马科夫指挥下，从特鲁布切夫斯克以西集结区向西发起冲击，朝波加尔推进35千米后，在该镇渡过苏多斯季河，然后在一天的战斗中朝西南方的塔拉索夫卡再推进20—30千米。之后，快速集群辖内部队将转身向南、东南方推进60—70千米，在诺夫哥罗德-谢韦尔斯基南面渡过杰斯纳河，最终到达诺夫哥罗德-谢韦尔斯基南面和东南面的亚姆波尔和绍斯特卡地域。除前进55千米并渡过一条大型河流外，该快速集群还将迎战并击败德军第17装甲师、第29摩托化师和第4装甲师三分之一力量。该集群的实力远不及第17装甲师；截至8月29日，谢尔盖·阿列克谢耶维奇·伊万诺夫上校指挥的坦克第108师拥有62辆坦克，包括5辆KV、32辆T-34、25辆轻型T-40坦克，坦克第141旅只有30—40辆坦克。[7]而此时，第17装甲师共有约120辆坦克，包括30辆二号、70辆三号、20辆四号坦克，约半数可用。对叶廖缅科来说，更糟糕的是德军第18装甲师的50—60辆坦克将于8月31日加入战斗。完成这番令人难以置信的壮举后，苏军快速集群还将继续推进50—55千米，渡过杰斯纳河，从德军第4装甲师余部和第3装甲师一部手中夺取诺夫哥罗德-谢韦尔斯基。

苏军最高统帅部大本营8月29日的训令

如果说上述任务尚未艰巨到戈卢别夫第13集团军无法完成的程度，那么，大本营的新指示则进一步导致问题复杂化。8月30日6点10分，叶廖缅科下达总攻令后不到24小时，大本营给这位方面军司令员发来一道新指令，要求他以布良斯克方面军全部力量展开进攻。斯大林亲自签署的这道训令中写道：

·**总体情况**——敌人据守别雷、维亚济马、斯帕斯杰缅斯克方向的同时，集中其快速力量对付布良斯克方面军，企图从诺夫哥罗德-谢韦尔斯基向沃罗日巴（诺夫哥罗德-谢韦尔斯基东南方120千米）发展突破。

· **布良斯克方面军的任务**——朝罗斯拉夫利和斯塔罗杜布发起进攻，消灭波切普、诺夫哥罗德-谢韦尔斯基、新济布科夫地域之敌，尔后向克列切夫和普罗波伊斯克发展进攻，9月15日前到达彼得罗维奇、克利莫维奇、白杜布拉瓦、古塔科列茨卡亚、新济布科夫、晓尔斯一线（布良斯克西北偏西方185千米，以西170千米至诺夫哥罗德-谢韦尔斯基以西105千米）。

· **具体任务：**

★第50集团军（彼得罗夫）——留下步兵第217、第279、第258、第290师据守他们的阵地，9月3日以4个步兵师和坦克从维亚佐夫斯克和韦列绍夫斯基一线（茹科夫卡以北15千米至以南12千米）攻往佩克利诺、新克鲁佩茨和罗斯拉夫利，会同预备队方面军第43集团军消灭茹科夫卡、杜布罗夫卡地域之敌集团，尔后夺取罗斯拉夫利地域，9月13日前出到彼得罗维奇、克利莫维奇一线（布良斯克西北方185千米至西北偏西方170千米）。

★第3集团军（克列伊泽尔）——至少投入2个步兵师和坦克，从利普基、维托夫卡、谢姆齐一线（波切普以南10—20千米）攻往斯塔罗杜布和新济布科夫，会同第13集团军消灭斯塔罗杜布、诺夫哥罗德-谢韦尔斯基、特鲁布切夫斯克地域的敌快速集群，9月15日前出到克利莫维奇和白杜布罗夫卡一线（布良斯克西北偏西方170千米至以西155千米）。

★第13集团军（戈罗德尼扬斯基）——以5个师和坦克继续朝热列兹内莫斯季和谢苗诺夫卡遂行主要突击，会同第3集团军消灭敌诺夫哥罗德-谢韦尔斯基集团，9月15日前出到白杜布罗夫卡和古塔科列茨卡亚一线（布良斯克以西155千米至西南方180千米）。

★第21集团军（V.I.库兹涅佐夫）——据守左翼的同时，从克留科夫卡、佩列柳布、新博罗维奇一线（谢苗诺夫卡西南偏南方48千米至西南偏西方25千米）出发继续向东北方的谢苗诺夫卡和斯塔罗杜布遂行主要突击，会同第13集团军消灭谢苗诺夫卡、斯塔罗杜布、诺夫哥罗德-谢韦尔斯基地域之敌。

★方面军预备队——步兵第298师在佳季科沃地域掩护与预备队方面军的分界线。

·友邻力量：

★右侧——预备队方面军8月30日发起进攻，消灭波奇诺克和罗斯拉夫利地域之敌，夺取罗斯拉夫利，前出到多尔吉尼维、希斯拉维奇、彼得罗维奇一线。

★左侧——西南方面军将沿马基申、列普基、洛帕京一线和第聂伯河实施积极防御。

·特别指示：

★整个战役过程中，应以各指挥层精心组织的系统性情报收集工作消除敌人行动的一切突然性，应特别注意沿敞开的侧翼实施连续而又巧妙的侦察。

★加强从敌人手中夺取的一切防线和据点，要求辖内部队立即修筑防御工事。

★应预计到敌人会以规模庞大而又集中的空中行动支援并伴随步兵及坦克的行动。

★战役发起前，以持续的空中行动遏止敌快速集群。

★以严格保密的方式实施战役准备，不得在电话和电报中讨论即将发起的行动。

★汇报收悉情况。[8]

因此，叶廖缅科麾下力量必须继续他们正在进行的努力，将古德里安装甲集群包围、消灭在波切普、特鲁布切夫斯克、诺夫哥罗德–谢韦尔斯基、新济布科夫地域，杰斯纳河以西这片50—100千米宽的矩形地区从特鲁布切夫斯克南延至诺夫哥罗德–谢韦尔斯基。但更加不切实际的是，大本营还期望他掩护布良斯克方面军与朱可夫预备队方面军（沿莫斯科方向）、基尔波诺斯西南方面军（沿基辅方向）的分界线，并以第50集团军攻往罗斯拉夫利。鉴于方面军左翼和更左翼第21、第13集团军的破损状况，对叶廖缅科的要求显然过高，尽管他被同僚们视为“苏联的古德里安”。

布良斯克方面军的实力和问题

叶廖缅科面临的主要问题是方面军辖内力量不足，这一点在大型坦克兵团身上最为明显，他的各个兵团分散在一条过于宽大的防线上，而德军强大的力量已楔入方面军战役布势。实际上，到8月下旬，施韦彭堡第24摩托化军已将布良斯克方面军左翼第21、原第3集团军与方面军中央和右翼的第13集团军，新组建的第3、第50集团军隔开（参见表8.2）：

表8.2：布良斯克方面军1941年8月30日的编成和指挥员（步兵、骑兵、坦克、机械化兵团和部队）

<table>
<tr><td colspan="3">布良斯克方面军
安德烈·伊万诺维奇·叶廖缅科上将[1]</td></tr>
<tr><td rowspan="9">第3集团军
雅科夫·格里戈里耶维奇·克列伊泽尔少将</td><td colspan="2">步兵第137师</td></tr>
<tr><td colspan="2">步兵第148师</td></tr>
<tr><td colspan="2">步兵第269师</td></tr>
<tr><td colspan="2">步兵第280师</td></tr>
<tr><td colspan="2">步兵第282师</td></tr>
<tr><td colspan="2">骑兵第4师
米哈伊尔·谢苗诺维奇·希什金上校</td></tr>
<tr><td colspan="2">坦克第108师（12月2日改编为坦克第108旅）
谢尔盖·阿列克谢耶维奇·伊万诺夫上校</td></tr>
<tr><td colspan="2">坦克第141旅（原坦克第110师）
彼得·切尔诺夫上校</td></tr>
<tr><td colspan="2">独立坦克第113营</td></tr>
<tr><td rowspan="11">第13集团军
阿夫克先季·米哈伊洛维奇·戈罗德尼扬斯基少将</td><td rowspan="3">步兵第45军</td><td>步兵第6师</td></tr>
<tr><td>步兵第155师</td></tr>
<tr><td>步兵第307师</td></tr>
<tr><td colspan="2">步兵第121师</td></tr>
<tr><td colspan="2">步兵第132师</td></tr>
<tr><td colspan="2">步兵第143师</td></tr>
<tr><td rowspan="2">空降兵第4军</td><td>空降兵第7旅</td></tr>
<tr><td>空降兵第8旅</td></tr>
<tr><td colspan="2">骑兵第52师
尼古拉·彼得罗维奇·亚库宁上校</td></tr>
<tr><td colspan="2">坦克第50师（9月17日改编为坦克第150旅）
鲍里斯·谢尔盖耶维奇·巴哈罗夫上校</td></tr>
<tr><td colspan="2">独立坦克第43营</td></tr>
</table>

① 译注：中将。

续表

第21集团军 瓦西里·伊万诺维奇·库兹涅佐夫中将	步兵第28军	步兵第117师
		步兵第187师
		步兵第219师
	步兵第66军	步兵第55师
		步兵第75师
		步兵第232师
		步兵第266师
	步兵第67军	步兵第24师
		步兵第42师
		步兵第277师
	骑兵集群	骑兵第32师
		骑兵第43师
		骑兵第47师
	空降兵第214旅	
	独立坦克第18团	
第50集团军 米哈伊尔·彼得罗维奇·彼得罗夫少将	步兵第217师	
	步兵第258师	
	步兵第260师	
	步兵第278师	
	步兵第279师	
	步兵第290师	
	步兵第299师	
	步兵第29团（步兵第38师）	
叶尔马科夫将军的战役集群 阿尔卡季·尼古拉耶维奇·叶尔马科夫少将	步兵第283师	
	山地步兵第21师	
	骑兵第55师	
	坦克第121旅 尼古拉·尼古拉耶维奇·拉德克维奇上校	
	坦克第150旅 鲍里斯·谢尔盖耶维奇·巴哈罗夫上校	
阿基缅科上校的战役集群 阿德良·扎哈罗维奇·阿基缅科少将[1]	步兵第127师	
	步兵第160师	
方面军直属部队	步兵第102师	
	步兵第151师	
	步兵第154师	
	步兵第287师	
	步兵第298师（重建中）	
	布良斯克步兵学校独立步兵团	

① 译注：上校。

叶廖缅科在思索该如何完成艰巨的任务时，面临的最严峻挑战是填补一个20多千米宽的缺口，这个缺口将原中央方面军右翼第21集团军与布良斯克方面军左翼第13集团军隔开。[9]三天前，大本营试图解决这个问题，将这项任务交给匆匆组建的第40集团军，这个集团军由波德拉斯将军指挥，辖内包括从前线其他地段和后方集结起来的部队（参见前一章）。第40集团军8月26日正式成立，当日分配给基尔波诺斯西南方面军。指挥该集团军的是原基辅特别军区步兵总监波德拉斯将军。集结各部队后，该集团军8月底编有哈里东诺夫的空降兵第2军（辖空降兵第2、第3、第4旅）、步兵第135和第293师、坦克兵少将库济马·亚历山德罗维奇·谢缅琴科的坦克第10师（机械化第15军残部，该军已在边境交战期间遭歼灭）、NKVD步兵第23师（这个内务部内卫部队师辖NKVD步兵第6、第16、第28团），另外还有反坦克炮兵第5旅。（参见表8.3）

表8.3：1941年9月1日，第40集团军的编成和指挥员

<table>
<tr><td rowspan="14">第40集团军
库济马·彼得罗维奇·波德拉斯中将①</td><td colspan="2">步兵第135师</td></tr>
<tr><td colspan="2">步兵第293师</td></tr>
<tr><td rowspan="3">空降兵第2军
费奥多尔·米哈伊洛维奇·哈里东诺夫少将</td><td>空降兵第2旅</td></tr>
<tr><td>空降兵第3旅</td></tr>
<tr><td>空降兵第4旅</td></tr>
<tr><td colspan="2">步兵第1042团（步兵第295师）</td></tr>
<tr><td colspan="2">坦克第10师（9月初覆灭在基辅包围圈）
坦克兵少将库济马·亚历山德罗维奇·谢缅琴科</td></tr>
<tr><td rowspan="3">NKVD步兵第23师</td><td>NKVD步兵第6团</td></tr>
<tr><td>NKVD步兵第16团</td></tr>
<tr><td>NKVD步兵第28团</td></tr>
<tr><td colspan="2">独立坦克第53营</td></tr>
<tr><td colspan="2">独立坦克第55营</td></tr>
<tr><td colspan="2">独立坦克第65营</td></tr>
<tr><td colspan="2">反坦克炮兵第5旅</td></tr>
</table>

① 译注：少将。

布良斯克方面军除了存在严重的指挥控制问题外，各级指挥员也缺乏必要的战斗经验。叶廖缅科本人是一位经验丰富的指挥员，1939年9月入侵波兰期间，他在白俄罗斯方面军指挥骑兵第6军，1940年在白俄罗斯特别军区指挥机械化第3军，1941年在远东军区和外贝加尔军区指挥红旗独立第1集团军和第16集团军①，1941年夏季暂代西方面军司令员。但是，他麾下一些集团军司令员缺乏相应的战地经验。例如第3、第13集团军司令员克列伊泽尔和戈罗德尼扬斯基，刚刚从师级指挥员升为集团军司令员，第50集团军司令员彼得罗夫曾指挥过机械化第17和步兵第20军，而方面军司令部的工作人员同样缺乏经验，他们曾在近期撤销的步兵第20军和机械化第25军军部任职。[10]

8月29日的战斗

尽管如此，根据他早些时候同斯大林的交谈可知，叶廖缅科非常清楚斯大林和大本营想让他做些什么（尽快发起进攻），以及需要他这样做的原因（不惜一切代价阻挡住古德里安的猛攻）。但是，由于布良斯克方面军辖内许多师已投入战斗，另一些师仍在遂行防御或为进攻加以准备，叶廖缅科8月29日展开的初步进攻发展得不太均衡，各个师以零零碎碎的方式投入行动，而另一些师根本无法加入战斗。布良斯克方面军8月29日18点呈交的作战摘要谈到了勉强发动进攻引发的混乱（参见地图8.1）：

· **总体情况**——布良斯克方面军辖内部队在右翼和左翼继续实施持续的防御作战并在波切普地域展开进攻，力图恢复态势并夺取波切普。敌人在其左右两翼沿罗斯拉夫利、布良斯克和诺夫哥罗德-谢韦尔斯基方向展开积极的进攻行动，同时在波切普地域顽强防御并发起反冲击。8月29日晨，空中侦察报告，从科列特尼亚至沃罗比耶夫卡方向，敌人集结在沃罗比耶夫卡、布达、德米特罗沃、红斯洛博达地域。

· **第50集团军：**

★步兵第217师——位置未发生变化，以火炮、迫击炮和机枪火力击退并

① 译注：没有查到关于叶廖缅科担任第16集团军司令员的资料，此处存疑。

消灭在斯诺波特、皮亚特尼茨科耶地域（茹科夫卡以北30—45千米）遂行进攻的敌部队。

★步兵第279、第258、第260师——未实施作战行动，但占据并加固己方阵地，抗击一股不太活跃的敌军。

★步兵第280师（步兵第878、第1020团）——8月29日晨发起冲击，意图消灭敌波切普集团并夺取波切普。将敌人驱离皮亚内罗格地域（波切普东南偏东方10千米），12点夺得普季洛夫斯基、泽列纳亚罗夏、奥利霍夫卡和维托夫卡。步兵第1020团在波切普为夺取波切普车站进行战斗，但敌人2个步兵营在50辆坦克和大批战机支援下，于13点50分向维托夫卡（波切普以东4千米）发起反冲击，突入皮亚内罗格，给步兵第280师左翼力量造成严重损失并切断了他们的交通线。正采取措施弄清情况并核实各部队在波切普所处的位置。

★步兵第278、第290师——位置没有发生变化，未直接参与战斗。

· **第13集团军**——8月29日沿整条防线继续同敌人战斗。

★步兵第269师——在谢姆齐地域（波切普以南10—20千米）同据有数量优势且获得坦克支援的敌部队（第53、第41摩托化团）战斗，该师师长（尼古拉·费多罗维奇·加尔尼奇上校）在战斗中身负重伤。

★骑兵第45师——8月29日一整天同敌人持续战斗，撤离科济耶夫卡和比列耶沃一线，但敌人预料到了这场后撤，以侦察部队占领萨古季耶沃和维捷姆利亚（波加尔东南方18千米至东南偏南方20千米）。

★步兵第155和第307师——当日下午位于柳别茨、红乌戈尔、埃夫多科利地域（波加尔东南方12—18千米）。

★步兵第6师——在穆拉维伊和卡缅地段（波加尔以南25—30千米）据守杰斯纳河东岸。

★坦克第50师——占据穆拉维伊至奥奇基诺一线（波加尔以南20—35千米）。

★步兵第132师——位于奥奇基诺和比林一线（诺夫哥罗德-谢韦尔斯基东北偏北方12—25千米）。

★步兵第143师——位于沃夫基地域（诺夫哥罗德-谢韦尔斯基以南20—25千米）。

★骑兵第52师——位于安东诺夫卡和波列耶夫卡地域（诺夫哥罗德-谢韦尔斯基以东和东南偏东方22—25千米）。

★集团军辖内其他部队的位置未发生变化。

· **调动情况：**

★步兵第298师——开赴柳季诺沃车站（布良斯克以东），将于8月30日集结在佳季科沃地域。

★坦克第108师——开赴多利斯克、波洛韦茨克、韦尔尚地域（特鲁布切夫斯克以北15—25千米）的途中。

★坦克第141旅——开赴科米亚吉诺、拉金斯克、苏博托沃地域（特鲁布切夫斯克东北方8—10千米）的途中。

★骑兵第4师——集结在莫斯托奇纳亚、谢米亚乔瓦、沃伊博罗沃地域（特鲁布切夫斯克以北10—15千米）。

· **方面军预备队**——步兵第299师位于原先位置。

· **第21集团军**——截至18点，未收悉相关消息。[11]

正如这份作战摘要所示，布良斯克方面军8月29日发起进攻，以第50集团军步兵第280师猛攻波切普地域，本应在波加尔地域向西发起冲击的大部分部队，现在撤往特鲁布切夫斯克，以及从特鲁布切夫斯克东南方20千米南延至诺夫哥罗德-谢韦尔斯基这片地段相对安全的杰斯纳河后方。此时，第13集团军在诺夫哥罗德-谢韦尔斯基和绍斯特卡地段竭力阻挡德军第3、第4装甲师的推进，但随着骑兵第52师，步兵第132、第143师实力锐减，这番努力终告失败。叶廖缅科现在非常清楚，他的方面军对此无能为力，不得不等待叶尔马科夫将军的战役集群集结起坦克第108师、坦克第141旅和提供支援的骑兵第4师。

8月30日的战斗

8月29日地面行动的失败，特别是波切普和波加尔地域的挫败，让叶廖缅科深感沮丧。8月30日晨，他再次求助于空中力量，试图满足大本营不断提出的要求。清晨4点，他命令方面军航空兵反击德军第47摩托化军的装甲力量，命令中首先描述了危险地点：

敌人8月29日日终前占领波切普、德米特罗沃、斯捷奇尼亚、瓦西里耶夫卡、阿列申卡、乌扎地域（以上地点均在特鲁布切夫斯克以西15—20千米处），已发现敌人沿罗斯拉夫利—茹科夫卡—佩克利诺、维索科谢利谢—季沃夫卡—杰列姆纳、斯塔罗杜布—波加尔、斯塔罗杜布—舍普塔基公路的汽车运输非常繁忙。

叶廖缅科随即命令方面军航空兵投入全部力量支援第13集团军，各师任务如下：

· **布良斯克方面军航空兵的任务**——8月30日晨展开持续打击，消灭已发现的敌摩托—机械化集团。

★第13集团军航空兵的任务：

☆混成航空兵第11师（以歼击航空兵第162团12架歼击机掩护目标地域）：

■7点05分—7点10分——在斯捷奇尼亚、瓦西里耶夫卡、阿列申卡、乌扎地域打击并轰炸敌摩托—机械化队列，战斗机提供护航并掩护起降。

■8月30日6点起，之后白天每隔3小时——以个别伊尔-2战机发起攻击，扰乱沿斯塔罗杜布—格里涅夫—波加尔、斯塔罗杜布—波努罗夫卡—科斯托博布尔—舍普塔基公路行进的敌军队列。

■7点30分——以个别歼击机在斯捷奇尼亚、瓦西里耶夫卡、阿列申卡、乌扎地域核实我方战机的打击效果。

■8点——在诺夫哥罗德-谢韦尔斯基地域方圆10千米内实施侦察。

☆混成航空兵第61师（与强击航空兵第237团1个伊尔-2营）：

■实施打击和轰炸，消灭波切普和德米特罗沃地域的敌摩托—机械化部队并以基地设在奥列希诺和梅尔特瓦亚的歼击航空兵第162团的战机提供掩护。

■8点30分以个别歼击机核实轰炸效果。

☆混成航空兵第60师

■7点——以12架米格-3在斯捷奇纳亚、瓦西里耶夫卡、乌扎地域打击敌防空阵地并掩护混成航空兵第11师在同一地域实施打击和轰炸行动。

■7点——以个别歼击机在谢夏、沃尔科夫希纳、维什科维奇、弗拉季米罗夫卡地域核实我方战机的打击战果。

■1941年8月30日6点，之后白天每隔3小时——以强击航空兵第237团个别伊尔-2战机发起攻击，扰乱沿罗斯拉夫利、杜布罗夫卡、卢戈韦茨、姆格林、季沃夫卡公路行进的敌军队列。

■机组人员应立即向航空兵司令部汇报打击和轰炸行动的战果，并通报飞行员的名字。

·**时间安排**——所有兵团和部队应于8月30日11点30分前做好反复出动的准备。[12]

苏军航空兵对德军阵地发起打击后不久（8月30日8点），布良斯克方面军呈交晨时作战摘要，在报告中简要叙述空中行动并汇报方面军作战地域的态势（参见地图8.3）：

·**总体情况**——布良斯克方面军辖内部队在右翼实施防御，在中央地带沿波切普和诺夫哥罗德-谢韦尔斯基方向展开最为激烈的战斗。

·**第50集团军**——位置未发生变化。

★步兵第217师（位于右翼）——以火炮和机枪火力击退敌人对前沿的进攻。

★步兵第279、第258、第260师——位置未发生变化，当面之敌较为消极。

★步兵第280师——沿波切普方向同敌人2个步兵营展开激烈战斗，对方在50辆坦克的支援下朝维托夫卡（波切普以东5千米）发起反冲击，8月29日13点30分突破到皮亚内罗格（波切普东南偏东方10千米）。

·**第13集团军**——继续在右翼同进攻之敌战斗，8月28日在谢姆齐和瓦洛韦茨地段（波切普以南10—20千米）的战斗尤为激烈。

★步兵第269师——据守乌索什基、皮亚内罗格、科托夫卡（波切普以东5千米至东南方12千米），遭到敌人2个摩托化团的进攻，对方还获得40辆坦克和34架轰炸机的支援，但该师击退敌人的进攻并守住了己方阵地。

★步兵第282师——8月28日在卡拉切夫卡、巴克兰、拉马苏哈地域（波切

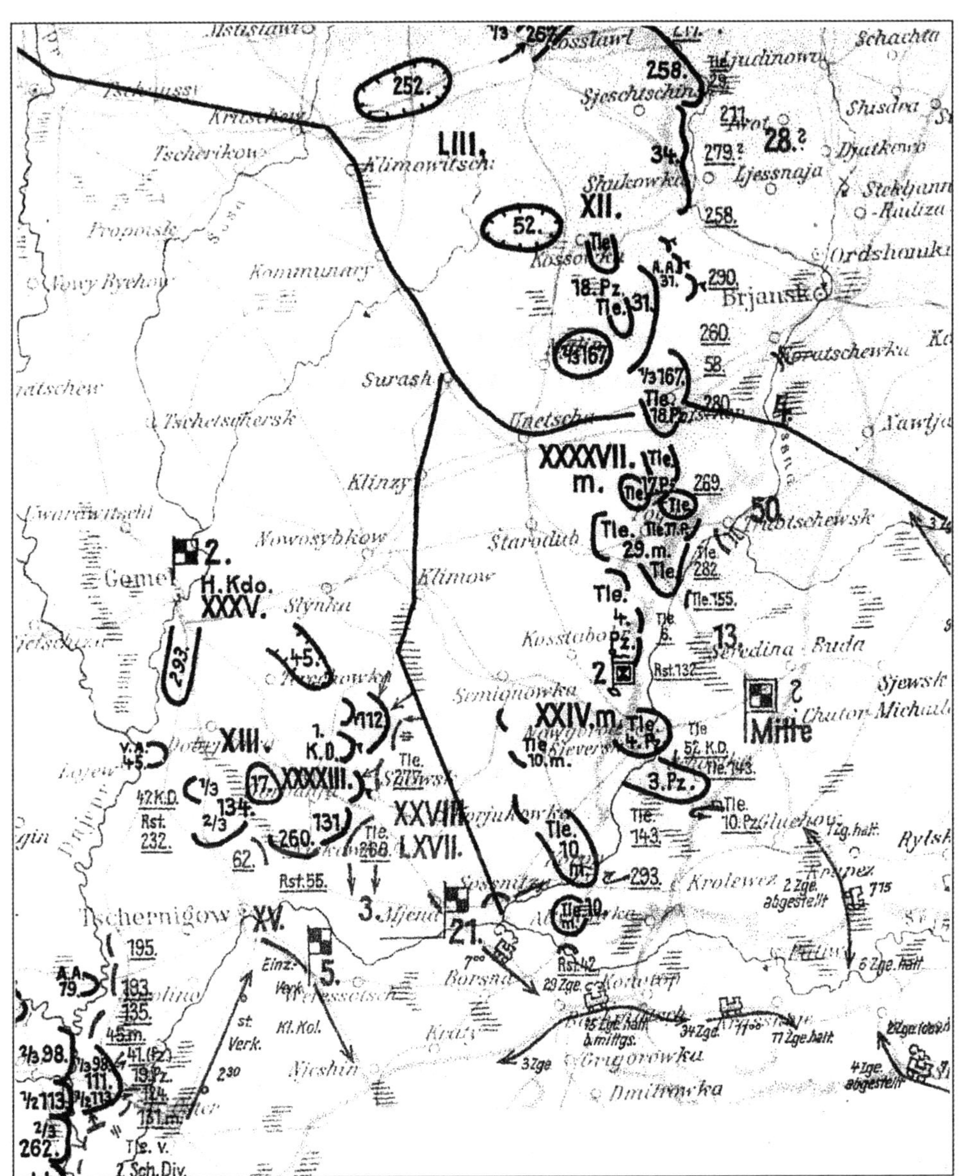

▲ 地图 8.3：中央集团军群右翼的战场态势，1941 年 8 月 30 日（资料图）

普西南偏南方25千米至东南偏南方20千米）战斗，抗击获得坦克和战机有力支援的优势敌军，该师到日终时已不再是一支“有组织的有生力量”。

★步兵第155师——8月27日开赴扎杜边耶和加林斯克（波切普西南方35—40千米），但遭遇敌坦克攻击，日终前被迫撤至卡济洛夫卡和别列瓦亚地段（波切普以南32—36千米，波加尔以北5—10千米）的苏多斯季河东岸。

★骑兵第4师——在卡尔博夫卡、哈莫夫希纳、波克罗夫斯基地域（波切普以南30—35千米，波加尔东北方14—15千米）战斗，但8月28日日终前撤至谢米亚奇基和乌扎地域（特鲁布切夫斯克西北偏西15千米至西北偏北10千米）。

★步兵第307师——8月28日13点起沿博尔晓沃和基斯特尔一线（波加尔以南10—20千米）战斗，抗击敌人获得50辆坦克支援的摩托化步兵，8月28日晚些时候弃守波加尔。

★步兵第6师——8月28日撤至杰斯纳河东岸的克里沃诺索夫卡和博罗维奇地域（诺夫哥罗德-谢韦尔斯基东北偏北方20千米）。

★坦克第50师——8月28日撤至杰斯纳河东岸的卡缅以东树林（诺夫哥罗德-谢韦尔斯基东北偏北方30千米）。

★步兵第132师——沿比林和普罗科波夫卡一线（诺夫哥罗德-谢韦尔斯基东北方10千米）同敌摩托化步兵和坦克（第3装甲师）战斗。

★骑兵第52师——据守安东诺夫卡西郊和西南面树林（诺夫哥罗德-谢韦尔斯基以东22千米）。

★步兵第137师——以1个混成营掩护特鲁布切夫斯克接近地。

★步兵第143师——未收悉相关消息。

· **第21集团军**——在方面军左翼（切尔尼戈夫以北）的以下位置激烈战斗：

★步兵第227师——马特韦耶夫卡和莫克雷树林。

★步兵第219师——据守戈罗多克和格利尼谢一线，但8月28日日终前被迫退至辛科夫卡一线。

★坦克第55师——位于扎布奇奇和戈罗杰茨一线。

★步兵第24师——位于布列胡诺夫卡和苏斯洛夫卡，但必须在8月28日日终前集结于晓尔斯地域（切尔尼戈夫东北方55千米）。

★步兵第75和第232师——位于波利季奇和丘多夫卡。

★步兵第62师——开赴戈罗德尼亚和涅夫克利亚担任集团军预备队。

· **方面军预备队**——步兵第299、第298师和坦克第125旅位于原先位置。

· **快速集群**——坦克第108师8月29日集结在韦尔尚、多利斯克、奥列霍夫斯科耶地域；坦克第141旅集结在科米亚吉诺、拉德钦斯克、苏博托沃地域。

· **方面军航空兵**——8月29日以113个飞行架次打击敌队列和兵力集结，击毁机场上的15架敌机和40辆坦克。[13]

8月30日中午前后，航空兵施放叶廖缅科所期盼的“魔法”之际，叶廖缅科命令彼得罗夫将军加快第50集团军的进攻策划以粉碎波切普地域之敌。日终时，这位方面军司令员又给麾下所有集团军下达新进攻令，试图贯彻大本营8月30日的训令，这些命令中的第一道已于13点20分发给第50集团军。通过加强已遭到消耗的步兵第280、第269、第282师，叶廖缅科力图重振布良斯克和特鲁布切夫斯克以西的攻势。叶廖缅科的参谋长扎哈罗夫签署的这道简短的命令中写道：

叶廖缅科命令：

1.于8月31日晨肃清波切普以东之敌。

2.每隔3小时汇报一次战斗进程。

3.靠近左侧的友邻部队。

4.叶廖缅科正密切关注您执行的这一行动。

5.于17点前呈交加密的作战计划。[14]

进攻计划获得叶廖缅科批准后，彼得罗夫迅速做出应对，于17点给第50集团军下达了一道进攻令：

· **敌人的情况**——集团军战线上的敌人基本未采取行动，左翼的波切普地域除外，敌步兵和坦克在那里夺得苏多斯季河东岸的卡利诺夫卡、维托夫卡、科佐列佐夫卡以东2千米的树林（波切普东北方6千米至以南6千米）。

· **友邻力量**——右侧，第43集团军8月30日晨发起进攻；左侧，方面军快速集群对突入诺夫哥罗德-谢韦尔斯基地域之敌展开猛烈冲击。

· **辖内各兵团的任务：**

★步兵第280师——利用1个近卫迫击炮兵营（火箭炮）和炮兵的强大火力，于8月31日拂晓包围罗夏、韦谢雷农场、维托夫卡地域之敌，夺得德米特罗沃（波切普东北偏北方15千米）和波切普一线，当日上午会同步兵第269师占领苏多斯季河东岸。

★步兵第269师——掩护谢姆齐地域（波切普以南10—14千米）的同时，以2个团从泽列内罗格和维索基斯坦一线（波切普以南4—10千米）对敌人发起冲击，会同步兵第280师，在法布里卡、佩斯昌卡以东1千米小树林西部边缘、144.9里程碑（谢姆齐以北3千米）一线（波切普西南偏南方4—10千米）前出到苏多斯季河东岸。

★步兵第280师师长——8月30日24点前同步兵第269师建立可靠的通信联系，每隔两小时汇报一次您的进展。

★集团军参谋长——8月30日24点前同步兵第280师师部建立有线通信。[15]

这道命令看似合理，但显然不过是一种权宜之策，旨在证明彼得罗夫采取行动的意愿。步兵第269和第280师已遭受严重损失，前者损失率高达40%，后者为30%。但命令就是命令，别无选择的彼得罗夫必须加以执行。

布良斯克方面军 8 月 30 日的进攻计划

与此同时，为满足大本营的殷切希望，叶廖缅科这忙得不可开交。他拟制了一份新的全面进攻计划并于8月30日24点呈交斯大林和大本营审批。

· **战役周期**——1941年8月30日至9月15日。

· **任务**——歼灭敌第17、第18、第3装甲师和第29摩托化师，9月15日前出到彼得罗维奇、克利莫维奇、白杜布拉瓦、古塔科列茨卡亚、新济布科夫、晓尔斯一线（布良斯克西北偏西方185千米和以西170千米至诺夫哥罗德-谢韦尔斯基以西105千米）。

·**进攻方向：**

★罗斯拉夫利方向——朝西北方攻击前进，消灭茹科夫卡、杜布罗夫卡地域之敌。

★斯塔罗杜布方向——朝西南方攻击前进，消灭波切普、斯塔罗杜布、诺夫哥罗德-谢韦尔斯基地域之敌。

·**遂行进攻的力量：**

★第50集团军（彼得罗夫）——以步兵第299、第278、第290、第279师，坦克第121旅、第113营从维亚佐夫斯克和韦列绍夫斯基一线（茹科夫卡以北15千米至以南15千米）沿罗斯拉夫利方向攻击前进，位于佳季科沃的2个统帅部预备队炮兵团和1个近卫迫击炮兵团提供支援。

★第3集团军（克列伊泽尔）——以步兵第269、第282师和1个统帅部预备队炮兵团从波切普和谢姆齐（波切普以南12千米）一线沿斯塔罗杜布方向遂行冲击。

★第13集团军（戈罗德尼扬斯基）——以步兵第155、第307、第6师，坦克第108师，坦克第141旅，骑兵第4师，坦克第50师（没有坦克）和2个统帅部预备队炮兵团在波加尔、格列米亚奇、普什卡里（波加尔以南40千米）一线沿谢苗诺夫卡方向攻击前进。

★第21集团军（V.I.库兹涅佐夫）——沿斯诺夫河（切尔尼戈夫北面和东北面）据守卡尔波维奇和戈罗德尼亚一线的同时，以3个师在西多尔金和佩列柳布一线（谢苗诺夫卡西南方28千米）向东北方攻往谢苗诺夫卡。

·**战役各阶段：**

★第一阶段（8月30日—9月2日）——重组部队，储备物资，补充燃料和弹药。

☆为主要突击方向上的各集团军提供至少5个弹药基数。

☆准备炮兵力量和校射坦克并制定协同措施。

☆各集团军拟制作战计划。

☆航空兵——8月30日/31日至9月2日，不分昼夜地对敌编组和队列实施持续打击，消灭敌人并破坏其士气，行动重点位于杜布罗夫卡—罗斯拉夫利、波切普—姆格林、斯塔罗杜布—诺夫哥罗德-谢韦尔斯基方向。

★第二阶段（9月3日—6日）——突破敌防御，消灭敌人，深入敌纵深12—15千米。

☆炮兵——以各步兵师第一线的火炮实施2小时炮火准备。

☆航空兵——炮火准备前以空中火力突袭打击进攻地域，尔后在我军进攻中的战斗队形前方以持续、不间断的打击压制敌火力配系和人员，同时与进攻部队指挥所保持紧密联系并从空中掩护集团军主力集群。

★第三阶段（9月6日—15日）——追击敌人，前出到彼得罗维奇、克利莫维奇、白杜布罗瓦、古塔科列茨卡亚、新济布科夫、晓尔斯一线，同时前调预备队并在必要时更换部队。航空兵应消灭后撤之敌，炸毁各座桥梁并掩护己方部队，阻止敌预备队开进，实施纵深侦察并沿侧翼展开侦察。[16]

叶廖缅科的战役概念简单而又全面，但出于几个原因，他的进攻计划同样不切实际，而这些原因中的大多数是他无力改变的。首先，布良斯克方面军辖内部队的实力太过虚弱，无法抗击德军一个满编摩托化军，更糟糕的是对方还获得了一个步兵军辖内3个步兵师的紧密配合。许多苏军师的兵力严重不足，而他们获得的补充兵大多是缺乏经验的新兵，无力遂行复杂、要求较高的进攻行动。其次，叶廖缅科要求各集团军突击集群展开进攻的地段在德国人意料之中，德军先前已在这些地段重创布良斯克方面军辖内部队。第三点最为致命，预计率领进攻并负责发展胜利的坦克和骑兵快速力量，近半数已在先前的战斗中遭到重创（坦克第50和骑兵第4师），或者在前调过程中遭受到德军战机骚扰和破坏，刚刚集结在计划中的出发阵地。

另外，叶廖缅科的战役理念在几个重要方面亦存在严重缺陷。

首先，他没有把方面军辖内部队集中在一个主要方向，而是要求麾下三个集团军在两个相距较远的地段各自展开主要突击。因此，叶廖缅科麾下实力最强的彼得罗夫第50集团军，将以4个步兵师、1个坦克旅和1个独立坦克营在茹科夫卡以南地域发起冲击，该集团军先前在同一地域曾遭遇挫败。展开行动后，这些部队将同德军第12军辖内2个步兵师（第31和第34师）交战，这2个师据守着精心构设的防御阵地。南面50多千米外，克列伊泽尔第3集团军将以2个实力不足的步兵师（第269和第282师）在从波切普南延至谢姆齐这片10千米宽的地段遂行主要突击。这些虚弱的步兵师在波切普以南投入行动时，面对的是德军第167步兵师一部和第18装甲师三分之一的力量。

第3集团军左翼以南约30千米处，戈罗德尼扬斯基第13集团军将投入3个步兵师（第155、第307、第6师）和没有坦克的坦克第50师，在从波加尔南延至诺夫哥罗德–谢韦尔斯基这一40千米宽地段展开进攻。另外，叶廖缅科的快速集群（编有伊万诺夫坦克第108师、切尔诺夫坦克第141旅和希什金骑兵第4师）将在从波加尔以北12千米的尤季诺瓦（Iudinova）至波加尔以南5千米这一地段向西发起冲击，从而与第13集团军右翼重叠，尔后向西南方的斯塔罗杜布和新济布科夫地域发展胜利。[17]投入进攻时，第13集团军突击群和叶尔马科夫快速集群一头撞上德军第47摩托化军第17装甲师和第29摩托化师，8月31日，这股德军还获得了第18装甲师三分之二力量的加强。毋庸置疑，这是一场完全不对等的战斗。

其次，叶廖缅科命令V.I.库兹涅佐夫第21集团军向东北方突往谢苗诺夫卡，在那里同叶尔马科夫快速集群和第13集团军会合，这种做法纯属一厢情愿。虽然叶廖缅科无法指挥波德拉斯第40集团军，但他还是希望该集团军在及时集结力量的前提下加入这场进攻，从科罗普地域向北攻击前进，渡过杰斯纳河，打击古德里安先遣装甲力量。这个想法很不现实，一是因为库兹涅佐夫集团军为遏止德军在切尔尼戈夫的推进已忙得不可开交，二是因为仍在集结中的波德拉斯集团军已在诺夫哥罗德–谢韦尔斯基以南的绍斯特卡地域投入战斗，而德军第10摩托化师和第3装甲师牢牢据守在杰斯纳河下游南面。

8 月 31 日的战斗

尽管存在这些棘手的问题，可是大本营的督促导致叶廖缅科别无选择，他只能按计划发起进攻。8月31日，第3和第21集团军继续在波切普地段和向谢苗诺夫卡实施徒劳无获的冲击时，叶廖缅科稍事修改他的计划，以增加成功的机会。与此同时，德国人对第13集团军设在特鲁布切夫斯克以西的防御发起进攻，给叶廖缅科进攻计划的其他方面造成破坏。这位方面军司令员被迫投入坦克第108师部分力量以遏止德军的进攻，这就打乱了他精心制定的作战计划。

当日下午早些时候，第一份战斗报告送抵叶廖缅科司令部，第21集团军参谋长戈尔多夫将军向布良斯克方面军汇报了该集团军攻往谢苗诺夫卡的进展：

· **敌人的情况**——8月30日，敌人沿集团军整条防线发起进攻，重点集中在别祖格洛夫卡、斯洛博达博罗维茨卡亚，以及步兵第66军与（西南方面军第5集团军）步兵第15军设在马库申和谢德涅夫的分界线（位于切尔尼戈夫以北并沿斯诺夫河向东北方延伸）。

· **第21集团军的任务**——沿古特卡斯图杰涅茨卡亚、埃利诺、晓尔斯、新姆雷内、亚西科沃、别加奇、博尔基一线遂行防御的同时，（向东北方）攻往谢苗诺夫卡，8月30日日终前，右翼力量到达以下位置：

★步兵第67军：

☆步兵第42师——位于奥西马基和鲁德尼亚（谢苗诺夫卡以南55—65千米，梅纳以东30千米至东南方35千米）。

☆步兵第277师——位于扎多夫（谢苗诺夫卡东南偏南方14千米），正攻往谢苗诺夫卡。

★骑兵集群——接近多马什林（谢苗诺夫卡西南偏南方60—65千米，梅纳西北偏北方12—17千米）附近树林的集结区，任务是（向东北方）攻往奥尔洛夫卡（谢苗诺夫卡东南方34千米）和杰米多夫车站（诺夫哥罗德-谢韦尔斯基以西12千米）。

★步兵第28军——以2个步兵师据守斯诺夫河南岸至以东一线并在别祖格洛夫卡和斯洛博达地域击退敌人2个步兵团的进攻。

★步兵第66军：

☆步兵第155师——据守博罗维奇车站、晓尔斯、新姆雷内地段。

☆步兵第232和第75师——到达新姆雷内、亚西科沃、别加奇、博尔基一线，任务是会同第5集团军步兵第15军，于8月31日晨夺得新博罗维奇、戈罗德尼亚、图皮切夫一线。

★预备队：

☆步兵第24师——12点前集结在韦利奇科夫卡，尔后将开赴鲁德尼亚地域（谢苗诺夫卡以南55千米，梅纳东北方35千米）。

☆空降兵第214旅——集结在梅纳。

★决心——以步兵第28军坚守中央地带，以步兵第67军在右翼夺取谢苗诺夫卡，并同第13集团军辖内部队会合，以步兵第66军会同第5集团军步兵第15

军，在左翼前出到新博罗维奇、戈罗德尼亚、图皮切夫一线。

★请求——请告知我第13集团军辖内部队位于何处并指示他们集中力量攻往谢苗诺夫卡。[18]

当日战斗结束后，库兹涅佐夫亲自给叶廖缅科发去一份态势报告，以便方面军司令员了解第21集团军的进展（或者说缺乏进展）。正如这份报告指出的那样，库兹涅佐夫对第5集团军步兵第15军的无所作为深感恼火：

· **敌人的情况**——敌人继续沿集团军整条防线遂行进攻，重点攻往埃利诺、别祖格洛夫卡，以及步兵第66军与第5集团军步兵第15军分界线上的新博罗维奇，但他们在新博罗维奇达成突破的企图已被击退。

· **第21集团军**——坚守古特卡斯图杰涅茨卡亚、埃利诺、斯洛博达博罗维茨卡亚、晓尔斯、列宁诺夫卡、别加奇一线，同时以右翼力量攻往谢苗诺夫卡，8月31日晚些时候到达以下位置：

★步兵第67军

☆步兵第42师——夺得奥博洛尼耶和奥斯马基（科罗普以北10—15千米）并为夺取鲁德尼亚以西树林（谢苗诺夫卡以南54千米，梅纳东北方34千米）战斗。

☆步兵第277师——夺得伊万诺夫卡（谢苗诺夫卡东南方9千米）、谢苗诺夫卡、红扎里亚、布列什尼亚（谢苗诺夫卡西南方18千米）。

☆步兵第24师——到达鲁德尼亚地域，任务是开赴霍尔梅（谢苗诺夫卡以南35千米），以1个步兵团封闭缺口。

★步兵第28军——肃清突入别祖格洛夫卡和新博罗维奇地域之敌，但位置未发生变化。

★步兵第66军：

☆步兵第155师——渡过斯诺夫河，夺得格沃兹季科夫卡和格里亚兹纳，目前仍在战斗。

☆步兵第232师——接替骑兵集群并占领新姆雷内、亚西科沃和列宁诺夫卡南郊，同时击退敌人2个步兵团向列宁诺夫卡发起的进攻。

☆步兵第75师——击退敌人从小谢德涅夫发起的进攻。

★**骑兵集群**——脱离战斗，在洛谢瓦斯洛博达地域整顿部队。

★**决心**——由于左邻部队（第5集团军步兵第15军）消极被动，决心以我之右翼继续进攻，会同第13集团军辖内部队消灭谢苗诺夫卡、斯塔罗杜布、诺夫哥罗德–谢韦尔斯基地域之敌，同时坚守我部防线。

★**请求：**

☆第13集团军辖内部队应“更为积极”地攻往诺夫哥罗德–谢韦尔斯基和谢苗诺夫卡，从而协同消灭从斯塔罗杜布向南突破的敌军。

☆指示第5集团军步兵第15军停止后撤其右翼，相反，他们应投入进攻，前出到图皮切夫和里普基一线。

☆命令第5集团军司令员掩护第5与第21集团军分界线，因为第21集团军正遂行消灭敌谢苗诺夫卡集团的任务，该部已离开该分界线，以便同第13集团军辖内兵团会合。

☆以方面军航空兵打击敌斯塔罗杜布、诺夫哥罗德–谢韦尔斯基集团。[19]

如果说库兹涅佐夫对布良斯克方面军左翼发生的事情恼怒不已，那么斯大林和大本营则对该方面军右翼的情况深感不满。在那里，叶廖缅科显然无法协调布良斯克方面军的进攻和朱可夫预备队方面军左翼第43集团军的小规模攻势。第43集团军先遣师8月30日晨在叶利尼亚南面顺利强渡杰斯纳河，朱可夫因而请求斯大林，确保叶廖缅科方面军在第43集团军投入快速力量朝罗斯拉夫利发展胜利前提供必要的支持。由于第50集团军计划于9月3日发起进攻，这对支援第43集团军的进攻来说为时过晚。因此，8月31日17点，沙波什尼科夫代表大本营给叶廖缅科下达了一道显然很刻薄的训令，要求他加快第50集团军的进攻准备：

1.预备队方面军第43集团军朝罗斯拉夫利方向的进攻正顺利发展。但是，敌人正前调新锐力量以便从南面发起一场进攻。因此，有必要加快第50集团军的准备工作，9月1日投入进攻，如有特殊的紧急情况，也可在9月2日发起行动，协助第43集团军的进攻，防止敌人集中力量打击该集团军。第50集团军必须以各加强营沿战线继续实施不间断的积极侦察。

2.与您的通信联络中断，您也没有通过电台提交报告，这一点令人无法容忍。最高统帅警告您，方面军通信主任和参谋长将为没能及时提交报告而受到起诉。总是有必要设立预备通信中心并通过电台保持可靠的通信联系。

3.确认收悉并汇报执行情况。[20]

虽然受到沙波什尼科夫的批评，但叶廖缅科还是对上级指令允许的范围加以利用，他迅速拟制一道新命令，将第50集团军的进攻日期提前一天。这道“致第50集团军司令员”的命令中写道：

· **敌人的情况**——敌人编有第24摩托化军第3、第4装甲师和第10摩托化师的快速力量，在第13与第21集团军结合部达成突破，正攻往诺夫哥罗德-谢韦尔斯基和沃罗日巴。同时，敌第47摩托化军第17、第18装甲师和29摩托化师正从罗斯拉夫利地域攻向波切普地域及其南面。

· **友邻力量**——右侧，第43集团军已于8月30日投入进攻，以消灭罗斯拉夫利地域之敌；左侧，第3集团军将于9月2日晨发起冲击，攻往波切普和斯塔罗杜布。

· **第50集团军的任务**——9月2日晨从维亚佐夫斯克和韦列绍夫斯基一线（茹科夫卡以北12千米至以南15千米）展开进攻，编有步兵第279、第278、第299、第290师，坦克第121旅，1个独立坦克营，2个统帅部预备队炮兵团和1个近卫迫击炮兵团的突击集群，应会同第43集团军攻往佩克利纳、新克鲁佩茨、罗斯拉夫利，消灭列科维奇、谢夏、戈罗杰茨、列利亚季诺地域之敌，尔后夺取罗斯拉夫利地域，9月13日前出到彼得罗维奇和克利莫维奇一线。另外：

★将步兵第217、第258、第260师留在他们的防御阵地并以步兵第137师接替第三道防线上的步兵第290师。

★将步兵第298师调至佳季科沃担任方面军预备队，掩护与第43集团军的分界线。

★进攻准备期间（8月30日至9月1日）采取以下措施：

☆9月1日日终前完成你部的重组。

☆准备武器和装备，补充燃料和弹药并为集团军主要突击方向上的部队提供至少5个弹药基数。

☆准备炮兵力量和校射坦克，解决协同问题。

☆为集团军采取的措施拟制一份计划。

· **航空兵的任务**——8月30日至9月2日，不分昼夜地对敌编组和队列实施持续打击，消灭敌人并破坏其士气，空袭的主要方向是杜布罗夫卡和罗斯拉夫利。

· **第二阶段（9月2日—6日）**——突破敌防御，消灭敌人，深入敌纵深12—15千米。

★炮兵的任务——以各步兵师第一线的火炮实施2小时炮火准备。

★航空兵的任务——炮火准备前以空中火力突袭打击进攻地域，尔后在我军进攻中的战斗队形前方以持续、不间断的打击消灭敌火力配系和人员，同时与进攻部队指挥所保持紧密联系并从空中掩护集团军主力集群。

· **第三阶段（9月6日—13日）**——追击敌人，前出到彼得罗维奇、克利莫维奇一线，实施必要的重组以前调预备队并更换部队。

★航空兵的任务——消灭后撤之敌，炸毁各座桥梁并从空中掩护己方部队，阻止敌预备队开进，实施纵深侦察并沿侧翼展开侦察，特别是沿布达和别洛格拉瓦亚车站方向。

· **特别指示：**

★整个战役过程中，应以各指挥层精心组织的系统性情报收集工作消除敌人制造的一切突然性，应特别注意沿敞开的侧翼实施连续而又巧妙的侦察。

★加强从敌人手中夺取的一切防线和据点，要求辖内部队立即修筑防御工事。

★以严格保密的方式实施战役准备，不得在电话和电报中讨论即将发起的行动。

★不得把进攻战役的总命令下达给辖内所有兵团，仅向他们传达赋予各个师的任务，而在各个师内，仅将部分命令下达给各个团。

· **汇报收悉情况。**

· **报告**——9月1日20点前向方面军司令部提交集团军作战计划和下达给各个师的命令。[21]

尽管大本营显然有些不耐烦，但由于作战态势混乱、部队需要进行复杂重组，以及存在大量补给问题，叶廖缅科后来要求将第50集团军的进攻推迟到9月3日晨，大本营勉强批准。此时，进攻延宕已不再是个重要问题，因为德军第46摩托化军第10装甲师8月31日展开反冲击，一举粉碎第43集团军遂行进攻的部队并把他们逐过杰斯纳河。

一道道命令在大本营、布良斯克方面军、第50和第21集团军之间来回传达之际，8月31日的战斗仍在继续。布良斯克方面军司令部当日18点提交的一份作战摘要阐述了当日的行动（参见地图8.4）：

· **总体情况**——布良斯克方面军辖内部队沿右翼和中央地带实施防御作战并辅以局部反冲击；波切普、特鲁布切夫斯克地段和方面军左翼的诺夫哥罗德-谢韦尔斯基地域，战斗一直在持续。敌人正继续攻往诺夫哥罗德-谢韦尔斯基和格卢霍夫。

· **第50集团军**——坚守原先的防线，当面之敌不太活跃，双方以小股侦察队沿战线展开活动。

★步兵第217师——据守己方防御地段并沿防线遂行侦察。

★步兵第279、第258、第260师——据守他们的防御地段并沿各自的防线实施侦察，在步兵第260师防线上俘虏敌第31步兵师第12步兵团的一名下士。

★步兵第280师——6点30分攻往维托夫卡，12点到达（奥利戈夫卡以北）小树林西部边缘、科罗列夫卡、科瓦列夫卡、泽列内罗格一线（波切普以西10千米至西北方12千米）。我方步兵13点占领韦谢雷。

★步兵第278和第290师——占据第二道防线，未实施作战行动。

★骑兵第55师——8月29日开始撤离包围圈，8月31日集结在列宁斯基和克列韦尔内地域（波切普东北方40—45千米）。

★步兵第269师——在波切普地域及其南面战斗，遭受严重损失，目前沿罗若夫河东北岸和乌索什基、红博尔一线（波切普以东20千米至东南偏东方23千米）占据防御，步兵第1020团在争夺波切普的战斗中损失三分之二兵力，团长、参谋长、所有营长和团部负责人均在战斗中阵亡，该师师长负伤。

· **第13集团军**——8月30日和31日沿整条防线实施激烈的拦截行动。

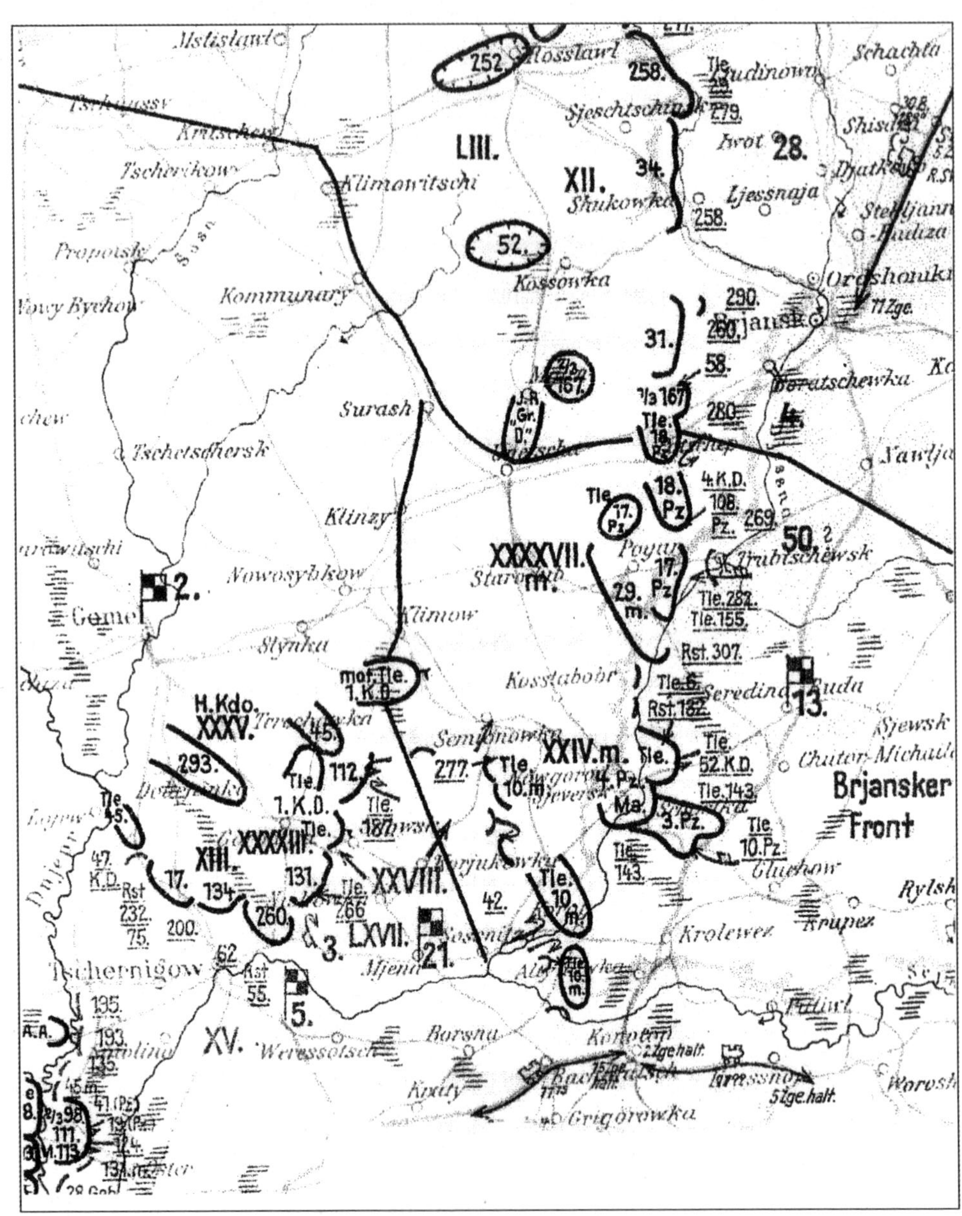

▲ 地图 8.4：中央集团军群右翼的战场态势，1941 年 8 月 31 日（资料图）

★步兵第282师——在戈列夫斯卡亚、伊利因诺、弗拉索夫地域（特鲁布切夫斯克西北方6千米至以北10千米）整顿部队，师部设在普罗格列斯。

★步兵第137师——以1个混成营守卫特鲁布切夫斯克西部接近地，师部设在特鲁布切夫斯克南面的树林中。

★步兵第45军：

☆步兵第155师——当日白天分成独立集团，在维捷姆利亚和萨古季耶瓦地段（特鲁布切夫斯克东南方25—30千米）向东撤过杰斯纳河，正在整顿部队。

☆步兵第307师——当日白天在维捷姆利亚地段向东撤过杰斯纳河，正在核实辖内部队的状况。

☆步兵第6师——守卫新瓦西里耶夫斯基和123.0里程碑一线并控制从卡缅以北小树林西部边缘起，穿过季特琴科夫布戈尔至卡缅斯卡亚斯洛博达西南面小树林一线（特鲁布切夫斯克西南方40—50千米），师部设在切尔翁内东南面树林内。

★坦克第50师——据守奥奇基诺、博罗维奇、罗戈夫卡一线（诺夫哥罗德-谢韦尔斯基以北18—25千米），师部设在茹拉夫卡以西树林内。

★骑兵第52师——在安东诺夫卡以西4千米的树林内掘壕据守（诺夫哥罗德-谢韦尔斯基以东16千米），师部设在安东诺夫卡以东树林内。

★步兵第132师——沿比林、普罗科波夫卡、139.7高地一线（诺夫哥罗德-谢韦尔斯基东北偏北方8—12千米）激烈战斗，师部设在希利奇齐。

★步兵第143师——步兵第635团以剩余的作战力量占领沃夫基和古特卡（诺夫哥罗德-谢韦尔斯基以南15—20千米），没有武器装备的部队位于米哈伊洛夫斯基农场，师部设在古特卡。

★骑兵第21师——位于杰尼索夫卡（布良斯克以北25千米），师部设在杰尼索夫卡。

·快速集群：

★坦克第108师——占据切霍夫卡一线（特鲁布切夫斯克西北方15千米），调动期间同敌坦克和摩托化步兵发生战斗，俘获敌第17装甲师的士兵。

★骑兵第4师——在坦克第108师身后进入阵地。

★坦克第141旅——占据谢列茨和格雷博奇卡（特鲁布切夫斯克西南偏西方10—15千米），调动期间遭到敌人猛烈轰炸，损失不明，但未同敌地面部队发生战斗。

· **方面军预备队**——步兵第298、第299师和坦克第121旅仍在先前地域进行战斗训练。

· **调动：**

★独立坦克第113营——到达佳季科沃车站（布良斯克以北30千米）并卸载部队。

★坦克第114营——位于维戈尼奇车站（布良斯克西南方30千米），8月30日15点转隶步兵第260师。

· **通信情况**——方面军只能通过电台和联络员与辖内各集团军保持联系，由于敌机炸断了电线，电话和电报无法正常使用。[22]

第50集团军在波切普东面和东北面战斗的步兵第280、第269师，遭到德军第18装甲师和第167步兵师先遣团的猛烈打击，而德军第18装甲师主力则迫使苏军第13集团军位于特鲁布切夫斯克北面的步兵第282师向东退却。与此同时，叶廖缅科快速集群的坦克第108师和第141旅开赴出发阵地，但途中遭遇德军第17装甲师一部的打击，而德军的空袭也给他们造成了一定的损失。这场空袭还给向西赶往特鲁布切夫斯克北面的骑兵第4师造成严重损失。另外，德军第17装甲师和第29摩托化师辖内部队将杰斯纳河西岸，从特鲁布切夫斯克以南15千米南延至诺夫哥罗德-谢韦尔斯基以北10千米这一地段内的苏军第13集团军辖内部队（步兵第45军、坦克第50和步兵第132师）肃清，而第24摩托化军第3、第4装甲师加强了他们对绍斯特卡和诺夫哥罗德-谢韦尔斯基地域的控制，打击苏军轻微的抵抗。

波德拉斯第40集团军也没能在杰斯纳河南面阻挡住第24摩托化军辖内部队。正如西南方面军8月30日的每日作战摘要和8月31日的情报摘要指出的那样（参见地图8.5）：

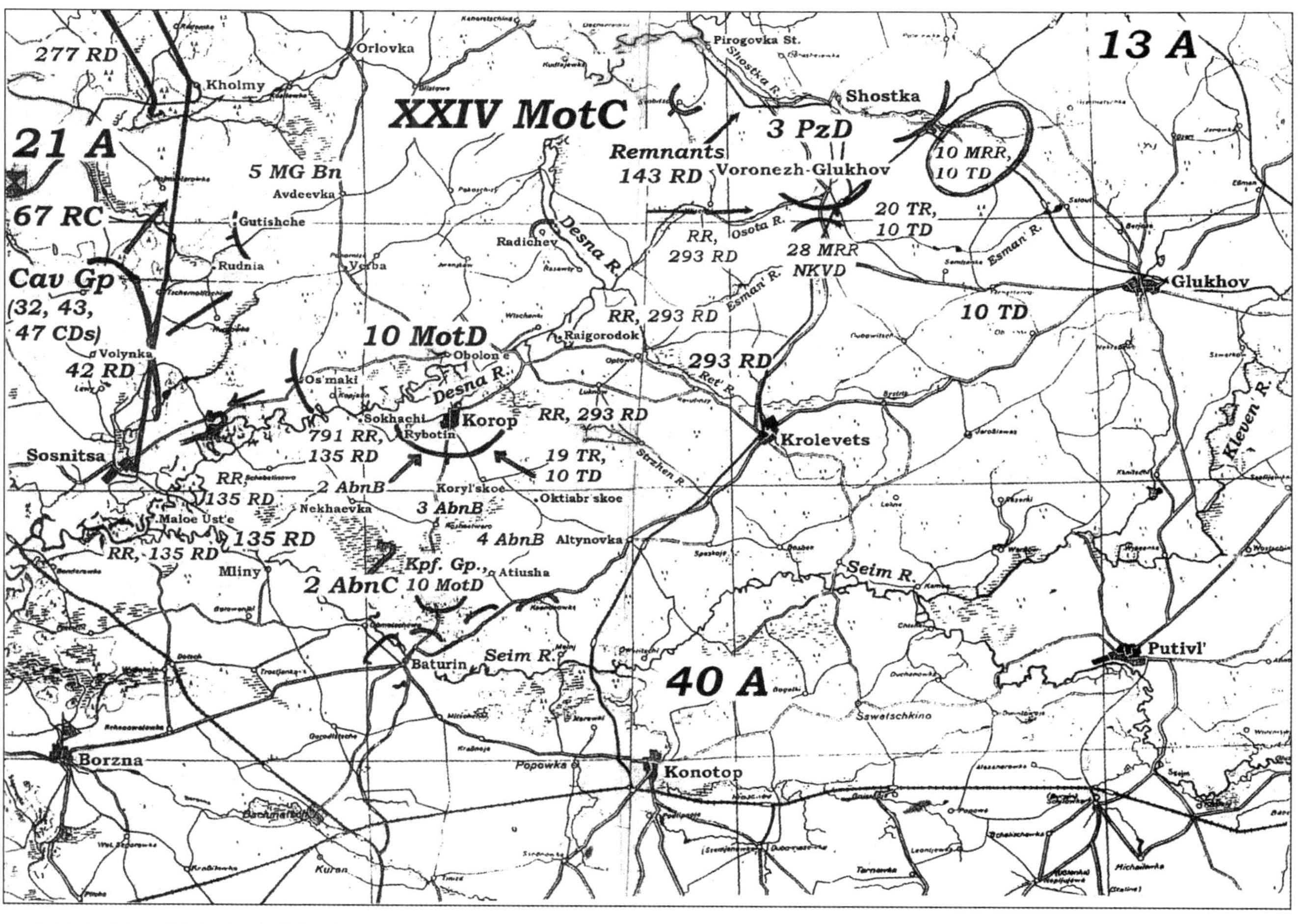

▲ 地图 8.5：第 40 集团军防御地带的战场态势，1941 年 8 月 31 日晚间（资料图）

8月30日22点——西南方面军作战摘要

· **第40集团军**——同攻往巴赫马奇（科罗普以南45千米）的敌摩托—机械化部队持续战斗。

★坦克第10师——摩托化步兵第10团在绍斯特卡（诺夫哥罗德-谢韦尔斯基东南方20千米）遭遇敌人1个步兵营和坦克的反冲击，该团弃守绍斯特卡，占据东面2千米的树林。师主力位于沃罗涅日-格卢霍夫地域（绍斯特卡以南10千米），占据该地域的是NKVD摩托化步兵第28团。

★步兵第293师——击退敌人对其右翼的反冲击后，据守原先的阵地（科罗普南面和东南面）。

★空降兵第2军——8月30日晨向北发展进攻，占领科雷利斯科耶（科罗普东南偏南方8千米）和涅哈耶夫卡（科罗普以南12千米）。

★步兵第135师——以部分力量攻往科罗普，占领苏哈奇（索哈奇）（科罗普以西6千米），正继续前进。

★（布良斯克方面军第21集团军）步兵第42师——8月30日晨攻往沃伦卡和阿夫杰耶夫卡（梅纳东北方20—30千米，科罗普西北偏西方30—35千米）。

★（第13集团军）骑兵第52师——攻往诺夫哥罗德-谢韦尔斯基。

★第40集团军司令部——科诺托普。[23]

8月31日6点，西南方面军情报摘要

1.编组和集结——我方右翼力量和右侧友邻（第13集团军）部队前方之敌的编组情况尚不完全清楚。

根据情报局提供的信息，敌第3、第4、第7装甲师,第10摩托化师,第258、第131、第17、第31、第134、第260、第45、第293步兵师,第1骑兵师正从斯塔罗杜布、戈梅利、莫济里地域向南和东南面展开行动，打击我部右侧友邻（第21和第13集团军）后撤中的部队。

最新消息已确定，敌第10摩托化师和至少一个番号不明的装甲师正沿科诺托普和巴赫马奇这个总方向打击我右翼部队。我们预料上面确定的2—3个步兵师正沿科诺托普和巴赫马奇方向行动，我们还预料剩下的4—5个师将沿切尔尼戈夫方向展开行动……

2.敌人的行动：

科诺托普方向——我们预料，杰斯纳河以西的敌斯塔罗杜布摩托—机械化集团主力将沿科诺托普和巴赫马奇这个总方向展开行动。

8月30日，敌先遣部队在绍斯特卡、赖戈罗德（绍斯特卡西南方35千米）和十月村（科罗普以南）地域战斗。

空中侦察发现敌军集结在以下地域：奥尔塔里、希利奇齐、日霍夫——多达300辆汽车和100辆摩托车；布季谢、加夫里洛夫卡、奥博洛尼耶（科罗普以北2千米）——集结了敌步兵、炮兵和坦克；雷曼塔罗夫卡、卢兹基、茹基亚——多达2个步兵团。

空中侦察8月30日发现，一支敌车队和坦克正朝龙斯克、谢苗诺夫卡和东南面及南面（向杰斯纳河和科罗普）开进……

3.结论：

（1）敌人正攻往切尔尼戈夫，企图前出到在基辅北面作战的我方部队之后方……[24]

西南方面军对德军意图的判断完全正确。另外，空中侦察确定了施韦彭堡辖内部队的确切位置——第3、第4装甲师位于诺夫哥罗德-谢韦尔斯基及其南面，第10摩托化师此时散布在80多千米范围内，其侦察部队和先遣战斗群位于科罗普以南35千米，师主力和长长的后勤尾巴①向北延伸到谢苗诺夫卡地域。但是，预测敌人的意图是一回事，采取应对措施则是另一回事。可悲的是，苏军第40集团军的实力太过虚弱，犹如一根细长的芦苇，完全无法抗击德军的满编摩托化军。

虽然坦克第10师在绍斯特卡地域遭遇挫败，但波德拉斯集团军8月30日和31日在科罗普地域表现得不错。绍斯特卡南面，莫德尔第3装甲师之所以设法将该坦克师摩托化步兵第10团驱离沃罗涅日-格卢霍夫，是因为坦克第10师师长谢缅琴科将军将坦克第19团调往西面，参加波德拉斯在科罗普地域对德军第10摩

① 译注：约米尼在《战争艺术》一书中将作战部队和后勤比作“牙齿和尾巴”，后勤尾巴的说法由此而来。

托化师的反冲击。8月31日，该师坦克第20团几乎孤身对德军第3装甲师展开未获成功的反冲击，导致坦克第10师在绍斯特卡和沃罗涅日-格卢霍夫地域历时两天的战斗中损失14辆坦克，伤亡750名指战员，据其报告（可能有些夸大），击毁德军第3装甲师20辆坦克和11门火炮，还消灭对方2个摩托化步兵营。[25]

8月30日晚，以及8月31日全天，第40集团军步兵第135师，空降兵第2军第2、第3、第4旅和步兵第293师几个团发起一场反冲击，打击勒佩尔第10摩托化师位于科罗普南面的先遣战斗群和科罗普镇内的师主力。8月30日，空降兵第3旅在科罗普西南方15千米的涅哈耶夫卡（Nekhaevka）接近地击败敌人一股营级力量，傍晚前到达从村东郊向北延伸15千米至130.0高地一线，位于科罗普西南方7千米。涅哈耶夫卡以东12千米，空降兵第3军在科罗普以南8千米的科雷利斯科耶（Koryl'skoe）南面击败第10摩托化师一个连，16点夺得该村，在此过程中消灭一股敌冲锋枪手。东面，空降兵第4旅在科罗普东南方20千米的阿尔特诺夫卡（Altynovka）以东1.5千米和东南面占据防御阵地，坦克第10师坦克第19团先遣营在那里同他们会合。最后是科罗普西面，步兵第135师辖内各团8月30日10点到达科罗普以西和西南偏西方7—68千米的索哈奇（Sokhachi）、大乌斯季耶（Velikoe Ust'e）、沃洛维察（Volovitsa）一线，在那里构设防御，并朝马特韦耶夫卡（Matveevka）、邦达列夫卡（Bondarevka）、多马申（Domashin）、亚历山德罗夫卡（Aleksandrovka）、雷博雷博京（Rybotin）村，以及第21集团军位于杰斯纳河以西的阵地和科罗普展开侦察。[26]

8月31日，空降兵第2军第4旅从科罗普东南方20千米的阿尔特诺夫卡地域发起冲击，坦克第10师坦克第19团为其提供加强。这场进攻将该镇以南12千米的德军战斗群包围并迫使勒佩尔师余部退守科罗普郊区的防御阵地。8月18日—27日，德军第10摩托化师平均每日伤亡20人；8月28日—31日，这个数字翻了一倍，每日伤亡40人；9月初，伤亡高达每日64人。这些损失中的大多数发生在该师先遣营级战斗群，9月1日黄昏前，该战斗群杀开血路退回科罗普，在此过程中兵力折损过半，或者说，伤亡约200人。第10摩托化师继8月11日至17日伤亡49人、8月18日至27日伤亡212人后，在8月28日至31日损失144人，9月份第一周又折损670人，这表明施韦彭堡摩托化军先遣力量的处境越来越危险。[27]

古德里安对勒佩尔师极为关切，在回忆录中提到了该师面临的困境：

到8月31日，杰斯纳河上的登陆场已大为拓宽，第4装甲师已渡过该河。第10（摩托化）步兵师顺利渡过杰斯纳河，赶往科罗普北面，但由于俄国人展开猛烈反冲击，该师又被迫退回西岸，另外，敌人还以强大的力量打击该师右翼。这个师将所有兵力投入战斗，甚至包括一个战地炊事连，这才避免了右翼的一场灾难。[28]

古德里安转而向中央集团军群请求调派预备队，这股预备力量在关键时刻终于到达科罗普地域：

由于两翼遭到攻击，加上俄国人在正面，特别是对第10（摩托化）步兵师施加的重压，我对是否有足够的兵力继续实施进攻深感担忧。因此，我再度请求集团军群投入第46装甲军（原文如此）。但起初，他们仅于8月30日派出“大德意志”步兵团，9月1日派出第1骑兵师，9月2日从斯摩棱斯克调派武装党卫队“帝国”师。[29]

实际上，古德里安的评述证实了苏军大本营这场总攻，特别是铁木辛哥西方面军和朱可夫预备队方面军部分力量遂行的反攻的合理性，并且强调了苏军的反攻已多么接近于成功。倘若这两个方面军中的任何一个在另一个地段再取得一次成功，也就是打垮第9集团军据守斯摩棱斯克东北面的“东线”或第4集团军守卫叶利尼亚的1—2个步兵师，古德里安就无法获得继续向南推进所需要的援兵。实际上，若没有武装党卫队“帝国”师和第4装甲师协助，勒佩尔的摩托化师可能早已土崩瓦解。

但这一切，包括8月30日—31日发生在波切普和特鲁布切夫斯克以西，以及诺夫哥罗德-谢韦尔斯基和科罗普地域的战斗，几乎未能改变令人不快的现实，也就是说，叶廖缅科无力阻挡古德里安的猛攻，也无法同方面军辖内遭孤立的第21集团军重新建立联系。尽管如此，叶廖缅科这位“斗士”仍在尽力改变这些现实。

为确保他能做到这一点，大本营再次以空军协助叶廖缅科计划发起的总攻。虽然苏军航空兵先前未能重创德军装甲力量，但大本营还是在9月1日2点10分下达了一道训令，赋予红空军彻底消灭古德里安先遣装甲力量的任务。为强调大本营的高度期望，沙波什尼科夫在这道训令中增添了一个几乎不加掩饰的警告：

最高统帅已下达命令，你们必须解决古德里安集团并将其粉碎，为此，你们必须支援布良斯克方面军地面部队的进攻，直至9月5日，措施包括投入彼得罗夫同志①掌握的所有战机。彼得罗夫同志可以询问9月5日后的后续任务。[30]

8月31日—9月1日，布良斯克方面军的进攻策划和行动

布良斯克方面军 9 月 1 日的进攻计划

叶廖缅科对大本营提供更多空中支援的承诺深感高兴，9月1日拂晓前后，他拟制了发给麾下诸集团军的新命令，调整他们的作战编成和任务，使之符合大本营不断提出的新建议和变化的战场态势。虽然第50集团军将进攻发起日期提前到9月2日，但方面军辖内其他集团军将于9月3日晨加入进攻。这些命令发给克列伊泽尔第3集团军和戈罗德尼扬斯基第13集团军，要求这些集团军沿一个战役方向展开一场协同一致的推进：

9月1日——下达给第3集团军司令员的第0069号训令

·**总体情况**——敌人编有第24摩托化军第3、第4装甲师和第10摩托化师的快速力量已在第13与第21集团军结合部达成突破，正朝诺夫哥罗德-谢韦尔斯基和沃罗日巴这个总方向展开行动。与此同时，敌第47摩托化军第17、第18装甲师和第29摩托化师正从罗斯拉夫利开赴波切普地域并继续向南。

·**友邻力量**——右侧，第50集团军将于9月2日晨沿罗斯拉夫利方向攻往西北方，消灭敌罗斯拉夫利集团；左侧，第13集团军将于9月3日晨向西南方的谢苗诺夫卡发起进攻。

① 译注：这里说的彼得罗夫是红空军副司令员，而非第 50 集团军司令员彼得罗夫。

· **第3集团军的任务**——9月3日晨以编有步兵第269、第282师，坦克第108师，骑兵第4师，1个统帅部预备队炮兵团，1个近卫迫击炮兵团的突击集群从波切普和谢姆齐一线（特鲁布切夫斯克西北偏北方32—45千米）展开进攻，消灭波切普、杜纳耶夫斯基、茹科瓦、巴克兰地域之敌，会同第13集团军，向茹季洛沃车站和拉苏哈（波切普西南偏西方25千米至西南方40千米）发起主要突击，尔后夺取伊普季河一线（波切普以西75千米），并于9月15日前出到克利莫维奇和白杜布拉瓦一线（布良斯克以西170千米）。将步兵第200师留在目前的防御阵地，以强有力的支队在其防御地段实施侦察，立即补充步兵第148师，将该师留作预备队。

· **航空兵的任务：**

★8月30日至9月2日——不分昼夜地对敌编组和队列实施持续的系统性打击，消灭敌人并破坏其士气。

★尔后——至少以2个航空兵团支援进攻，主要方向是波切普、乌涅恰和斯塔罗杜布。

· **特别指示：**

★整个战役过程中，务必以各级部队精心组织的系统性侦察消除敌人制造的一切突然性，应特别注意沿敞开的侧翼实施连续而又认真的侦察。

★你们必须加强从敌人手中夺取的一切防线和据点并要求辖内部队立即修筑防御工事。

★以严格保密的方式实施战役准备，不得在电话和电报中讨论即将发起的行动。不得把进攻战役的总命令下达给辖内所有兵团，仅向他们传达赋予各个师的任务，而在各个师内，指挥员应亲自给各个团当面下达命令。

· 确认收悉并于9月2日20点前向方面军司令部呈交集团军的作战计划和下达给各个师的命令。[31]

9月1日——下达给第13集团军司令员的第0071号训令

· **总体情况**——敌人编有第24摩托化军第3、第4装甲师和第10摩托化师的快速力量已在第13与第21集团军结合部达成突破，正朝诺夫哥罗德-谢韦尔斯基和沃罗日巴这个总方向展开行动。与此同时，敌第47摩托化军第17、第18装甲师和第29摩托化师正从罗斯拉夫利开赴波切普地域并继续向南。

· **友邻力量**——右侧，第3集团军将于9月3日晨沿茹季洛沃车站和拉苏哈方向发起进攻；左侧，第21集团军将于9月3日晨攻往佩列柳布（谢苗诺夫卡西南方28千米）和谢苗诺夫卡方向。

· **第13集团军的任务**——9月3日晨从波加尔、格列米亚奇、普什卡里一线（特鲁布切夫斯克以西35千米至西南方55千米）展开更果断的进攻，以编有步兵第155、第307、第6师，坦克第50师（没有坦克），坦克第141旅，2个统帅部预备队炮兵团的突击集群，会同第3集团军消灭波加尔、斯塔罗杜布、热列兹内莫斯季、沃罗比耶夫卡地域之敌，尔后夺取乌涅恰和克林齐地域（特鲁布切夫斯克西北偏西方80—105千米），9月15日前出到白杜布拉瓦和古塔科列茨卡亚一线。将步兵第121、第143师，骑兵第52、第21师留在他们的既占阵地（诺夫哥罗德-谢韦尔斯基东面和东南面），掩护与第40集团军的左侧分界线并以强有力的侦察支队牵制敌人。

· **航空兵的任务：**

★不分昼夜地对战场上的敌编组、队列和战斗队形实施持续的系统性打击，消灭敌人并破坏其士气，主要方向是波加尔和谢苗诺夫卡。

★从空中掩护主力集群。

★阻止敌人前调新锐预备队。

★遂行纵深侦察并在两翼展开侦察。

· **特别指示：**

★整个战役过程中，务必以各级部队精心组织的系统性侦察消除敌人制造的一切突然性，应特别注意沿敞开的侧翼实施连续而又认真的侦察。

★你们必须加强从敌人手中夺取的一切防线和据点并要求辖内部队立即修筑防御工事。

★以严格保密的方式实施战役准备，不得在电话和电报中讨论即将发起的行动。不得把进攻战役的总命令下达给辖内所有兵团，仅向他们传达赋予各个师的任务，而在各个师内，指挥员应亲自给各个团当面下达命令。

· 确认收悉并于9月2日24点前向方面军司令部呈交集团军的作战计划和下达给各个师的命令。[32]

接到命令后，彼得罗夫第50、克列伊泽尔第3、戈罗德尼扬斯基第13集团军提交了各自的计划并获得了方面军司令部批准，他们随即将命令下达给麾下部队。彼得罗夫第50集团军9月1日10点率先下发新进攻令（参见地图8.6）：

· **总体情况**——已识别出集团军战线对面之敌是第34步兵师辖内部队，他们以2个团（第253、第107步兵团）沿杰斯纳河西面小树林的东部边缘据守维亚佐夫斯克（茹科夫卡以北12千米）和列托什尼基（茹科夫卡以南10千米）地段。

· **友邻力量**——右侧，第43集团军已于8月30日晨投入进攻，以歼灭罗斯拉夫利地域之敌；左侧，第3集团军将于9月2日晨攻往波切普和斯塔罗杜布。

· **第50集团军的任务**——据守两翼的同时，于9月2日晨（进攻时间另行通知）从维亚佐夫斯克、茹科夫卡、列托什尼基一线（茹科夫卡以北12千米至以南10千米），会同第43集团军消灭达维德奇奇（谢夏东南方7千米）、扎博沃、里亚布奇奇地域（谢夏东南方17千米）之敌，尔后前出到谢夏、旧科切瓦、格拉博夫卡地域（茹科夫卡以西28千米）。

· **辖内各兵团的任务：**

★步兵第217师（与军属炮兵第207团第1、第2营）——据守从弗罗洛夫卡起，沿杰斯纳河东岸延伸至谢夏河河口一线，9月2日日终前夺取并坚守利波夫卡和杜布罗夫卡地域（茹科夫卡西北方22—25千米）。

★步兵第279师（与军属炮兵第207团第3营）——从维亚佐夫斯克和科罗布基地段（茹科夫卡以北7—12千米）发起进攻，在你部左翼向别列斯托克和扎博沃遂行主要突击，9月2日日终前夺取赫利斯托夫卡、阿列什尼亚、柳比莫夫卡、斯洛博达（茹科夫卡西北方15—20千米），尔后准备沿铁路线攻往罗斯拉夫利。

★步兵第278师——发起进攻，会同左侧的步兵第299师夺取维什科维奇以西树林，9月2日日终前占领里亚布奇奇、佩克利诺、谢尔格耶夫卡地域（茹科夫卡西北偏西方10—17千米），尔后准备攻往旧科切瓦（谢夏西南方10千米，茹科夫卡西北偏西方32千米）。

★步兵第299师（与1个近卫迫击炮兵营）——发起进攻，9月2日日终前

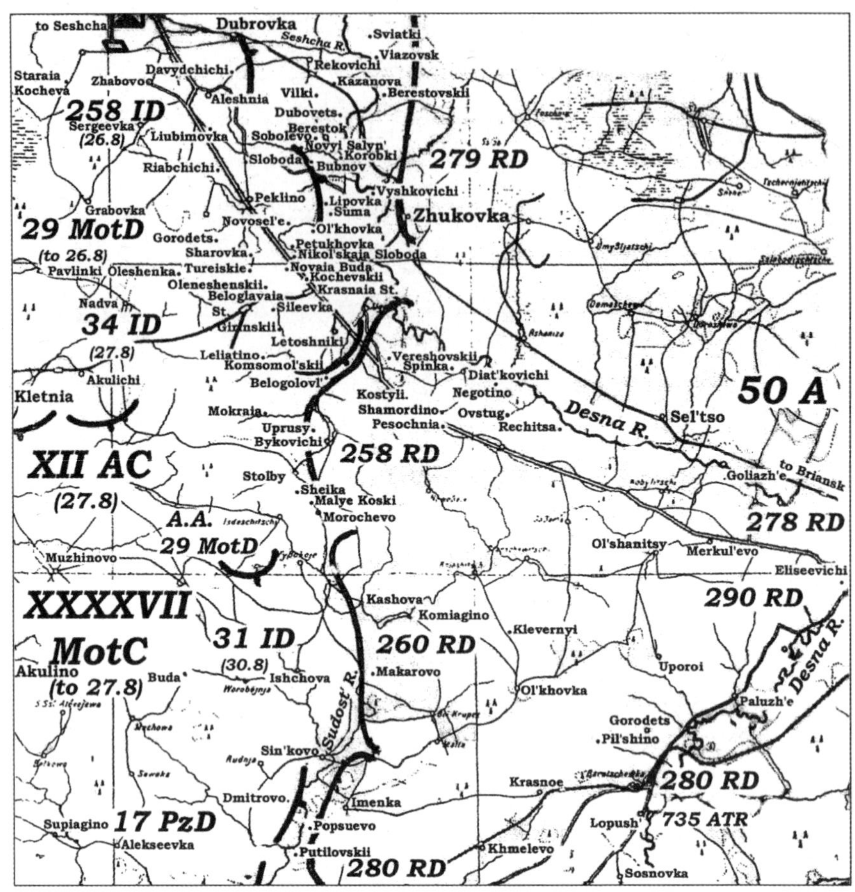

▲ 地图 8.6：第 50 集团军的作战地域（资料图）

夺取沙罗夫卡、图雷斯克、奥列申斯基地域（茹科夫卡以西和西南偏西方15千米），以1个加强营夺取并据守博多格利亚多夫卡（里亚布奇奇以南12千米）和奥列申卡（茹科夫卡西南偏西方18—20千米），尔后准备攻往格拉博夫卡（谢夏西南方20千米，茹科夫卡以西30千米）。

★步兵第258师（与反坦克炮兵第761团）——朝格拉博夫卡和克列特尼亚一线（茹科夫卡以西30千米至西南偏西方38千米）遂行加强侦察行动，据守谢夏河河口（茹科夫卡以北15千米）至茹科夫卡和斯托尔贝（茹科夫卡以南25千米）一线，待步兵第299师发起进攻后，以1个加强营冲击敌人设在列托什尼基和183.6高地地域的阵地（茹科夫卡以南13—15千米），占领并据守（列利亚季诺以西3千米的）树林和206.9里程碑。

★步兵第260师（与军属炮兵第645团1个营）——朝克列特尼亚和阿库利诺一线（茹科夫卡西南偏西方38千米至西南方50千米）遂行加强侦察行动并据守你部从斯托尔贝至德米特罗沃的阵地（茹科夫卡以南25—55千米）。

★骑兵第55师——9月1日20点前占据并守卫克拉斯诺耶、赫梅列沃、索斯诺夫卡地段（茹科夫卡东南偏南方55—65千米），应特别注意掩护乌鲁奇耶、洛普希、克拉斯内罗格、克拉斯诺耶公路。

★坦克第121旅——9月2日拂晓前集结在涅戈季诺、奥夫斯图格、列奇察地域（茹科夫卡东南偏南方15—20千米），待步兵第299师的步兵到达新布达和红兹纳米亚一线（茹科夫卡以西17—19千米），便在该师左翼加入战斗，消灭罗斯拉夫利公路方向上的敌人，日终前集结在红波利亚纳、奥列申斯基、科切夫斯基地域（茹科夫卡西南偏西方15千米）。

★步兵第290师——集结在佳季科维奇、斯平卡、沙莫尔季纳地域（茹科夫卡东南偏南方13—17千米）担任我的预备队后，做好掩护集团军突击集群左翼的准备。

★炮兵——9月1日20点前做好实施2小时炮火准备（根据接到的具体命令）的准备，任务如下：

☆步兵第217、第258、第260师的炮兵——留在第一道防线上，炮火准备期间压制你师前方已发现的敌火力点和兵力集结。

☆军属炮兵第207团第1、第2营——隶属步兵第217师指挥员的同时，掩护列科维奇和卡扎诺瓦地段与左侧友军的分界线。

☆军属炮兵第151团——炮火准备期间压制步兵第999团前方已发现的敌火力点，步兵第290师到达列托什尼基一线时，同该师建立通信联系并支援其行动。

☆反坦克炮兵第753团（担任我的快速预备队）——在科斯特利、红库尔甘、佩索奇尼亚地域（茹科夫卡以南18—20千米）占据发射阵地，掩护突击集群，抗击敌坦克有可能从别洛戈洛夫利和贝科维奇方向（茹科夫卡西南偏南方15千米至以南20千米）发起的进攻并同步兵第290师保持联系。

☆军属炮兵第645团——隶属步兵第260师，在乌普鲁瑟和斯托尔贝地域（茹科夫卡西南偏南方21—25千米）掩护步兵第258与第260师的分界线。

· **特别指示：**

★只允许司令部少数业务人员制订相关作战文件，务必避免将即将发起的进攻行动泄露给各级指挥员。

★针对与即将发起的进攻行动相关的所有作战文件，建立严格的保管制度。

★进攻发起前6小时给各个营下达进攻命令，但各分队应立即为进攻加以准备。

· **通信：**

★以派驻代表和联络员的方式确保集团军司令部与各团部的通信联系。

★若通信中断，这些联络员必须确保从上至下以及从下至上的联系。

★未经上级部门批准，不得擅自迁移指挥所。

· **集团军司令部**——9月1日20点后，作战指挥组位于扎斯塔维谢，尔后位于利波夫斯克，第二梯队9月1日8点后位于柴科维奇。[33]

克列伊泽尔第3集团军部署在布良斯克西南方，第50集团军左侧，第3集团军下达的进攻令将全部力量集中在20千米宽的关键地段，从波切普南延至拉马苏哈，以掩护布良斯克和特鲁布切夫斯克西面的杰斯纳河西岸登陆场。叶廖缅科的快速集群充当他的坦克“铁拳”，将对德军设在从拉马苏哈南延至波加尔以东，再至特鲁布切夫斯克西南面杰斯纳河地段的防御遂行打击。这些部队将从布良斯克和特鲁布切夫斯克的杰斯纳河西岸登陆场发起冲击，而戈罗德尼扬斯基第13集团军则将全部力量集结在杰斯纳河东岸。他于9月1日14点50分下达进攻令，力图消灭特鲁布切夫斯克南面、杰斯纳河东侧的所有敌军。当然，该部更重要的目标是夺取诺夫哥罗德-谢韦尔斯基（参见地图3.3）：

· **总体情况**——敌第3、第4装甲师和第10摩托化师，据守诺夫哥罗德-谢韦尔斯基以东登陆场的同时，正从北面前调预备力量，以便朝格卢霍夫和克罗列韦茨发展进攻。敌人还在维捷姆利亚地域（特鲁布切夫斯克西南方30千米）夺得了杰斯纳河上的渡口，正将新锐部队集结在那里。

·**友邻力量**——第3集团军在右侧行动，快速集群（坦克第108师、坦克第141旅、骑兵第4师）正攻往波加尔和诺夫哥罗德-谢韦尔斯基，以便沿该方向粉碎敌人并夺回诺夫哥罗德-谢韦尔斯基，9月1日晨位于切霍夫卡、罗曼诺夫卡、克韦图尼一线（特鲁布切夫斯克西北方28千米，以西22千米，西南方10千米）；第21集团军位于左侧。

·**第13集团军的任务**——在右翼和中央地带遂行防御的同时，于9月2日晨发起进攻，以左翼力量消灭杰斯纳河东岸之敌并夺回诺夫哥罗德-谢韦尔斯基城。

·**辖内各兵团的任务：**

★步兵第45军（步兵第155、第307、第6师，军属炮兵第462团）——以步兵第155、第6师，步兵第307师1个团沿杰斯纳河据守谢列茨和罗戈夫卡一线（特鲁布切夫斯克西南方15—55千米），将步兵第307师师部和其他部队撤至日霍夫（日霍沃）（特鲁布切夫斯克以南40千米）北面的树林附近。整顿部队并做好朝特鲁布切夫斯克、希利奇奇[①]、杜布罗夫卡发起反冲击的准备。军部——乌利察以北的树林内。

★坦克第50师——9月2日沿杰斯纳河向南展开进攻，前出到多莫特卡诺夫和奥斯特罗乌什基一线（诺夫哥罗德-谢韦尔斯基以南3千米至以东4千米）。

★步兵第132师（与军属炮兵第420团）——9月2日晨攻往诺夫哥罗德-谢韦尔斯基，沿杰斯纳河前出到奥斯特罗乌什基和波格列布基一线（诺夫哥罗德-谢韦尔斯基以东4千米至东南方5千米）。

★步兵第143师——攻往科列夫卡和伊沃特，夺取伊沃特（诺夫哥罗德-谢韦尔斯基以东15千米），尔后前出到波格列布基至伊沃特卡河河口一线（诺夫哥罗德-谢韦尔斯基东南方5—9千米）的杰斯纳河。

★骑兵第52师（与步兵第143师协同）——夺取伊沃特，尔后攻往奥布拉热夫卡和皮罗戈夫卡，从而沿杰斯纳河前出到德罗贝舍沃、皮罗戈夫卡、索巴奇一线（诺夫哥罗德-谢韦尔斯基东南偏南方10千米至以南15千米）。

---

① 译注：希利奇齐？

★骑兵第21师——集结在日霍夫东面树林内（特鲁布切夫斯克以南40千米），将师部设在日霍夫，向亚姆波尔和帕列耶夫卡实施侦察并继续补充你师。

★步兵第121师——继续在苏泽姆卡地域（特鲁布切夫斯克东南偏南方35千米）组建。

· **集团军司令部**——旧古塔。[34]

正如第13集团军的这道进攻令所示，在战斗、重组和命令调整之际，大本营再度介入其中。他们对叶廖缅科准备工作的缓慢进展焦虑不已，遂改变想法，命令他加快进攻准备，要求各集团军务必于9月2日拂晓发起进攻。但叶廖缅科的默许并未改变第13集团军的进攻部署。

值得注意的是，戈罗德尼扬斯基麾下各师将从北面、东面和南面朝诺夫哥罗德-谢韦尔斯基发起一场向心突击。鉴于戈罗德尼扬斯基的各个师已在先前的战斗中严重受损，坦克第50师就算还有坦克也寥寥无几，对这股虚弱的力量来说，粉碎诺夫哥罗德-谢韦尔斯基东面的德军登陆场的确是一项艰巨的任务，截至9月1日，坚守该登陆场的是德军第3、第4装甲师，“大德意志”摩步团为他们提供加强。当然，布良斯克和特鲁布切夫斯克西面的情况也好不到哪里去，因为第3集团军的2个步兵师和叶尔马科夫快速集群的2个师又1个旅，不得不在从波加尔地域南延至特鲁布切夫斯克西南方杰斯纳河这一地段对付德国第12军第167步兵师，第47摩托化军第17、第18装甲师和第29摩托化师。

战役（快速）集群9月1日在特鲁布切夫斯克以西的战斗

9月1日，大本营与布良斯克方面军，布良斯克方面军与辖内诸集团军之间的命令和报告往来不断之际，激烈的战斗在特鲁布切夫斯克以西地域肆虐。这番激战由德军第47摩托化军第17和第18装甲师在该城西面展开的试探行动引发，叶尔马科夫部署至特鲁布切夫斯克西北面和西面指定出发阵地的快速集群与德军迎头相遇。伊万诺夫上校的坦克第108师9月17日呈交叶廖缅科的战后报告，详细阐述了该坦克师在布良斯克方面军9月2日发起进攻前后的经历（参见地图8.7、8.8）：

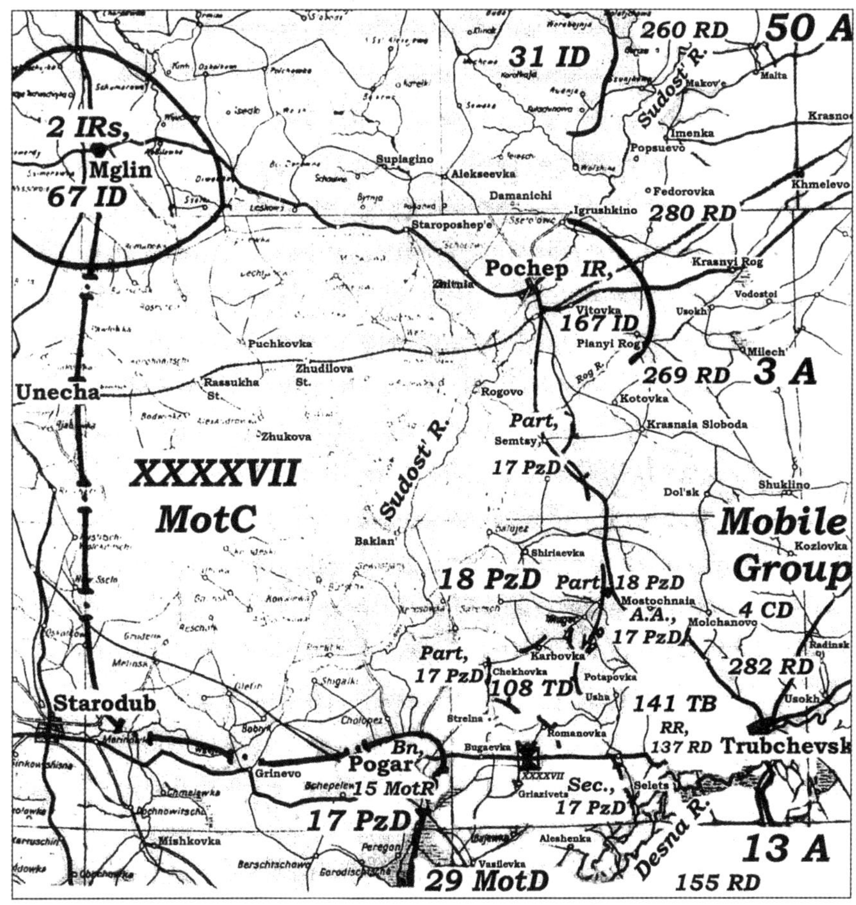

▲ 地图 8.7：特鲁布切夫斯克登陆场的战场态势，1941 年 9 月 1 日（资料图）

1.**1941年8月28日19点30分**，我们接到方面军司令员的命令（由方面军参谋长扎哈罗夫少将签署），我师将以一场夜间行军开赴奥列霍夫斯基附近树林、波洛韦茨基、卡利诺夫斯基地域（特鲁布切夫斯克以北14—17千米）。全师8月28日21点出发，8月29日16点集结在指定地域。

2.**1941年8月29日18点**，我们接到方面军司令员的书面命令，要求我们作为快速集群（坦克第141旅、坦克第108师、骑兵第4师）的组成部分遂行战斗任务，该快速集群由叶尔马科夫少将指挥。

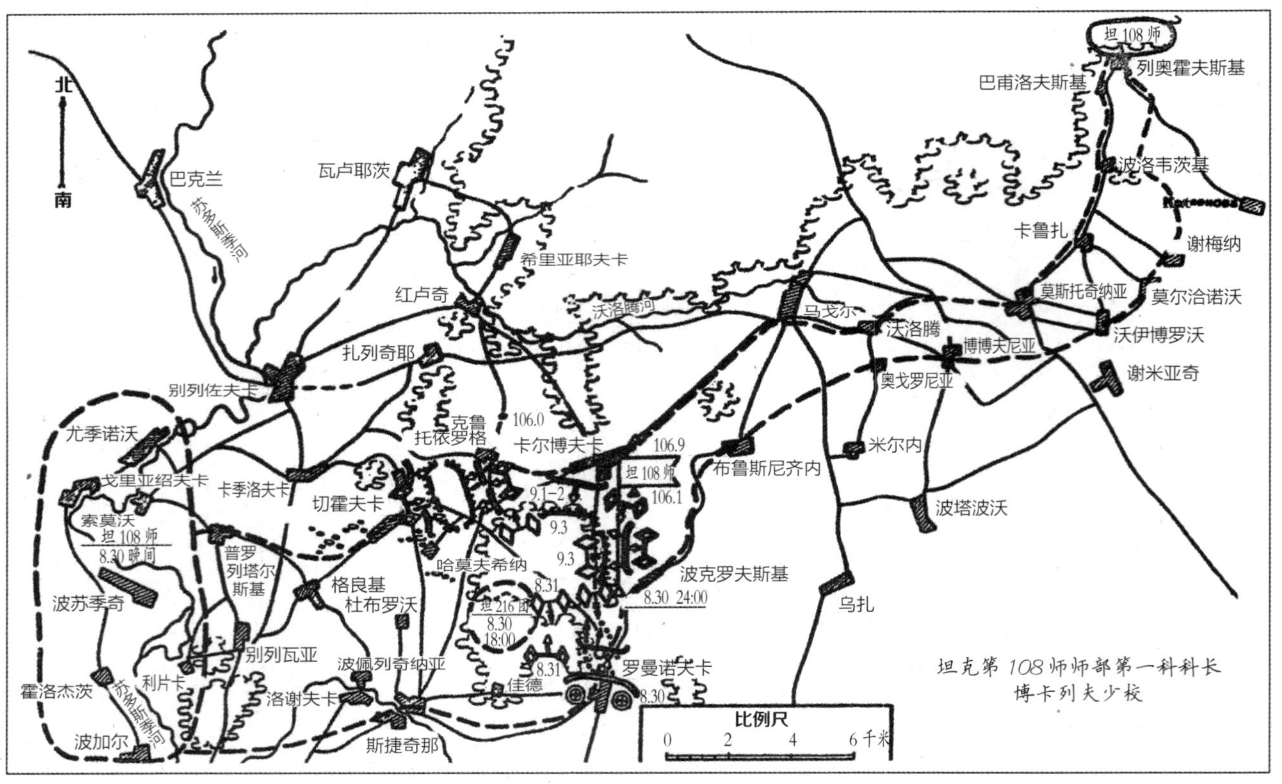

▲ 地图 8.8：1941 年 8 月 29 日坦克第 108 师投入行动及随后的战场地域

拜兹班特上尉送交命令并告诉我们："为同航空兵保持联系，方面军航空兵的一名代表将搭乘1架U-2飞机赶至你们的师部。关于协同问题，你们将在行进期间获得更多信息。集群司令员没有下达命令。"

1941年8月29日24点，我接到一道命令，要求我师8月30日4点30分开始一场临时性行军。由于部署在防御阵地上的1个营集结得较晚，我师1941年8月30日6点才动身出发。

根据您的战役理念，我决心朝格鲁兹多瓦、罗曼诺夫卡、波加尔、格里涅沃、杜赫诺维奇、新姆伦卡、沃罗诺克、热列兹内莫斯季、马舍沃、绍斯特卡这个总方向发起主要突击（向西南方攻往谢苗诺夫卡）。我决定，以1个摩托化步兵团（欠1个摩托化步兵营）从北面提供掩护，以炮兵团2个营和1个T-40坦克连沿以下行军路线前进——卡鲁扎、莫斯托奇纳亚、马戈尔、卡尔博夫卡、切霍夫卡、别列瓦亚、波苏季奇、茹拉维希、格里涅沃和杜赫诺维奇北郊，部队将在别列瓦亚地域（波加尔以北7千米）强渡苏多斯季河。

师主力（突击集群）由坦克第216团（5辆KV，32辆T-34，25辆T-40和前进后送站）组成，将沿以下行军路线跟进——普洛韦茨基东郊、卡鲁扎东郊、莫斯托奇纳亚、博博夫尼亚、奥戈罗德尼亚、布鲁斯尼奇内、波克罗夫斯基、罗曼诺夫卡、波加尔北郊、卡利诺夫卡、格里涅沃南郊、杜赫诺维奇南郊（波加尔以西30千米）。集结地域为杜赫诺维奇南面的树林。我们计划在波苏季奇地域（波加尔以北8千米）让师主力渡过苏多斯季河。

3.按照我的命令，全师**1941年8月30日6点**出发。右路部队接近卡尔博夫卡西郊，左路部队赶往波克罗夫斯基（特鲁布切夫斯克西北偏西方24—26千米）时，敌机对两支队列实施了50分钟的打击，导致炮兵团（2个营）和摩托化团步兵第3营脱离右队，步兵第1营1个步兵连以及前进后送站与左队脱离。

敌人的空袭结束后，右路部队（步兵第1、第3营和欠第1营的炮兵团）独自在切霍夫卡和卡尔博夫卡地域（特鲁布切夫斯克西北偏西方25—30千米）同敌第17装甲师辖内部队战斗。

由1个步兵连、2门76毫米火炮和1个T-40坦克排组成的左路部队（先遣力量）16点接近罗曼诺夫卡时，同敌第17装甲师辖内部队发生接触。师主力（整个坦克第216团，有3辆KV、32辆T-34、20辆T-40坦克）集结在罗曼诺夫卡以北2千米的灌木林中，等待战斗的结束。

1941年8月30日18，我决定以2个坦克排（3辆KV、3辆T－34坦克）会同先遣支队对敌人展开冲击，旨在夺取罗曼诺夫卡（特鲁布切夫斯克以西22千米）。这场进攻未获成功，罗曼诺夫卡仍在敌人手中。1941年8月30日18点，师主力（整个坦克第216团）调至罗曼诺夫卡西北方182.8高地的树林附近（特鲁布切夫斯克以西25千米）。

1941年8月30日19点，敌人发起一场反冲击。步兵连（先遣支队）在这场反冲击前遭到敌人空袭，遂开始后撤。师部和指挥所设在罗曼诺夫卡以北2—2.5千米处，发现师部和师指挥所处在危险下，我和师政委格里申（旅级政委）、参谋长拉申丘克中校率部发起进攻，敌人的反冲击被击退。此时（19点—20点），敌机轰炸我们的坦克，结果，师长和师政委的坦克被逐入一片沼泽。

敌人1941年8月30日的损失为：一个武装党卫队团团部被粉碎、12辆指挥车被击毁，我们还俘获6名俘虏，缴获8门火炮和一些文件，击毙500—600名敌人，击毁4辆敌坦克。

我方损失：敌机炸毁我们半数火炮和9辆运输汽车，敌人的炮火烧毁我们1辆KV、3辆T－34和5辆T－40坦克。

1941年8月30日—31日夜间，摩托化步兵团（欠1个步兵营和步兵第1营1.5个连）占据切霍夫卡以东树林西边边缘一线（特鲁布切夫斯克西北偏西方28千米），坦克第216团位于罗曼诺夫卡西北方，182.8高地附近的树林内（特鲁布切夫斯克以西25千米）。师部设在波克罗夫斯基（特鲁布切夫斯克西北偏西方21千米）。

4.**1941年8月31日晨**，敌人朝切霍夫卡和卡尔博夫卡发起一场进攻，打击我摩托化步兵团，并以150辆中型和重型坦克从罗曼诺夫卡向182.8高地附近树林展开一场坦克冲击。敌坦克进攻前，敌人先对我师实施空袭。由于同摩托化步兵团失去联系，我决定派作战科科长博卡列夫少校赶往该团，任务是守住他们占据的阵地并弄清情况。我师坦克团从固定位置以炮火打击敌人的进攻，他们将根据我的信号后撤。集结区设在卡尔博夫卡南面600—700米树林的北部边缘（特鲁布切夫斯克西北偏西方24千米）。

实施30分钟炮火打击（旨在掩护我方坦克）并弄清情况后，我给坦克团团长发出信号，命令他们撤至指定集结地域。当日白天，摩托化步兵团继续战斗以击退敌人朝切霍夫卡和卡尔博夫卡的进攻。

敌人1941年8月31日的损失为：22辆坦克、6门反坦克炮、8门中口径火炮被击毁。

我方损失1辆KV、11辆T-34和8辆T-40坦克，人员伤亡未核实。

5.**1941年9月1日**，我师辖内部队在包围圈内战斗。敌人先后从（西北方）切霍夫卡、卡尔博夫卡、克鲁托伊罗夫方向发起进攻。敌人的进攻伴以3次坦克冲击和4—5次空袭。

敌人1941年9月1日的损失：23辆坦克被烧毁，5门火炮、4辆摩托车和11辆汽车被击毁，700—800人被击毙。

我方损失：4辆T-40[①]和7辆T-40坦克被烧毁，5门火炮被敌机炸毁。

6.**1941年9月2日**，我师辖内部队在包围圈内占据防御，防线从切霍夫卡东面树林的西部边缘（特鲁布切夫斯克西北偏西方26千米）至卡尔博夫卡西面树林的东部边缘（特鲁布切夫斯克西北偏西方25千米）。敌人当日以坦克和战机展开几次积极进攻。我师部队击退敌人的冲击。

敌人1941年9月2日的损失：18辆坦克被击毁（其中6辆被烧毁），500—600名摩托化步兵被击毙，5门火炮和7门迫击炮被击毁。

我方损失6辆T-34（3辆被烧毁），2门火炮被击毁，4辆拖车被敌喷火坦克烧毁。人员损失未核实。

7.**1941年9月3日**。9月2日—3日夜间，我师辖内部队开赴卡尔博夫卡南面树木（特鲁布切夫斯克西北偏西方24千米）并沿卡尔博夫卡北面树林北部边缘至波克罗夫斯基西面树林东部边缘一线占据防御。15点—16点，我师部队遭到空袭，之后，敌人17点从卡尔博夫卡地域发起进攻，并以坦克和摩托化步兵从波克罗夫斯基方向遂行冲击。由于我师部队精心组织的防御，这两场进攻均被击退。

敌人1941年9月3日损失12辆坦克、500名摩托化步兵、数门火炮和迫击炮。

我方损失：2门76毫米火炮。

---

① 译注：T-34？

8.**1941年9月4日**。9月3日—4日夜间，由于我师各部队弹药和燃料即将耗尽（后勤部队遭切断，食物补给也已不济），我决定将各部队撤出包围圈，退往东南方的布鲁斯尼奇内、马戈尔（特鲁布切夫斯克西北方19千米）、（希里亚耶夫卡北面）树林、182.7高地，然后向东撤往奥列霍夫斯基地域（特鲁布切夫斯克以北17千米），从而进入我方诸兵种合成部队的后方地域。我们将以下装备和部队成功带离包围圈：2辆KV、8辆T-34、6辆T-40坦克、6辆BA-10装甲车、7门火炮、1个摩托化步兵营和一些携带100名伤员的汽车。

行军队列组织如下：先遣支队编有1个步兵连、1个T-34坦克排和2门76毫米火炮；主力部队呈单股队列，坦克（KV和T-34）在前，紧随其后的是步兵、炮兵、装甲车和T-40坦克；掩护部队（后卫）由五分之一个步兵连组成。坦克（KV、T-34）和摩托化步兵沿布鲁斯尼奇内和波克罗夫斯基一线（特鲁布切夫斯克西北方20—21千米）顺利穿过敌人的防御，未遭遇任何抵抗。第二梯队（炮兵、携带伤员的汽车、机枪、迫击炮和提供掩护的2个步兵连）在布鲁斯尼奇内地域遭遇敌人。我方部队在布鲁斯尼奇内地域以一场猛烈冲击粉碎敌人，打垮敌人一个团部，缴获/击毁敌人16辆卡车和3辆轻型汽车，击毁6辆摩托车、2辆坦克，缴获1辆中型坦克和各种文件、物品和食物，击毙敌人15名军官和许多士兵。

我方损失：3辆装甲车、4辆T-40坦克、3挺重机枪和20人。

由于1941年9月4日的大雨，跟随第二梯队行动的汽车落在坦克和摩托化步兵后方，只到达布鲁斯尼奇内北面的灌木丛地域。1941年9月4日15点，敌人从马戈尔方向对我第二梯队发起进攻。由于师炮兵主任谢列特科夫上校和其他指挥员对该梯队警戒和防御的组织不啻为犯罪，敌人仅以3—5辆坦克这种微不足道的力量便将该梯队打垮。我们在这场战斗中损失7门火炮、4辆T-40坦克、3辆BA-10装甲车、数量不明的重机枪、载有伤员的卡车和拖车，伤亡大批人员。重伤员被敌人射杀。

穿越布良斯克森林期间，由于燃料耗尽和机械故障，我们将4辆T-34留在169.3高地附近，1辆KV留在182.7高地附近（碾上地雷），2辆装甲车留在波德列斯内以西树林内。

我师撤出17部作战车辆（2辆KV、7辆T-34、2辆T-40、3辆BA-10、3辆

BA–20），3门76毫米火炮、8门反坦克炮和1200人。师后勤机构完好无损。

由于在包围圈内参加战斗的人员极度疲惫，我请求将我师撤入方面军后方地域，提供3—4天时间休整人员并补充武器和兵力。之后，我相信我师可以再度执行您赋予的作战任务。

我师各部队和分队的大多数人员（战士和指挥员）在战斗中展现出坚定、勇气和英勇，为此，我请求您推荐他们获得最高政府奖项；但也发生了怯懦和恐慌的情况，我认为有必要追究这些懦夫和恐慌散布者的责任，并把他们送交军事法庭审判。

附件：1:50000比例尺的地图

坦克第108师师长：伊万诺夫上校

师军事委员：旅级政委格里申[35]

叶尔马科夫快速集群，特别是伊万诺夫坦克第108师的经历，就是叶廖缅科整个总攻行动的缩影。该快速集群在进攻发起前便卷入战斗，他们从事的激战打乱了叶廖缅科9月2日的总攻计划。这场总攻发起时，快速集群辖内部队已深深地陷入战斗，以伊万诺夫坦克第108师为例，该师几乎被彻底包围。他们9月7日脱离特鲁布切夫斯克地域的战斗时，按照官方说法，损失53辆坦克和500人。友邻的坦克第141旅在同一时期折损24辆坦克，伤亡80人。[36]但正如伊万诺夫的报告指出的那样，由于该师仅撤出1200人，实际损失很可能超过5000人。至于骑兵第4师，不仅在先前的战斗中遭受损失，而且在开赴特鲁布切夫斯克以北集结区途中遭到德军猛烈轰炸，在随后的战斗中又同样遭受重创。

但是，叶尔马科夫快速集群进行的战斗并非徒劳。古德里安后来写道：

在第47装甲军作战地域，俄国人从9月1日起，以坦克第108旅①辖内部队攻向西面和西北面，坦克第110旅的部队也参与其中，给第17装甲师坚定防御的部队造成巨大压力……[37]

---

① 译注：原文如此。

廖缅科的说法印证了古德里安对这场战斗的描述，他在回忆录中声称：

这场交战8月31日在特鲁布切夫斯克以西约20千米处达到高潮，参与其中的敌坦克多达500—600辆，我方亦投入250—300辆坦克。敌人损失几千名官兵和至少200辆坦克。

敌人夺取特鲁布切夫斯克并掩护南进力量之侧翼的计划宣告失败，为后续攻往首都（莫斯科）铺平道路的企图可能也已破灭。第13集团军作战地域内的情况的确如此，纳粹企图以一个装甲师在兹诺布车站附近渡过杰斯纳河，但我方部队以反冲击将敌人逐回了河对岸。[38]

除了把德军第17和第18装甲师的坦克力量夸大两倍多外，叶廖缅科还大吹大擂，称古德里安的部队企图渡过杰斯纳河，夺取布良斯克地域并发起向莫斯科的进攻。实际上，虽说古德里安试图在河东岸夺得了一片立足地以便日后攻往莫斯科，但他的真实意图是利用该登陆场促成向基辅的推进，从而执行希特勒的命令。

据布良斯克方面军的乐观计算，叶尔马科夫的进攻给德国第47装甲军第17装甲师（在较小程度上也包括第18装甲师）造成的损失“不下4000人、110—115辆坦克和45门火炮”。虽然这种说法显然过于夸大，但正如伊万诺夫的报告指出的那样，德国人在战斗中蒙受的损失相当高昂。证实这一说法的是，截至9月10日，第17装甲师仅剩52辆坦克（4辆一号、19辆二号、20辆三号、4辆四号、5辆指挥坦克），实力不及大多数德军装甲师的一半。相比之下，蒙受类似损失的只有莫德尔第3装甲师，该师在诺夫哥罗德-谢韦尔斯基以南地域脱离同谢缅琴科坦克第10师的激战后仅剩54辆坦克。[39]另外，继8月11日—27日伤亡43人后，第17装甲师报告，8月28日—31日损失237人。虽然第2装甲集群这段时期的损失记录在与第17装甲师相对应处留下一个奇怪的空白框，但该师9月1日—10日的人员损失很可能更高。[40]

第 21 集团军 9 月 1 日在切尔尼戈夫地域的战斗

9月1日，叶廖缅科为9月2日的总攻完成准备工作、其麾下诸集团军及快速集群从事战斗和努力重组部队之际，第21集团军正竭尽全力遏止魏克斯第2集团军位于切尔尼戈夫北面和东北面的部队，同时全力攻往东北方，力图突破施韦彭堡第24摩托化军设立的装甲屏障。这一整天，集团军辖内步兵第67军和骑兵集群努力实现虚幻的目标——夺取谢苗诺夫卡和另一端的诺夫哥罗德-谢韦尔斯基。这场徒劳的战斗结束后，库兹涅佐夫于9月1日23点向叶廖缅科汇报了他的进展（参见地图8.9）：

· **总体情况**——敌人8月31日和9月1日沿集团军整条战线发起猛烈进攻，他们获得强大的炮兵和坦克支援，9月1日15点在埃利诺、别祖格洛夫卡、新博罗维奇、斯米亚奇耶、小德尔钦、别加奇地段渡过斯诺夫河。我方部队竭力肃清敌人的突破，但未能获得积极的战果，9月1日—2日夜间，敌人仍盘踞在上述地点的斯诺夫河东岸。

· **辖内各兵团的状况和任务：**

★步兵第67军——位于集团军右翼，攻往谢苗诺夫卡，设法与第13集团军会合，同时在困难条件下沿奥博洛尼耶、韦尔巴、鲁德尼亚、奥博尔基一线（梅纳东北偏东方50千米至东北方40千米）进行第二天的战斗。

☆步兵第277师——8月31日夺得谢苗诺夫卡和布列什尼亚（谢苗诺夫卡西南偏西方18千米）一线，9月1日不得不转向东面和东南面以掩护其右翼，最终与军内其他部队相隔绝。

☆步兵第67军向谢苗诺夫卡的进攻已变得非常艰难，奥博洛尼耶和鲁德尼亚9月1日易手数次。

☆我们已识别出敌第10摩托化师辖内部队，外加1个机枪团（实际上是第2装甲集群的第5机枪支队），他们沿这一线构筑起大量防御工事。

★我们无法排除沿该方向遭遇敌人新锐力量的可能性，因为8月31日11点已发现一支敌队列的头部位于科斯托博布尔（诺夫哥罗德-谢韦尔斯基西北35千米），尾部位于斯塔罗杜布，另一股敌步兵和坦克集结在沃罗比耶夫卡（诺夫哥罗德-谢韦尔斯基西北偏北25千米），他们很可能出现在第21集团军战线前方。

★我们一再请求（西南方面军）第5集团军辖内部队据守他们的防线并掩

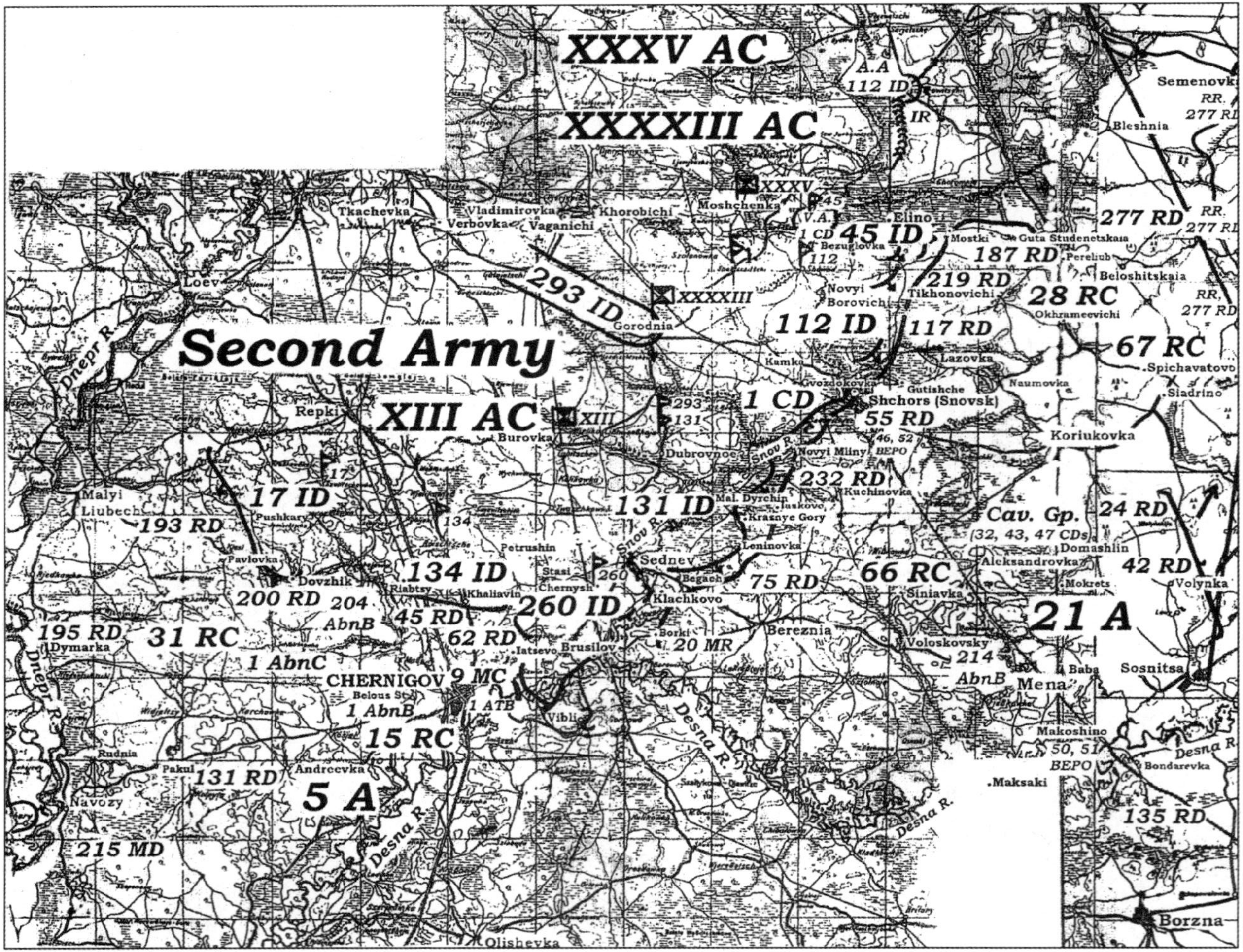

▲地图 8.9：第 21 集团军防御地带的战场态势，1941 年 9 月 1 日晚间（资料图）

护（第5与第21集团军）之间的分界线，但没有产生积极的结果。

★步兵第28和第66军——步兵第62师9月1日日终前撤至杰斯纳河后方，此时，（第5和第21）集团军的侧翼已彻底敞开，步兵第28和第66军现在被敌人的进攻所牵制，已然丧失机动性。

·**决心**——9月2日晨，我将继续攻往东北方，同第13集团军会合，（为此）我将投入骑兵集群。

·**请求**：

★请求第13集团军更加积极地朝谢苗诺夫卡展开行动。

★请求第40集团军肃清科罗普地域之敌并前出到杰斯纳河。

★请求第5集团军停止后撤，向北推进，同我部侧翼会合。

★若不采取这些措施，而第5集团军继续退却的话，第21集团军可能会被迫撤至杰斯纳河后方。我等待您的命令。[41]

到9月1日晚，库兹涅佐夫第21集团军的确已处于危险境地。随着他们沿斯诺夫河的防线遭突破，加之右翼力量向东的推进受阻，该集团军被迫放弃切尔尼戈夫并迅速向南撤往基辅仅仅是个时间问题。这反过来会导致第21集团军同布良斯克方面军主力彻底隔绝，并造成科罗普、科诺托普、罗姆内轴线敞开（这是从北面进入基尔波诺斯西南方面军后方的天然通道），只要仍在基尔波诺斯辖下而非叶廖缅科麾下的波德拉斯第40集团军无法在科罗普沿杰斯纳河阻挡施韦彭堡第24摩托化军，这条通道就将畅通无阻。

第40集团军9月1日在科罗普地域的斗争

正如西南方面军当晚22点呈交的作战摘要指出的那样，波德拉斯集团军作战地域9月1日的态势可谓“极其危险”：

·**总体情况**——西南方面军辖内部队，沿基辅筑垒地域加强防线据守第聂伯河东岸的同时，正沿切尔尼戈夫和奥斯特尔（基辅以北50千米）方向继续战斗，自8月31日晨起，方面军左翼力量一直与敌人战斗，对方已在杰里耶夫卡（克列缅丘格附近，基辅东南方260千米）渡过第聂伯河。敌人扼守奥库尼诺沃地域（位于第聂伯河东岸，基辅以北30千米）的同时，企图拓宽他们在格里戈尔–布里加尼罗夫卡夺得的登陆场，并向北面的巴赫马奇和切尔尼戈夫发展进攻。

· **第40集团军**——正为包围科罗普附近之敌集团进行战斗，敌人有可能在（第40集团军）右翼撤往格卢霍夫。

★步兵第293师（与配属的NKVD摩托化步兵第28团）——以其右翼向南，18点沿从杜博维奇西北方树林北部边缘至埃斯曼河（沃罗涅日–格卢霍夫东南偏南方15千米至西南方15千米），以及切佩列夫卡北郊（沃罗涅日–格卢霍夫西南偏西方18千米）至赖戈罗多卡（沃罗涅日–格卢霍夫西南方30千米，科罗普以东13千米）的杰斯纳河左岸一线转入防御。该师当面之敌为2个摩托化步兵团和1个坦克营。

★空降兵第2军（与坦克第10师坦克第19团）——自14点起在科罗普地域同敌第10摩托化师2个摩托化步兵团战斗。

☆坦克第10师（坦克第20团）——夺得察列夫卡（塔拉索夫卡）（科罗普以东6千米至东南方6千米）。

☆空降兵第3旅——（8月31日夺得科雷利斯科耶后），在科雷利斯科耶（科罗普以南6千米）西郊和北郊战斗，击退敌人从科罗普发起的进攻。

☆空降兵第4旅（与坦克第10师坦克第19团）——在阿秋沙和普斯托格列布利亚（科罗普以南15—16千米）南郊战斗。

☆空降兵第2旅——夺得埃戈罗夫卡（科罗普西南偏南方6千米），正在奥克佳布里斯科耶西郊和南郊战斗（科罗普东南偏南方10千米）。

★步兵第135师——步兵第791团夺得苏哈奇（索哈奇）（科罗普以西7千米），正在雷博京西郊战斗（科罗普以西3千米），余部据守大乌斯季耶和沃洛维察一线（科罗普西南偏西方10—68千米）。

★第40集团军司令部——科诺托普（科罗普东南偏南方40千米）。[42]

此时，担任第24摩托化军先遣力量的勒佩尔第10摩托化师，在科罗普及其南面遇到了大麻烦。波德拉斯将第40集团军步兵第135师，空降兵第2军第2、第3、第4旅，坦克第10师坦克第19和第20团集结在科罗普西部、南部和东部接近地周围，并从四面八方对位于科罗普的勒佩尔主力展开冲击。激战中，进攻方将位于该镇以南18千米的第10摩托化师先遣战斗群切断，迫使对方杀开血路，向北穿过空降兵第2军第4旅设在科罗普以南15—16千米，阿秋沙（Atiusha）和普斯托格列布利亚（Pusto Greblia）的拦截阵地。该战斗群虽说穿过苏军交叉火力逃脱，但损失高达200人，第40集团军辖内部队压缩了德军设在科罗普的登陆场。对勒佩尔来说雪上加霜的是，苏军第21集团军步兵第67军逼近第10摩托化师后方补给线，而步兵第42和第277师亦对第5机枪支队（营）的防御构成威胁，该支队负责掩护摩托化师的交通线。（参见地图8.10）

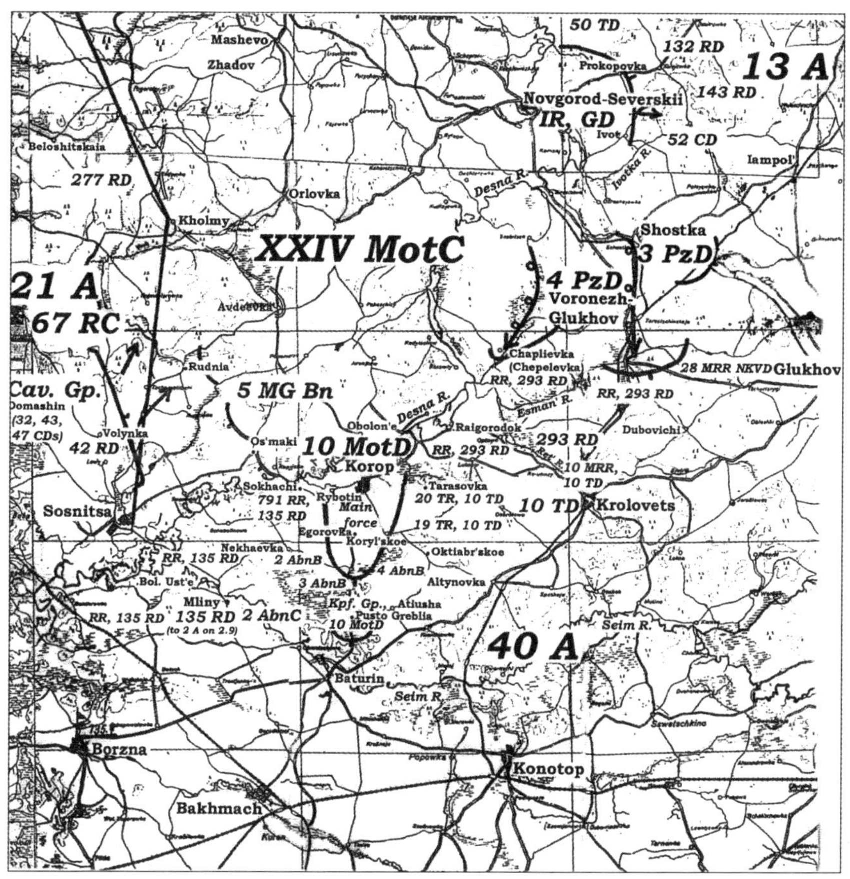

▲ 地图 8.10：第 40 集团军防御地带的战场态势，1941 年 9 月 1 日晚间（资料图）

但波德拉斯同样面临一些问题。首先，他不得不把坦克第10师从绍斯特卡方向匆匆向西调往科罗普，这导致该师许多坦克发生故障，未能到达科罗普东南面的新集结区。虽然不清楚该师月底时的坦克实力，但推测可能比掌握25辆坦克的德军第10摩托化师多不到哪里去。其次，第40集团军的战线太宽——从沃罗涅日–格卢霍夫（Voronezh–Glukhov）以南延伸至索斯尼察东南面的杰斯纳河，长度约为70千米，这使他们很难在科罗普地域集结起足够的力量击败德军第10摩托化师。第三，波德拉斯将他的主力集结在科罗普地域时，只留下实力不济的步兵第239师和1个NKVD步兵团掩护沃罗涅日–格卢霍夫南面的漫长右翼。次日的事实证明，这股力量根本不足以执行他们的防御任务。

因此，叶廖缅科布良斯克方面军的这场全面反攻，从一开始就不幸地面临着一系列未能克服的严重问题。这些问题中，构成最严峻挑战的是德军第24摩托化军向南方的迅猛推进，他们多次抢在叶廖缅科做出决定前采取行动，打乱了这位方面军司令员的作战计划。没等叶廖缅科下达命令，情况已发生急剧变化，这就要求他必须更改计划。导致问题更加复杂的是，大本营不断给叶廖缅科提出建议，迫使他再度修改计划。就这样，布良斯克方面军司令部下达的一道道命令，反过来又要求各集团军司令员更改他们的计划，通常是在战斗已然开始后。

其次，出于各种原因，叶廖缅科缺乏实施一场成功反攻所需要的兵力。虽说第50集团军和最终组建完毕的第3集团军由坚实的满编步兵师构成，但第13集团军辖内许多师的实力严重不足，仅剩一具空壳。大本营也没有给叶廖缅科调拨更多援兵，因为他们已为铁木辛哥和朱可夫在北面的作战行动提供支援。对叶廖缅科来说更糟糕的是，他的布良斯克方面军缺乏一只有力的装甲“铁拳”，也就是负责突破德军防御、向敌战术乃至战役纵深发展的坦克力量[①]。例如，截至9月1日，坦克第50师的坦克悉数折损，该师作为步兵力量

① 译注：按照苏军战役法的规定，负责突破敌防御的是步兵力量，宝贵的坦克力量不能用于这种消耗，而是在步兵打开突破口后向敌纵深发展胜利；当然，苏军1941年的战役法并不成熟，用坦克力量突破敌防御的做法完全可以理解。

投入战斗，而叶廖缅科编有坦克第108师和第141旅的快速集群，在特鲁布切夫斯克以西同德军第17装甲师发生激烈的遭遇交战，受损严重。这就使叶廖缅科诸集团军只剩少数独立坦克旅和坦克营可用于支援并维系他们雄心勃勃的进攻，但这些坦克部队中的大多数尚未彻底集结完毕。

如果说这些问题并不足以令人望而生畏，那么，还要考虑到布良斯克方面军混乱的指挥控制。除面对德军一个排出坚定战斗队形的满编摩托化军外，该方面军还缺乏有效的运输和后勤体系，而这是及时、高效地变更部署并增援前线作战部队的必要手段。另外，布良斯克方面军的电台设备严重不足，中级指挥员也无法有效使用无线电台，这进一步延误了命令的传达和部队的调动。

待叶廖缅科终于在9月2日发起他的全面反攻时，这些和另一些问题造成的后果暴露无遗。这些问题也准确地解释了第24摩托化军三个疲惫不堪的师何以能实施如此成功的作战行动。

注释

1. 托马斯·L.延茨主编，《装甲部队：德军装甲力量的组建和作战使用完全指南，1933年—1942年》第一卷，宾夕法尼亚州阿特格伦：希弗出版社，1996年，第206页。

2. 《西南方面军司令员1941年8月28日下达的第00322号作战令：关于沿第聂伯河防御》（Operativnaia direktiva komanduiushchego voiskami Iugo-Zapadnogo Fronta No. 00322 ot 28 avgusta 1941 g. na oboronu po r. Dnepr），收录于《伟大卫国战争作战文件集》第40期，莫斯科：军事出版局，1960年，第133页。

3. 《西南方面军司令部1941年8月29日22点提交的第00119号作战摘要：关于方面军辖内部队在基辅东北方的作战行动》（Operativnaia svodka shtaba Iugo-Zapadnogo Fronta No. 00119 k 22 chasam 29 avgusta 1941 g. o boevykh deistviiakh voisk fronta severo-vostochnee Kieva），收录于《伟大卫国战争作战文件集》第40期，第138—139页。

4. 《第13集团军司令员1941年8月29日发给布良斯克方面军司令员的战斗报告：关于集团军的状况和撤至杰斯纳河东岸的可能性》（Boevoi donesenie komanduiushchego voiskami 13-i Armii komanduiushchemu voiskami Brianskogo Fronta ot 29 avgusta 1941 g. o polozhenii voisk i neobkhodimosti otvoda ikh na vostochnyi bereg r. Desna），收录于《伟大卫国战争作战文件集》第43期，莫斯科：军事出版局，1960年，第303—304页。

5. 《第21集团军司令员1941年8月29日下达的第014号战斗令：关于继续攻往谢苗诺夫卡》（Boevoi prikaz komanduiushchego voiskami 21-i Armii No. 014 ot 29 avgusta 1941 g. na prodolzhenii nastupleniia v napravlenii Semenovka），收录于《伟大卫国战争作战文件集》第43期，第340页。

6. 《布良斯克方面军司令员1941年8月29日下达的第07号战斗令：关于朝波加尔、斯塔罗杜布、诺夫哥罗德-谢韦尔斯基方向发起进攻》（Boevoi prikaz komanduiushchego voiskami Brianskogo fronta No. 07 ot 29 avgusta 1941 g. na nastuplenie v napravlenii Pogar, Starodub, and Novgorod-Severskii），收录于《伟大卫国战争作战文件集》第43期，第50—51页。

7. 参见坦克第108师的战后报告：《坦克第108师师长1941年9月17日呈交布良斯克方面军司令员的报告：关于该师1941年8月28日—9月4日的作战行动》（Donesenie komandira 108-i Tankovoi Divizii komanduiushchemu voiskami Brianskim frontom ot 17 sentiabria 1941 g. o boevykh deistviiakh divizii v period s 28 avgusta po 4 sentiabria 1941 g.），收录于《伟大卫国战争作战文件集》第33期，莫斯科：军事出版局，1957年，第121—122页。坦克第141旅由坦克第110师改编而成，指挥该师的是彼得·格里戈里·切尔诺夫上校。

8. 《最高统帅部大本营下达给布良斯克方面军司令员的第001428号训令：关于沿罗斯拉夫利—布良斯克方向发起进攻》（Direktiva Stavki VGK No. 001428 komanduiushchemu voiskami Brianskogo fronta o nastupatel'noi operatsii na Roslavl'sko-Starodubskom napravlenii），收录于V.A.佐洛塔廖夫主编，《最高统帅部大本营：1941年的文献资料》，第148—149页；这道指令也收录在《伟大卫国战争作战文件集》第41期，第12—13页。

9. 参见V.V.沃尔科夫，《重要的序幕：伟大卫国战争第一阶段未完成的方面军进攻战役》

（Kriticheskii prolog: Nezavershennye frontovye nastupatel’nye operatsii pervykh kampanii Velikoi Otechestvennoi voiny），莫斯科：阿维阿尔出版社，1992年，第74页。

10. 同上。

11. 《布良斯克方面军司令部1941年8月29日18点提交的第022号作战摘要：关于方面军辖内部队的作战行动》（Operativnaia svodka shtaba Brianskogo Fronta No. 022/op k 18 chasam 29 avgusta 1941 g. o boevykh deistviiakh voisk fronta），收录于《伟大卫国战争作战文件集》第43期，第51—53页。

12. 《布良斯克方面军航空兵司令员1941年8月30日下达的第01号战斗令：关于打击敌摩托—机械化集团》（Boevoi prikaz komanduiushchego Voenno-Vozdushnymi Silami Brianskogo Fronta No. 01 ot 30 avgusta 1941 g. na nanesenii udarov po motomekhanizirovannym gruppirovkam protivnika），收录于《伟大卫国战争作战文件集》第43期，第53—54页。

13. 《布良斯克方面军司令部1941年8月30日8点提交的第023号作战摘要：关于方面军辖内部队的作战行动》（Operativnaia svodka shtaba Brianskogo Fronta No. 023 k 8 chasam 30 avgusta 1941 g. o boevykh deistviiakh voisk fronta），收录于《伟大卫国战争作战文件集》第43期，第55—56页。

14. 《布良斯克方面军司令部1941年8月30日下达给第50集团军司令员的战斗令：关于消灭波切普以东之敌》（Boevoi rasporiazhenie shtaba Brianskogo fronta ot 30 avgusta 1941 g. komanduiushchemu voiskami 50-i Armii na unichtozhenie protivnika vostochnee Pochep），收录于《伟大卫国战争作战文件集》第43期，第56页。

15. 《第50集团军司令员1941年8月30日下达的第06号单独战斗令：关于以步兵第280和第269师夺取苏多斯季河东岸》（Chastnyi boevoi prikaz komanduiushchego voiskami 50-i Armii No. 06 ot 30 avgusta 1941 g. na ovladenie 280-i i 269-i Strelkovymi Diviziiami vostochnym beregom r. Sudost’），收录于《伟大卫国战争作战文件集》第43期，第361页。

16. 《布良斯克方面军司令员呈交最高统帅的第349号报告：关于消灭波切普、特鲁布切夫斯克、诺夫哥罗德-谢韦尔斯基、新济布科夫地域之敌的作战计划》（Doklad komanduiushchego voiskami Brianskogo Fronta No. 349 Verkhovnomu Glavnokomanduiushchemu plana operatsii po razgromu protivnika v raione Pochep, Trubchevsk, Novgorod-Severskii, Novozybkov），收录于V.A.佐洛塔廖夫主编，《最高统帅部大本营：1941年的文献资料》，第369页。书中错误地将日期写为1941年9月2日6点10分，这份报告实际上签发于8月30日24点。书中还错误地将第13集团军坦克第141旅写为坦克第147师。这份报告的副本也收录在《伟大卫国战争作战文件集》第43期第57—58页，标题为《为消灭罗斯拉夫利和斯塔罗杜布方向之敌，布良斯克方面军司令员关于从8月30日至9月15日实施一场进攻战役的计划》（Plan komanduiushchego voiskami Brianskogo fronta na provedenie nastupatel’noi operatsii s 30 avgusta po 15 sentiabria 1941 g. po unichtozheniiu protivnika na Roslavl’skom i Starodubskom napravleniakh），书中正确地将报告的签发日期写为1941年8月30日24点并纠正了上述错误。

17. 另可参阅弗拉基米尔·别沙诺夫，《坦克大屠杀，1941年》，莫斯科：AST出版社，2001年，第421—422页。

18.《第21集团军司令部1941年8月31日提交的第034号战斗报告：关于进攻谢苗诺夫卡的战果》（Boevoe donesenie shtaba 21-i Armii No. 034 ot 31 avgusta 1941 g. o rezul’tatakh nastupleniia v napravlenii Semenovka），收录于《伟大卫国战争作战文件集》第43期，第341页。

19.《第21集团军司令部1941年8月31日提交的第035号战斗报告：关于攻往谢苗诺夫卡的战果》（Boevoe donesenie shtaba 21-i Armii No. 035 ot 31 avgusta 1941 g. o rezul’tatakh nastupleniia v napravlenii Semenovka），收录于《伟大卫国战争作战文件集》第43期，第342页。

20.《最高统帅部大本营发给布良斯克方面军司令员的第001482号训令：关于加快第50集团军的进攻准备》（Direktiva Stavki VGK No. 001482 komanduiushchemu voiskami Brianskogo fronta ob uskorenii podgotovki nastupleniia 50-i Armii），收录于V.A.佐洛塔廖夫主编，《最高统帅部大本营：1941年的文献资料》，第151页。

21.《布良斯克方面军司令员1941年8月31日下达给第50集团军司令员的第0068号训令：关于沿罗斯拉夫利方向发起进攻》（Direktiva komanduiushchego voiskami Brianskogo fronta No. 0068 ot 31 avgusta 1941 g. komanduiushchemu voiskami 50-i Armii na nastuplenie v Roslavl’skom napravlenii），收录于《伟大卫国战争作战文件集》第43期，第60—62页。

22.《布良斯克方面军司令部1941年8月31日18点提交的第025/op号作战摘要：关于方面军辖内部队的作战行动》（Operativnaia svodka shtaba Brianskogo Fronta No. 025/op k 18 chasam 31 avgusta 1941 g. o boevykh deistviiakh voisk fronta），收录于《伟大卫国战争作战文件集》第43期，第55—56页。

23.《西南方面军司令部1941年8月30日22点提交的第00121号作战摘要：关于方面军辖内部队的作战行动》（Operativnaia svodka shtaba Iugo-Zapadnogo fronta No. 00121 k 22 chasam 30 avgusta 1941 g. o boevykh deistviiakh voisk fronta severo-vostochnee Kieva），收录于《伟大卫国战争作战文件集》第40期，第140—141页。

24.《西南方面军司令部1941年9月31日6点提交的第67号情报摘要：关于方面军当面之敌的编组和行动》（Razvedyvatel’naia svodka shtaba Iugo-Zapadnogo Front No. 67 k 6 chasam 31 avgusta 1941 g. o gruppirovke i deistviiakh protivnika pered frontom），收录于《伟大卫国战争作战文件集》第43期，第142—143页。

25. 伊利亚·莫先斯基、伊万·霍赫洛夫，《争夺转折点：斯摩棱斯克交战，1941年7月10日—9月10日》第二部分（V bor’be za pereloma: Smolenskoe srazhenie 10 iiulia-10 sentiabria 1941 goda, chast’ 2），刊登于《军事编年史杂志》2003年第3期，莫斯科：BTV-MN出版社，2003年，第67页。

26. 同上。

27. 古德里安集团军级集群（第2装甲集群）1941年8月21日、31日，9月5日、15日的报告。

28. 海因茨·古德里安，《装甲指挥官》，纽约：E.P.达顿出版社，1952年，第164—165页。

29. 同上。

30.《最高统帅部大本营下达给布良斯克方面军司令员和红空军司令员的第001502号训令：关于消灭敌坦克集团的措施》（Direktiva Stavki VGK No. 001502 komanduiushchemu voiskami Brianskogo fronta, zamestiteliu komanduiushchego VVS Krasnoi Armii o merakh po razgromu tankovoi gruppirovki protivnika），收录于V.A.佐洛塔廖夫主编，《最高统帅部大本营：1941年的文献资料》，第152页。

31.《布良斯克方面军司令员1941年9月1日下达给第3集团军司令员的第0069号训令：关于沿茹季洛沃车站和拉苏哈方向发起进攻》（Direktiva komanduiushchego voiskami Brianskogo fronta No. 0069 ot 1 sentiabria 1941 g. komanduiushchemu voiskami 3-i armii na nastuplenie armii v napravlenii st. Zhudilovo, Rassukha），收录于《伟大卫国战争作战文件集》第43期，第66—67页。

32.《布良斯克方面军司令员1941年9月1日下达给第13集团军司令员的第0071号训令：关于沿基斯特尔、热列兹内莫斯季、谢苗诺夫卡方向发起进攻》（Direktiva komanduiushchego voiskami Brianskogo fronta No. 0071 ot 1 sentiabria 1941 g. komanduiushchemu voiskami 13-i armii na nastuplenie armii v napravlenii Kister, Zheleznyi Most’, Semenovka），收录于《伟大卫国战争作战文件集》第43期，第67—68页。

33.《第50集团军司令员1941年9月1日下达的第09号战斗令：关于攻往波切普和斯塔罗杜布》（Boevoi prikaz komanduiushchego voiskami 50-i Armii No. 09 ot 1 sentiabria 1941 g. na nastuplenie v napravlenii Pochep, Starodub），收录于《伟大卫国战争作战文件集》第43期，第361—363页。

34.《第13集团军司令员1941年9月1日下达的第065号战斗令：关于夺取诺夫哥罗德-谢韦尔斯基城》（Boevoi prikaz komanduiushchego voiskami 13-i Armii no. 065 ot 1 sentiabria 1941 g. na ovladenie gor. Novgorod-Severskii），收录于《伟大卫国战争作战文件集》第43期，第304—305页。

35.《坦克第108师师长1941年9月17日呈交布良斯克方面军司令员的战斗报告：关于该师1941年8月28日至9月4日的作战行动》（Donesenie komandira 108-i Tankovoi Divizii komanduiushchemu voiskami Brianskim Frontom ot 17 sentiabria 1941 g. o boevykh deistviiakh divizii v period s 28 avgusta po 4 sentiabria 1941 g.），收录于《伟大卫国战争作战文件集》第33期，第121—124页。

36. 叶甫盖尼·德里格，《战斗中的红军机械化军：1940年—1941年红军汽车装甲坦克兵史》，莫斯科：AST出版社，2005年，第643页。

37. 同上，引自未删减的古德里安回忆录德文版。

38. A.I.叶廖缅科，《艰巨的战争初期》，莫斯科：进步出版社，1966年，第221页。

39. 托马斯·L.延茨主编，《装甲部队：德军装甲力量的组建和作战使用完全指南，1933年—1942年》第一卷，第206页。

40. 古德里安集团军级集群（第2装甲集群）1941年8月21日、31日、9月5日、10日的报告，原件副本。

41.《第21集团军司令员1941年9月1日呈交布良斯克方面军司令员的战斗报告：关于集团军辖内部队的情况和为成功的进攻行动提供支援的必要措施》（Boevoe donesenie komanduiushchego voiskami 21-i Armii ot 1 sentiabria 1941 g. komanduiushchemu voiskami Brianskogo Fronta o polozhenii voisk armii i neobkhodimykh merakh po obespecheniiu ikh uspeshnogo nastupleniia），收录于《伟大卫国战争作战文件集》第43期，第343页。

42.《西南方面军司令部1941年9月1日22点提交的第00125号作战摘要：关于方面军辖内部队的作战行动》（Operativnaia svodka shtaba Iugo-Zapadnogo fronta No. 00125 k 22 chasam 1 sentiabria 1941 g. o boevykh deistviiakh voisk fronta），收录于《伟大卫国战争作战文件集》第40期，第145页。

第九章

苏军的第三场反攻：布良斯克方面军的罗斯拉夫利—新济布科夫进攻战役，第二阶段，1941年9月2日—14日

9月2日—6日的全面反攻

战役布势和任务

对布良斯克方面军来说，9月1日日终时木已成舟。9月2日拂晓前不久，铁木辛哥西方面军第30、第19、第16、第20集团军和朱可夫预备队方面军第24、第43集团军沿杜霍夫希纳和叶利尼亚方向冲击中央集团军群防御时，叶廖缅科辖内诸集团军完成了进攻准备并占据了各自的出发阵地。苏军最高统帅部大本营为阻止古德里安第2装甲集群而实施的总攻的第三个，也是最后一个组成部分即将拉开序幕。相关计划的最后变更彻底结束后，布良斯克方面军第0068、第0069和第0071号训令为方面军9月2日的反攻确定了最终战役布势（参见地图9.1）：

布良斯克方面军1941年8月31日19点下达给第50集团军的第0068号训令（以下参见地图9.2、9.3、9.4）

· **第50集团军**

★编成——步兵第217、第258、第260、第278、第279、第290、第299师

★任务：

☆防御——在方面军右翼遂行防御，具体如下：

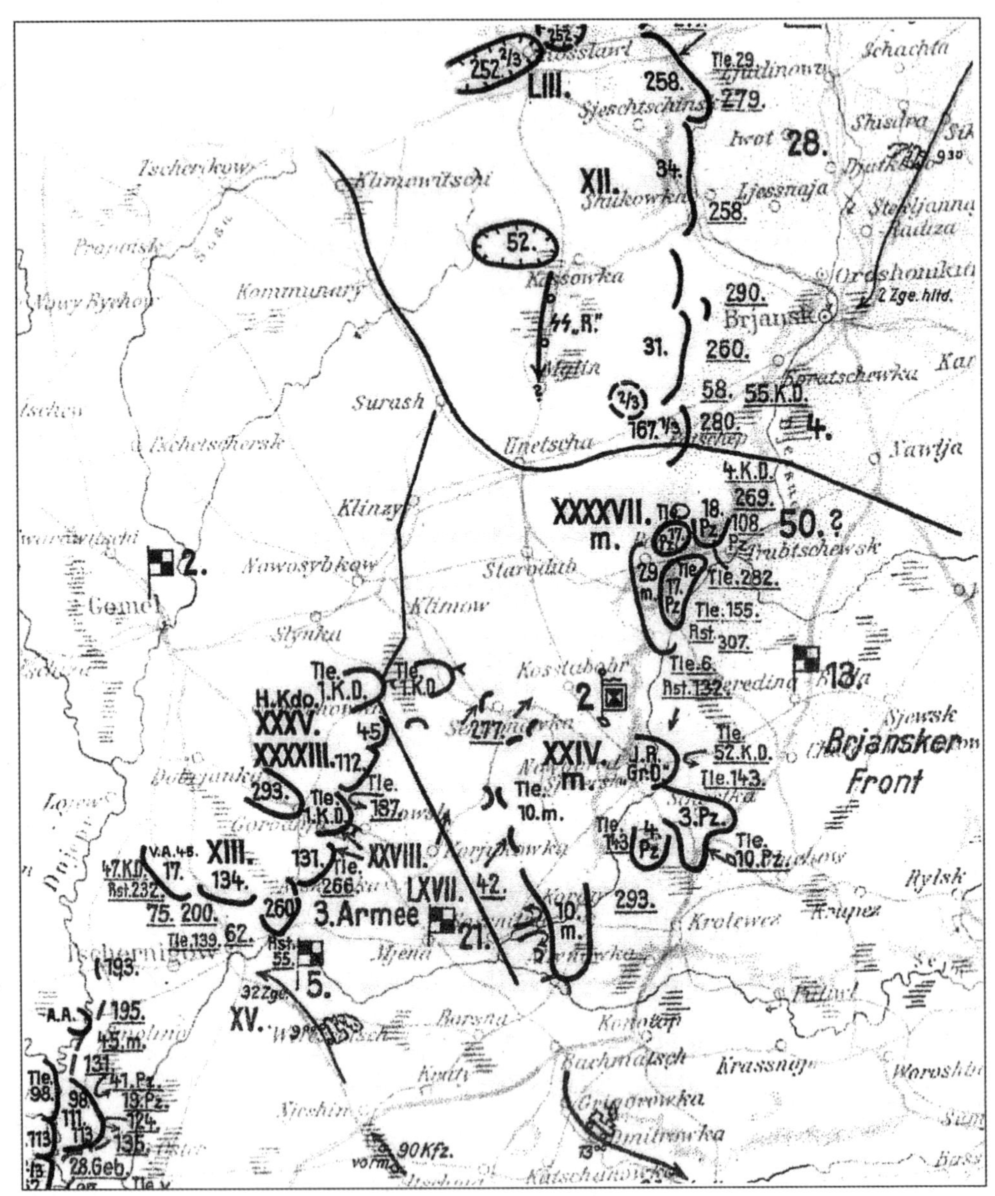

▲ 地图 9.1: 中央集团军群右翼的战场态势, 1941 年 9 月 1 日(资料图)

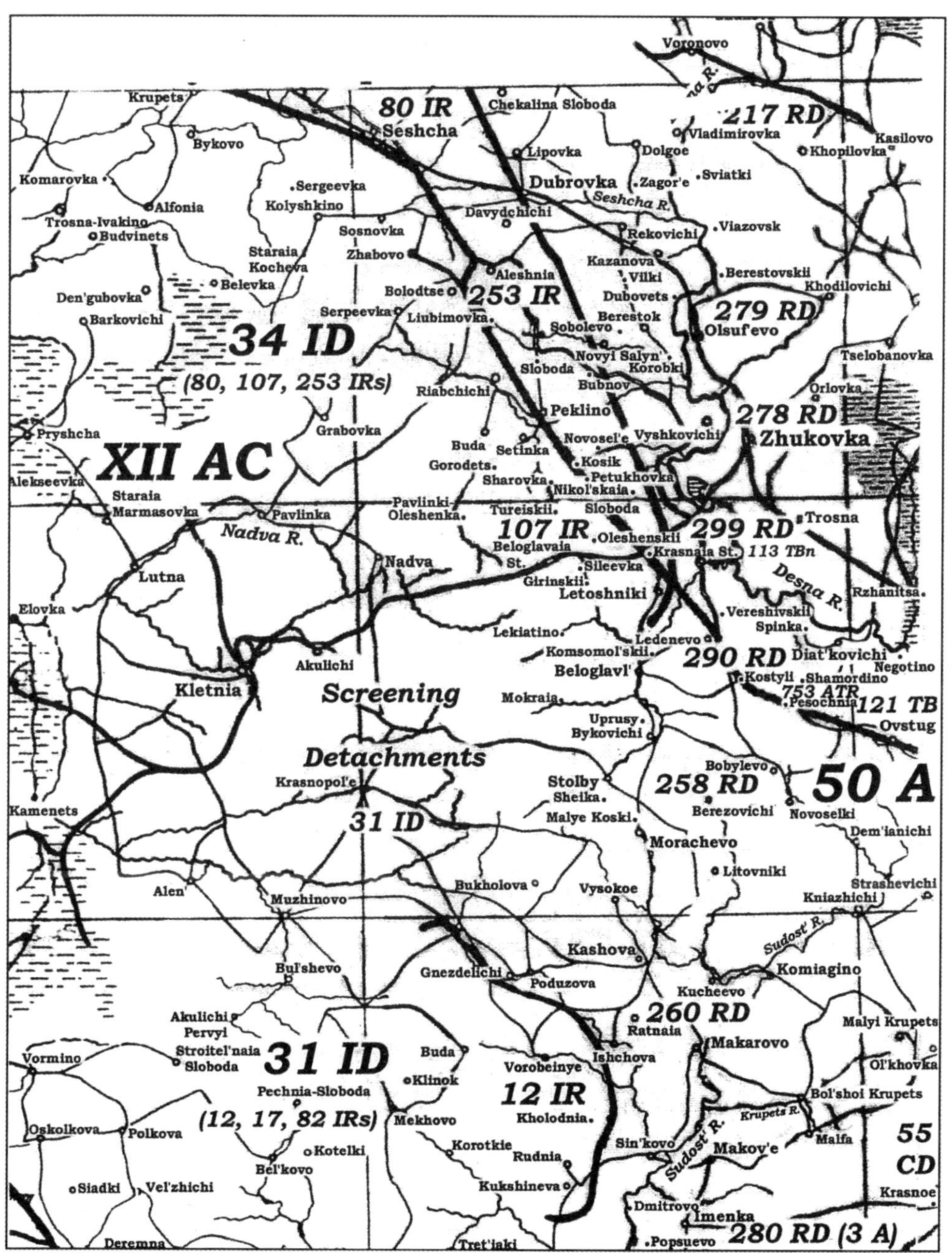

▲ 地图 9.2：第 50 集团军的作战编成，1941 年 9 月 1 日晚间（资料图）

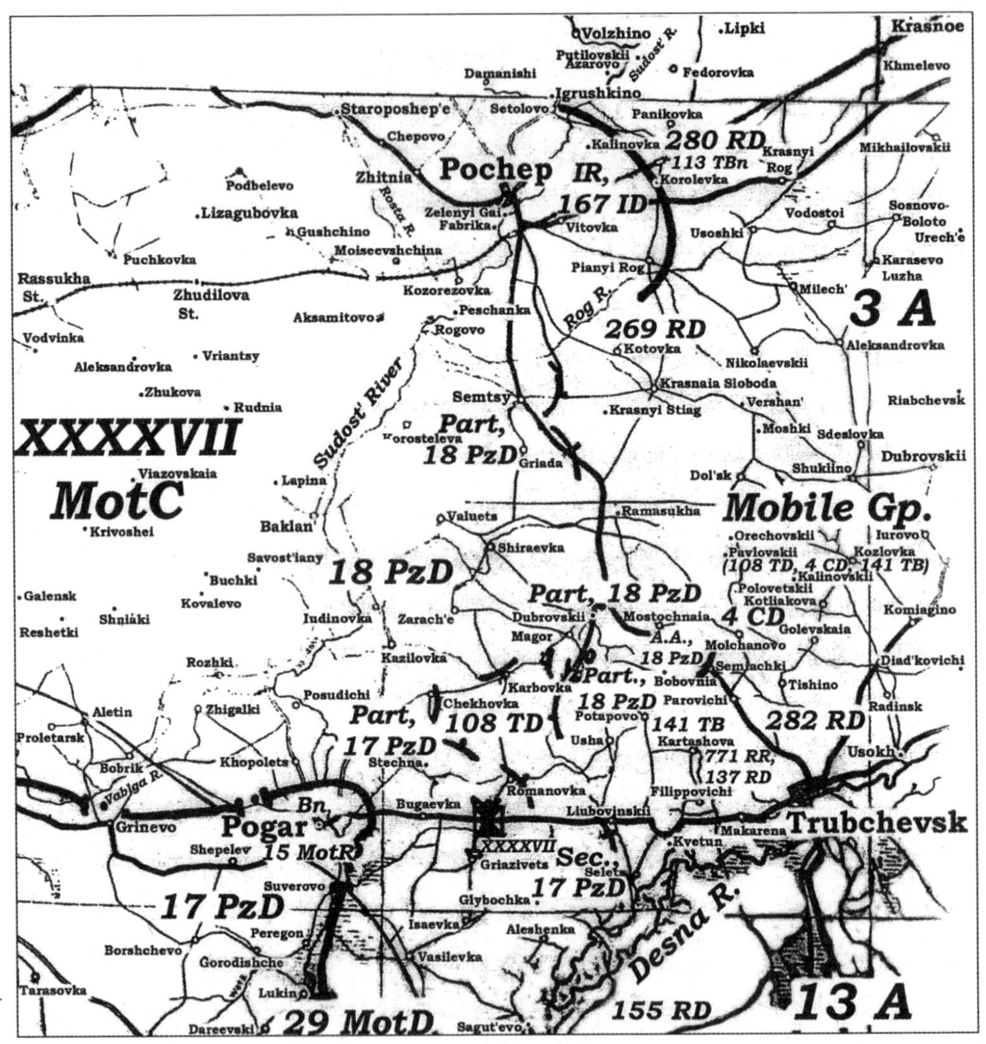

▲ 地图 9.3：第 3 集团军的作战编成，1941 年 9 月 1 日晚间（资料图）

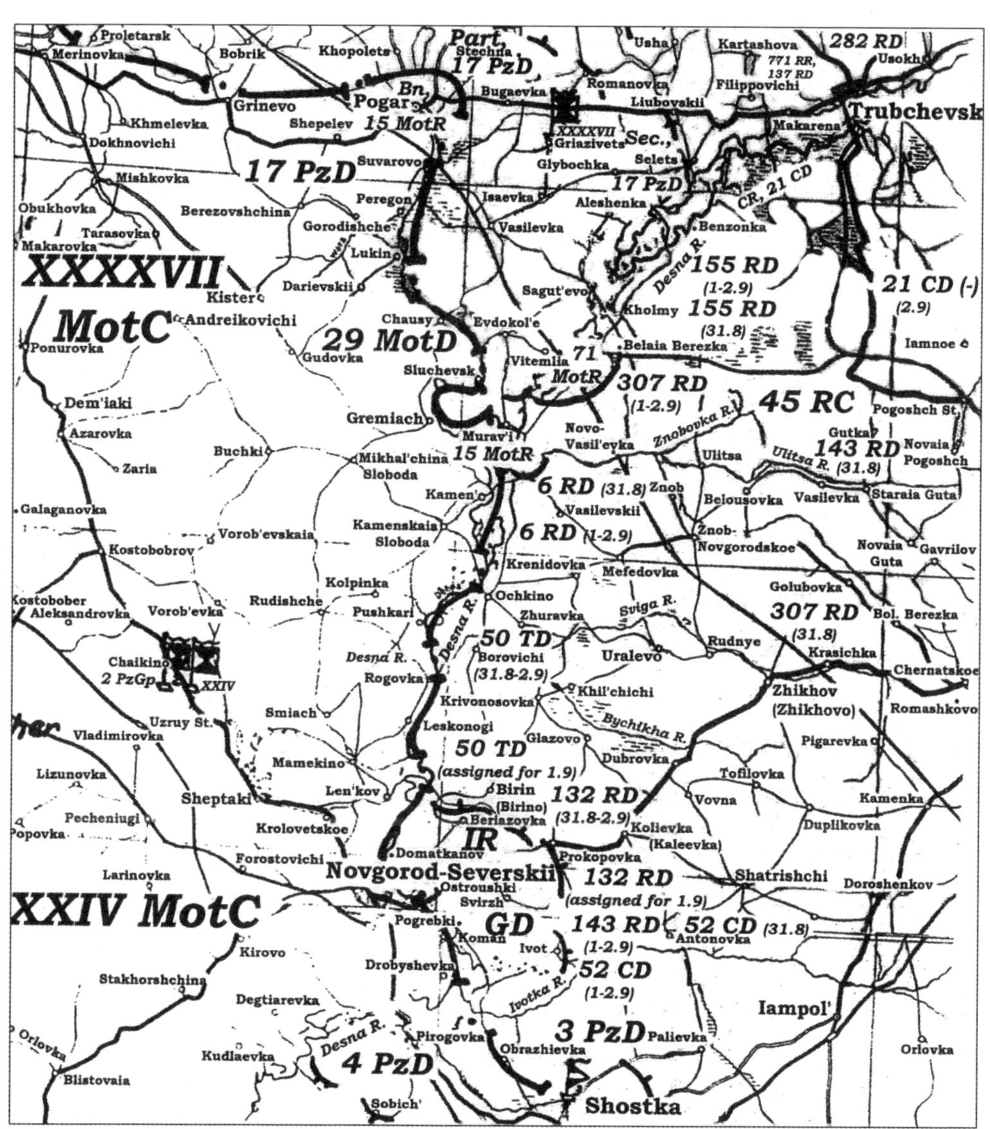

▲ 地图 9.4：第 13 集团军的作战编成，1941 年 9 月 1 日晚间（资料图）

■步兵第217师——从弗罗洛夫卡南延至列科维奇附近的谢夏河河口（茹科夫卡西北偏北方15—50千米）。

■步兵第258师——从列科维奇（茹科夫卡以北15千米）南延至茹科夫卡。

■步兵第260师——从斯托尔贝至德米特罗沃（茹科夫卡以南25—55千米）。

☆进攻——9月2日晨从维亚佐夫斯克、茹科夫卡、列托什尼基一线（茹科夫卡以北10千米至以南12千米）展开进攻。

■突击集群——步兵第279、第278、第299、第290师，坦克第121旅，独立坦克第113营，2个统帅部预备队炮兵团，1个近卫迫击炮兵团。

■当前任务——会同第43集团军攻往佩克利诺、新克鲁佩茨和罗斯拉夫利，消灭达维德奇奇、扎博沃、里亚布奇奇一线（茹科夫卡西北偏西方17千米至西北方25千米）（方面军的命令中指出，“列科维奇、谢夏、戈罗杰茨、列利亚季诺地域”）之敌集团。

■尔后任务——夺取罗斯拉夫利地域，9月13日前出到谢夏、旧科切瓦、格拉博夫卡地域（茹科夫卡西北方35千米至以西28千米）（方面军的命令中写道，“彼得罗维奇和克利莫维奇一线”）。

☆特别指示——将集团军预备队的步兵第137师留在第三道防御阵地，步兵第298师留在佳季科沃地域担任方面军预备队，掩护与第43集团军的分界线。

布良斯克方面军1941年9月1日下达给第3集团军的第0069号训令

·第3集团军

★编成——步兵第137、第148、第269、第280、第282师，骑兵第4师，坦克第108师，坦克第141旅，独立坦克第113营。

★任务：

☆进攻——9月3日晨从波切普和谢姆齐一线（波切普以北5千米至以南20千米）发起进攻。

☆突击集群——步兵第269、第282师，坦克第108师，骑兵第4师，坦克第141旅，1个统帅部预备队炮兵团，1个近卫迫击炮兵团。

☆当前任务——会同第13集团军，朝茹季洛沃车站和拉苏哈（波切普以西24—35千米）发起主要突击，消灭波切普、杜纳耶夫斯基、茹科瓦、巴克兰地域（特鲁布切夫斯克西北偏北方45—60千米至西北方40—55千米）之敌。

☆尔后任务——夺取伊普季河一线（特鲁布切夫斯克西北方105千米），9月15日前出到克利莫维奇和白杜布拉瓦一线。

☆特别指示——步兵第280师应以强有力的支队在其防区（波切普东北偏北方5—19千米）遂行侦察，补充步兵第148师，并以步兵第137师守卫特鲁布切夫斯克。

[作者注：如第八章所述，叶廖缅科的战役（快速）集群（坦克第108师、骑兵第4师、坦克第141旅）已在从卡尔博夫卡南延至罗曼诺夫卡这一地域卷入激战，坦克第108师陷入重围，正为生存而战，而坦克第141旅和骑兵第4师也面临严峻的困境。]

布良斯克方面军1941年9月1日下达给第13集团军的第0071号训令

·第13集团军

★编成——步兵第45军（第6、第155、第307师），步兵第121、第132、第143师，骑兵第52、第21师，空降兵第4军（第7、第8旅），坦克第50师，独立坦克第43营。

★任务：

☆防御——在集团军右翼和中央地带遂行防御，将步兵第45军第155、第307、第6师部署在从谢列茨（杰斯纳河东岸，特鲁布切夫斯克西南方14千米）南延至罗戈夫卡（杰斯纳河西岸，诺夫哥罗德-谢韦尔斯基以北17千米）这一45千米宽的地段。

☆进攻——9月2日晨攻往诺夫哥罗德-谢韦尔斯基。

■突击集群——坦克第50师，步兵第132、第143师，骑兵第52师。

■当前任务——肃清杰斯纳河东岸之敌。

■尔后任务——发起进攻，9月15日前夺取诺夫哥罗德-谢韦尔斯基。

☆特别指示——以步兵第121和骑兵第21师掩护与第40集团军的分界线并以强有力的侦察支队牵制敌人。

叶廖缅科的新进攻计划与原先的计划截然不同，主要因为叶尔马科夫在特鲁布切夫斯克西北地域战斗的快速集群就算没有彻底失败，也已陷入困境。由于叶廖缅科的计划默认第50和第3集团军在他们的突击行动中一无所获，布良斯克方面军这场进攻的主要目标改为肃清杰斯纳河东岸之敌，可能的话，再夺取诺夫哥罗德-谢韦尔斯基。这位方面军司令员推断，倘若他的部队能够完成这番壮举，他们也许能同波德拉斯第40集团军辖内部队会合，尔后共同恢复与第21集团军的联系。但鉴于过去三天的战况，截至9月2日晨，这的确是一件希望渺茫的事。

在这最后时刻，尽管斯大林和大本营依然坚定不移，但他们似乎对叶廖缅科的疑虑感同身受。证实这种疑虑的是，斯大林9月2日12点50分亲自给叶廖缅科发去一份电报，一方面批评后者迄今为止的表现，另一方面答应提供更多空中支援：

整个大本营对您的工作完全无法感到满意。尽管航空兵和地面部队展开了行动，但波切普和斯塔罗杜布仍在敌人手中。这就意味着您稍稍蚕食了敌人，但没能迫使对方退却。

大本营要求您的地面部队与航空兵紧密协同，将敌人驱离斯塔罗杜布和波切普地域并彻底消灭他们。若做不到这一点，您所说的一切不过是空话而已。

大本营已命令彼得罗夫（红空军副司令员）留在原处，以所有空军兵团协助您的地面部队取得决定性胜利。您必须粉碎古德里安和他的整个集群，实现这一点前，您的所有胜利保证毫无价值。我们等待着古德里安集群被消灭的报告。

斯大林，沙波什尼科夫[1]

不久之后，沙波什尼科夫又给叶廖缅科发去另一道训令，这道简短的指令要求第21集团军不惜一切代价坚守切尔尼戈夫。确认斯大林不会应布琼尼和基尔波诺斯的要求将第21集团军转隶西南方面军后，沙波什尼科夫补充道：“敌人攻占了维布利（切尔尼戈夫东南偏东方15千米，杰斯纳河南面），已对切尔尼戈夫和方面军分界线构成明显威胁。立即汇报您沿该方向采取的措施。必须不惜一切代价坚守切尔尼戈夫。”[2]

受到斯大林申斥后没过几个小时，叶廖缅科便按照“老板”的要求拟制了一份航空兵与地面部队紧密协同的计划。叶廖缅科这份新计划的标题是“投入航空兵并于1941年9月1日—2日夜间和9月2日与地面部队协同的计划”，若以以往的经历为指导，叶廖缅科大概认为该计划不过是装点门面而已：

· **总体任务**——以不分昼夜的持续行动击败并疲惫杜布罗夫卡、索伦车站、小索伦、佩克利诺地域（茹科夫卡以西5—10千米，西北方7—25千米）和佩尔沃迈斯基以西之敌。

· **具体任务：**

★9月2日7点—8点——战机应打击以下地域：列科维奇、克拉斯内、马亚卡农场和杰沃奇基诺；别列斯托克、索伦车站和布布诺夫；红斯洛博达、茹科夫卡西北方和维什科维奇；维什科维奇以西2千米的树林；尼科利斯卡亚斯洛博达、新布达和发射阵地上的炮兵（7点—7点30分投入方面军航空兵，7点30分—8点投入远程航空兵）。

★9月2日8点—10点——实施炮火准备，以歼击机掩护我方编组免遭敌炮兵打击并消灭敌炮兵。

★9月2日10点—10点10分——炮火暂停时，应以强击机打击敌防御前沿。

★9月2日10点—11点——打击敌人设在杰沃奇基诺、别列斯托克、维什科维奇、克拉斯诺耶地域的发射阵地。

★9月2日12点后——打击敌人设在列科维奇、索博列沃、苏马、尼科利斯卡亚斯洛博达、佩尔沃迈斯基地域的发射阵地。

★9月2日14点后——打击敌人设在勒扎韦茨、索伦车站、佩克利诺、科切夫斯基、伊林斯基村地域的发射阵地。

★指挥所召集战机打击敌目标时，使用地图上编有号码的象限。

★将2架U-2飞机降落在集团军司令员的前进指挥所。[3]

9月2日的战斗

实施两小时炮火准备后，布良斯克方面军第50、第3、第13集团军突击集群发起进攻，打击古德里安前进中的装甲和摩托化部队拉伸的左翼。空中支援不足，进攻的组织和协同欠佳，以及许多其他问题从进攻开始的那一刻便困扰着叶廖缅科遂行冲击的部队。布良斯克方面军司令部9月2日18点提交的作战摘要，对当日战斗的总结非常详细，足以揭示出这场进攻的真实进展（参见地图9.5）：

· **总体情况**——方面军右翼，第50集团军正在进攻，以消灭达维德钦齐、扎博沃、里亚布奇奇地域（茹科夫卡西北偏西方17千米至西北方25千米）之敌，中央地带消灭突入谢米亚奇基、波塔波沃、乌扎地域（特鲁布切夫斯克西北偏北方10千米，西北方12千米，西北偏西方15千米）之敌坦克集群的战斗正在进行；方面军左翼，第13和第21集团军辖内部队正在战斗，以消灭诺夫哥罗德–谢韦尔斯基、绍斯特卡、格卢霍夫地域之敌。

· **第50集团军**——坚守其防御阵地并于9月2日14点以4个步兵师和1个坦克旅从维亚佐夫斯克和别列斯托夫斯基一线（茹科夫卡以北12千米至以南10千米）攻往罗斯拉夫利。

★步兵第217师——部分重组，占据从弗罗洛夫卡南延至谢夏河河口这一地段（茹科夫卡以北15—50千米）。

★步兵第279师——9月2日14点攻往别列斯托克（茹科夫卡西北方10千米），但日终前未收悉关于该师所取得战果的消息。

★步兵第278师——9月2日14点攻往佩克利诺，18点前夺得布布诺夫、利波夫卡和193.7高地（茹科夫卡以西8千米），敌人分成小股向西退却。

★步兵第299师[辖1个近卫营（可能是近卫迫击炮兵营）]——9月2日14点展开冲击，18点前夺得佩图霍夫卡（茹科夫卡西南偏西方10千米），目前正以其左翼力量攻往奥利霍夫卡，右翼力量在戈斯季洛夫卡国营农场以西2千米树林内战斗。

★步兵第290师——位于第二梯队，正开入佳季科维奇、科斯特利、维兹诺克地域（茹科夫卡以南15千米）。

★坦克第121旅——未收悉关于该旅进攻的消息。

★步兵第258师——将辖内部队变更部署到右翼并在从谢夏河河口南延至斯托尔贝一线（茹科夫卡以北15千米至以南25千米）占据防御，9月1日晨

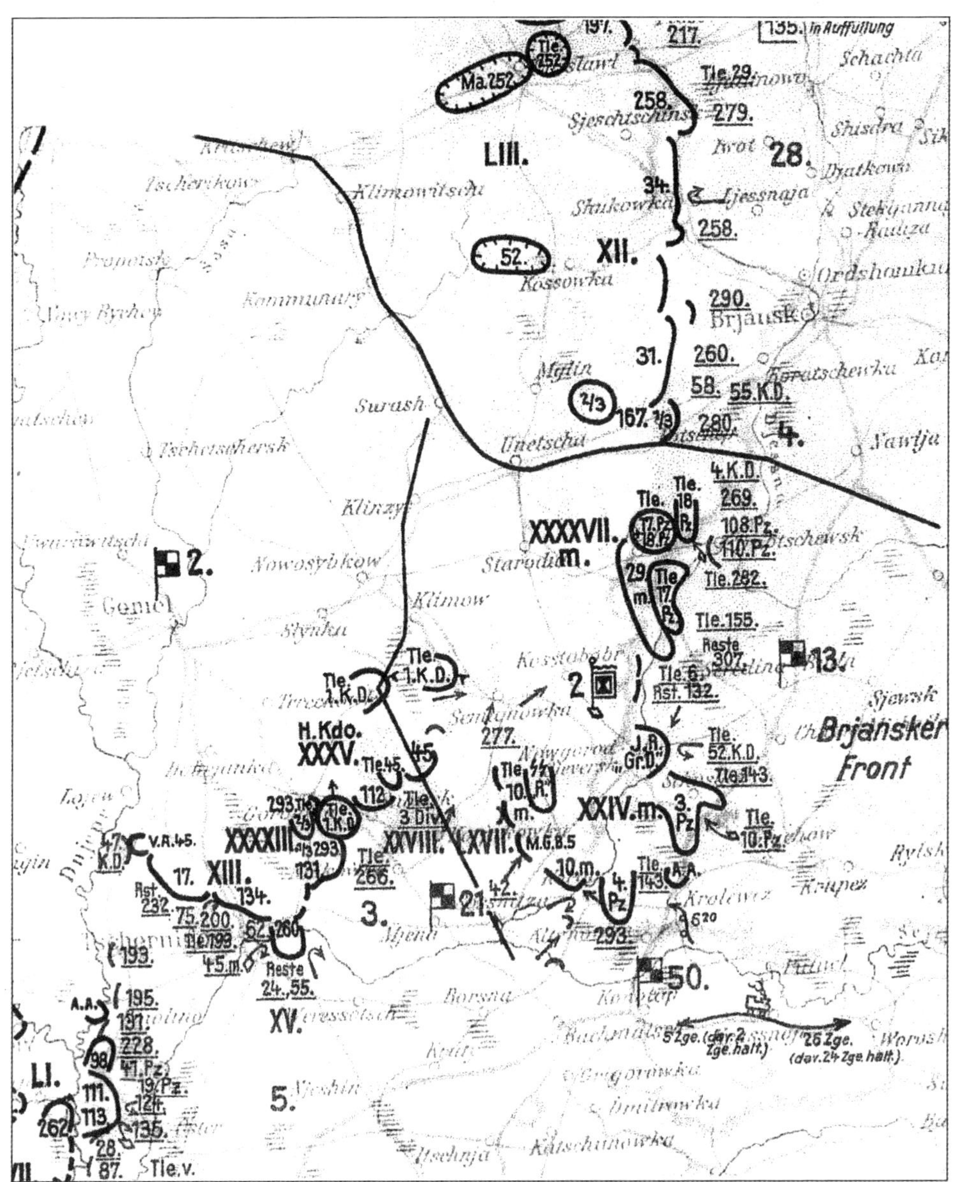

▲ 地图 9.5：中央集团军群右翼的战场态势， 1941 年 9 月 2 日（资料图）

以1个加强连遂行侦察，日终前到达戈斯季洛夫卡国营农场南面树林边缘。损失——19人阵亡、43人负伤、8人在战斗中失踪。

★步兵第260师——据守斯托尔贝、拉特纳亚、博古切沃、德米特罗沃一线（茹科夫卡以南25—55千米）。

★骑兵第55师——集结在克拉斯诺耶和索斯诺夫卡地域（茹科夫卡东南偏南方52—60千米）。

· **第3集团军**——在右翼击退敌人的进攻，坚守莫什基、皮亚内罗格、弗拉索沃一线（波切普东南方22千米至东北偏东方10千米）。战役集群（坦克第108师、坦克第141旅、骑兵第4师）在集团军左翼战斗以消灭谢米亚奇基、波塔波沃、乌扎地域（特鲁布切夫斯克西北偏北方10—15千米，西北方12千米）的敌坦克集群。

★步兵第280、第269师——9月2日日终前沿莫什基、普季洛夫斯基、斯洛博达、波普苏耶瓦、科罗列夫卡一线（波切普东南方22千米至东北偏东方17千米）从事防御作战，但未收悉战果报告。

★步兵第282师——据守戈列夫斯卡亚、弗拉索沃、克韦图尼一线（特鲁布切夫斯克以北10千米至以西10千米）。

★步兵第137师——以步兵第771团据守特鲁布切夫斯克西南郊，独立部队沿杰斯纳河部署，师部设在特鲁布切夫斯克东南面的树林内。

★步兵第148师——未收悉相关报告。

· **战役集群（叶尔马科夫）**——9月2日从事战斗，以期歼灭谢米亚奇基、波塔波沃、乌扎地域的敌坦克集群。

★坦克第108师——陷入半包围状态，在卡尔博夫卡地域（特鲁布切夫斯克西北偏西方24千米）战斗，同友邻部队的通信中断。

★骑兵第4师——赶去协助坦克第108师，但在莫斯托奇纳亚和博博夫尼亚地域（特鲁布切夫斯克西北方15千米）遭到敌人15辆坦克的攻击，蒙受严重损失后撤出战斗，日终前集结在马戈尔地域（特鲁布切夫斯克东北方20千米）。

★坦克第141旅——13点30分攻往谢米亚奇基、波塔波沃、卡尔博夫卡，以期消灭达成突破的敌坦克并赶至坦克第108师身旁。

· **第13集团军**——9月2日日终前坚守原先的防御阵地并在比林地域（诺

夫哥罗德-谢韦尔斯基东北偏北方10—15千米）击退敌人的进攻。

★骑兵第21师——以260人的一个支队在奇鲁布和边宗卡地段（特鲁布切夫斯克西南方15—16千米）据守杰斯纳河东岸，余部集结在杰尼索夫卡地域（特鲁布切夫斯克东南偏南方26千米）。该师师长（亚科布·库利耶维奇·）库利耶夫上校、师军事委员乌利亚诺夫营级政委9月2日突出包围圈。

★步兵第45军——据守边宗卡、霍尔梅、新瓦西里耶夫斯基一线（特鲁布切夫斯克西南方15—35千米）。敌人9月2日晨在穆拉维伊地域（特鲁布切夫斯克西南方36千米）强渡杰斯纳河并占领新瓦西里耶夫斯基西北面小树林和139.0里程碑。

☆步兵第155师——据守边宗卡和霍尔梅一线（特鲁布切夫斯克西南方15—25千米）。

☆步兵第307师——据守霍尔梅和新瓦西里耶夫斯基一线（特鲁布切夫斯克西南方25—35千米）。

☆步兵第6师——据守新瓦西里耶夫斯基和奥奇基诺一线（特鲁布切夫斯克西南方35—50千米），以部分力量在杰斯纳河西岸的杰列夫基、卡缅、卡缅斯卡亚斯洛博达、克雷姆斯基布戈尔一线（新瓦西里耶夫斯基西南方8—15千米）据守一座登陆场。

★坦克第50师（没有坦克）——当日沿奥奇基诺和博罗维奇以南树林一线（诺夫哥罗德—谢韦尔斯基以北20—25千米）击退敌人的猛烈反冲击。

★步兵第132师——9月1日在比林地域（诺夫哥罗德—谢韦尔斯基以北10—18千米）进行激烈战斗，抗击开进中的敌预备队。日终前，该师据守的阵地从133.1里程碑以南1.5千米的森林空地延伸至比林东南面的泥潭沼泽。8月31日至9月1日，该师消灭了281名敌人并以高射炮击落4架敌机。

★步兵第143师——9月2日晨以步兵第635、第800团（约400人）夺回卡舍夫卡（诺夫哥罗德-谢韦尔斯基东北偏东方20千米），混成营对伊沃特（诺夫哥罗德-谢韦尔斯基以东15千米）的进攻未获成功，遂撤往日霍夫地域（诺夫哥罗德-谢韦尔斯基东北方35千米），该师没有武器的部队（步兵第287团、高射炮兵第166营、反坦克炮兵第186营、独立侦察兵第135营）集结在谢列季纳布达北面树林内（诺夫哥罗德-谢韦尔斯基东北方60千米）。

★骑兵第52师——据守伊沃特东面500米的阵地（诺夫哥罗德—谢韦尔斯基以东16千米）。

· **第21集团军**——9月1日击退敌人向古塔斯图杰涅茨卡亚、晓尔斯、新姆利内（切尔尼戈夫东北方48—95千米，沿斯诺夫河南岸）的进攻，以右翼的步兵第67军（向东面和东北面）攻往奥博洛尼耶、奥尔洛夫卡和谢苗诺夫卡。

★步兵第67军——9月1日日终前占据以下位置：

☆步兵第42师——克服敌人的顽强抵抗，夺得奥博洛尼耶（科罗普西北方12—15千米）。

☆步兵第24师——击退敌人，前出到利亚什科维奇、斯韦罗克、鲁德尼亚一线（科罗普西北方25—35千米）。

☆步兵第277师——沿谢苗诺夫卡北郊和东北郊至红扎里亚和布列什尼亚一线（科罗普西北偏北方70—80千米）战斗，1个团位于扎多夫地域（谢苗诺夫卡东南偏南方15千米）。

☆8月31日和9月1日的损失：

■步兵第42师——伤亡67人。

■步兵第24师——伤亡18人。

■步兵第277师——伤亡75人。

☆战利品：缴获10辆汽车、3门火炮、3挺重机枪、4门迫击炮、8支冲锋枪、25桶燃料，以及一些衣物和其他物品；俘获12名俘虏。敌人100多名死伤者被丢在战场上，2架飞机被我高射炮火击落。

★步兵第28军——在以下位置进行激烈的防御作战：

☆步兵第187师——位于古塔斯图杰涅茨卡亚和莫斯特基（切尔尼戈夫东北方78—95千米）。

☆步兵第219师——反复冲击别祖格洛夫卡（切尔尼戈夫东北方72千米）后，沿莫斯特基、基姆农场、127.2里程碑一线（切尔尼戈夫西北方70—78千米）转入防御，50人阵亡，223人负伤。

☆步兵第117师——以2个团协助步兵第219师消灭别祖格洛夫卡之敌，余部据守斯洛博达博罗维茨卡亚地域（切尔尼戈夫东北方55—70千米），伤亡200人。

★步兵第66军——为消灭突破到斯诺夫河东岸之敌，在小德尔钦、红戈雷、别加奇地域（切尔尼戈夫东北方28—38千米）战斗，但进攻未果。

☆步兵第155师——占据117.0里程碑、新姆利内一线（切尔尼戈夫东北方50—55千米）。

☆步兵第232师——占据新姆利内、皮萨列夫希纳农场、亚西科沃一线（切尔尼戈夫东北方38—49千米）。

☆步兵第75师——占据列宁诺夫卡、别加奇、博尔基一线（切尔尼戈夫东北方20—37千米）。

☆摩托化第20团——遭遇敌机轰炸，伤亡30人和12匹马后，占据博尔基和贯博克湖地段（切尔尼戈夫东北偏北方30—36千米）。

★骑兵集群——9月1日日终前集结在多马什林、瑙莫夫奇科维、莫克列茨地域（谢苗诺夫卡西南偏南方60—65千米，梅纳东北偏北方12—17千米）。

★第46和第52号装甲列车——位于晓尔斯地域（切尔尼戈夫东北方60千米）。

★第50和第51号装甲列车——位于马科希诺和邦达列夫卡地域（梅纳东南方10—18千米）。

· **方面军航空兵**——侦察敌人，对敌人在沃罗诺沃、拉科维奇、新布达、莫克拉亚日罗夫卡，谢米亚奇基、波塔波沃、乌扎、波切普、波加尔，诺夫哥罗德-谢韦尔斯基、绍斯特卡、沃罗涅日-格卢霍夫地段的兵力集结实施轰炸和强击，并为第50集团军遂行进攻的部队和战役集群提供掩护，但未收悉关于空中打击战果的报告。9月1日共出动214个飞行架次，投掷1066颗炸弹。

★损失——1架佩-2 和3架伊尔-2。

★敌人的损失——45辆坦克和130辆汽车被炸毁，50门火炮遭到压制。

· **同各集团军的通信**——有线通信中断，但无线电通信保持畅通。[4]

第50集团军向西攻往茹科夫卡北面和南面，其突击集群编有步兵第279、第278、第299、第190师和坦克第121旅，面对施罗特第12军第258、第34、第31步兵师的强大防御仅取得些许宝贵进展，德国人沿杰斯纳河及其南面设立防御，掩护古德里安拉伸的左翼。同样，克列伊泽尔第3集团军步兵第280、第

269师在南面遂行进攻，面对第12军第167步兵师设在波切普东面和东北面的防御，取得的战果也很有限，或者根本就没能获得进展。

当日最激烈的战斗发生在特鲁布切夫斯克西北地域，在那里，伊万诺夫坦克第108师，作为叶尔马科夫战役集群的核心力量，已同托马第17装甲师在卡尔博夫卡（Karbovka）和波克罗夫斯基（Pokrovskii）地域展开激烈厮杀（参见伊万诺夫的报告）。因此，伊万诺夫的部队此时已陷入包围，正为自身的生存而战，切尔诺夫坦克第141旅和希什金骑兵第4师从特鲁布切夫斯克北面和东北面的集结地域攻向西面和西北面，力图解救伊万诺夫坦克师。但此时，9月1日已到达波加尔东北地域的内林第18装甲师，投入约80辆坦克向南发起反冲击，从后方打击伊万诺夫的小股坦克力量。希什金已遭到德军“斯图卡”俯冲轰炸机猛烈打击的骑兵力量，同德军第18装甲师先遣部队相遇，经过一场不对等的战斗，苏军骑兵被迫后撤。当日晚些时候，坦克第141旅到达该地域，旋即卷入一场激烈的坦克战，该旅被迫转入环形防御。交战双方都蒙受严重损失，日终时，该地域出现了一种虚幻的僵持。但情况很明显，叶尔马科夫的快速集群别无选择，只能为生存而战，而不是向西南方发展进攻。

最后是戈罗德尼扬斯基第13集团军已遭重创的部队，他们沿杰斯纳河东岸，在从特鲁布切夫斯克南延至绍斯特卡地域这一地段勉力苦战。该地段北半部，第13集团军步兵第45军辖内步兵第255、第307、第6师和集团军编成内的坦克第50、步兵第132师，面对的是德军在特鲁布切夫斯克南面沿杰斯纳河两岸部署的第47摩托化军第17装甲师1个团和整个博尔滕施泰因第29摩托化师。更南面，第13集团军步兵第143师和骑兵第52师抗击德军第24摩托化军部署在诺夫哥罗德-谢韦尔斯基的“大德意志”摩步团和绍斯特卡南面的莫德尔第3装甲师。尽管第13集团军疲惫不堪的部队竭尽全力，可是戈罗德尼扬斯基的这场进攻在各处都没能取得战果。实际上，第13集团军的进攻纯属多余，因为施韦彭堡第24摩托化军第3、第4装甲师已开始向南疾进，这番推进最终使两个装甲师加入打击波德拉斯第40集团军的战斗，而该集团军主力正在科罗普地域沿杰斯纳河南岸作战。从布良斯克方面军的角度看，9月2日收到的一份报告提供了当日唯一的积极消息，称波德拉斯第40集团军辖内部队实际上已迫使勒佩尔第10摩托化师弃守科罗普的防御。

态势本已十分复杂，雪上加霜的是，西面，库兹涅佐夫第21集团军承受着巨大压力，难以守住切尔尼戈夫，因为魏克斯第2集团军已突破对方在城东面和东北面沿斯诺夫河构设的防御。这一地带的情况非常危险，以至于库兹涅佐夫向大本营提出请求，将守卫切尔尼戈夫的任务移交给西南方面军第5集团军。这一请求于9月2日获得批准，这样一来，第21集团军便可以集中力量向东面和东北方发起进攻，同第13集团军位于谢苗诺夫卡地域的部队会合。实际上，9月2日日终前，第21集团军计划用于会合的部队，也就是步兵第67军辖内三个步兵师，已到达谢苗诺夫卡接近地，以及科罗普西北面20—30千米地域。这就意味着，除在科罗普地域受到波德拉斯第40集团军的沉重压力外，勒佩尔第10摩托化师向西北方通往谢苗诺夫卡的交通和补给线也受到步兵第67军辖内部队威胁。但值此关键时刻，武装党卫队“帝国”摩托化师先遣部队开始进入第10摩托化师右后方阵地，古德里安8月31日匆匆派该师从斯摩棱斯克地域向南开拔。（参见地图9.6）

由于布良斯克方面军第50、第3、第13集团军沿杰斯纳河中游和上游实施的进攻遭遇败绩，加之库兹涅佐夫第21集团军在切尔尼戈夫及其东面沿杰斯纳河下游面临着严峻挑战，波德拉斯第40集团军位于科罗普地域的防区成为9月2日最为关键的地段，他们几乎就是叶廖缅科方面军不连贯的两翼之间的一根插销。所以，布良斯克方面军司令部人员获悉该地段传来的积极消息后兴奋不已，这份报告由谢缅琴科上校坦克第10师参谋长谢姆丘克中校在14点50分发给波德拉斯第40集团军司令部（参见地图9.7）：

1.我师辖内部队，会同空降兵第3旅，在1941年9月2日11点30分的激烈战斗中夺取科罗普。

已肃清科罗普、沃利诺耶、米哈伊洛夫卡地域的德军残部，我们抓获了一些俘虏，缴获了许多战利品。

2.据俘虏交代，敌第10摩托化师（第41、第20摩托化团，第10炮兵团，第10反坦克营）正在科罗普地域行动。

3.关于我部损失和伤亡的详细报告，将在肃清该地域之敌的最终行动结束后呈交。[5]

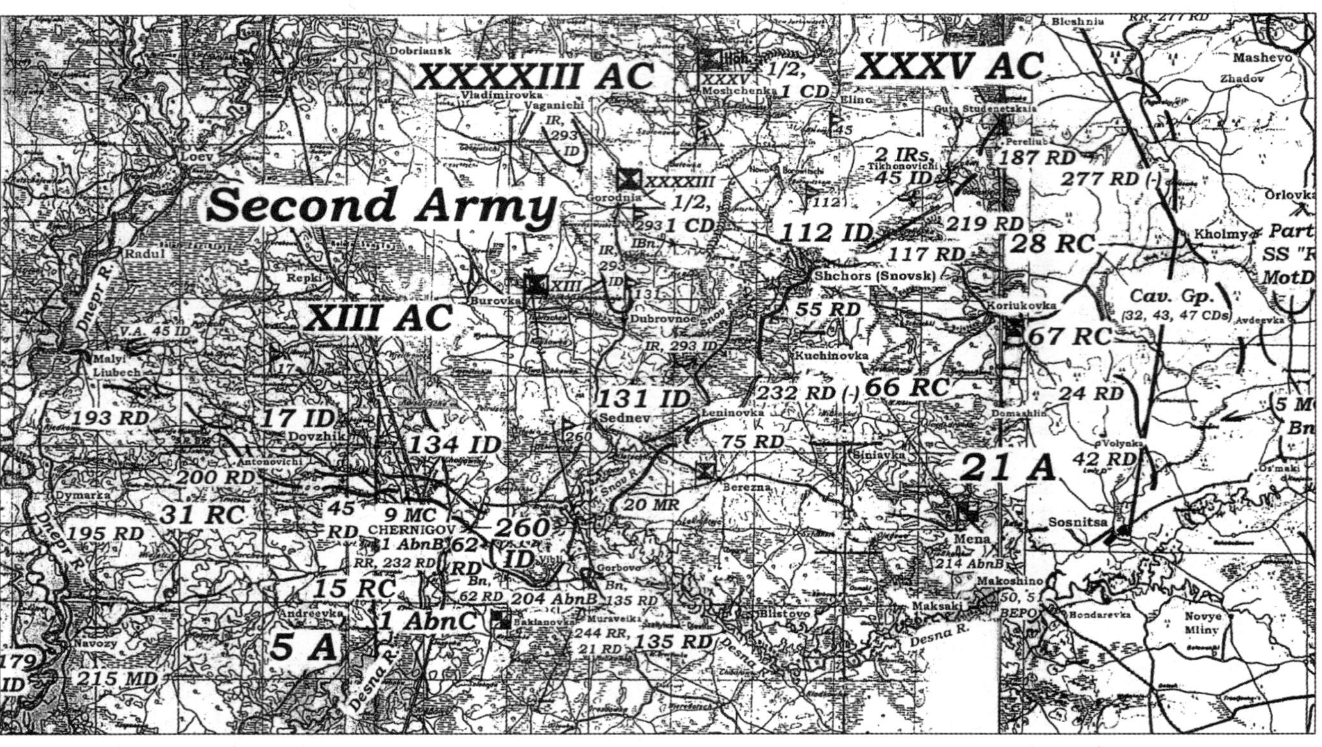

▲ 地图 9.6：第 21 集团军防御地带的战场态势，1941 年 9 月 2 日晚间（资料图）

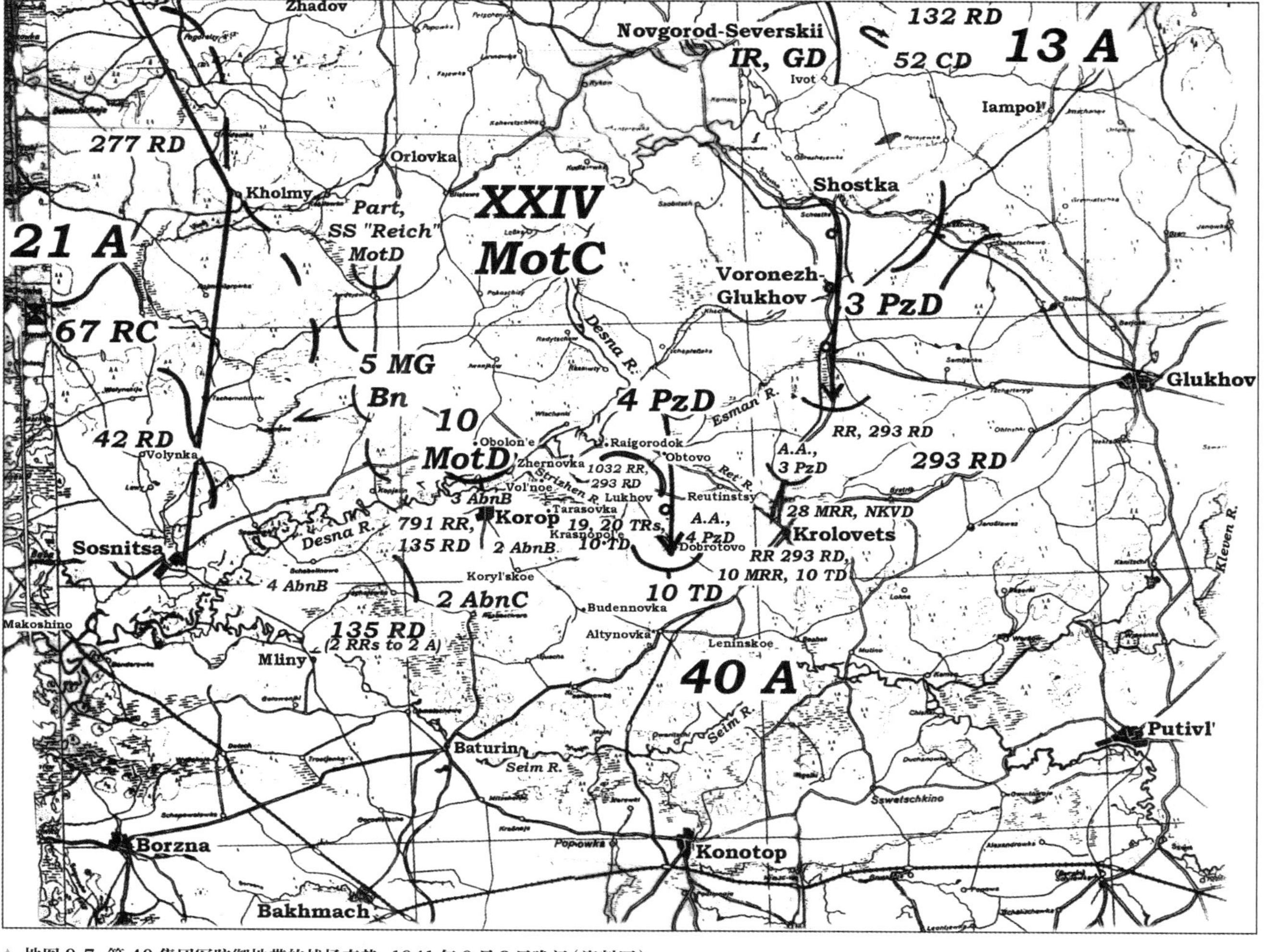

▲ 地图 9.7：第 40 集团军防御地带的战场态势，1941 年 9 月 2 日晚间（资料图）

可是，获知这个好消息后没过几个小时，更为不幸的坏消息接踵而至，迅速而又剧烈地改变了态势，破坏了波德拉斯刚刚产生的乐观情绪。送至第40集团军司令部的这个消息是谢缅琴科9月3日1点30分下达给坦克第10师的命令：

· **敌人的情况**——敌人的50辆坦克、摩托化步兵和摩托车手位于多布罗托沃地域（科罗普东南偏东方17千米）和奥布托沃（奥普托沃）以南2千米树林内（科罗普东北偏东方18千米），敌小股侦察队在卢克诺夫（科罗普以东12千米）东郊和克拉斯诺波利耶（科罗普东南偏东方10千米）东郊行动。

· **友邻力量**——右侧，空降兵第3旅据守科罗普地域；左侧，步兵第293师据守埃斯曼河南岸（科罗普东北方20—30千米）。

· **坦克第10师的任务**——在塔拉索夫卡和克拉斯诺波利耶地域（科罗普以东5千米至东南偏东方10千米）占据防御，从东面和东南面掩护科罗普方向，尔后向东、东南方发起进攻，消灭多布罗托沃地域的敌坦克和摩托化步兵。

· **辖内各部队的任务：**

★摩托化步兵第10团（与3个迫击炮兵连）——在卡雷利斯科耶（科雷利斯科耶）东郊和东南郊占据防御（科罗普东南偏南方7千米）并向布坚诺夫卡（科罗普东南方13千米）实施侦察。

★步兵第1032团——据守赖戈罗多克和宰采夫地段（科罗普东北方10—12千米）并在赖戈罗多克至赖戈罗多克以南3千米树林一线构筑防御阵地，同时将一个突击群集结在热尔诺夫卡（科罗普东北方10千米）。

★反坦克炮兵第5旅——在斯特里任河南岸的塔拉索夫卡、斯梅洛耶、133.4高地、别列津采夫地段（科罗普以东5—14千米）构设一片防坦克地域。

★炮兵第10团——在克拉斯诺波利耶地域（科罗普东南偏东方10千米）组织环形防御。

★坦克第19团——集结在塔拉索夫卡地域（科罗普以东5千米），做好向东南方攻往克拉斯诺波利耶和阿尔特诺夫卡的准备。

★坦克第20团——集结在塔拉索夫卡以东树林内（科罗普以东6千米），做好向东南方攻往克拉斯诺波利耶和阿尔特诺夫卡的准备。

★独立侦察兵第10营——集结在塔拉索夫卡东郊并朝斯梅洛耶、卢克诺夫、奥普托沃，克拉斯诺波利耶、多布罗托沃、列乌京齐，克拉斯诺波利耶、阿尔特诺夫卡、列宁斯科耶实施侦察。

★独立机枪—火炮第10营——在塔拉索夫卡、斯梅洛耶地域和克拉斯诺波利耶西郊占据发射阵地。

· **指挥和控制：**

★师交换点——普季夫利地域（科罗普东南方70千米）。

★我将同师部作战组待在塔拉索夫卡。

★师部第二梯队——普季夫利。[6]

谢缅琴科提及的敌军是朗格曼第4装甲师辖内部队，9月2日拂晓后不久，该师从沃罗涅日-格卢霍夫以西集结区冲向南面。位于最前方的师侦察营向南攻击前进，朗格曼麾下约80辆坦克一举撕裂第40集团军步兵第293师在科罗普东北方25千米，恰普利耶夫卡（Chaplievka）南面沿埃斯曼河（Esman’）构设的脆弱防御，并向南穿过奥布托沃（Obtovo），攻向科罗普以东17千米的多布罗托沃（Dobrotovo），一天内取得30千米进展。与此同时，莫德尔位于东面的第3装甲师投入50余辆坦克，从绍斯特卡和沃罗涅日-格卢霍夫地域向南推进，打垮苏军步兵第293师在这一地段的薄弱防御，向南疾进约20千米，师侦察营傍晚前到达克罗列韦茨（Krolevets）北部接近地。

施韦彭堡第24摩托化军辖内两个装甲师突如其来的猛烈冲击，彻底粉碎了波德拉斯第40集团军右翼的防御，守卫克罗列韦茨的力量仅剩步兵第293师2个团残部和NKVD第28团。9月2日晚些时候，就在苏军力有不逮之际，朗格曼装甲师及其侦察营攻占了该城。西南方面军的作战摘要虽然在次日22点才提交大本营，但清楚地阐述了第40集团军面临的不断恶化的态势：

· **第40集团军**

★步兵第293师（及配属的NKVD摩托化步兵第28团）——在敌人2个摩托化步兵团和50辆坦克的沉重压力下被迫后撤并掘壕据守，第一股力量沿索洛马申（克罗列韦茨东南方7千米）和布伊沃洛沃（克罗列韦茨以南6千米）一线设防，第二股力量沿阿尔特诺夫卡和米哈伊洛夫希纳一线（克罗列韦茨西南方17

千米至西南偏南方8千米）布防，坦克第10师位于克拉斯诺波利耶地域（克罗列韦茨以西18千米）。该师遭受严重损失，正在核实具体数字。

★空降兵第2军——消灭科罗普地域之敌后，沿宰采夫、科罗普、苏哈奇、杜奇一线（科罗普以东10千米至以西10千米）掘壕据守，同时击退敌人从奥博洛尼耶（科罗普以北9千米）渡过杰斯纳河的企图。

★步兵第135师第791团——当日晨向东赶往克拉斯诺波利耶地域（科罗普东南偏东方10千米）。

★空降兵第3军——（西南）方面军预备队，将转隶第40集团军并沿谢伊姆河在希日基、新谢利斯基、若尔达基、利佐卢博夫斯基地域（科诺托普以北10千米至东北方30千米）占据防御，受领的任务是坚守河上渡口。

★第40集团军司令部——科诺托普。[7]

虽然波德拉斯对阿列克谢·费多罗维奇·列瓦舍夫上校率领的空降兵第3军这股援兵深表欢迎，但他知道，抗击德军两个满编装甲师的冲击，所需要的力量远远不止一个实力不足的坦克师和新锐伞降步兵。但此时他别无选择，只能以手头的力量尽力而为。

在布良斯克方面军看来，叶廖缅科之所以对方面军遥远左翼9月2日发生的情况一无所知，就算不能肯定，也十有八九是因为波德拉斯集团军不在该方面军辖下，再加上通信不畅。他只知道第13集团军进攻德军设在诺夫哥罗德-谢韦尔斯基周边的防御，但严重受挫。不过，就算叶廖缅科知道发生了什么事情，他也没有任何力量可用于挽救态势。

而从古德里安的角度看，施韦彭堡麾下两个装甲师向南进击的速度并不算快，首先是因为勒佩尔第10摩托化师一连三天在科罗普地域卷入战斗，虽说尚未接近彻底崩溃，但也饱受重压。令古德里安感到满意的是，武装党卫队“帝国”摩托化师先遣力量已向南穿过谢苗诺夫卡并到达科罗普以北25千米的奥尔洛夫卡，很快就会肃清围攻第10摩托化师交通线的苏军部队。

在此期间，对方面军左翼杰斯纳河下游发生的严重情况几乎一无所知的叶廖缅科，正竭力重振他这场摇摇欲坠的全面反攻的势头，主要措施是指示他那些忙碌的集团军司令员，无论如何必须继续进攻。值得注意的是，叶廖缅科似乎没有给戈罗德尼扬斯基第13集团军下达特别的命令，可能是因为他知道该集团军已不再是这场行动中的重要力量。因此，方面军遂行突击的各集团军9月2日晚给他们的部队下达新进攻令，第50集团军司令员彼得罗夫则下令次日晨将方面军最后的坦克预备力量投入战斗。

9月2日20点，克列伊泽尔将军率先命令他的第3集团军协助消灭布良斯克和特鲁布切夫斯克以西的德军部队：

· **总体情况**——敌第29摩托化师和第18装甲师“个别受损部队”正在第3集团军战线前方行动，在科托夫卡和卡尔博夫卡地域（波切普东南方13千米至以南32千米）的活动尤为活跃。

· **友邻力量**——右侧，（第50集团军）步兵第260师正攻往扎里亚和科穆尼兹马；左侧，步兵第269师正攻往泽列内加伊和利扎古博夫卡。

· **第3集团军的任务**——据守部分防线的同时，于9月3日以右翼力量攻往波切普和辛基，通过向南攻往茹季洛沃车站和拉苏哈（波切普以西24—35千米），会同第13集团军消灭波切普、茹科瓦[①]、巴克兰地域（波切普西南方30千米至西南偏南方25千米）之敌，并做好向斯特鲁任卡（特鲁布切夫斯克西北方105千米）发起进攻的准备。16点展开进攻。

· **辖内各兵团的任务：**

★步兵第280师（与1个近卫迫击炮兵营和1个独立坦克营）——在费多罗夫卡、什伦戈夫卡和博伊乌里（波切普东北方14千米）占据出发阵地并以你部右翼力量攻往伊格鲁什基纳和斯塔罗波舍皮耶，会同步兵第269师消灭什莫托瓦、波切普、阿泽罗沃地域之敌，9月3日日终前到达格列希、达马尼希和波切普一线。

★炮兵的任务：

☆实施两小时炮火准备，协同轰炸航空兵压制敌防御前沿的火力配系和人员。

---

①译注：这道命令的标题写的是“茹科夫卡”。

☆压制波切普、马利诺夫斯基、纳宾斯基、拉兹杰利地域的敌炮兵。

☆阻止遂行反冲击的敌坦克穿过我方步兵遂行进攻的战斗队形。

· **集团军司令部**——弗兹德鲁日诺耶以东6千米的树林内。[8]

值得注意的是，第3集团军的这道命令没有提及叶尔马科夫的快速集群，该集群目前正在特鲁布切夫斯克西北面为自身的生存而战。更糟糕的是，这道简短的命令将战斗的全部重负压在两个实力不济、疲惫不堪的步兵师肩头。实际上，这道命令证实第3集团军也已元气大伤。

这样一来，叶廖缅科麾下战备状况良好的力量仅剩彼得罗夫第50集团军。9月2日24点，集团军辖内部队接到了关于次日战斗任务的命令，这道命令基本上重复了集团军司令部9月1日第09号令（参见上文），只是添加了关于一个新锐坦克旅的内容，并就该旅的使用做出特别说明：

· **第50集团军的任务**——1941年9月3日6点，各师（步兵第279、第278、第299、第290师）和坦克第121旅继续遂行1941年9月2日第09号令赋予的任务。

· **相关任务和特别说明：**

★以快速而又果断的行动迂回并包围敌人的分队，通过零打碎敲的方式消灭他们。

★遂行进攻时，各兵种和相邻力量应紧密协同。你们必须以技术手段和联络员与友邻部队建立联系。

★由于9月2日的行动迟缓使敌人得以将伤员和武器装备悉数撤离，我要求各级指挥员巧妙地切断并消灭敌人的分队，抓捕俘虏，缴获其武器装备。

★各师师长应提醒下属指挥员，敌人9月3日有可能发起大规模进攻。因此，炮兵必须做好以自身力量击退敌步兵和坦克进攻的准备，步兵必须做好凭自身力量战斗的准备。

★部队向前推进时，航空兵应从空中掩护炮兵和坦克力量。

★在前方和两翼组织并实施对敌人的持续侦察，特别是要精心组织夜间抓捕行动（搜索和抓俘虏）。

★战斗结束后，特别是在夜间，应组织各部队休整并以不少于三分之一的力量设立战斗警戒，同时按部就班地执行战斗观察勤务。

★坦克第121旅——在步兵身后推进，做好在己方步兵前方积极行动并击退敌坦克进攻的准备。

★步兵第290师——跟随步兵第299师左翼的同时，做好发展胜利并击退敌坦克进攻的准备。

★报告——进攻期间，除了作战摘要，各师应于每日9点和22点两次提交战斗报告。除汇报战斗情况外，还要指出各部队所处的位置，以及执行子任务时遭受的损失和缴获的战利品。[9]

9月3日的战斗

强调第50集团军进攻重要性的是，7点30分，也就是集团军辖内部队在茹科夫卡西北、以西、西南地域发起进攻一小时后，情报机关称德军正在退却的几分钟后，彼得罗夫下达了新训令，主要是让拉德克维奇上校将坦克第121旅投入战斗：

· **敌人的情况**——集团军突击集群对面的1个敌步兵团正在退却。

· **任务**：

★步兵第279、第278、第299、第290师——继续进攻并执行第09号令。

★坦克第121旅——9月3日9点向西果断攻往布良斯克—罗斯拉夫利公路并消灭各突击师前方的敌发射点和人员。

★步兵第299和第278师师长——以你们的炮兵和步兵支援坦克旅的进攻。

· **特别指示**——坦克第121旅旅长应将联络员派至步兵第290和第299师，他们每隔两小时向我汇报战果。[10]

德方报告和每日态势图表明，苏军第50集团军突击集群确实在9月3日取得一些进展，但远不足以迫使古德里安更改他的计划。就连中央集团军群司令博克也在日记中承认了第50集团军取得的有限战果：

第4集团军南翼，敌人在坦克支援下突破第34步兵师（贝伦多夫）过度拉伸的防线，突破纵深相当大。我把那里唯一的预备队，第52步兵师（伦杜利克）交给该集团军，要求他们在确有必要时方可投入该师。[11]

9月3日18点，布良斯克方面军在夜间作战摘要中提供了对当日战斗更加全面的描述，特别是详细汇报了第50集团军在茹科夫卡地段取得的有限战果（参见地图9.8）：

·**总体情况**——布良斯克方面军右翼，第50集团军突击集群从杜布罗韦茨（茹科夫卡西北方10千米）、科罗布基、奥利霍夫卡、新布达一线（茹科夫卡西北方9千米至西南方10千米）向佩克利诺和别洛格拉瓦亚车站（茹科夫卡以西14千米，西南方15千米）发展进攻；方面军中央地带，快速集群继续战斗，以消灭波塔波沃、乌扎、索斯诺夫卡地域（特鲁布切夫斯克西北方12千米至以西12千米）的敌坦克集群；方面军左翼，第21集团军辖内部队向东北方攻往阿夫杰耶夫卡和谢苗诺夫卡，会同第13集团军粉碎沿诺夫哥罗德-谢韦尔斯基和格卢霍夫方向楔入第13与第21集团军之间缺口的敌集团。

·**第50集团军**——在左右两翼实施防御的同时，以其中央集群继续攻往佩克利诺和别洛格拉瓦亚车站。

★步兵第217师——沿弗罗洛夫卡至谢夏河河口一线（茹科夫卡以北15—48千米）占据防御，抗击一股消极之敌。

★步兵第279师——9月3日晨向西攻往扎列奇耶，12点前夺得卡扎诺夫卡和别列斯托克（杰斯纳河以西3千米，茹科夫卡西北偏北方10—14千米）。

★步兵第278师——9月3日晨向西发起冲击，12点前为夺取小索伦、苏马、新谢利耶（茹科夫卡西北方10千米至以西10千米）进行战斗，顽强防御的敌人正撤往佩克利诺。

★步兵第299师——9月3日12点前夺得新布达（茹科夫卡西南方11千米），正沿科切夫斯基接近地战斗。

★坦克第121旅——9月3日6点沿布良斯克—罗斯拉夫利主公路攻往西北

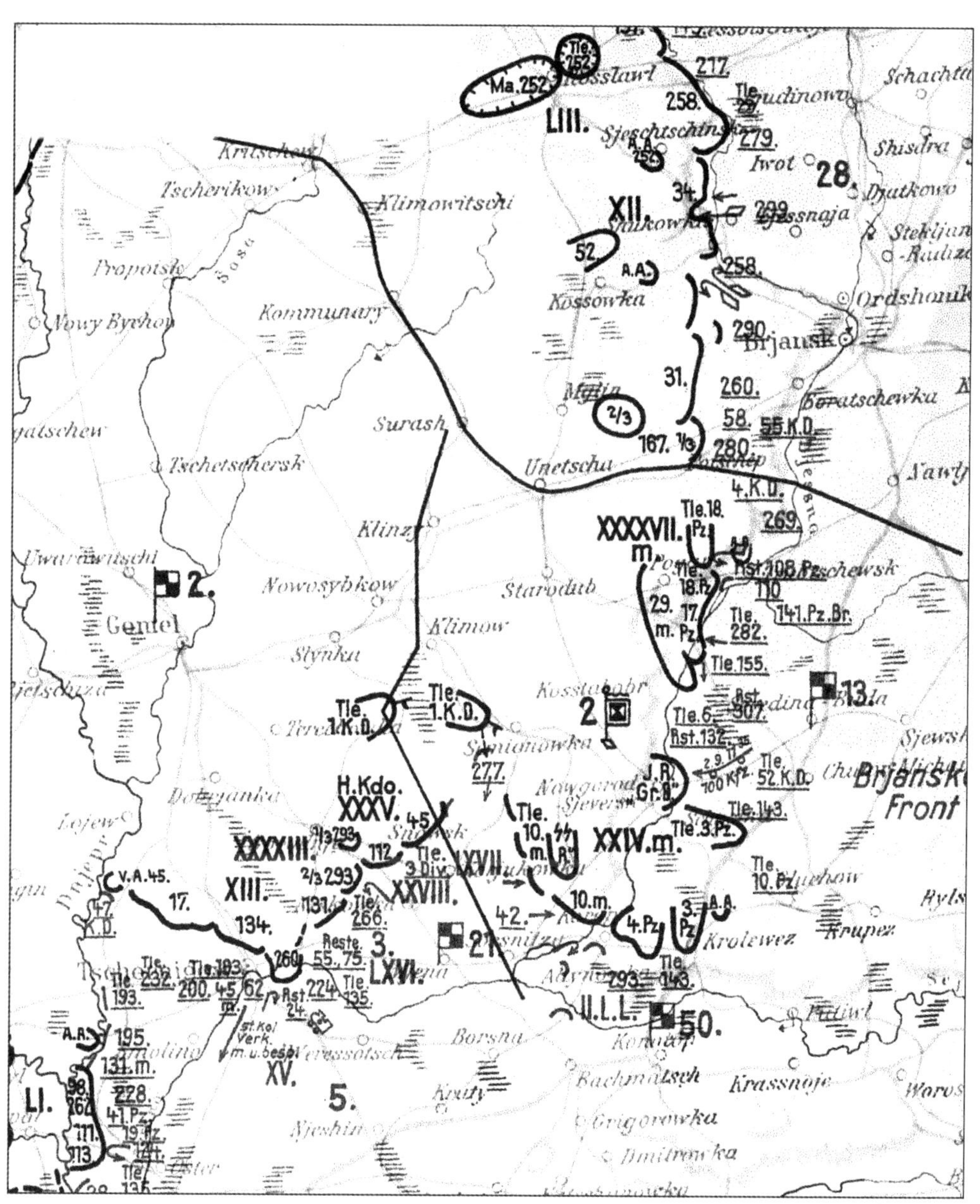

▲ 地图 9.8：中央集团军群右翼的战场态势，1941 年 9 月 3 日（资料图）

方，12点前到达奥利霍夫卡和尼科利斯卡亚斯洛博达一线（茹科夫卡以西9—10千米）。

★步兵第290师——方面军司令员决定将该师留在佳季科维奇、科斯特利、弗希日地域（茹科夫卡以南15千米），而不是将其投入战斗，但该师1个加强步兵营到达列托什尼基地域（茹科夫卡西南偏南方12千米），准备掩护进攻中的突击集群之左翼。

★步兵第258和第260师——据守茹科夫卡、斯托尔贝、拉特纳亚、德米特罗沃一线（茹科夫卡以南55千米），抗击一股消极之敌。

★骑兵第55师——集结在克拉斯诺耶、索斯诺夫卡、苏布博托沃地域（波切普东北方35—40千米），掩护布良斯克西南部接近地。

·**第3集团军**——击退敌人向维托夫卡、皮亚内罗格（佩尔沃迈斯科耶）、科托夫卡（波切普以东5千米至东南方12千米）的进攻，重组并补充辖内部队，准备展开积极的进攻行动。

★步兵第280师——击退敌第29摩托化师2个步兵团和1个坦克营的进攻，9月3日晨占据斯洛博达、波普苏耶瓦、普季洛夫斯基、奥利戈夫卡、科罗列夫卡、 德里亚维、甘扎、切尔诺耶鲁奇耶一线（波切普东北偏北方16千米至以东6千米）。

★步兵第269师——面对敌人1个步兵团和30—40辆坦克，9月2日24点前被迫弃守皮亚内罗格（波切普东南方10千米），以派至该师的2个行进营（2100人）沿罗若克河南岸（皮亚内罗格南面）和红斯佳格一线（波切普东南方12千米至东南方15千米）占据防御。

★步兵第282师——会同坦克第141旅发起冲击，9月2日日终前到达帕罗维奇、阿拉季因诺、卡尔特绍瓦、菲利普波维奇、克韦图尼一线（特鲁布切夫斯克以北7千米至西北方10千米和西南方10千米）。敌第47摩托化军沿战线投入的坦克多达150辆，以部分力量在格鲁兹多夫齐、博尔什尼亚和索斯诺夫卡地域发起反冲击，迫使该师9月3日晨撤至波波夫卡、捷姆纳亚、捷列茨地域（特鲁布切夫斯克以北3千米至以西3千米）。

★步兵第137师——以1个团据守特鲁布切夫斯克南郊，余部和师部集结在特鲁布切夫斯克东南面树林内。

★步兵第148师（师部和后勤部队）——集结在萨尔塔诺夫卡西南面树林内（特鲁布切夫斯克东北方80千米），在那里获得3个补充兵营。

·**快速集群**——9月3日全天在卡鲁扎、博博夫尼亚、乌扎地域（特鲁布切夫斯克西北偏西方15千米至西北方15千米、以北14千米）同敌第47摩托化军的150辆坦克战斗，司令部设在特鲁布切夫斯克。

★坦克第108师——在卡尔博夫卡地域（特鲁布切夫斯克西北方24千米）的包围圈内战斗，9月3日15点前集结在布鲁斯尼奇内南面树林内（特鲁布切夫斯克西北方20千米），尔后攻往博博夫尼亚（特鲁布切夫斯克西北方15千米）。

★坦克第141旅——9月3日14点与敌坦克在上波塔波沃和谢列诺地域（特鲁布切夫斯克西北方10—12千米）战斗，损失1辆KV和3辆T-34坦克。

★骑兵第4师——在拉德钦斯克地域（特鲁布切夫斯克东北方10千米）集结并整顿部队。

·**第13集团军**——进行战斗以消灭新瓦西里耶夫斯基地域（特鲁布切夫斯克西南方35千米的杰斯纳河东岸）之敌，但其他地带没有变化。

★骑兵第21师——以260人的一个支队在波鲁巴和博尔佐夫卡地段（特鲁布切夫斯克西南方12—18千米）扼守杰斯纳河东岸，余部9月3日晨从杰尼索夫卡地域（特鲁布切夫斯克东南偏南方26千米）变更部署至日霍夫东面树林附近（特鲁布切夫斯克以南43千米）。

★步兵第45军——击退敌人从新瓦西里耶夫斯基发起的进攻。

☆步兵第155师——据守边宗卡和霍尔梅一线（特鲁布切夫斯克西南方18—25千米）。

☆步兵第307师——据守霍尔梅和新瓦西里耶夫斯基一线（特鲁布切夫斯克西南方25—35千米）。

☆步兵第6师——掩护杰列夫基、卡缅斯卡亚斯洛博达、克雷姆斯基博尔一线（新瓦西里耶夫斯基西南方8—15千米，特鲁布切夫斯克西南方40—50千米）后，于9月2日晨向北攻往新瓦西里耶夫斯基，尚不清楚战果如何。

☆战利品：9月3日日终前缴获17挺重机枪、4门120毫米迫击炮、5门82毫米迫击炮、2门50毫米迫击炮、20支冲锋枪、16支反坦克步枪、754支步枪、4支左轮手枪。

★坦克第50师——掩护奥奇基诺和霍尔斯特一线（诺夫哥罗德-谢韦尔斯基以北16—26千米）后，于9月3日晨向北攻往新瓦西里耶夫斯基，日终前夺得乌克兰斯基（新瓦西里耶夫斯基以南7千米）南面树林的北部边缘。

★步兵第132师——9月2日沿133.1里程碑（比林东南方4千米）至普罗科波夫卡南面小树林一线（诺夫哥罗德-谢韦尔斯基以北4千米和以东14千米）掘壕据守，但步兵第498团第1营9月1日被9辆敌坦克包围在波德戈尔内西面树林内（诺夫哥罗德-谢韦尔斯基以东10千米）。该营遭切断，后来仅集结起100人。击毁1辆敌坦克。

★步兵第143师和骑兵第52师——未收悉相关消息。

★步兵第121师——在苏泽姆卡地域（特鲁布切夫斯克东南偏南方35千米）补充辖内部队。

·**第21集团军**——由于缺乏有线通信和可靠的无线电通信，未收悉相关报告。最后掌握的该集团军辖内部队9月1日所处的位置，已在第029号作战摘要中做出汇报。

·**友邻力量**——第40集团军8月31日在以下位置战斗：

★坦克第10师——斯洛乌特（沃罗涅日-格卢霍夫以东20千米）和皮萨列夫希纳（科罗普东南方18千米）。

★步兵第293师——波戈列洛夫卡和热尔诺夫卡（科罗普东北偏东方10—20千米）。

★步兵第135师——科罗普和马克萨基（科罗普至科罗普以西和西南偏西方55千米）。

★步兵第107师——格卢霍夫地域至阿尔特诺夫卡地域（科罗普东南方20千米）。

·**方面军航空兵**——9月3日出动183个飞行架次，投掷2182枚炸弹。

★我方损失——7架伊尔-2、5架苏-2、1架佩-2、1架雅克-1战机。

★敌人的损失——2架KHe-125和1架Me-109被击落，14辆坦克、10辆汽车和1个高射炮连被击毁/消灭。

·**通信**——与诸集团军的有线通信中断。[12]

当日的战斗中，面对德军第11军[①]第34步兵师，彼得罗夫第50集团军在茹科夫卡以西将杰斯纳河西岸登陆场成功扩大到约8千米宽、5千米深。但德国人还是得以稳定态势并封闭防御上的突破口，并未投入担任预备队的第52步兵师。克列伊泽尔位于南面的第3集团军忙于在波切普东面和东南面同德国第12军第167步兵师厮杀，激烈的战斗迫使第167步兵师投入第二个团以遏止并击退苏军步兵第280和第269师步兵力量。但在缺乏装甲力量支援的情况下，第12军在布良斯克西南方这片地域只能取得有限战果。

更南面的波加尔东北地域，内林第18装甲师迫使苏军第3集团军步兵第282师退却，撤入步兵第137师设在特鲁布切夫斯克城周边3千米的防御范围内。该城西北方，内林装甲师主力战斗群徒劳地试图消灭伊万诺夫坦克第108师，同时阻止苏军坦克第141旅和骑兵第4师的救援企图。虽说交战双方都在战斗中蒙受严重损失，但坦克第108师的损失最为严重，该师和坦克第141旅撤出战斗时，基本上都已丧失战斗力。对叶廖缅科而言，唯一令人鼓舞的消息是激烈的战斗牵制住了德军第18装甲师，使其无法增援第17装甲师，后者此时正同第29摩托化师在特鲁布切夫斯克西南面的杰斯纳河两岸并肩战斗。该地域，特别是新瓦西里耶夫斯基镇（Novyi Vasil’evskii）及其周边的激战，最终促使最高统帅部和陆军总司令部下达恶名昭著的命令，要求古德里安停止在河东岸的后续行动。古德里安后来为这个决定责怪最高统帅部，他指出：

集团军群打电话告诉我们，最高统帅部对装甲集群的行动不满意，特别是对我把第47装甲军（原文如此）用于杰斯纳河东岸这一点，因而要求我提交一份关于我这里的情况和意图的报告。当晚，陆军总司令部下达一道命令，要求第47装甲军停止进攻，撤回杰斯纳河西岸。这些命令的粗鲁言辞令我极不愉快。第47装甲军取得的战果遭到破坏，该军军部和辖内各师都认为自己已处在胜利边缘。撤回该军，将其变更部署到西岸，耗费的时间会比完成进攻需要的时间更多。自8月25日以来，该军独自缴获155门火炮和120辆坦克，俘获1.7万

---

①译注：第12军。

名俘虏，而同一时期，第24装甲军也俘获1.3万名俘虏，但上级对这些成就却没有一句褒奖之词。[13]

古德里安显然对最高统帅部和陆军总司令部的横加干涉厌烦不已，他有充分的理由对此感到愤怒。截至9月3日晚，莱梅尔森第47摩托化军实际上已将叶廖缅科部署在杰斯纳河东面的部队消灭殆尽，克列伊泽尔第3集团军辖内部队和叶尔马科夫位于特鲁布切夫斯克以西登陆场的快速集群亦遭到重创。因此，对莱梅尔森的装甲兵来说，只需耗费很少时间，在河东岸向南进军，便可以出人意料地出现在第24摩托化军左翼。但另一方面，苏军在杰斯纳河和特鲁布切夫斯克西面的防御相当顽强，先是第13集团军各步兵师，尔后是叶尔马科夫快速集群的坦克和克列伊泽尔各步兵师的步兵，给莱梅尔森麾下三个师造成了严重损失。例如，该军在8月11日—17日伤亡53人，8月18日—27日和8月27日—31日损失600多人，9月1日—4日又伤亡1000人，还损失了50多辆坦克。[14]莱梅尔森的损失，再加上第10摩托化师在科罗普地域遭受的磨难，让最高统帅部和陆军总司令部更趋谨慎，当然，这还特别是因为他们已考虑以第24摩托化军向南进军，进入基辅以东地域。

更南面，“大德意志”摩托化步兵团轻而易举地击退第13集团军对诺夫哥罗德–谢韦尔斯基虚弱无力的进攻，而莫德尔第3和朗格曼第4装甲师向南攻往科罗普和克罗列韦茨以东地域，粉碎波德拉斯第40集团军右翼，缓解了勒佩尔被困于科罗普城内的第10摩托化师持续承受的压力。从东面遭到迂回后，波德拉斯迅速将主力集结在镇东面和东南面，抗击德军装甲力量的猛烈冲击，并把列瓦舍夫获得加强的空降兵第3军沿谢伊姆河南岸部署，掩护设于科诺托普的集团军司令部。此时，该司令部就在古德里安装甲先遣力量南面35千米处。

在此期间，库兹涅佐夫位于西面的第21集团军，将切尔尼戈夫城的防御工作交给西南方面军第5集团军，并在切尔尼戈夫东面坚守杰斯纳河北岸不断萎缩的登陆场，而魏克斯第2集团军前进中的步兵军对他们施加的压力与日俱增。再往东（目前在斯诺夫河南面），第21集团军步兵第67军步兵第277师遭武装党卫队“帝国”摩托化师先遣力量切断，同军主力相隔绝，武装党卫队师先遣部队向东南方赶往谢苗诺夫卡东面，设法与装甲集群第5机枪营以及第10摩托化师位于科罗普西北面的后勤部队会合。苏军步兵第277师这才结束在谢苗诺夫卡东南方10—15千米，马舍沃（Mashevo）以南和西南地域的半孤立状态。

9月4日日终时，较为轻松地击退叶廖缅科的反攻后，施韦彭堡第24摩托化军的装甲兵和摩托化步兵正逼近科罗普和科诺托普。西面，第2集团军第13军编成内的第134和第260步兵师正迫使苏军第5集团军辖内部队退至切尔尼戈夫郊区；第2集团军第43和第35军的4个步兵师，将库兹涅佐夫第21集团军右翼从斯诺夫河向南推往库兹涅佐夫司令部所在地梅纳和更后方的杰斯纳河。最令库兹涅佐夫沮丧的是，步兵第67军3个步兵师和骑兵集群2个骑兵师，本应向东面的谢苗诺夫卡推进并同第13集团军会合，但现在却被新开到的第24摩托化军武装党卫队“帝国”师设立的装甲屏障所阻。

面对这种看似无解的困境，叶廖缅科再次命令第21集团军突围，但这次应向东退往杰斯纳河北面，而不是赶往东北方的谢苗诺夫卡。9月3日晚些时候，库兹涅佐夫给麾下部队下达了新进攻令（参见地图9.9）：

·**敌人的情况**——敌人前调预备力量，正沿整条战线遂行进攻，在瑙莫夫卡、晓尔斯、索赫诺夫卡、别加奇方向（谢苗诺夫卡西南偏南方48千米西延至斯诺夫河，向西南方延伸到切尔尼戈夫东北方28千米）的行动最为活跃。

·**第21集团军的任务**——继续消灭敌阿夫杰耶夫卡—奥博洛尼耶集团（科罗普以北15—25千米）并击退敌人在奥霍梅耶维奇、瑙莫夫卡、晓尔斯、新姆雷内、别加奇、博尔基地段（谢苗诺夫卡西南偏南方28千米向西面、西南面延伸到切尔尼戈夫东北偏东方20千米）的进攻。

·**辖内各兵团的任务：**

★步兵第67军：

☆步兵第42、第24师和骑兵集群——彻底消灭伊万科沃、奥西马基、奥博洛尼耶地域（科罗普以西65千米至以北15千米）之敌，尔后于9月4日日终前到达切尔尼亚夫卡、伊万科沃、阿夫杰耶夫卡、茹克利亚一线（科罗普东北方6千米至西北偏北方35千米）。为执行这项任务，将步兵第24师撤入鲁德尼亚、切尔诺托奇、库德罗夫卡地域（科罗普西北方25—30千米）担任预备队。

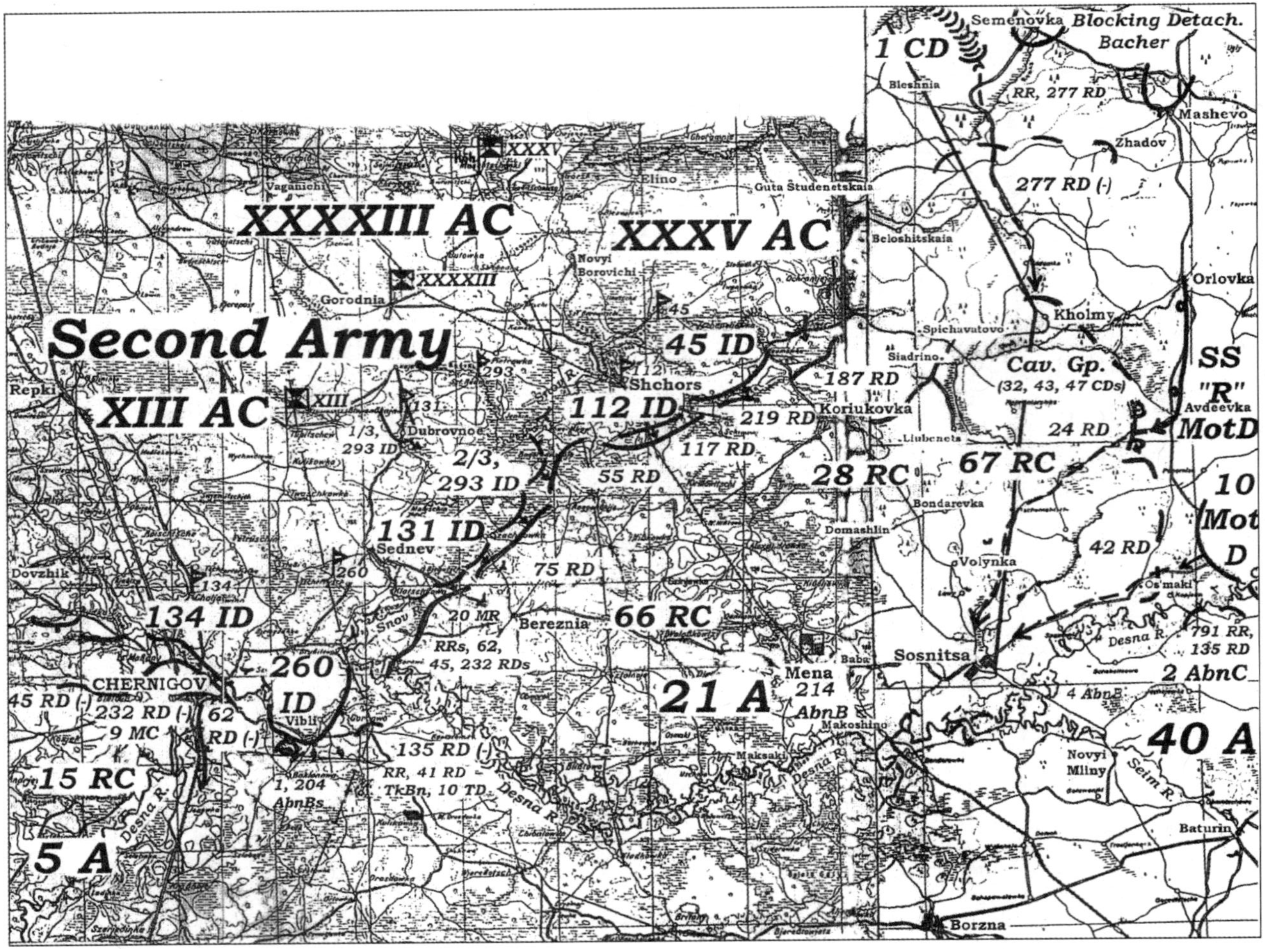

▲ 地图 9.9：第 21 集团军防御地带的战场态势，1941 年 9 月 3 日晚间（资料图）

☆步兵第277师——据守茹克利亚、琴奇基、夏德里纳、斯皮切瓦托沃一线（科罗普西北方35—54千米）并把1个团留在萨莫图吉、奥泽列德和奥博尔基地域担任预备队。

★骑兵集群——通过撤至卡拉谢夫卡、斯洛博德卡、波科希奇地域（诺夫哥罗德-谢韦尔斯基西南方25—30千米），会同步兵第67军完成你部受领的任务（向东突破到诺夫哥罗德-谢韦尔斯基西南方20—25千米的杰斯纳河），并向索比奇（诺夫哥罗德-谢韦尔斯基以南18千米）、诺夫哥罗德-谢韦尔斯基、马舍沃（诺夫哥罗德-谢韦尔斯基西北偏西方35千米）实施侦察，掩护步兵第67军左翼。

★步兵第28军——沿斯皮切瓦托沃、瑙莫夫卡、晓尔斯一线（谢苗诺夫卡以南38千米至西南方68千米）掘壕据守并把1个步兵团撤至左翼后方担任预备队。

★步兵第66军——恢复晓尔斯、列宁诺夫卡、别加奇、博尔基地域的态势（谢苗诺夫卡西南方68千米至切尔尼戈夫东北偏东方20千米）并坚守斯诺夫河一线。

★集团军航空兵——支援步兵第66军消灭晓尔斯、列宁诺夫卡、别加奇、博尔基地域之敌，协助步兵第67军消灭伊万科沃、奥西马基、奥博洛尼耶地域之敌。

★集团军指挥所：梅纳；预备指挥所为博尔兹纳（梅纳东南偏南30千米）。[15]

古德里安含糊地描述了库兹涅佐夫第21集团军面临的问题，他在回忆录中写道："冯·施韦彭堡将军得出的结论是，继续攻往索斯尼察最为有利，因为这个方向是俄国第13与第21集团军的分界线，甚至有可能在那里找到一个缺口。"[16]索斯尼察（Sosnitsa）位于库兹涅佐夫司令部驻地梅纳以东18千米，科罗普以西30千米，由于第3和第4装甲师向南推进，勒佩尔被困于科罗普的第10摩托化师获得解救。因此，库兹涅佐夫集团军与戈罗德尼扬斯基第13集团军之间确实存在一个敞开的缺口。次日，施韦彭堡派豪塞尔的武装党卫队"帝国"师主力进入该缺口。这个现实给库兹涅佐夫第21集团军，以及叶廖缅科雄心勃勃的全面反攻带来了灭顶之灾。

9 月 4 日的战斗

9月4日拂晓起，施韦彭堡第24摩托化军辖内第3、第4装甲师，第10摩托化师、武装党卫队“帝国”摩托化师从左至右（由东向西）并肩排列，在从克罗列韦茨西延至索斯尼察这片75千米宽地段向南推进。在左侧提供掩护的“大德意志”摩步团部署于诺夫哥罗德-谢韦尔斯基及其南面，掩护右翼的是第1骑兵师（该师现在隶属古德里安装甲集群），这个师正从谢苗诺夫卡地域迅速向南开进，施韦彭堡麾下各师一举粉碎苏军第40集团军设在科罗普南面和东面的防御，迫使波德拉斯麾下部队向南逃往谢伊姆河。（参见地图9.10、9.11）

布良斯克方面军9月4日6点提交的作战摘要，似乎没有注意到即将到来的灾难，只是重复了昨晚的许多内容，仍持有一种不切实际的乐观情绪：

·**总体情况**——方面军右翼，第50集团军突击集群9月3日继续向阿列什尼亚、沃尔科夫希纳、罗斯拉夫利发展进攻，方面军中央地带，第3集团军辖内部队为消灭占领皮亚内罗格和谢列诺的敌人展开激烈战斗，方面军左翼，在斯洛乌特、波戈列洛夫卡、科罗普地域击退敌人进攻的同时，第21集团军辖内部队和西南方面军第40集团军继续攻往阿夫杰耶夫卡和谢苗诺夫卡，以消灭攻往格卢霍夫和克罗列韦茨的敌集团并同第13集团军辖内部队会合。

·**第50集团军**——右翼和左翼据守原先的阵地，但在中央地带继续进攻，集团军突击集群在那里击退敌人连续发起的多次反冲击，9月3日日终前到达卡扎诺瓦、别列斯托克、苏马、尼科利斯卡亚、斯洛博达、红兹纳米亚一线（茹科夫卡西北偏北方15千米至西南方10千米）。

★步兵第217师——在从弗罗洛夫卡南延至谢夏河河口一线占据防御，步兵第740团1个营位于皮亚特尼茨科耶（茹科夫卡以北30千米），该团第二个营位于维亚佐夫斯克（茹科夫卡以北13千米）西北方1.5千米。

★步兵第279师——击退敌人2个营发起的一场反冲击，以2个团夺得列科维奇车站、235.6高地、别列斯托克（茹科夫卡西北偏北方10—15千米），第三个团集结在别列斯托夫斯基地域担任第二梯队，俘获敌第107步兵团（第34步兵师）21名俘虏。

★步兵第278师（欠1个团）——在克拉斯诺耶地域占据斜切阵地，日终

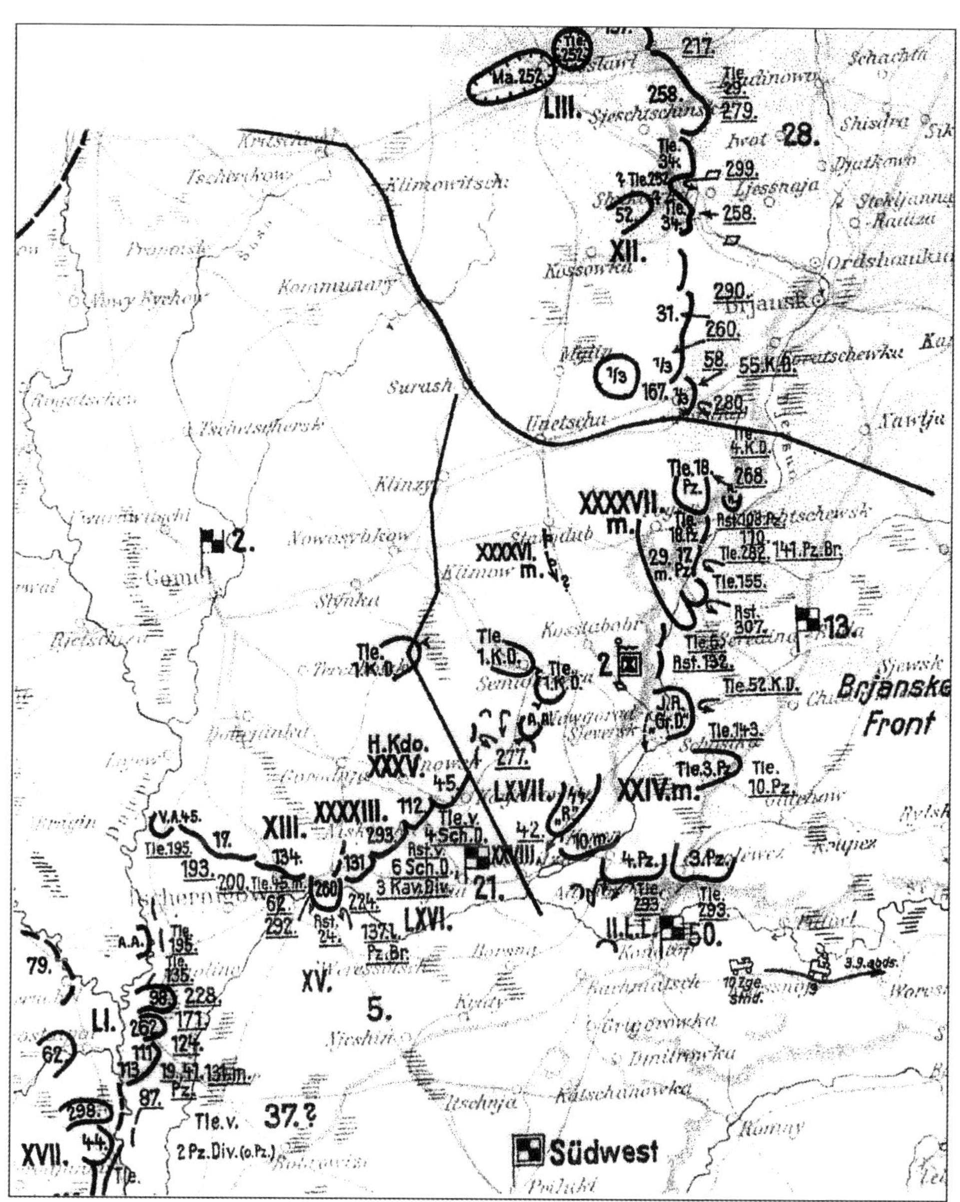

▲ 地图 9.10：中央集团军群右翼的战场态势，1941 年 9 月 4 日（资料图）

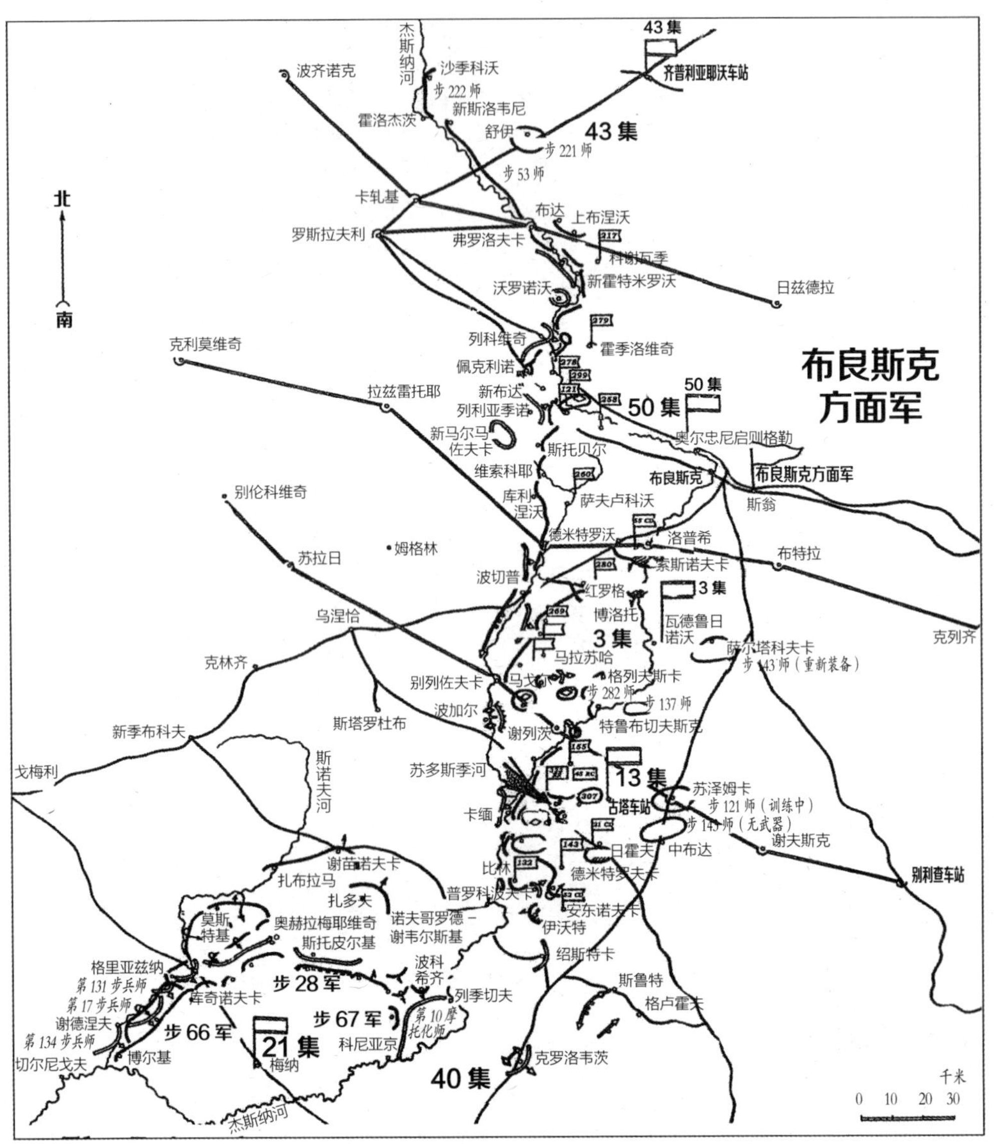

▲ **地 9.11: 布良斯克方面军的作战态势, 1941 年 9 月 4 日**

前夺得布布诺夫、佩克利诺、196.7里程碑地域（茹科夫卡西北方13千米）。

★步兵第299师——克服敌人的顽强抵抗，日终前夺得尼科利斯卡亚斯洛博达和克拉斯诺耶（茹科夫卡以西13千米至西南方10千米）。

★坦克第121旅——沿布良斯克—罗斯拉夫利公路攻往西北方，在沙罗夫卡和杜采耶夫卡地域（茹科夫卡以西13千米）消灭敌人2个炮兵连、1个迫击炮连和1个步兵连，该旅亦遭受严重损失，目前集结在步兵第299师右翼后方。

★步兵第290师（欠1个团）——集结在韦列绍夫斯基地域和东北面树林内（茹科夫卡以南15千米）。

★步兵第258和第260师——据守茹科夫卡、斯托尔贝、拉特纳亚、德米特罗沃一线，当面之敌较为消极。

★骑兵第55师——集结在克拉斯诺耶、索斯诺夫卡、苏布博托沃地域（布良斯克西南面）。

· **第3集团军**——击退敌人向维托夫卡、皮亚内罗格、科托夫卡（波切普以东4千米至东南方13千米）发起的进攻，9月3日继续重组并补充辖内部队，同时准备展开积极的进攻行动。

★步兵第280师——击退敌人2个步兵团和1个坦克营的进攻，弃守皮亚内罗格，目前占据斯洛博达、波茹耶沃、普季洛夫斯基、奥利戈夫卡、科拉列夫卡、斯梅雷一线（波切普东北方17千米至以东15千米）。

★步兵第269师——击退敌人从皮亚内罗格发起的进攻，9月3日日终前沿罗若克河南岸（皮亚内罗格南面）和红斯佳格（波切普东南偏南方15千米）占据防御。

★步兵第282师——9月3日日终前沿帕罗维奇、阿拉季因诺、菲利普波维奇、卡尔塔舍夫斯基一线（特鲁布切夫斯克西北偏北方7千米至以西6千米）战斗。

★步兵第137师——以1个团守卫特鲁布切夫斯克南郊，余部和师部位于特鲁布切夫斯克东南面树林内。

★步兵第148师——在萨尔塔诺夫卡地域（特鲁布切夫斯克东北方43千米）补充辖内部队。

· **快速集群**——9月3日白天，在卡鲁扎、博博夫尼亚、乌扎地域（特鲁布切夫斯克东北偏北方15千米至西北方15千米）同敌坦克战斗。

★坦克第108师——与其他兵团相隔绝，9月2日和3日在卡尔博夫卡地域战斗，9月3日日终前集结在布鲁斯尼奇内南面树林内（特鲁布切夫斯克西北方16千米），9月3日23点会同坦克第141旅撤向东南方，攻往格鲁兹多夫齐和卡尔塔舍夫斯基（特鲁布切夫斯克西北方10—12千米），结果不明。

★坦克第141旅——14点在格鲁兹多夫齐、谢列诺、卡尔塔绍瓦地域协助坦克第108师同敌坦克战斗。

★骑兵第4师——在拉金斯克地域（特鲁布切夫斯克东北方10千米）整顿部队，尚不掌握该师过去几天战斗、损失和战利品的详情，该师转隶第3集团军。

· **第13集团军**——进行战斗以消灭占领新瓦西里耶夫斯基并攻往兹诺布车站（位于杰斯纳河东岸，特鲁布切夫斯克西南方35千米）的敌集团，但其他地段未发生战斗。

★骑兵第21师——以260人的一个支队在波鲁巴和博尔佐夫卡地段（特鲁布切夫斯克西南方15—20千米）扼守杰斯纳河东岸，余部位于日霍夫（特鲁布切夫斯克以南45千米）东面树林内。

★步兵第155师——日终前被敌人1个步兵营驱离霍尔梅（特鲁布切夫斯克西南方25千米），但以一场夜袭重新夺回该镇并夺得邦宗卡。

★步兵第307师——日终前据守卡尔瑙霍夫卡、兹诺布车站、兹诺布-特鲁布切夫斯卡亚北郊一线（特鲁布切夫斯克西南方28—35千米，新瓦西里耶夫斯基以东2—3千米）。

★步兵第6师——沿杰列夫基、卡缅斯卡亚、斯洛博达、克雷姆斯基博尔一线（杰斯纳河西岸，特鲁布切夫斯克西南方45—55千米）留下掩护力量的同时，于9月2日晨向东攻往新瓦西里耶夫斯基，但未收到后续消息。

★坦克第50师——为夺取新瓦西里耶夫斯基进行战斗后，在敌人猛烈火力打击下撤往柳巴霍夫和瓦西里耶夫斯卡亚一线（位于杰斯纳河东岸，特鲁布切夫斯克西南方35—37千米），准备于9月4日晨会同步兵第6师向北攻往新瓦西里耶夫斯基。

★步兵第132师——沿133.1里程碑和比林（特鲁布切夫斯克西南方60千米）以南4千米的小树林一线转入防御。

★步兵第143师——获得608名补充兵，沿161.8里程碑、卡利耶夫卡、杜博夫卡、149.0里程碑一线（诺夫哥罗德-谢韦尔斯基东北偏东方20—25千米）占据防御，该师没有武器的人员集结在谢列季纳布达北面树林内。

★骑兵第52师——未收悉相关消息。

★步兵第121师——在苏泽姆卡地域补充辖内部队。

· **第21集团军**——以右翼力量继续向东北方攻往阿夫杰耶夫卡和谢苗诺夫卡以消灭敌人，并同第13集团军会合；集团军左翼，部分力量在敌人的沉重压力下撤往洛佐夫卡（拉佐夫卡）（谢苗诺夫卡西南方50千米）。

★骑兵集群（骑兵第32、第43、第47师）——会同步兵第67军攻往奥尔洛夫卡（科罗普西北偏北方28千米），9月3日晨夺得卢西基和茹克利亚（科罗普西北方25—30千米）。

★步兵第67军——未收悉关于该军进攻的消息。

★步兵第28军——面对敌人施加的沉重压力，9月3日晨撤往斯洛博德卡东南方2千米树林、特里福诺维奇、古季谢车站一线（谢苗诺夫卡西南偏南方32千米至西南方60千米）。

☆步兵第187师——据守斯洛博德卡东南方2千米树林至季霍诺维奇一线（谢苗诺夫卡西南偏南方32千米至西南方38千米）。

☆步兵第219师——据守季霍诺维奇至拉佐夫卡一线（谢苗诺夫卡西南方38—50千米）。

☆步兵第117师——据守拉佐夫卡和古季谢车站一线（谢苗诺夫卡西南方50—60千米）。

★步兵第66军——击退敌人进攻的同时，扼守晓尔斯、新姆利内、第二罗戈兹卡、马尔古利奇、博尔基一线（谢苗诺夫卡西南方60千米至切尔尼戈夫东北偏东方21千米），但不了解该军9月3日战斗、损失和缴获战利品的详情。

· **方面军航空兵**——未收悉航空兵9月3日作战行动的消息。

· **通信**——敌机炸断电缆线，导致有线通信中断。[17]

虽然第50集团军突击集群将茹科夫卡西面，杰斯纳河西岸登陆场的深度从4千米拓展到近10千米，几乎加深了一倍多，但该突击集群无处可去，因为他们没有合理的目标。这种情况是预备队方面军第43集团军两天前在罗斯拉夫利东北方渡过杰斯纳河发起的进攻（实际上是第二次进攻）严重受挫所致。但是，中央集团军群司令博克非常担心，生怕第4集团军右翼发生崩溃，因而加入对古德里安派第47摩托化军在特鲁布切夫斯克西南面渡过杰斯纳河这一决定的争论中。他抱怨“集团军群紧张到被撕裂的地步”，并断言：

不可能再为古德里安调拨更多力量，相反很有可能将古德里安集群调回以应对第4集团军南翼遭受的突破。古德里安太过任性，最后我不得不为他请调援兵。勃劳希契让我就这个问题再好好考虑一下，明天把最终决定告诉他。[18]

当然，博克在这里指的是叶利尼亚和茹科夫卡的态势。

这位集团军群司令随后对库兹涅佐夫第21集团军遭到猛攻，科罗普的危机获得缓解表达了谨慎的称赞，他指出：“第2集团军右翼面对敌人强大的抵抗止步不前，中央和左翼力量缓慢前进；（科罗普地域）杰斯纳河对岸的登陆场获得加强。古德里安只取得有限进展，敌人在各处对他的东翼展开虚弱无力的反冲击。”[19]

另外，9月4日晨，虽然陆军总司令部已下达命令，但第47摩托化军第17装甲师和第29摩托化师仍在杰斯纳河东岸猛攻苏军第13集团军辖内部队。莱梅尔森军将继续这一行动，直至9月5日晚些时候才向西撤过杰斯纳河。但是，由于同第40集团军没有联系，叶廖缅科尚不知道灾难性态势正在他的右翼外发展，波德拉斯第40集团军已处于彻底崩溃的边缘。

如果说幸福的无知缓解了叶廖缅科对第40集团军境况的担心，那么，库兹涅佐夫第21集团军面临的危机在这位方面军司令员脑中引发了真正的警报。拉响这一警报的是库兹涅佐夫9月4日10点25分发给叶廖缅科的一份报告。报告中说，第21集团军正奉命行事，但也面临着一些严峻的现实（参见地图9.12）：

· **总体情况**——按照您以不少于3个师的兵力向东北方谢苗诺夫卡发起进攻、同第13集团军取得会合的命令，我们将集团军辖内部队变更部署到右翼，

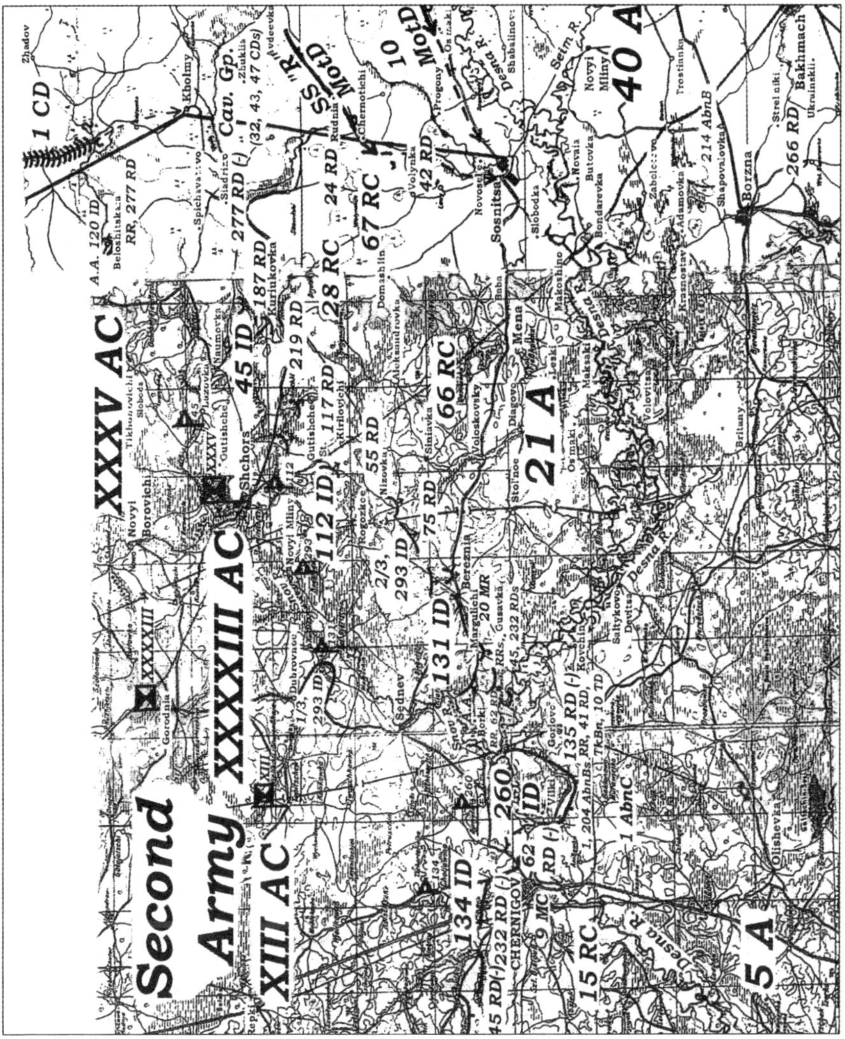

地图 9.12：第 21 集团军防御地带的战场态势，1941 年 9 月 4 日晚间（资料图）

把这项任务赋予步兵第42、第24和277师并投入骑兵集群（骑兵第47、第43、第32师）攻向谢苗诺夫卡。

· **详情：**

★这些兵团8月29日发起进攻，8月30日日终前一直沿库德罗夫卡、鲁德尼亚、古季谢一线（步兵第24和第42师）（科罗普西北方20千米至谢苗诺夫卡西南方55千米）战斗。

★步兵第277师8月30日攻占谢苗诺夫卡并在该镇坚守三天。

★9月2日，敌重兵集团（第10摩托化师，外加第3、第4装甲师辖内部队）沿步兵第67军防线发起进攻，面对敌人施加的沉重压力，辖内部队被迫后撤。

★持续的激战中，步兵第277师被优势之敌隔绝在不利位置，因而未能同第13集团军辖内部队会合。

★敌党卫队部队发起猛烈反冲击，迫使步兵第277师9月2日—3日夜间弃守谢苗诺夫卡，撤往茹克利亚、琴尼基、夏德里纳、斯皮切瓦托沃一线（谢苗诺夫卡以南43千米至西南偏南方40千米）。

· **决心**——9月4日晨，集团军将从185.5高地、奥西马基、阿夫杰耶夫卡一线（谢苗诺夫卡以南40千米至科罗普西北偏北方20千米和梅纳东南面的杰斯纳河）继续进攻；中央和左翼力量受领的任务是恢复态势并坚守茹克利亚、琴尼基、夏德里纳、斯皮切瓦托沃、瑙莫夫卡、晓尔斯、列宁诺夫卡、别加奇、博尔基一线（谢苗诺夫卡以南43千米至切尔尼戈夫东北偏东方21千米）。

· **问题**——我必须向您报告，由于兵力过于分散，防线过度拉伸，缺乏预备力量，加之各部队在近期战斗中遭受严重损失，即便在敌人达成最轻微突破的情况下，集团军辖内部队也会被迫后撤。

· **请求**：

★加快第13集团军的进攻。

★以航空兵支援集团军的进攻。

★为集团军提供弹药和武器装备，特别是自动武器和迫击炮。

★确定集团军（正在消失）的作战分界线和后方地域。[20]

此时的叶廖缅科不知所措。他手头没有更多可用的预备队，大本营所能提供的协助仅仅是承诺红空军将继续给予支援。斯大林9月4日某个时候亲自发出一份简短的加密电报。这份由叶廖缅科向（红空军副司令员）彼得罗夫转达的电报中写道：

航空兵打得很好，倘若razvedchiki（先遣部队的侦察兵）通过电台迅速召唤轰炸机，而不是等他们在机场着陆后再发去消息，无疑会打得更好。您（彼得罗夫）必须留在布良斯克方面军，直到该方面军完成消灭古德里安的行动。

祝您成功。代我向所有飞行员致以问候。

I.斯大林[21]

沙波什尼科夫当日7点将大本营几乎所有航空兵预备力量交给叶廖缅科，以此兑现斯大林的承诺：

最高统帅命令：

1.两个伊尔战机团——1个调自勒热夫，另1个调自沃罗涅日；2个歼击机团——1个调自库尔斯克，另1个调自莫斯科。今天，也就是9月5日①，交由您指挥。

2.交给您的这些增援战机，用于粉碎并消灭古德里安集群。

3.步兵第298师应继续担任预备队，因为一支军队没有预备队的话就无法从事战斗。正派往库尔斯克的新锐师也必须留在布良斯克地域担任预备队，这样他们便可以彻底恢复战斗力。

4.第21集团军仍由您指挥，但您必须牢牢控制该集团军，与其保持可靠的通信，主要以航空兵为他们提供协助，命令该集团军继续执行您赋予他们的任务。[22]

9月5日的战斗

无论苏联人姿态如何，阻挡古德里安装甲和摩托化部队的脆弱堤坝9月4日和5日彻底坍塌，叶廖缅科、斯大林和他的大本营，以及叶廖缅科的下属指挥员都无法采取任何措施遏制德军进攻大潮。总的说来，虽然战斗仍在继续，但第50和第3集团军位于特鲁布切夫斯克北面的防线稳定下来，莱梅尔森第47摩托化军将辖内部队从特鲁布切夫斯克南面的杰斯纳河东岸撤回，挥师向南，赶去支援施韦彭堡，而施韦彭堡第24摩托化军稳定住科罗普地域的态

① 译注：原文如此。

势，同时以左翼第3装甲师向南攻往科诺托普，以右翼武装党卫队“帝国”师冲向南面的索斯尼察。面对一场两翼合围的威胁，波德拉斯第40集团军准备将部队向南撤往科诺托普，并且在该城北面沿谢伊姆河南岸构设的一道新防线。（参见地图9.13）

布良斯克方面军最左翼，库兹涅佐夫第21集团军的防线9月4日和5日在许多地方遭到突破，两翼已发生扭转，该集团军别无选择，只得全面后撤，向南退过杰斯纳河。库兹涅佐夫为此于9月5日13点下达命令（参见地图9.14）：

·**总体情况**——集团军将据守杰斯纳河南岸，防御前沿设在沙巴利诺沃、旧布托夫卡、沃洛维察、萨尔特科瓦杰维察、科夫钦一线（科罗普西面和西南面20—90千米），以便将部队变更部署到右翼，而后向东发起进攻。

·**友邻力量**——右侧，第40集团军辖内部队正沿阿尔特诺夫卡、科罗普、亚科夫利尼奇一线战斗（科罗普东南方20千米至科罗普以西15千米）；左侧，第5集团军辖内部队正沿亚采沃、佩夫齐、新别洛乌斯一线战斗（切尔尼戈夫东南偏东方26千米至切尔尼戈夫北郊）。

·**辖内各兵团的任务：**

★步兵第67军——占据并坚守沙巴利诺沃、新布托夫卡一线（科罗普以西20—38千米），将先遣支队部署在杰斯纳河北岸的普罗戈内、新谢利耶、斯洛博德卡地段，将1个步兵师留在巴图林（科罗普以南25千米）、新姆雷内（科罗普西南方25千米）和特罗斯强卡（科罗普西南偏南方35千米）地域担任预备队。指挥所——加莱比诺（科罗普西南方35千米）。

★步兵第28军——占据并坚守新布托夫卡、沃洛维察一线（科罗普西南偏西方38—68千米），将先遣支队部署在杰斯纳河北岸的巴巴、列斯基、奥西马基地段，将1个步兵师留在扎博洛托沃、阿达莫夫卡、（扎博洛托沃以南3千米）树林地域（科罗普西南方42—46千米）担任预备队。指挥所——克拉斯诺斯塔夫（科罗普西南方50千米）。

★步兵第66军——占据并坚守沃洛维察、萨尔特科瓦杰维察、科夫钦、戈罗博夫（戈尔博沃）一线（科罗普西南偏西方68—90千米），将先遣支队部署在布尔科夫卡、古萨夫卡和博尔基地域，将1个步兵团留在韦尔希纳穆拉韦

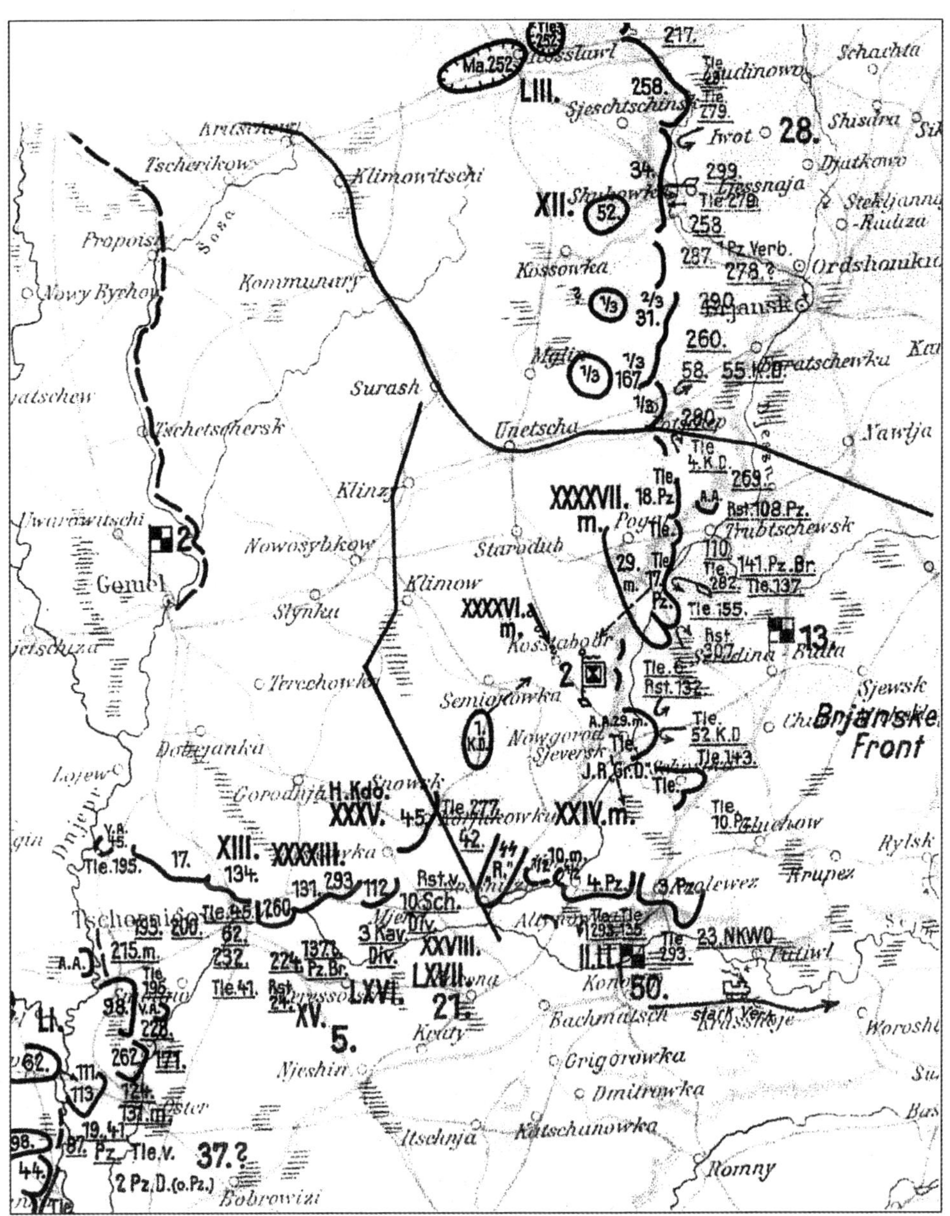

▲ 地图 9.13：中央集团军群右翼的战场态势，1941 年 9 月 5 日（资料图）

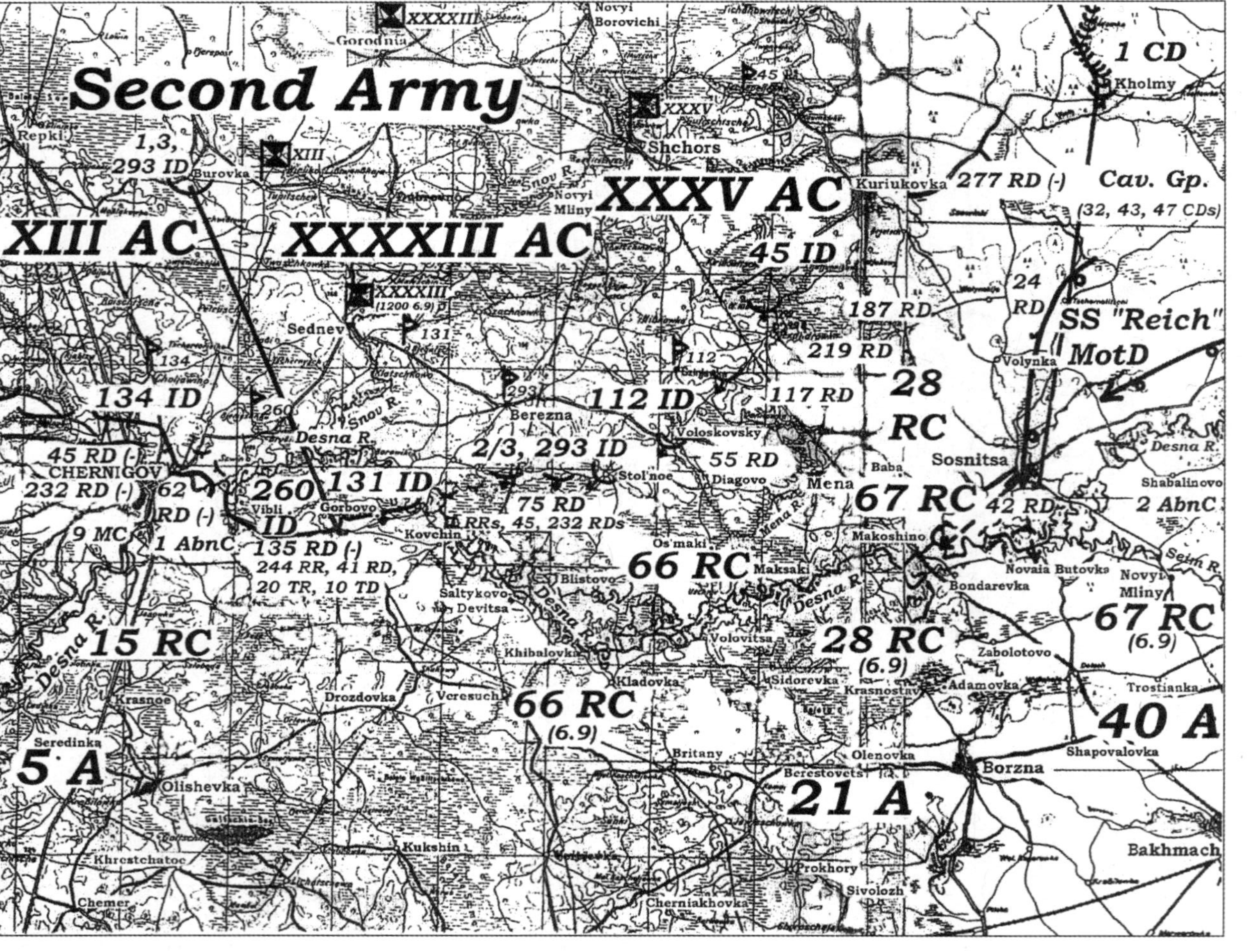

▲ 地图 9.14：第 21 集团军防御地带的战场态势，1941 年 9 月 5 日晚间（资料图）

伊卡地域（科罗普西南方78千米）担任预备队。指挥所——韦列索奇（切尔尼戈夫东南方40千米）。

★骑兵集群——集结在卡拉楚宾、阿秋沙、马季耶夫卡地域（科罗普以南15—20千米），做好向东和东南发起进攻的准备。指挥所——马季耶夫卡。

★步兵第266师（与反坦克炮兵第696团）——作为我的预备队集结在科什马列夫、斯特列利尼基、乌克兰斯基村地域（科罗普西南偏南方45—55千米）。

★空降兵第214旅——接替步兵第67军，作为我的预备队集结在沙波瓦洛夫卡地域（科诺托普西南方10千米）。

·给各军长的特别指示：

★以强有力的先遣支队据守兹梅特涅夫、拉维、巴巴、梅纳、沃洛斯科维奇、别列兹纳、博尔基一线（杰斯纳河北面），直至所有部队完全疏散到杰斯纳河南岸并组织起他们的防御。未经我的批准不得擅自后撤。

★为各渡口任命负责人并为运输车辆和部队的渡河制定计划。

★彻底杜绝部队和运输工具在渡口处的集结。

★完成疏散后，按照军长和师长的命令炸毁所有桥梁。经我批准后，步兵第28军军长方可炸毁马科希诺（科罗普西南偏西方45千米，梅纳东南方12千米）的铁路桥。

★沿前沿组织防御的同时，应预先占据河中所有岛屿，阻止敌人渡过杰斯纳河。

★以工程工事加强所有防御并为各个排和连构筑配置齐全的战壕。

★9月6日6点前提交下达给所有部队的战斗令。

★步兵第67军应掩护与第40集团军的分界线，步兵第66军负责掩护与第5集团军的分界线。

·集团军司令部——博尔兹纳（科罗普西南方52千米），预备司令部——伊万戈罗德（博尔兹纳以南25千米）。[23]

9月5日的战斗结束后，库兹涅佐夫于20点左右正式向叶廖缅科汇报当日战斗的结果和集团军的后撤情况：

·**总体情况**——敌人9月5日晨沿整条战线恢复进攻，向南遂行主要突击，攻往鲁德尼亚、切尔诺季奇、拉维、瑙莫夫卡、科留科夫卡、博罗梅基和别列兹纳。敌摩托化步兵和坦克18点攻占索斯尼察（梅纳以东20千米，科罗普以西32千米），并企图前出到小乌斯季耶（索斯尼察以南6千米）和马科希诺（索斯尼察西南方12千米）的杰斯纳河渡场，2个敌步兵团正从锡尼亚夫卡（梅纳西北方18千米）赶往梅纳。

·**第21集团军的情况**——当日白天持续战斗，击退敌人沿兹梅特涅夫、库德罗夫卡、马特韦耶夫卡、夏德里纳、阿列克谢耶夫卡、尼兹科夫卡、别列兹纳、别加奇一线的进攻。集团军辖内各部队21点位于以下位置：

★步兵第67军——与突向切尔诺季奇和沃伦卡（索斯尼察以北10—18千米，科罗普西北方30千米至西北偏西方35千米）的各敌集团战斗，部分力量在马特韦耶夫卡地域（索斯尼察以北19千米）击退敌人的猛烈冲击。该军当面之敌是第10摩托化师、党卫队师、第3和第4装甲师部分力量。

★骑兵集群（及步兵第277师）——9月5日16点沿乌别季河向东发起冲击，切断在鲁德尼亚（索斯尼察东北偏北方21千米，科罗普西北方28千米）渡过该河的敌切尔诺季奇集团。

★步兵第28军——沿布坚诺夫卡、科留科夫卡、布达-托夫斯托列索瓦一线战斗，但敌人的猛烈进攻迫使该军弃守以上地点，向南撤往柳别涅茨、秋特尼察、亚历山德罗夫卡、锡尼亚夫卡一线（梅纳以北27千米至西北方17千米）。

★步兵第66军——沿戈罗季谢、别列兹纳、博罗梅基一线（梅纳西北方18千米至以西40千米）激战后，撤至沿奥西马基、波金农场、奥利沙诺耶湖一线（梅纳西南方14千米至西南偏西方35千米）的新防御。

·**决心**——由于敌人突破集团军防线并在索斯尼察附近到达杰斯纳河渡口，我们决定：将集团军向南撤过杰斯纳河，把部队变更部署到集团军右翼以抗击敌诺夫哥罗德-谢韦尔斯基、科罗普、索斯诺夫卡集团，同时消灭达成突破之敌。[24]

因此，9月5日黄昏时，从西面、北面和东面而来的德军将库兹涅佐夫第21集团军辖内部队逼入杰斯纳河北岸一座方形登陆场。该登陆场由东至西、由南至北的宽度和深度都是30千米左右，集团军司令部驻地梅纳位于底部中央。据守这座正方形登陆场的是第21集团军10个步兵师和3个骑兵师的残余力量，约6万人，他们面对从西北面和西面开至的德国第2集团军第43和第35军3个步兵师，以及从北面开来的第2装甲集群第1骑兵师。而第24摩托化军辖下的武装党卫队“帝国”摩托化师则在东面占据索斯尼察和小乌斯季耶（Maloe Ust’e）的杰斯纳河渡口。弹药和燃料不济，加之向东通往科罗普的道路被豪塞尔的武装党卫队装甲掷弹兵封锁，无计可施的库兹涅佐夫只能尽力向南撤过杰斯纳河，退往基辅方向。

如果说第21集团军的境况岌岌可危，那么，科罗普地域波德拉斯第40集团军的情况也好不到哪里去。基尔波诺斯西南方面军9月5日22点提交的作战摘要简单汇报了第40集团军的行动（参见地图9.15）：

· **总体情况**——西南方面军辖内诸集团军沿科诺托普、切尔尼戈夫、克列缅丘格方向持续战斗并以基辅筑垒地域的强化防线据守第聂伯河东岸。

· **第40集团军**——沿整条防线同敌摩托—机械化部队（第10摩托化师和第4装甲师）交战。

★步兵第293师（与NKVD摩托化步兵第28团）——遭到敌人攻击后撤至谢伊姆河南岸，集结在沃尔奇克地域（科诺托普东北方24—26千米）。集团军司令员决定，该师整顿部队后继续担任集团军预备队。经过数日持续战斗，步兵第293师向南后撤。该师师长与他的部队失去联系，仍不知道步兵第1032团所在位置。据第40集团军司令部的一份报告称，该团仍在赖戈罗多克和热尔诺夫卡地域（科罗普东北方9—12千米）。坦克第10师已派出一个侦察支队去弄清步兵第1032团的确切位置。

★坦克第10师（与反坦克炮兵第5旅）——继续在阿尔特诺夫卡和布坚诺夫卡地域（科罗普东南方15—20千米）战斗。该师右翼获得炮兵第10团1个连、反坦克炮兵第5旅2个连、1个机枪分队掩护。坦克第19团和坦克第10师侦察营被派往马里恩塔利和普罗列塔尔斯科耶地域（科罗普以南20千米），继续担任师预备队。

★空降兵第2军——以一场进攻恢复科罗普地域的阵地。

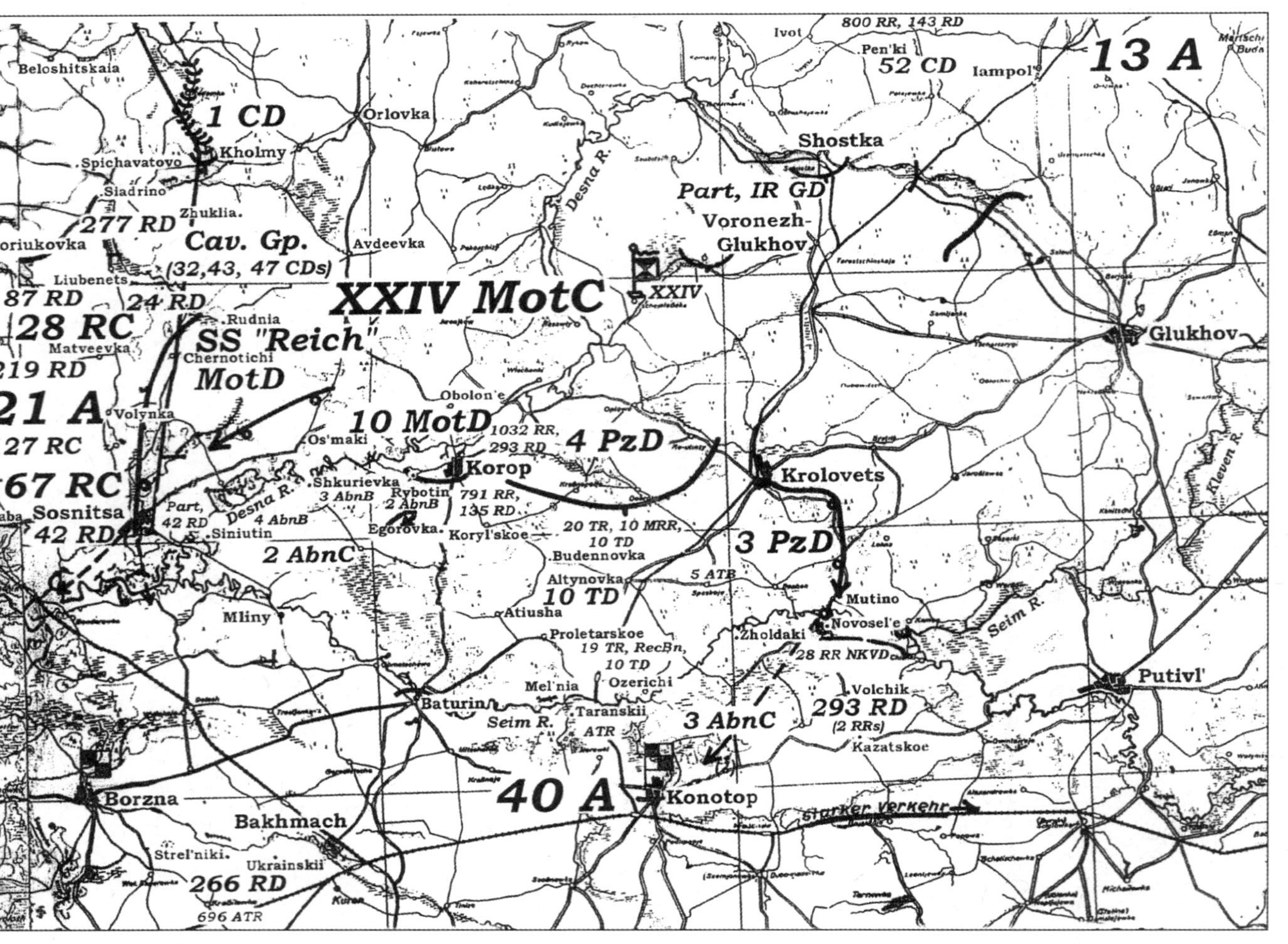

地图 9.15：第 40 集团军防御地带的战场态势，1941 年 9 月 5 日晚间（资料图）

☆步兵第791团（隶属空降兵第2军）——在卡雷利斯科耶（科雷利斯科耶）（科罗普以南7千米）东北郊战斗。

☆空降兵第4旅——从什库拉耶夫卡和锡纽京一线（科罗普西南偏西方17—25千米）后撤，受领的任务是攻往科罗普。该旅日终前夺得科罗普。

☆空降兵第2旅——击退敌人后占领埃戈罗夫卡（科罗普以南6千米）并继续攻往东北方。

☆空降兵第3旅——占据雷博京、索哈奇、新谢洛克一线（科罗普以西5—15千米）。

★空降兵第3军——继续沿新谢利耶穆季诺、热尔达基、塔兰斯基一线（谢伊姆河南岸，科诺托普西北偏北方12千米至东北方25千米）占据防御。

★统帅部预备队加农炮兵第21团——在新谢利耶穆季诺和沃尔奇克地域（科诺托普东北方24—26千米）占据支撑点，以炮火支援步兵第293师。

★1个统帅部预备队反坦克炮兵团开至，为集团军提供加强，沿奥扎里奇和梅利尼亚一线（科诺托普东北偏北方14千米至以北13千米）占据支撑点。

★步兵第227师和其他加强部队尚未到达。

★第40集团军司令部——科诺托普。[25]

虽然波德拉斯麾下部队声称他们夺回了科罗普，但德军第10摩托化师的每日态势图表明，德国人9月5日日终前重新夺回该镇大部。这就使第40集团军主力楔入一片梯形地域，其北侧沿杰斯纳河延伸，从索斯尼察南面向东递延到科罗普，东侧从科罗普向东南方延伸到阿尔特诺夫卡和前方的谢伊姆河。集团军右翼受到德军第3、第4装甲师威胁，左翼面对武装党卫队“帝国”摩托化师，中央地带面对德军第10摩托化师。这样一来，波德拉斯将麾下所有部队撤至谢伊姆河一线守卫司令部所在地科诺托普，仅仅是个时间问题而已。如果说基尔波诺斯的西南方面军非常清楚这种危险，因而为第40集团军派去援兵的话，那么，叶廖缅科的布良斯克方面军则对沿杰斯纳河发生的情况只有粗略的了解，主要是通过库兹涅佐夫第21集团军令人不安的报告。方面军9月5日20点提交的作战摘要强调了这种可悲的现实：

· **总体情况**——方面军右翼，第50集团军突击集群遭遇敌人的抵抗和反冲击，未能获得成功；方面军中央地带，第3和第13集团军辖内部队为消灭皮亚内罗格、谢姆齐、红斯洛博达地域（波切普东南方10千米至以南12千米），谢米亚奇基、乌扎、索斯纳夫卡地域（特鲁布切夫斯克以北10千米至以西14千米），兹诺布车站、新瓦西里耶夫斯基地域（特鲁布切夫斯克西南方35千米）之敌，于9月3日—5日持续进行激烈战斗；方面军右翼，第21集团军辖内部队为消灭敌谢苗诺夫卡—科罗普集团进行战斗并设法同第13集团军辖内部队会合。

· **第50集团军**——在左右两翼遂行防御的同时，面对敌人的激烈抵抗激战一整日，遭遇敌人顽强抵抗和敌预备队[可能是第78步兵师（实际上是第52步兵师一部）]发起的反冲击后，放弃9月4日晚到达的位置。

★步兵第217师——据守弗罗洛夫卡（茹科夫卡以北48千米）至列科维奇东北方5千米的斯维亚特基（茹科夫卡以北19千米）这片地段，当面之敌不太活跃。

★步兵第279师——击退敌人1个步兵团沿萨伦车站和小萨伦方向的反冲击后，在4—5个炮兵连支援下，于9月5日14点夺得列科维奇车站、维尔基、别列斯托克一线（茹科夫卡西北偏北方15千米至西北方10千米）。

★步兵第278师（欠1个步兵团）——击退敌人1个步兵团从佩克利诺对师左翼发起的反冲击后，于9月5日晨在7—8个炮兵连和7—8个迫击炮兵连支援下展开进攻，当日14点占据布布诺夫、巴拉诺夫卡、187.0高地、苏马一线（茹科夫卡西北方10千米至以西8千米），该师步兵第855团调至斯洛博达波普苏耶瓦地域（波切普东北偏北方16千米），接受第3集团军指挥。9月2日—5日的损失——1280人。

★步兵第299师——沿奥利霍夫卡东北郊、新布达、克拉斯诺耶一线（茹科夫卡以西10千米至西南方10千米）持续战斗。

★步兵第290师——击退敌人的反冲击后，在锡列耶夫卡以北1千米树林至安托什金和佩尔沃迈斯基以东1千米树林西部边缘一线（茹科夫卡西南方10千米至西南偏南方14千米）占据防御。

★坦克第121旅——没有参加积极的作战行动，未收悉关于该旅损失情况的报告，日终前位于列托什尼基东南面树林内（茹科夫卡西南方10千米）。

★步兵第258师——据守斯托尔贝和德米特罗沃一线（茹科夫卡以南25—55千米），并把1个加强营派至178.8高地（德米特罗沃以西2千米），掩护第50与第3集团军的分界线。

★骑兵第55师——集结在克拉斯诺耶、索斯诺夫卡、苏布博托沃地域（布良斯克西南方）。

★第50集团军司令部——柴科维奇（布良斯克以北20千米）。

· **第3集团军**——为消灭敌第17装甲师进行战斗，对方9月4日和5日从波切普向东南方攻往特鲁布切夫斯克。

★步兵第280师——为消灭沃尔日诺、乌斯季诺沃、博里基地域之敌展开战斗，日终前占据斯洛博达波普苏耶瓦、穆拉夫卡、波德卢日耶、科罗列夫卡、德里亚维甘扎一线（波切普东北方20千米至以东10千米）。

★步兵第269师——为消灭皮亚内罗格以西之敌，在师右翼进行战斗，占据皮亚内罗格、泽列内罗格、164.6高地、红博尔一线（波切普东南偏东方10千米至东南方20千米）。

★骑兵第4师——9月4日晨向东攻往谢季尼诺（特鲁布切夫斯克以北10千米），敌坦克从莫尔恰诺沃发起反冲击后，该师9月5日日终前占据拉德奇诺和拉金斯克一线（特鲁布切夫斯克东北偏北方10千米）。

★步兵第282师——击退敌人从谢米亚奇基和卡拉乔夫卡[①]发起的反冲击后，于9月5日日终前占据帕罗维奇和弗拉索瓦一线（特鲁布切夫斯克西北偏北方8千米至西北方6千米）。

★坦克第141旅——击退敌坦克从埃梅利亚诺夫卡、索斯诺夫卡、霍季亚诺夫卡发起的反冲击并沿卡尔塔绍瓦、菲利普波维奇、克韦图尼一线（特鲁布切夫斯克西北偏西方10千米至西南偏西方10千米）战斗。

★步兵第137师——进攻未获成功，敌人发起反冲击后，该师于9月5日日终前撤至佩列德涅、普罗格列斯、187.0高地一线（特鲁布切夫斯克西北偏西

① 译注：前文写的是卡拉切夫卡。

方5千米至以西5千米）。

★坦克第108师——在布鲁斯尼奇内和波克罗夫斯基西南地域（特鲁布切夫斯克西北方20千米）与实施包围的敌坦克战斗。

★第3集团军司令部——弗兹德鲁日诺耶（特鲁布切夫斯克东北方25千米的杰斯纳河东岸）。

·**第13集团军**——为消灭兹诺布车站和新瓦西里耶夫斯基地域（特鲁布切夫斯克西南方32—35千米）之敌展开局部战斗。

★步兵第45军——为消灭敌新瓦西里耶夫斯基集团（第47摩托化军）（特鲁布切夫斯克西南方35千米）进行战斗。

☆步兵第155师（与步兵第307师1个营）——攻往兹诺布车站，击退敌人一场反冲击后，于9月5日日终时为夺取兹诺布车站（特鲁布切夫斯克西南偏南方34千米）进行战斗。损失：23人负伤。

☆坦克第50师——击退敌人的反冲击，9月5日日终前撤往柳巴霍夫和瓦西里耶夫斯基一线（新瓦西里耶夫斯基东南方7千米至以南5千米）。损失：78人阵亡，200人负伤。战果：烧毁敌人12辆汽车和4辆摩托车，消灭敌人2个炮兵连。

☆步兵第6师——击退敌人的反冲击，9月5日日终前在切尔沃内和兹诺博夫卡河河口一线（新瓦西里耶夫斯基西南方9千米至以南7千米）战斗。损失：117人负伤。

☆军部——别洛乌索夫卡北面树林内（特鲁布切夫斯克以南30千米）。

★步兵第132师——沿比林西南面树林至普罗霍洛波夫卡北面树林一线（诺夫哥罗德-谢韦尔斯基东北偏北方10千米至东北方11千米）掘壕据守。损失：2人负伤。

★步兵第143师——步兵第635团正准备守卫159.5里程碑（科利耶夫卡以南2千米）和161.4里程碑一线，步兵第800团据守137.5里程碑（格拉佐夫以东3千米）和149.0里程碑（伊沃特东南方2千米）一线（诺夫哥罗德-谢韦尔斯基以东10千米至东南方15千米）。

★骑兵第52师——据守161.5里程碑和片基（伊沃特东南方2千米）一线（诺夫哥罗德-谢韦尔斯基东南方16—20千米）。

★步兵第143师——在苏泽姆卡南面树林内补充部队。

★骑兵第21师——沿列斯诺耶和鲁德尼亚一线（第13集团军后方地域）构筑斜切阵地。

★第13集团军司令部——旧古塔（特鲁布切夫斯克以南30千米）。

· **第21集团军**——未收悉关于其所在位置的报告。

· **预备队**——步兵第298师位于佳季科沃地域（布良斯克以北）。

· **方面军航空兵**——未收悉9月5日空中行动的报告。

· **通信**——与第50、第3、第13集团军的有线通信畅通，但与第21集团军只能以无线电联络。[26]

9月5日日终时，叶廖缅科麾下部队已筋疲力尽。彼得罗夫第50集团军的进攻在茹科夫卡地段彻底停滞不前，克列伊泽尔第3集团军在波切普地域和特鲁布切夫斯克西面、西北面遂行防御，戈罗德尼扬斯基第13集团军也沿特鲁布切夫斯克与诺夫哥罗德–谢韦尔斯基之间的杰斯纳河耗尽力量。完全是因为德国第47摩托化军第17装甲师和第29摩托化师9月5日晚撤回杰斯纳河西岸，戈罗德尼扬斯基第13集团军才得以免遭灭顶之灾。雪上加霜的是，叶尔马科夫快速集群辖内坦克第108师仍被困于特鲁布切夫斯克西北面，正苦苦求生，坦克第141旅和骑兵第4师在先前的战斗中遭受重创，目前在特鲁布切夫斯克北面和西北面遂行防御。

在叶廖缅科和各集团军司令员看来，方面军辖内部队遭受的令人震惊的损失造成了严重的士气和纪律问题。叶廖缅科认为，要解决这些严重的问题必须采取同样严厉的措施。9月4日—5日，他向大本营请求投入所谓的“拦阻支队”，也就是负责阻止擅自后撤的督战队，必要时他们将朝己方部队开枪射击。大本营9月5日下达的这道训令由沙波什尼科夫签署，内容如下：

大本营已阅读您发来的备忘录，批准您在那些行为看似不太稳定的师内组建拦阻支队。拦阻支队的任务是阻止部队蓄意后撤，发生逃跑情况时，可以使用一切必要的武器予以制止。

炮兵营与步兵连相结合的问题正在讨论，大本营的决定会另行通知您。[27]

9月5日令人沮丧的战斗结束后，最高统帅部大本营终于在9月6日4点设法弥补由其指挥控制方面的错误造成的破坏，将库兹涅佐夫第21集团军转隶基尔波诺斯西南方面军。实际上，此举相当于默认叶廖缅科与该集团军重新建立联系的努力彻底失败：

根据最高统帅的命令，布良斯克方面军第21集团军转隶西南方面军司令员，9月6日14点生效。

第21集团军继续遂行以3个步兵师和骑兵集群攻向东北方，消灭敌第3、第4装甲师后勤部队的任务。

布良斯克方面军与西南方面军之间的分界线应沿库尔斯克、利戈夫、格卢霍夫、捷列先斯卡亚车站、新济布科夫一线设立。以上地点均由布良斯克方面军负责。

确认收悉这道训令。[28]

似乎是事后才想到，两小时后，斯大林亲自指示叶廖缅科这位倒霉的方面军司令，“改善作战行动的组织”并解救伊万诺夫坦克师：

我知道坦克第108师已陷入包围，损失了许多坦克和车组人员。这可能完全是因为您指挥方面的问题所致。您不能在未提供侧翼掩护或空中支援的情况下，将一个孤零零的师投入进攻。倘若天气恶劣，战机无法出动，您应当推迟坦克师的进攻，直到天气改善，能够为坦克师提供空中支援后再进行。今后，您不得再采取这种轻率的行动。我还要求您设法从包围圈内尽可能多地救出坦克兵和坦克。另外，您对飞行员在恶劣天气执行飞行任务的看法并不完全正确。斯图莫维克强击机在坏天气也能出动，只要能见度不低于100—150米。转告彼得罗夫同志，我要求他别总是把坏天气挂在嘴边，天气恶劣时投入斯图莫维克强击机会更好些。[29]

但此时，叶尔马科夫曾引以为豪的快速集群已被粉碎，伊万诺夫坦克师仅剩16辆坦克，切尔诺夫坦克旅也只剩下38辆坦克。（参见下文）

9月6日的战斗

受到斯大林严厉批评后，叶廖缅科以他所能采取的唯一措施做出应对，命令克列伊泽尔第3和戈罗德尼扬斯基第13集团军继续实施现在几乎已彻底沦为自杀的进攻。在这种严峻形势下，唯一的亮点是莱梅尔森9月5日—6日夜间退至杰斯纳河西岸的装甲师和装甲掷弹兵暂时消失了。戈罗德尼扬斯基机械地执行叶廖缅科的命令，9月6日7点45分给他的集团军下达了一道新进攻令（参见地图9.16）：

· **敌人的情况**——敌人正继续向位于第13与第21集团军结合部的格卢霍夫和科诺托普前调兵力。同时，敌第29摩托化师在新瓦西里耶夫斯基和兹诺布车站坚守他们在杰斯纳河东岸夺得的登陆场（这种说法并不正确），敌人在第13集团军左翼前方留下掩护力量。

· **友邻力量**——右侧，第3集团军在波切普接近地战斗；左侧，第21集团军以其右翼力量攻往谢苗诺夫卡。

· **第13集团军的任务**——右翼遂行防御的同时，在中央地带消灭新瓦西里耶夫斯基和兹诺布车站一线（特鲁布切夫斯克西南方32—35千米）之敌，在左翼消灭普罗科波夫卡、波德戈尔内、斯维尔日地域（诺夫哥罗德-谢韦尔斯基东北偏北方15千米至以东10千米）的敌掩护力量。

· **辖内各兵团的任务：**

★步兵第45军——以步兵第307师2个团沿杰斯纳河据守波鲁博和卡尔瑙霍夫卡一线（特鲁布切夫斯克西南方14—30千米），9月6日15点以步兵第307师1个团、步兵第155师、坦克第50师、步兵第6师发起进攻，消灭敌第29摩托化师辖内部队，对方已在兹诺布车站附近、新瓦西里耶夫卡、乌克兰斯基（特鲁布切夫斯克西南方34—40千米）突破到杰斯纳河东岸。

☆步兵第307师——以1个团遏制兹诺布车站（特鲁布切夫斯克西南偏南方34千米）之敌。

☆步兵第155师——从切尔尼河和兹诺布-特鲁布切夫斯卡亚一线（特鲁布切夫斯克西南偏南方35—37千米）发起进攻，穿过树林攻往铁路线和新瓦西里耶夫斯基（特鲁布切夫斯克西南偏南方34—35千米）。

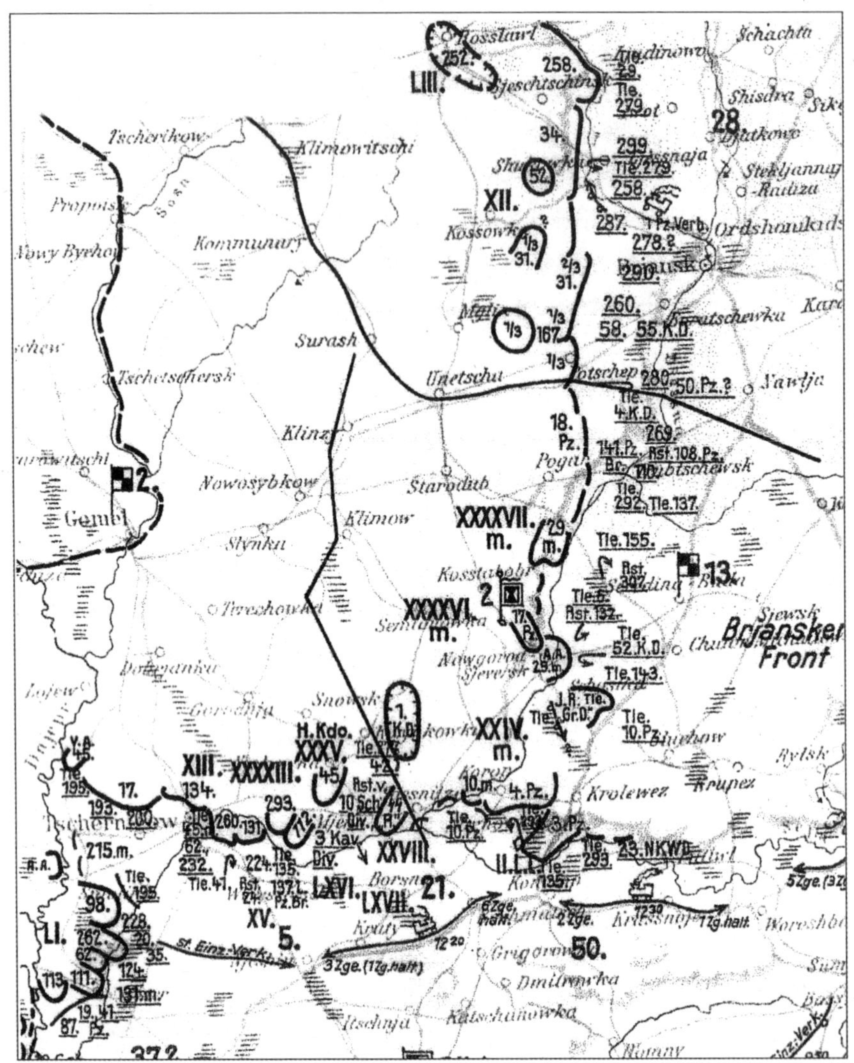

▲ 地图 9.16：中央集团军群右翼的战场态势，1941 年 9 月 6 日（资料图）

☆坦克第50、步兵第6师——向北攻往新瓦西里耶夫斯基。

★步兵第132师——采取更加果断的行动，会同步兵第143师发起进攻，以零打碎敲的方式消灭敌人部署在比林东南面树林和普罗科波夫卡南面（诺夫哥罗德–谢韦尔斯基东北方14—15千米）的掩护力量，9月6日日终前消灭波德戈尔内、153.2高地、普罗科波夫卡地域之敌（诺夫哥罗德-谢韦尔斯基东北偏东方10—14千米）。

★步兵第143师——协助步兵第132师消灭普罗科波夫卡以南之敌并夺取斯维尔日（诺夫哥罗德-谢韦尔斯基以东10千米）。

★骑兵第52师——继续将敌人牵制在伊沃特（诺夫哥罗德-谢韦尔斯基东南偏东方15千米）并向南面的加马列耶夫卡、乌索克和亚姆波尔展开积极侦察。

★骑兵第21师——继续改善防御并在原有阵地上增加障碍物的数量。

★步兵第307师（欠1个向兹诺布展开行动的团）——撤至斯佳盖洛夫卡（特鲁布切夫斯克以南35千米），在那里继续整顿部队。

★步兵第121师——在目前所在地（苏泽姆卡）补充部队。

★炮兵主任的任务：

☆以集团军所有炮兵全天压制步兵第155师、坦克第50师、步兵第6师前方的敌发射点。

☆进攻开始前实施一场强大的炮火急袭。

☆进攻期间，以火力和机动为步兵第45军遂行冲击的部队提供不间断的支援。

★集团军航空兵的任务：

☆侦察萨古季耶沃、波加尔、斯塔罗杜布、诺夫哥罗德-谢韦尔斯基地域之敌，探明对方的动向和兵力集结。

☆从各路口和铁路线至兹诺布车站，以强击机和轰炸机实施有条不紊的空袭，沿兹诺布-特鲁布切夫斯卡亚西南面树林的南部边缘压制敌人。

☆消灭盘踞在新瓦西里耶夫斯基和杰斯纳河渡场接近地的敌军。

☆粉碎敌集团设在诺夫哥罗德-谢韦尔斯基修道院的指挥部。

·**报告**——每隔一小时向集团军司令部提交关于执行这道命令的报告。

·**集团军指挥所**——位置保持不变。[30]

戈罗德尼扬斯基的命令听上去火药味十足且充满乐观情绪，但纯属多余，因为命令中规定的进攻发起时，莱梅尔森第47摩托化军辖内两个师已撤回杰斯纳河西岸。可是，布良斯克方面军9月6日20点提交的作战摘要甚至没能确认这一事实，反映出该方面军整个作战地区内糟糕的通信状况：

· **总体情况**——方面军诸集团军继续沿罗斯拉夫利方向、新瓦西里耶夫斯基和皮亚内罗格遂行进攻并沿战线其他地段加强他们的阵地。

· **第50集团军**——据守侧翼的同时，于9月6日晨攻往罗斯拉夫利。

★步兵第217师——沿杰斯纳河东岸据守罗日尼亚、莫克舍耶沃、斯维亚特基一线（茹科夫卡以北19—48千米），当面之敌为不太活跃的第258步兵师。

★步兵第279师——发起进攻，9点前夺得列科维奇，但中央和左翼未获成功，9月6日14点占据列科维奇、193.4里程碑（列科维奇车站以南1千米）、别列斯托克一线（茹科夫卡西北偏北方15千米至西北方10千米），当面之敌为（第34步兵师）第107步兵团。

★步兵第278师——进攻未获成功，9月6日14点占据布布诺夫、佩克利诺、新谢利耶一线（茹科夫卡西北方11千米至以西10千米），当面之敌为第34步兵师。

★步兵第299师——进攻未获成功，占据奥利霍夫卡、尼古拉耶夫斯卡亚斯洛博达、“穆克”（在新布达）、克拉斯诺耶一线（茹科夫卡以西10千米至西南方10千米），当面之敌为第34和第78步兵师（实际上是第52步兵师）。

★坦克第121旅——9月6日13点30分与步兵第299师协同行动，位于列托什尼基东南面树林内（茹科夫卡西南偏南方10千米）。

★步兵第290师——沿安托什金、佩尔沃迈斯基一线（茹科夫卡西南方10千米至西南偏南方14千米）加强阵地。

★步兵第258师——据守科姆索莫利斯基、莫克拉亚、斯托尔贝一线（茹科夫卡以南16—25千米），当面之敌为第78步兵师辖内部队。

★步兵第260师——据守斯托尔贝、伊绍瓦、博古切沃一线（茹科夫卡以南25—54千米），当面之敌为（第31步兵师）第82步兵团。

★骑兵第55师——占据从波克罗夫卡经赫梅列沃至索斯诺夫卡（布良斯克西南方）的一道斜切阵地。

★集团军司令部——柴科维奇（布良斯克以北20千米）。

·**第3集团军**——当日白天整顿部队，准备于9月6日—7日夜间发起一场进攻。

★步兵第280和第269师——位置未发生变化（波切普东北方20千米至东南方20千米）。步兵第280师缴获的战利品——2辆轻型汽车、2辆摩托车、1挺重机枪、3辆拖车，俘获4名俘虏。

★步兵第282师——占据卡拉切夫卡、谢列诺、科洛杰兹基、克韦图尼一线（特鲁布切夫斯克西北方10千米至西南偏西方8千米）。战利品：缴获/俘获4门迫击炮、5支步枪、2支自动武器、1名俘虏，消灭敌人21辆坦克、1辆装甲车、1个迫击炮连和1个75毫米炮兵连。损失：1人阵亡，21人负伤。

★坦克第141旅——位于卡尔塔舍瓦地域（特鲁布切夫斯克西北方7千米），尚有3辆KV、14辆T-34、21辆BT坦克和1辆BA-10装甲车。9月5日的损失：10辆坦克。

★坦克第108师——部分力量到达奥列霍夫斯基东南面树林（特鲁布切夫斯克以北15千米），尚有2辆KV、10辆T-34、4辆T-40坦克、3辆BA-10和2辆BA-20装甲车，共21辆战车。该师摩托化步兵团有16辆汽车和700人，GEP和TEP（燃料和润滑油）尚可维持。

★步兵第137师——占据季希诺和奥日戈沃一线（特鲁布切夫斯克以北6千米至以西6千米）。战利品：4门迫击炮和2支自动武器。

★骑兵第4师——到达卡鲁尼以北4千米的波洛韦茨克地域（特鲁布切夫斯克西北偏北方15千米）。

★步兵第148师——位置未发生变化（苏泽姆卡）。

★在第3集团军对面行动的敌军没有变化。空中侦察报告，一支12千米长的敌摩托化队列18点正从谢姆齐向南开赴莫斯托奇诺耶（特鲁布切夫斯克西北方16千米）。

★集团军司令部——奥尔林卡（杰斯纳河东面，特鲁布切夫斯克东北方30千米）。

·**第13集团军**——9月6日晨加强既占阵地，准备于15点发起进攻。

★步兵第45军：

☆步兵第155师（与步兵第307师1个营）——（9月5日）对兹诺布车站（特鲁布切夫斯克西南偏南方34千米）的进攻未获成功，撤回其出发阵地。损失：16人负伤。

☆坦克第50师——（9月5日）向北发起冲击，占领柳巴霍夫（特鲁布切夫斯克西南偏南方36千米），敌人向北退却，在柳巴霍夫丢下许多尸体。损失：37人负伤。

☆步兵第6师——9月6日晨（应为9月4日和5日），面对敌坦克在乌克兰斯基地域的顽强抵抗，占领乌克兰斯基和瓦西里耶夫斯基（特鲁布切夫斯克西南偏南方36—38千米）。9月4日—5日的损失：35人阵亡，102人负伤。

☆军部——别洛乌索夫卡北面树林内（特鲁布切夫斯克以南30千米）。

★步兵第132师——加强从比林西南面树林南部边缘至普罗赫洛波夫卡北面小树林一线（诺夫哥罗德-谢韦尔斯基东北偏北方7千米至东北方12千米）的阵地，当面之敌为第3装甲师第12摩托化团和第17预备团。战利品：9月2日—3日缴获2支步枪、2个RP（意思不明）、1挺重机枪、1门37毫米火炮、6支自动武器、5支手枪、5个防毒面具，9月4日缴获2门火炮、6挺机枪、6支手枪和1辆卡车。

★步兵第143师——步兵第635团沿卡利耶夫卡与安东诺夫卡之间的高地一线（诺夫哥罗德-谢韦尔斯基东北偏东方20千米至以东20千米）占据阵地，以步兵第800团1个营沿贝奇哈河北岸（诺夫哥罗德-谢韦尔斯基东北方25千米）构筑防线。

★骑兵第52师——据守161.5里程碑（安托诺夫卡以西2千米）和片基（伊沃特东南方1.5千米）一线（诺夫哥罗德-谢韦尔斯基以东18千米至东南偏东方14千米）。

★骑兵第21师——沿列斯诺耶和鲁德尼亚一线（新瓦西里耶夫斯基东南方20千米至东南偏南方20千米）构筑斜切阵地。师部——埃法尼亚南面树林内。

★步兵第121师——在苏泽姆卡地域补充部队。

· **方面军预备队**——步兵第298师位于佳季科沃西面的树林内（布良斯克以北），步兵第154师在布良斯克地域接受补充。

· **方面军航空兵**——共出动139个飞行架次，包括24个强击机架次、63个轰炸机架次，18个侦察机架次，还以43个架次在杜布罗夫卡、波切普、特鲁布切夫斯克地域掩护我方部队并沿整条战线实施侦察。

★我方当日的损失（未核实）——1架米格、2架雅克、4架伊尔、1架佩-2，共8架战机。约80%的轰炸机和强击机用于特鲁布切夫斯克地域，也就是说，当日的行动集中在波切普、莫斯托奇纳亚和特鲁布切夫斯克地域。

★敌人的损失——1架Me-109被"撞落"，1架轰炸机在布良斯克地域被我高射炮兵击落。

· **友邻力量**——未收悉友邻力量行动的消息。第21集团军9月6日14点转隶西南方面军。方面军左侧分界线目前为库尔斯克、利戈夫、捷列先斯卡亚车站、新济布科夫。

· **通信**——以电话与各集团军联系，但由于敌人17点50分轰炸布良斯克的通信中心，有线通信遭到破坏，现在主要通过无线电台进行联系。[31]

布良斯克方面军的这份作战摘要，除证实他们的全面反攻已陷入停滞的事实外，还清楚地表明，叶尔马科夫的快速集群的确已耗尽力量。正如坦克第108师9月17日的最终报告指出的那样，该师8月下旬以约72辆坦克和4500人展开行动，到9月份第一周结束时，他们仅剩11辆坦克（2辆KV、7辆T-34、2辆T-40）和1200人。

叶廖缅科宽大战线上的态势并未出现任何好转。9月6日日终时，托马第17装甲师从波加尔向南赶往诺夫哥罗德-谢韦尔斯基，留下内林第18装甲师遏制特鲁布切夫斯克西面第3集团军被击败的部队。两个装甲师之间，博尔滕施泰因第29摩托化师设立起一道防御屏障，从特鲁布切夫斯克西南郊起，沿杰斯纳河西岸向南延伸到诺夫哥罗德-谢韦尔斯基，以此遏制第13集团军位于河东面的部队。与此同时，赫恩莱因的"大德意志"（摩托化）步兵团从诺夫哥罗德-谢韦尔斯基向南开进以接替莫德尔第3装甲师位于绍斯特卡南面的部队并在沃罗涅日-格卢霍夫据守拦截阵地，以防第13集团军辖内部队从东面和东北面逼近格卢霍夫地域。此举反过来使第3、第4装甲师得以将波德拉斯第40集团军辖内部队推向西面的科罗普、南面的谢伊姆河和科诺托普北部接近地。西南方面军9月6日22点提交的作战摘要描述了第40集团军面临的严峻形势（参见地图9.17）：

·**总体情况**——西南方面军辖内部队沿科诺托普-巴赫马奇、切尔尼戈夫、奥斯捷尔、克列缅丘格方向与敌摩托—机械化部队持续战斗，同时在中央地带沿切尔宁、基辅筑垒地域、克列缅丘格一线遂行防御。

·**第40集团军**——当日白天，集团军辖内部队击退敌坦克和步兵跨过整条战线发起的进攻。

★空降兵第3军——据守希日基、热尔达基、塔兰斯基一线（沿谢伊姆河南岸，科诺托普东北方30千米至东北偏北方12千米）。

☆空降兵第6旅——在穆季诺（科诺托普东北偏北方30千米）与渡至谢伊姆河南岸的小股敌军战斗。

☆空降兵第212和第5旅——未同敌人发生接触。

★坦克第10师（与反坦克炮兵第5旅）——沿列宁斯科耶、阿尔特诺夫卡、布坚诺夫卡、阿秋沙一线（科罗普东南方27千米至以南16千米）遂行迟滞行动。敌人2个摩托化团和50辆坦克（半数为重型坦克）17点对该师发起进攻。与此同时，敌步兵和30辆坦克进攻空降兵第2旅位于阿秋沙（科罗普以南16千米）的右翼。集团军司令员决定，9月6日—7日夜间将空降兵第2军撤至谢伊姆河南岸。掩护空降兵第2军后撤后，坦克第10师应撤入科诺托普地域担任集团军预备队。[32]

西面，魏克斯第2集团军辖下的费尔伯第13军和海因里希第43军从北面攻往切尔尼戈夫。对切尔尼戈夫城的守军来说，更糟糕的是南方集团军群第6集团军编成内的第51军已在基辅北面渡至第聂伯河东岸，正沿下杰斯纳河西岸向北攻往切尔尼戈夫。因此，这两股力量对波塔波夫将军的第5集团军构成威胁，该集团军几天前刚刚奉大本营的命令接防切尔尼戈夫，现在面临陷入包围的险境。

与此同时，第21集团军位于切尔尼戈夫以东的防区内，德国第13军第260和第131步兵师在该城东面向南渡过杰斯纳河，而炮兵上将鲁道夫·肯普费第35军辖下的第45和第293步兵师刚刚从第2集团军预备队投入行动，他们肃清库

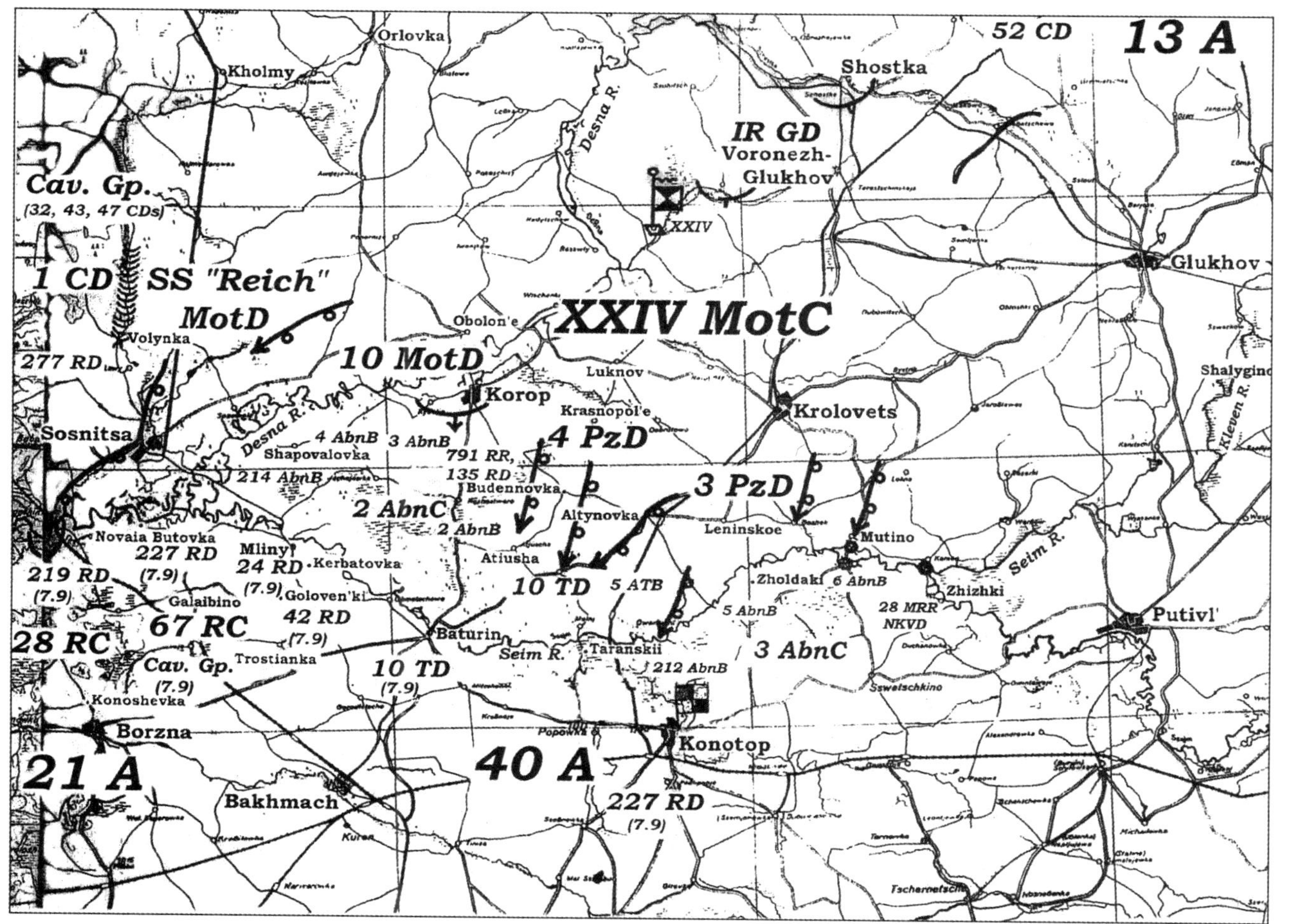

▲地图 9.17：第 40 集团军防御地带的战场态势，1941 年 9 月 6 日晚间（资料图）

兹涅佐夫集团军位于河北岸的残部，试图在混乱的库兹涅佐夫和波塔波夫集团军之间插入一根楔子。

令这两位陷入困境的集团军司令员稍感欣慰的是，他们的部队在遭受打击的同时也尽全力还击。两人的看法似乎获得了西南方面军情报部门9月7日汇编并呈交的一份有趣的报告证实，报告中估计了布良斯克方面军辖内诸集团军在特鲁布切夫斯克、诺夫哥罗德-谢韦尔斯基、科罗普地域，沿杰斯纳河历时六天的战斗中给古德里安、魏克斯辖内部队造成的损失。[33]（参见表9.1）

无论这份报告准确与否，库兹涅佐夫第21集团军和波德拉斯第40集团军激烈但未获成功的防御都可能给两股德军造成严重损失，但他们自己也为之付出了巨大的代价。实际上，波德拉斯9月6日后不得不采取一切措施避免他的部队全军覆没。

但到9月6日晚些时候，布良斯克方面军左翼的态势迅速变得无关紧要起来。叶廖缅科意识到他这场反攻已告失败，而且无可逆转，他现在最关心的是方面军的生存问题。可是，面对如此严峻的情况，他的直接反应与铁木辛哥如出一辙，后者在遭受显而易见的失败时，仍命令麾下最成功的集团军（第16和第19集团军）继续在亚尔采沃和沃皮河遂行进攻。叶廖缅科同样如此，他命令唯一取得些战果的彼得罗夫第50集团军继续其徒劳的进攻。奉命行事的彼得罗夫9月6日24点给麾下部队下达了新进攻令（参见地图9.18）：

·**敌人的情况**——敌第34步兵师和第78步兵师相当大一部分力量据守在集团军突击集群战线对面。尽管敌人的防御较为薄弱且缺乏火炮，但集团军各

表9.1：西南方面军对德国人截至1941年9月7日所遭受损失的估计

兵团	状况
第10摩托化师	至9月1日，兵力损失30%—35%，仅获得10%所需要的补充兵
第4装甲师	损失50%的坦克
第17步兵师（第2集团军）	人员损失超过50%
第134步兵师（第2集团军）	人员损失达60%
第293步兵师（第2集团军）	人员损失30%—35%，士气低落，许多人开了小差

师未能利用强大的火炮和迫击炮优势，行动迟缓，虽然给敌人造成严重损失，但未能成功歼灭敌第34步兵师。步兵第299师得到近卫迫击炮兵营加强，还获得坦克第121旅支援，但该师的作战表现完全无法令人满意。敌人掌握空中优势，该师师长却没有利用敌机缺阵的那些时机（拂晓、黄昏和夜晚）。结果，突击集群辖内部队1941年9月6日日终前仅到达列科维奇车站、索博列瓦[①]、小萨伦、202.5高地、佩克利诺东郊、苏马、新布达东郊、佩尔沃迈斯基以东1千米小树林一线（茹科夫卡西北偏北方15千米至西南方10千米）。

· **第50集团军的任务**——集团军突击集群应沿第09号令规定的方向继续进攻，9月7日日终前到达列科维奇、克洛波特尼亚、斯洛博达、佩克利诺、奥列申斯基村一线（茹科夫卡西北偏北方15千米至西南方12千米）。

· **辖内各兵团的任务：**

★步兵第217师——以1个加强营进攻、夺取、守卫列科维奇北郊，以此掩护步兵第279师右翼，余部继续执行原先的任务。

★步兵第279师（与炮兵第207团第3营）——以师主力在左翼遂行冲击，夺取198.4高地、克洛波特尼亚、斯洛博达一线（茹科夫卡西北方10千米至西北偏西方15千米）并掘壕据守，同时与步兵第217师加强营共同夺取列科维奇。

★步兵第278师——夺取并据守200.7高地、佩克利诺、谢尔格耶夫卡一线（茹科夫卡西北偏西方15千米至以西15千米），以左翼同步兵第299师会合，防止敌人沿分界线取得突破。

★步兵第299师（与坦克第121旅）——师主力在左翼遂行冲击，以果断的行动消灭敌（第34步兵师）第80步兵团，夺取并据守沙罗夫卡、奥列申斯基村一线（茹科夫卡以西15千米至西南方12千米）。

★步兵第258师——以1个加强营掩护步兵第299师左翼，将该营梯次部署在第299师左翼后方并把该营的战斗队形伸向西南面。

★步兵第290师——将你部主力集结在（新布达东南方2千米的）车站附近、红兹纳米亚、韦列绍夫斯基（茹科夫卡西南方10千米至西南偏南方12千

① 译注：就是索博列沃。

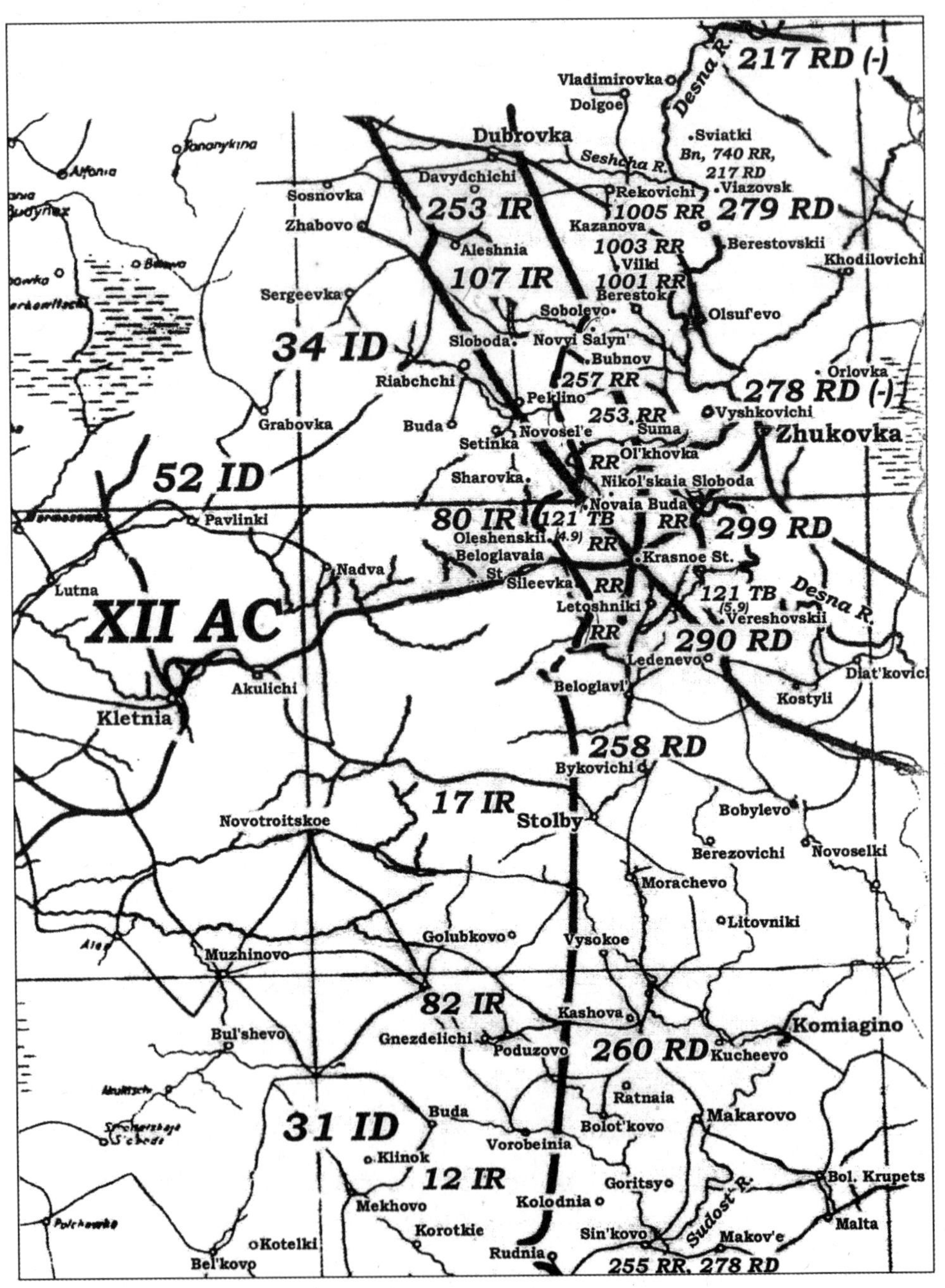

▲ 地图 9.18：第 50 集团军防御地带的战场态势，1941 年 9 月 6 日晚间（资料图）

米）担任我的预备队，准备击退敌人从吉林斯基村和列利亚季诺（茹科夫卡西南方15千米）发起的进攻，以此掩护突击集群之左翼，并把1个营部署在维什科维奇、茹科夫卡地域（茹科夫卡的杰斯纳河东面和西面）交由我掌握。

★坦克第121旅——会同步兵第299师消灭敌第80步兵团，准备击退敌坦克对突击集群左翼的进攻，将摩托化步兵营留在第二梯队以发展步兵和坦克的胜利。

· **指挥和控制**——我的指挥所设在利波夫斯克，尔后设在茹科夫卡；集团军司令部设在扎斯塔维谢。

· **报告**——1941年9月7日24点前派联络员向我提交战斗报告。[34]

第50集团军突击集群在茹科夫卡以西的这场小规模进攻，实际上是叶廖缅科雄心勃勃的反攻行动的最后一击。证明这一点的是，这位沮丧不已的方面军司令员9月7日向斯大林和沙波什尼科夫呈交了一份总结报告，详细汇报布良斯克方面军8月29日至9月7日期间取得的战果：

1.8月28日，敌第47坦克军（摩托化军）（第17、第18装甲师，第20摩托化师，第70和第88装甲支队）向特鲁布切夫斯克和更南面发起一场进攻，以其主力向波切普、谢姆齐、莫斯托奇纳亚遂行集中突击，从南面迂回特鲁布切夫斯克，从波加尔和格列米亚奇一线攻往萨古季耶沃，并从维捷姆利亚向兹诺布车站展开一场辅助突击。

此时，沿斯塔罗杜布方向遂行进攻的部队，与在苏多斯季河一线（特鲁布切夫斯克西北偏北方48千米至西北方35千米）的步兵第269、第282、第155、第307师发生遭遇交战。这些师无法抗击敌摩托化军的进攻，开始混乱撤至杰斯纳河后方并遭受严重损失。

2.为恢复态势并消灭敌第47摩托化军，8月29日，我将坦克第108师、坦克第141旅（卸载后从行进间投入战斗）、骑兵第4师（从特鲁布切夫斯克地域向西）投入波加尔这个总方向。这番机动和前调挽救了态势，导致紧追我方后撤部队的敌摩托化军辖内部队既无法粉碎这些师，也未能攻占特鲁布切夫斯克。否则，他们本来可以在8月29日占领特鲁布切夫斯克，从而对布良斯克集团构成威胁。这场推进为我方后撤部队提供了机会，使他们得以在杰斯纳河后方恢复秩序，然后转身加入战斗，抗击敌人的装甲部队。

从1941年8月31日起，一场坦克战在特鲁布切夫斯克以西20千米地域爆发开来，敌人投入战斗的坦克多达300辆。实际上，这场坦克战仍在继续。

这些日子的天气，特别是9月1日—3日的天气，对战机的投入极为不利，导致坦克部队的战斗更趋复杂，但我们无法耽搁，必须尽快投入战斗。

我们在这场坦克遭遇交战中遭受到严重损失，但敌人的损失更大，最重要的是，我们破坏了敌人夺取特鲁布切夫斯克并粉碎我们新组建的第3集团军的企图，当时，该集团军的实力尚不强大，指挥部的配置也不齐全。

据正式数据统计，敌人在该地域遭受的损失如下：

（1）人员——不下2500人；

（2）坦克——不少于110—115辆；

（3）火炮——不少于45门；

（4）各种车辆——不少于145辆；

（5）几架飞机被战场上的地面部队击落，大批重机枪和迫击炮遭到压制。

敌人已停止在该地域的进攻。

另外，第13集团军作战地域的兹诺布车站附近，敌第29摩托化师在那里渡过杰斯纳河，由于我方的反冲击，该师也遭受严重损失，我们已重新夺回他们占领的一些地点，包括兹诺布车站和新瓦西里耶夫斯基，我们正继续进攻。

我们刚刚收到消息，杰斯纳河东岸之敌已被肃清。

据初步数据统计，过去三天，不包括9月6日，敌人在第13集团军作战地域的损失为：

（1）坦克——38辆

（2）装甲运兵车——5辆

（3）火炮——11门

（4）机枪——20挺

（5）迫击炮——6门

（6）飞机——11架

（7）车辆——96辆

9月6日在柳巴霍夫地域（新瓦西里耶夫斯基以南5—7千米），我方部队粉碎敌（第29摩托化师）第15摩托化团团部，击毙12名敌军官，缴获5门火炮、16挺机枪、32支自动武器、6辆汽车和一些文件。诸集团军9月6日沿整条战线缴获战利品的完整信息正在核实。上述关于敌方损失的统计仅仅包含我地面部队给其造成的损失，我方航空兵取得的战果将在后续摘要中汇报。

根据俘虏的交代和我方特工人员的情报，敌人近日遭受到巨大损失。每天都有大批车辆载运着伤员离开。据我们计算，我们沿该方向至少已消灭10000名敌人。

3.我们在特鲁布切夫斯克地域的坦克战中蒙受的损失如下：

（1）坦克第108师

a.人员伤亡——500人

b.战车损毁——3辆KV、20辆T-34、30辆T-40坦克和10辆BA装甲车

c.火炮损失——30门

d.车辆损失——60辆

（2）坦克第141旅

a.人员伤亡——80人

b.战车损毁——1辆KV、4辆T-34、19辆BT坦克

坦克师和坦克旅的前进及后方梯队车场（维修设施和备用坦克）完好无损。

4.第50集团军作战地域以及第3集团军右翼波切普附近持续的战斗仍在继续。敌人投入新锐力量，但我们已击退他们的所有反冲击。

敌人投入大批战机，积极轰炸布良斯克和卡拉切夫地域并在9月6日和9月6日—7日晚实施夜间轰炸。

我方航空兵也实施了积极的轰炸打击，特别是在下午。

方面军各地段正继续进行激烈的战斗。[35]

叶廖缅科的报告对过去十天的激战摆出一副“愉快”的姿态，过高估计了德国人的损失，对方面军遭受损失的估计却低得离谱。最严重的是，叶廖缅科认为他的行动挫败了古德里安的计划，这种判断大谬不然。整个施韦彭堡第

24摩托化军向南进军的途中穿过布良斯克方面军辖内部队，基本未遭受损失，而莱梅尔森第47摩托化军仅付出极小的代价便将布良斯克方面军快速集群消灭殆尽，该军后来放弃杰斯纳河东岸立足地，完全是因为希特勒的命令，而非迫于任何第13集团军采取的行动。实际上，莱梅尔森军返回河西岸时，第13集团军位于东岸的部队已彻底陷入混乱。

具有讽刺意味的是，叶廖缅科的反攻失败后，古德里安先遣力量顺利向南攻往基辅，至少在一定程度上，叶廖缅科夸大其词的报告促使大本营命令他的方面军一次次跨过整条战线发起进攻。这种夜以继日的冲击持续了一周以上，实际上一直进行到基尔波诺斯西南方面军5个集团军60多万人马在恶名昭著的基辅包围圈内覆灭为止。这就是叶廖缅科这场命运多舛的反攻的可悲遗产。

后记：通往基辅之路，9月7日—14日

尽管需要面对叶廖缅科未能阻止古德里安南进的严峻现实，但也许是受到这位方面军司令员在逆境中毫不减弱的乐观情绪的鼓舞，大本营终于将注意力转向基辅地域发生一场更大灾难的可能性上。9月份第一周结束前，南方集团军群第6集团军第51军第262步兵师于9月6日在切尔尼戈夫南面的杰斯纳河东岸夺得了一座登陆场。次日，第51军辖内其他师开始渡过杰斯纳河时，第2集团军第43军辖内第260、第131、第112步兵师同他们会合，向南进军的这些师在切尔尼戈夫东面渡过杰斯纳河，这就导致据守切尔尼戈夫的波塔波夫将军第5集团军被困在一个从东面和西南面收紧的铁钳内。（参见地图9.19）

东面，第2装甲集群第24摩托化军辖下的武装党卫队“帝国”摩托化师和第3、第4装甲师先后向南赶往谢伊姆河，迂回据守科罗普地域的波德拉斯第40集团军，并在河对岸夺得一座小型登陆场，这是将古德里安装甲部队与波德拉斯设在科诺托普的司令部隔开的最后一道河流障碍。西南方面军司令员基尔波诺斯对日益迫近的威胁深感震惊，9月7日21点30分向西南方向总司令布琼尼元帅报告：

9月5日—7日激烈战斗的结果是，西南方面军的态势变得越来越复杂（这是“困难”的委婉说法）。敌人已集结优势力量，正沿主要方向发展胜利。

1.科诺托普方向

第40集团军正面，敌人2个装甲师和2个摩托化师构成的力量，迂回方面军右翼的同时，其主力已前出到谢伊姆河。

第21集团军正面，敌人以6个步兵师、1个装甲师、1个摩托化师组成的集团沿汇聚方向攻往切尔诺季奇、索斯尼察、晓尔斯和马科希诺，迫使第21集团军撤往杰斯纳河一线。

2.切尔尼戈夫方向

敌人在阿夫杰耶夫卡和韦布利地段（切尔尼戈夫以东15—28千米）到达杰斯纳河的同时，正企图发展进攻，以2个师包围切尔尼戈夫城并前出到第5集团军后方交通线。9月7日14点前，敌人已攻占韦尔希纳穆拉韦伊卡、波格丹诺夫卡、穆拉维伊卡和阿尼索夫（切尔尼戈夫东南方8千米至东南偏东方20千米）。[36]

基尔波诺斯方面军9月7日22点提交的作战摘要，坦率地阐述了第40集团军面临的困境：

· **总体情况**——西南方面军辖内部队正在持续战斗，抗击敌人沿科诺托普、切尔尼戈夫、奥斯捷尔、克列缅丘格方向进攻的摩托—机械化和步兵力量，同时在切尔宁和基辅筑垒地域一线据守第聂伯河东岸并沿河东岸至普谢尔河河口一线布防。当日，敌人向科诺托普大力发展攻势，企图从东面和沿奥斯捷尔方向迂回切尔尼戈夫，同时，敌人还以轰炸机猛烈打击科诺托普和格洛比诺地域的交通枢纽和铁路线。

· **第40集团军**——辖内部队正向谢伊姆河南岸实施一场战斗后撤。

★当日白天，敌人沿希日基和梅利尼亚一线（科诺托普西北偏北方14千米至西北方30千米）一再企图强渡谢伊姆河，但被我方炮火击退。

★当日下午，敌人投入1个步兵团，以强大炮火为支援，在梅利尼亚地域（科诺托普西北偏北方14千米）沿宽大正面成功渡过谢伊姆河。

★为抗击敌人向科诺托普发展进攻，集团军司令员决定使用方面军预备队——步兵第227师。

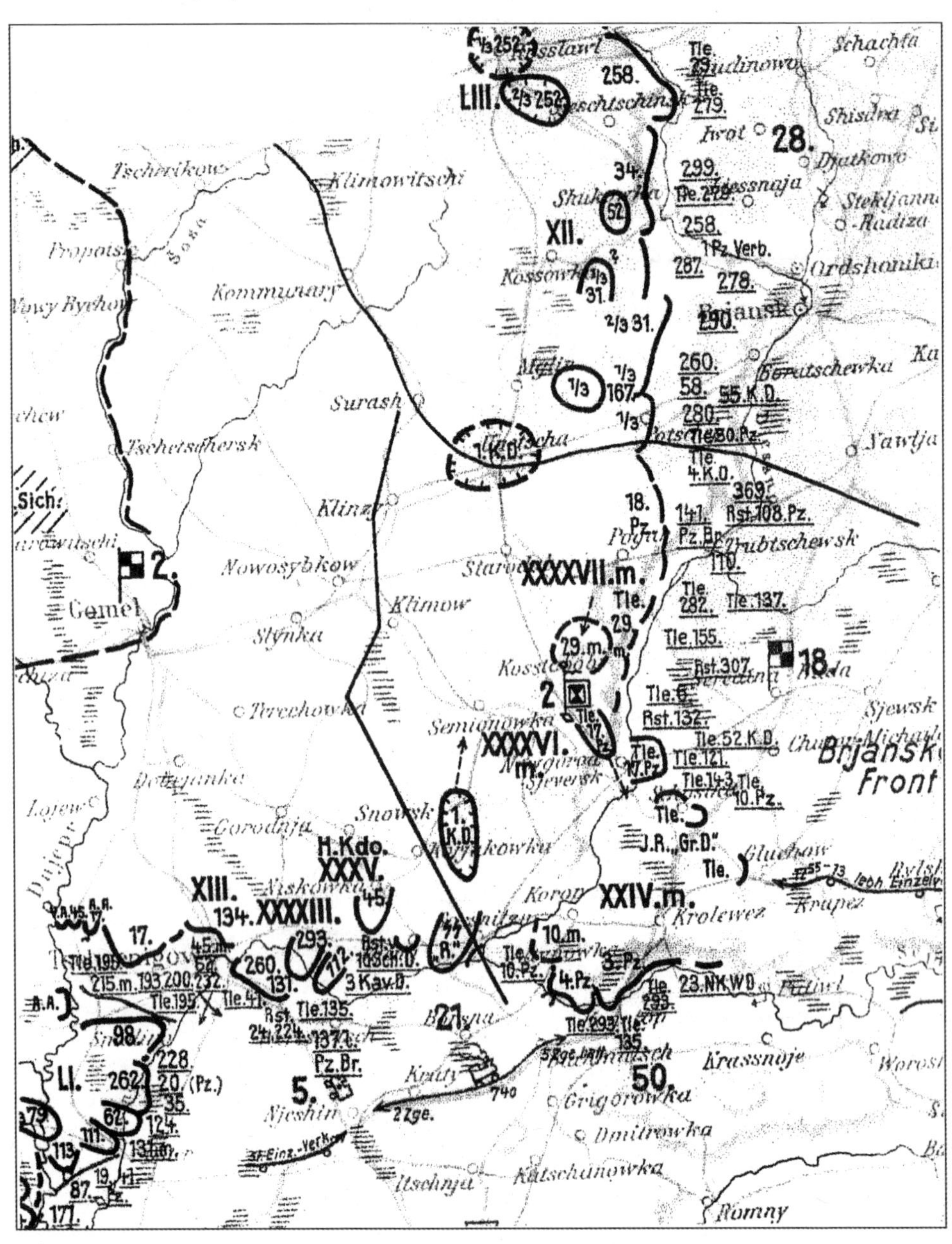

▲ 地图 9.19：中央集团军群右翼的战场态势，1941 年 9 月 7 日（资料图）

★科诺托普遭到61架敌机空袭。

★集团军辖内部队日终时的情况不明。通信已中断。[37]

随着波德拉斯第40集团军的防御被撕开，布良斯克方面军左翼和西南方面军右翼的战斗进入一个新阶段——德军向基辅地域展开攻势。证实这一事实的是，魏克斯第2集团军迫使波塔波夫第5集团军于9月9日晚些时候弃守切尔尼戈夫，撤往掩护基辅北部接近地的新防御阵地。同一天，莫德尔第3装甲师攻占科诺托普；东面，内林第18装甲师和博尔滕施泰因第29摩托化师在特鲁布切夫斯克和诺夫哥罗德-谢韦尔斯基沿杰斯纳河构设防御击退叶廖缅科现已变得虚弱无力的进攻。最后，托马第17装甲师也于9月9日攻克诺夫哥罗德-谢韦尔斯基东南方55千米的格卢霍夫城，导致叶廖缅科的任务更趋复杂。叶廖缅科维系麾下诸集团军之间联系的仅存希望彻底破灭，第13、第3、第50集团军在杰斯纳河东面苦苦挣扎，而原本隶属于他的第21集团军，现在被彻底隔绝在布良斯克方面军左翼外。（参见地图9.20）

古德里安第2装甲集群、魏克斯第2集团军、南方集团军群第6集团军从北面、西面和南面扑向基辅时，叶廖缅科的布良斯克方面军成为乌克兰中部和东部上演的这场庞大的戏剧性事件无能为力的旁观者。9月10日，按照希特勒批准古德里安第2装甲集群向南进军、发起一场旨在将西南方面军包围并歼灭在基辅地域的行动之决定，莫德尔第3装甲师先遣力量在西南方面军深远后方夺得基辅以东200千米，苏拉河畔（Sula）的罗姆内镇（Romny）。此时，布良斯克方面军第13、第3、第50集团军与库兹涅佐夫第21集团军右翼，以及波德拉斯彻底孤立在布良斯克方面军左翼的第40集团军之间的缺口已扩大到60多千米宽，根本无法封闭。（参见地图9.21）

尽管困难重重，可是大本营坚持要求叶廖缅科以第13、第3、第50集团军跨过宽大战线继续实施显然徒劳无益的进攻，这条战线北起罗斯拉夫利地域，向南穿过茹科夫卡、特鲁布切夫斯克和诺夫哥罗德-谢韦尔斯基，直至格卢霍夫地域。因此，这三个被动观望的集团军继续进攻，继续付出牺牲，仅仅是让德国人为他们向南实施的大胆推进付出代价。布良斯克方面军随后提交的作战摘要冷酷地记录了这场战斗和为之付出的代价：

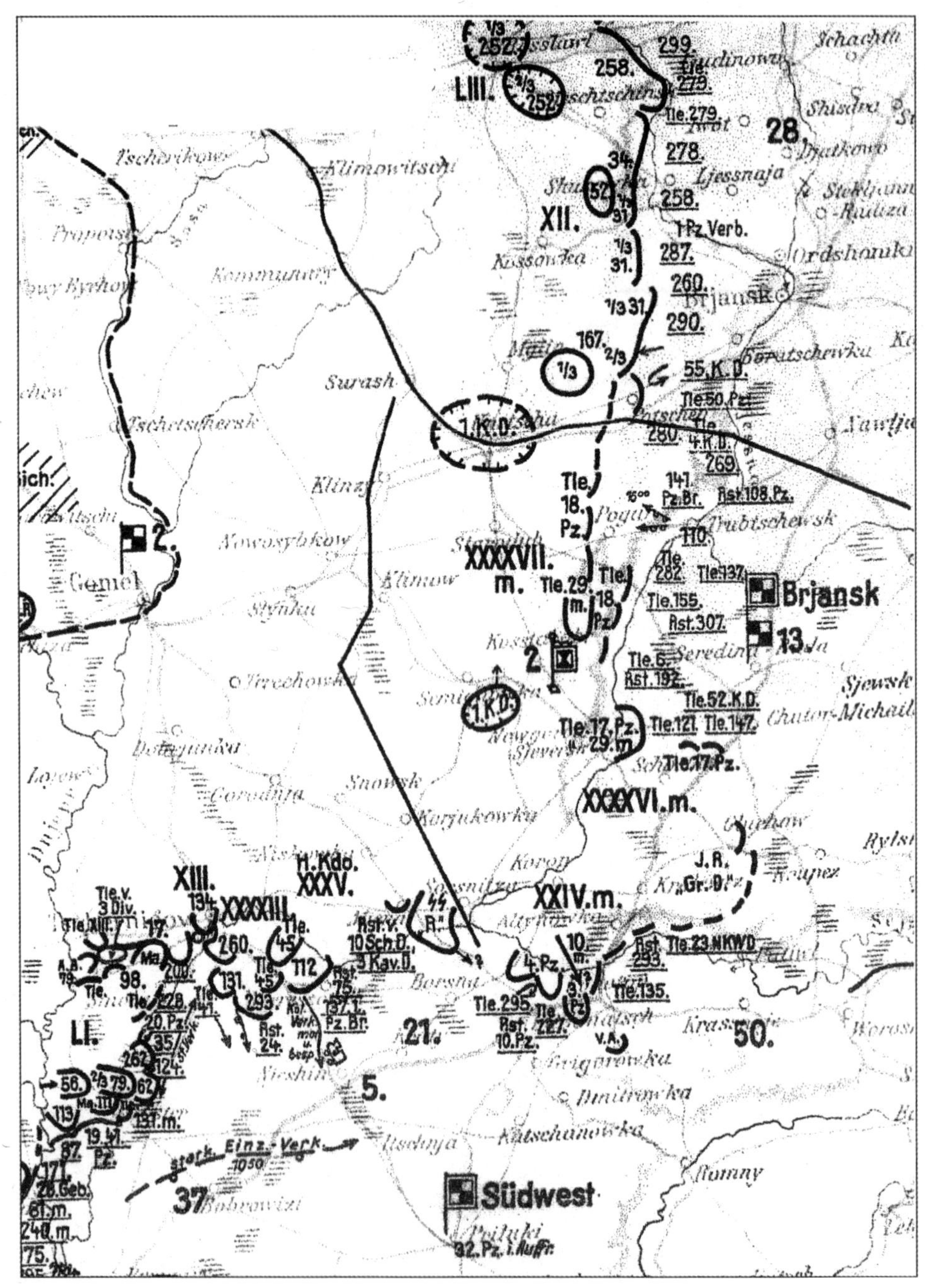

▲ 地图 9.20：中央集团军群右翼的战场态势，1941 年 9 月 9 日（资料图）

布良斯克方面军9月7日20点提交的第039号作战摘要

· **总体情况**——9月7日方面军诸集团军沿罗斯拉夫利方向遂行进攻，消灭在新瓦西里耶夫斯基和皮亚内罗格地域行动之敌。9月7日晨起敌人企图在航空兵支援下击退在列科维奇、佩克利诺、佩尔沃迈斯基地域行动的我方部队。

· **第50集团军**——据守两翼的同时，力图在中央地段沿罗斯拉夫利方向继续进攻。

★步兵第217师——坚守弗罗洛夫卡和斯维亚特基一线（茹科夫卡以北19—48千米），抗击敌第258步兵师辖内部队。

★步兵第279师——全天同敌第34步兵师辖内部队战斗，日终前占据列科维奇、维尔基、索博列沃北郊、193.6高地东坡（别列斯托克南面0.5千米）一线（茹科夫卡西北偏北方15千米至西北方10千米）。敌第34步兵师1个营从列科维奇地域反复发起反冲击。

★步兵第278师——9月6日日终前夺得202.5高地（佩克利诺以北2千米）、佩克利诺东郊、新谢利耶（茹科夫卡西北偏西方15千米至以西10千米），但右翼被敌第34步兵师辖内部队击退，占据布布诺夫、卡列科托夫卡、新谢利耶一线（茹科夫卡西北方11千米至以西10千米）。

★步兵第299师——同敌第34步兵师辖内部队持续战斗，但进攻未获成功，沿奥利霍夫卡西南方1千米小树林至尼科利斯卡亚斯洛博达西南郊、新布达、车站、212.2高地一线（茹科夫卡以西10千米至西南方10千米）掘壕据守。

★坦克第121旅——沿通往佩克利诺的公路持续战斗后，集结在克拉斯诺耶东北方树林内（茹科夫卡西南方8千米）。该旅损失严重。

★步兵第290师——沿212.1高地、锡列耶夫卡以东1.5千米、安托什金、佩尔沃迈斯基东北方1千米树林西部边缘一线（茹科夫卡西南方12千米至以南12千米）同敌第78步兵师辖内部队战斗。

★步兵第258师——据守斯维亚特基、茹科夫卡、别洛戈洛夫利、斯托尔贝一线（茹科夫卡以北19千米至以南25千米）。

★步兵第260师——据守斯托尔贝、德米特罗沃一线（茹科夫卡以南25—55千米）。

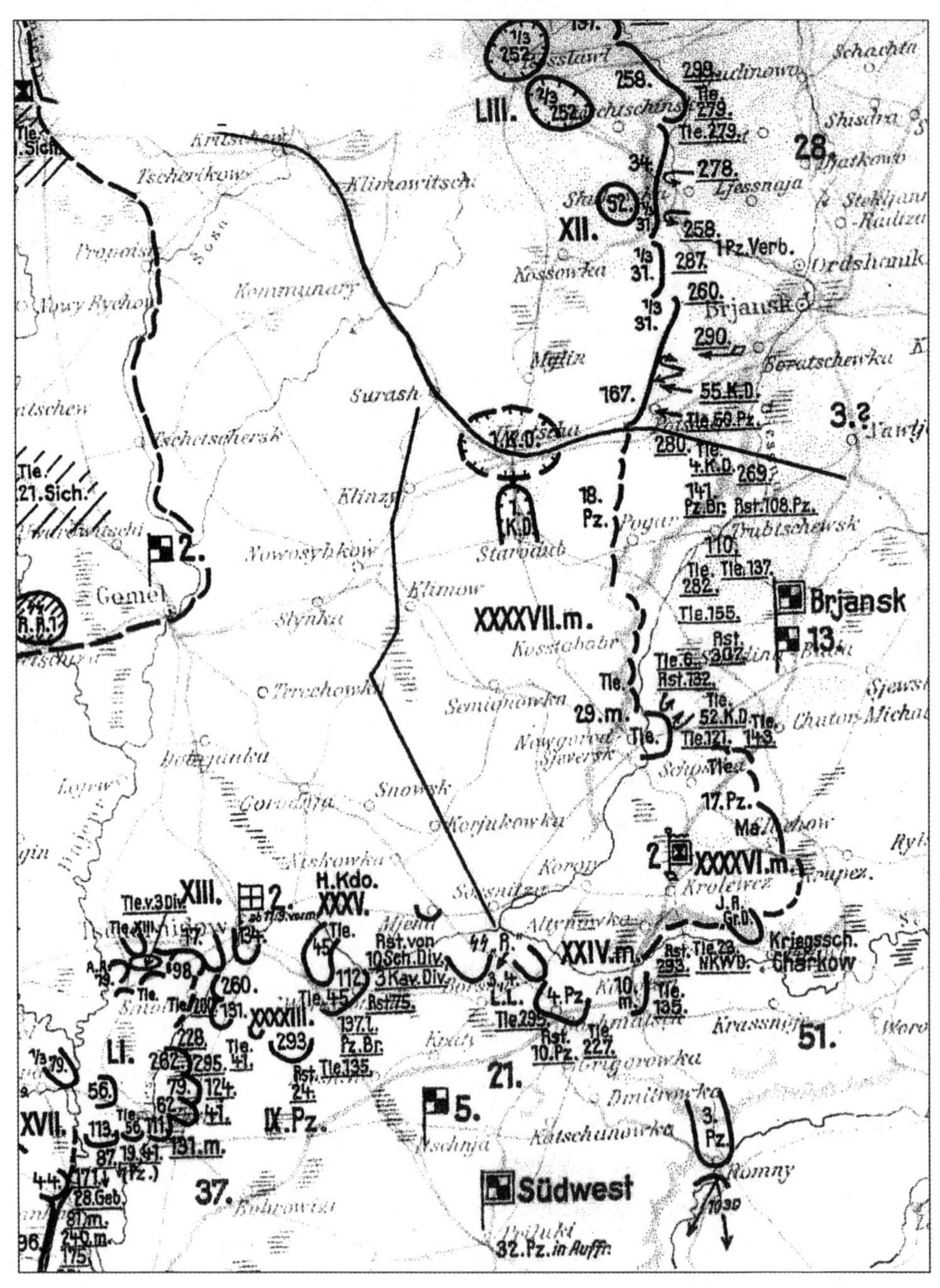

▲ 地图 9.21：中央集团军群右翼的战场态势，1941 年 9 月 10 日（资料图）

★骑兵第55师——位于构设斜切阵地的地域：克拉斯诺耶、赫梅列沃、索斯诺夫卡（布良斯克西南方）。

·**第3集团军**——加强既占阵地，击退敌摩托—机械化部队的进攻。

★步兵第280师——同敌摩托—机械化部队战斗，日终前占据斯洛博达波普苏耶瓦、莫什基、什连戈夫卡、佐洛塔亚韦特卡、新沃洛夫尼亚一线（波切普东北偏北方14千米至以东14千米），面对敌第29摩托化师的防线。

★步兵第269师——加强皮亚内罗格、泽列内罗格北郊、波德博里耶、别列兹基一线（波切普东南偏东方12千米至以南15千米），将1个步兵团部署在兹韦里涅茨地域担任第二梯队。

★骑兵第4师——到达巴甫洛夫斯基和波洛韦茨基地域（特鲁布切夫斯克以北15—18千米），沿波洛韦茨基以西2千米谷仓和卡利诺夫斯基东南面小树林一线构设防御，正面朝南。

★步兵第137师——击退敌人1个摩托化团和坦克从莫尔恰诺沃和谢米亚奇基地域发起的进攻，日终前占据格鲁兹多沃、季希诺东郊、奥日戈沃、帕罗维奇一线（特鲁布切夫斯克以北10千米至西北偏北方8千米）。

★步兵第282师（欠步兵第855团）——击退敌人1个摩托化团的进攻后，占据卡拉切夫卡、波塔波沃、彼得罗夫斯克东郊、克韦通一线（特鲁布切夫斯克西北方9千米至西南偏西方10千米）。

★坦克第141旅——集结在杜赫诺瓦地域（特鲁布切夫斯克西北方5千米）。相关损失已在特别报告中附上。

★坦克第108师——后撤的部队集结在特鲁布切夫斯克地域和奥列霍夫斯基东面树林内（特鲁布切夫斯克以北18千米）。

★步兵第148师——以1个团在里亚布切夫斯克和奥斯特拉亚卢卡一线（特鲁布切夫斯克东北方30千米至东北偏东方16千米）掩护杰斯纳河渡口，步兵第496团位于奇梅霍沃和捷姆纳亚一线（特鲁布切夫斯克以西4千米）。

★军属炮兵第420团——位于博尔基地域（特鲁布切夫斯克东南偏东方15千米）。

★步兵第855团（属步兵第282师）——在红罗格、奥泽里谢、斯梅雷地域（波切普以东15—20千米）担任集团军预备队。

·**第13集团军**——为消灭敌新瓦西里耶夫斯基集团，第13集团军作战地域内的战斗正在继续。

★步兵第155师（与步兵第307师1个团）——夺得兹诺布车站（特鲁布切夫斯克西南偏南方35千米）后，于9月7日晨沿铁路线继续攻往西北方。

★坦克第50师——夺得新瓦西里耶夫斯基（特鲁布切夫斯克西南方35千米），继续向西北方攻往渡口，9月7日晨逼近新瓦西里耶夫斯基西面的杰斯纳河。9月6日的损失：26人阵亡，160人负伤。战利品：数出50具德国人的尸体，缴获5门反坦克炮、1支自动武器、2支冲锋枪、4辆汽车、2辆摩托车、1部战地厨房、1.5万发子弹、一些电话线和许多步枪。在卡缅斯卡亚斯洛博达地域（杰斯纳河西面，特鲁布切夫斯克西南方48千米）发现9辆坦克、1辆装甲车和1辆载有敌军士兵的汽车炸毁在雷区。

★步兵第6师——夺得新瓦西里耶夫斯基南郊后，向西面的渡口发展进攻，前出到坦克第50师南面的杰斯纳河。敌（第29摩托化师）第71和第15摩托化团辖内分队正在新瓦西里耶夫斯基地域行动。

★步兵第132师——发起冲击后，会同步兵第800团夺得普罗科波夫卡并占据比林和普罗科波夫卡西南面树林的南部边缘（诺夫哥罗德-谢韦尔斯基东北方10千米）。敌第17预备团辖内分队在普罗科波夫卡地域行动。

★步兵第143师——未收悉新消息。

★骑兵第52师——沿161.4高地（安东诺夫卡以西3千米）和伊沃特东南方2千米的片基一线（诺夫哥罗德-谢韦尔斯基以东19千米至东南偏东方17千米）构设防御并向绍斯特卡、亚姆波尔、奥斯特罗乌姆卡实施侦察突袭。没有损失，也未缴获战利品。

★骑兵第21师——继续沿列斯诺耶、鲁德尼亚一线（新瓦西里耶夫斯基东南方20千米至东南偏南方20千米）构设防御，正面朝南。

★步兵第121师——在苏泽姆卡地域补充部队。

★第13集团军9月5日的损失：负伤：步兵第6师—218人；步兵第307师—126人；步兵第155师—82人；步兵第132师—42人；坦克第50师—104人；骑兵第52师—7人。

·**方面军预备队**——步兵第298师位于佳季科沃西面树林内（布良斯克以

北），步兵第154师在布良斯克以西构设防御。[38]

布良斯克方面军9月8日20点提交的第041号作战摘要

· **总体情况**——沿罗斯拉夫利方向，夺取支撑点的战斗正在继续。我们正与沿诺夫哥罗德-谢韦尔斯基方向突破之敌进行成功的战斗。我们调集新部队抵御沿格卢霍夫方向突破的敌人。其他地段未发生积极的作战行动。

· **第50集团军**——击退敌人沿罗斯拉夫利方向发起的一场进攻，同时为夺取支撑点遂行局部反冲击并加强我方既占阵地……

★坦克第121旅——集结在列托什尼基以西3千米的树林地域（茹科夫卡以南10千米）……9月7日的损失：49人阵亡，79人负伤，43人失踪……

· **第3集团军**——加强既占阵地并在集团军右翼击退敌人的局部反冲击……

· **第13集团军**——第13集团军辖内部队在新瓦西里耶夫斯基地域及其北面前出到杰斯纳河，在该地域彻底重建阵地，整顿部队，9月8日晨实施重组。

★步兵第45军

☆步兵第307师第1021团——9月5日的损失：110人。

☆步兵第155师——9月5日的损失：43人负伤。

★坦克第50师——撤至库斯坚地域（新瓦西里耶夫斯基东南方12千米，特鲁布切夫斯克西南偏南方40千米）担任集团军预备队。损失：37人负伤。

★步兵第6师——9月5日的损失：115人负伤。[39]

取得成功的一切希望消失很久后，布良斯克方面军第50、第3、第13集团军继续实施徒劳、代价高昂的进攻。虽然付出大量牺牲，但正如总参谋部9月9日下达的另一道训令证明的那样，大本营及总参谋部接二连三的进攻令实际上是对叶廖缅科命运多舛的总攻的一种可悲的申斥：

为取得决定性战果，总参谋长认为第50集团军在进攻中必须采取以下措施：

1.不能将集团军的努力分散在整条战线上，应以第50集团军辖内部队组建一个强大的集团，沿主要突击方向实施强有力的打击，决定性地粉碎敌人。

2.以必要数量的炮兵武器支援突击集群，从而使集团军的行动赢得胜利。

3.以强大的空中支援掩护集团军沿主要突击方向实施的进攻。

4.根据时间和地点，组织并策划集团军各兵种的协同。

5.集团军司令部应更有效地组织对第50集团军的协助和控制。[40]

热情不减的大本营一次次下达夸夸其谈的命令，而这些命令与实际的灾难性态势存在严重的矛盾。例如，纯粹处于幻想状态的沙波什尼科夫12月12日22点50分签署并下达以下训令，而此时，德军已在基辅地域完成对基尔波诺斯西南方面军辖内部队的合围：

最高统帅部大本营命令：

1.以最坚决、最果断的方式消灭绍斯特卡、格卢霍夫、普季夫利、科诺托普地域之敌集团并同西南方面军辖内部队会合，为此，批准您停止沿罗斯拉夫利方向的进攻并把第50集团军的坦克部队转隶第13集团军，以此加强后者。

2.准备期间使用方面军所有航空兵力量，9月14日展开行动。

3.希望您完成行动，彻底封闭布良斯克方面军与西南方面军之间的缺口，不得迟于9月18日。[41]

为鼓励这位方面军司令员，大本营还通知叶廖缅科，他已被擢升为上将。但采取这些措施为时已晚，因为希特勒9月10日已命令古德里安装甲集群向南进军，对基辅展开决定性进攻。[42]因此，除标志大本营为收复斯摩棱斯克发起的全面反攻彻底失败外，叶廖缅科雄心勃勃但失败的反攻也给位于基辅地域的整个基尔波诺斯西南方面军带来了灾难性后果。

总结

叶廖缅科布良斯克方面军所谓的罗斯拉夫利—新济布科夫进攻战役，是苏联最高统帅部大本营1941年8月下旬和9月初沿具有战略重要性的西（莫斯科）方向组织并实施的全面反攻中，第三个也是最后一个组成部分。与参加反攻的另外两个方面军相比，布良斯克方面军的这场攻势是整个战略冒险中最不成功的一部分。铁木辛哥西方面军虽说收复的领土也不多，但给德国第9集团军，特别是在斯摩棱斯克东面和东北面据守“东线”的那些部队造成了严重损失。中央集团军群的高级将领们对这场攻势极为关注，甚至有些惊慌失措，因为他们发现集团军群的预备力量几乎消耗殆尽。同样，尽管第43集团军没能沿罗斯拉夫利东面的杰斯纳河实现任何目标，但朱可夫预备队方面军以拉库京第24集团军在叶利尼亚发起的进攻，给中央集团军群第4集团军造成严重破坏，最终迫使中央集团军群做出前所未有的决定，弃守叶利尼亚登陆场。虽说收复斯摩棱斯克远远超出了他们的能力范围，但铁木辛哥和朱可夫取得的这些战果，至少部分完成了大本营赋予他们的战略性任务。

同西方面军和预备队方面军的成就形成鲜明对比的是，叶廖缅科布良斯克方面军的进攻行动，没能完成任何一项所受领的战略性任务。尽管辖内四个集团军一次次投入战斗，一次次发起进攻，但所有努力均告失败。虽然不时发生停顿，但古德里安第2装甲集群和魏克斯第2集团军仍不可阻挡地向南进军。利用苏军大本营指挥控制方面的失误，配合行动的两支德国军队击退了叶廖缅科发起的每一次打击，经常迫使这位沮丧不已的方面军司令员以零零碎碎的方式过早发起进攻，导致他的每一次行动都以失败告终，随着斯摩棱斯克交战稳步演变为戏剧性的基辅合围战，他麾下的诸集团军最终将被撕裂。

古德里安最大的成就，反过来说也是叶廖缅科在这一连串看似永无止境的失败中最大的失误是，这位方面军司令员没能以他掌握的大批坦克力量成功抗击古德里安的装甲先锋。这种情况之所以发生，首先是因为叶廖缅科没有把他的2个坦克师（第108、第50师）和数个坦克旅（第141、第121旅）合并成一个装甲“铁拳”。相反，他把这些部队分散在各集团军，希望以此为每个集团军提供“突破”能力。结果，坦克第50师在战役初期便丧失战斗力，基本是作为一股步兵力量从事战斗的，而叶尔马科夫快速集群的实力太过虚弱，根本无法抗击两个满编且经验丰富的德军装甲师。但公平地说，叶廖缅科之所以分散他的坦克力量，并以零碎方式将其投入战斗，是德军大胆行动的结果，即第47摩托化军先发制人的突击行动所致，没等叶廖缅科的坦克力量集结完毕并做好战斗准备，该军便突入特鲁布切夫斯克以西和西北地域。从这个角度看，叶尔马科夫的部队已竭尽全力，伊万诺夫和巴哈罗夫这两位坦克指挥员也展现出了抗击优势之敌的技能和坚决性。

实际上，布良斯克方面军过早并分散使用其坦克和骑兵力量，是该方面军面临的一个更为普遍的问题之缩影，事实证明，他们无法解决这个问题。整个战役期间，古德里安采取的行动迫使叶廖缅科穷于应付，由于掌握的情报明显不足，布良斯克方面军辖内部队在一种先天性盲目状态下做出应对。德国人8月19日攻占斯塔罗杜布，第3装甲师8月26日夺得诺夫哥罗德–谢韦尔斯基，第3、第4装甲师9月2日突然出现在克罗列韦茨和科罗普东面，面对一连串突发事件，布良斯克方面军猝不及防，无法做出有效反应，即便有再大的进攻热情也无法摆脱困境。因此，德国人的行动的确经常导致叶廖缅科和他的集团军司令员们眼睁睁地看着己方部队遭受破坏而无能为力。

尽管存在这些情况，古德里安取得成功归根结底是一件悬而又悬的事。就连这位装甲集群司令自己也承认，倘若西方面军和预备队方面军在斯摩棱斯克东面和叶利尼亚取得的战果再大些，第2装甲集群的南进行动很可能以第10摩托化师覆灭于科罗普北面的杰斯纳河、他这场戏剧性的向南冲刺戛然而止而告终。在中央集团军群司令博克看来，若苏军在这些地域取得更大战果，即再有1—2个德军步兵师丧失战斗力，就需要武装党卫队“帝国”摩托化师或“大德意志”摩步团，或这两支部队一同留在这些地域。但历史不容假设，叶廖缅科的进攻以惨败告终。

失败的罗斯拉夫利—新济布科夫进攻战役，人员和物资的损失相当惊人，远远超出这场战役的战略重要性。官方数据称，布良斯克方面军在这场战役中投入261696人和259辆坦克，进攻期间伤亡79975人，其中50972人阵亡、被俘或失踪，28603人负伤或患病。[43]而从非官方角度看，由于布良斯克方面军在战役期间获得许多补充兵，可能为8万人左右，该方面军的伤亡达到了10万人左右，坦克的损失则超过140辆。[44]更为严重的是，进攻战役结束后，布良斯克方面军辖内诸集团军变得十分虚弱，不到三周后，中央集团军群发起“台风行动”，攻往莫斯科，叶廖缅科方面军为此投入的力量仅有24.4万人。[45]

至于德方的损失，第2装甲集群的官方记录，具体说来就是第3、第4、第17、第18装甲师，第10、第29摩托化师，第24和第47摩托化军军直部队，武装党卫队“帝国”摩托化师，“大德意志”（摩托化）步兵团，第1骑兵师，装甲集群各独立部队及指挥部，报告的损失情况如表9.2所示。

由于先前在战斗中失踪的人员后来重新归队（289人），装甲集群8月18日—9月10日的总损失为8167人。但第2装甲集群9月15日的统计报告，在底部的注释中将这个数字增加到8261人，并指出这个数字约占装甲集群自6月22日以来共伤亡（35317人）的23%。[46]这个数字与叶廖缅科报告中所说的击毙第2装甲集群1万多人截然不同。就算加上第2集团军的损失（可能约1.2万人），伤亡约2万人这个总数仍远远低于俄罗斯方面宣布的德国人在这场战役中的损失——近8万人。

坦克的损失难以计算，因为德军装甲和摩托化师的维修部门不断疏散、修理受损的坦克，并把修复的战车交还各个师，装甲集群参加战役的两个军和各个师可能暂时性损失了100多辆坦克，但被彻底击毁的坦克不超过50辆。这也同叶廖缅科的说法相冲突，据他估计，共击毁200多辆敌坦克，其中超过半数发生在特鲁布切夫斯克西面和西北面的战斗中。

鉴于这场大规模军事行动的结果，以及交战双方的伤亡情况，可以说古德里安和魏克斯麾下部队的双重攻势取得巨大的成功，而叶廖缅科的总攻则是一场惨败。更重要的是，希特勒南调装甲集群的大胆决定，以及古德里安的进攻，都为德国军队赢得“巴巴罗萨行动”最初三个月中最具戏剧性的胜利做出了贡献。但是，正如在斯摩棱斯克和叶利尼亚战斗的中央集团军群部队一样，向基辅胜利进军的兵团，特别是第2装甲集群，在1941年12月初到达莫斯科南面的图拉接近地时，终于体会到了他们为基辅战役付出的代价。

表9.2：1941年8月18日—9月10日，第2装甲集群的人员损失

时期	阵亡	负伤	失踪	合计
8月18日—27日	415	1436	3	1854
8月28日—31日	638	2682	8	3328
9月1日—10日	806	2479	-300	2985
总计	**1859**	**6597**	**-289**	**8167**

注：9月1日—10日的-300表示先前认为失踪的士兵重新归队。

注释

1.《最高统帅部大本营下达给布良斯克方面军司令员和红空军副司令员的第001540号训令：关于消灭古德里安集群的行动无法令人满意的战果和航空兵的任务》（Direktiva Stavki VGK No. 001540 komanduiushchemu voiskami Brianskogo Fronta, zamestiteliu komanduiushchego VVS Krasnoi Armii o neudovletvoritel'nykh resultatakh deistvii po razgromu gruppy Guderiana i zadachakh aviatsii），收录于V.A.佐洛塔廖夫主编，《最高统帅部大本营：1941年的文献资料》，第155页。

2.《最高统帅部大本营下达给西方面军（应为布良斯克方面军）司令员的第001556号训令，关于坚守切尔尼戈夫》[Direktiva Stavki VGK No. 001556 komanduiushchemu voiskami Zapadnogo（Brianskogo）Fronta o obiazatel'nom uderzhanii Chernigova]，收录于V.A.佐洛塔廖夫主编，《最高统帅部大本营：1941年的文献资料》，第156页。

3.《投入布良斯克方面军航空兵并于1941年9月1日—2日夜间和9月2日与地面部队协同的计划》（Plan ispol'zovaniia aviatsii Brianskogo Fronta i organizatsii vzaimodeistviia ee s nazemnymi voiskami v noch' 2 i 2 sentiabria 1941），收录于《伟大卫国战争作战文件集》第43期，莫斯科：军事出版局，1960年，第68—69页。

4.《布良斯克方面军司令部1941年9月2日18点提交的第029号作战摘要：关于方面军辖内部队的作战行动》（Operativnaia svodka shtaba Brianskogo Fronta No. 029 k 18 chasam 2 sentiabria 1941 g. o boevykh deistviiakh voisk fronta），收录于《伟大卫国战争作战文件集》第43期，第69—70页。

5.《坦克第10师师部1941年9月2日提交的第6号战斗报告：关于夺取科罗普》（Boevoe donesenie shtaba 10-i Tankovoi Divizii No. 6 ot 2 sentiabria 1941 g. ob ovladenii Korop），收录于《伟大卫国战争作战文件集》第33期，莫斯科：军事出版局，1957年，第251页。

6.《坦克第10师师长1941年9月3日下达的第10号战斗令：关于塔拉索夫卡和克拉斯诺波利耶的防御》（Boevoi prikaz komandira 10-i Tankovoi Divizii No. 30 ot 3 sentiabria 1941. na oboronu raiona Tarasovka, Krasnopol'e），收录于《伟大卫国战争作战文件集》第33期，第252—253页。

7.《西南方面军司令部1941年9月3日22点提交的第00129号作战摘要：关于方面军辖内部队的作战行动》（Operativnaia svodka shtaba Iugo-Zapadnogo fronta No. 00129 k 22 chasam 3 sentiabria 1941 g. o boevykh deistviiakh voisk fronta），收录于《伟大卫国战争作战文件集》第40期，莫斯科：军事出版局，1960年，第148页。

8.《第3集团军司令员1941年9月2日下达的第1号单独战斗令：关于歼灭波切普、茹科夫卡、巴克兰地域之敌》（Chastnyi boevoi prikaz komanduiushchego voiskami 3-i Armii No. 1 ot 2 sentiabria 1941 g. na unichtozhenie protivnika v raione Pochep, Zhukovka, Baklany），收录于《伟大卫国战争作战文件集》第43期，第281—282页。

9.《第50集团军司令员1941年9月2日下达的第01号战斗令：关于继续攻往波切普和斯塔罗杜布》（Boevoi rasporiazhenie komanduiushchego voiskami 50-i Armii No. 01 ot 2 sentiabria 1941 g. na prodolzhenii nastupleniia v napravlenii Pochep, Starodub），收录于《伟大卫国战争作战文件集》第43期，第364页。

10.《第50集团军司令员1941年9月3日下达的第OG/1号单独战斗令：关于坦克第121旅攻往布良斯克—罗斯拉夫利公路》（Chastnyi boevoi prikaz komanduiushchego voiskami 50-i Armii No. OG/1 ot 3 sentiabria 1941 g. na nastuplenie 121-i Tankovoi Brigady v napravlenii shosse Briansk, Roslavl'），收录于《伟大卫国战争作战文件集》第43期，第365页。

11. 费多尔·冯·博克，《陆军元帅费多尔·冯·博克：战时日记，1939年—1945年》，宾夕法尼亚州阿特格伦：希弗军事历史出版社，1996年，第302页。

12.《布良斯克方面军1941年9月3日18点提交的第031号作战摘要：关于方面军辖内部队的作战行动》（Operativnaia svodka shtaba Brianskogo Fronta No. 031 k 18 chasam 3 sentiabria 1941 g. o boevykh deistviiakh voisk fronta），收录于《伟大卫国战争作战文件集》第43期，第72—74页。

13. 海因茨·古德里安，《装甲指挥官》，纽约：E.P.达顿出版社，1952年，第167—168页。

14. 古德里安集团军级集群（第2装甲集群）1941年8月21日、31日，9月5日、15日的报告。

15.《第21集团军司令员1941年9月3日下达的第062号战斗令，关于消灭敌阿夫杰耶夫卡—奥博洛尼耶集团》（Boevoe rasporiazhenie komanduiushchego voiskami 21-i Armii No. 062 ot 3 sentiabria 1941 g. na unichtozhenie Avdeevsko-Obolon'enskoi gruppirovki protivnika），收录于《伟大卫国战争作战文件集》第43期，第344页。

16. 海因茨·古德里安，《装甲指挥官》，第166页。

17.《布良斯克方面军司令部1941年9月4日6点提交的第032号作战摘要，关于方面军辖内部队的作战行动》（Operativnaia svodka shtaba Brianskogo Fronta No. 032 k 6 chasam 4 sentiabria 1941 g. o boevykh deistviiakh voisk fronta），收录于《伟大卫国战争作战文件集》第43期，第74—77页。

18.《陆军元帅费多尔·冯·博克：战时日记，1939年—1945年》，第304页。

19. 同上。

20.《第21集团军司令部1941年9月4日呈交布良斯克方面军司令部的第038号战斗报告：关于弃守谢苗诺夫卡的原因，以及为集团军提供武器和弹药的必要性》（Boevoe donesenie shtaba 21-i Armii shtabu Brianskogo Fronta No. 038 ot 4 sentiabria 1941 g. o prichinakh ostavleniia Semenovka i neobkhodimosti obespecheniia armii vooruzheniem I boepripasami），收录于《伟大卫国战争作战文件集》第43期，第345页。

21.《最高统帅部大本营1941年9月4日下达的第001643号训令：关于将彼得罗夫的航空兵集群留给布良斯克方面军司令员指挥，直至最终消灭古德里安集群》（Direktiva Stavki VGK No. 001643 ot 4 sentiabria 1941 g. ob ostavlenii aviatsionnoi gruppy Petrova v rasporiazhenii komanduiushchego voiskami Brianskogo Fronta do okonchaniia razgroma gruppy Guderiana），收录于《伟大卫国战争作战文件集》第43期，第14页。

22.《最高统帅部大本营下达给布良斯克方面军司令员和红空军副司令员的第001661号训令，关于以航空兵加强方面军并组建预备队》（Direktiva Stavki VGK No. 001661 komanduiushchemu voiskami Brianskogo Fronta, zamestiteliu komanduiushchego VVS Krasnoi Armii ob usilenii fronta aviatsiei i sozdanii rezervov），收录于V.A.佐洛塔廖夫主编，《最高统帅部大本营：1941年的文献资料》，第164页。

23.《第21集团军司令员1941年9月5日下达的第065号战斗令：关于集团军辖内部队撤至杰斯纳河南岸》（Boevoe rasporiazhenie komanduiushchego voiskami 21-i Armii No. 065 ot 5 sentiabria 1941 g. na otvod voisk armii na iuzhnyi bereg r Desna），收录于《伟大卫国战争作战文件集》第43期，第346—347页。

24.《第21集团军司令员1941年9月5日提交的第040号作战报告：关于集团军作战行动的结果，以及撤至杰斯纳河后方的决定》（Boevoe donesenie komanduiushchego voiskami 21-i Armii No. 040 ot 5 sentiabria 1941 g. o rezul’tatakh boevykh deistvii voisk armii i priniatom reshenii na ikh otvod za r. Desna），收录于《伟大卫国战争作战文件集》第43期，第347—348页。

25.《西南方面军司令部1941年9月5日22点提交的第00133号作战摘要：关于方面军辖内部队的作战行动》（Operativnaia svodka shtaba Iugo-Zapadnogo fronta No. 00133 k 22 chasam 5 sentiabria 1941 g. o boevykh deistviiakh voisk fronta），收录于《伟大卫国战争作战文件集》第40期，第151—152页。

26.《布良斯克方面军司令部1941年9月5日20点提交的第035号作战摘要：关于方面军辖内部队的作战行动》（Operativnaia svodka shtaba Brianskogo Fronta No. 035 k 20 chasam 5 sentiabria 1941 g. o boevykh deistviiakh voisk fronta），收录于《伟大卫国战争作战文件集》第43期，第77—79页。

27.《最高统帅部大本营下达给布良斯克方面军司令员的第001650号训令：关于批准组建拦阻支队》（Direktiva Stavki VGK No. 001650 komanduiushchemu voiskami Brianskogo fronta, razreshaiushchaia sozdanii zagraditel’nykh otriadov），收录于V.A.佐洛塔廖夫主编，《最高统帅部大本营：1941年的文献资料》，第164页。

28.《最高统帅部大本营下达给布良斯克方面军、西南方面军司令员的第001697号训令：关于转隶第21集团军》（Direktiva Stavki VGK No. 001697 komanduiushchemu voiskami Brianskogo i Iugo-Zapadnogo frontov o perepodchinenii 21-i Armii），收录于V.A.佐洛塔廖夫主编，《最高统帅部大本营：1941年的文献资料》，第165页。

29.《最高统帅给布良斯克方面军司令员下达的训令：关于改善作战行动的组织并将坦克第108师撤出包围圈》（Rasporiazhenie Verkhovnogo Glavnokomanduiushchego komanduiushchemu voiskami Brianskogo Fronta ob uluchshenii organizatsii boevykh deistvii i vyvode iz okruzheniia 108-i tankovoi divizii），收录于V.A.佐洛塔廖夫主编，《最高统帅部大本营：1941年的文献资料》，第165页。

30.《第13集团军司令员1941年9月6日下达的第068号战斗令：关于消灭兹诺布车站附近、新瓦西里耶夫斯基、波德戈尔内、斯维尔日的敌人》（Boevoi prikaz komanduiushchego voiskami 13-i Armii No. 068 ot 6 sentiabria 1941 g. na unichtozhenie protivnika v raione Stantsii Znob, Novyi Vasil’evskii, Podgornyi, Svirzh），收录于《伟大卫国战争作战文件集》第43期，第305—306页。

31.《布良斯克方面军司令部1941年9月6日20点提交的第037号作战摘要：关于方面军辖内部队的作战行动》（Operativnaia svodka shtaba Brianskogo Fronta No. 037 k 20 chasam 6 sentiabria 1941 g. o boevykh deistviiakh voisk fronta），收录于《伟大卫国战争作战文件集》第43期，第81—83页。

32. 《西南方面军司令部1941年9月6日22点提交的第00135号作战摘要：关于方面军辖内部队的作战行动》（Operativnaia svodka shtaba Iugo-Zapadnogo fronta No. 00135 k 22 chasam 6 sentiabria 1941 g. o boevykh deistviiakh voisk fronta），收录于《伟大卫国战争作战文件集》第40期，第157—158页。

33. 《西南方面军司令部情报部长的报告：关于1941年9月7日，西南方面军对面的敌集团》（Spravka nachal' nika razvedyvatel' nogo otdela shtaba Iugo-Zapadnogo fronta o gruppirovke protivnika pered Iugo-Zapadnom frontom na 7 sentiabria 1941 g.），收录于《伟大卫国战争作战文件集》第40期，第159—160页。

34. 《第50集团军司令员1941年9月6日下达的第10号战斗令：关于夺取列科维奇、克洛波特尼亚、佩克利诺、奥列申斯基村一线》（Boevoi prikaz komanduiushchego voiskami 50-i Armii No. 10 ot 6 sentiabria 1941 g. na ovladenie rubezhom Rekovichi, Klopotnia, Peklino, Poselok Oleshenskii），收录于《伟大卫国战争作战文件集》第43期，第365—366页。

35. 《布良斯克方面军司令员1941年9月7日呈交最高统帅部大本营的战斗报告：关于1941年8月29日至9月7日，方面军辖内部队在特鲁布切夫斯克地域遂行作战行动的结果》（Boevoe donesenie komanduiushchego voiskami Brianskogo Fronta Stavke Verkhovnogo Glavnokomandovaniia ot 7 sentiabria 1941 g. o rezul' tatakh boevykh deistvii voisk fronta v raionc Trubchevsk s 29 avgusta po 7 sentiabria 1941 g.），收录于《伟大卫国战争作战文件集》第43期，第83—85页。

36. 《西南方面军司令员1941年9月7日呈交西南方向总司令的第00384号报告：关于方面军的情况》（Donesenie komanduiushchego voiskami Iugo-Zapadnogo fronta No. 00384 k 21 chasu 30 minutam 7 sentiabria 1941 g. Glavnokomanduiushchemu voiskami Iugo-Zapadnogo napravleniia ob obstanovke na fronte），收录于《伟大卫国战争作战文件集》第40期，第161页。

37. 《西南方面军司令部1941年9月7日22点提交的第00137号作战摘要：关于方面军辖内部队的作战行动》（Operativnaia svodka shtaba Iugo-Zapadnogo fronta No. 00137 k 22 chasam 7 sentiabria 1941 g. o boevykh deistviiakh voisk fronta），收录于《伟大卫国战争作战文件集》第40期，第163—164页。

38. 《布良斯克方面军司令部1941年9月7日20点提交的第039号作战摘要：关于方面军辖内部队的作战行动》（Operativnaia svodka shtaba Brianskogo Fronta No. 039 k 20 chasam 7 sentiabria 1941 g. o boevykh deistviiakh voisk fronta），收录于《伟大卫国战争作战文件集》第43期，第85—88页。

39. 《布良斯克方面军司令部1941年9月8日20点提交的第041号作战摘要：关于方面军辖内部队的作战行动》（Operativnaia svodka shtaba Brianskogo Fronta No. 041 k 20 chasam 8 sentiabria 1941 g. o boevykh deistviiakh voisk fronta），收录于《伟大卫国战争作战文件集》第43期，第88—91页。

40. 《红军总参谋部1941年9月9日下达给布良斯克方面军司令员的训令：关于组建突击集群，在第50集团军作战地域发起进攻》（Direktiva General' nogo Shtaba Krasnoi Armii ot 9 sentiabria 1941 g komanduiushchemu voiskami Brianskogo Fronta o sozdanii udarnoi gruppirovki dlia nastupleniia v polose 50i Armii），收录于《伟大卫国战争作战文件集》第43期，第14—15页。

41.《最高统帅部大本营下达给布良斯克方面军司令员的第001918号训令，关于肃清敌第2装甲集群的突破》（Direktiva Stavki VGK No. 001918 komanduiushchemu voiskami Brianskogo Fronta o likvidatsii proryva 2-i tankovoi gruppy protivnika），收录于V.A.佐洛塔廖夫主编，《最高统帅部大本营：1941年的文献资料》，第179—180页。

42. 9月15日，古德里安第2装甲集群最前方，第24摩托化军辖下的莫德尔第3装甲师，在洛赫维察镇附近同克莱斯特第1装甲集群先遣部队会合。这样一来，古德里安和克莱斯特的装甲力量便成功合围据守基辅地域的所有苏军部队。这个庞大的包围圈困住库兹涅佐夫第3集团军、戈罗德尼扬斯基第21集团军残部①、波德拉斯第40集团军大部和西南方面军辖内五个集团军。参见V.V.沃尔科夫，《重要的序幕：伟大卫国战争第一阶段未完成的方面军进攻战役》，莫斯科：阿维阿尔出版社，1992年，第76—78页。

43. 对损失数字的最新官方统计可参阅G.F.克里沃舍耶夫主编，《揭秘伟大卫国战争：损失册》，莫斯科：韦切出版社，2009年，第91页。

44. 诸多资料来源中，可参阅V.V.沃尔科夫，《重要的序幕：伟大卫国战争第一阶段未完成的方面军进攻战役》，第81—82页，以及本卷引用的档案文件。

45. G.F.克里沃舍耶夫主编，《揭秘伟大卫国战争，损失册》（Velikaia Otechestvennaia bez grifa sekretnosti. Kniga poter’），莫斯科：韦切出版社，2009年，第95页。

46. 古德里安集团军级集群（第2装甲集群）1941年8月21日、31日、9月5日、15日的报告。报告中指出，第2装甲集群9月8日的总兵力为93904人，与该集群的编制兵力相比缺25300人。自6月22日以来，该集群获得11259名补充兵。参见原件的副本。

---

①译注：原文如此。

第十章
总结

德军1941年6月22日入侵苏联，就此展开“巴巴罗萨行动”时，德国总理阿道夫·希特勒，他那些将领和大部分德国民众，甚至包括大多数西方国家及其民众，都预计德国将迅速赢得胜利。由于希特勒的武装力量1939年在波兰、1940年在低地国家和法国以快得令人震惊的速度获胜，整个世界有理由相信，德国的对苏战争即便不会在数周内，也将在几个月内取得胜利。实际上，德国国防军仅用10天便在边境地区将和平时期的苏联红军消灭大半，14天内前出到第聂伯河。但他们不得不耗费整整2个月时间去战胜犹如凤凰涅槃般从先前的失败中重生的红军，在斯摩棱斯克地域为争夺每一米苏联土地展开激烈厮杀。除拖缓并暂时阻挡住德国的闪电战外，斯摩棱斯克旷日持久、代价高昂的争夺战还破坏了德国引以为豪的战争机器，使其在1941年12月初于莫斯科门前遭遇到前所未有的失败。

“巴巴罗萨行动”的任务

在希特勒和他的将领们的计划中，“巴巴罗萨行动”本不应该以这种方式进行，俄罗斯古老的城市斯摩棱斯克仅仅是通往莫斯科并迅速赢得胜利的道路上的一个中间站，而不应成为军队的墓地。“巴巴罗萨计划”要求以兵力超过300万的三个集团军群入侵苏联，担任先锋的是四个装甲集群组成的装甲大军，共计19个装甲师、15个摩托化师和约3350辆坦克。这股力量将以突然袭击的方式发起进攻，2770架战斗机和轰炸机组成的密不透风的帷幕为其提供掩护。他们将“以快速集群实施迅速、强有力的打击，分割集中于俄国西部的俄军主力之防线，并利用这一突破，歼灭敌军支离破碎的集团”。[1]实际上，这就意味着消灭西德维纳河和第聂伯河以西的红军主力。

德国军队完成这项任务后，就将顺利前进，肃清红军残余力量，夺取列宁格勒和基辅城，以及苏联的粮仓乌克兰和首都莫斯科。“巴巴罗萨计划”本身并未定下时间表，但的确要求其部队前出到这样一条战线：“从该战线后方起飞的俄国空军将不再能攻击德国本土。”也就是说，到达莫斯科东面的乌拉尔山脉脚下。虽然该计划允许必要时在进军莫斯科前“以装甲力量转身向北”，但希特勒1940年12月5日向将领们阐述战役概念时告诉他们，“是否向莫斯科或莫斯科以东地域进军的决定，应到被困于预期中北部和南部包围圈内的大股俄军遭歼灭后再做出”。他还对这些将领强调，“重要的是绝不能让俄国人建立一道后方防御阵地。”[2]

因此，实现“巴巴罗萨计划”的关键前提是：

· 必须将苏军主力歼灭于西德维纳河和第聂伯河以西；

· 实施突袭的德国空军必须在战役头几天将红空军消灭在地面上或空中；

· 决不允许苏联军队后撤并建立一道后方防线；

· 被困于预期中北部和南部包围圈内的大股苏军遭歼灭后，德国军队方可继续前进（但只有在解决北部障碍的前提下才可进入“巴巴罗萨计划”的最终阶段）。

计划中未加以明确阐述的假设还包括：

· 根据苏联红军在苏芬战争和占领波兰东部期间的拙劣表现判断，红军是一支庞大但笨拙且无用的作战力量；

· 由于斯大林1937年—1938年对军队的清洗，红军指挥员欠缺经验，高度政治化，而且缺乏主动性。

·红军现役力量编有190个师和许多坦克旅，而且能够动员起300来个师；

·苏联薄弱的交通设施会给红军的及时动员造成妨碍；因此，其现役力量会在动员工作保持或增加军队实力前遭歼灭；

·从种族上看，斯拉夫人无法像德国人（德国军队）那样有效策划并实施军事行动；

·苏联的少数民族（乌克兰人、白俄罗斯人和高加索、中亚地区的民族）不会忠于斯大林的共产主义政权，也不会为其战斗。

因此，德国人着手实施“巴巴罗萨”入侵时，深信能取得胜利。正如计划的那样，德国军队6月22日发起进攻时，其空军的确将红空军主力消灭在地面上，遂行入侵的各集团军和装甲集群迅速突破红军前沿防御并在几天内深入苏联纵深腹地。虽说红军大编制坦克和机械化军的出现令德国人大吃一惊，他们配备的新式坦克（KV和T–34）也比德制坦克更加出色，但德军还是击败并重创了大部分苏军快速兵团，同时粉碎或包围了守卫边境地区的许多苏军集团军。除乌克兰外（苏军部署在那里的大股坦克和机械化力量拖缓了南方集团军群的推进），中央和北方集团军群进攻中的集团军和装甲集群包围并歼灭了守卫白俄罗斯的3个苏军集团军，粉碎了扼守波罗的海地区的2个苏军集团军，迫使他们混乱后撤。

德国的战略和行动

按照“巴巴罗萨计划”，北方集团军群遂行进攻的诸集团军在6月28日到达西德维纳河，中央集团军群辖内部队也于7月3日—9日期间前出到第聂伯河。但是，受到苏军更顽强抵抗的迟滞，担任南方集团军群先遣力量的第1装甲集群第13装甲师，7月10日才到达基辅西部接近地。但此时，事实已证明“巴巴罗萨计划”的基本假设是错误的。红军并未崩溃，而是积极展开反击。他们的反击非常有效，以至于南方集团军群耗时两个月才突破苏军沿第聂伯河构设的防御并攻占基辅。

德国人无法满足“巴巴罗萨计划”的要求，最令他们惊异的莫过于至关重要的西方向的战况，中央集团军群将沿这条路线向莫斯科展开胜利进军。在边境地区包围并消灭苏军第3、第4、第10集团军，并在明斯克地域重创第13集团军先遣力量后，中央集团军群辖内部队到达波洛茨克附近的西德维纳河，在从维捷布斯克向南穿过奥尔沙和莫吉廖夫直至罗加乔夫这一地段到达第聂伯河，却发现苏军4个新锐集团军据守在河东岸。最令德国人惊讶的是，苏军这4个集团军并不满足于原地防御，而是积极展开反冲击。在2个机械化军的率领下，苏军发起虽不熟练但异常猛烈的进攻，他们投入数百辆坦克，事实证明，苏军的许多坦克比其对手使用的战车更加耐用。这些反冲击的大胆和勇猛令德国人深感震惊，他们盛赞其对手，将对方未遂的反突击冠以夸张的名称——铁木辛哥“攻势”。虽说遂行铁木辛哥“攻势”中相对新锐的苏军第22、第20、第13、第21集团军和战斗期间加入的第19集团军实力不足，较为稚嫩，在很大程度上是一股效力低下的力量，但只要他们出现在沿西德维纳河和第聂伯河方向，就足以使德军指挥部门清醒过来，更不必说浇灭他们的抵抗热情了。

德国人从最初的震惊中恢复过来后，中央集团军群的装甲先锋，古德里安第2装甲集群和霍特第3装甲集群向东疾进，攻往斯摩棱斯克，轻而易举地突破苏军的浅近防御，在维捷布斯克地域粉碎并驱散苏军第19集团军，将第13集团军主力包围在第聂伯河畔的莫吉廖夫城，并迫使第19和第20集团军残部退入斯摩棱斯克地域，在那里加入新开到的第16集团军，负责据守这座重要的城市。尽管向东疾进的两个装甲集群7月16日几乎将第20、第19集团军[1]和支离破碎的第19集团军残部包围在斯摩棱斯克北面一个大口袋里，但这场壮观的推进给中央集团军群造成几个新问题和至少一个新的意外。这些问题中最烦人的是被困于莫吉廖夫和斯摩棱斯克地域的苏军部队实施了顽强抵抗。这些被围部队拒不投降，反而牵制住中央集团军群许多步兵师，导致集团军群辖内装甲和摩托化师不得不坚守长长的合围对外正面，以防集结在东面的红军部队发起反冲击，救援他们陷入重围的同志。更令中央集团军群烦恼的是确保其侧翼免遭破坏性攻击的问题。具体说来，这涉及集团军群左翼，苏军第22集团军在波洛茨克及其北面，集团军群右翼，苏军第21集团军沿第聂伯河在罗加乔夫和日洛

---

① 译注：第16集团军。

宾地域的顽强防御。对陆军元帅冯·博克的集团军群而言，导致问题更趋复杂的是，位于侧翼的敌集团军并未趁着夜色潜逃，而是大胆展开反冲击，迫使集团军群将更多宝贵的步兵师投入沿主要突击方向外围展开的战斗。

苏军这些行动的最终结果是，中央集团军群的装甲和摩托化师（他们的战斗任务是执行闪电战式的行动，因而原本就缺乏摩托化步兵）被迫执行并不适合他们的任务，也就是说，他们不得不“原地坚守”很长一段时间。这个问题反过来因为德国人遭遇的另一个意外而加剧。边境交战期间消灭苏军4个集团军（第3、第4、第10、第13集团军），前出到西德维纳河和第聂伯河，沿西方向及毗邻处和斯摩棱斯克地域包围或阻挡住苏军另外5个集团军（第16、第19、第20、第21、第22集团军）后，中央集团军群在7月份第三周，发现自己面对着苏军另外5个军队集群（马斯连尼科夫、加里宁、霍缅科、罗科索夫斯基、卡恰洛夫），这些军队集群由4个集团军（第24、第28、第29、第30集团军）组建而成，犹如凤凰涅槃般出现在他们前方。和他们沿第聂伯河部署的前辈一样，这些苏军也有勇气发起进攻。他们打击的是任务和编成并不适合防御的德军部队，具体说来就是中央集团军群第2、第3装甲集群辖内装甲和摩托化师。

因此，截至7月23日，庞大且顽强得出人意料的红军部队迫使博克中央集团军群将注意力一分为三：首先是解决被困于莫吉廖夫和斯摩棱斯克地域的苏军部队，主要是以步兵力量；其次是以步兵和装甲师对付集团军群侧翼遭受的明显而又烦人的威胁；第三是防止苏军展开行动解救他们陷入重围的部队，主要是以斯摩棱斯克东北面、东面和东南面沿合围对外正面部署的装甲和摩托化师。中央集团军群试图同时遂行这三项任务，但事实证明很难做到这一点，因为成功完成其中任何一项任务都需要在一定程度上忽略另外两项任务。因此，集团军群解决侧翼问题的努力不可避免地使其兵力调离中央地带的主要突击方向。同样，集团军群投入足够的步兵力量肃清被困于莫吉廖夫和斯摩棱斯克包围圈的苏军部队时，又导致其装甲和摩托化师独自沿合围对外正面从事防御作战。这些行动反过来使德军装甲和摩托化师无法封闭斯摩棱斯克包围圈的东端出口，最终使大批苏军得以向东逃脱，日后重新投入战斗。最后，中央集团军群耗费近三周时间（7月16日—8月6日）才肃清莫吉廖夫和斯摩棱斯克地域的包围圈。虽说集团军群几乎将守卫莫吉廖夫的苏军部队一网打尽，但还是让约5万名红军士兵逃离斯摩棱斯克包围圈。

事实证明，除了这些问题，这段时期斯摩棱斯克地域战斗的另一些方面甚至给博克集团军群的实力和后续战斗力造成了更严重的破坏。首先，集团军群的装甲和摩托化师不得不抗击铁木辛哥西方面军诸突击集群在斯摩棱斯克东面近乎持续不断的冲击，结果遭受到严重损失，摩托化步兵力量（装甲掷弹兵）损失尤为严重。这场战斗中的损失明显钝化了集团军群遂行闪电战所依靠的“利刃”。其次，苏军对集团军群不断伸展的两翼持续实施反冲击，迫使博克抽调宝贵的步兵和装甲力量应对这些进攻。中央集团军群侧翼遭受的威胁最终迫使陆军总司令部和集团军群将霍特第3装甲集群主力投入北面大卢基地域的战斗，将古德里安第2装甲集群大部用于南面索日河和罗斯拉夫利地域的战斗。更令人沮丧的是，到8月下旬，这些分兵措施并未彻底消除苏军第22集团军对集团军群左翼，或苏军第21、第4[①]、第13集团军对集团军群不断延伸的右翼造成的威胁。第三点同样重要，被困于各个包围圈内的苏军部队坚定、近乎自杀式的抵抗，稳步侵蚀了负责遏制并消灭这些包围圈的德军步兵师的战斗力。

除了给德国军队的作战能力造成影响外，这些出人意料的并发症还导致希特勒和最高统帅部实施“巴巴罗萨行动”的策略发生变化。从战役角度看，到7月中旬，苏军的抵抗越来越激烈，再加上后勤和运输方面的局限性，中央集团军群的前进范围和前进持续时间都受到影响。这些问题给闪电战风格的战术造成严重限制，而这种战术已证明对德军先前各场战役的成功实施至关重要。例如，1941年7月中旬及之后，德军的进攻行动以独特的“冲刺”或“跳跃式进攻”发展，也就是说，他们会在大约10天内前进100—120千米，然后停顿7—10天，重组进攻部队，并为他们补充必要的燃料和弹药。另外，随着时间的推移，这些“冲刺”的深度、持续时间、次数和突击正面宽度也趋于缩减。相反，这些跳跃式进攻之间的停顿，为苏军大本营和各参战方面军提供了必要的时间，从而动员、装备、部署新锐力量并把他们投入战斗。

---

① 译注：第40。

7月份的作战进程，更大程度上是8月份的战事，给希特勒的军事战略造成显而易见的影响。最重要的是，与战争的“传统观点”相反，元首最终采用的战略仍与“巴巴罗萨计划”的设想保持一致，该计划要求进军莫斯科前先行“消灭被困于预期中北部和南部包围圈内的大股俄军”。因此，希特勒7月19日下达第33号元首令，以中央集团军群两个装甲集群辖内部队消除集团军群左右两翼遭受的威胁并批准仅以步兵力量向莫斯科推进，借此承认了苏军沿西方向和在基辅地域沿西南方向实施的激烈、出人意料的抵抗。这种战略调整是中央集团军群力图消灭被困于莫吉廖夫和斯摩棱斯克周围的苏军部队时所遇到问题的直接反映。希特勒随后又于7月23日下达第33号元首令的补充规定，将霍特第3装甲集群主力交给北方集团军群，以便莱布集团军群顺利完成向列宁格勒的进军。这份补充规定还暗示，古德里安第2装甲集群也可能加入南方集团军群第1装甲集群，征服乌克兰和克里木，甚至可能投入高加索地区。

不到两周，希特勒又于7月30日签发第34号元首令，称“最近几天的事态发展……迫使我们不得不推迟寻求/执行第33号令及补充规定中提出的目标和任务”。显然，希特勒在这道指令中提到的“事态”包括铁木辛哥西方面军诸战役集群7月23日发起的令人震惊、大胆的反突击，中央集团军群仍无法消灭被困于斯摩棱斯克北面和东北面包围圈内的苏军部队，南方集团军群未能夺取基辅地域。从中央集团军群和沿西方向展开的作战行动的角度看，这些事件中最重要的是苏军在中央集团军群东线实施的抵抗远较预期为强，铁木辛哥麾下部队正给集团军群宝贵的装甲和摩托化师造成破坏，以及补给状况越来越不容乐观，特别是燃料短缺和桥梁修复问题给装甲部队造成了限制并导致有序补给中断。

因此，希特勒7月30日的指令忠实于最初的“巴巴罗萨”战略，确定了苏军“抵抗最弱的路线”，也就是中央集团军的北（左）翼和南（右）翼，并把集团军群第3装甲集群用于前者，第2装甲集群用于后者。所以，按照元首关于“巴巴罗萨行动”的最初理念，必须等两个装甲集群消灭集团军群南北两翼的苏军部队后，博克才可以攻往莫斯科。正如本书引用的档案文件证明的那样，希特勒将两个装甲集群调往北面和南面，主要是因为铁木辛哥西方面军投入多个战役集群，从别雷地域南延至叶利尼亚和罗斯拉夫利地域，沿中央集团军群整条防线发起激烈、代价高昂的进攻，这些进攻给集团军群的装甲力量造成了破坏。发布第34号元首令的直接结果是，古德里安第2装甲集群（获得第4集团军步兵军加强，改称古德里安集团军级集群）1941年8月1日发起进攻“冲刺”，打击罗斯拉夫利地域的卡恰洛夫集群。霍特第3装甲集群没有立即对威胁中央集团军群北翼的苏军部队施以打击，希特勒推迟该行动的唯一原因是集团军群尚无法肃清斯摩棱斯克包围圈。简言之，集团军群各步兵师仍被牵制在消灭包围圈的战斗中，无法接替斯摩棱斯克东面和东北面，霍特部署在合围对外正面的装甲和摩托化师。结果，这些装甲力量还将继续流血牺牲一周多时间。

博克中央集团军群辖内步兵师终于在8月6日肃清斯摩棱斯克包围圈（虽然大批苏军部队在此过程中逃脱），随后立即沿合围对外正面接替霍特的装甲和摩托化师。休整补充十日后，第3装甲集群辖内大部分快速力量于8月17日开赴西北方，执行希特勒第34号元首令规定的“北部任务”，对大卢基地域的苏军部队发起攻击并加入北方集团军群向北面的后续推进。与此同时，希特勒坚定了自己对战线各地段苏军实力强弱的判断，8月12日下达第34号元首令补充规定。这份补充规定确认了他先前指令中的意图并再次同最初的“巴巴罗萨”指导意见保持一致，要求中央集团军群两个装甲集群利用集团军群北翼和南翼苏军部队显而易见的虚弱性，发起大规模进攻，消灭集结在大卢基和戈梅利地域的大股苏军部队。和先前的元首令一样，这份补充规定再度推迟向莫斯科的进军。

正如相关档案文件揭示的那样，两个重要因素共同催生了希特勒8月12日的决定。第一个因素是铁木辛哥西方面军辖内所有集团军和波格丹诺夫后备方面军第24、第43集团军8月初和中旬继续在斯摩棱斯克东北面、东面和东南面遂行猛烈进攻，导致集团军群辖内步兵师遭受到前所未有、不断加剧的消耗。第二个因素是集结在大卢基、索日河、戈梅利地域的大批苏军部队对中央集团军群北翼和南翼持续构成的积极威胁。确认新补充规定的内容和意图后，古德里安集团军级集群（获得加强的第2装甲集群）8月9日向南进军，渡过索日河展开进攻，古德里安集团军级集群和魏克斯第2集团军这场联合攻势将在三天后达到高潮，后者沿杰斯纳河两岸向南攻往戈梅利，前者沿杰斯纳河西岸向南攻击前进，掩护这场进攻行动不断拉伸的左翼。古德里安和魏克斯麾下部队随后展开的突击一举打垮、重创，并且几乎包围苏军中央方面军，迫使其残存的第3、第21、第13集团军在遭受严重损失后向南撤往戈梅利和东面的斯塔罗杜布地域。在此期间，苏军最高统帅部大本营8月16日组建由叶廖缅科领导的布良斯克方面军，该方面军受领的任务是守卫由于古德里安装甲力量向南穿过乌涅恰赶往斯塔罗杜布而形成的新防线。

魏克斯麾下部队于8月19日攻占戈梅利，第3装甲集群编成内的施图梅集群于8月22日对西方面军第22集团军的防御遂行打击，该集团军一直威胁着中央集团军群左（北）翼。施图梅集群迅速冲向大卢基，尔后转身向东攻往托罗佩茨，2个装甲师和提供支援的步兵力量一举打垮苏军第22集团军，最终迫使该集团军和友邻马斯连尼科夫第29集团军仓促向东退往并穿过托罗佩茨和旧托罗帕地域。在中央集团军群侧翼完成这番猛烈进攻并休整一周后，魏克斯第2集团军8月24日恢复进攻，从戈梅利地域向南攻往杰斯纳河下游的切尔尼戈夫城。为支援魏克斯的行动，古德里安第2装甲集群（第4集团军激活后，古德里安集团军级集群8月21日撤编）8月26日向南攻往杰斯纳河西面的诺夫哥罗德-谢韦尔斯基和杰斯纳河中游的科罗普。苏军最高统帅部对此的应对是撤销中央方面军，将剩下的2个集团军转隶叶廖缅科布良斯克方面军。另外，由于担心德军从北面向基辅展开一场协同一致的推进，苏军大本营投入新组建的波德拉斯第40集团军，将其投入古德里安装甲集群在布良斯克方面军第13与第21集团军之间造成的缺口。但采取这一举措时，大本营错误地将这个新集团军的指挥权交给西南方面军，而非布良斯克方面军。

中央集团军群打击侧翼之敌，贯彻希特勒8月12日下达的第34号元首令补充规定之际，苏军最高统帅部大本营对此还以颜色，命令西方面军和预备队方面军集中力量对中央集团军群中央地带展开一场反攻。北起大卢基，南至茹科夫卡以北，苏军8个集团军（第22、第29、第30、第19、第16、第20、第24、第43集团军）8月中旬跨过一条宽大战线恢复进攻，以前所未有的规模和前所未见的力量打击中央集团军群的防御。尽管施图梅集群攻往大卢基，尔后穿过托罗佩茨冲向西德维纳的行动消除了苏军2个集团军构成的威胁，但苏军另外6个集团军猛攻中央集团军群据守“东线”的步兵师，对他们造成的破坏甚至超过铁木辛哥诸突击集群在7月份下半月的反攻中给集团军群装甲和摩托化师造成的损失。

铁木辛哥西方面军和朱可夫预备队方面军在苏军第二场反攻中给中央集团军群辖内部队造成破坏，尤以在德国第9集团军位于斯摩棱斯克东面和东北面恶名昭著的“东线”，以及德国第4集团军同样臭名昭著的叶利尼亚登陆场和毗邻的西北地域为甚。8月17日—24日这一周内，1个德军步兵师（第161师）几乎覆灭于第9集团军的“东线”，至少还有5个师（第129、第106、第35、第5、第28师）在与西方面军第30、第19集团军（较小程度上还包括第16和第20集团军）持续而又激烈的战斗中遭到重创。另外，德军1个摩托化旅和1个装甲师（第7师）被苏军击退，他们付出的努力几乎没有任何值得夸耀之处，这在战争中尚属首次。与此同时，南面的叶利尼亚地域，6个德军步兵师（第263、第137、第15、第78、第292、第268师）击退预备队方面军第24集团军反复发起的猛烈但却拙劣的进攻，为此蒙受了巨大损失。有趣的是，可能是为维护朱可夫的声誉并贬低铁木辛哥，苏联方面后来对斯摩棱斯克交战的叙述完全忽略了铁木辛哥方面军的成就——也许是故意为之。

斯摩棱斯克东北面、东面和东南面8月中旬和不久后的战斗，最重要的后果是强化了希特勒实施他已在第34号元首令补充规定中加以阐述的战略之决心。中央集团军群在斯摩棱斯克和叶利尼亚地域遭受的严重损失，不仅证明了希特勒“红军主力沿莫斯科方向集结”的判断，还支持了他“在战线其他地段遂行进攻将取得更大战果”的信念。最重要的是，斯摩棱斯克和叶利尼亚的战斗也证实了元首最初的设想——消除集结在中央集团军群侧翼附近的大股苏军部队构成的威胁前进攻莫斯科纯属愚蠢之举。如果说德军步兵和装甲掷弹兵越来越大的伤亡并非说服他相信自己相关理念的智慧的充分理由，那么，施图梅集群在北面、古德里安集群在南面打开的毁灭之路确实做到了这一点。实际上，古德里安麾下两个摩托化军给扼守杰斯纳河以西及布良斯克的苏军第13和第21集团军造成的重创，最终促使希特勒坚持要求陆军总司令部策划并实施一场大规模攻势，在基辅及其东面围歼西南方面军辖内部队——这场攻势最终消灭了100万遂行防御的红军士兵。正如他在“巴巴罗萨计划”最初的构想中宣布的那样，届时，他才会投入中央集团军群辖内诸集团军和四个装甲集群中的三个，朝莫斯科展开一场胜利进军。

因此，从德方角度看，斯摩棱斯克交战实际上在9月10日已告结束。通过在斯摩棱斯克及周边地域赢得规模庞大而又重要的战斗，以及沿两翼爆发的所有相关斗争，博克中央集团军群终于完成了消灭当面红军部队主力的主要任务。另外，夺得北起西德维纳地域，南至切尔尼戈夫和诺夫哥罗德–谢韦尔斯基地域这一宽大地区后，博克集团军群占据了一片基地，他们很快将从这里出发对莫斯科展开最后的进攻，从而解决东线战事。强调博克决心的是，集团军群的参谋人员已拟定一道训令，就等陆军总司令部和希特勒批准后生效。

在希特勒看来，斯摩棱斯克地域旷日持久的斗争虽然极其重要，但只是证明了他关于实施“巴巴罗萨行动”的最初理念的正确性。虽然红军在斯摩棱斯克前所未有的顽强抵抗给予博克集团军群当头棒喝，但希特勒意识到这种情况下存在的一种明显优势。这是因为斯摩棱斯克交战结束时，除了给据守莫斯科方向的苏军造成严重损失外，古德里安装甲集群现在对守卫基辅地域的近百万红军构成合围和彻底歼灭的威胁。可是，虽然不失为明智之举，但希特勒要求古德里安和魏克斯率部南进的决定，导致德军内部在1941年12月初在莫斯科门前遭遇挫败后爆发了激烈的争论，而德国1945年5月的彻底败亡又使其招致猛烈的抨击。

战后的批评

战争刚刚结束，戈特哈德·海因里希大将便引燃了战后的争论，斯摩棱斯克交战和莫斯科战役期间他在魏克斯第2集团军、克鲁格第4集团军编成内指挥第43军，1944年和1945年他先后担任第1装甲集团军、维斯瓦河集团军群司令。作为德国陆军公认的首席防御专家，战后为美国陆军服务的海因里希开始了对这场战争的批评。评估德国军队1941年夏秋季未能完成其最终任务的原因时，海因里希把大部分责任归咎于希特勒在斯摩棱斯克交战期间的决策：

> 东线战事的目标没能实现。敌人的武装力量被击败，但俄国的国家结构并未崩溃。两线作战的威胁就在眼前。对俄国的入侵没能阻止这种情况的发生，相反，它唤起了发生这种情况的可能性。

失败的原因包括以下几点：

1.从政治上说，希特勒低估了布尔什维克体制的内在稳定性。事实证明，这种体制顽强而又稳固。俄国人保卫“俄罗斯母亲”的精神远比他们抵制苏共专政的意志更加强大。在被占领地区，特别是在乌克兰和波罗的海诸国，对当地居民的不当对待加强了这种感觉。

2.从经济上看，俄国的情况也比希特勒愿意承认的好得多。

3.在军事上，俄国武装力量的能力令人惊讶。他们经常以一种顽强的韧性实施防御，即兴发挥的能力也很惊人，甚至在技术领域也是如此。这些品质自始至终弥补了俄国高级领导层的无能。但这一切无法成为（我们遭受）失败的借口，德方的忽视和疏漏也许能更好地解释这种失败。

4.1941年8月的作战决定最具决定性，该决定将“巴巴罗萨”战役的主要重点从中央集团军群转至南方集团军群，从部分程度上说还包括北方集团军群，从而丧失了直接攻往莫斯科期间与敌人展开一场决战的最佳良机。我强调“最佳良机”是因为没有相反的证据存在。

5.机动问题必须加以考虑。德国军队没有在俄国纵深地域实施一场战役所需要的摩托化部队、航空运输兵团或燃料储备。结果，装甲兵团不得不停下脚步等待步兵力量赶上，而不是抓住机会攻入敌纵深。其次，补给完全依赖铁路线，以及随之而来的种种问题，都无法在东线得到解决。

6.俄国领土的宽度和深度具有决定性意义。未能迅速完成击败俄国武装力量的任务，让德国军队仍然面临这两个无法解决的因素。

7.俄国的气候和地形也使问题变得更加复杂。泥泞期影响的重要性令人震惊。俄罗斯冬季的到来出乎德国人的预料。地形颇具复杂性，加之沼泽和无法通行的地区广阔、原始森林庞大、良好的道路寥寥无几、天然河道宽阔，这一切也许并未阻止我们的进攻，但的确造成极大的延误。

8.因此，德国人不得不与时间展开一场持续斗争。延宕至6月底的开始时间，以及基辅战役期间丧失的时间，共同对德国人展开冷酷的报复。倘若（希特勒）1941年8月没有做出错误的决定，泥泞期到来前剩下的时间也许足以取得一场决定性胜利。但这仅仅是非常可能而已。

总之，可以把战役失败的决定性因素确定为1941年8月的决策。但除此之外也有低估敌人，德方的弱点，特别是机动性、作战地域的深度、气候、地形和时间等因素。[3]

考虑到这些问题，德军士兵付出的努力具有特殊意义。海因里希对“巴巴罗萨行动”娴熟而又敏锐的批评，实际上为探究德军“巴巴罗萨”战役失利的主要原因提供了一个深思熟虑的观点。与战后书写回忆录的许多同僚不同，海因里希在三个方面坦率承认了个中原因：

- **政治上**——“希特勒低估了布尔什维克体制的内在稳定性。”
- **经济上**——“俄国的情况也比希特勒愿意承认的好得多。”
- **军事上**——尽管领导力欠佳，但“俄国武装力量的能力令人惊讶”。

尽管海因里希的陈述颇具洞察力，但他也认为希特勒进军基辅的决定是这位元首在“巴巴罗萨”战役期间许多具有争议的决策中最具破坏性的一个。海因里希称希特勒以古德里安装甲集群向南攻往基辅，“丧失了直接攻往莫斯科期间与敌人展开一场决战的最佳良机”，但即便在这里，他还是以两个重要条件缓和自己的语气。首先，他指出，“我强调‘最佳良机’是因为没有相反的证据存在”；其次，对于尽早攻往莫斯科的获胜前景，他坦率地补充道，“但这仅仅是非常可能而已”。

评判

虽然海因里希谨慎地添加了限定条件，但自战争结束以来，已有数十位回忆录作者和历史学家严厉批评希特勒7月底和8月做出的战略决策。忽略“如果”所强调的事实而进行评判纯属徒劳，因为种种推测毫无根据可言，新近公开的档案材料更加清晰地阐明了历史上的这个争议，清楚地表明海因里希的限定条件确有其先见之明。

新档案材料在几个重要方面与海因里希及这些历史学家的观点相矛盾。第一点尤为重要：西方向总指挥部1941年7月10日至9月初实施的四场反攻，至少有三场给中央集团军群造成的破坏比我们先前所知道的更加严重。其次，鉴于苏军西方面军、预备队方面军、布良斯克方面军的实力，以及更为重要的苏军战略预备队的力量，德军夺取莫斯科的最佳良机现在看来可能还是1941年10月和11月，而非9月和10月。这是因为红军10月份据守西（莫斯科）方向的三个方面军，实力远远弱于9月份——这一点恰恰是7月下旬在斯摩棱斯克东面阻挡德军猛攻的三个方面军，在8月底和9月份的大规模反攻期间遭到严重消耗所致。因此，正如后续战斗表明的那样，三个方面军都在9月下旬遭遇突发、灾难性、不可逆转的崩溃。第三点，希特勒9月份消灭红军西南方面军（兵力近百万）的决定，意味着古德里安第2装甲集群10月初向莫斯科发起进攻时遭遇的抵抗，远比9月初攻往苏联首都轻微得多。第四点，通过8月中旬重创红军中央方面军、8月份打垮西方面军右翼（第22、第29集团军）、9月初击溃布良斯克方面军， 中央集团军群10月份得以顺利攻往莫斯科，而不必顾忌左右两翼遭受的威胁。

第五点，也是最后一点，若在肃清两翼前便于9月初攻往莫斯科，中央集团军群将同时面对两个挑战：首先，集团军群必须对付莫斯科方向上沿多条战线遂行防御的强大苏军部队；其次，若德军占领莫斯科，庞大的苏军部队将沿集团军群过度拉伸的北翼和南翼集结。虽说博克集团军群有可能攻占莫斯科，但就像1812年的拿破仑大军随后将面临在一座被摧毁的城市中过冬的严峻前景一样，苏联人动员并集结起来的大批力量对其前方和侧翼，甚至是后方构成威胁。简言之，如果事实证明德国军队无法在1941年12月初可靠掩护自己的正面和侧翼、抗击410万红军士兵的话，他们在11月面对600多万红军将士据守的一条更长的防线时又如何能做得更好呢?

很显然，红军7月和8月在斯摩棱斯克地域旷日持久的斗争中展现出强烈，通常都很残酷的“进取精神”，这使希特勒相信，除转身攻往基辅外别无他途。同样明确的是，元首此举与“巴巴罗萨行动”的最初构想完全一致。最后，尽管12月在莫斯科遭遇挫败，但另外两个结论现已昭然若揭。首先，红军在基辅的灾难性失败，以及西方面军、预备队方面军、布良斯克方面军8月底和9月蒙受的损失，实际上促使中央集团军群在10月份的“台风行动”中攻往莫斯科。其次，最新分析表明，考虑到红军在中央集团军群正面及侧翼部署的力量，集团军群9月份攻往莫斯科会招致比他们在“台风行动”中所遭遇情况更为严重的后果。

苏军的战略和行动

尽管希特勒德国与斯大林的苏联1939年8月签署了《莫洛托夫—里宾特洛甫互不侵犯条约》，但两国间的紧张局势在一年内稳步加剧，特别是好战的德国1940年春季入侵并征服低地国家和法国后。到1940年秋季，德国与苏联在东欧发生利益冲突，其中包括苏联挑起的苏芬战争，德国同罗马尼亚签署的军事协定，以及苏联先占领波罗的海诸国，后吞并罗马尼亚的比萨拉比亚，加之德国未能在一场空战（大不列颠之战）中征服英国，这一切促使希特勒开始策划入侵苏联。希特勒和另一些人将苏联红军1939年年末和1940年年初在苏芬战争中的拙劣行动视为虚弱无力的表现，这使他深受鼓舞。策划代号为“巴巴罗萨”的侵苏计划之际，德国国防军将其部队集结在波兰东部，并对苏联领土展开咄咄逼人，通常具有挑衅性的空中侦察。

可是，虽然希特勒流露出了许多的敌对意图，但德国对苏联的“巴巴罗萨”入侵还是令斯大林和红军高层领导们猝不及防。实际上，同为独裁者和意识形态领导人的斯大林欣赏希特勒对布尔什维克主义和俄罗斯民族的敌意，因为他理解纳粹主义对列宁斗争意识形态的厌恶，以及纳粹对所谓的劣等斯拉夫人的敌对种族态度。但是，作为同德国元首非常相似的一个精明而又无情的独裁者，斯大林认为他与希特勒达成的协议，至少在两国间的敌意升级为公开战争前为苏联争取到一段时间。基于这种想法，苏联元帅谢苗·铁木辛哥主持的军事改革计划在苏芬战争后着手实施，将于1942年夏季完成。值得注意的是，斯大林1941年前六个月故意让他的红军对德国保持适当的和平姿态时，这位谨慎的独裁者也两边下注。1941年4月，他秘密动员5个集团军和80万人，以防德国人有可能发动的进攻。正因为他采取了这番措施，战争爆发后，按照“巴巴罗萨计划”的要求在边境地区消灭了红军主力后，兴高采烈的德国人却惊讶地发现了如幻影般出现的5个新锐集团军，这些军团犹如凤凰涅槃似的排列在第聂伯河和西德维纳河东岸。

尽管斯大林采取了谨慎的预防措施，可是希特勒的“巴巴罗萨”入侵还是令苏联人猝不及防，至少在入侵的时机、突然性、庞大的规模和雄心勃勃的战略意图方面是这样。结果，除了在入侵行动最初几小时内将红空军主力消灭在地面上外，德国军队还打垮并重创守卫边境地区的大部分毫无防备的苏军集团军。面对德国的全面入侵这个意想不到的幽灵，斯大林和他的高级将领们做出明智的应对，先是简单实施现有的战争和动员计划，然后尽最大努力，随时随地对背信弃义的侵略者展开反击。

按照1941年总参防御计划（DP–41）的要求，苏联西部地区三个特别边境军区（波罗的海、白俄罗斯、基辅）的司令员接到警报后，应立即激活DP–41中各自负责的部分。这些指挥员设法将各自的掩护力量部署至前沿警戒阵地并动员靠前部署的各集团军时，还将辖内机械化军集结起来，以便按照DP–41的要求发起预有计划的反冲击、反突击和反攻。但在大多数地域，出于几个原因，这些努力被证明纯属徒劳。首先是因为德国军队已深入苏联领土，正威胁或已占领准备实施反冲击的苏军机械化军的集结区和出发阵地。其次，入侵前，当然也包括入侵期间，德国的阿布维尔小组（反间谍力量）夺取并摧毁了关键的通信中心和节点，从而切断了苏联至关重要的通信，这样一来便彻底破坏了苏联人的有序动员。第三点，“巴巴罗萨”入侵的最初几个小时，德国空军将红空军大部分战机摧毁在地面上，导致忙于集结并部署麾下部队的红军指挥员无法获得空中支援，并从空中对这些苏军部队施以无情的打击。因此，德军这些和另一些行动使红军的DP–41计划沦为一场一厢情愿的操练。

尽管如此，命令终究是命令，一位位苏军指挥员和一支支苏军部队竭力实施他们的计划，通常遭遇到不难预见的可怕结果。苏军坚持实施获得批准的战争计划，证明这一点的是，入侵发生后几个小时，斯大林便派红军总参谋长朱可夫赶赴西南方面军，指挥该方面军执行计划中的反攻。具有讽刺意味的是，这种反攻，更准确地说是“回应打击”，很可能是朱可夫5月15日拟制并作为一项防范德国实施战争准备的可能性的措施，在几个月前呈交斯大林的提案中同样的进攻行动的一个变体。随便说一句，虽然斯大林（如果他看过朱可夫这份提案的话）要么拒不接受，要么彻底忽略了该方案，但这位独裁者随后意识到，朱可夫的计划最终为基辅特别军区实施DP–41要求的反突击提供了基础。因此，斯大林认为没有谁能比该计划的创造者能更好地协调这一反攻计划了。

朱可夫的反攻引发了罗夫诺、杜布诺和布罗德之战，是截至当时历史上规模最大的坦克战，这场反攻虽然最后以失败告终，但成功迟滞了南方集团军群的推进。更重要的是，朱可夫的反攻和斯大林对整个“巴巴罗萨”入侵行动的好战应对，为1941年夏季剩下的日子和秋季的苏联军事战略建立起一种持久的模式，特别是沿至关重要的莫斯科方向。简言之，斯大林和苏联军事领导部门整个夏季和秋季并未像有些人认为的那样，通过被动地接受失败，以空间换取时间，而是坚持要求红军随时随地实施抵抗和战斗。这种军事策略虽说无疑会在人员、武器、军事装备损失方面付出高昂代价，但最终于1941年11月在列宁格勒和罗斯托夫，于1941年12月在莫斯科门前帮助红军赢得了胜利。这种策略运用得最明显之处莫过于1941年7月至9月初在斯摩棱斯克地域沿至关重要的西（莫斯科）方向展开的旷日持久的斗争。

苏德战争爆发伊始，所谓的“西方向”是深入苏联最重要的进军方向，主要因为它通往莫斯科，她是俄罗斯的历史中心，现在是斯大林的首都。因此，红军西方面军负责守卫该方向。希特勒也认为西方向至关重要，因而以这个方向作为德军进攻行动的重点。另一方面，斯大林和他的军事顾问们意识到德国人对土地和资源的痴迷，认为进入乌克兰的西南方向很可能是希特勒的目标，因而加强了红军在该方向的力量和防御。这一点，再加上苏联边境地区沿西方向的尴尬配置，导致围绕别洛斯托克城[①]形成了一个伸向西面的脆弱突出部，致使战争第一周德军在该地域赢得巨大胜利，而苏联则蒙受了惨烈的军事灾难。因此，1941年6月22日至7月7日，德国中央集团军群突破、包围、歼灭或俘获几乎整个西方面军，据苏联官方统计，该方面军总人数627300人，折损418000人，若按德方计算，折损的人员甚至会更多。随着西方面军作战序列内4个集团军中的3个（第3、第4、第10集团军）被有效抹去，第4个集团军（第13）仅剩一具空壳，德军得出了一个合理的假设：新近成立的统帅部大本营将采用一种谨慎的防御策略，旨在迟滞德军的推进而不必牺牲更多已遭重创的集团军。这正是德国中央集团军群到达西德维纳河和第聂伯河后，其高级将领们

①译注：即比亚韦斯托克。

从遭遇4个苏军新锐集团军的震惊中恢复过来后所持的看法，斯大林秘密动员的这股力量据守在两河西岸。

但德国人的判断又一次出错了。红军并未沿在两条河流和后方设立的绵亘防线单纯实施防御，相反，斯大林命令西方面军新任司令员铁木辛哥元帅发起进攻。7月13日开始、三天后告终的这场反突击，拉开了旷日持久的斯摩棱斯克交战的序幕。在这场历时两个月的斗争中，斯大林、大本营和沿西方向实施防御的红军诸方面军吸收了德军闪电战的全部冲击。作为对敌人的回应，他们非但没有后撤，反而展开一连串实力、强度和规模稳步加大的进攻“冲击”（反冲击、反突击、反攻），不仅力图挡住德国军队，还设法依次击败“巴巴罗萨行动”。1941年7月7日—9月10日，斯摩棱斯克交战期间德军的进攻行动和苏军反击的发展情况如下：

Ⅰ 1941年7月2日—12日，中央集团军群攻往西德维纳河和第聂伯河

★1941年7月6日—9日，西方面军的列佩利反突击

☆兵团——第20集团军机械化第5、第7军和摩托化步兵第1师。

☆实力——7个师（4个坦克师、2个摩托化师、1个摩托化步兵师），约1600辆坦克。

☆结果——损失超过860辆坦克，但迟滞德军第17和第18装甲师的推进达三天之久。

Ⅱ 1941年7月13日—16日，中央集团军群攻往斯摩棱斯克

★1941年7月13日—16日，铁木辛哥“反攻”

☆军团/兵团——第22、第19、第20、第21集团军和3个机械化军（第5、第7、第25军）。

☆实力——21个师（11个步兵师、7个坦克师、3个摩托化师）。

☆结果——未能迟滞德军的进攻。

Ⅲ 1941年7月16日—8月6日，中央集团军群的斯摩棱斯克合围战

★1941年7月23日—31日，苏军的第一场反攻（西方面军诸战役集群）

☆军团/兵团——4个集团军（第29、第30、第24、第28集团军）组建的4个战役集群（马斯连尼科夫、霍缅科、加里宁、卡恰洛夫集群），1个战役集群（罗科索夫斯基的亚尔采沃集群）和1个骑兵集群（梅利尼克集群）。

☆实力——19个师（14个步兵师、3个坦克师、2个骑兵师），约100辆坦克。

☆结果——给德军4个装甲师（第19、第20、第12、第7师）、2个摩托化师（第18、第20师）和1个摩托化旅（第900教导旅）造成破坏。

Ⅳ 1941年7月31日—8月6日，古德里安集团军级集群（第2装甲集群）歼灭卡恰洛夫集群

Ⅴ 1941年8月8日—21日，古德里安集团军级集群（第2装甲集群和第2集团军）南进，戈梅利陷落

★8月6日—24日，苏军的第二场反攻：西方面军和预备队方面军的杜霍夫希纳、叶利尼亚进攻战役

☆军团/兵团：

■西方面军——5个集团军（第29、第30、第19、第16、第20集团军）、1个骑兵集群，外加1个无关紧要的集团军（第22集团军）。

■预备队方面军——1个集团军（第24集团军）。

■合计——6个集团军、1个骑兵集群和1个无关紧要的集团军。

☆实力：

■西方面军——28个师（23个步兵师、2个坦克师、3个骑兵师），80—100辆坦克。

■预备队方面军——8个师（5个步兵师、2个坦克师、1个摩托化师），80—100辆坦克。

■合计——36个师（28个步兵师、4个坦克师、1个摩托化师、3个骑兵师）。

☆结果：

■西方面军——重创1个德军步兵师（第161师），给德军8个步兵师

（第5、第6、第8、第26、第28、第35、第106、第129）师、1个装甲师（第7师）、1个摩托化旅造成破坏。

■预备队方面军——给德军1个摩托化师（武装党卫队“帝国”师）和5个步兵师（第15、第137、第263、第268、第292师）造成破坏。

■合计——重创1个德军步兵师，给德军13个步兵师、1个装甲师、1个摩托化旅造成破坏。

Ⅵ 北翼：8月22日—28日，大卢基和托罗佩茨战役

Ⅶ 8月25日—28日，第2装甲集群渡过杰斯纳河

Ⅷ 北翼：8月29日—9月9日，施图梅集群攻往西德维纳

★8月29日—9月12日，苏军的第三场反攻：西方面军、预备队方面军和布良斯克方面军的杜霍夫希纳、叶利尼亚、罗斯拉夫利—新济布科夫进攻战役

☆军团/兵团：

■西方面军——4个集团军（第30、第19、第16、第20集团军），1个骑兵集群（多瓦托尔集群）。

■预备队方面军——2个集团军（第24、第43集团军）。

■布良斯克方面军——3个集团军（第50、第3、第13集团军）、第4个集团军（第21集团军）三分之一力量、1个骑兵集群。

■西南方面军——1个集团军（第40集团军）。

■合计——10个集团军、2个骑兵集群。

☆实力：

■西方面军——23个师（19个步兵师、2个坦克师、2个骑兵师），1个坦克旅，约150辆坦克。

■预备队方面军——14个师（10个步兵师、4个坦克师），约100辆坦克。

■布良斯克方面军——28个师（21个步兵师、2个坦克师、5个骑兵师），2个坦克旅，约140辆坦克。

■西南方面军——5个师（2个步兵师，1个坦克师，2个空降兵军），约80辆坦克。

■合计——70个师（52个步兵师、9个坦克师、7个骑兵师、2个空降兵军），2个坦克旅，约470辆坦克。

☆结果：

■西方面军——给德军3个步兵师[第87、第255、第14（摩托化）师]造成破坏。

■预备队方面军——给德军2个步兵师（第23、第78师）和1个装甲师（第10师）造成破坏。

■布良斯克方面军——重创德军2个步兵师[第34、第10（摩托化）师]，给德军1个装甲师（第17）造成轻微破坏。

■合计——重创德军2个步兵师，给5个步兵师和1个装甲师[1]造成破坏。

这场拉锯战开始于中央集团军群辖内部队7月9日到达西德维纳河和第聂伯河后，结束于9月份第一周。博克集团军群实施六场不同的进攻行动，以便让辖内部队前出到斯摩棱斯克地域并击败正面和侧翼的红军部队；以另外两场独立行动消灭了被围于斯摩棱斯克地域和莫吉廖夫的苏军部队。这些进攻包括：

·7月13日—16日，第2、第3装甲集群攻往斯摩棱斯克。

·7月31日—8月6日，古德里安集团军级集群（第2装甲集群）歼灭卡恰洛夫集群。

·8月8日—21日，古德里安集团军级集群（第2装甲集群和第2集团军）南进，戈梅利陷落。

·8月22日—28日，施图梅集群攻往大卢基和托罗佩茨。

·8月25日—28日，第2装甲集群渡过杰斯纳河。

·8月29日—9月9日，施图梅集群攻往西德维纳。

① 译注：2个装甲师。

同一时期，红军也为打断德军的进攻行动做出了回应，某些情况下试图预测对方的行动或先发制人，他们发起四场独立的、各不相同的反击，它们的范围、规模和给中央集团军群造成的影响逐渐扩大，持续时间也不断加长，具体如下（参见表10.1、10.2）：

- Ⅰ——7月13日—16日，铁木辛哥“攻势”。
- Ⅱ——7月23日—31日，第一场（七月）反攻。
- Ⅲ——8月6日—24日，第二场（八月）反攻。
- Ⅳ——8月29日—9月12日，第三场全面（九月）反攻。

表10.1：1941年7月13日—9月10日，红军沿西（莫斯科）方向实施反攻的范围、规模、持续时间对比

	持续时间	方面军	集团军（战役集群）/机械化军/骑兵集群	师（兵种）
Ⅰ	7月13日—16日	西方面军	4/3/0	21个师（11个步兵师、7个坦克师、3个摩托化师）
Ⅱ	7月23日—31日	西方面军	4（5）/0/1	19个师（14个步兵师、3个坦克师、2个骑兵师）
Ⅲ	8月6日—24日	西方面军，预备队方面军	6-7/0/1	36个师（28个步兵师、4个坦克师、1个摩托化师、3个骑兵师）
Ⅳ	8月29日—9月12日	西方面军，预备队方面军，布良斯克方面军	10.5/0/2	70个师（52个步兵师、9个坦克师、7个骑兵师、2个空降兵军）、2个坦克旅

表10.2：1941年7月13日—9月10日，红军沿西（莫斯科）方向实施的反攻给中央集团军群造成的破坏对比

	持续时间	给中央集团军群造成的破坏
Ⅰ	7月13日—16日	很少或未造成破坏
Ⅱ	7月23日—31日	给德军4个装甲师（第19、第20、第12、第7师）、2个摩托化师（第18、第20师）和1个摩托化旅（第900教导旅）造成破坏
Ⅲ	8月6日—24日	重创1个德军步兵师，给德军13个步兵师（第5、第6、第8、第15、第26、第28、第35、第106、第129、第137、第263、第268、第292师）、1个装甲师（第7师）、1个摩托化旅（第900教导旅）造成破坏
Ⅳ	8月29日—9月12日	重创德军1个步兵师（第34师）和1个摩托化师（第10师），给德军5个步兵师[第23、第78、第87、第255、第14（摩托化）师]和2个装甲师（第10、第17师）造成破坏

大本营和展开行动的诸方面军经常以独立或半独立骑兵集群的突袭为这些进攻行动提供补充，例如戈罗多维科夫将军3个师组成的骑兵集群，7月初以一场突袭深入第2装甲集群后方的博布鲁伊斯克地域，梅利尼克上校2个师组成的骑兵集群7月下旬朝杰米多夫展开突袭，更著名的袭击是多瓦托尔上校2个师组成的骑兵集群8月份攻往第9集团军后方的杜霍夫希纳。

当然，苏军这些进攻行动给德国军队造成的破坏各不相同，与防御部队的性质和特点有关。例如，西方面军实施进攻的战役集群，给中央集团军群7月中旬和下旬据守合围对外正面的装甲及摩托化师造成的大部分破坏，影响到这些快速师编成内的装甲掷弹兵。另一方面，中央集团军群8月和9月初蒙受的主要损失，落在据守“东线”的第9集团军和守卫叶利尼亚突出部及毗邻侧翼的第4集团军步兵师头上。另外，遭受破坏的这些师，只有2个（第161步兵师和第14摩托化师）在很长一段时间里始终处于丧失战斗力的状态。（参见地图10.1）

尽管如此，无论以何种标准看，中央集团军群肯定发现自己在整个7月、8月和9月初陷入令人不安的消耗战中，这种战斗对其战斗力造成了深远的负面影响。这是因为集团军群的“利刃”，也就是其战斗力量，遭受的消耗最为严重。例如，一个装甲师7月份伤亡1000人，这个数字不到该师编制力量的10%，但这些伤亡大多发生在装甲掷弹兵身上，而这些装甲掷弹兵约占整个师作战力量的50%。因此，该师实际损失的战斗力约为20%。同样，德军步兵师的编制兵力为13000—14000人，1500—2000人的伤亡也许仅占总兵力的9%—14%，但由于师里的步兵、工兵和侦察营承受了大部分伤亡，这个师损失的战斗力实际上高达20%—30%。

因此，铁木辛哥西方向总指挥部辖内三个方面军虽然未能实现大本营赋予他们的目标，即消灭德军杜霍夫希纳和叶利尼亚集团，但还是给博克集团军群造成了严重损失，这种损失在很大程度上导致该集团军群两个多月后在莫斯科门前失利。

当然，这些成就也让铁木辛哥遂行进攻的诸方面军付出惨重代价。斯大林和大本营要求这些方面军不折不扣地“执行命令”，经常是以“不惜一切代价”的方式，这导致苏军部队在这段时期遭到严重消耗，有时候甚至是灾难性

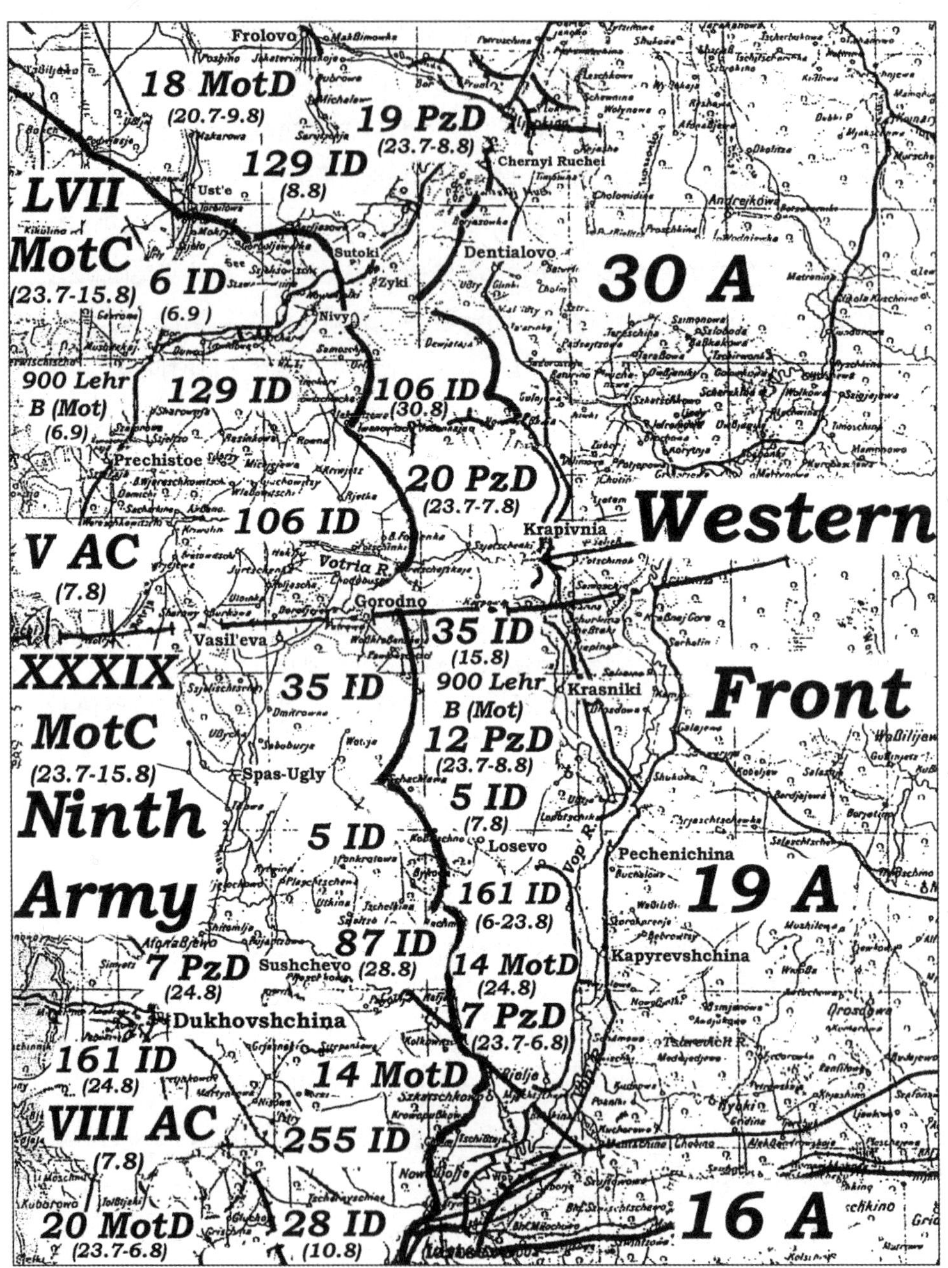

▲ 地图10.1：西方面军的反攻中，第9集团军在“东线”的退却，1941年7月15日—9月10日（资料图）

损失，被围部队和参与四场大规模进攻行动的力量莫不如此。许多红军指战员缺乏经验，这种情况只会加剧遭受屠戮的程度。

总之，1941年7月至9月初，沿至关重要的西方向在斯摩棱斯克和叶利尼亚地域进行的战斗清楚地表明，苏军大本营敏锐地意识到德国人到达并攻占莫斯科会造成怎样的灾难性后果。因此，他们采取强有力的措施来防止这种情况的发生。指示红军沿西方向和其他方向展开反冲击、反突击和反攻时，大本营在时间和目标方面对这些行动加以协调。例如，他们在命令铁木辛哥西方面军7月23日发起反攻的同时，还命令西北方面军在列宁格勒以南的索利齐地域实施一场反突击。同样，铁木辛哥西方面军和朱可夫预备队方面军8月中旬的反攻，伴以西北方面军在列宁格勒以南的旧鲁萨地域、西南方面军在基辅以西的科罗斯坚地域实施的反突击。另外，随着战局的演变，大本营的计划日趋复杂，赋予诸军团/兵团的任务也变得愈加雄心勃勃。但在这段时期，苏军大本营总是过高估计红军的作战能力，对德国军队的战斗力却估计过低。因此，他们给各军团/兵团分配的任务不切实际，出现灾难性结果不难预料。加剧这个问题的是，红军的后勤和战斗支援设施完全无法满足现代化、高度机动、闪电战式的战争以及大本营赋予各野战方面军的目标的要求。

当年夏季，斯大林沿西方向实施的打击，于8月底和9月初在斯摩棱斯克地域达到高潮。这场攻势涉及三个方面军辖内诸集团军，庞大的交战地区北起大卢基地域，南至诺夫哥罗德–谢韦尔斯基地域，是大本营迄今为止规模最大、最具野心的进攻行动，确实令诸方面军7月和8月分散而又仓促的进攻行动相形见绌。反过来说，这场大规模反攻也沦为苏军大本营1941年夏季最大的败绩。也许是由于偶然，红军随后于1941年10月在维亚济马和布良斯克地域遭遇的灾难（从某种程度上说，这是9月份惨败的直接后果），使苏联历史学家们除了记录了几个相关片段外（例如红军在叶利尼亚赢得的胜利、叶廖缅科布良斯克方面军在基辅北面显而易见的惨败），几乎彻底忽略了这场命运多舛的反攻。

归根结底，发生在斯摩棱斯克及其周边的激烈战斗至关重要，首先是因为它迫使希特勒推迟对莫斯科的进攻，将古德里安第2装甲集群和魏克斯第2集团军从莫斯科方向调往南面的基辅。许多历史学家后来将此举称为违背“巴巴罗萨计划”的致命错误，但事实上，希特勒的决定准确地反映出他对执行该战略计划所持的原有作战思想。红军在斯摩棱斯克地域前所未有的激烈抵抗，加之博克集团军群在此过程中遭遇的局部逆转，使希特勒清醒过来，他立即意识到德军在这种情况下的优势所在。因此，命令博克集团军群主力沿莫斯科方向坚守的同时，元首利用这个难得的机会，以古德里安第2装甲集群和魏克斯第2集团军向南攻往基辅。这场转进最终重创叶廖缅科方面军并构成彻底歼灭基辅地域所有红军部队的威胁。

因此，虽说苏军大本营1941年7月底、8月和9月初在斯摩棱斯克地域组织的反攻成功阻挡住了德军的猛攻并迫使希特勒更改他的战略进攻优先顺序，但事实证明，红军取得的成功转瞬即逝。希特勒抽调古德里安和魏克斯麾下力量南进的决定，直接导致整个西南方面军在基辅地域战败，陷入合围，随后全军覆没。但与此同时，斯摩棱斯克反攻也严重削弱了沿莫斯科方向实施防御的红军力量，并为随后发生在维亚济马和布良斯克的灾难铺平了道路。这两场合围战重创西方面军、预备队方面军和布良斯克方面军，并导致11月时莫斯科陷入几乎毫无防御、极易遭受攻击的境地。

红军的问题

总的说来，红军在“巴巴罗萨行动”头六个月遭受的无数次失败，特别是在斯摩棱斯克及其周边遇到的挫败，是多种因素共同作用的产物，苏军大本营1941年秋季着手对其加以纠正。这些因素中最重要的是：

- 红军和红海军领导层缺乏经验，能力欠佳。
- 指战员缺乏训练。
- 斯大林不断寻找“斗士”型指挥员，导致指挥员的变动过于频繁。
- 对现代化武器和战术的掌握不足。
- 缺乏电台，许多指挥员“害怕”使用电台。
- 许多部队患有“坦克恐惧症”。
- 过于仓促地将缺乏训练和装备的士兵投入战斗。
- 补给和装备短缺，特别是坦克、反坦克炮、弹药和燃料。

简言之，1941年夏季的红军并未做好与强大、训练有素、一直在进攻的敌军展开一场现代战争的准备。

首先，红军在战争头两个月遭遇的惨败，很大程度上归咎于指战员，包括许多高级指挥员，但特别是红军下级军官、军士和士兵，他们缺乏作战经验，某些情况下甚至不具备所需要的技能和能力，这使他们无法对付获得更好的领导、战术和战役能力更强的德国军队，特别是在进攻行动中。斯大林和其他大本营成员在这方面也强不到哪里去。实际上，斯大林和大本营直到1942年中期才对德国军队的实际军事能力有了全面认识。这一事实，再加上红军1941年夏季遭受的规模庞大、通常令人尴尬的灾难性失败，促使苏联政府在战争结束后的几十年里一直隐瞒这些失败行动的存在。[4]但最终，红军的记录证明了这样一句格言："经验是个严厉但却卓有成效的老师。"

另外，红军指挥层的变动过于频繁，特别是集团军一级；斯大林不断干涉作战行动，还对作战失利的高级指挥员进行无情镇压；此外，苏联人喜欢以毫无根据的误导性宣传激励其指战员。这一切都加剧了因频频中断的指挥控制和通信，以及仓促、经常迟迟做出的不完善决策所造成的那些困难。说明指挥层反复变动的是，1941年6月22日至9月10日的十周内，中央方面军有两位司令员（F.I.库兹涅佐夫和叶夫列莫夫将军），第13集团军司令员先后由五人担任（菲拉托夫、列梅佐夫、格拉西缅科、戈卢别夫、戈罗德尼扬斯基将军），第21集团军也出现了五名司令员（格拉西缅科、F.I.库兹涅佐夫、叶夫列莫夫、戈尔多夫、V.I.库兹涅佐夫将军）。

除指挥部门频频变动造成了不利影响外，指挥控制和通信也频繁发生的中断——通常是战役和战术电台短缺或使用不佳所致，造成指挥决策迟迟做出，而且经常不够完善，这反过来又导致红军部队面对敌人突然实施的机动和合围反应迟钝，结果在人员、武器和其他军事装备方面遭受巨大损失。指挥部门的变动和就地"处决"的持续威胁，加之大本营盲目下达不合理的指令，经常使缺乏经验的各级指挥员仓促做出错误决定。

对指挥控制来说雪上加霜的是，斯大林在这段时期无情地给红军指战员们施加压力，要求他们无条件地服从通常都不太合理的命令，并严禁他们在未获得上级批准的情况下以任何理由实施任何后撤。另外，斯大林和他的高级指挥员肆意采用申斥、逮捕，甚至是处决等手段，只会加剧这些问题。最后，斯大林9月份批准使用拦阻支队（也就是前线督战队），意图以蛮力强制执行战场纪律。这些措施，就像30年代后期导致红军顺从于苏共政权的原始恐惧那样，在战争头六个月期间几乎没能改善红军的作战表现。如果说斯大林擅长玩弄这些手段，那么，一些高级将领，特别是朱可夫和叶廖缅科，同样对采用这些手段乐此不疲。因此，对红军士兵来说，选择是残酷的，要么服从命令死在德国人手中，要么违抗命令死于上级的枪口下。但一如既往，也有例外存在，少数苏军将领赢得了“体恤士兵生命”的赞誉，其中包括亚尔采沃的英雄罗科索夫斯基。

红军在斯摩棱斯克交战期间的作战表现普遍较差，这也是编制方面的错误所致，大本营和国防人民委员部“过度痴迷于兵团的数量”只是加剧了这种状况而已。[5]值得称赞的是，国防人民委员部从7月中旬起着手撤销红军的机械化军和许多步兵军，尽管这么做的主要原因是前进中的德军已将这些军歼灭。此后，国防人民委员部反复重建步兵、骑兵兵团和部队，使他们“更轻”，在战斗中更易于指挥控制。虽说步兵、骑兵师以及后来的步兵旅数量大为增加，但在红军中，这些新组建的兵团几乎都缺乏足够的坦克、火炮、其他作战手段和战斗勤务支援，特别是在无线电台和有效的后勤支援体系方面。同样，国防人民委员部先是以番号为100系列的坦克师取代笨重的机械化军，事实证明这些坦克师也难以装备和控制时，他们又组建大批规模较小的坦克旅和独立坦克营。简言之，国防人民委员部调整其军队编成，使其更轻盈，更易于指挥控制之际，却没能为新部队提供足够的坦克、火炮、其他作战手段和战斗勤务支援。

损失对比

人员

虽然参加斯摩棱斯克交战的德国和苏联军队的兵力及损失，即便在几十年后依然晦涩不明，但双方公布的正式伤亡数字为这种计算提供了足够的起点，尽管双方的数据存在较多矛盾之处。例如，苏联和俄罗斯的各种正式资料指出了交战开始时红军西方面军的整体实力。一本关于红军在整个战争期间所遭受损失的较为可信的著作指出，1941年7月10日，也就是斯摩棱斯克防御战开始的首日，西方面军总兵力为579400人。从表面上看，这个数字包括西方面军第13、第16、第19、第20、第21、第22集团军，以及第4集团军残部，该集团军在先前的边境交战期间基本已被歼灭。[6]另一本著作则指出了苏联武装力量1941年6月22日在人员和坦克方面的战斗编成和实力。（参见表10.3、10.4）

表 10.3：大本营诸预备队集团军 1941 年 6 月 22 日的兵力

军团/兵团	驻地	途中	前调	合计
第16集团军	—	17153	33910	51063
第19集团军	14574	—	95765	110339
第20集团军	113193	—	—	113193
第21集团军	44773	61339	—	106112
第22集团军	—	44356	38806	83162
第24集团军	88029	—	—	88029
独立兵团	33637	—	33210	66847
总计	**294206**	**122848**	**201691**	**618745**

※资料来源：《苏联武装力量在伟大卫国战争中（1941年—1945年）的作战和数字编成：第1号统计汇编（1941年6月22日）》[Boevoi i chislennyi sostav vooruzhennykh sil SSSR v period Velikoi Otechestvennoi voiny (1941–1945 gg.): Statisticheskii sbornik No. 1 (22 iiunia 1941 g.)]，莫斯科：俄罗斯联邦军事历史研究所，1994年，第21—22页。

表 10.4：大本营诸预备队集团军 1941 年 6 月 22 日的坦克力量

军团/兵团	驻地	途中	前调	合计
第16集团军	—	29	1031	1059
第19集团军	99	—	41	640
第20集团军	959	—	—	959
第21集团军	79	68	—	147
第22集团军	—	10	9	19
第24集团军	99	—	—	99
独立兵团	54	—	683	737
总计	**1290**	**107**	**1763**	**3160**

※资料来源：《苏联武装力量在伟大卫国战争中（1941年—1945年）的作战和数字编成：第1号统计汇编（1941年6月22日）》，第21—22页。

因为大本营7月10日前将第19、第20、第21、第22集团军交给西方面军，所以，大本营预备队集团军的618000人中有450000人于7月10日前加入西方面军，这种估计较为合理。这样一来，这个数字加上第4、第13和边境交战中被击败的其他集团军的残余人数，基本上等于579400人这个截至7月10的方面军总人数。之后，大本营7月15日又以第16集团军的60000人加强西方面军，从而使该方面军的总兵力增加到约639000人。7月底，第28、第29、第30集团军（每个集团军5—6万人）也加入西方面军。扣除伤亡人数，西方面军总兵力达到80万人左右。7月24日，大本营将西方面军第13、第21集团军和第4集团军残部转隶中央方面军，这使西方面军的总兵力减少20万，下降到约60万人。

除了这些分配和转隶，苏联国防人民委员部还在战争爆发后开始了一场大规模动员。1941年5月和6月完成秘密动员所要求的805000人的征召任务后，6月下旬和7月，国防人民委员部以行进营和行进连的形式将这些补充兵分配给各野战集团军，调拨给西方面军、中央方面军和预备队方面军的补充兵可能多达半数。苏联官方数据指出，这一过程结束时，也就是9月30日，西方面军、预备队方面军和布良斯克方面军的总兵力为125万，具体如下：

★西方面军——558000人

★预备队方面军——448000人

★布良斯克方面军——244000人

总计——1250000人[7]

基于这些计算，对西方面军及辖内诸集团军7月10日和31日的兵力估计如下（参见表10.5）：

表 10.5：对西方面军及辖内诸集团军和战役集群 1941 年 7 月 10 日和 31 日的兵力估计

集团军	7月10日	7月31日
第4集团军	25000	—
第13集团军	60000	—
第19集团军	100000	（与第16集团军合并）

续表

第20集团军	113000	25000（8月6日）
第21集团军	106000	—
第22集团军	83000	78000
西方面军合计	**579400**	
第16集团军（7月15日后）	60000	15000（8月6日）
补充兵（估计，7月10日后）	230000	—
总计	**868400**	—
第24集团军	85000	—
马斯连尼科夫集群（第29集团军）	—	45000
加里宁集群（第24集团军）	—	50000
霍缅科集群（第30集团军）	—	65000
亚尔采沃集群	—	50000
卡恰洛夫集群	—	50000
骑兵集群	—	10000
西方面军合计		**638000**

总之，7月15日从第16集团军获得60000人， 7月10日后得到约230000，西方面军6月底和7月的总兵力达到约869000人。官方承认的西方面军7月10日至9月10日遭受的不可归队减员约为310000人，减去这个数字，该方面军9月30日的兵力接近于官方公布的558000人这个数字。（参见表10.6）

表 10.6：1941 年 7 月 10 日—9 月 10 日，苏军在斯摩棱斯克交战期间的损失

方面军	集团军	7月10日的兵力	不可归队减员（阵亡、失踪、被俘）	负伤或患病	合计
西方面军	第16、第19、第20、第21、第22、第28、第29、第30集团军	579400	309959	159627	469584
中央方面军（7月26日—8月25日）	第3、第13、第21集团军	—	79216	28009	107225
预备队方面军（7月30日—9月10日）	第24、第31、第32、第33、第34、第43、第49集团军	—	45774	57373	103147
布良斯克方面军（8月16日—9月10日）	第3、第13、第21、第50集团军	—	50972	28603	79575
平斯克区舰队	—	2200	250	193	443
总计	—	**581600**	**486171**	**273803**	**759974**

※资料来源：G.F.克里沃舍耶夫主编，《揭秘伟大卫国战争，损失册》，莫斯科：韦切出版社，2009年，第91页。

由于红军在这段混乱战斗时期保留的记录很不完整，上面提及的兵力和损失数仍存在一些问题。具体说来，德军攻往斯摩棱斯克初期，许多红军部队被打散，其人员“消失在风中”。战后回忆录和另一些轶事记录表明，虽然许多红军战士在默默无闻的情况下牺牲，但也有些人消失在乡村后“转入地下”，还有些人干脆“回了家”，日后又作为应征入伍者再度出现。正如本书引用的资料表明的那样，虽然许多指挥员试图弄清损失情况，但另一些指挥员无计可施，只能机械地重复一句话：“正在核实相关损失。”尽管存在这些问题，但显而易见的是，所有红军兵团都遭受了严重损失。

至于德国人的伤亡，由于间歇性推进的突然和快速性（这种推进总是以装甲和摩托化师为先锋），中央集团军群在进攻行动中的损失率远远低于苏军。这一点也适用于德军的防御作战，因为进攻方的损失通常比防御方高得多，特别是如果后者据守着预有准备的防御。不过，一旦进攻方突破守军防御并迫使后者退却的话，这一规则将被打破。这种情况下，防御方的损失直接取决于后撤的性质，也就是说，要看这种后撤是精心组织的退却还是一场溃逃。

因此，德国人在两种情况下损失最为严重：第一种情况是消灭包围圈时，步兵别无选择，只能对被围之敌展开正面冲击；第二种情况是部队实施旷日持久的静态防御，例如第3、第2装甲集群的装甲和摩托化师7月下旬在斯摩棱斯克东面扼守集团军群合围对外正面。第9、第4集团军的步兵师同样如此，8月和9月初，他们分别守卫斯摩棱斯克东面和东北面的“东线”，以及叶利尼亚突出部。

令人惊讶的是，德方伤亡数据比苏军的损失统计更加晦暗不明。俄罗斯方面对中央集团军群在斯摩棱斯克交战期间的人员损失所做的最新评估，刊登在战时行动统计分析第一卷，并引用了相关档案。（参见表10.7）

表 10.7：1941 年 7 月 10 日—9 月 10 日，中央集团军群在斯摩棱斯克交战期间的损失（苏方视角）

	阵亡		负伤		失踪		合计	
军团	军官	士官和士兵	军官	士官和士兵	军官	士官和士兵	军官	士官和士兵
第2集团军	345	7529	793	22982	20	1572	1158	32083
第4集团军	—	—	—	—	—	—	—	—

续表

第9集团军	252	572	693	17186	10	1121	955	18879
第2装甲集群	490	4689	687	15577	16	517	1193	20783
第3装甲集群	155	2390	387	7224	4	246	546	9860
预备队	50	967	106	3237	1	232	157	4436
其他	103	2344	290	7671	4	470	397	10485
总计	**1395**	**18491**	**2956**	**73877**	**55**	**4158**	**4406**	**96526**

※资料来源：*TsAMO RF* F. 100. Op. 1245, D. 165 (255), L. 15。

这份表格的可信度取决于其引用的档案，但资料来源却没有提及其出处，这就导致其可信度不免受到质疑。另外，这份表格存在一些疏漏之处，表明这些数字可能被低估。具体说来，表中不包括第4集团军的任何条目，1941年8月22日后，该集团军辖内部队据守叶利尼亚登陆场。若把他们的损失加入表中，伤亡总数可能还要增加20000人。对比中央集团军群诸集团军的损失就会发现，第9集团军的伤亡似乎被低估了，他们的损失至少包括7000名阵亡者。

计算集团军群的整体损失，更可靠的办法是使用现存的德方文件、相关研究和战时日记（例如哈尔德和博克日记）中引用的可靠数字。首先，陆军总司令部的记录提供了1941年6月22日至12月31日每隔十天的可靠伤亡人数。其次，哈尔德在日记中记录下了各具体时期的损失数，例如，截至7月3日共伤亡54000人，截至8月13日共伤亡389924人。哈尔德还指出，中央集团军群截至8月3日共损失74500人。与截至当日德军230000人的整体损失相比，中央集团军群遭受的伤亡约占总损失的31%。虽说该集团军群所占的损失比可能会随时间推移发生变化，但这个比例提供了下文估计的集团军群损失数。鉴于集团军群作战地区的战事激烈，这些数字很可能是最低估计，实际伤亡只会更高。（参见表10.8）

表 10.8：1941 年 7 月 10 日—9 月 10 日，德国陆军和中央集团军群估计的人员损失

作为比较的资料来源			
时期	**陆军总司令部**	**哈尔德**	**中央集团军群（估计）**
6月22日—30日	41087		12737
7月1日—10日	36226	7月3日—	11230
7月11日—20日	52906	54000（2.5%）	16400

续表

7月21日—30日	77686		24082
合计	**207905**		**64450**
8月1日—10日	75387		23370
8月11日—20日	66383	8月13日—	20579
8月21日—31日	53955	389924（11.4%）	16729
合计	**195725**		**60675**
9月1日—10日	49513		15349
至11月20日的总计	**721270**	**743112—**	**223594**
至12月31日的总计	**753295**	**830903（25.9%）**	**233521**

※资料来源：S.N.米哈列夫，《1941年—1945年，伟大卫国战争中的人员损失：一份统计研究》（Liudskie poteri v Velikoi Otechestvennoi voine 1941–1945 gg.: Statisticheskoe issledovanie），克拉斯诺亚尔斯克：克拉斯诺亚尔斯克州师范大学出版社，2000年，附件8。这份附件翻译的是收录在德意志联邦共和国军事档案馆的一份陆军总司令部文件。以及查尔斯·伯迪克、汉斯–阿道夫·雅各布森译，《哈尔德战时日记，1939年—1942年》，加利福尼亚州诺瓦托：要塞出版社，1988年，第453、第493、第521、第571、第599页。

去除7月10日前这段时期，中央集团军群7月份损失约40500人，8月和9月初损失75000人，与集团军群抗击苏军第二场、第三场反攻期间步兵力量遭受的严重损失的情况相符。这种损失也符合哈尔德的说法：截至8月3日，集团军群短缺54000人。[8]

总之，在人员损失方面，这些计算表明，中央集团军群（6月22日的兵力约为100万，7月16日的兵力超过90万）7月10日至9月10日期间的伤亡约为115500人，与之形成对比的是西方面军、预备队方面军、布良斯克方面军同一时期损失的760000人。反过来说，这些触目惊心的数字强调了这一关键战斗的激烈性和猛烈度。

从另一个角度看，陆军总司令部的相关记录还分解了各集团军和装甲集群1941年6月22日至11月20日这段时期遭受的伤亡（参见表10.9）：

表10.9：中央方面军诸集团军和装甲集群1941年6月22日—11月20日的伤亡

军团	损失	所占的百分比
第2集团军	52331	19.2%
第4集团军（自8月24日起）	43182	15.9%

续表

第9集团军	89528	33.0%
第2装甲集群	39790	14.7%
古德里安集团军级集群（至8月23日）	14953	5.5%
第3装甲集群	31390	11.6%
总计	**271174**	

注：271174这个伤亡数与集团军群提供的271270①这个总损失数不符，这是因为其中包括集团军群直属部队的伤亡数。

※资料来源：S.N.米哈列夫，《1941年—1945年，伟大卫国战争中的人员损失：一份统计研究》，克拉斯诺亚尔斯克：克拉斯诺亚尔斯克州师范大学出版社，2000年，附件9。这份附件译自德国陆军总司令部医务处长11月23日编写的《1941年6月22日至11月20日，对苏作战中的战斗损失》。

假设这些百分比大致适用于整个时期和斯摩棱斯克交战期间，那么，第9集团军的损失远远高于中央集团军群编成内任何一个军团。这一点反过来突出了第9集团军在两个时期遭受的破坏：首先是8月和9月初据守集团军群“东线”期间，较小程度上是该集团军参与肃清斯摩棱斯克包围圈期间。北方和南方集团军群1941年11月在列宁格勒和罗斯托夫遭遇败绩，和他们一样，中央集团军群也将于12月第一周结束时在莫斯科门前尝到挫败的滋味。在很大程度上，中央集团军群和“巴巴罗萨行动”的失败，是该集团军群在斯摩棱斯克交战期间遭受损失的后果。这一点也不足为奇！据德国陆军总参谋长哈尔德称，截至1941年12月31日，东线德军的损失高达830903人，步兵连的平均兵力仅为50—60人。

坦克

如果说计算交战双方的人员损失是一项艰巨的工作，那么，统计坦克的损失虽然不能说无法做到，但也非常困难。从苏联人的角度看，与西方面军1941年6月22日的坦克力量相比，西方面军、预备队方面军、布良斯克方面军7月10日至9月10日的进攻行动“严重缺乏坦克”。造成这种情况的主要原因是德军在边境战斗和交战期间重创红军机械化军，例如机械化第5、第7军在列佩利地域引人注目但不啻为自杀的反突击。西方面军在战争爆发时约有3000辆

① 译注：似乎应为223594。

坦克，作战期间获得的补充坦克超过6000辆，同一时期损失4799辆，到7月10日，该方面军尚有939辆各种型号的坦克。最后，红军沿西方向部署，作为各方面军组成部分的坦克力量，总数为1375辆。当然，这个数字并不包括战斗过程中派往各方面军的数百辆新坦克（参见表10.10）：

表 10.10：1941 年 7 月 10 日—9 月 10 日，苏军诸方面军沿西方向行动的坦克数量

方面军（日期）	坦克类型			合计
	重型	中型	轻型	
西方面军（7月10日）	29	27	883	939
预备队方面军（8月1日）	41	—	226	267
中央方面军（8月1日）	39	—	89	128
布良斯克方面军（8月20日）	7	34	—	41
总计	**116**	**61**	**1198**	**1375**

※资料来源：《伟大卫国战争，1941年—1945年：交战，战略战役和会战，统计分析，第一册，1941年夏秋季战局》（Velikaia Otechestvennaia voina 1941–1945 gg.: Kampanii, strategicheskie operatsii i srazheniia: Statisticheskii analiz, Kniga I: Letne–osenniaia kampaniia 1941 g.），莫斯科：俄罗斯联邦国防部军事历史研究所，2004年，第317页。引自*TsAMO RF*, F. 144, Op. 396, D. 8, L. 11; D. 18, L. 35; D. 19, L. 9; and D. 20, Ll. 13–14。

斯摩棱斯克地域的战斗开始后，铁木辛哥麾下诸集团军和战役集群不得不以原先的机械化军残部（每个军的坦克很少超过70辆）或新组建的100系列坦克师（每个师的坦克很少能达到100辆）从事交战。因此，平均而言，苏军各集团军和战役集群的坦克不到100辆，更常见的情况是根本没有任何坦克。为数不多的例外是第19、第16集团军8月和9月初在沃皮河和亚尔采沃地域战斗的坦克第101、第1师和第127旅，以及布良斯克方面军第3、第50集团军8月底和9月初在特鲁布切夫斯克和茹科夫卡地域战斗的坦克第108师、第121、第141旅。在一些情况下，坦克师和独立坦克旅能够集结起50—100辆坦克，但只能维持很短的一段时间。据俄罗斯档案资料记载，西方面军、预备队方面军和布良斯克方面军在斯摩棱斯克地域的战斗中共投入1500多辆坦克，损失1348辆。[9]因此，整个斯摩棱斯克交战期间，德军装甲力量保持着明显的优势，首先是在数量方面，但更重要的是在使用坦克力量的技能方面。

对此做出说明的是，“台风行动”1941年9月30日开始时，苏军沿莫斯科方向展开行动的三个方面军最初所能投入的坦克仅为1223辆，比红军6月

22日沿西方向部署的坦克数量多三分之一，约为他们7月10日沿同一方向投入坦克数量的75%。值得注意的是，表10.11准确地指出了苏军各集团军掌握的坦克力量：

表 10.11：1941 年 9 月 30 日，沿西方向行动的苏军诸方面军最初的坦克力量

方面军/集团军	坦克
西方面军	
第16集团军	71
第19集团军	24
第20集团军	—
第22集团军	9
第29集团军	2
第30集团军	8
方面军直属兵团/部队	372
合计	**486**
预备队方面军	
第24集团军	90
第31集团军	13
第32集团军	88
第33集团军	15
第43集团军	88
第49集团军	7
方面军直属兵团/部队	—
合计	**301**
布良斯克方面军	
第3集团军	—
第13集团军	169
第50集团军	7
叶尔马科夫快速集群	158
方面军直属兵团/部队	102
合计	**436**
总计	**1223**

※资料来源：《伟大卫国战争，1941—1945年：交战，战略战役和会战，统计分析，第一册，1941年夏秋季战局》，第317页，引自F. 8, Op. 11627, D. 205, Ll. 52–58, 108–116; F. 35, Op. 11285, D. 236, Ll. 268288; F. 208, Op. 2511, D. 166, L. 47。

这些数字确实与红军诸集团军8月底和9月初在战斗中投入的坦克数量相符。但从德方角度看，斯摩棱斯克地域的战斗钝化了闪电战突击力量的“利刃”。简言之，曾令德国军队引以为豪的装甲师（每个师100—120辆坦克），受到红军抵抗和东线战场耗损的影响，以及地形和“巴巴罗萨行动”糟糕的后勤计划造成的限制。这导致中央集团军群装甲和摩托化师的战斗力急剧下降，加剧这种状况的是，这些快速师被部署在不适合展开高速装甲战的地域（例如大卢基和托罗佩茨附近林木茂密的沼泽地），以及他们在集团军群“东线”实施的防御作战——这项任务完全不适合他们。

正如哈尔德对集团军群装甲力量7月和8月的耗损率所做的评估表明的那样，8月和9月，德军各装甲师每天所能投入的坦克尚有40—70辆。[10]（参见表10.12）

表 10.12：中央集团军群装甲集群和装甲、摩托化师截至 1941 年 8 月中旬的相对实力（根据 8 月 28 日签署的一份报告）

军团/兵团	可用坦克的百分比
第2装甲集群	
第10装甲师	83%
第18装甲师	57%
其他快速师（第3、第4、第17装甲师和第10、第29摩托化师）	45%
第3装甲集群	
第7装甲师	24%
其他快速师（第12、第19、第20装甲师和第18、第20摩托化师）	45%

※资料来源：查尔斯·伯迪克、汉斯-阿道夫·雅各布森译，《哈尔德战时日记，1939年—1942年》，第519页。

将这些百分比转换为各个师的具体实力时，作战行动给这些快速部队造成的耗损就变得更加明显（参见表10.13）：

表 10.13：1941 年 6 月 22 日—9 月 10 日，中央集团军群部分装甲师的坦克力量

兵团	坦克数量（总数和坦克型号）
第2装甲集群	
第3装甲师	6月22日，229辆（13辆一号、59辆二号、110辆三号、32辆四号、15辆指挥坦克）
	9月4日，可用——54辆（5辆一号、30辆二号、6辆三号、5辆四号、8辆指挥坦克）
	可维修——107辆（5辆一号、13辆二号、69辆三号、17辆四号、3辆指挥坦克）
	共损失——70辆（3辆一号、16辆二号、35辆三号、12辆四号、4辆指挥坦克）
第4装甲师	6月22日，212辆（10辆一号、51辆二号、105辆三号、20辆四号、26辆指挥坦克）
	9月4日，可用——83辆（8辆一号、21辆二号、24辆三号、11辆四号、19辆指挥坦克）
	可维修——79辆（13辆二号、59辆三号、5辆四号、2辆指挥坦克）
	共损失——50辆（2辆一号、17辆二号、22辆三号、4辆四号、5辆指挥坦克）
第10装甲师	6月22日，200辆（11辆一号、47辆二号、105辆三号、20辆四号、17辆指挥坦克）
	9月4日，可用——153辆（9辆一号、38辆二号、75辆三号、18辆四号、13辆指挥坦克）
	可维修——22辆（2辆一号、6辆二号、11辆三号、1辆四号、2辆指挥坦克）
	共损失——25辆（3辆二号、19辆三号、1辆四号、2辆指挥坦克）
第17装甲师	6月22日，216辆（22辆一号、45辆二号、106辆三号、30辆四号、13辆指挥坦克）
	9月10日，可用——52辆（4辆一号、19辆二号、20辆三号、4辆四号、5辆指挥坦克）
	可维修——76辆（12辆二号、47辆三号、15辆四号、2辆指挥坦克）
	共损失——72辆（2辆一号、14辆二号、39辆三号、11辆四号、6辆指挥坦克）
第18装甲师	6月22日，229辆（17辆一号、50辆二号、114辆三号、36辆四号、12辆指挥坦克）
	9月9日，补充——25辆（20辆三号、5辆四号坦克）
	可用——93辆（12辆一号、27辆二号、30辆三号、16辆四号、8辆指挥坦克）
	可维修——114辆（2辆一号、12辆二号、83辆三号、15辆四号、2辆指挥坦克）
	共损失——47辆（3辆一号、11辆二号、21辆三号、10辆四号、2辆指挥坦克）
第3装甲集群	
第7装甲师	6月22日，278辆（11辆一号、55辆二号、167辆38t、30辆四号、15辆指挥坦克）
	9月6日，补充——21辆（21辆38t坦克）
	可用——130辆（9辆一号、37辆二号、62辆38t、14辆四号、8辆指挥坦克）
	可维修——87辆（1辆一号、7辆二号、67辆38t、7辆四号、5辆指挥坦克）
	共损失——82辆（1辆一号、11辆二号、59辆38t、9辆四号、2辆指挥坦克）
第12装甲师	6月22日，232辆（51辆一号、34辆二号、109辆38t、30辆四号、8辆指挥坦克）
	8月26日，可用——96辆（7辆一号、25辆二号、42辆38t、14辆四号、8辆指挥坦克）
	可维修——35辆（2辆一号、5辆二号、20辆38t、8辆四号坦克）
	共损失——102辆（42辆一号、4辆二号、47辆38t、8辆四号坦克）

续表

第19装甲师	6月22日，239辆（53辆一号、35辆二号、110辆38t、30辆四号、21辆指挥坦克）
	8月25日，可用——102辆（6辆一号、20辆二号、57辆38t、9辆四号、11辆指挥坦克）
	可维修——47辆（4辆二号、32辆38t、11辆四号坦克）
	共损失——90辆（47辆一号、11辆二号、21辆38t、10辆四号、1辆指挥坦克）
第20装甲师	6月22日，240辆（55辆一号、31辆二号、121辆38t、31辆四号、2辆指挥坦克）
	8月25日，补充——14辆（14辆38t坦克）
	可用——88辆（4辆一号、19辆二号、52辆38t、11辆四号、2辆指挥坦克）
	可维修——62辆（4辆二号、46辆38t、11辆四号坦克、2辆指挥坦克）
	共损失——104辆（51辆一号、8辆二号、37辆38t、8辆四号坦克）

※资料来源：托马斯·L.延茨主编，《装甲部队：德军装甲力量的组建和作战使用完全指南，1933年—1942年》第一卷，宾夕法尼亚州阿特格伦：希弗出版社，1996年，第206页。

由于德军几款坦克配备的武器较弱，装甲也很薄，只能充当装甲侦察车或装甲车，而指挥坦克配备的是电台而非主炮，这些战车不应计入各个师的坦克力量。具体说来，一号坦克配备2挺7.92毫米机枪，二号坦克配有1门20毫米主炮和1挺7.92毫米机枪，而指挥坦克安装的往往是一门假炮，这些战车完全无法匹敌苏军最新型的KV和T-34坦克（配有76毫米主炮），在某种程度上说，甚至无法抗击配备50毫米主炮的BT坦克。就连配有37毫米主炮的捷克制38t坦克也很难对付苏军的T-34和KV坦克。德军装甲师的主要打击力量是三号、四号和38t坦克。第2、第3装甲集群各装甲师8月下旬和9月初这些战车的可用数量如下（参见表10.14）：

表 10.14：第 2、第 3 装甲集群 1941 年 8 月下旬和 9 月初可用的三号和四号坦克数量

兵团	6月22日	8月下旬和9月初		
		可用	维修	合计
第2装甲集群				
第3装甲师	142	11	86	97
第4装甲师	125	35	64	99
第10装甲师	125	93	12	105
第17装甲师	136	24	62	86
第18装甲师	150	46	98	144
总计	**678**	**209**	**322**	**531**

续表

第3装甲集群				
第7装甲师	197	76	74	150
第12装甲师	139	56	28	84
第19装甲师	140	66	43	109
第20装甲师	152	63	57	120
总计	**628**	**261**	**202**	**463**

※资料来源：托马斯·L.延茨主编，《装甲部队：德军装甲力量的组建和作战使用完全指南，1933年—1942年》第一卷，第206页。

最后需要指出的是，中央集团军群装甲集群、摩托化军、装甲和摩托化师定期提交报告，这些档案记录非常零散，但其中包括他们掌握的坦克数量，通常分为可用和维修中的坦克，坦克的损失和获得的补充坦克。表10.15列出了中央集团军群各装甲集群和装甲师1941年7月、8月和9月的坦克数量：

表 10.15：1941 年 6 月 22 日—9 月 10 日，中央集团军群辖内部分装甲师的坦克数量

兵团	时期（括号内为日期）			
	6月22日	7月	8月	9月
第2装甲集群				
第24摩托化军				
第3装甲师	229	（26）85辆可用 63辆维修		（4）54辆可用 107辆维修 （27）45辆可用
第4装甲师	212	（26）44辆可用 83辆维修		（4）83辆可用 79辆维修
第46摩托化军				
第10装甲师	200	（1）152辆可用 （11）147辆可用 （21）81辆可用 损失61辆	（1）88辆可用 （11）125辆可用 （21）150辆可用	（1）143辆可用 （4）153辆可用 22辆维修 损失25辆（自6月22日以来） （11）150辆可用
第47摩托化军				
第17装甲师	216		（31）缺“许多”坦克	（9）45辆可用 81辆维修 （10）52辆可用 76辆维修
第18装甲师	229	获得20辆三号和5辆四号坦克	（1）80辆可用 （10）45辆可用 （自8月1日以来损失61辆坦克）	（9）25辆可用 114辆维修 （15）28辆可用

续表

第3装甲集群				
第39摩托化军				
第7装甲师	278	（21）118辆可用 113辆维修	（20—21）损失80辆，但疏散40辆	（6）130辆可用 87辆维修
第12装甲师	232	（11）141辆可用 （21）109辆可用	（1）95辆可用 （11）98辆可用 （21）94辆可用 （26）96辆可用 35辆维修	（1）79辆可用 （11）66辆可用 （21）56辆可用
第57摩托化军				
第19装甲师	239		（25）102辆可用 47辆维修	
第20装甲师	240		（25）88辆可用 62辆维修	
总计	**2075**			

※资料来源：托马斯·L.延茨主编，《装甲部队：德军装甲力量的组建和作战使用完全指南，1933年—1942年》第一卷，第206、第210页。“Anlagen zum Kriegstagebuch Nr. 3, 3. Panzer–Divisionbefehle vom 15.9.41 bis 29.12.41,” in *Ia 3. Panzer–Division 000285*, NAM, series T–315, Roll 116；“Anlageband Nr. 8 zum K.T.B. Pz. A.O.K. 2 – vom 22.V.41 bis 31.1.42,” in *PzAOK 2, 734843*, NAM T–313, Roll 103；“Gefechts und Verpfl. Stärken. LVII Pz. A. K, 22.6.1941–2.1.1942,” in *Ia LVII Pz.A.K. 666*, NAM T–314, roll 1474；“Kriegstagebuch Nr. 3 der 7. Panzer–Division (F ü hrungsabteilung) einsatz Sowjetrussland. 1.6.41–9.5.42,” in *Ia 7. Panzer–Division 24797*, NAM T–315, Roll 406。

表10.15在几个方面生动强调了中央集团军群装甲力量这三个月间的极高消耗率。首先，就总体而言，集团军群6月22日可用坦克的数量为2075辆，8月25日至9月9日这段时期急剧下降为746辆，损失率超过64%。其次，坦克力量最严重的消耗发生在集团军群的先遣力量，也就是第2装甲集群第24和第47摩托化军身上。例如，第24摩托化军第3、第4装甲师的坦克数量，从6月22日的441辆下降到7月26日的129辆；9月4日则为137辆，损失率近70%。担任第24摩托化军先遣力量的莫德尔第3装甲师，坦克数量从6月22日的229辆下降到7月26日的85辆，9月4日降至54辆，损失率约为78%。第2装甲集群第47摩托化军的情况与之类似，该军在布良斯克和特鲁布切夫斯克以西卷入激战，坦克数量从6月22日的445辆降至9月4日的70辆，减少约85%。

虽然第3装甲集群在集团军群左翼行动期间的损失小得多，但坦克数量也从6月22日的989辆降至8月底和9月初的399辆，减少约60%。施图梅集群第19和第20装甲师8月份在大卢基和托罗佩茨地域赢得重大胜利，这些师的坦克数量也从6月22日的479辆降至8月25日的190辆，减少约60%，但他们的实力9月初略有上升。

当然，德国人出色的维修体系使这些师中的大多数至少能保持最低程度的战备状态。例如，第39摩托化军编成内的第7装甲师，6月22日拥有278辆坦克，7月21日下降到118辆，8月17日降至约110辆，在8月20日—21日沿沃皮河的战斗中损失约80辆坦克，尽管如此，该师到9月6日仍有130辆可用坦克。

但归根结底，斯摩棱斯克交战结束后，中央集团军群剩下的装甲力量，仅为6月22日“巴巴罗萨行动”发起时的40%。尽管德国军队具备出色的修复能力，尽管中央集团军群获得了第4装甲集群加强，可是9月31①日和10月1日向莫斯科方向发起“台风行动”时，集团军群的坦克总数仅为1000辆左右，不及“巴巴罗萨行动”开始时投入坦克的半数。[11]更能说明问题的是，这些坦克有一半是弱小的一号、二号或没有武装的指挥坦克。

士兵和他们的指挥官

如果不给予参加战斗的德军和红军士兵，以及策划、指挥并在战斗中监督这些士兵的指挥官一些认可，对斯摩棱斯克地域旷日持久的战斗所做的调查研究就不能说完整。实际上，虽然对本书而言较为次要，但这一主题值得单独著书。这是因为交战双方的士兵在战斗中的表现，无论是个人抑或集体，都构成这场角逐的过程和结果。正如本书指出的那样，许多士兵为胜利或失败付出了最终代价。

1941年夏季，作为掷弹兵、装甲兵、装甲掷弹兵、工兵、侦察兵或普通步兵的德军士兵，都是彻头彻尾的职业军人。这些士兵作为个人或连、营、团成员接受过出色的训练，通常是参加过波兰、低地国家和法国战役并以此为骄傲的老兵。反过来说，这种自豪感使他们对德国的胜利充满信心，并对苏联对手的作战能力不屑一顾。如果这个士兵是个顽固的纳粹分子，与其他国家军队中的同行相比，他往往会表现得傲慢自大，在战斗中则更加无情。用一名老兵的话来说，他发现西线和北非的战争不过是“一场体育运动”，而东线的战事

①译注：原文如此。

则不然。实际上，意识形态和种族仇恨导致东线的战斗更加残酷，使其逐渐呈现出一场真正的文化冲突的特征。

大部分德军士兵是从这个或那个地区本地征召的，他们作为巴伐利亚、施瓦本、符腾堡、西里西亚或其他特定地域的团队成员，怀着强烈的地域忠诚感加入军队。这一点，再加上他和他的部队在赫亨费尔斯、格拉芬韦尔和德国另外数十个训练基地共同度过的数周时间，使这些部队（无论是装甲兵、装甲掷弹兵抑或普通步兵部队）获得了极大的凝聚力。作为一个德国人英勇战斗的同时，他也作为一名巴伐利亚人或施瓦本人，以及这个或那个师和团的成员自豪地从事战斗。这种凝聚力使他的部队获得远远超出其兵力数量的“耐久力”。另外，德国人在战斗演习上耗费的大量时间使士兵和他的部队能对不断变化的情况迅速做出应对并有效进行各种类型的战斗。简言之，这些品质使德军各个团和营有能力抗击并挫败红军的师和团。

但是，德军士兵及其部队这些令人钦佩的品质也有消极的一面。德军士兵对胜利的信心，以及自大的倾向，使他们低估红军这个对手，这几乎是一种与生俱来的特点。因此，虽然他们的态度和所接受的严格训练使他们能够在战场上取得壮观的成就，但同样的特质也容易在失败时催生宿命论和沮丧之情。虽说德军士兵在整个“巴巴罗萨”战役期间一直保持着高昂的士气，但当年盛夏，斯摩棱斯克及其周边的战事未能像预期般发展时，他们开始产生怀疑。显然，在夏季中期，苏联看似无穷无尽的落后地区和恶劣的气候开始让德军士兵感到不安，与日俱增和意想不到的伤亡肯定也促使他们日渐清醒。但德军士兵的士气发生动摇的确切时间需要进一步加以研究。具体说来，虽然德军1941年12月的确出现了士气下降的现象，但问题是，“1941年盛夏的激烈战斗，对德国军队的作战表现影响有多大”？

如果说1941年7月和8月的大多数德军士兵都是训练有素的职业军人，那么，许多（如果不能说大多数的话）红军士兵却并非如此。对红军（特别是西方面军）来说，可悲的事实是，大部分训练有素的士兵在战争头两周沦为中央集团军群的受害者。具体说来，白俄罗斯的边境交战期间，遭到德军猛攻的西方面军折损近50万人。据俄罗斯官方统计，西方面军最初有627000名士兵，损失约42万，而据德方计算，这个数字约为60万。虽然这些战斗的外行观察者会对中央集团军群沿该方向消灭苏军3个集团军和6个机械化军深感震惊或印象深刻，但对西方面军来说，最具灾难性的是人员损失。这是因为大多数阵亡、负伤或被俘的士兵是战前红军中最专业的军人。

中央集团军群辖内部队到达并渡过西德维纳河和第聂伯河时，迎候他们的是西方面军第19、第20、第21、第22集团军的45万人和第16集团军的6万人，由训练有素的职业军人、受过训练或部分训练的应征人员、缺乏训练的新兵组成。没有准确的记录表明各个类别的人员究竟有多少，但合理的推断是，拥有长期军旅生涯的职业军人所占的比例非常小。这些士兵中的大多数可能是短期服过役的应征兵或接受过一些个人和小股部队训练（但不会太多）的预备役人员。不管怎样，这种训练，无论是个人的还是小股部队的，肯定不如普通德军士兵所接受的训练全面。鉴于红军应征兵过去服役的时间长度，他们当中具有战斗经验的人也不会太多。

分配给第28、第29、第30集团军的20—24万人，以及7月和8月调拨给西方面军的23万名补充兵，情况更加糟糕。这些士兵主要由接受过一些个人或小股部队训练的预备役人员和几乎未接受过任何训练的应征入伍者组成。另外，这些士兵分配到的各个师，例如番号为200系列的步兵师，都是仓促组建而成，缺乏所需要的火炮、车辆和其他技术装备。[12]因此，苏联国防人民委员部组建这些集团军时，委派NKVD军官担任高级指挥员，并把一批NKVD边防军士兵派至各个师，以此协助维持纪律。

缺乏训练最明显的后果是，许多士兵和他们的部队甚至无法执行最基本、最常规的战斗任务。因此，新组建的师，也包括现有的师，辖内部队对基本的步兵战术，组织营、团、师级的诸兵种协同，在各团、各师内和毗邻师之间统一炮兵和坦克力量支援，在各层级实施火力和机动，以及其他许多基本作战功能一无所知。正如数百份报告和批评指出的那样，这些缺乏经验的部队总是采取正面冲击，炮火无效，坦克与提供支援的步兵脱节，最糟糕的是，一些营、团，甚至是整个师沦为“瘫痪”“坦克恐慌”等现象的受害者，面对熟练实施闪电战战术并展开过快速、高效“战斗演练”的德军部队时，甚至发生了彻底“溃逃”的情况。结果，经过最初几周的战斗后，命令辖内部队遂行这种或那种任务时（特别是在集团军一级），苏军指挥员不得不准确指示他们的下级指挥员，应当如何执行各项战斗功能。红军特别详细的命令就此诞生。这种类型的命令一直持续到战争结束。德军指挥官在战争期间对这种命令大加讥讽，战后的西方观察者们也对此嗤之以鼻，但红军要想战胜欧洲最具成就的武装力量——德国国防军，这种详细的命令是绝对必要的。简言之，这些命令是1943年夏季前打造一支全新的、更具能力的红军所需的教育过程的重要组成部分。

如果说1941年夏季（较小程度上也包括1942年夏季）是德军高级将领们的“辉煌岁月”，那么这一时期对他们的红军同行来说却是遭受审判、教育、囚禁、死亡威胁甚至镇压的年份。中央集团军群的高级指挥官，特别是陆军元帅博克，他麾下的集团军司令冯·克鲁格、施特劳斯、魏克斯将军，装甲集群司令霍特和古德里安将军，以及许多军长和师长，都是受过良好教育、经验丰富、久经沙场的职业军人。这些将领都在以往成功的战争中指挥过大型兵团，都认为德国军队天下无敌，都对德国的最终胜利深信不疑。虽然他们在整个“巴巴罗萨行动”期间的表现堪称典范，但他们也表现出与普通德军士兵相同的特点，即低估敌人，高估己方部队的能力。而在整个战局中，特别是斯摩棱斯克交战的过程中，他们的高度职业化和作为德军高级将领的身份，以及充满传统德国陆军总参谋部专业精神的固有品质，让他们内部产生了战略和战役争执，他们甚至对这场战争的最高政治缔造者阿道夫·希特勒追求的战略也持怀疑态度。

结果，希特勒对博克和他那些集团军指挥官成功实施合围战的能力产生怀疑，换句话说，他觉得他们无法消灭陷入合围的苏军部队；博克和克鲁格一样，质疑希特勒同时追求太多目标的智慧，这里指的是派他的装甲力量去协助友邻集团军群；古德里安则视情况的不同，在不计后果、率领他的装甲部队全力向前推进与默认元首的倾向、沿敌人抵抗最小的路线前进之间摇摆不定。虽然这些争执在斯摩棱斯克交战期间尚处于萌芽状态，因而只给那里的战斗造成了不算太大的影响，但到1941年12月，这些争执的种子发展成重大政治分歧，导致德军大批高级将领被解职，包括古德里安（1941年12月）和施特劳斯（1942年1月的）。另一方面，博克则被希特勒任命为南方集团军群司令，率领该集团军群实施“蓝色行动”，直到1942年7月才愤然离开战场。

至于红军将领，与整个“巴巴罗萨行动”的情况一样，斯摩棱斯克交战成为军队指挥员的筛选场或测试地。斯大林一直在寻找能为他赢得战争的“斗士”型将领，在这段激烈动荡的时期发现了许多才华横溢的人物。不可否认，整个红军军官团并未对“巴巴罗萨行动”的考验做好准备。就在四年前的1937年，斯大林清洗了红军中的高级指挥员，这个过程直到战争爆发时仍在继续。由于大清洗消灭了红军中的大部分元帅和将领，幸存者在战争爆发时已获得过早的晋升，正在至少比他们的实际能力高出一两级的岗位上指挥部队。因此，几乎所有红军指挥员都在这场悲惨的战争经历中接受了“在职培训”；另外，这也导致战争以出人意料和必然的失败为开端。

虽然局势极具挑战性，但大批红军将领都做出了积极回应。[13]因此，斯大林找到了他需要的“斗士”，方面军司令员层级是铁木辛哥、朱可夫和叶廖缅科；集团军司令员则有科涅夫、罗科索夫斯基、库罗奇金、马斯连尼科夫、戈尔多夫、戈罗德尼扬斯基，这些人后来都升至方面军司令员①；另外还有数十位军长和师长，包括尤什克维奇、利久科夫、科尔恰金、奥布霍夫、巴哈罗夫、巴达诺夫、布尔科夫、米舒林，他们后来在战争中晋升为集团军司令员、坦克集团军司令员，或负责指挥坦克和机械化军。有些将领在这场或随后的战斗中牺牲，另一些将领（例如卢金）则被德国人俘虏，在斯大林看来，被俘就是耻辱的代名词。还有些将领默默无闻地消失在红军队列中。这些红军将领中，像朱可夫、科涅夫、罗科索夫斯基那样崭露头角的人寥寥无几，他们后来成为方面军司令员，在这场战争中扬名立万，为自己在红军1945年5月举行的红场胜利阅兵中赢得了一席之地。

观点概要

基于对本书中大量文献资料的分析，可以较为清晰地得出如下观点：

· 为阻止中央集团军群进入斯摩棱斯克地域，苏军的抵抗远较德国人的预期和历史学家们过去所说的为强，也更加积极。

① 译注：戈罗德尼扬斯基除外。

·斯大林、最高统帅部、西方向总指挥部寻求的军事战略远比过去认为的复杂得多。

·斯大林、最高统帅部、铁木辛哥的西方向总指挥部为削弱前进中的德军，采用了消耗策略。

·这种消耗策略给中央集团军群造成的破坏，远比过去认为的严重得多，最终为西方面军和加里宁方面军1941年12月击败中央集团军群做出了重要贡献。

关于斯摩棱斯克交战的新观点

除了上述观点概要之外，本书还提出了如下新观点：

·“巴巴罗萨计划”认为，若能歼灭西德维纳河和第聂伯河以西的红军主力，德国军队就将赢得胜利。

·希特勒对“巴巴罗萨行动”的构想，将进攻重点集中于打击红军有生力量，而非领土或点目标（列宁格勒、莫斯科、基辅、罗斯托夫）。

·希特勒的军事策略，具体说来就是他以中央集团军群辖内部队（第2集团军和第2装甲集群）向南攻往基辅的决定，与“巴巴罗萨行动”最初的概念完全一致，也就是说，主要目标是消灭红军有生力量，而非攻城略地，这就要求中央集团军群进军莫斯科前先行歼灭侧翼的大股红军力量。

·斯摩棱斯克交战并不仅仅是德军攻入斯摩棱斯克地域，以及随后为消灭斯摩棱斯克包围圈进行战斗，而且包括红军连续实施的四场反攻行动，每场反攻的范围和规模都比前一场更大，重要性也更高。

·红军四场反攻给中央集团军群造成的破坏远比过去认为的更严重。

·7月中旬至9月初，铁木辛哥西方面军在斯摩棱斯克东面和东北面给德国第9集团军造成的破坏，比预备队方面军第24集团军同一时期在叶利尼亚地域给德军造成的损失严重得多。

·苏联历史学家们经常掩盖西方向总指挥部四场反攻中的大多数，或对此含糊其词，很可能是以埋没铁木辛哥西方面军在德国第9集团军“东线”取得的成就为代价，来夸大朱可夫预备队方面军在叶利尼亚取得胜利的重大意义。

·阿道夫·希特勒意识到这种破坏的程度和影响，并据此调整自己的战略，决定沿抵抗最微弱的路线前进，打击中央集团军群侧翼的红军部队。

·1941年7月中旬后，德国军队在“巴巴罗萨行动”中的推进演变为单独、独特的临时性进攻“冲刺”，向前推进100千米后往往会暂停7—10天。

·德军进攻行动的周期性发展（而非无缝发展），是苏军的抵抗较预期为强、严重的后勤限制（燃料和弹药），以及东线战场的性质造成德军坦克和其他车辆意外耗损所致。

·虽然德军指挥官在斯摩棱斯克交战期间的表现普遍非常好，但这场战斗在很大程度上识别出了苏军最具能力的各级指挥员。

·在斯摩棱斯克交战期间证明自己是“斗士”并声名大噪的红军将领中，最重要的是方面军司令员铁木辛哥、朱可夫和叶廖缅科；集团军司令员科涅夫、罗科索夫斯基、库罗奇金、马斯连尼科夫、戈尔多夫、戈罗德尼扬斯基（后来都升任方面军司令员）；许多军长和师长，包括尤什克维奇、利久科夫、科尔恰金、奥布霍夫、巴哈罗夫、巴达诺夫、布尔科夫、米舒林，他们后来在战争中升为集团军司令员、坦克集团军司令员，或负责指挥坦克和机械化军。

·由于他们在斯摩棱斯克交战期间的出色表现，1941年9月，斯大林委派朱可夫指挥列宁格勒的防御，派铁木辛哥监督基辅的防御。科涅夫出任西方面军司令员，后又担任加里宁方面军司令员。

斯摩棱斯克地域历时十周的斗争，代表的远非德国军队进军莫斯科途中的“小颠簸”。尽管中央集团军群迅速而又果断地攻往斯摩棱斯克并在该城及其周边包围了三个苏军集团军，但集团军群辖内部队消灭被围苏军并巩固既得战果，耗费的时间远较预期为多，所从事的战斗也比原先认为的更加激烈。这是因为苏联大本营和西方向总指挥部组织了三场大规模反攻，遏止并消灭了前进中的德军。历史证明，7月下旬和8月中旬的前两场反攻较为简短，而苏方隐瞒了苏军9月份发起的第三场，也是规模最大的一场战略行动——西方面军、预备队方面军、布良斯克方面军的杜霍夫希纳、叶利尼亚、罗斯拉夫利—新济布科夫反攻。对九月反攻这一历史篇章的恢复清楚地表明，包括前两场进攻行动在内，红军7月至9月初在斯摩棱斯克地域实施的这些反攻，给中央集团军群造成的破坏远比以往所想的更加严重。因此，这些反攻不仅严重削弱了中央集团军群，还迫使希特勒恢复“巴巴罗萨行动”原有的设想，命令中央集团军群进军莫斯科前先行消灭侧翼之敌。虽然博克集团军群为德国军队1941年9月在基辅赢得决定性胜利做出了重大贡献，并于1941年10月向莫斯科发起蔚为壮观的“台风行动”，但集团军群在斯摩棱斯克交战中遭受的损失，最终导致他们1941年12月在莫斯科门前遭遇挫败。实际上，斯摩棱斯克交战绝非通往莫斯科途中的“小颠簸”，它导致“巴巴罗萨行动”偏离方向，最终为德国军队12月的失败埋下了伏笔。

注释：

1. 参见德国陆军总参谋部作战处1941年1月31日签发的第050/41号令，《关于集结兵力的指令（“巴巴罗萨计划”）》，收录于《伟大卫国战争军事历史资料集》第18期，第56—57页。

2. 参见德文原件《元首1940年12月5日的讲话》（Vortrag beim F ü hrer am 5. Dezember 1940），收录于佩尔西·E.施拉姆主编，汉斯-阿道夫·雅各布森编撰并评述，《国防军最高统帅部战时日志，1940—1945年（作战处）》第一册，美茵河畔法兰克福：伯纳德＆格雷费出版社，1965年，41项，第981—982页。

3. 戈特哈德·海因里希，《对苏作战》第一卷，华盛顿特区：美国陆军情报处，1954年，第190页。戈特哈德·海因里希是参加过第一次世界大战的老兵，莫斯科战役期间指挥第4集团军第43军，1942年1月26日—1944年8月指挥第4集团军。这段时间里，他因为1942年在莫斯科、1942年—1943年在维亚济马和斯摩棱斯克、1943年年末和1944年年初在白俄罗斯实施巧妙的防御而声名卓著。1944年8月—1945年3月，他指挥第1装甲集团军（与匈牙利第1集团军组成海因里希集群），在喀尔巴阡山地域和斯洛伐克实施了一场成功的防御。由于在弹性防御方面的名望，他于1945年3月出任维斯瓦河集团军群司令，负责据守柏林东面的奥得河防线。他决定将集团军群主力撤往西面，脱离柏林和前进中的红军，因此在1945年4月28日被解除集团军群司令的职务，其职责由蒂佩尔斯基希接替。

4. 德国军队在夏季战局中多次赢得胜利，很容易使苏联历史学家们掩盖红军大多数受挫的反击。同时，获胜的德国人将红军这些失败视为他们胜利进军途中的“小颠簸”。直到红军12月初在莫斯科门前阻挡住德军的猛攻，德军指挥官和分析人员才开始反思前六个月发生的事情，尽管只是为了找到他们过于雄心勃勃的战略计划中的缺点和不足。

5. V.A.佐洛塔廖夫主编，《伟大卫国战争，1941年—1945年》第一册，第466页。

6. 克里沃舍耶夫主编，《揭秘伟大卫国战争，损失册》，莫斯科：韦切出版社，2009年，第91页。

7. 同上，第95页。另一份俄罗斯官方资料指出红军沿西方向行动的诸方面军在斯摩棱斯克交战开始时和“台风行动”开始时的总兵力略有些不同。为便于比较，这些数字列举如下：

斯摩棱斯克交战（1941年7月10日—9月10日）

方面军（日期）	兵力
西方面军（7月10日）	556087
预备队方面军（8月1日）	466366
中央方面军（8月1日）	284820
布良斯克方面军（8月20日）	162278
合计	**1469551**

参见《伟大卫国战争，1941年—1945年：交战，战略战役和会战，统计分析，第一册，1941年夏秋季战局》，第186页。引自*TsAMO RF*, F. 144, Op. 396, D. 8, L. 11; D. 18, L. 35; D.19, L. 9; and D. 20, Ll. 13–14。

莫斯科战役（“台风行动”）（1941年9月30日—12月5日）

方面军（9月30日）	兵力
西方面军	545935
预备队方面军	478508
布良斯克方面军	225567
合计	**1250010**

参见《伟大卫国战争，1941年—1945年：交战，战略战役和会战，统计分析，第一册，1941年夏秋季战局》，第317页。引自*TsAMO RF*, F. 8, Op. 11627, D. 205, Ll. 52–58, 108–116; F. 35, Op. 11285, D. 236, Ll. 286–288; Op. 2511, D. 166, L. 47。

8. 查尔斯·伯迪克、汉斯-阿道夫·雅各布森译，《哈尔德战时日记，1939年—1942年》，加利福尼亚州诺瓦托：要塞出版社，1988年，第483页。

9.《伟大卫国战争，1941年—1945年：交战，战略战役和会战，统计分析，第一册，1941年夏秋季战局》，莫斯科：俄罗斯联邦国防部军事历史研究所，2004年，第195页。

10.《哈尔德战时日记，1939年—1942年》，第519页。

11. 俄罗斯官方资料，例如V.A.佐洛塔廖夫主编的《伟大卫国战争，1941年—1945年》第一册第213页，以及《伟大卫国战争，1941年—1945年：交战，战略战役和会战，统计分析，第一册，1941年夏秋季战局》第319页，声称中央集团军群发起“台风行动”时的坦克数量为1700辆。另一方面，红军总参谋部对莫斯科战役的研究，如B.M.沙波什尼科夫主编的《德军在莫斯科的失败》（Razgrom nemetskikh voisk pod Moskvoi）（莫斯科：军事出版局，1943年）认为中央集团军群10月初的坦克力量为800—900辆。但列夫·洛普霍夫斯基在《1941年的维亚济马悲剧》（莫斯科：亚乌扎-艾克斯摩出版社，2006年）一书第98页指出，根据他对德方档案资料的分析，中央集团军群发起“台风行动”时的可用坦克数量不会超过1000辆。不管怎样，这些数字都生动地表明该集团军群的装甲力量在急剧下降这一事实，而这种下降主要是1941年7月、8月和9月初斯摩棱斯克地域的激烈战斗导致的。

12. 关于红军各兵团和部队的组建及编成，以及战争前夕和初期红军士兵的训练状况，详情可参阅：戴维·M.格兰茨，《泥足巨人：战争前夕的苏联红军》，堪萨斯州劳伦斯：堪萨斯大学出版社，1998年。以及该书的俄文版《泥足巨人：1941年的苏联红军》，莫斯科：亚乌扎-艾克斯摩出版社，2008年。

13. 关于红军指挥员战时演变的详细研究，可参阅戴维·M.格兰茨，《巨人重生，战争中的苏联红军，1941年—1943年》，堪萨斯州劳伦斯：堪萨斯大学出版社，2005年，第466—536页。另可参阅该书的两卷本俄文版：《苏联军事奇迹：红军的重生》（1941-1943 Sovetskoe Voennoe chudo: Vozrozhdenie Krasnoi Armii），莫斯科：亚乌扎-艾克斯摩出版社，2008年。还可参阅戴维·M.格兰茨，《凤凰涅槃：1941年的红军是如何改造成一支胜利大军的》（Vosstavshie iz pepla: Kak Krasnoi Armii 1941 goda prevratilas’ v armiiu pobedy），莫斯科：亚乌扎-艾克斯摩出版社，2009年。

附录一
交战双方将领照片

本附录中的照片大部分由作者提供。部分苏方将领的肖像画质并不十分理想，但是较有历史价值，故而加以选录。

德国

▲ 阿道夫·希特勒、陆军总司令瓦尔特·冯·勃劳希契元帅（左）、陆军总参谋长弗朗茨·哈尔德大将（右）

◀ 中央集团军群司令，陆军元帅费多尔·冯·博克

▶ 第2装甲集群、古德里安集团军级集群司令海因茨·古德里安大将

▲ 第 4 集团军司令，陆军元帅京特·冯·克鲁格

▲ 第 3 装甲集群司令赫尔曼·霍特大将（中间）

苏联

A组

A1: 第 22 集团军司令员瓦西里·亚历山德罗维奇·尤什克维奇中将[1]

A2: 第 29 集团军司令员伊万·伊万诺维奇·马斯连尼科夫中将

A3: 第 21 集团军司令员瓦西里·伊万诺维奇·库兹涅佐夫中将

A4: 第 13 集团军司令员阿夫克先季·米哈伊洛维奇·戈罗德尼扬斯基少将

B组

B1: 西方向总指挥部总司令、西方面军司令员，苏联元帅谢苗·康斯坦丁诺维奇·铁木辛哥

B2: 预备队方面军司令员格奥尔吉·康斯坦丁诺维奇·朱可夫大将

B3: 第 16 集团军司令员康斯坦丁·康斯坦丁诺维奇·罗科索夫斯基中将

B4: 第 19 集团军司令员伊万·斯捷潘诺维奇·科涅夫中将

① 译注：少将。

B5：第 30 集团军司令员瓦西里·阿法纳西耶维奇·霍缅科少将
B6：第 20 集团军司令员米哈伊尔·费多罗维奇·卢金中将
B7：第 24 集团军司令员康斯坦丁·伊万诺维奇·拉库京少将

C组

C1：布良斯克方面军司令员安德烈·伊万诺维奇·叶廖缅科上将
C2：第 3 集团军司令员雅科夫·格里戈里耶维奇·克列伊泽尔少将
C3：第 50 集团军司令员米哈伊尔·彼得罗维奇·彼得罗夫少将

附录二
1941年8月1日—9月1日，交战双方的作战序列

8月1日

德军中央集团军群

<table>
<tr><td rowspan="13">第9集团军</td><td colspan="2" rowspan="3">第8军</td><td>第8步兵师</td></tr>
<tr><td>第28步兵师</td></tr>
<tr><td>第161步兵师</td></tr>
<tr><td colspan="2" rowspan="2">第5军</td><td>第106步兵师</td></tr>
<tr><td>第35步兵师</td></tr>
<tr><td colspan="2" rowspan="2">第6军</td><td>第6步兵师</td></tr>
<tr><td>第26步兵师</td></tr>
<tr><td rowspan="5">舒伯特集群</td><td rowspan="3">第23军</td><td>第206步兵师</td></tr>
<tr><td>第86步兵师</td></tr>
<tr><td>第110步兵师</td></tr>
<tr><td rowspan="2">第50军</td><td>第251步兵师</td></tr>
<tr><td>第253步兵师</td></tr>
<tr><td colspan="3">第256步兵师（预备队）</td></tr>
<tr><td rowspan="10">第3装甲集群（隶属第9集团军）</td><td rowspan="5">第57摩托化军</td><td colspan="2">第20装甲师</td></tr>
<tr><td colspan="2">第19装甲师</td></tr>
<tr><td colspan="2">第18摩托化师</td></tr>
<tr><td colspan="2">第14摩托化师</td></tr>
<tr><td colspan="2">第129步兵师</td></tr>
<tr><td rowspan="5">第39摩托化军</td><td colspan="2">第20摩托化师</td></tr>
<tr><td colspan="2">第7装甲师</td></tr>
<tr><td colspan="2">第12装甲师</td></tr>
<tr><td colspan="2">第900摩托化教导旅</td></tr>
<tr><td colspan="2">第5步兵师</td></tr>
</table>

续表

古德里安集团军级集群	第24摩托化军	第4装甲师
		第3装甲师
		第10摩托化师
		第7步兵师
	第9军	第292步兵师
		第137步兵师
		第263步兵师
	第7军	第197步兵师
		第78步兵师
		第23步兵师
	第46摩托化军	第10装甲师
		武装党卫队“帝国”摩托化师
		“大德意志”步兵团（摩托化）
		第268步兵师
		第15步兵师
	第47摩托化军	第18装甲师
		第17装甲师
		第29摩托化师
第2集团军	第35军	第193步兵师[①]
		第45步兵师
	第43军	第260步兵师
		第134步兵师
	第53军	第52步兵师
		第255步兵师
		第267步兵师
	第12军	第167步兵师
		第31步兵师
		第112步兵师
	第13军	第34步兵师
		第17步兵师
		第258步兵师
		第131步兵师
		第1骑兵师

① 译注：第293步兵师。

续表

集团军群后方地域	第162步兵师
	第87步兵师
	第252步兵师
	第102步兵师
	第403保安师
	第221保安师
	第286保安师
	第707保安师（途中）
集团军群预备队	第4集团军司令部
	第40摩托化军军部
总司令部（OKH）预备队	第183步兵师（途中）

注：本表格反映的是截至8月7日的德军隶属关系。

苏军西方面军

第16集团军	步兵第32军	步兵第46师
		步兵第129师
		步兵第152师
	步兵第34军	步兵第158师
	军属炮兵第49团	
	军属炮兵第126团	
	军属炮兵第471团	
	反坦克炮兵第509团	
	独立高射炮兵第112营	
	独立工兵第243营	
第19集团军	步兵第2军	步兵第50师
		步兵第161师
	步兵第25军	步兵第89师
		步兵第91师
		步兵第162师
	步兵第166师	
	军属炮兵第442团	
	军属炮兵第151团	
	独立高射炮兵第7营	
	独立高射炮兵第318营	
	独立高射炮兵第455营	
	摩托化工程兵第111营	
	独立工兵第238营	

续表

第20集团军	步兵第69军	步兵第73师
		步兵第144师
		步兵第233师
	步兵第153师	
	步兵第229师	
	军属炮兵第467团	
	加农炮兵第293团（统帅部预备队）	
	加农炮兵第592团（统帅部预备队）	
	榴弹炮兵第302团（统帅部预备队）	
	独立高射炮兵第123营	
	独立高射炮兵第185营	
	机械化第5军	坦克第13师
		坦克第17师
		摩托化第109师
	混成航空兵第23师	
	独立工兵第127营	
	独立工兵第226营	
	独立工兵第228营	
第22集团军	步兵第29军	步兵第126师
		步兵第179师
		步兵第214师
	步兵第51军	步兵第98师
		步兵第112师
		步兵第170师
	步兵第62军	步兵第174师
		步兵第186师
	步兵第256师	
	军属炮兵第56团	
	军属炮兵第615团	
	榴弹炮兵第360团（统帅部预备队）	
	榴弹炮兵第390团（步兵第17师）	
	反坦克炮兵第697团	
	独立迫击炮兵第11营	
	独立高射炮兵第111营	
	独立高射炮兵第183营	
	独立高射炮兵第397营	
	坦克第48师	

续表

<table>
<tr><td rowspan="2">第22集团军</td><td colspan="2">混成航空兵第46师</td></tr>
<tr><td colspan="2">独立工程兵第22营</td></tr>
<tr><td rowspan="14">第28集团军</td><td colspan="2">步兵第145师</td></tr>
<tr><td colspan="2">步兵第149师</td></tr>
<tr><td colspan="2">步兵第176团</td></tr>
<tr><td colspan="2">军属炮兵第364团</td></tr>
<tr><td colspan="2">军属炮兵第646团</td></tr>
<tr><td colspan="2">大威力榴弹炮兵第537团（统帅部预备队）</td></tr>
<tr><td colspan="2">反坦克炮兵第18团</td></tr>
<tr><td colspan="2">反坦克炮兵第758团</td></tr>
<tr><td colspan="2">独立高射炮兵第16营</td></tr>
<tr><td colspan="2">独立高射炮兵第71营</td></tr>
<tr><td colspan="2">独立高射炮兵第304营</td></tr>
<tr><td colspan="2">坦克第104师</td></tr>
<tr><td colspan="2">摩托化舟桥兵第9营</td></tr>
<tr><td colspan="2">摩托化工兵第538营</td></tr>
<tr><td rowspan="6">第29集团军</td><td colspan="2">步兵第243师</td></tr>
<tr><td colspan="2">步兵第252师</td></tr>
<tr><td colspan="2">NKVD摩托化步兵第1团</td></tr>
<tr><td colspan="2">骑兵第50师</td></tr>
<tr><td colspan="2">骑兵第53师</td></tr>
<tr><td colspan="2">军属炮兵第644团</td></tr>
<tr><td rowspan="8">第30集团军</td><td colspan="2">步兵第242师</td></tr>
<tr><td colspan="2">步兵第250师</td></tr>
<tr><td colspan="2">步兵第251师</td></tr>
<tr><td colspan="2">军属炮兵第542团</td></tr>
<tr><td colspan="2">榴弹炮兵第392团（统帅部预备队）</td></tr>
<tr><td colspan="2">反坦克炮兵第871团</td></tr>
<tr><td colspan="2">摩托化舟桥兵第51营</td></tr>
<tr><td colspan="2">独立工兵第263营</td></tr>
<tr><td rowspan="7">亚尔采沃集群</td><td rowspan="3">步兵第44军</td><td>步兵第38师</td></tr>
<tr><td>步兵第64师</td></tr>
<tr><td>步兵第108师</td></tr>
<tr><td colspan="2">坦克第14师</td></tr>
<tr><td colspan="2">坦克第18师</td></tr>
<tr><td colspan="2">坦克第101师</td></tr>
<tr><td colspan="2">坦克第107师</td></tr>
</table>

续表

<table>
<tr><td rowspan="24">方面军直属部队</td><td colspan="2">步兵第24、第134步兵师</td></tr>
<tr><td colspan="2">第61、第62、第66、第68筑垒地域</td></tr>
<tr><td colspan="2">加农炮兵第311团（统帅部预备队）</td></tr>
<tr><td colspan="2">大威力榴弹炮兵第120、第138团（统帅部预备队）</td></tr>
<tr><td colspan="2">榴弹炮兵第301、第375、第399团（统帅部预备队）</td></tr>
<tr><td colspan="2">军属炮兵第29、第444、第545、第596团</td></tr>
<tr><td colspan="2">反坦克炮兵第699、第700团（统帅部预备队）</td></tr>
<tr><td colspan="2">混成炮兵第7团</td></tr>
<tr><td colspan="2">独立迫击炮兵第24营</td></tr>
<tr><td colspan="2">独立高射炮兵第86、第164营</td></tr>
<tr><td colspan="2">第7旅级防空地域、巴拉诺维奇旅级防空地域、维捷布斯克旅级防空地域、斯摩棱斯克旅级防空地域</td></tr>
<tr><td rowspan="3">机械化第17军</td><td>坦克第27师</td></tr>
<tr><td>坦克第36师</td></tr>
<tr><td>摩托化第209师</td></tr>
<tr><td colspan="2">摩托车第9团</td></tr>
<tr><td colspan="2">独立坦克第114团</td></tr>
<tr><td colspan="2">歼击航空兵第43师</td></tr>
<tr><td colspan="2">混成航空兵第28、第47师</td></tr>
<tr><td colspan="2">轰炸航空兵第1、第3、第410团</td></tr>
<tr><td colspan="2">侦察航空兵第313、第314团</td></tr>
<tr><td colspan="2">摩托化工程兵第113、第114营</td></tr>
<tr><td colspan="2">独立工程兵第2、第122营</td></tr>
<tr><td colspan="2">舟桥兵第18营</td></tr>
<tr><td colspan="2">独立工兵第58、第129、第136、第145、第291、第321营</td></tr>
</table>

苏军预备队方面军（7 月 30 日起）

<table>
<tr><td rowspan="8">第24集团军</td><td rowspan="2">步兵第23军</td><td>步兵第100师</td></tr>
<tr><td>山地步兵第194师</td></tr>
<tr><td colspan="2">步兵第19师</td></tr>
<tr><td colspan="2">步兵第107师</td></tr>
<tr><td colspan="2">步兵第110师</td></tr>
<tr><td colspan="2">步兵第120师</td></tr>
<tr><td colspan="2">步兵第133师</td></tr>
<tr><td colspan="2">步兵第178师</td></tr>
</table>

续表

第24集团军	步兵第248师
	民兵第4师
	民兵第6师
	军属炮兵第275团
	军属炮兵第396团
	军属炮兵第685团
	加农炮兵第305团（统帅部预备队）
	加农炮兵第573团（统帅部预备队）
	反坦克炮兵第533团
	反坦克炮兵第879团
	反坦克炮兵第880团
	独立迫击炮兵第12营
	坦克第102师
	摩托化第103师
	摩托化第106师
	独立工程兵第37营
	独立工程兵第88营
	摩托化工程兵第6营
	摩托化工程兵第103营
第31集团军	步兵第119师
	步兵第244师
	步兵第246师
	步兵第247师
	步兵第249师
	军属炮兵第43团
	反坦克炮兵第766团
	坦克第110师
	摩托化工兵第537营
第32集团军	步兵第220师
	民兵第2师
	民兵第7师
	民兵第8师
	民兵第13师
	民兵第18师
	反坦克炮兵第873团
	反坦克炮兵第875团

续表

第33集团军	民兵第1师
	民兵第5师
	民兵第9师
	民兵第17师
	民兵第21师
	反坦克炮兵第876团
	反坦克炮兵第878团
第34集团军	步兵第245师
	步兵第259师
	步兵第262师
	步兵第257师
	骑兵第25师
	骑兵第54师
	反坦克炮兵第171团
	反坦克炮兵第759团
	独立装甲列车第16营
	独立装甲列车第59营
第43集团军	步兵第53师
	步兵第217师
	步兵第222师
	军属炮兵第207团
	军属炮兵第488团
	军属炮兵第643团
	加农炮兵第320团（统帅部预备队）
	反坦克炮兵第753团
	反坦克炮兵第761团
	坦克第105师
	独立工兵第312营
方面军直属部队	步兵第127师
	步兵第444团
	军属炮兵第336团
	大威力榴弹炮兵第544团（统帅部预备队）
	坦克第108师
	歼击航空兵第38师
	混成航空兵第12、第31师
	歼击航空兵第239团

续表

方面军直属部队	轰炸航空兵第50团
	强击航空兵第190团
	独立工兵第84、第246营

苏军中央方面军（7月26日起）

第3集团军	步兵第66军	步兵第75师
		步兵第232师
	空降兵第214旅	
	第65筑垒地域	
	军属炮兵第417团	
	坦克第18团	
	摩托车第20团	
第13集团军	步兵第28军	步兵第55师
		步兵第132师
	步兵第45军	步兵第6师
		步兵第121师
		步兵第137师
		步兵第148师
	空降第4军	空降兵第7旅
		空降兵第8旅
	山地骑兵第21师	
	骑兵第52师	
	军属炮兵第420团	
	军属炮兵第455团	
	军属炮兵第462团	
	炮兵第398团	
	独立高射炮兵第12营	
	独立工程兵第275营	
	舟桥兵第60营	
第21集团军	步兵第21军	步兵第42师
		步兵第117师
		步兵第187师
	步兵第63军	步兵第61师
		步兵第154师
		步兵第167师

续表

第21集团军	步兵第67军	步兵第102师
		步兵第151师
		步兵第155师
	军属炮兵第435团	
	军属炮兵第546团	
	军属炮兵第637团	
	军属炮兵第645团	
	军属炮兵第649团	
	榴弹炮兵第387团（统帅部预备队）	
	反坦克炮兵第696团	
	榴弹炮兵第318团第1营	
	独立迫击炮兵第5营	
	独立迫击炮兵第6营	
	独立迫击炮兵第15营	
	独立高射炮兵第76营	
	独立高射炮兵第130营	
	独立高射炮兵第158营	
	独立高射炮兵第280营	
	独立高射炮兵第311营	
	机械化第25军	
	坦克第50师	
	坦克第55师	
	摩托化第219师	
	摩托车第12团	
	独立装甲列车第6营	
	舟桥兵第34营	
	独立工程兵第23营	
方面军直属部队	步兵第143师	
	步兵第160团	
	骑兵集群	骑兵第32师
		骑兵第43师
		骑兵第47师
	戈梅利旅级防空地域	
	坦克第109师	

苏军统帅部预备队

大威力榴弹炮兵第5团（统帅部预备队）
大威力榴弹炮兵第191团（统帅部预备队）
大威力榴弹炮兵第318团（统帅部预备队）
大威力榴弹炮兵第403团（统帅部预备队）
重型加农炮兵第524团（统帅部预备队）
独立大威力炮兵第32营（统帅部预备队）
摩托化工程兵第133、第134营

9月1日

德军中央集团军群

第9集团军	第8军	第8步兵师
		第28步兵师
		第161步兵师
	第5军	第5步兵师
		第129步兵师
		第106步兵师
		第35步兵师
	第6军	第6步兵师
		第26步兵师
		第14摩托化师
	第40军	第256步兵师
		第206步兵师
		第102步兵师
	第23军	第110步兵师
		第251步兵师
		第253步兵师
		第86步兵师
	西班牙“蓝色”师（8月21日开抵）	
第3装甲集群（隶属第9集团军）	第57摩托化军	第20装甲师
		第19装甲师
		第18摩托化师
	第39摩托化军	第20摩托化师
		第7装甲师
		第12装甲师
		第900摩托化教导旅

续表

第2装甲集群	第24摩托化军	第4装甲师
		第3装甲师
		第10摩托化师
		第7步兵师
	第9军	第137步兵师
		第263步兵师
	第7军	第197步兵师
		第23步兵师
	第20军	第268步兵师
		第15步兵师
		第292步兵师
	第46摩托化军	第10装甲师
		武装党卫队“帝国”摩托化师
		“大德意志”步兵团（摩托化）
	第47摩托化军	第18装甲师
		第17装甲师
	第29摩托化师（预备队）	
第2集团军	第35军	第193步兵师①
	第43军	第260步兵师
		第134步兵师
		第267步兵师
		第45步兵师
	第53军	第52步兵师
		第255步兵师
	第12军	第31步兵师
		第112步兵师
	贝伦多夫集群	第34步兵师
		第258步兵师
	第13军	第17步兵师
		第167步兵师
		第131步兵师
		第1骑兵师

①译注：第293步兵师。

续表

集团军群后方地域	第87步兵师
	第252步兵师
	第403保安师
	第221保安师
	第286保安师
	第707保安师（途中）
集团军群预备队	第4集团军司令部
	第78步兵师（一部）
	第162步兵师
总司令部（OKH）预备队	第183步兵师（途中）

注：本表格反映的是截至8月13日的德军隶属关系。

苏军西方面军

第16集团军	步兵第44军	步兵第38师
		步兵第108师
		步兵第152师
	军属炮兵第49团	
	军属炮兵第587团	
	军属炮兵第471团	
	反坦克炮兵第700团	
	坦克第129旅	
	摩托化工程兵第42营	
	独立工兵第169营	
	独立工兵第243营	
第19集团军	步兵第50师	
	步兵第64师	
	步兵第89师	
	步兵第91师	
	步兵第166师	
	步兵第244师	
	骑兵第45师	
	军属炮兵第596团	
	加农炮兵第311团	
	榴弹炮兵第120团（统帅部预备队）	
	榴弹炮兵第399团（统帅部预备队）	

续表

第19集团军	反坦克炮兵第874团	
	榴弹炮兵第302团第4营（统帅部预备队）	
	独立高射炮兵第7营	
	独立高射炮兵第318营	
	坦克第101师	
	独立坦克第205团	
	摩托化工程兵第111营	
	独立工兵第238营	
	独立工兵第321营	
第20集团军	步兵第73师	
	步兵第144师	
	步兵第129师	
	步兵第153师	
	步兵第161师	
	步兵第229师	
	军属炮兵第126团	
	加农炮兵第592团（统帅部预备队）	
	榴弹炮兵第302团（统帅部预备队）	
	反坦克炮兵第872团	
	高射炮兵第112营	
	高射炮兵第123营	
	高射炮兵第185营	
	高射炮兵第455营	
	摩托化工程兵第129营	
	摩托化工程兵第226营	
	摩托化工程兵第229营	
	独立工兵第288营	
第22集团军	步兵第29军	步兵第126师
		步兵第179师
		步兵第214师
	步兵第51军	步兵第98师
		步兵第112师
		步兵第170师
	步兵第62军	步兵第174师
		步兵第186师
	步兵第256师	

续表

第22集团军	军属炮兵第56团
	军属炮兵第545团
	军属炮兵第615团
	榴弹炮兵第360团（统帅部预备队）
	榴弹炮兵第390团（步兵第17师）
	反坦克炮兵第697团
	独立迫击炮兵第11营
	独立高射炮兵第111营
	独立高射炮兵第183营
	独立高射炮兵第397营
	坦克第48师
	摩托车第9团
	独立工程兵第22营
	独立工程兵第23营
	摩托化工程兵第115营
第29集团军	步兵第178师
	步兵第243师
	步兵第246师
	步兵第252师
	军属炮兵第444团
	军属炮兵第644团
	独立摩托化旅
	独立工程兵第71营
	独立工程兵第72营
第30集团军	步兵第134师
	步兵第162师
	步兵第242师
	步兵第250师
	步兵第251师
	军属炮兵第392团
	军属炮兵第542团
	榴弹炮兵第392团
	反坦克炮兵第871团
	独立迫击炮兵第12营
	坦克第107师
	摩托化舟桥兵第51营
	独立工兵第263营

续表

方面军直属部队	骑兵集群	骑兵第50师
		骑兵第53师
	第62、第64、第65、第66筑垒地域	
	炮兵第7团	
	军属炮兵第29、第467团	
	榴弹炮兵第301、第375团（统帅部预备队）	
	加农炮兵第293团（统帅部预备队）	
	反坦克炮兵第509团	
	榴弹炮兵第57团（步兵第95师）、第27团（步兵第27师）	
	独立反坦克炮兵第164营	
	第7旅级防空地域、巴拉诺维奇旅级防空地域、维捷布斯克旅级防空地域	
	坦克第126、第128旅	
	独立坦克第49、第52、第54、第56、第59、第64、第66、第184、第186营	
	轰炸航空兵第23师	
	混成航空兵第31、第43、第46、第47师	
	轰炸航空兵第30、第95、第134团	
	侦察航空兵第314团	
	独立工程兵第70、第122营	
	摩托化工程兵第113、第114、第133营	
	舟桥兵第62、第63营、第64营	

苏军预备队方面军（7月30日起）

第24集团军	步兵第19师
	步兵第100师
	步兵第106师
	步兵第107师
	步兵第120师
	步兵第303师
	步兵第309师
	民兵第6师
	军属炮兵第275团
	军属炮兵第488团
	军属炮兵第685团
	加农炮兵第305团
	加农炮兵第573团

续表

第24集团军	榴弹炮兵第105团（统帅部预备队）
	榴弹炮兵第544团（统帅部预备队）
	反坦克炮兵第533团
	反坦克炮兵第879团
	反坦克炮兵第880团
	独立迫击炮兵第24营
	坦克第102师
	坦克第105师
	摩托化第103师
	混成航空兵第38师
	歼击航空兵第10团
	歼击航空兵第163团
	轰炸航空兵第50团
	强击航空兵第77团
	独立工程兵第37营
	独立工程兵第88营
	摩托化工程兵第6营
	摩托化工程兵第103营
	摩托化舟桥兵第56营
第31集团军	步兵第119师
	步兵第247师
	步兵第249师
	军属炮兵第43团
	反坦克炮兵第766团
	海军加农炮兵第231连
	海军加农炮兵第281连
	海军加农炮兵第282连
	摩托化工兵第537营
第32集团军	民兵第2师
	民兵第7师
	民兵第8师
	民兵第13师
	反坦克炮兵第873团
第33集团军	民兵第1师
	民兵第5师
	民兵第9师

续表

第33集团军	民兵第17师
	民兵第18师
	民兵第21师
	反坦克炮兵第876团
	反坦克炮兵第878团
第43集团军	步兵第53师
	步兵第149师
	步兵第211师
	步兵第222师
	军属炮兵第364团
	军属炮兵第646团
	加农炮兵第320团（统帅部预备队）
	反坦克炮兵第18团
	反坦克炮兵第758团
	反坦克炮兵第875团
	独立高射炮兵第64营
	独立高射炮兵第71营
	独立高射炮兵第230营
	独立高射炮兵第304营
	坦克第104师
	坦克第109师
	混成航空兵第12师
	歼击航空兵第161团
	歼击航空兵第165团
	轰炸航空兵第57团
	摩托化舟桥兵第9营
	独立工兵第246营
	独立工兵第273营
	独立工兵第312营
	摩托化工兵第538营
第49集团军	步兵第191师
	步兵第220师
	步兵第248师
	民兵第4师
	军属炮兵第396团
	军属炮兵第392团第3营

续表

方面军直属部队	步兵第133师
	第68筑垒地域
	军属炮兵第336、第649团
	坦克第143旅
	独立工兵第84营

苏军布良斯克方面军（8月16日起）

第3集团军	步兵第137师	
	步兵第148师	
	步兵第269师	
	步兵第280师	
	步兵第282师	
	骑兵第4师	
	军属炮兵第420团	
	坦克第108师	
	坦克第141旅	
	独立坦克第113营	
第13集团军	步兵第45军	步兵第6师
		步兵第155师
		步兵第307师
	步兵第121师	
	步兵第132师	
	步兵第143师	
	骑兵第52师	
	军属炮兵第462团	
	榴弹炮兵第387团（统帅部预备队）	
	反坦克炮兵第699团	
	独立高射炮兵第12营	
	独立高射炮兵第130营	
	坦克第50师	
	独立坦克第43营	
	独立工程兵第78营	
	独立工程兵第275营	
	舟桥兵第60营	

续表

第21集团军	步兵第28军	步兵第219师
		步兵第117师
		步兵第187师
	步兵第66军	步兵第55师
		步兵第75师
		步兵第232师
		步兵第266师
	步兵第67军	步兵第24师
		步兵第42师
		步兵第277师
	骑兵集群	骑兵第32师
		骑兵第43师
		骑兵第47师
	空降兵第214旅	
	军属炮兵第435团	
	独立迫击炮兵第5营	
	独立迫击炮兵第6营	
	独立坦克第18团	
	摩托车第20团	
	独立装甲列车第6营	
	独立工程兵第23营	
	独立工兵第266营	
第50集团军	步兵第217师	
	步兵第258师	
	步兵第260师	
	步兵第278师	
	步兵第279师	
	步兵第290师	
	步兵第299师	
	步兵第29团（步兵第38师）	
	军属炮兵第207团	
	军属炮兵第151团	
	军属炮兵第645团	
	反坦克炮兵第761团	
	独立高射炮兵第86营	
	独立工兵第5营	

续表

叶尔马科夫战役集群	步兵第283师
	山地步兵第21师
	骑兵第55师
	坦克第121旅
	坦克第150旅
阿基缅科战役集群	步兵第127师
	步兵第160师
	反坦克炮兵第753团
方面军直属部队	步兵第102、第151、第154、第287师 步兵第298师（重建） 布良斯克独立步兵团 军属炮兵第447、第455团 独立高射炮兵第16、第311营 军属炮兵第546、第637、第643团 混成航空兵第11、第28、第60、第61师

苏军统帅部预备队

步兵第44军军部	
步兵第21师	
步兵第26师	
步兵第286师	
步兵第294师	
步兵第313师	
空降兵第5军	空降兵第9旅
	空降兵第10旅
	空降兵第201旅
大威力炮兵第324团（统帅部预备队）	
反坦克炮兵第764团	
独立迫击炮兵第13营	
摩托化工程兵第3旅	
摩托化工程兵第4旅	

注：红军方面军、集团军和许多机械化军指挥员已在正文中指出。

※本附录资料来源：《苏联集团军作战编成，第一部分（1941年6月—12月）》，莫斯科：总参谋部军事科学院军事历史处，1963年，第30—35页；以及中央集团军群作战日志附件，*HGp Center 26974/8*。

附录三
1941年7月10日—9月10日，苏军在斯摩棱斯克交战中的数字编成

兵力和武器	方面军（日期）				
	西方面军（7月10日）	预备队方面军（8月1日）	中央方面军（8月1日）	布良斯克方面军（8月20日）	总计
兵力	556087	466366	284820	162278	1469551
步兵武器					
步枪和卡宾枪	365421	320538	179238	115608	980805
自动步枪	20261	28684	6885	—	55830
PPD（冲锋枪）	1990	1828	1755	2037	7610
轻机枪	11650	7961	2659	2065	24335
重机枪	4906	4951	1337	1229	12423
高射机枪	355	210	200	21	786
大口径机枪	—	—	—	80	80
炮兵武器					
野战炮	3450	2457	1331	706	8034
（反坦克炮）	1288	668	326	193	2475
高射炮	295	280	123	98	796
（高射机关炮）	206	103	67	42	418
迫击炮	2184	2573	546	854	6157
（82毫米以上）	319	816	345	144	1624
战车					
坦克（合计）	939	267	128	41	1375
（重型）	29	41	39	7	116
（中型）	27	—	—	34	61
（轻型）	883	226	89	—	1198
运输工具					
卡车	14679	16322	11969	3347	46317
拖车	1193	1580	1107	346	4226
马匹	73336	61805	47442	39722	222305

※资料来源：《伟大卫国战争1941年–1945年：交战，战略战役和会战，统计分析，第一册，1941年夏秋季战局》，莫斯科：俄罗斯联邦国防部军事历史研究所，2004年，第186页。引自*TsAMO RF*, F. 144, Op. 396, D. 8, L. 11; D. 18, L. 35; D. 19, L. 9; and D. 20, Ll. 13–14。

附录四
斯摩棱斯克交战开始时，苏军军队集群当面之敌集团的数字编成

兵力	火炮	战车				战机
		坦克		突击炮	总计	
		中型	合计			
1045000	12600	970	1390	100	1490	750

※资料来源：《伟大卫国战争1941年—1945年：交战，战略战役和会战，统计分析，第一册，1941年夏秋季战局》，莫斯科：俄罗斯联邦国防部军事历史研究所，2004年，第188页。引自《第二次世界大战：数据和事实》（Vtoroi mirovaia voina. Tsifri i fakty），莫斯科：军事出版局，1988年，第304页。

附录五
1941年7月10日—9月10日，苏军在斯摩棱斯克交战中的人员损失

方面军	集团军	7月10日的兵力	不可归队减员（阵亡、失踪、被俘）	负伤或患病	合计
西方面军	第16、第19、第20、第21、第22、第28、第29、第30集团军	579400	309959	159627	469584
中央方面军（7月26日—8月25日）	第3、第13、第21集团军	—	79216	28009	107225
预备队方面军（7月30日—9月10日）	第24、第31、第32、第33、第34、第43、第49集团军	—	45774	57373	103147
布良斯克方面军（8月16日—9月10日）	第3、第13、第21、第50集团军	—	50972	28603	79575
平斯克区舰队	—	2200	250	193	443
总计	—	**581600**	**486171**	**273803**	**759974**

※资料来源：《伟大卫国战争1941年-1945年：交战，战略战役和会战，统计分析，第一册，1941年夏秋季战局》，莫斯科：俄罗斯联邦国防部军事历史研究所，2004年，第195页。引自G.F.克里沃舍夫主编，《二十世纪战争中的俄国和苏联：武装部队的损失，调查统计》（Rossiia i SSSR v voinakh XX veka: Poteri vooruzhennykh sil, Statistichqskoe issledovanie），莫斯科：奥尔玛出版社，2001年，第484页。

附录六
1941年7月10日—9月10日，中央集团军群在斯摩棱斯克交战期间的人员损失（苏方视角）

军团	阵亡		负伤		失踪		合计	
	军官	士官和士兵	军官	士官和士兵	军官	士官和士兵	军官	士官和士兵
第2集团军	345	7529	793	22982	20	1572	1158	32083
第4集团军	—	—	—	—	—	—	—	—
第9集团军	252	572	693	17186	10	1121	955	18879
第2装甲集群	490	4689	687	15577	16	517	1193	20783
第3装甲集群	155	2390	387	7224	4	246	546	9860
预备队	50	967	106	3237	1	232	157	4436
其他	103	2344	290	7671	4	470	397	10485
总计	**1395**	**18491**	**2956**	**73877**	**55**	**4158**	**4406**	**96526**

※资料来源：《伟大卫国战争1941年—1945年：交战，战略战役和会战，统计分析，第一册，1941年夏秋季战局》，莫斯科：俄罗斯联邦国防部军事历史研究所，2004年，第195页。引自*TsAMO RF* F. 100. Op. 1245, D. 165 (255), L. 15。

附录七
1941年7月10日—9月10日，中央集团军群在斯摩棱斯克交战期间的武器和装备损失（苏方视角）

步兵武器		坦克和突击炮		火炮和迫击炮		战机	
总计	每天	总计	每天	总计	每天	总计	每天
233400	3700	1348	21	9290	147	903	14

※资料来源：《伟大卫国战争1941年—1945年：交战，战略战役和会战，统计分析，第一册，1941年夏秋季战局》，莫斯科：俄罗斯联邦国防部军事历史研究所，2004年，第195页。引自G.F.克里沃舍夫主编，《二十世纪战争中的俄国和苏联：武装部队的损失，调查统计》，莫斯科：奥尔玛出版社，2001年，第484页。

附录八
1941年7月10日—9月10日，平斯克区舰队在斯摩棱斯克交战中的编成

舰艇类型	数量
浅水重炮舰	5艘
炮艇	2艘
近岸巡逻艇	4艘
装甲巡逻艇	7艘
浮动炮台	2艘
沿岸巡逻艇	2艘

※资料来源：《伟大卫国战争1941年—1945年：交战，战略战役和会战，统计分析，第一册，1941年夏秋季战局》，莫斯科：俄罗斯联邦国防部军事历史研究所，2004年，第187页。引自《海军作战记录，1941年—1945年》（Boevaia letopis' Voenno-Morskogo flota 1941-1945），莫斯科：1992年，第424—425页。

附录九
苏军1941年9月30日的实力

兵团	兵力	火炮/迫击炮（含反坦克炮）	坦克	战机
西方面军				
第16集团军	55823	543/81	71	—
第19集团军	51983	855/144	24	—
第20集团军	31222	352/52	—	—
第22集团军	48305	529/27	9	—
第29集团军	43575	775/47	2	—
第30集团军	31775	618/—	8	—
方面军直属部队	283252	384/99	372	253
合计	**545935**	**4028/470**	**486**	**253**
预备队方面军				
第24集团军	113404	1107/151	90	—
第31集团军	66867	930/123	13	—
第32集团军	54482	798/100	88	—
第33集团军	72980	837/40	15	—
第43集团军	82535	546/70	88	—
第49集团军	45329	507/—	7	—
方面军直属部队	42911	27/—	—	126
合计	**478508**	**4752/484**	**301**	**126**
布良斯克方面军				
第3集团军	42100	336/56	—	—
第13集团军	45190	214/23	169	—
第50集团军	61503	780/149	7	—
叶尔马科夫集群	33562	132/—	158	—

续表

方面军直属部队	43212	281/15	102	166
合计	**225567**	**1529/243**	**436**	**166**
总计	**1250010**	**10309/1197**	**1223**	**545**

※资料来源：《伟大卫国战争1941年—1945年：交战，战略战役和会战，统计分析，第一册，1941年夏秋季战局》，莫斯科：俄罗斯联邦国防部军事历史研究所，2004年，第317页，引自*TsAMO RF*, F. 8, Op. 11627, D. 205, Ll. 52–58, 108–110, 111–116; F. 35, Op. 11825, D. 236, Ll. 286–288; F. 208, Op. 2511, D. 166, L. 47；《伟大卫国战争中的苏联军事艺术》（Sovetskoe voennoe iskusstvo v Velikoi. Otechestvennoi voine），莫斯科：军事出版局，1961年，第一册，第713—714页；A.G.费多罗夫，《莫斯科战役中的航空兵》（Aviatsiia v bitve pod Moskvoi），莫斯科：军事出版局，1971年，第74页。

参考文献

缩略语

VIZh——《军事历史杂志》(Voenno-istoricheskii zhurnal / Military-historical journal)
VM ——军事思想(Voennaia mysl' / Military thought)
TsAMO RF——俄罗斯联邦国防部中央档案馆(Central Archives of the Ministry of Defense, Russian Federation)

一手资料

德国

1. 从集团军群至装甲集群和各个师指挥部门下达的命令

"HGp Center [AGp Center], KTB, Anlagen." *HGp Center 26974/8.*
《中央集团军群作战日志附件》，收录于 *HGp Center 26974/8*。

"HGr Nord [AGp North], Ia, Besprechungs- und Vortragsnotizen, 19.9.41-12.1.42, Band 2." *HGp North 14985/60.*
《北方"集团军群作战处，会议和讲话，1941 年 9 月 19 日—1942 年 1 月 12 日，第二册》，收录于 *HGp North 14985/60*。

"HGp Nord, KTB, July 41." *HGp Nord 75128/1.*
《北方集团军群作战日志，1941 年 7 月》，收录于 *HGp Nord 75128/1*。

"HGr Nord, KTB (Zweitschrift), 22 Jun-31 Aug 41." *HGp Nord 75128/1.*
《北方集团军群作战日志(副本)，1941 年 6 月 22 日—8 月 31 日》，收录于 *HGp Nord 75128/1*。

"Der Feldzug gegen die Sowjet-Union, Kriegsjahr 1941." *HGp Nord 75884.*
《北方集团军群对苏战役，1941 年》，收录于 *HGp Nord 75884*。

"AOK 2, 1a, KTB Russland, Teil 1, 21 Jun-18 Sept 41." *AOK 2 16690/1.*
《第 2 集团军作战处作战日志，俄国篇，第一部分，1941 年 6 月 21 日— 9 月 18 日》，收录于 *AOK 2 16690/1*。

"AOK 4, KTB, 26 Jun–19 Jul 41." *AOK 4 17561/2*.
《第 4 集团军作战日志，1941 年 6 月 26 日—7 月 19 日》，收录于 *AOK 4 17561/2*。

"AOK 4, Ia, Anlagen zum KTB Nr. 8, 1–5 Jul 41." *AOK 4 17561/12*.
《第 4 集团军作战处第 8 号作战日志附件，1941 年 7 月 1 日—5 日》，收录于 *AOK 4 17561/12*。

"AOK 4, Ia, Anlagen zum KTB Nr. 8, 1 Jul–15 Jul 41." *AOK 4 17561/13*.
《第 4 集团军作战处第 8 号作战日志附件，1941 年 7 月 1 日—15 日》，收录于 *AOK 4 17561/13*。

"AOK 4, Ia, Anlagen zum KTB Nr. 8, 29 Jul–11 Aug 41." *AOK 4 17561/18*.
《第 4 集团军作战处第 8 号作战日志附件，1941 年 7 月 29 日—8 月 11 日》，收录于 *AOK 4 17561/18*。

"AOK 4, Oberquartiermeister, Memo, on conference with Army Group [Center], 13 Jul 41." *AOK 4 17561/13*.
《第 4 集团军军需长在中央集团军群召开的会议上呈交的备忘录，1941 年 7 月 13 日》，收录于 *AOK 4 17561/13*。

"AOK 4, KTB Nr. 8, erster und zweiter Teil, 26 Jun–19 Jul 41." *AOK 4, 17561/1*.
《第 4 集团军第 8 号作战日志，第一、第二部分，1941 年 6 月 26 日— 7 月 19 日》，收录于 *AOK 4, 17561/1*。

"1st Cavalry Division after-action report, 1–31 Jul 41, in AOK 4, Ia, Anlagen zum KTB Nr. 8, von 29.7.-11.8.1941", in the folder "Ruhezeit bei Mogilev." *AOK 4 17561/18*.
《第 1 骑兵师 1941 年 7 月 1 日—31 日的战后报告》，收录于《第 4 装甲集团军作战处第 8 号作战日志附件，1941 年 7 月 29 日—8 月 11 日》，见"莫吉廖夫休整期"文件夹，*AOK 4 17561/18*。

"Third Panzer Group, Estimate of Situation, morning 13 Jul 41", in "AOK 4, KTB, Anlagen." *AOK 4 17561/13*.
《第 3 装甲集群态势评估，1941 年 7 月 13 日晨》，见《第 4 集团军作战日志附件》，收录于 *AOK 4 17561/13*。

"AOK 9, KTB, Ostfeldzug Band 2, 22 Jun–29 Sept 41." *AOK 9 14855/2*.
《第 9 集团军作战日志，东线作战第二册，1941 年 6 月 22 日— 9 月 29 日》，收录于 *AOK 9 14855/2*。

"AOK 16, KTB 5, Pt. 2, 7–31 Jul 41." *AOK 16, 22745/1*.

《第 16 集团军第 5 号作战日志第二部分，1941 年 7 月 7 日—31 日》，收录于 *AOK 16, 22745/1*。

"Pz AOK 2 (Panzergruppe 2), KTB, 22 Jun 41-13 Mar 42." *Pz AOK 2 25034/1.*
《第 2 装甲集群第 1 号作战日志，1941 年 6 月 22 日—1942 年 3 月 13 日》，收录于 *Pz AOK 2 25034/1*。

"Pz AOK 2, Ia, Bericht über die Schlacht Rogachev-Gomel, 13 Sept 41." *Pz AOK 2 52701/10.*
《第 2 装甲集群作战处的罗加乔夫—戈梅利作战报告，1941 年 9 月 13 日》，收录于 *Pz AOK 2 52701/10*。

"Anlageband Nr. 8 zum K.T.B. Pz. A.O.K. 2 - vom 22.V.41 bis 31.1.42", in *Pz AOK 2, 734843*. NAM T-313, Roll 103.
《第 2 装甲集群作战日志第 8 号附件册，1941 年 6 月 22 日—1941 年 1 月 31 日》，收录于 *PzAOK 2, 734843*，NAM T-313, Roll 103。

"Pz. Gr. 3, Ia, Anlagen zum Kriegstagebuch. Lagekarten. 21 Jul-31 Aug 41." *Pz AOK 3, 15415/12.*
《第 3 装甲集群作战处作战日志附件，作战态势图，1941 年 7 月 21 日—8 月 31 日》，收录于 *Pz AOK 3, 15415/12*。

"Pz AOK 3, KTB, 29 Jun-31 Aug 41." *Pz AOK 3 14837/2.*
《第 3 装甲集群作战日志，1941 年 6 月 29 日—8 月 31 日》，收录于 *Pz AOK 3 14837/2*。

"Pz AOK 3, Gefechtsbericht." *Pz AOK 3, 21057.*
《第 3 装甲集群作战报告》，收录于 *Pz AOK 3, 21057*。

"Pz AOK 3, KTB, 6-11 Jul 41, After-action Report." *Pz AOK 3 21057.*
《第 3 装甲集群作战日志，1941 年 7 月 6 日—11 日，战后报告》，收录于 *Pz AOK 3 21057*。

"Panzergruppe 3, Ic, Feindnachrichtenblatt Nr. 16, 17-22.Jul 41." *Pz AOK 3 21818/8.*
《第 3 装甲集群情报处，第 16 号敌情通报，1941 年 7 月 17 日—22 日》，收录于 *Pz AOK 3 21818/8*。

"Panzergruppe 3, Ic, Feindnachrichtenblatt Nr. 16, 22 Jul 41, Annex." *Pz AOK 3 21818/8.*
《第 3 装甲集群情报处，第 16 号敌情通报，1941 年 7 月 22 日》，收录于 *Pz AOK 3 21818/8*。

"Gefechts und Verpfl. Stärken. LVII Pz. A. K", 22.6.1941-2.1.1942", in *Ia LVII Pz.A.K.666*. NAM T-314, Roll 1474.
《第 57 摩托化军作战力量和预备队，1941 年 6 月 22 日—1941 年 1 月 2 日》，收录于第 57 摩托化军作战处第 666 号文件，NAM T-314, Roll 1474。

"Anlagen zum Kreigstagebuch Nr. 3, 3. Panzer-Divisionbefehle vom 15.9.41 bis 29.12.41", in *Ia 3. Panzer-Division 000285*. NAM (National Archives Microflm),series T-315, Roll 116.
《第 3 装甲师第 3 号作战日志附件，1941 年 9 月 15 日—12 月 29 日》，收录于第 3 装甲师作战处 000285 号文件，NAM(国家档案馆缩微胶卷)，T-315 系列 , Roll 116。

"Kreigstagebuch Nr. 3 der 7. Panzer-Division (Führungsabteilung) einsatz Sowjetrussland. 1.6.41-9.5.42", in *Ia 7. Panzer-Division 24797*. NAM T-315, Roll 406.
《第 7 装甲师对苏作战第 3 号作战日志，1941 年 6 月 1 日—1942 年 5 月 9 日》，收录于第 7 装甲师作战处第 24797 号文件，NAM T-315, Roll 406。

2. 参战人员和统率机构的战时日志

Bock, Fedor von. *Generalfeldmarschall Fedor von Bock: The War Diary, 1939-1945*. Atglen, PA: Schiffer Military History, 1996.
费多尔 · 冯 · 博克，《陆军元帅费多尔 · 冯 · 博克：战时日记，1939 年—1945 年》，宾夕法尼亚州阿特格伦：希弗军事历史出版社，1996 年。

Gerbet, Klaus, ed. *Generalfeldmarschall Fedor von Bock: The War Diary 1939- 1945*. David Johnston, transl. Atglen, PA: Schiffer Military History, 1996.
戴维·约翰逊译、克劳斯·格伯特编撰，《陆军元帅费多尔·冯·博克：战时日记，1939 年—1945 年》，宾夕法尼亚州阿特格伦：希弗军事历史出版社，1996 年。

The Halder War Diary 1939-1942. Charles Burdick and Hans-Adolf Jacobsen, translators. Novato, CA: Presidio, 1988.
查尔斯 · 伯迪克、汉斯 - 阿道夫 · 雅各布森译，《哈尔德战时日记，1939 年—1942 年》，加利福尼亚州诺瓦托：要塞出版社，1988 年。

Halder, Generaloberst Franz. *Kriegstagebuch*, ed. Hans-Adolf Jacobsen, 3 vols. Stuttgart: W. Kohlhammer Verlag, 1962-1964.
弗朗茨 · 哈尔德大将著，汉斯 - 阿道夫 · 雅各布森编，《战时日记》(三卷本)，斯图加特：W. 科尔哈默出版社，1962—1964 年。(即《哈尔德战时日记，1939 年—1942 年》的未删减版)

Heinrici, Gotthard. *The Campaign in Russia, Volume 1*. Washington, DC: United States Army G-2, 1954.
戈特哈德·海因里希,《对苏作战》第一卷,华盛顿特区:美国陆军情报处,1954 年。

Kriegstagebuch des Oberkommandos der Wehrmacht (Wehrmachtführungsstab), 1940-1945. Percy E. Schramm, ed. and Hans-Adolf Jacobsen, commentator. Frankfurt am Main: Bernard & Graefe Verlag, 1965 and Munich, 1982.
佩尔西·E. 施拉姆主编,汉斯 - 阿道夫·雅各布森编撰并评述,《国防军最高统帅部战时日志,1940—1945 年(作战处)》,美茵河畔法兰克福:伯纳德&格雷费出版社,1965 年;慕尼黑,1982 年。

"OKH, Denkschrift über die Russische Landesbefestigung." *H21/303*.
《德国国防军陆军总司令部,关于苏军筑垒地域的备忘录》,收录于 *H21/303*。

苏联(俄罗斯)

Boevoi sostav Sovetskoi armii, chast' 1 (iiun' -dekabr' 1941 goda) [The combat composition of the Soviet Army, part 1 (June-December 1941)]. Moscow: Voenno-istoricheskii otdel', Voenno-nauchnoe Upravlenie General'nogo Shtaba [Military-Historical Department, Military-Scientifc Directorate of the General Staff], 1963.
《苏联集团军作战编成,第一部分,1941 年 6 月—12 月》,莫斯科:总参谋部军事科学院军事历史处,1963 年。

Boevoi i chislennyi sostav vooruzhennykh sil SSSR v period Velikoi Otechestvennoi voiny(1941-1945 gg.): Statisticheskii sbornik No. 1 (22 iiunia 1941 g.) [The combat and numerical composition of the USSR's Armed Forces in the Great Patriotic War(1941-1945). Statistical collection No. 1 (22 June 1941)]. Moscow: Institute of Military History, 1994.
《苏联武装力量在伟大卫国战争中(1941 年—1945 年)的作战和数字编成:第 1 号统计汇编(1941 年 6 月 22 日)》,莫斯科:军事历史研究所,1994 年。

Sbornik boevykh dokumentov Velikoi Otechestvennoi voiny, vypusk, 33 [Collection of combat documents of the Great Patriotic War, Issue 33]. Moscow: Voenizdat, 1957.
《伟大卫国战争作战文件集》第 33 期,莫斯科:军事出版局,1957 年。(其中包括关于红军坦克和机械化力量 1941 年 6 月 22 日至 9 月部署情况的文件)

Sbornik boevykh dokumentov Velikoi Otechestvennoi voiny, vypusk 41 [Collection of combat documents of the Great Patriotic War, Issue 41]. Moscow: Voenizdat, 1960.
《伟大卫国战争作战文件集》第 41 期,莫斯科:军事出版局,1960 年。(其中包括关于西方面军

1941 年 8 月 12 日至 9 月 13 日作战行动的文件）

Sbornik voenno-istoricheskikh materialov Velikoi Otechestvennoi voiny, vypusk 18 [Collection of military-historical materials of the Great Patriotic War, Issue 18].Moscow: Voennoe Izdatel' stvo Ministerstva Oborony Soiuza SSR, 1960.
《伟大卫国战争军事和历史资料集》第 18 期，莫斯科：军事出版局，1960 年。[其中包括德国最高统帅部（OKW 和 OKH）1941 年—1945 年苏德战争期间准备并实施作战行动的文件]

Velikaia Otechestvennaia voina 1941-1945 gg.: Kampanii, strategicheskie operatsii i srazheniia: Statisticheskii analiz, Kniga I: Letne-osenniaia kampaniia 1941 g. [The Great Patriotic War 1941-1945: Campaigns, strategic operations, and battles. A statistical analysis, Book I: The Summer-Fall campaign of 1941]. Moscow: The Institute of Military History of the Ministry of Defense of the Russian Federation,2004.
《伟大卫国战争,1941年—1945年:交战,战略战役和会战,统计分析,第一册,1941年夏秋季战局》,莫斯科：俄罗斯联邦国防部军事历史研究所，2004 年。

Zolotarev, V. A. ed. *Russkii arkhiv: Velikaia Otechestvennaia: Stavka VGK. Dokumenty i materialy. 1941 god. T. 16 (5-1)* [The Russian archives: The Great Patriotic(War): Stavka VGK. Documents and materials, 1941, Volume 16 (5-1)]. Moscow: TERRA, 1996.
V.A. 佐洛塔廖夫主编,《俄罗斯档案：伟大卫国战争：最高统帅部大本营，1941 年的文献资料》第 16 册（5—1），莫斯科：特拉出版社，1996 年。

Zolotarev, V. A. ed. *Russkii arkhiv: Velikaia Otechestvennaia: Prikazy Narodnogo Komissara Oborony SSSR, 22 iiunia 1941 g. -1942 g., T. 13 (2-2)* [The Russian archives: The Great Patriotic (War): The People' s Commissar of Defense on the USSR, 22 June 1941-1942, Volume 13 (2-2)]. Moscow: TERRA, 1997.
V.A. 佐洛塔廖夫主编,《俄罗斯档案：伟大卫国战争：苏联国防人民委员部命令，1941 年 6 月 22 日—1942 年》第 13 册（2—2），莫斯科：特拉出版社，1997 年。

Zolotarev, V. A. ed. *Russkii arkhiv: Velikaia Otechestvennaia: General' nyi Shtab v Gody Velikoi Otechestvennoi voiny: Dokumenty I materialy 1941 god, T 23 (12-1)* [The Russian archives: The Great Patriotic (War): The General Staff in the years of the Great Patriotic War: Documents and materials, 1941, Volume 23 (12-1)]. Moscow: TERRA, 1998.
V.A. 佐洛塔廖夫主编,《俄罗斯档案：伟大卫国战争：伟大卫国战争中的总参谋部，1941 年的文献资料》第 23 册（12—1），莫斯科：特拉出版社，1998 年。

二手资料

书籍

Abaturov, Valerii. *1941 na Zapadnom napravlenii* [1941 along the Western axis]. Moscow: Iauza Eksmo, 2007.

瓦列里·阿巴图罗夫,《1941 年沿西方向》，莫斯科：亚乌扎－艾克斯摩出版社，2007 年。

Anflov, V. A. *Proval "Blitskriga"* [The defeat of "Blitzkrieg"]. Moscow: Nauka, 1974.

V.A. 安菲洛夫,《闪电战的失败》，莫斯科：科学出版社，1974 年。(这是一部关于红军在"巴巴罗萨行动"期间遂行防御的经典著作)

Bartov, Omar. *The Eastern Front, 1941–1945: German Troops and the Barbarization of Warfare*. New York: St. Martin' s Press, 1986.

奥马尔·巴托夫,《东线，1941 年—1945 年：德国军队和战争的野蛮化》，纽约：圣马丁出版社，1986 年。(本书详细描述了德国的战时暴行)

Beshanov, Vladimir. *Tankovyi pogrom 1941 goda* [Tank massacre, 1941]. Moscow: AST, 2001.

弗拉基米尔·别沙诺夫,《坦克大屠杀，1941 年》，莫斯科：AST 出版社，2001 年。(本书披露了苏军坦克和机械化部队在"巴巴罗萨行动"期间的失败)

Boldin, I. V. *Stranitsy zhizni* [Pages of a life]. Moscow: Voenizdat, 1961.

I.V. 博尔金,《生命的篇章》，莫斯科：军事出版局，1961 年。(这是西方面军作战部长关于 1941 年 6 月的回忆录，他逃离明斯克包围圈，后来指挥第 50 集团军，直至战争结束)

Carell, Paul. *Unternehmen Barbarossa*. Frankfurt am Main: Verlag Ullstein GmbH, 1966.

保罗·卡雷尔,《东进》，美茵河畔法兰克福：乌尔斯泰因出版社，1966 年。(这本 20 世纪 60 年代的畅销书完全从德方视角阐述"巴巴罗萨行动")

Carell, Paul. *Hitler Moves East, 1941–1943*. Boston: Bantam, 1967.

保罗·卡雷尔,《东进，1941—1943》，波士顿：班坦出版社，1967。(以德军视角审视战争的畅销历史书)

Das Deutsche Reich und der Zweite Weltkrieg: 4. Der Angriff auf die Sowjetunion. Stuttgart: Verlags-Anstalt, 1983.

《德国与第二次世界大战 . 第四卷：入侵苏联》，斯图加特：安斯塔特出版社，1983 年。(德国官方苏德战史第四册)

Drig, Evgenii. *Mekhanizirovannye korpusa RKKA v boiu: Istoriia avtobronetankovykh voisk Krasnoi Armii v 1940–1941 godakh* [The RKKA's mechanized corps in combat: A history of the Red Army's auto-armored forces in 1940–1941]. Moscow: AST, 2005.
叶甫盖尼·德里格,《战斗中的红军机械化军:1940 年—1941 年红军汽车装甲坦克兵史》,莫斯科:AST 出版社,2005 年。(本书全面阐述红军机械化军、坦克和摩托化师、坦克旅在“巴巴罗萨行动”期间的编成、指挥员情况和战斗经历)

Eremenko, A. I. *The Arduous Beginning*. Moscow: Progress Publishers, 1966.
A.I. 叶廖缅科,《艰难的战争初期》,莫斯科:进步出版社,1966 年。(叶廖缅科 1941 年 7 月暂代西方面军司令员,8 月—10 月担任布良斯克方面军司令员,这是他的回忆录)

Eremenko, A. I. *V Nachale voiny* [In the beginning of the war]. Moscow: Nauka, 1965.
A.I. 叶廖缅科,《在战争初期》,莫斯科:科学出版社,1965 年。(这是《艰难的战争初期》一书的俄文版)

Erickson, John. *The Road to Stalingrad*. New York: Harper & Row, 1975.
约翰·埃里克森,《通往斯大林格勒之路》,纽约:哈珀&罗出版社,1975 年。(这是关于苏德战争头十八个月的权威性经典著作)

Fugate, Brian I. *Operation Barbarossa: Strategy and Tactics on the Eastern Front, 1941*. Novato, CA: Presidio, 1984.
布莱恩·I. 福盖特,《巴巴罗萨行动:东线的战略和战术,1941 年》,加利福尼亚州诺瓦托:要塞出版社,1984 年。(本书描述了“巴巴罗萨行动”期间苏德双方的战略)

Galitsky, K. N. *Gody suvorykh ispytanii, 1941–1944, zapiska komandarma* [Years of a severe education: 1941–1944, the notes of an army commander]. Moscow: Nauka, 1973.
K.N. 加利茨基,《严峻考验的年代,1941 年—1944 年,一名集团军司令员的笔记》,莫斯科:科学出版社,1973 年。(书中描述了 1941 年 7 月和 8 月第 13、第 21 集团军的战斗,作者后来担任突击第 3、近卫第 11 集团军司令员)

Glantz, David M. *Atlas of the Battle for Smolensk, 7 July–10 September 1941*. Carlisle, PA: Self-published, 2003.
戴维·M. 格兰茨,《斯摩棱斯克交战地图册:1941 年 7 月 7 日—9 月 10 日》,宾夕法尼亚州卡莱尔:个人出版,2003 年。

Glantz, David M. *The Battle for Smolensk, 7 July–10 September 1941*. Carlisle, PA: Self-published, 2001.

戴维·M. 格兰茨,《斯摩棱斯克交战：1941 年 7 月 7 日—9 月 10 日》,宾夕法尼亚州卡莱尔：个人出版，2001 年。

Glantz, David M. *Colossus Reborn, The Red Army at War, 1941–1943*. Lawrence, KS: The University Press of Kansas, 2005.
戴维 · M. 格兰茨,《巨人重生，战争中的苏联红军，1941 年—1943 年》，堪萨斯州劳伦斯：堪萨斯大学出版社，2005 年。

Glantz, David M. *The Military Strategy of the Soviet Union: A History*. London: Frank Cass, 1992.
戴维 · M. 格兰茨,《苏联的军事战略：一段历史》，伦敦：弗兰克 · 卡斯出版社，1992 年。

Glantz, David M. *Soviet Military Operational Art: In Pursuit of Deep Battle*. London: Frank Cass, 1991.
戴维 · M. 格兰茨,《苏军战役法：探寻大纵深战役》，伦敦：弗兰克 · 卡斯出版社，1991 年。

Glantz, David M. *Soviet Mobilization in Peace and War, 1924–1942: A Survey*. Carlisle, PA: Self-published, 1998.
戴维 · M. 格兰茨,《苏联和平时期和战时的动员，1924 年—1942 年：一份调查》，宾夕法尼亚州卡莱尔：个人出版，1998 年。

Glantz, David M. *Stumbling Colossus: The Red Army on the Eve of World War. Lawrence, KS: The University Press of Kansas, 1998 and the Russian translation, Koloss poverzhennyi: Krasnoi Armii v 1941 godu* [Staggering Colossus: The Red Army in 1941]. Moscow: Iauza Eksmo, 2008.
戴维·M. 格兰茨,《泥足巨人：战争前夕的苏联红军》，堪萨斯州劳伦斯：堪萨斯大学出版社，1998 年。该书俄文版为《泥足巨人：1941 年的苏联红军》，莫斯科：亚乌扎 – 艾克斯摩出版社，2008 年。

Glantz, David M. ed. *The Initial Period of War on the Eastern Front: 22 June–August 1941*. London: Frank Cass, 1993.
戴维·M. 格兰茨主编，《东线的战争初期：1941 年 6 月 22 日—8 月》，伦敦：弗兰克·卡斯出版社，1993 年。

Grigorenko, M. G. ed. *Skvoz' ognennye vikhri: Boevoi put' 11–i Gvardeiskoi Armii v Velikoi Otechestvennoi voine 1941–1945* [Through a fiery vortex: The combat path of the 11th Guards Army in the Great Patriotic War 1941–1945]. Moscow: Voenizdat, 1987.
M.G. 格里戈连科主编，《穿过火热的漩涡：1941 年—1945 年，近卫第 11 集团军在伟大卫国战争

中的征途》，莫斯科：军事出版局，1987 年。（本书描述了第 16 集团军在斯摩棱斯克交战中的作用）

Guderian, Heinz. *Panzer Leader*. New York: E. P. Dutton, 1952.
海因茨·古德里安，《装甲指挥官》，纽约：E.P. 达顿出版社，1952 年。（这是德国国防军首席装甲专家对战争的记述）

Hardesty, Van. *Red Phoenix: The Rise of Soviet Air Power, 1941–1945*. Washington, DC: The Smithsonian Institution Press, 1982.
冯·哈德斯蒂，《火凤凰：苏联空中力量的崛起，1941 年—1945 年》，华盛顿特区：史密森学会出版社，1982 年。

Haupt, Werner. *Army Group Center: The Wehrmacht in Russia, 1941–1945*. Atglen, PA: Schiffer Military History, 1997.
维尔纳·豪普特，《中央集团军群：德国国防军在俄国，1941 年—1945 年》，宾夕法尼亚州阿特格伦：希弗出版社，1997 年。（这是以德方视角撰写的德国中央集团军群战史）

Hossbach, Friedrich. *Infanterie im Ostfeldzug, 1941–42*. Osterode [Harz]: Verlag Giebel & Oehlschlägel, 1951.
弗里德里希·霍斯巴赫，《东线战役中的步兵，1941—1942》，奥斯特罗德：吉贝尔&厄尔施莱格尔出版社，1951 年。

Hoth, Hermann. *Panzer–Operationen*. Heidelberg: Kurt Vowinckel Verlag, 1956.
赫尔曼·霍特，《装甲作战》，海德堡：库尔特·沃温克尔出版社，1956 年。（这是第 3 装甲集群司令撰写的回忆录，他后来担任第 4 装甲集团军司令）

House, Jonathan M. *Toward Combined Arms Warfare: A Survey of 20th Century Tactics, Doctrine, and Organization*. Fort Leavenworth, KS: Combat Studies Institute, 1984.
乔纳森·M. 豪斯，《走向诸兵种合成战：20 世纪战术、学说和编成研究》，堪萨斯州莱文沃斯堡：战斗研究所，1984 年。

Ivanov, S. P. ed. *Nachal' nyi period voiny* [The initial period of war]. Moscow: Voenizdat, 1974.
S.P. 伊万诺夫主编，《战争初期》，莫斯科：军事出版局，1974 年。（这是一份关于战争初期战斗性质的开创性研究）

Jentz, Tomas L. ed. *Panzer Truppen: The Complete Guide to the Creation & Combat*

Employment of Germany's Tank Force, 1933-1942, Volume 1. Atglen, PA: Schiffer Military History, 1996.
托马斯·L. 延茨主编，《装甲部队：德军装甲力量的组建和作战使用完全指南，1933 年—1942 年》第一卷，宾夕法尼亚州阿特格伦：希弗出版社，1996 年。

Kavalerchik, Boris. "Srazhenie za El' niu", in *1941: Zabytye pobedy Krasnoi Armii* [1941: Forgotten victories of the Red Army]. Moscow: Iauza Eksmo, 2009.
鲍里斯·卡瓦列尔奇克，《叶利尼亚之战》，收录于《1941 年：红军被遗忘的胜利》，莫斯科：亚乌扎－艾克斯摩出版社，2009 年。（这是一份对叶利尼亚登陆场之战不带偏见的研究）

Kesselring, Albert. *A Soldier's Record*. New York: William Morrow, 1954.
阿尔贝特·凯塞林，《一个军人的记录》，纽约：威廉·莫罗出版社，1954 年。

Khazanov, Dmitrii. *1941: Bor' ba za gospodstvo v vozdukhe* [1941: The struggle for air superiority]. Moscow: Iauza Eksmo, 2008.
德米特里·哈扎诺夫，《1941 年：争夺空中优势》，莫斯科：亚乌扎－艾克斯摩出版社，2008 年。（这是后苏联时代对 1941 年空中作战的第一份重要研究）

Kotze, Hildegard von, ed. *Heeresadjutant bei Hitler, 1938-1943, Aufzeichnungen des Majors Engel*. Stuttgart: Deutsche Verlagsanstalt, 1974.
希尔德加德·冯·科策编撰，《在希特勒身边任陆军副官，1938 年—1943 年：恩格尔少校的记录》，斯图加特：德意志出版社，1974 年。（这是希特勒副官的回忆录）

Kozlov, M. A. ed. *V plameni srazhenii* [In the flames of battles]. Moscow: Voenizdat, 1973.
M.A. 科兹洛夫主编，《在战斗的烈焰中》，莫斯科：军事出版局，1973 年。（本书为苏军第 13 集团军战史）

Krivosheev, G. F. ed. *Grif sekretnosti sniat: Poteri vooruzhennykh sil SSSR v voinakh, boevykh deistviiakh i voennykh konfliktakh* [The classifcation secret is removed: The losses of the armed forces of the USSR in wars, military operations, and military conflicts]. Moscow: Voenizdat, 1993.
G.F. 克里沃舍耶夫主编，《揭秘：苏联武装力量在战争、作战行动和军事冲突中的损失》，莫斯科：军事出版局，1993 年。（这是俄罗斯官方对红军战时伤亡的评估）

Krivosheev, G. F. ed. *Velikaia Otechestvennaia bez grifa sekretnosti. Kniga poter'* [The Great Patriotic [War] without the secret classifcation. A book of losses]. Moscow: Veche, 2009.

G.F. 克里沃舍耶夫主编,《揭秘伟大卫国战争：损失评估》，莫斯科：韦切出版社，2009 年。

Leppa, Konrad. *Generalfeldmarschall Walter Model von Genthin bis vor Moskaus Toren*. Nürnberg: Prinz-Eugen-Verlag, 1962.
康拉德·莱帕,《陆军元帅瓦尔特·莫德尔，从根廷到莫斯科门前》，纽伦堡：欧根亲王出版社，1962 年。

Lopukhovsky, Lev. *Viazemskaia katastrofe 41-go goda* [The Viaz' ma tragedy of 1941]. Moscow: Iauza Eksmo, 2006.
列夫·洛普霍夫斯基,《1941 年的维亚济马悲剧》，莫斯科：亚乌扎－艾克斯摩出版社，2006 年。
（这是后苏联时代关于恶名昭彰的 1941 年 10 月维亚济马包围圈的第一部，也是最佳的一部著作）

Losik, O. A. ed. *Stroitel' stvo i boevoe primenenie Sovetskikh tankovykh voisk v gody Velikoi Otechestvennoi voiny* [The formation and combat use of Soviet tank forces during the Great Patriotic War]. Moscow: Voenizdat, 1979.
O.A. 洛西科主编,《伟大卫国战争中苏联坦克力量的编成和作战使用》，莫斯科：军事出版局，1979 年。

Lubiagov, Mikhail. *Pod El' nei v sorok pervom* [At El' nia in forty-one]. Smolensk: Rusich, 2005.
米哈伊尔·卢比亚戈夫,《1941 年在叶利尼亚》，斯摩棱斯克：俄国人出版社，2005 年。（本书逐日记述了登陆场之战）

Luttichau, Charles V. P. von. *The Road to Moscow: The Campaign in Russia*. Washington, DC: Office of the Chief of Military History, 1985.
查尔斯·V.P. 冯·吕蒂肖,《通往莫斯科之路：对苏战役》，华盛顿特区：陆军军史部军事历史中心，1985 年。（戴维·M. 格兰茨将这份未发表的 26-P 项目扩充、修改为两卷本的"巴巴罗萨行动"研究）

Manteuffel, Hasso E. von , ed. *Die 7. Panzer Division im Zweiten Weltkrieg, Einsatz und Kampf der "Gespenster-Division" 1939-1945*. Verdingen am Rhein: Buchdruckerei Josef Broich, 1965.
哈索·冯·曼陀菲尔主编,《第二次世界大战中的第 7 装甲师："幽灵" 师从事的战役和战斗，1939 年—1945 年》，莱茵河畔乌尔丁根：约瑟夫·布罗伊希出版社，1965 年。

Maslov, Aleksander A. *Captured Soviet Generals: The Fate of Soviet Generals Captured by the Germans, 1941-1945*. London: Frank Cass, 2001.
A.A. 马斯洛夫,《被俘的苏军将领：苏军将领被德国人俘虏后的命运》，伦敦：弗兰克·卡斯出版社，2001 年。

Maslov, Aleksander A. *Fallen Soviet Generals: Soviet General Officers Killed in Battle, 1941–1945*. London: Frank Cass, 1998.
A.A. 马斯洛夫,《陨落的苏军将领》,伦敦:弗兰克·卡斯出版社,1998 年。

Mikhalev, S. N. *Liudskie poteri v Velikoi Otechestvennoi voine 1941–1945 gg.: Statisticheskoe issledovanie* [Personnel losses in the Great Patriotic War 1941–1945: A statistical study]. Krasnoiarsk: Krasnoiarsk State Pedagogical University, 2000.
S.N. 米哈列夫,《1941 年—1945 年,伟大卫国战争中的人员损失:一份统计研究》,克拉斯诺亚尔斯克:克拉斯诺亚尔斯克州师范大学出版社,2000 年。

Militärakademie M.W. Frunse, Lehrstuhl für Geschichte der Kriegskunst, *Die Entwicklung der Taktik der Sowjetarmee im Grossen Vaterländischen Krieg*. Generalleutnant K.S. Kolganow, ed. Berlin: Deutscher Militärverlag, 1961.
伏龙芝军事学院,K.S. 科尔加诺夫中将主编,《苏联军队在伟大卫国战争中的战术发展》,柏林:德意志军事出版社,1961 年。

Murray, Williamson. *Luftwaffe*. Baltimore, MD.: Nautical and Aviation Publishing Co. of America, 1985.
威廉姆森·穆雷,《德国空军》,巴尔的摩:航海和航空出版社,1985 年。

Pliev, I. A. *Pod gvardeiskim znamenem* [Under the guards banner]. Ordzhonikidze: IR, 1976.
I.A. 普利耶夫,《在近卫军的旗帜下》,奥尔忠尼启则:IR 出版社,1976 年。(本书为骑兵集群指挥员的回忆录)

Plocher, Herman. *The German Air Force Versus Russia, 1941*. USAF Historical Division, Aerospace Studies Institute, Air University, July 1965.
赫尔曼·普洛歇尔,《德国空军对苏作战,1941 年》,美国空军历史部,空军大学航空航天研究学院,1965 年 7 月。

Pospelov, V. N., ed. *Istoriia Velikoi Otechestvennoi voiny Sovetskogo Soiuza 1941–1945, v shesti tomakh, Tom Vtoroi: Otrazhenie Sovetskom narodom verolomnogo napadeniia Fashistkoi Germanii na SSSR. Sozdanii uslovii dlia korennogo pereloma v voine (iiun' 1941 g. – noiabr' 1942 g.)* [History of the Great Patriotic War of the Soviet Union 1941–1945 in six volumes, Volume 2: The Repulsion of the Attack by Treacherous Fascist Germany on the USSR by the Soviet People and the Creation of Conditions for a Fundamental Turning Point in the War (June 1941–November 1942)]. Moscow: Voenizdat, 1961.

V.N. 波斯佩洛夫主编,《1941 年—1945 年，伟大卫国战争史》(六卷本) 第二卷 :《苏联人民抵抗邪恶的法西斯德国对苏联的入侵并为战争根本转折点创造条件，1941 年 6 月—1942 年 11 月》，莫斯科 : 军事出版局，1961 年。(本书为赫鲁晓夫时代的苏联官方苏德战争史)

Rendulic, Lothar. *Gekämpft, gesiegt, geschlagen*. Heidelberg: Verlag Welsermühl, Wels, 1952.
洛塔尔 · 伦杜利克,《战斗、胜利、失败》，海德堡 : 韦尔泽米赫尔出版社，1952 年。

Rokossovsky, K. K. *Soldatskii dolg* [A soldier' s duty]. Moscow: Golos, 2000.
K.K. 罗科索夫斯基,《军人的天职》，莫斯科 : 呼声出版社，2000 年。(这是亚尔采沃集群司令员的回忆录，他后来晋升为集团军和方面军级司令员)

Sandalov, L. M. *Perezhitoe* [One' s past]. Moscow: Voenizdat, 1961.
L.M. 桑达洛夫,《往事》，莫斯科 : 军事出版局，1961 年。(本书为第 4 集团军司令员的回忆录)

Senger und Etterlin, F. W. von. *Die Panzergrenadiere: Geschichte und Gestalt der mechanisierten infanterie 1930–1960*. Munich: J. F. Lehmanns Verlag, 1961.
F.W. 冯 · 森格尔 · 翁德 · 埃特林,《装甲掷弹兵 : 机械化步兵的历史和形成，1933 年—1960 年》，慕尼黑 : J.F. 莱曼斯出版社，1961 年。(这是一部经典军事著作，详细阐述了苏德战争中的坦克战)

Sherstnev, Vladimir. *Tragediia sorok pervogo: Dokumenty i razmyshleniia* [The tragedies of 1941: Documents and reflections]. Smolensk: Russich, 2005.
弗拉季米尔·舍尔斯特涅夫,《1941 年的悲剧:文件和反思》，斯摩棱斯克:俄国人出版社，2005 年。(这是一部后苏联时期披露红军在“巴巴罗萨行动”期间作战失利的著作)

Smirnov, Aleksandr and Aleksandr Surnov. *1941: Boi v Belorussii* [1941: The battle in Belorussia], in the series Frontovaia illiustratsiia [Front illustrated]. Moscow: Strategiya KM, 2003.
亚历山大 · 斯米尔诺夫和亚历山大 · 苏尔诺夫,《1941 年 : 白俄罗斯交战》，收录于《前线画刊》第 62 期，莫斯科 : KM 战略出版社，2003 年。

Reinhardt, Klaus. *Moscow – The Turning Point: The Failure of Hitler' s Military Strategy in the Winter of 1941–1942*. Karl B. Keenan, transl. Oxford & Providence: Berg Publisher, 1992.
克劳斯 · 莱因哈特著，卡尔 · 基南译,《莫斯科——转折点 : 1941 年—1942 年冬季，希特勒在战略上的失败》，英国牛津 & 普罗维登斯 : 冰山出版社，1992 年。(德方撰写的关于“巴巴罗萨行动”和莫斯科战役的经典著作)

Reinhardt, Klaus. *Die Wende vor Moskau. Das Scheitern der Strategie Hitlers im Winter 1941–42*. Stuttgart: Deutsche Verlags Anstalt, 1972.
克劳斯·莱因哈特,《莫斯科——转折点:1941年—1942年冬季,希特勒在战略上的失败》,斯图加特:德意志出版社，1972 年。

Vnutrennie voiska v gody mirnogo Sotsialisticheskogo stroitel' stva, 1922–1941 gg, [Internal troops in the years of peaceful Socialist construction, 1922–1941]. Moscow: Voenizdat, Iuridicheskaia literature, 1977.
《社会主义和平建设时期的内卫部队，1922 年—1941 年》，莫斯科：军事出版局，尤里季切斯卡亚文学出版社，1977 年。(本书详细记述了 NKVD 部队的战时行动)

Warlimont, Walter. *Im Hauptquartier der Wehrmacht 1939–1945*. Bonn: Athenaum Verlag, 1964.
瓦尔特 · 瓦利蒙特,《德国国防军大本营，1939 年—1945 年》，波恩：雅典娜出版社，1964 年。

Wehrgeographischer Atlas der Union der Sozialistichen Sowjetrepubliken, Oberst Professor Dr. Ritter von Niedermayer, ed. Berlin: Reichsdruckerei, 1941.
上校教授冯 · 尼德迈尔博士主编,《苏联地图册》，柏林：帝国印刷公司，1941 年。

Wray, Timothy A. "Standing Fast: German Defensive Doctrine on the Russian Front During World War II", *Research Survey No. 5*. Fort Leavenworth, KS: Combat Studies Institute, 1986.
蒂莫西·A. 雷,《坚守:二战期间德军在东线的防御学说，战前至 1943 年 3 月》，第 5 号调查研究，堪萨斯州莱文沃斯堡：战斗研究所，1986 年。(这是一份关于德军在苏德战争期间防御战术的出色研究)

Zhukov, G.K. *Reminiscences and Reflections, Volume 1*. Moscow: Progress Publishers, 1985.
G.K. 朱可夫,《回忆与思考》第一卷，莫斯科：进步出版社，1985 年。

Zhukov, G.K. *The Memoirs of Marshal Zhukov*. New York: Delacorte Press, 1971.
G.K. 朱可夫,《朱可夫元帅回忆录》，纽约：德拉科特出版社，1971 年。

Zolotarev, V. A., ed. *Velikaia Otechestvennaia voina 1941–1945, Kn. 1* [The Great Patriotic War 1941–1945, Book 1]. Moscow: Nauka, 1998.
V.A. 佐洛塔廖夫主编,《伟大卫国战争,1941 年—1945 年》第一卷,莫斯科:科学出版社,1998 年。(这是最新的多卷本苏德战争史)

文章

Bazhenov, A. N. “O likvidatsii el’ ninskogo vystupa nemetsko-fashistskikh voisk v 1941 godu” [About the liquidation of El’ nia bulge of the German-Fascist forces in 1941]. *VIZh*, No. 10 (October 1986), 20-28.
A.N. 巴热诺夫,《关于 1941 年消灭德国法西斯军队的叶利尼亚突出部》，刊登于《军事历史杂志》(1986 年 10 月) 第 10 期，第 20—28 页。

Biriukov, N. “V dni Smolenskogo srazheniia” [In the days of the battle for Smolensk]. *VIZh*, No. 4 (April 1962), 80-88.
N. 比留科夫,《在斯摩棱斯克交战的日子里》，刊登于《军事历史杂志》(1962 年 4 月) 第 4 期，第 80—88 页。

Boldin, I. “Sorok piat’ dnei v tylu vraga” [45 days in the enemy’ s rear]. *VIZh*, No. 4 (April 1961), 64-82.
I. 博尔金,《敌后 45 天》，刊登于《军事历史杂志》(1961 年 4 月) 第 4 期，第 64—82 页。

Cheremukhin, K. “Na Smolensko-Moskovskom strategicheskom napravlenii letom 1941 goda” [Along the Smolensk-Moscow strategic axis in summer 1941]. *VIZh*, No. 10 (October 1966), 3-18.
K. 切列姆欣,《1941 年夏季，沿斯摩棱斯克—莫斯科战略方向》，刊登于《军事历史杂志》(1966 年 10 月) 第 10 期，第 3—18 页。

Evseev, A. I. “Manevr strategicheskimi reservami v pervom periode Velikoi Otechestvennoi voiny” [The maneuver of strategic reserves in the first period of the Great Patriotic War]. *VIZh*, No. 3 (March 1986), 9-20.
A.I. 叶夫谢耶夫,《伟大卫国战争第一阶段战略预备力量的调动》，刊登于《军事历史杂志》(1986 年 3 月) 第 3 期，第 9—20 页。

Kuleshov, G. “Na dneprom rubezhe” [On the Dnepr line], *VIZh*, No. 6 (June 1966), 18-19.
G. 库列绍夫,《在第聂伯河战线》，刊登于《军事历史杂志》(1966 年 6 月) 第 6 期，第 18—19 页。

Lukin, M. “V Smolenskom srazhenie” [In the battle of Smolensk]. *VIZh*, No. 7 (July 1979), 42-55.
M. 卢金,《在斯摩棱斯克的战斗中》,刊登于《军事历史杂志》(1979 年 7 月) 第 7 期,第 42—55 页。

Moshchansky, Il’ ia and Ivan Khokhlov. “Protivostoianie: Smolenskoe srazhenie, 10 iiulia-10 sentiabria 1941 goda, chast’ 1” [Confrontation: the Battle of Smolensk, 10

July–10 September 1941, part 1], in the series *Voennaia letopis'* [Military Chronicle], 3, 2003. Moscow: BTV–MN, 2003.
伊利亚·莫先斯基、伊万·霍赫洛夫，《对抗：斯摩棱斯克交战，1941 年 7 月 10 日—9 月 10 日》第一部分，刊登于《军事编年史杂志》，莫斯科：BTV–MN 出版社，2003 年第 3 期。

Nekhonov, G. "Uspekh prines nochnoi shturm" [A night assault brings success]. *VIZh*, No. 1 (January 1969], 56–60.
G. 涅霍诺夫,《夜袭取得成功》,刊登于《军事历史杂志》(1969 年 1 月) 第 1 期,第 56—60 页。(本文描述的是第 30 集团军步兵第 251、第 162 师 1941 年 8 月 22 日—23 日在舍列佩以东的一场夜袭)

Panov, B and N. Naumov, "Vosstanovlenie strategicheskogo fronta na Zapadnom Napravlenii (iiul' 1941 g.)" [The restoration of the strategic front along the Western axis (July 1941)]. *VIZh*, No. 8 (August 1976), 15–23.
B. 帕诺夫、N. 瑙莫夫，《1941 年 7 月沿西方向恢复战略防线》，刊登于《军事历史杂志》(1976 年 8 月) 第 8 期，第 15—23 页。

Rokossovsky, K. K. "Soldatskii dolg [A Soldier' s duty]. *VIZh*, No. 6 (June 1989), 52.
K.K. 罗科索夫斯基，《军人的天职》，刊登于《军事历史杂志》(1989 年 6 月) 第 6 期，第 52 页。

Shevchuk, V. "Deistviia operativnykh grupp voisk v Smolenskom srazhenii (10 iiulia–10 sentiabria 1941 g.)" [The actions of operational groups of forces in the battle for Smolensk (10 July–10 September 1941)]. *VIZh*, No. 12 (December 1979), 10–14.
V. 舍夫丘克,《斯摩棱斯克交战中各战役集群的行动, 1941 年 7 月 10 日—9 月 10 日》, 刊登于《军事历史杂志》(1979 年 12 月) 第 12 期，第 10—14 页。

苏德战争研究专家埃里克森里程碑式著作
知名战略、战史学者王鼎杰推荐并作序

约翰·埃里克森掌握了大量资料，采访了诸多亲历者，完成了这部关于苏德战争的杰出的著作。

——A. J. P. 泰勒，《观察家报》

一部不朽之作……日后，任何一部叙述苏德战争的著作都将参考埃里克森的细致研究和杰出叙述。

——史蒂芬·T. 罗斯，《海军军事学院评论》

每个有想法的军人和每个军事史研究者都该读读这本书。

——《英国陆军评论》

埃里克森是我们当中杰出的苏联军事史专家……也是二十世纪重要的历史学家之一。

——迈克尔·帕里什，《美国历史评论》